经济相互依赖与战争

ECONOMIC INTERDEPENDENCE
AND WAR

中国国际战略学会译丛

经济相互依赖
与战争

［美］戴尔·科普兰（Dale C. Copeland） 著

金 宝 译

ECONOMIC INTERDEPENDENCE
AND WAR

社会科学文献出版社
SOCIAL SCIENCES ACADEMIC PRESS (CHINA)

Economic Interdependence and War, by Dale C. Copeland, originally published by Princeton University Press
Copyright © 2015 by Princeton University Press
All rights reserved. No part of this book may be reproduced or transmitted in any form or by any means, electronic or mechanical, including photocopying, recording or by any information storage and retrieval system, without permission in writing from the Publisher.

本书根据普林斯顿大学出版社2015年版译出

图书在版编目（CIP）数据

经济相互依赖与战争 /（美）戴尔·科普兰
（Dale C. Copeland）著；金宝译. －－北京：社会科学
文献出版社，2018.3（2022.12 重印）
 （中国国际战略学会译丛）
 书名原文：Economic Interdependence and War
 ISBN 978 - 7 - 5201 - 1679 - 4

Ⅰ.①经… Ⅱ.①戴… ②金… Ⅲ.①国际关系学 -
研究 Ⅳ.①D80

中国版本图书馆 CIP 数据核字（2017）第 260145 号

· 中国国际战略学会译丛 ·

经济相互依赖与战争

著　　者 /［美］戴尔·科普兰（Dale C. Copeland）
译　　者 / 金　宝

出 版 人 / 王利民
组稿编辑 / 祝得彬
责任编辑 / 刘学谦
责任印制 / 王京美

出　　版 / 社会科学文献出版社·当代世界出版分社（010）59367004
　　　　　　地址：北京市北三环中路甲 29 号院华龙大厦　邮编：100029
　　　　　　网址：www.ssap.com.cn
发　　行 / 社会科学文献出版社（010）59367028
印　　装 / 三河市东方印刷有限公司

规　　格 / 开　本：787mm × 1092mm　1/16
　　　　　　印　张：36.25　字　数：483 千字
版　　次 / 2018 年 3 月第 1 版　2022 年 12 月第 2 次印刷
书　　号 / ISBN 978 - 7 - 5201 - 1679 - 4
著作权合同
登 记 号 / 图字 01 - 2016 - 4875 号
定　　价 / 168.00 元

读者服务电话：4008918866

版权所有 翻印必究

序　言

　　本书层次丰富，因此可从不同角度阅读。首先，本书探讨的问题是，在何种条件下，贸易和投资的流动容易促使大国维持和平，或走向军事化冲突，甚至战争。其次，在另一个层面上，本书旨在考察大国如何考虑经济交流的问题，以及经济交流对其发展全球力量、维护长久安全会起到何种作用。最后，本书是要研究在近代世界史发展进程中，商业和非商业的因果要素相对彼此的突出性。以最后一点而论，本书隶属于一项较为广泛的研究，其目的是确定关于战争的各种理论（从经济角度或其他角度出发）是否经常能够有效解释国际和平如何转变为险恶的危机和战争，或者持续不断的冷战如何转化为稳定的和平局面。通过全面考察1790~1991年的重要大国案例，本书首次大规模检验了外交史上各种因果要素的相对重要性。因此，其研究结果应该对历史学家和国际关系学者都有参考价值。此外，本书还考虑了定量研究学者的前沿成果，从而指出了本书观点对大小国家具有的广泛意义。

　　本书要讨论两百年的大国历史，篇幅很长。因此，不同的读者阅读本书，方式可以不尽相同。主要关注国际关系理论和政治学的读者，不妨仔细研究前三章，然后再根据兴趣，选读第三至第八章中的某些案例。主要关注外交史的读者，只需读完绪论的前半部分，便可直奔案例研究，以及最后一章关于当代中美关系的讨论。我把1790~

1899年的欧洲案例放在了靠近本书结尾处，原因不过是关于这个时期的现存资料较少，而这容易使我们受到限制，不便于检验不同因果机制的相对合理性。尽管如此，读者如果喜欢按年代顺序阅读，不妨从第七章、第八章开始，再回到第三至第六章，研究动荡的20世纪出现的各个案例。

本书探讨的主题历时甚久，写作过程亦复如是，还有众多人士需要感谢。首先，我想感谢在各次研讨会上对本书各章初稿提出意见的诸君，他们的名字我当时并不知道，或者后来忘记了。这些研讨会的举办方包括：哈佛大学国际关系研究中心，哈佛大学贝尔福科学与国际事务研究中心，芝加哥大学国际和平、经济与安全项目，俄亥俄州立大学默尚中心，哥伦比亚大学与乔治·华盛顿大学政治学系，乔治敦大学政府系。我尤其要感谢得克萨斯大学举办的"孤星论坛"。当时我的手稿已快要完工，即将送出评审。我借此论坛，利用周末时间和与会同仁就其中的关键章节进行了富有成效的讨论，并参考他们提出的意见，修改了多处错误。

我想感谢鲍勃·阿特、詹姆斯·费隆、海因·戈曼斯、安德鲁·基德、杰克·列维、查尔斯·李普森、迈克尔·马斯坦杜诺、约翰·米尔斯海默、伊多·奥伦、邓肯·斯奈德、史蒂芬·沃尔特，他们帮助我修正了最初理论体系的各处缺陷。我要感谢以下诸位对具体章节和我的方法论提出了宝贵意见：黛博拉·布卡雅尼斯、蒂姆·克劳福德、麦克·德什、丹·金格里奇、尤金·戈尔斯、大卫·勒布朗、杰夫·勒格罗、斯蒂芬·罗贝尔、艾伦·林奇、埃德·曼斯菲尔德、凯文·纳里兹尼、约翰·欧文、索纳尔·潘迪亚、诺林·李普斯曼、伦·肖帕、赫尔曼·施瓦兹、兰迪·施韦勒、托德·赛其瑟、杰夫·塔利亚费罗、大卫·沃德纳、布兰特利·沃麦克。在弗吉尼亚大学，我有幸与多位聪慧的研究生合作，他们在本书写作的不同阶段提出了精辟的意见。他们是：凯伦·法瑞尔、凯尔·海因斯、德雷克·金、凯尔·拉斯库雷茨、汤姆·莫里亚蒂、卡拉·翁、约瑟夫·莱利、麦特·斯克洛格斯、吴玉锦（音）、布兰登·约德尔。我在这里还要特别感谢迈克尔·波兹南斯基，他对本书多章提出了入木三分的批评。

最后，我要感谢普林斯顿大学出版社和剑桥大学出版社的各位匿名审稿人，他们对本书提出了广泛而有益的意见。在他们的深刻建议下，我修正了多处瑕疵，希望终稿与起初相比已经有了很大改善。我后来得知，其中一位审稿人是弗兰克·加文。他对本研究项目较为广泛的外交历史意义提出的一些见解，尤其令我受益匪浅。

我还要特别感谢我的父母，克雷尔·G. 科普兰和芭芭拉·E. 科普兰。他们在本书付印之前已经去世，但在我多年写作本书期间，他们始终如一地给予支持，我的感激之情无以言表。我将本书献给我的爱侣娜塔莎·科普兰，以及我两个可爱无比的孩子，利亚姆和卡佳。一言以蔽之，是你们使生活有了意义。

主要文献与资料来源缩写

美国1905~1991

CIA（*CWE*）《冷战尾声：美国1989~1991年对苏联及东欧情报工作》，本杰明·B. 费舍尔编（华盛顿特区：中央情报局，1999）。

CIA（*HT*）华纳编：《中情局冷战记录：哈里·杜鲁门治下的中情局》（华盛顿特区：中央情报局，1994）。

CR 华伦·F. 金博尔编：《丘吉尔与罗斯福通信全集》，三卷本（新泽西州普林斯顿：普林斯顿大学出版社，1984）。

CWIHP 华盛顿特区"国际冷战史项目"。

CWIHPB《国际冷战史项目简报》，第1~11期（华盛顿特区：伍德罗·威尔逊国际学者中心，1992~1998）。

DDEL 堪萨斯州阿比林市德怀特·D. 艾森豪威尔图书馆。

DSB《国务院简报》（华盛顿特区：美国国务院，各年）。

FCY 商务部：《对外贸易年鉴》（华盛顿特区：美国商务部，各年）。

FD《弗雷斯特尔日记》，沃尔特·米利斯、E·S. 达菲尔德编

（纽约：维京出版社，1951）。

FDRL 纽约海德公园富兰克林·D. 罗斯福图书馆。

FDRPL 埃利奥特·罗斯福编：《罗斯福1928～1945年私人信件》（纽约：杜埃尔－斯隆－皮尔斯出版社，1950）。

FRUS《美国外交关系》（华盛顿特区：美国政府印刷局，各年）。

FRUSJ《美国外交关系：日本》，两卷本（华盛顿特区：美国政府印刷局，1943）。

FTP 奥维尔·H. 布利特编：《罗斯福与威廉·S. 布利特私人秘密通信录》（波士顿：霍顿·米夫林出版公司，1972）。

HSTL 密苏里州独立市哈里·S. 杜鲁门图书馆。

JFKL 马萨诸塞州波士顿约翰·F. 肯尼迪图书馆。

JFKLNSF 约翰·F. 肯尼迪图书馆国家安全档案。

KT 威廉·伯尔编：《基辛格与中苏政府绝密谈话录》（纽约：新兴出版社，1998）。

LC 华盛顿特区国会图书馆。

MB《珍珠港事件的"魔术"背景》，第1～5卷（华盛顿特区：国防部）。

MH 斯维特拉娜·萨伏兰斯卡娅、托马斯·布兰顿、符拉迪斯拉夫·祖博克编：《历史的杰作：冷战在欧洲的终结》（布达佩斯：中欧大学出版社，2010）。

NA 马里兰州学院园市美国国家档案馆。

NSA（*BC*）国家安全档案：《1958～1962年柏林危机》，缩微胶片（弗吉尼亚州亚历山大市：查德威克－希利出版公司，1991）。

NSA（*SE*）国家安全档案：《苏联评估：美国对苏分析，1947～1991》，缩微胶片（弗吉尼亚州亚历山大市：查德威克－希利出版公司，1995）。

PHA《袭击珍珠港：袭击珍珠港联合调查委员会听证记录》，第 1~39 卷（华盛顿特区：政府印刷局，1946）。

PHST 罗纳德·沃斯编：《珍珠港：国会听证会（1945~1946）完全索引证词选编及袭击前事件先期调查》（北卡罗莱纳州杰菲逊市：麦克法兰出版公司，1993）。

PWP 唐纳德·M. 戈德斯坦与凯瑟琳·V. 迪隆编：《太平洋战争文件：日本二战档案》（华盛顿特区：波托马克出版社，2004）。

RC 弗朗西斯·L. 罗文海姆、哈罗德·D. 兰利、曼弗雷德·乔纳斯编：《罗斯福与丘吉尔战时秘密通信录》（纽约：达·卡波出版社，1990）。

RF 杰森·萨尔托恩-埃宾编：《里根档案：里根冷战绝密行动记录》（加州太平洋帕利塞德市：自行出版，2010）。

UECW 国家安全档案：《理解冷战的终结：里根与戈尔巴乔夫年代》（为口述历史会议准备的简报册，罗德岛普罗维登斯布朗大学，1998年5月7~10日）。

欧洲 1790~1941

CN《拿破仑一世通信录》，第 1~32 卷（巴黎：皇家印刷厂，1858~1870）。

DNL R. M. 约翰斯顿编：《拿破仑生平自述日记》（波士顿：霍顿·米夫林出版公司，1910）。

EHS B. R. 米切尔编：《欧洲 1750~1975 年历史统计数据》，第二修订版（纽约：资料档案出版公司，1980）。

FPVE 肯尼思·波恩编：《维多利亚时代英国外交政策（1830~1902）》（牛津：克拉伦顿出版社，1970）。

GDD E. T. S. 达戈斯戴尔编：《德国 1871~1914 年外交文件》，

第1~4卷（纽约：哈珀兄弟出版公司，1931）。

GM 亨利·里夫编：《格林维尔回忆录：乔治四世、威廉四世、维多利亚女王执政时期日记》（伦敦：朗曼格林出版公司，1896）。

HP 诺曼·里奇与M. H. 费舍编：《荷尔斯泰因文件》，第1~4卷（剑桥：剑桥大学出版社，1955）。

NDR 杰里米·诺克斯与乔弗里·普里丹编：《1939~1945年纳粹主义文件读本》，第1~3卷（埃克塞特：埃克塞特大学出版社，1983~1988）。

NL J. M. 汤普森编：《拿破仑信件》（伦敦：普里昂出版公司，1998）。

NLN 玛丽·劳埃德编：《拿破仑一世信件新编》（纽约：阿普尔顿出版公司，1897）。

日本1870~1941

DAFP W. J. 哈德逊与H. J. W. 斯托克斯编：《澳大利亚外交政策文件，1937~1949》，第五卷：1941年7月~1942年6月（堪培拉：澳大利亚政府出版局，1982）。

DJ 鹿岛守之助编：《日本外交史》，第一、二卷（东京：鹿岛世界和平研究所，1978）。

HYSJE《日本经济百年统计》（东京：日本银行，1966）。

JDW 池信孝编：《日本战争决策：1941年政策会议记录》（加州斯坦福：斯坦福大学出版社，1967）。

JGEACS 乔伊斯·C. 勒布拉编：《二战中的日本大东亚共荣圈文献档案选读》（吉隆坡：牛津大学出版社，1975）。

RJDE 约翰·阿尔伯特·怀特："1901~1904年俄日外交往来"，《日俄战争外交史》附录1（新泽西州普林斯顿：普林斯顿大学出版社，1964）。

目 录

绪　论 …………………………………………………………… 1

第一章　经济相互依赖与战争理论 …………………………… 19

第二章　定量分析与定性案例分析研究 ……………………… 62

第三章　日俄战争与德国霸权战争（1890～1939）………… 110

第四章　珍珠港序曲：日本安全与北方问题
　　　　（1905～1940）………………………………………… 164

第五章　苏联问题与太平洋战争之始
　　　　（1941年3月～12月）………………………………… 208

第六章　冷战的起源、动态与结束（1942～1991）………… 280

第七章　欧洲大国政治（1790～1854）……………………… 367

第八章 帝国扩张时代的大国政治（1856~1899）················ 432

第九章 本书观点的意义 ·· 496

参考文献 ·· 518

索　引 ·· 543

绪　论

大国在经济上相互依赖，对其相互之间发生战争的概率，是否有重大影响？如果有，那么究竟是会让发生冲突的可能性有所减少，还是有所增加？如今，美国、中国、印度、俄罗斯之间的贸易和投资往来不断达到新的高度，而人们却担心，各国今后是否会竞相争夺原料、投资和市场？在此背景下，上述问题重新变得重要起来。过去二十年中，讨论这个问题的文章和著作数量成倍增长。然而，令人惊讶的是，关于各国贸易往来和战争的关系，仍然没有达成一致意见。许多学者，甚至是大部分学者，都赞同传统的自由主义观点，得出的结论是：相互依赖的确是一个关键的因果要素，能够大大降低国家之间发生军事冲突的可能性。然而，有些学者却认为，这种观点的论据比较模棱两可；其实，与引起冲突的其他原因相比，经济相互依赖是微不足道的，或者非但不会降低发生战争的概率，反倒往往使战争更容易发生。

本书之目的，正是要解决这一争论。这里提出的观点是：商业因素对于战争爆发的重要影响，远远超出了争论双方预先设想的程度；不仅如此，商业因素还会产生正反两方面的影响。贸易和投资往来确实能够降低大国之间发生冲突的可能性，这符合自由主义者的观点。

然而，同样是因为相互依赖，各国之间却也可能产生危机或爆发战争，这又符合自由主义反对者的观点。于是，真正需要解决的难题变成了这样：各国之间的贸易和投资纽带在什么时候、什么情况下，会带来和平，或引起军事冲突？为解决这个难题，有些学者已经撰写了著作，利用大样本集合，找出还有哪些因果要素会和"相互依赖"这个要素相互作用，使各国倾向于和平或战争。遗憾的是，对于这些附加的因果变量，虽然有了一些实证分析，但要将其作用解释清楚，尚需演绎理论，这方面的进展就相对落后了。就实证相关性而言，政权类型、资本主义，以及发展水平都会产生重要的协同作用，决定着经济相互依赖对于发生战争之可能性的影响。这一点现在似乎已经清楚了。但我们还不知道，这些因素究竟为什么会产生这样的作用？也就是说，这些因素实际上是怎样产生我们看到的因果效应的？

为解决关于经济相互依赖与战争的大部分悬而未决的问题，本书提出了一种演绎理论。自由主义者指出，有了商业纽带，行为主体就有了很大的物质激励，想要避免战争；现实主义者认为，这种纽带同时也会给国家带来脆弱性，反倒促使其领导人走向战争。本书的论点是这两种看法的融合。自由主义者认为，贸易和投资往来会提高开战的机会成本，因为一旦打仗，许多很有价值的商业关系就断绝了。这个观点是有道理的。但现实主义者认为，有了商业纽带，国家反而会处于弱势；因为一个经济体如果将自己重新定位，开始依赖国外的关键市场和货物，那么一旦对方中断贸易，则己方必受重创。这个观点同样是正确的。

自由主义和现实主义的两种预测，究竟哪种会占上风？要做出判断，就必须再引入一个因果变量，也就是国家对于未来贸易与投资环境的预期。假如一个经济上依赖他国的国家对于这种未来环境的预期是正面的，那么它往往能够对维持当前和平的种种好处，以及开战带来的机会成本一览无余。这样一来，经济相互依赖就成了促进和平的力量。然而，如果这样的国家对未来经济环境的预期是负面的，认为自己将无法与外国进行贸易，也得不到外国的投资，或认为外国贸易和投资很快就会被其他国家中断，那么现实主义的逻辑就会起作用。这样的国家往往认为，如果不能得到关键的原料和投资，进入不了重要的出口市场，其经济将无法健康发展，和抵抗力较强的行为主体相比，就要开始衰落。假如该国预计自己会出现严重的经济衰退，那么其领导人就会认为，两害相权取其轻，战争是合情合理的选择。也就是说，与其听凭国家衰落，日后在崛起的国家面前被动挨打，或被迫顺从，倒不如打上一仗。

这种论点，我称之为"贸易预期理论"，将国际政治经济学领域和出于安全考虑的预防性战争问题联系了起来①。在此前的论著中，我提出过，历史上关键的大战，绝大多数都源于恐惧衰落——占支配地位的军事大国担心，除非发动预防性战争，且宜早不宜迟，否则崛起的大国就会赶超上来（Copeland, 2000b）。在此基础上，本书做了两点扩充。首先，不是只研究一个大国与整个体制一决高下的主要战争，或曰"大战"，而是探讨大国之间普遍意义上的各种冲突。换言之，既包括主要战争，也包括大国可能陷入的有限战争与危机。因此，任何形式的冲突，只要大国之间确实可能爆发战争，本书的论述几乎都要涉及。我将研究自 1790 年以来的所有大国冲突案例，既包括确实引起战争的冲突，也涵盖引起重大斗争和危机的冲突，这种斗争和危机增加了发生战争的概率②。通过广泛研究大国案例，包括不

---

① 论述预防性战争的文献现已卷帙浩繁，关于此类文献的概要和参考资料，见 Levy, 2008; Weisiger, 2013。

② 将因变量设定为连续性变量，即发生战争的概率，而不是二元对立的战争与和平，其优势显而易见。在理论方面，一旦这样设定，理论就必须解释国家行为的严厉程度，怎样随着时间的推移产生了重大变化，如从接触演变为强硬遏制，或由遏制转为开启严重危机（或者相反）。在实证研究方面，可以迫使人不仅研究局势非常紧张的阶段，也研究和平时期，从而避免"根据因变量做选择"（就是只考虑发生战争和危机的时候）的危险。

太能支持本人论点的案例，我们便可评价，"贸易预期理论"相对其他理论的总体解释力如何。同时，又能避免选择偏倚，不致让人因此质疑理论的价值。此外，为尽量减少选择偏倚，我还从贸易预期的角度重新考察了近期的大样本定量研究（第二章）。既然我们的研究范围不仅包括大国，也包括小国，因此，如果预期理论的逻辑在此情况下仍然适用，那么我们就可以更自信地认为，其可能具有的解释力，并非仅局限于规模较大且力量投射能力较强的行为主体[③]。

在此前论著基础上的第二点扩充，就是详细探讨究竟是什么原因，让行为主体担心出现深层次的长期衰落。这种衰落一旦发生，就可能促使行为主体发动代价高昂的预防性战争，或采取冒险的预防行动，这种行动会让局势更容易升级为战争。本书提出的理论能够表明，国际商贸的现实情况，会怎样让领导人认为已经无法维持国家的权力地位，从而揭示了数百年来大国衰落的关键原因，这个原因非常普遍，令人惊异[④]。于是，大凡关于战争与和平的现实主义论点，只要是以体系中的权力动态为基础，本书提出的理论均可予以支持。如果历史表明，大国的安全在很大程度上取决于其在世界商贸体系中的地位，那么整个"安全研究"领域就确实要改变研究重点，从传统上重视军事问题，转为重新借鉴国际政治经济学的真知灼见[⑤]。

我将指出，在多种大国背景下，经济相互依赖和关于未来贸易投资的预期结合起来，会形成一种关键的推动力，能够决定大国之间发生战争和冲突的概率。在19世纪欧洲地缘政治的起伏涨落中，这种

[③] 地区性行为主体的相互作用，若不涉及大国，因篇幅所限，本书不予讨论。但可参见 Press-Barnathan, 2009，看预期理论如何用来研究此类案例，其论述引人入胜。

[④] 关于大国衰落的解释，尤可参见 Kennedy, 1987; Gilpin, 1981。

[⑤] 之所以说"重新借鉴"，是因为 1980 年之前，在国际关系研究中，国际政治经济学和安全研究尚没有泾渭分明。关于这个问题，可参考 Robert Gilpin 的早期著作（1975，1977，1981）。

推动力往往起到了主导作用，譬如：拿破仑挑战欧洲体系的战争；1830年代俄、英、法在近东地区的斗争；1839年中英鸦片战争；克里米亚战争；1880年代的帝国主义战争；以及1890年代的委内瑞拉、苏丹、南非危机。当然，单一理论是无法解释一切的。我还会说明，这个时期还有多次冲突是与经济相互依赖关系不大，或者毫无关系的，譬如1820年代大国干预西班牙和意大利的情况，以及1859～1870年意大利和德国的统一战争。然而，出人意料的是，和平和冲突的规律，往往受到贸易投资预期的影响；表面上看，有些情况似乎与经济相互依赖不甚相干，但其实同样受到这种影响。

20世纪也是如此。1904年日本进攻俄国，1941年日本袭击美国，与之密切相关的原因，都是日本担心今后得不到东亚地区的原料，也无法与该地区国家进行贸易。日俄战争前，日本见俄国不断深入满洲和朝鲜半岛的经济重镇，便反复劝其后撤，却总是劳而无功。于是日本政府发现，要缓解日本关于经济军事长远前景的担忧，只有打一场预防性战争。日本偷袭珍珠港的原因与此相似，只是日本在1930～1941年间遇到的具体问题有所不同。1929年之后，大国均采取封闭式经济政策，使日本经济遭受重创，也让日本对未来贸易环境的看法深受打击。日本政府几十年来一直担心俄国在远东壮大，因此想要巩固其在满洲和华北的经济势力范围，结果与苏联和中国国民政府发生冲突。1938年，美国参与纷争，开始对日实行一系列禁止贸易措施，打击日本经济。于是，日本关于未来贸易的预期更加悲观，决定孤注一掷，力争从东南亚获得石油和原料。最终的结果，就是1941年12月，日本偷袭了珍珠港。

德国于1914年和1939年两次发动针对欧洲体系的战争，主要原因并非经济相互依赖本身，而是担心俄国这个庞然大物会长期崛起。1890年之后，尤其是1930年之后，俄国的工业和基础设施实力迅速发展。俄国的人口是德国的三倍，国土面积是德国的四十倍。显然，一旦俄国经济崛起,随后占据军事优势,再想阻挠势必极其困难。我在另一本书中详细讨论过(Copeland,2000b),德国领导人两次将国家投入战争,都是为了及时摧毁俄国。但在本书中,我将阐明,德国领导人关于世界贸易体系的悲观预期,大大加强了发动预防性战争的动力。正是因为有了这种悲观预期,所以他们更有理由认为,德国的衰落将非常严重,而且不可避免。

二战之后,美国和苏联长达四十五年的冷战,也许是本书中最令人惊讶的一组案例。学术界几乎无一例外地认为,要解释冷战局势的起伏状况,经济相互依赖是毫无用武之地的。主要原因就是超级大国集团之间的贸易往来实在微乎其微。然而,我将在下一章中提出,即使不存在实际贸易,经济因素仍然可以对大国关系产生因果影响。原因很简单,就是因为贫穷国家可能有理由认为,其他大国将来会与之开展贸易往来。简而言之,即使当前的贸易往来很少,但如果贫穷的行为主体对未来贸易有正面预期,那么也有可能缓和其外交政策行为,因为这个行为主体会期待今后获得高额经济利益,而且有理由希望对方兑现承诺,提高总体贸易水平。反过来,假如贫穷国家有某种需要,对方依旧决定不予满足,那么当前的敌对状况就可能恶化,因为这样一来,就表明对方想要压制贫穷国家,阻止其经济发展,其实也就是要加剧其经济衰落。

从1950年到20世纪80年代末冷战结束,美国关于对苏贸易的决定,往往能够显著影响苏联对美合作的水平。20世纪50年代末,艾森豪威尔不愿放松严格的经济制约措施,疏远了赫鲁晓夫,造成1960~1962年两国关系极其紧张。然而,到了70年代初,以及80年代末,美国政府却比较愿意承诺今后与苏联增加贸易往来。结果表明,这一举措起到了关键作用,先是缓解了紧张关系,后来完全结束了冷战。但冷战时期两国之间不稳定的紧张关系,却不仅仅取决于美国的对苏政策。我在第六章中提出,追根溯源,冷战之所以发生,正是因为美国担心无法与西欧、中东、东亚地区进行贸易和投资往来。早在1943~1944年间,这种担忧就已经开始变得根深蒂固。由于这几个地区的小国对于美国战后的经济增长而言很重要,所以罗斯福和杜鲁门都下定决心,不能听凭这些国家永远落入苏联共产主义之手,即使苏联政府并未有意将其纳入势力范围。于是,罗斯福和杜鲁门就采取了一系列挑衅政策,以巩固美国的战后势力范围。这样一来,苏联就只得加强自己对外围地区的控制。这种争夺战后经济地位的早期策略,直接导致冷战中的敌对状况不断升级。

关于1790年之后大国政治的档案材料(documentary evidence)表明,要研究经济相互依赖和战争的问题,自由主义和现实主义的理论都不如贸易预期理论。自由主义认为,贸易依赖程度较低时,国内的种种势力就会得到释放。这种论点所能解释的案例,实在寥寥无几。最能证明这种观点的,就是二战在欧洲爆发。1930年之后,全世界都实行贸易保护主义,这与纳粹争夺霸权之间存在关联。在美国国务卿科德尔·赫尔(Cordell Hull)的推动下,这种关联成为战后自由主义论点复兴的基础。然而,我们将会看到,自由主义无法解释,为何早在世界经济体系崩溃之前,希特勒就已担忧经济问题,也无法解释为何在20世纪30年代,希特勒从战略角度担心德国今后会依赖原料和粮食。现实主义却尤其擅长解释这种情况,能够抓住纳粹决策过程涉及的各种因素,而这些因素在贸易预期理论中是轻描淡写的。而且,要研究1894~1895年的中日战争以及类似的案例,现实主义显然比贸易预期理论更胜一筹:发动战争的一方认为,对方一旦中断贸易,己方必受伤害,于是抓住机会发起冲突,以缓解这方面的脆弱性。然而,要全面解释1790年以来的种种案例,还是要考虑贸易预期问题。我将指出,在经济因素起主要作用的情况下,促使各国走向破坏局势稳定的危机,或使各国之间爆发战争的,几乎总是商贸依赖与贸易预期日趋悲观这两方面因素的结合。

论述的各个方面

在下一章里,我将评述相关文献,并详细阐述我提出的不同观点。在引言这一章接下来的内容里,我将概述贸易预期研究方法的一些最重要方面,这些方面有助于解决关于经济相互依赖与战争的诸多悬而未决的问题。前文已经提出,新的因果变量就是依赖他国的国家关于未来贸易和投资环境的预期。自由主义强调商贸带来的利益,现实主义则看到其造成脆弱性,而正是这个变量能让两者统一起来。但总体而言,贸易预期理论的基础,本质上是看待国际问题的现实主义取向,认为大国的主要动力是想尽量让自己安全,而不是其他的目标,如充分推行福利、增强社会凝聚力、赢得荣耀,以及传播意识形态等。因此,虽然这个理论有时与自由主义的看法一致,认为商业能推动国家维持和平,但这种看法背后的演绎推理,却和自由主义大相径庭。自由主义理论认为,行为主体关心绝对福利,或效用最大化;正是因为贸易能带来利益,所以各国相信,和平比战争的绝对价值要高。在自由主义者看来,与他国贸易往来频繁,可以起到制约作用,否则就会从国内产生开战的理由。因此,一旦贸易减少,经济制约因素不复存在,国内本已存在的各种势力和病态就会释放出来,作用于现存体系,从而发生战争。这是一个关键点,无论如何强调都不过分。在自由主义者看来,国与国之间的贸易只是能促进和平的制约因素。要理解某行为主体究竟为何发动战争,自由主义者就必须深入单位层次,即国家内部社会与心理的方方面面。

贸易预期理论认为,国家发动战争,并非由于单位层次的势力不再受到约束,而是因为国家对未来贸易的期望值下降,使其对长期安全前景感到悲观。依赖他国的大国不再相信体系对己有利,反倒有理由认为,目前自己得不到(或者眼看就要得不到)的资源、投资和市场，只要打一场预防性战争，或采取愈发强制性的政策，也许就能重新十拿九稳地得到。这种演绎逻辑带有强烈的新现实主义色彩，认为处于群龙无首体系中的各国，总是不仅有理由担心今后受到他国的军事打击，而且有理由担心供应中断，导致今后的经济实力无从发展。大国一旦失去强大而蓬勃的经济，就无法维持自己在体系中的地位（Waltz，1979；Gilpin，1981）。

另外，有一个重要的新现实主义流派，即关于世界政治的进攻性现实主义观，其与生俱来的悲观论调，却是贸易预期理论所排斥的。有一种研究方法，我称之为从现实主义视角研究经济相互依赖与战争的问题，进攻性现实主义就是这种研究方法的基础。（下文中，我通常称之为"经济现实主义"，以区别于忽略经济因素的现实主义论点。）进攻性现实主义者认为，在群龙无首的情况下，大国不得不永远担心其他国家今后意欲何为，其实就是对其做最坏打算。有了这种最坏假设，就会得出进攻性现实主义有名的预言：各国都要最大限度地发展实力，以防未来出现问题，哪怕只是为了生存，也必须如此。但这样的假设也说明，某国如果依赖他国提供关键原料和市场，就必然会感到，一旦对方切断或限制经济关系，己方便会大受伤害。对他国做最坏打算，就是认为对方会尽早中断贸易。因此，依赖他国的国家总是要寻找机会，打击其所依赖的对象，以减少自己的脆弱性，确保自己能够持续不断地获得建设强盛经济所需的一切。其实，持进攻性现实主义观点的国家既然认为贸易会使其处于弱势，损害其相对实力，且为此耿耿于怀，那么原本就不应该和其他大国有贸易往来⑥。

我的论点从根本上排斥进攻性现实主义的这种悲观论调。进攻性现实主义的基础，是关于国际政治经济学的一种不够明确的（underspecified）观点。这种观点无法解释为何大国会相互依赖，以

---

⑥ 此处尤可参考 Mearsheimer，1992，1994 – 1995，2001。

及为何对其相互依赖的关系长久地怀有信心。例如，从 1870 年开始，日本便与大国体系积极开展贸易，这其中包括美国。直到大约三十年之后，随即是七十年之后，日本才在其所处地区发动了两场大战（分别是 1904 年和 1941 年）。较近的例子有：中国自 1980 年以来就相当依赖这个体系，其中包括与美国进行贸易往来。为何大国之间能够多年进行贸易，而不会打仗，进攻性现实主义根本解释不了。要么这种依赖他国的国家一连几十年的行为都不合常理——但讲究系统性的现实主义者一般都不会接受这种看法，要么就是进攻性现实主义的思路存在缺陷。

简而言之，进攻性现实主义逻辑的缺陷在于：在国际政治中，不论是追求某种目的，还是使用某些强硬手段，都存在权衡利弊的问题，但进攻性现实主义却不承认这一点⑦。领导人关于相对收益和脆弱性问题的担忧，是一个最明显的问题，我们不妨以此为例。进攻性现实主义者建议，大国应避免进行相互贸易，因为贸易可能使其丧失相对权力，而且会使其更容易受到供应中断的伤害⑧。然而，经济国策的这两方面影响，几乎总是相互矛盾的。假如甲国和乙国打算建立相互贸易关系，且乙国更加需要贸易，则乙国经济从两国贸易获得的好处，将明显高于甲国。这一点，双方大概都心知肚明。假如两国一开始的国民生产总值相同，譬如均为一百单位，乙国可以得到二十单位的收益，甲国可得十个单位的收益，那么如果甲国与乙国进行贸易，就显然会遭受相对损失。按照进攻性现实主义的看法，甲国应该很有理由避免贸易合作，而乙国则应推动贸易合作。然而，一旦考虑

---

⑦ 关于进攻性现实主义未能考虑利弊权衡的问题，见 Glaser, 2010; Lascurettes, 2008; Copeland, 2011a。

⑧ Mearsheimer, 1992, 1994–1995, 2001; Grieco 1988; Mastanduno, 1991。关于对此二元论点的"相对收益"方面的批判，见 Snidal、Powerll、Keohane 收录在 Baldwin, 1993 中的文章。

脆弱性问题，何为上策就远不是那么明显了。如果建立了贸易关系，那么今后一旦供应中断，乙国就会损失二十单位，而甲国只会损失十个单位。而且，如果乙国已经依赖从甲国进口关键原料，又将经济结构做了相应调整，那么，一旦贸易中断，乙国就容易大受损失，现实主义者称之为"调整成本"（Waltz，1970，1979）。从自给自足转为依赖甲国后，一旦贸易中断，后果就不会是回到一百单位国民生产总值这么简单。乙国的国民生产总值可能降到九十或八十单位，而甲国可能只降到九十五单位。

总之，在任何情况下，只要一个大国的商业收益高于另一个大国，那么相对获益的国家就几乎总是会变得相对更加处于弱势。而在大国政治中，一个国家如果处于弱势，就会比较容易受制于胁迫外交（甲国对乙国有"影响力"）。日本领导人在1870年之后考虑和大国开展经济交往时，对于这种固有的利弊权衡问题，当然是了然于胸的。苏联领导人在1970年之后考虑和美国重新建立贸易关系时，同样了解这一点。一方面是想争取相对利益，一方面是会更加处于弱势——面对这样的矛盾，更加需要贸易的国家，也就是我们的乙国，其领导人该如何抉择呢？至于依赖贸易程度较轻的甲国，与乙国进行贸易合作，就可能让乙国的相对实力增强，但同时也会让甲国在今后需要讨价还价的情况下更能利用乙国的脆弱性。那么，甲国又该如何抉择呢？进攻性现实主义回答不了这些问题。

在下一章里我将阐明，大国变得相互依赖，的确有许多出于安全考虑的理由。总之，要解释贸易合作问题，并不需要退回到自由主义关于福利最大化的各种假设上去。在现代国际政治经济学领域，这种假定是占主导地位的。然而，利益和脆弱性之间的利弊权衡，只是大国必须尽力解决的诸多利弊权衡问题之一。更加难以权衡的是，甲国或乙国既想提升其权力地位，以防今后受到威胁，又担心假如为了提高地位而采取过于强硬的政策，会损害其行事合情合理的名声，使其他国家增加军费开支、结成反对它的联盟，或者采取经济制约手段，以限制其发展——这种做法与我们讨论的问题最密切相关。在这种情况下，贸易预期理论就要借鉴防御性现实主义的观点。防御性现实主义者分析问题的基础，是国际安全困境的可悲现实。某个大国努力改善其安全状况时，往往会损害其他大国的安全，这就是安全困境。这时，其他国家会比较怀疑该国的意图，于是便会采取措施，维持其自身的安全状况。这样一来，这个国家可能认为自己被迫变得更加强硬，结果造成敌对状态和互不信任的情况愈演愈烈，可能最终导致战争[9]。

安全困境的现实，以及由此产生的危险后果，是防御性现实主义反对进攻性现实主义朴素模型的主要理由。各国应当警惕，假如一有机会就动用军队来增强其净实力，或减少其经济方面的脆弱性，则很可能迫使其他国家采取反制措施，甚至引起战争。这与进攻性现实主义的预言恰恰相反。这种投机性质的扩张行为，往往适得其反，让国家面临更多战争，也更容易战败，所以反而会恶化国家的总体安全状况。然而，防御性现实主义专门研究可称为"军事－安全困境"的问题，而忽视了一种可能同样重要的现象，那就是"贸易－安全困境"（Copeland，1999－2000，2003，2011a）。军事－安全困境主要涉及国家如何增加军费开支以加强安全、结成联盟的数量和质量，以及其国土面积或地缘政治地位。其他国家看到这种行为，的确会大为惊

---

[9] 尤可参考 Jervis，1976，1978，1997；Herz，1950；G. Snyder，1984；Glaser，1994－1995，1997，2010；Posen，1993；Snyder and Jervis，1999；Kydd，1997a，1997b，2005；Tang，2010；Booth and Wheeler，2008；Collins，1997；Brooks，1997。现代现实主义的第三种流派，所谓新古典现实主义，也考虑了安全困境的各个因素，但更加关注的问题是国内政治如何与相对权力共同起作用，影响国家行为。因此，在检验关于经济相互依赖与战争问题的论点时，不妨认为古典现实主义者属于自由主义阵营。关于这方面的概述与参考资料，见 Lobell、Ripslman 与 Taliaferro，2009。

骇，以牙还牙。

贸易-安全困境牵涉的问题是：国家采取措施，让自己在今后较长时期内，能更有把握地获取资源、投资和市场，由此而产生各种影响。正如进攻性现实主义所言，大国如果依赖与其他大国区域（realms）或体系中的小国进行贸易，就一定会担心因对方中断贸易而受到伤害。但解决这个问题的最好办法，一般而言并非发动战争，扩大领土，而是将国家的海陆军力量投射到其依赖贸易的地区。这种行为表明，国家不仅有决心，而且有军事能力来保护自己的经济利益。因此，历史上的大国几乎总是会建设力量投射能力，以保障其不断发展的经济纽带。例如，1650年之后的英法海军和远征军起到的作用；1880年之后，尤其是1929年之后的日本海军；1895年之后的德国海军；1890年之后的美国海军和海军陆战队，等等。

然而，在体系周围投射力量这一行为本身，哪怕只是为了保护国家的商业，使之免受意外威胁的影响，也会发出另一种信号：这个国家具有侵略性，可能因此而针对其设想的对手使用武力。这会让其他大国感到害怕，因为它们也同样担心自己能否得到关键的贸易利益，更不用说还担心领土安全。这些大国的反应，可能使贸易-安全形势开始进入恶性循环。假如依赖贸易的乙国认为，需要提高自己的力量投射能力，以防将来出现贸易受限或中断的情况，那么依赖程度较低的甲国就会重新考虑相对利益和经济优势之间的利弊权衡问题。既然乙国开始变得咄咄逼人，那么甲国就不再那么愿意看到乙国通过贸易得到相对利益，因为这毕竟只会让乙国提高长期力量投射能力。然而，一旦甲国开始采取经济措施，限制其与乙国的贸易，则乙国就有理由开始真正担心，能否得到维持经济增长所需的原料、投资和市场。也就是说，乙国关于未来贸易环境的预期变差，就会更有动力转向强硬措施，目的是让甲国不敢更进一步，或是直接确保甲国的盟友及其势力范围周边的小国会继续与乙国进行贸易，不受任何限制。这种行为是变相的炮舰外交，只会使问题恶化，导致甲国采取更严厉的限制措施，甚至转向全面禁止贸易，以减弱乙国的相对权力，或强迫其回到"合情合理"的政策上去。

贸易－安全形势的恶性循环，还可能有更加直接的另一种表现形式。如果甲国突然开始针对乙国加强经济限制，不论原因为何，那么乙国就可能觉得有必要向某地区投射更大力量，确保供应和出口不会中断，而且可以弥补与甲国减少贸易造成的损失。这样一来，就可能出现上文讨论的行为－反应循环：甲国会认为，乙国敌意加剧，因此更要予以遏制；但是，如果继续加强经济限制，就会更加逼迫乙国，使其为了避免地位衰落而采取军事化行为。如此将不断升级，到了一定程度，甲国的限制措施已非常严厉，则乙国为避免进一步丧失权力，就可能奋起反击，发动战争。

在下一章里，我会更加详细地讨论，在何种条件下，会造成贸易－安全形势不断恶化，带来危险后果。目前值得注意的是，所有大国政治的核心，在根本上都有一种"内源性"，必须从理论角度进行讨论。乙国可能采取行动，导致甲国开始对其实施经济限制，这又会使乙国做出更加"咄咄逼人"的举动，迫使甲国扩大与之中断贸易往来的范围。在国际关系理论构建过程中，往往把内源性视为问题，因为这说明所谓独立变量并未达到应有的"独立"程度。也就是说，最终发动战争的行为主体，也许是因为自己政策失当而作茧自缚。

而贸易预期理论就是要把问题变成优势。我认为，正因为领导人知道，自己的行为可能导致危险的恶性循环，才有理由维持其目前行事中庸的名声，实行谨慎的领土政策，与他国不断开展贸易。这是防御性现实主义的观点，能够简单而有力地解释，为什么大国之间往往能够长久并存，不发生严重冲突和战争。有了这个基本观点，我们就能提出国际政治中的一个关键难题：为什么大国明知可能出现恶性循环的现象，却还是会决定转向较强硬的政策，使国际关系走上较危险的新道路？稍微换一种方式表达就是，为什么有些体系已经稳定了几十年，却突然恶化，爆发危机和战争？本书就是要探究这一深刻问题的原因，但并不想简单地认定，甲国和乙国的行政领导受到了单位层次种种病态的影响。这样，我们就可以理解，为什么依赖贸易的乙国会决定向依赖程度较低的甲国发动战争，虽然两国行政领导都是理性的行为主体，只是想尽量维护各自的国家安全。

国家明知危险存在，却还是可能陷入贸易-安全恶性循环。这个难题引出了下一章要讨论的另一个关键问题：既然甲国和乙国本来都知道，与其让危机或战争爆发，不如通过谈判达成和平协议，却为何往往做不到？如果甲国的经济政策使依赖贸易的乙国转入备战状态，以确保能够得到市场和原料，那么甲国为何不干脆主动缓和政策，改善乙国的贸易预期，从而减少发生战争的概率？詹姆士·费隆（James Fearon）等人认为，理性的行为主体有动力达成协议，避免战争对彼此都造成损失，使必须打仗的情况不致出现，从而改善双方的境况。战争还是有可能发生，但只会在这种情况下发生：行为主体不了解真正的力量和决心平衡状况，或不相信对方会遵守协议中的承诺⑩。

我在第一章里提出，费隆论述逻辑的第二部分，即所谓承诺问题，是阻挡和平的主要障碍。在各种情况下，甲国都很有理由怀疑，乙国是否决心维持长久和平，而乙国也很有理由怀疑，甲国是否真的决心在将来继续开放贸易和投资。第一章将探讨，在何种条件下，两国关系中会渐生疑虑，使两国不再能阻止敌对状况继续升级，导致军事冲突。如果这种条件基本源于外部，并非两国行政领导所为，如第三国的行为、乙国经济发展水平，以及立法部门不肯接受行政部门推

---

⑩ 见 Fearon, 1995, 其中还讨论了"问题不可分割性"（issue indivisibility）。还可参考 Wagner, 2000, 2007; Goemans, 2000; Shultz, 1999, 2001; Powell, 1999, 2002, 2006; Reiter, 2003。

动签署的协议，则两国领导人之间可能很难有共同立场。然而，本书的一个主要论点就是，乙国领导人可能因担忧未来经济形势，而认为除非爆发危机或战争，本国的经济衰退将非常严重；只有在这种情况下，承诺问题才可能导致危机和战争。总之，在我的论述中，承诺问题是发生战争的重要背景条件。当然，国际政治更深层次的问题在于外部因素，这些因素会干扰大国之间未来的商贸往来，从而加剧关于经济衰退的担忧。

本书结构与今后研究方向

对于这个简短的绪论中提出的论点，我将在本书接下来的内容里予以详细阐述，并为之辩护。第一章是本书的理论基础。我先是简要回顾经济相互依赖和战争关系的研究现状，然后主要阐明贸易预期研究方法的演绎逻辑。第二章探讨的问题是：在过去二十年中，大样本定量研究在经济相互依赖和战争关系问题研究中占主导地位，得出了看似矛盾的结果，而贸易预期理论在何种程度上能帮助我们理解这样的结果？在第二章的第二部分中，我提出了一种新方法，用于稀有事件的定量历史分析，通过研究选定时期中所有的核心案例，来尽量避免选择偏倚和缺乏普遍性的问题。我还讨论了如何用定性研究衡量领导人关于未来的预期，以克服定量研究的局限。定量研究只能进行粗略的间接测度，或许能说明领导人决策时怀有何种预期。但只有档案材料才能揭示，当领导人将国家带入危机或战争时，或力图缓和紧张的外交形势，以降低发生战争的概率时，究竟有何想法。所以，我们需要深入研究各历史时期本身留下来的档案材料，而这就是第三章至第八章的内容（第二章简要概述了总体研究结果）。与贸易预期理论竞争的其他理论，主要是自由主义和经济现实主义。我分析了1790年之后多种地理环境和历史背景下的案例，以正面交锋的实证检验说明，贸易预期理论的表现远在两者之上。最后一章将总结本书论点在理论和实践方面的影响，包括论述逻辑对于未来美中关系的意义。

最终我们将看到，把经济相互依赖和发生战争的可能性联系起来，一般有三种方式。第一种方式就包括了所有这类理论。传统的自由主义论点（包括与利益集团相关的解释），以及新马克思主义的某些变异形式，都属于这个阵营。第二种方式包含的理论，是从进攻性现实主义的观点出发，认为各国处于无政府状态之中，有理由担心贸易带来的脆弱性。这个阵营包括大多数新马克思主义者，认为相互依赖非但不会带来和平，反而会产生一股力量，促使领导人动用军力，以减少依赖程度加深造成的不确定性。第三种，也是最后一种方式，就是贸易预期理论。这个理论首先假定行为主体都很理性，而且目的都是为了维护安全；以此为出发点，认为相互依赖的影响有利有弊，到底如何，取决于领导人关于国家未来贸易环境的预期。

将相互竞争的论点自然地分为这三大阵营，有一个出人意料的好处：这样一来，过去几十年间提出的关于战争原因的所有主要理论，本书基本上都能够检验，尽管其重点是检验这一大类文献中从经济角度进行的研究[11]。例如，第一阵营依靠国内变量解释战争，而仅仅用贸易来解释和平。于是，我们不禁要问：在世界历史上，真正由单位层次的压力和病态引起战争的例子，究竟有多常见？本书给出了一个令人惊讶的答案：几乎没有。在本书广泛讨论的各类案例中，国内因素有时起到辅助的因果作用，能够让领导人发动战争的愿望加强，或更容易实施，或者能够约束领导人，使其虽然想挑起冲突，却不会付诸行动。但国内因素很少会成为主要的推动力，使国家发动大国战争或引发危机，大大增加爆发这种战争的危险。诚然，是有这样的情

---

[11] 因篇幅所限，各种理论不能尽述。相关参考资料和概述，见 Levy 与 Thompson，2010；Cashman，2013。

况：单位层次的各种病态凸显出来，成为发生冲突的重要原因。最典型的例子，就是20世纪30年代的纳粹德国，以及1904年日俄战争爆发之前的俄国。然而，我将提出，即使在这种情况下，与国内病态同时存在的，还有偏向地缘战略方面的行动原因。于是，单位层次的因素对战争最终爆发究竟有多么必要，就难以确定了。

本书研究了各次战争与斗争时期，构成自1790年以来的主要案例，说明绝大多数的近代大国冲突，都是由大体理性的国家发动的，这些国家想要维护自身安全，对未来忧心忡忡。这类案例中，有一些可以用经济现实主义予以很好地解释，包括1894~1895年的中日战争，以及1830年代英、法、俄三国在近东地区的斗争。但经济现实主义想当然地认为，仅仅因为依赖他国和存在脆弱性，大国就会发动战争或军事冲突，这种观点终究造成了局限。贸易预期理论摒弃了进攻性现实主义关于脆弱性的看法，认为关于未来商贸的预期会随时间而变，这取决于各国的政治关系。因此，比起经济现实主义本身，贸易预期理论可以解释的情况，占所有案例的比重大为上升。本书的任务，就是证明这种研究方法在理论和实证两方面的强大作用。

第一章
经济相互依赖与战争理论

　　绪论中介绍了贸易预期理论的各个基本方面，以及如何用它来研究1790年以来近代大国体系的历史。本章则更加深入地探讨关于相互依赖与战争问题的现有理论，以及贸易预期理论本身。我的总体目标很简单：希望指出以贸易预期的逻辑看待世界的优势何在，从而证明，让当前学界困惑不已的各种逻辑问题，有了贸易预期理论，大都可以迎刃而解。然后，在接下来的几章里，我们便可看到，这种新的研究方法正确与否，是否真的能为大样本定量分析和详细的历史案例研究所证实。

　　在我看来，现有文献的主要问题不是错误，而是不够明确（underspecified）。关于未来贸易投资的预期对决策者的打算有何影响，现有文献并未研究，从而陷入了向后看的静止演绎模型之中。目前的研究几乎清一色地认为，促使领导人采取行动的，就是短暂时间内的某种因素，这个短暂时间可能是现在，也可能是不远的过去。领导人喜欢贸易在过去和现在带来的利益，于是爱好和平（传统自由主义）；领导人看到了当前的脆弱性，感到担忧（经济现实主义）；领导人低估了对方当前的决心，过于咄咄逼人（信号论）；领导人久已愤愤不平，处于病态，一旦贸易水平下滑就会爆发出来（又是传统自由主义）。当前关于经济相互依赖与战争的各种理论，其基本的因果定位就是如此。而我的研究方法却与此有本质区别。只要领导人对未来抱有很强的正面预期，那么，即使过去和现在的贸易投资水平不高，也真的没有关系。可能让领导人倾向和平的，是其未来发展方向的定位，以及关于未来不断获得利益的期待。同样地，假如领导人认为，明天或近期就要被中断贸易，那么即使过去和现在的商贸水平很高，也无济于事。如果领导人对未来持悲观态度，就很可能考虑采取强硬措施，甚至发动战争，以保卫国家的长久安全。

总之，本章所追求的，就是从根本上调整关于相依和战争问题的思路，摒弃静态比较，转向动态理论，将未来纳入核心演绎逻辑的考虑范围[①]。只有抓住领导人的真实想法（其中必然包含关于未来种种可能的估计），才能建立适用于现实世界的因果理论。我们会看到，现有的研究要么是在构建演绎理论时，完全忽视未来变量的影响，要么是做出隐含的假设，一成不变地认为未来会如何发展。例如，自由主义关于贸易的论述，就几乎总是认为，只要双方有动力惩罚背弃合作的行为，那么当前正在进行的经济合作就会继续蓬勃发展。而之所以有这种动力，仅仅是因为理性的行为主体明白，合作的绝对利益（基础博弈论中的"相互合作"栏）大于贸易冲突带来的利益（"相

[①] 理性预期理论和相关的有效市场假说出现之后，宏观经济学思路已经发生了这样的转变（概述与参考资料，见 Sheffrin, 1996）。这方面的文献认为，个人会对未来发展情况做理性打算，在预测时不会犯系统性错误，这与我的论点相同。但这个假设只适用于数千、甚至往往是数百万行为主体中的普通个人。而本书提出的贸易预期理论，是要解释具体领导人的行为，而不是累加起来的宏观经济现象。所以，其出发点是一个更大胆的假设：我们讨论的每个领导人都富有前瞻性，会对未来趋势做出理性估计。因为国际关系很复杂，由此带来不确定性，所以，关于某些参数在未来的确切值（如未来十年中，对方国家会在多大程度上保证开放贸易），政体内的各位官员可能有不同意见，这是合情合理的。但这些官员做出的估计，并非经过了意识形态或个人看法的扭曲，或受到来自国内下层的压力，而产生了系统性的偏见。等到理论逻辑建立之后，就可以放开这种假设，看看此类单位层次的现象对现实世界的影响。

互背叛"栏)。而现实主义的论点则认为,有依赖性的大国知道,其他国家最终会切断其得到关键货物和市场的途径,因为在群龙无首的体系中,各国都有动机在大国政治游戏中走强硬路线。

这些假设是给未来做出规定,根本站不住脚,在明确的动态理论中不应存在。这种动态理论认为,领导人关于未来的乐观或悲观态度,会随时间推移而发生巨大变化,取决于诸多较深层次的因果要素。这种观点既是来自演绎推导,也是来自实证研究。于是,好的理论就是要说明,哪些因素有可能起到重要作用,影响关于未来情况的估计,而且根据逻辑,这些因素可能会如何起作用——可以是单独,也可以共同起作用,影响领导人关于国家未来安全状况的看法。如果这一步完成得好,我们就能够理解,对现实世界中的大国而言,如果其存在处境的边界条件和参数发生了变化,而它们事先并不知情,或未能完全掌控局势,那么将会做何反应。假如我们翻开档案材料,发现在历史事例中,大国的谋划和反应的确如理论所预料,那么就可以知道,我们发现了其中的奥秘。

因此,本章接下来的内容,就是要为后面的实证分析打下理论基础。一开始,我将简要回顾和批判当前文献的状况。我还将讨论一个棘手的问题:如果大国主要受安全担忧推动,那为何原先还要进行贸易呢?以此为基础,就可以更加详细地阐述贸易预期理论。在本章结尾,我将快速回顾如何检验相互竞争的理论,并概述我的总体研究方法,用图示加以解释,读者在阅读本章时可参考该图(图1-1)。关于我的研究方法,以及定量方法对于研究经济相互依赖和冲突问题的价值,将留待第二章讨论。

现有理论概述

研究经济相互依赖与战争之间关系的国际关系理论,可归为三大

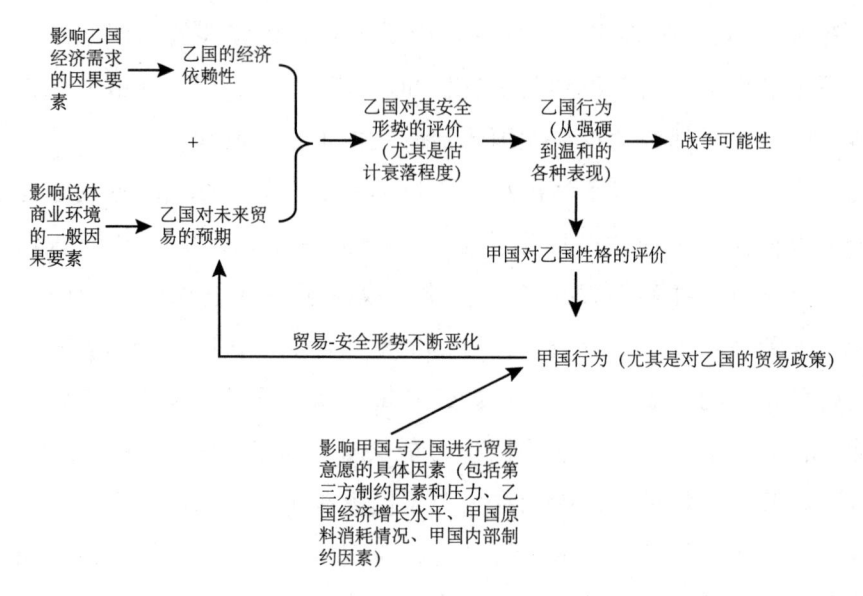

```
影响乙国           乙国的经济
经济需求   →      依赖性
的因果要                        ⎫
素                              ⎬ → 乙国对其安全    乙国行为
         +                      ⎭   形势的评价   → (从强硬   → 战争可能性
                                    (尤其是估     到温和的
影响总体           乙国对未来贸        计衰落程度)   各种表现)
商业环境   →      易的预期                            ↓
的一般因                                           甲国对乙国性格的评价
果要素                                                ↓
         ←────── 贸易-安全形势不断恶化 ──── 甲国行为（尤其是对乙国的贸易政策）
                                              ↑
                                    影响甲国与乙国进行贸易
                                    意愿的具体因素（包括第
                                    三方制约因素和压力、乙
                                    国经济增长水平、甲国原
                                    料消耗情况、甲国内部制
                                    约因素）
```

图1-1 模型的因果逻辑

类：自由主义、现实主义、新马克思主义。许多学者可能马上会表示反对，认为应该走出各种"主义"的宽泛范式，专注于具体的因果论述。我同意这种看法②。因此，接下来我要研究的，就是针对国际政治中，相互依赖如何影响战争可能性的问题，关于其中的因果关系，理论家提出了哪些具体看法。然而，"自由主义""现实主义""新马克思主义"这样的广义标签也许还是有用的，可以将关于某些问题的假设和论断大体相似的各种理论归为一类。这些问题包括：行为主体想通过其政策得到什么（目的）；哪些个人或国内群体对政策最有影响（谁重要）；在和平时期或战争开始时，贸易和投资纽带究竟扮演了何种实用性角色。

总体而言，各种自由主义理论的出发点都是一种假设，认为不

---

② 反对各种"主义"的论点，在该领域已经存在了十几年，Lake（2011）对此有精彩总结。

论在哪个分析层面上,行为主体关心的首要问题,都是为自己谋得物质利益。总之,行为主体谋求效用最大化,而所谓效用,就是通过和平商贸或战争得到的净物质利益。就此而言,自由主义的基础模型就是贸易与战争的"机会成本"模型。这个模型从一个前提开始,认为国家是单一的理性行为主体,想要为整个民族谋求最大福利。自亚当·斯密和大卫·李嘉图以来的经济理论都认为,贸易能给任何国家带来宝贵的好处或收益。所以,凡是依赖贸易的国家,都应该努力避免战争,因为通过和平贸易,国家可以得到密切关系带来的所有好处,而不必承担军事冲突的成本和风险。换言之,在贸易水平很高时,打仗的机会成本也很高,这样一来,原本可能有开战动机的行为主体就会受到约束③。以这种直截了当的逻辑为基础,出现了该领域中的第一批统计学相关性分析,得出的一般结论是:一个国家的贸易水平相对其国民生产总值的比例越高,与其他国

---

③ 这种推论最初源于孟德斯鸠和理查德·科布登(Richard Cobden),由诺曼·安吉尔(Norman Angell)(1933,尤见第46、59-60、87-89、103-105页)在一战前夕首次完整阐述。最近,受理查德·罗斯克兰斯(Richard Rosecrance)的观点启发,又有人从自由主义角度论述这个观点。罗斯克兰斯(1986, 13-14, 24-25)认为,在近代的历史条件下,有些国家成了"贸易国家",而有些则成了执着于军事扩张的"领土国家"。在他看来,在高度相互依赖的体系中,各国没有开战的动力,因为"贸易国家知道,与其试图征服和吞并大片土地,还不如进行贸易。"近期关于机会成本逻辑的讨论和引申,见 Mansfield, 1994; McMillan, 1997; Mansfield and Pollins, 2001; Owen, 2012; Stein, 1993; Crescenzi, 2005;以及 Jack Levy、Beth Simmons、Erik Gartzke、James Morrow 的文章(收入 Mansfield and Pollins, 2003)。关于强调全球生产情况变化对军事扩张成本影响的论点,见 Brooks, 2005。关于商业自由主义与其他形式自由主义之间的关系,见 Moravcsik, 1997 和 Keohane, 1990。建构主义者基本上忽略了贸易与战争的问题,但 Alexander Wendt(1999, 344-349)却提出了自由主义论点和建构主义所关心问题之间的联系。相互依赖是一个"主变量",能使各国出于物质和自利的原因而开展合作。Wendt 认为,久而久之,这样的合作就能使身份和价值体系发生改变,有助于维持刚刚出现的和平。

家的关系就越太平④。

后来的自由主义理论家不赞成将国家看成单一行为主体,认为要理解"贸易通常带来和平"这个大样本分析结论背后的因果过程,就必须将民族国家本身分解开来研究。于是,在过去十年中,许多学者打开了"国家"这个黑箱,想一探究竟,看看自由主义提出的"商贸带来和平"如何产生,以及这对于总体的和平条件意味着什么。例如,贝斯·西蒙斯(Beth Simmons, 2003)提出,要研究相互依赖的情况会如何在政体内部形成不同群体,维持现状对这样的群体而言有既得利益。乔纳森·科什纳(Jonathan Kirshner, 2007)认为,开放的国际资金流动使银行家形成了特别有影响力的既得利益集团,银行家几乎总是希望和平,而不希望战争⑤。

关于国内既得利益群体重要性的问题,帕特里克·麦克唐纳(Patrick McDonald, 2007, 2009)提出的论点最为完备。他想要证明,发生军事冲突概率较低的,只有一种贸易国家,那就是自由资本主义国家。麦克唐纳认为,通过自由经济制度(如私有财产和竞争性市场结构)运作的资本主义国家,一般来说侵略性较弱。在维持和平贸易方面有既得利益的出口商,会在国内形成强大的群体。即使掌管国家的人不巧正是倾向于偏狭政策的精英,这个群体也会对其产生有力的制约作用。反之,在偏向重商主义的国家,私人财产和开放贸易不受尊重,领导人如果观念狭隘,而且或许怀有侵略的意图,就比较容易为所欲为,干出坏事。这既是因为出口商阶层

---

④ 尤可参考 Polachek, 1980, 1982; Gasiorowki 与 Polachek, 1982; Gasiorowski, 1986; Oneal 与 Russett, 1997; 1999; 2001; Oneal, Oneal, Maoz 与 Russett, 1996。

⑤ 从既得利益角度出发的论点,可以追溯到 Ruth Arad、Seev Hirsch 与 Alfred Tovias(1983; 亦见 Domke, 1988)的著作。关于全球化对国内派系斗争和地区大战略的影响,见 Solingen, 1998。

规模较小，也是因为关税较高，领导人可以将较多财政收入用作战争资金[6]。

自由主义一开始的论点，以及后来研究国内层次因素的各个流派，都围绕着一个观点展开：贸易为某些群体带来高额物质利益，这种群体可以是整个社会，也可以是特定的既得利益集团；而战争要耗费巨大的机会成本，也就是说会让人失去这种利益，所以要避免战争。近来，构建形式模型的学者想要打破机会成本的逻辑，同时却仍然秉承自由主义的总体观点，认为系统里的行为主体相互依赖程度较高，就容易走向和平。他们提出的批判是清楚明了的。在任何情况下，只要有不对称的相互依赖，那么，因为战争的机会成本很高，依赖程度较高的乙国就很有理由避免战争。但依赖程度较低的甲国既然知道乙国想要避免战争，便会受到激励，想通过军事威胁来迫使对方做出让步。因此，一旦考虑关于机会成本的推论本身，则相互依赖究竟会让军事冲突减少，还是会使其增多，就难以确定了。建构模型的学者都认为，乙国会比较爱好和平。但甲国却可能比较具有侵略性，原因正是乙国不愿冒险，怕失去当前和平形势带来的好处[7]。

这些批评者摒弃了机会成本的逻辑，提出了另一种演绎推理，以解释自由主义将贸易与和平相联系的看法。他们借鉴了"战争议价

---

[6] 埃里克·加茨科（Erik Gartzke, 2007）赞成将资本主义与和平联系起来的观点，但至于为何往往会出现这样的结果，他并没有那么直截了当地论述其中的因果关系。加茨科认为，资本主义国家一般较为发达，所以这些国家的公司一定会强调和平生产，而不是控制领土。这样的国家里还会有跨境利益相似的各个群体，能够帮助领导人发出代价高昂的信号，显示其决心（关于后面这一点，下文还会讨论）。最近关于资本主义和平的论争，见 McDonald, 2010; Gartzke 与 Hewett, 2010; Russett, 2010; Mueller, 2010。

[7] 见 Morrow, 1999; 2003; Gartzke, 2003, 2007; Gartzke, Li 与 Boehmer, 2001; Stein, 2003。关于贸易、信息、和平之间联系的问题，还有另一种观点，见 Reed, 2003。

模型"的观点，认为战争之所以爆发，一般都是因为行为主体私下里知道了其他国家是否已下定决心，也就是说，是否愿意承担战争的成本[8]。各国相互依赖程度高，有助于促进和平，是因为在这种情况下，各国会有更多手段来发出"昂贵信号"，显示其真正的决心。依赖贸易投资往来的国家，其领导人可能会故意实施伤害本国人民的制裁措施，从而显示其国民为了达到目标，愿意付出高昂的代价。这样一来，应该就没有人会低估其决心了。因此，在商业纽带很强的环境下，体系中咄咄逼人的机会主义者就会知道，不能过于强硬，以减少不经意间形势恶化、走向战争的危险[9]。

而经济现实主义的观点，则是要把自由主义的视角颠倒过来。到目前为止，我们看到的论点可以归入自由主义，因为不论其形式如何，一开始的假设都是认为，独立的行为主体想要将其净物质利益（或效用）最大化；所以，当经济相互依赖程度很高时，考虑到绝对利益，就很有理由避免战争。现实主义者否认了这个出发点，认为在群龙无首状态下，领导人必须首先关心如何最大限度地保证国家安全（Grieco，1988；Mearsheimer，1994－1995）。既然如此，由于相互依赖的国家争相减少因依赖他国而带来的脆弱性，相互依赖只会增加发生军事冲突和战争的可能性。担心安全问题的国家厌恶依赖他国，因为有些对手一心想要损害其相对权力地位，可能会限制其获得重要出口市场和外国投资的途径；不仅如此，假如与他国的关系恶化，石油、原料等关键进口商品的供应还可能被切断。

现实主义者认为，因为大国对经济形势感到不确定，所以会发动

---

[8] 譬如可见 Fearon，1995；Wagner，2000；Goemans，2000；Schultz，1999；2001；Reiter，2003。

[9] Morrow，1999，2003；Stein，2003；Gartzke，Li 与 Boehmer，2001；Gartzke 与 Li，2003（Morrow 和 Stein 更强调贸易的一面，而 Gartzke 及其同人则主要关注资金流动）。

第一章　经济相互依赖与战争理论

战争，或使用军事强迫手段，以减少其对他国的依赖程度，并确保贸易和投资往来能够持续不断。用肯尼思·沃尔兹（Kenneth Waltz, 1979, 106）的话说，国内政治的行为主体没有什么理由害怕专门化，而国际政治属于群龙无首性质，迫使各国担心脆弱性问题，促使其"控制其所依赖的，或减少依赖的程度"。正是这种"简单的思想"才能解释各国怀有"想要扩大控制范围的帝国冲动（imperial thrusts）"。约翰·米尔斯海默（John Mearsheimer, 1992, 223）提出，如果国家需要重要货物，却又担心供应中断，就会努力"将政治控制范围扩大到供货来源，从而与货源所在地，或与其他供货对象发生冲突"。⑩ 沃尔兹和米尔斯海默的论点建立在一个假设基础之上，认为群龙无首状态下的各国，必须对他国现在和未来的意图做最坏打算。我们一般认为这个假设属于进攻性现实主义的观点。因此，当各国发现自己处于依赖他国的形势下时，便被迫抓住机会，至少要趁成本较低时，通过战争减少脆弱性。⑪

最后一类论点，是将相依程度增加与战争联系起来的新马克思主义理论。列宁［（1917）1996］提出过一个著名论断：资本主义贸易国家更容易向周边国家发动战争，以得到廉价原料，为其批量生产的货物打开出口市场，为过剩资本寻找投资地。资本主义大国争相建立

---

⑩ 有一种以现实主义为基础的论点，主要讨论的问题是，人口增长和资源消耗速度加快，会如何加大对外扩张的压力。关于该论点，见 Chouchri 与 North, 1975。

⑪ 有观点认为，只有当行动带来的好处大于成本时，国家才会动用武力（见 Mearsheimer, 2001: 37）。当然，许多现实主义者都会提出，到了紧要关头，商业因素远远没有直接的权力变量那么突出；或者至少可以说，对于如何保护获得关键货物和市场途径的问题，有些现实主义者关心地过头了（见 Buzan, 1984; Gholz 与 Press, 2001, 2010）。由于现实主义内部有这样的分歧，我将继续使用"经济现实主义"这个说法，专指现实主义的其中一派。他们认为，在国际体系中，依赖关键货物和市场的确是引起冲突的一个重要原因。

殖民帝国，最终会导致在核心体系内发生战争。⑫ 1945 年以后研究帝国主义问题的新马克思主义学者，大多数都以不同形式采纳了这种推理论证。⑬ 新马克思主义逻辑的核心思想，是反对自由主义关于国内层面的观点，即资本主义的各部门和各家公司在维持和平方面有既得利益。新马克思主义者虽然赞同自由主义的一个观点，认为这些群体的主要动力来自商业带来的物质利益，却同时认为（暗暗借鉴了现实主义观点），因为这些群体需要安全的贸易和投资纽带，所以会担心将来是否能够控制其经济合作伙伴。因此，国内强大的资本主义集团就会对政治精英施加压力，迫使其将军事力量向重要地区投射，通过直接占领或新殖民主义的强迫手段，来保证贸易和投资往来能够持续进行。⑭

虽然新马克思主义的研究方法带有现实主义的味道，但确实明显不同于经济现实主义，以及我将在下文提出的理论。新马克思主义者认为，经济精英和利益集团会迫使政治精英发动战争，以增进其狭隘

---

⑫ 学者们在总结列宁的名著时，往往只强调其论点中受 J. A. 霍布森（Hobson, 1902）影响的一面，即资本主义国家要寻找可以投入其过剩金融资本的地方。然而，列宁指出的是上文提到的三个方面，认为这些都是能够导致军事扩张的原因，而且会自我强化。

⑬ 关于这方面的综合概述，见 Cohen, 1973。

⑭ 凯文·纳里兹尼（Kevin Narizny）虽然没有直接讨论经济相互依赖与战争的问题，却将新马克思主义逻辑做了一种变形，与我们这里的论述相关。他认为，一个社会中的不同经济部门，对于侵略或和平的大战略会有不同偏好，这取决于国际经济交往是让这些部门得到了好处，还是付出了代价。他赞同列宁的观点，认为与周边地区联系紧密的部门，一般都怀有强烈的帝国主义或干涉主义情绪。但他同时也认为，与核心权力有联系的经济集团最容易成为爱好和平的国际主义者（主要是出于自由主义提出的"机会成本"原因），这是与列宁的观点相反的。见 Narizny, 2007, 尤可参考 16~30 页。纳里兹尼的论点重点关注利益汇集（interest aggregation）的政治问题，主要适用于先进的民主国家（具体而言，就是美国和英国）。因此，在我研究的 1790 年之后的案例中，我只能偶尔有机会检验他的观点。

的物质利益。然而，经济现实主义和贸易预期理论却认为，政治精英是有自主权的行为主体，在选择政策时，依据的标准是对整个国家的安全是否有利，而不是少数人攫取利益的贪婪欲望。[15] 在研究历史案例时，这种因果逻辑方面的区别必须牢记在心，因为新马克思主义、现实主义、贸易预期理论都认为，在某些条件下，贸易会导致战争。因为不同理论往往都同样预言两者相关，所以要检验哪种解释更有优势，就只能研究各种理论关于具体因果关系的看法是否能为史料所证实。

主要理论述评

到目前为止，我们看到的理论在演绎推理方面都大体稳妥，所提出的因果逻辑从表面上看也都合情合理，的确能在现实世界中发挥作用。譬如，如果行为主体可以通过维持和平获益良多，就会想要避免战争，不论这样的行为主体是整个国家还是单个利益集团。这一点似乎是不言而喻的。然而，同样似乎很清楚的是，如果行为主体感到自己可能失去这种利益，或可能需要付出巨大的"调整成本"，因此而处于弱势，就会想要向弱势的来源投射军事力量。自由主义和现实主义的观点都有道理，只是没有具体说明在何种条件下可能成立。下文

---

[15] 我在这里的思路借鉴了克拉斯纳（Krasner, 1978）的观点。上文描述的新马克思主义思想，他称之为研究外交政策问题的"工具马克思主义"方法。他指出，还有一种结构马克思主义逻辑，虽然也认为国家政策仍然是为了促进少数人的狭隘利益，同时却提出，政治精英有自主权，的确能够抵制公司的短期欲望，维护资本主义的长远利益。克拉斯纳指出，很难用结构马克思主义理论来检验现实主义理论，因为两者都认为政治精英不会屈服于国内的压力，而且结构马克思主义者可能会把看似维护国家安全的政策说成维护资本主义的政策。由于存在这个经验性问题，我的历史研究中将基本忽略结构马克思主义，而重点关注工具马克思主义相比与之竞争的其他理论有何价值。

概述的贸易预期理论将有助于解决这个问题。

1990年代末,大样本定量研究中出现了分歧,而这正说明自由主义和现实主义观点都有道理。一方面,布鲁斯·拉塞特(Bruce Russett)和约翰·奥尼尔(John Oneal)两位学者高举自由主义大旗,发表了一系列文章,提出贸易依赖一般与爱好和平的行为紧密相关。[16] 另一方面,支持现实主义的凯瑟琳·巴比埃里(Katherine Barbieri, 1996, 2002)指出,如果对19世纪末、20世纪初的资料也进行大样本分析,而且使用关键自变量(贸易依赖)的不同参数(specifications),那么,相互依赖多半会使冲突和战争增加,而不是减少。自由主义和现实主义之间的这种分歧,让学者们困惑了好几年,最后才出现了显而易见的结论:相互依赖可以带来和平,也可能导致战争。拉塞特和奥尼尔,以及巴比埃里的论著只考虑了几千个数据点所体现的总体规律和一般情况,在分析过程中使用了不同的时间框架和变量参数,这不经意间反映出一个事实:在不同条件下,相互依赖可能促使国家缓和其行为,也可能导致其采取更具侵略性的措施。

过去十年中,由此产生了许多更复杂的新大样本分析,俨然形成了一个作坊式产业。其中的大多数,像追寻圣杯一样,寻找能够决定国际商贸会带来和平还是战争的一种或一组额外条件。我在第二章将会讨论到,许多这类研究对于整个领域而言都是极其有用的;而且,在研究过程中,我们一直以来关于其他非经济因素作用的许多看法都受到了质疑。例如,帕特里克·麦克唐纳(Patrick McDonald, 2004, 2007, 2009, 2010)和埃里克·加茨科(Erik Gartzke, 2007; Gartzke与Hewett 2010)证明,国家之间进行贸易和投资,如果都是先进的

---

[16] 见Oneal与Russett, 1997, 1999, 2001; Oneal, Oneal, Maoz与Russett, 1996; Oneal, Russett与Davis, 1998; Oneal, Russett与Berbaum, 2003。

第一章 经济相互依赖与战争理论

资本主义国家，那么贸易和投资往往只能对战争起到抑制作用。迈克尔·穆索（Michael Mousseau，2000，2003，2009）和哈弗·海格尔（Havard Hegre，2000）从另一个角度巩固了这个结论，认为使商业能够带来和平的是总体经济发展水平。克里斯托弗·格尔皮和约瑟夫·格里科（Christopher Gelpi and Joseph Grieco，2003a，2003b）认为，贸易产生的作用取决于政权类型：贸易繁荣的民主政体比较和平，但贸易往往会使独裁政体变得更有侵略性。爱德华·曼斯菲尔德和乔恩·皮伍豪斯（Edward Mansfield and Jon Pevehouse，2001）提出，贸易对战争的制约作用，取决于是否存在地区性贸易协定和机制[17]。

上述研究结果均有坚实的统计数据支撑。然而，用于解释相关性研究结果的理论论证仍然没有充分发展，而且由于缺乏案例研究，所以基本上都属于猜测。这一点我将在第二章中进一步讨论。总之，为什么进行上述精心设计的统计研究时，就会出现这种相关性结果，我们仍然不得而知。本章就要对此现象提出理论解释，而第三章至第八章将通过详细的案例研究来证明其真实性。

然而，在转向贸易预期理论之前，我要先简略讨论另外两大类研究方法——信号理论和新马克思主义理论。这两种理论既不同于自由主义关于机会成本的论证逻辑，也不同于现实主义关于脆弱性的论述，它们的演绎逻辑都有内在矛盾，因此在现实中不大可能产生多少因果影响（causal force）。信号理论一开始就认为，比较依赖他国的行为主体，即乙国，会受到甲国的摆布，因为甲国知道乙国不想放弃和平带来的宝贵利益。然而，这个理论接下来提出，由于乙国高度依赖他国，所以如果想要发出代价高昂的信号，以表明其决心时，反而

---

[17] 另见 Mansfield, Pevehouse 与 Bearce, 1999–2000。影响贸易和平的还有其他变量，包括所交易的货物（Reuveny 与 Li, 2009; Dorussen, 2006）、贸易伙伴的地理距离（Robst, Polachek 与 Chang, 2007），以及是否存在其他贸易伙伴（Crescenzi, 2005）。

有更多工具可用。这两方面因素会起到相反的作用。乙国也许能够较为灵活地显示其决心，但由于担心战争会终止其目前通过贸易获得的好处，所以可能原本就不会下定决心。最终的结果是"不赚不赔"：即使关于相互依赖如何促进发出信号过程的逻辑推理是正确的[18]，我们还是无法提前预知，究竟哪种作用会占上风。

新马克思主义也存在一种矛盾，会限制其适用性。早在半个世纪之前，大卫·兰德斯（David Landes，1961）就提出，新马克思主义关于资本主义如何导致帝国主义侵略（而不仅仅是炮舰外交）的论证逻辑，需要三个条件才能成立。首先，商人阶层必须形成团结一致的群体，或者至少其中一部分人有足够的凝聚力，可以作为一个整体采取行动。第二，这个阶层或资本主义经济精英中的子群体，必须一致认为，向其他国家发动军事侵略，其实是促进实现其经济目标的最佳手段。第三，商人阶层或其中的子群体必须要对政治精英有强大的影响力，从而能促使其选择战争，哪怕要牺牲数千乃至数百万国民的生命。

新马克思主义论点如果要占主导地位，那么这三种因素缺一不可。只要其中一个因素不成立，这种论点就不会产生因果影响。而且，有理由怀疑这些因素能否成立。除了大型伞状组织（如国家级

---

[18] 请注意，信号理论假定，在发生危机时，如果乙国领导人故意使本国经济利益受损，那么甲国领导人就一定会认为，这说明乙国的确愿意将危机升级为军事冲突。这种假设是有问题的。国民愿意承担物质福利上的一些损失（如生活水平下降、失业等），并不能说明其希望冒生命危险去打仗。其实，如果只有经济制裁而无军事动员，反倒可能说明对方显然不愿采取进一步措施。20世纪30年代，德国和意大利就是这样看待英法两国对其实施的制裁的。加茨科（2007；Gartzke, Li 与 Boehner, 2001）认为，投资者逃离金融市场，会发出关于决心的信号，这种观点尤其成问题。乙国的投资者之所以逃离市场，是因为担心遭受经济损失。如果他们在物质利益领域中都没有勇气坚持到底，那么甲国领导人凭什么认为他们愿意真的发生战争，付出血的代价呢？

商会）之外，能够让利益各不相同的公司团结起来的团体是极少的。比较可能出现的情况是，各家公司会形成不同的游说集团，代表特定的领域，如矿业、石油、制造业等。如此多样的利益群体，即使要就关税改革或基础设施补贴方面的大体政策达成一致，也不大可能，何况关于战争的政策[19]。而且，新马克思主义的逻辑还要求我们假定，资本主义民主国家的当选领导人会拿国民的生命，以及自己再次当选的机会冒险，仅仅是为了满足一个特别活跃的经济领域的需要。对于小规模行动，如冷战时期美国的轻度干预行为（1954年干预危地马拉，1989年干预巴拿马，等等），这种论点可能尚且适用[20]。然而，本书讨论的是大国之间的战争，或者会增加发生此类战争风险的危机。在此情况下，国家要承担的代价和风险太大，假如发动战争仅仅是为了保护少数人狭隘的物质利益，那么几乎所有从政者都会望而却步。在本书实证研究的几章中，我们将会看到，除了少数几个案例之外，新马克思主义关于大国冲突原因的观点，实在乏善可陈。

贸易预期理论

我已经指出，贸易预期理论之目的，是解决自由主义和现实主义之间的根本矛盾，并在此过程中提出一种因果逻辑，它不仅能够解释近期大样本分析的相关性结果，而且可以解释近代外交的大量史实。该理论的优势在于引入了一个新的变量——依赖他国的行为主体关于未来贸易和投资环境的预期。这个变量能够决定，在高度依赖他国的

---

[19] 新马克思主义者必须假定，如果不同的资本主义群体目的不一致，则支持战争的派别会特别强大，或特别有影响。做出这样先验的假设是毫无根据的。

[20] 小规模干预行动当然是新马克思主义最适用的案例，但克拉斯纳（Krasner, 1978）提出，即使在这种情况下，事件进程也往往是由现实主义的国家安全逻辑推动的。

情况下，国家何时会倾向于相对和平的行为，何时会走向强硬政策和战争[21]。绪论中提出了核心论点，以及几个较为重要的方面。在这里，我的目的就是说明这一论点的来龙去脉，并给主要的演绎逻辑增加概念深度。

贸易预期理论赞同自由主义的观点，即贸易和投资往来能使国家受到激励，愿意避免军事冲突和战争，从而带来和平。然而，就其基础而言，正如我在前面强调过的，这个理论从根本上说还是属于现实主义，而并非自由主义。理论的起点是一个假设，认为各国领导人（我们要解释其行为）主要关心的问题，是保障国家的长期安全，而且基本上享有国内自治权。接下来的问题是，对依赖他国的乙国而言，如果其生存环境的外部条件发生变化，那么可以怎样预测其行为呢？在最大限度保证自身安全的过程中，该国的政策将会仅仅随着这些外部条件的变化而变化。乙国内部所有单位层次的变量，包括福利或利润最大化运动、压力集团政治、谋求重新当选等，对于自由主义者和新马克思主义者而言可能属于突出因素。但在这里，我们认为这些因素对于乙国的决策或行为毫无影响[22]。

这一理论出发点之目的，是让演绎逻辑保持"纯粹"。也就是说，能够让我们看到，有依赖性的国家哪怕只是想要在群龙无首的大

---

[21] 虽然为了简明起见，我把这种论证叫作贸易预期理论，但其实意在将大国之间的贸易和投资往来都涵盖进去。然而，因为对外投资也是一种贸易形式——乙国投资者向甲国或丙国提供资金，换取关于未来利息或分厂利润的承诺，"贸易"这个标签的确反映了我们讨论的大概念，即国家之间存在的商业交易。

[22] 具体而言，我沿用了早先一部著作里的做法，把各种假设看作潜在的因果要素，可以变化，但设定为某些值，并保持不变，以建立前后一致的演绎逻辑。关于此处所采用假设的完整列表，见 Copeland, 2000b, 29–31。这些假设包括：各国都是理性的单一行为主体，保持"成本中立"和"风险中立"；各国彼此之间地理距离相等，处于中性的攻势-守势环境中；各国都自私自利，只追求安全最大化。

国政治混战中生存下来,将会对各种条件做出何种反应。当然,在真实案例中,对于任何具体的乙国而言,其领导人都会受到许多势力的影响,这些势力相互竞争,包括自由主义者和新马克思主义者指出的各种因素。然而,我们假设乙国只受到安全最大化这个理性目的驱使,于是便可以直接检验贸易预期理论相对其他理论的价值:如果贸易预期理论有解释和预测的能力,那么我们就应该看到,自由主义者和新马克思主义者提出的变量,与新方法提出的变量相比,在历史上的因果影响力就不那么突出。当然,如果进行不偏不倚的史料分析,我们就会发现,乙国内部的变量有时也具有重要的因果影响,能够解释为何该国在不同历史案例中会逐渐转向强硬行为。但是,如果乙国的行为往往受外部因素驱使,而国内变量只是偶尔起决定作用,那么就能证明,在假设安全最大化的理性行为基础上建立演绎理论,的确具有优势[23]。

政治经济学初步讨论

在详细分析贸易预期理论之前,首先要回答一个问题:如果这是一个关于大国政治的理论,那么我们难道不应该设想,既然大国很少

---

[23] 然而,我还是要强调,贸易预期理论并不否认,其他国家内部的单位层次变量,对乙国关于贸易的预期及其可能表现出的行为,都具有潜在影响。依赖性较弱的甲国和丙国,在国内因素的作用下,可能在 t 时间限制与有依赖性的乙国进行的贸易,使得乙国在 t+1 时间采取较具侵略性的政策,以保护其经济门路,于是造成敌对状态不断加剧,导致乙国在 t+5 或 t+10 时间发动预防性战争。此外,要给出完整的历史解释,国内政治可能也是必须考虑的重要因素。然而,从乙国角度来看(我们想要解释乙国行为为何变得越来越咄咄逼人),之所以要采取越发强硬的政策,还是由其对于外部环境的认识所致。即使乙国为长期保持其大国地位,有时必须考虑其他国家内部的规律和病状,但它仍然是一个纯粹现实主义意义上的理性行为主体,要最大限度地保障自身安全。欲知详情,见本章近结尾处关于外源因素的讨论。

与其他大国或其势力范围进行大规模贸易,所以经济相互依赖就不会成为关键变量?新现实主义者往往提出,虽然经济相互依赖比较容易导致战争,而不是带来和平,但与相对实力相比,往往并不是那么重要的变量,原因正是大国原本就不想彼此进行贸易,而且这样做有明确的理由。这一看法建立在双重逻辑的基础上,即大国既担心相对收益问题,也忧虑脆弱性问题。也就是说,大国担心贸易合作会使其相对受损,而且贸易依赖,尤其是依赖石油和原料等关键货物,会使其容易受到中断供应的影响,而且长此以往,会受制于胁迫外交[24]。我们在绪论中已经提到,受贸易运作方式影响,这两方面几乎总是相互矛盾的。如果乙国通过与甲国贸易而获得很高的相对收益,那么同时也会让甲国在将来有更多的议价筹码,因为乙国对延续贸易的需求相对较高,而且一旦经济关系中断,会比甲国受到更大伤害。关于大国如何处理这种内在矛盾或利弊权衡问题,新现实主义者未置一词。在这种关系中,相对获益的国家同时也是最为脆弱的国家。乙国是否应当拒绝贸易合作,以尽量减少脆弱性,哪怕要放弃相对收益?甲国是否也应当拒绝贸易合作,因为贸易合作会有助于乙国增强相对实力,即使这样做就意味着放弃机会,不能再"利用"乙国的脆弱性来达到外交政策之目的?

这种矛盾有助于解释一种经验事实,即历史上的大国确实进行相互贸易,而且贸易额往往还很高。这自然会让我们质疑新现实主义关于国际政治经济学的认识。例如,在一战之前的五十年中,欧洲大国即使在外交政策方面针锋相对,却往往成为最佳贸易投资伙伴。德国与英国、俄国,甚至法国都有大量贸易往来;1860 年之后,虽然英国

---

[24] 关于相对收益的论点,尤可参考 Grieco, 1988; 1993; Mearsheimer, 1994 – 95, 2001 (关于对此论点的批判,见 Baldwin, 1993 收录的 Sindal, Powell, Milner 与 Keohane 撰写的论文)。关于脆弱性问题的论述,见 Buzan, 1984; Mearsheimer, 1992, 1994 – 1995。

第一章 经济相互依赖与战争理论

与法俄在非洲和亚洲争夺殖民地，但其仍继续与两国保持紧密的经济关系。20 世纪 20 年代，欧洲内部的贸易回升，直到 1930 年之后，欧洲各国才重新回到相对自给自足的"帝国特惠制"（imperial preference）。㉕ 当然，在冷战的头二十年中，美国和苏联确实比较倾向于新现实主义的思维方式，两国之间的贸易额很低。然而，我将在第六章中指出，这并不能说明两个超级大国的领导人不愿讨论大力提升两国经济关系的问题。其实，他们甚至谈到了能否由美国政府资助苏联购买美国商品——这真是彻头彻尾的相对损失，因为依赖性较弱的国家实际上是要在短期内把商品白送，拿回来的只是借出去的钱。

那么，假如新现实主义的国际政治经济学观点充斥着推理所得与史实所示的矛盾，我们如何解释大国为何会逐渐相互依赖，同时坚持本研究项目的现实主义理论基础？答案其实很明确，简单地令人惊讶，早在三四十年前，罗伯特·吉尔平（Robert Gilpin）与克劳斯·诺尔（Klaus Knorr）等现实主义学者就已概述出来了。大国领导人明白，要维持强大的军力，国家必须拥有生机勃勃、不断增长的经济。最重要的是，领导人知道，如果其他国家在进行工业化，提高其技术先进程度，自己也必须跟上。然而，先进经济体的核心是三种无法回避的关键现实情况，或曰三个原则，它们促使大国进行贸易：规模经济效应、边际收益递减，以及原料投入的快速增长。

如果存在规模经济效应（大型工业企业总会产生此种效应），那么即便只是为了与其他公司和国家有力竞争，也需要向大工厂和大企业投资，以减少单位生产成本。然而，在培养这种非凡的生产能力时，企业需要巨大的市场，商品才能盈利，因为现代工业生产的固定成本（即"运营费用"）很高。政治精英对此了然于胸。因此，帮助最优秀、最有效率的生产者找到国外市场，销售本国商品，符合国家

㉕ 关于 1860～1945 年间的详细贸易统计数据，见 EHS。

的整体利益。其他大国必然比较不发达的国家富裕，所以购买力很强。因此，不仅要与边缘小国进行贸易，也要允许与其他大国进行贸易，从经济上看很有道理，而且对于维持先进的经济基础也至关重要。如果领导人不让本国与其他大国有开展贸易的机会，那么确定与之交易的国家就能够收获规模经济效应，长此以往还会超越本国。在有许多大国的多极环境下，情况尤其如此。㉖

然而，在不断发展过程中，先进经济体如果不广泛从事贸易，还很有可能开始经历边际收益递减。如果企业想扩大某一要素，或生产组合中的某种投入，却不同时增加其他要素或投入，就会出现收益递减的情况。对工业化大国而言，问题往往出在土地、劳动力、资本组合中的"土地"方面：假如国家无法自由获取大规模生产所需的大量原料，那么增加资本（机器）和劳动力（工人和管理者数量）虽然会提高产量，但利润率会下降。除非出现了技术创新，有助于国家减少每件产品消耗的原料，或以低成本合成所需资源，则整体国家经济就会呈现著名的 S 曲线的后半部分——也许在绝对数量上依旧增长，但增长率不断下降。㉗ 由于大国政治属于竞争性博弈，这就意味着，确实能够从国外得到大量资源投入的国家，相对于想基本保持自给自足的国家会获得收益。因此，为了在群龙无首的世界里生存，大

㉖ 许多读者想必会注意到，我在这里的思路深受吉尔平（Gilpin, 1975, 1977, 1981, 1987）著作的影响。亦见 Knorr, 1973, 1975；Davis 与 North, 1971；North 与 Thomas, 1973。该论点为何可能在多极环境下成立，原因很简单明了。在这种情况下，乙国不能听任甲国和丙国进行贸易，获得绝对收益，因为这就意味着乙国相对甲丙两国都要遭受相对损失。因此，乙国有强大的动力去参加贸易博弈。但这就会迫使丁国和戊国与甲乙丙三国进行贸易，以免落于其后。见 Keohane, 1993；Schweller, 1996；Liberman, 1996b。有人提出，在多极化情况下结盟时做出的承诺，有助于大国克服勉强心理而从事贸易。关于此论点，见 Gowa, 1989, 1994；Gowa 与 Mansfield, 1993。

㉗ 见 Gilpin, 1981。

国就必须与任何人或国家进行贸易，只要能得到原料。当然，势力范围内的殖民地和小国有时能起到这种作用。但原料并不是在全世界平均分布的，而是集中于某些地理区域。由于这个简单事实的缘故，大国往往必然要与其他大国开展贸易。

国外的基础资源往往比较廉价，而且较为充足，这是现实情况，但还不是迫使大国与其他大国进行贸易的唯一原因。还有一个原因是：随着经济体变得越来越复杂，原料投入的种类也变得更为多样。例如，可以考虑1910年之后，尤其是1920年之后，汽车和飞机转向批量生产的情况。即使政治领导人忧虑这些产品是否仅作民用而非军用，也不得不担心多种需要投入的原料（如镍、锰、铝等）是否能持续不断地供应，否则生产的商品都出不了厂。此外，工厂要持续运营，还需要大量的石油。然而，投入的原料种类越多，其自然产地就越可能位于大国本土之外。而且随着经济增长，就越容易将国内资源消耗一空，迫使国家为了生产关键商品而走向海外。[28] 新现实主义者可能提出，这种体系会迫使大国依靠自己，保持相对自给自足（Waltz, 1979）。但我们可以看出，要维持快速增长的先进经济所带来的压力，一般会产生完全相反的效果，迫使大国摒弃自给自足，转而青睐与大批供应者建立经济联系，其中包括其他大国。因此，我们就能理解，在1914年以前，德国进口的铁矿石中很大一部分依赖法国，而从1920年到1940年，日本允许美国成为其主要石油供应国。

大国可能需要与其他大国进行贸易有诸多理由，上述经济方面的

---

[28] Gilpin, 1977, 1981；Chouchri 与 North, 1975；Hirschman,（1945）1980。自17世纪中叶以来，重商主义思想家便认识到，从其他大国进口原料往往是有好处的，因为这样就可以先把其他国家的资源耗尽，而尽量减少自身资源的枯竭。见 Heckscher, 1933。

现实情况只能说明其中的三点。㉙ 但要记住，即使乙国想减少与甲国的直接贸易，受上述情况影响，也通常必须与甲国势力范围或帝国体系中的较小国家进行贸易。因此，在一战之前，德国与英国的属地与自治领广泛进行贸易（第三章会讨论到，这种情况使其陷入了困境）。又如，早在美国于1970年后开放扩大直接贸易以前，苏联及其集团盟国就已经与美国的西欧盟国多有贸易往来，这往往与美国政府的意愿背道而驰。

  我们已经看到，与其他主要行为主体及其势力范围广泛进行贸易，对于维持大国经济活力而言可能必不可少，即使这样的贸易会加剧其脆弱性，使其担心对方中断贸易，或利用贸易对其施压。大国生涯就是各种权衡利弊的过程，而大国往往愿意在此方面做出权衡妥协。在其他大国都在发展贸易关系时，如果保持自给自足，可能会减少因依赖而产生的脆弱性，但这种策略几乎总是会适得其反。既然如此，我们看到在世界历史上，大国势力范围之间往往表现出高度依赖，而且当前能够"承受得起"相对自给自足的只有几个运行紊乱的失败国家，如缅甸和津巴布韦，也就不足为奇了。假如中国固守毛时代失败的自给自足政策，就不会成为今天的新兴大国。1979年以后的中国领导人明智地看到了贸易的必要性，但沃尔兹（Waltz, 1979）却没有看到。

理论基础

  以上讨论说明了大国为何往往彼此高度依赖，尽管这不符合新现实主义的观点。我们现在需要更加细致地考虑，贸易预期理论如何解

㉙ 其他理由包括：大国在地理位置上相互接近（可减少运输成本，从而促进贸易），大国经济体规模相对均等（经济学里的"引力模型"表明，在所有条件相等情况下，各经济体规模越是均等，贸易占国民生产总值的比重就越高），以及尽量减少自身稀缺与不可再生资源消耗的愿望（见脚注28）。

决当前自由主义和现实主义的演绎推理问题。要初步理解在动态环境下，贸易和投资往来会如何影响发生战争的可能性，最佳起点就是我们所讨论问题的核心概念，即"经济相互依赖"。自由主义者和现实主义者都随意使用"相互依赖"这个说法来描述这个核心因果变量。然而我们必须要指出，在进行演绎论证时，两者都是根据特定的行为主体（通常是民族国家）如何处理其具体依赖程度而预测其行为。[30] 于是，两派论者都可以讨论不对称依赖的情况，即在成对的两国中，其中一个国家依赖性更强。这两派的预测并不存在内部矛盾，但内容恰恰相反：自由主义者认为，两国关系中依赖性较强的国家相对不大可能挑起冲突，主要是因为断绝关系会使其遭受较大损失；而现实主义者却认为，这个国家更容易挑起冲突，主要是为了规避脆弱性。

虽然两派都关注依赖性较强国家的决策过程，但关于"有依赖性"究竟是什么意思，自由主义者和现实主义者的认识都不够充分。自由主义者注重国家摒弃自给自足后，通过贸易投资能得到什么好处；由依赖他国而产生的机会成本，顶多就是一旦贸易终止，就得不到这样的好处了。[31] 现实主义者强调自由主义论证中轻描淡写的因素：国家调整经济机构以适应贸易需要之后，如果贸易终止，可能会产生巨大的调整成本（Waltz, 1970, 1979）。例如，某个国家在将经济结构建立在进口石油上之后，如果石油供应中断，则其处境要比原本没有摒弃自给自足时的处境糟糕得多。

很明显，现实主义者关心的调整成本问题，自由主义者或轻描淡写，或视而不见。例如，沃尔兹认为，依赖性是一种"切断成本很高"的贸易纽带，而理查德·罗斯克兰斯（Richard Rosecrance,

---

[30] 我们已经看到，有些自由主义者强调一些特定的子群体依赖对外贸易和投资往来。但即使在此情况下，他们也认同，要靠治理国家的政治精英来执行会影响全国的政策。

[31] 尤可参考 Rosecrance, 1986, 附录部分；Baldwin, 1980, 478-484, 489。

1986，144 – 145，233 – 236）（他关于相依问题的著作仍是自由主义理论逻辑的重要基础）就想直接反驳这个观点。罗斯克兰斯认为，"用这种方式衡量相互依赖，就是忽略了这个概念的本质"。他随后的分析和附录都只强调假如国家决定不再进行贸易，就要放弃哪些好处（即他所谓的"机会成本"），而对于可能带来的高昂调整成本，则只字不提。㉜ 罗斯克兰斯等自由主义者为何不愿认可现实主义者关心的问题，原因很清楚：如果认可，就说明有依赖性的国家会更愿意发动战争，正如现实主义者所认为的那样，而不是如自由主义者所言，比较不愿意打仗。

这一点凸显出自由主义者关于为何最终会发生战争的认识。在自由主义者看来，相互依赖并不像现实主义者认为的那样，存在可能将国家推向战争的负面效应。恰恰相反，他们认为相互依赖产生的作用，能够抑制来自国内或个人层面的侵略倾向。㉝ 例如，罗斯克兰斯

㉜ 在上文参考的自由主义文章和论著中，我找不到关于调整成本的持续讨论，而且其作者当然也根本不想根据这个现实主义概念来修正自由主义理论。拉塞特（Russett）和奥尼尔（Oneal）等大样本理论家只是从罗斯克兰斯的逻辑出发，然而很快进入了测试阶段。罗伯特·基欧汉和约瑟夫·奈（1977）在《权力与相互依赖》一书中，确实对敏感性和脆弱性的区别问题进行了有用的讨论，而"脆弱性"的概念包括了调整成本。但遗憾的是，关于相互依赖同战争与和平之间有何联系，此书并未进行因果论证。这是因为此书假定了"复杂相依"根据其定义就是比较和平的：只有当采取武力"不可想象"时，"它才是分析政治过程的有用概念"（同上，29，24）。此书第二版明确提出："由于我们是从［政策］目标和手段角度定义复杂相依的，因此，如果论证"一种情况接近复杂相依或现实主义的程度会如何影响目标和手段，就成了同义反复"（Keohane与Nye，1989：255）。

㉝ 可借用柏拉图的一个比喻：在自由主义者看来，相互依赖的作用如同勒住内心冲动这匹黑马的缰绳，能提供保持和平的物质动力，即使存在走向侵略的内部倾向。如果把缰绳去掉，内心冲动就能够任意驰骋了。见柏拉图《斐德罗篇》，收入Hamilton与Cairns，1961，第246～256节。这个观点的历史根源在Hirschman，1977中有详细阐述。

最终依靠社会动荡、军国主义、民族主义野心、非理性等，来解释德国为何要在20世纪一代人的时间里发动两次世界大战。罗斯克兰斯（1986，102－103，106，123，150，162）认为，因为贸易额下降（到1939年时），或贸易的好处未能得到充分认识（1914年），所以贸易未能"缓和"或"抑制"单位层次上发动战争的动机。这个观点恰好与自由主义的整体观点吻合，即战争的根本原因是单位层次的各种因素，如威权主义、意识形态，以及内部社会矛盾。㉞"经济因素本身可促使国家发动侵略"这个观点，符合新现实主义和我的研究方法，却在自由主义思考范围之外，因为这就意味着，纯粹的经济势力也可能导致战争，在很大程度上与单位层次的各种现象无关。

很显然，自由主义者对"依赖性"的定义本身，就说明大国之间的经济关系只能是促进和平的力量，而不能用于解释战争。自由主义者必须依靠单位层次的因素，才能解释是什么促使一个行为主体发动战争。但同样清楚的是，现实主义者，或至少是新现实主义者，尽量不提贸易收益对国家的经济健康有何贡献。在贸易预期理论中，我们将分析建立在对"依赖性"更加全面的概念化基础之上，以期弥合这种分歧。然后，再添加"预期"这个动态因素，这是自由主义和现实主义都缺少的。

与自由主义和现实主义一样，贸易预期理论的演绎逻辑，是围绕着单个国家管理其自身依赖性情况的努力而展开的。为简单起见，我将继续重点讨论两个行为主体不对称依赖的情况，其中乙国对与甲国进行贸易的需要，高于甲国对与乙国进行贸易的需要。假定了不对称，就说明贸易环境的变化更容易影响乙国关于和平或冲突的决策。这样一来，我们就可以主要研究乙国的决策考虑过程，因为乙国才是最能决定两国之间发生战争可能性的行为主体（我们看到的主要理

㉞ Zacher 与 Mathews，1995；Moravscik，1997；Levy，1989；Howard，1986。

论都认同这一点)。㉟

如果乙国摒弃自给自足，转而与甲国自由贸易，就有望得到贸易带来的利益，这正是自由主义者所强调的。㊱ 在开放贸易的过程中，乙国将专门生产自己有相对优势的商品。但经济结构调整之后，假如贸易中断，就可能产生巨大的调整成本。如果国家已经对经济运行不可或缺的外国原油和原料产生了依赖，情况就更为严重。因此，从双边角度来看，乙国的总体依赖程度可概念化为：通过贸易获得的利益（与自给自足相比）与专门化之后贸易中断带来的成本（与自给自足相比）之和。举例来说，假如乙国原本的国民生产总值是 100 单位，在与甲国进行贸易之后能增长到 110 单位，但如果贸易中断，则会下跌到 85 单位，则乙国的实际依赖程度为 25 单位（110 减 85）。经过这种概念化过程，自由主义和现实主义关于依赖问题的观点就可以结合起来，让我们（在考虑乙国其他贸易选择之后）更加充分地认识乙国与甲国的交往中真正利害攸关的是什么。㊲

㉟ 理论上讲，当两个大国的依赖程度比较对称时，我们可以预测，双方都会比较担忧贸易安全形势不断恶化的问题，因此各方面行为都会比较谨慎。由此而产生的正面贸易预期，应该能够降低发生军事冲突的可能性。遗憾的是，案例研究表明，在世界历史上，大国的依赖程度很少是对称的。幸运的是，当前的美日关系可能成为这个一般规律的例外（见第九章）。

㊱ 要知道，即使当前两国之间没有贸易，乙国也可能知道有这种利益存在，因为从中可知，假如今后贸易水平变高，将会给国家带来何等收益。此外请注意，如果国家逐渐变得比较"贫困"（譬如，国内的关键原料即将耗尽，或国家需要提高出口渗透率（export penetration），以利用规模经济效应），那么这种潜在利益就会增加。因此，在完全动态的格局中，人所认识到的贸易利益与成本，将随着从中有望获得的收益以及未来可能产生的调整成本之变化而变化。

㊲ 在以上的分析中，在考虑乙国的其他贸易伙伴之后，贸易收益和调整成本即可概念化为"净"收益和"净"损失。因此，如果乙国能从丙国以同样价格得到任何所需物品，则乙国并不真正依赖甲国，即使甲乙两国名义上的贸易额很高（见 Keohane 与 Nye, 1977; Baldwin, 1980; 1985）。因为乙国有其他贸易伙伴，所以当甲国想伤害乙国时，就通常必须要求第三国也加入严格的制裁方案。否则，制裁体制会发生"泄露"，削弱甲国对乙国的优势。

然而，乙国在激进与温和的大战略之间选择时，不能只考虑其依赖程度，而是必须计算和平贸易直到未来的总体预期价值，与选择战争或冲突的价值相比较。进行贸易的利益和贸易中断的代价本身，并不能反映这种预期价值。这里就必须引入对未来的动态预期。如果乙国怀有正面预期，认为甲国将长期延续自由开放贸易，则贸易的预期价值将接近于贸易利益的价值。反之，如果乙国在专门化之后逐渐开始预计贸易将会中断，则贸易的预期价值可能为负，即接近于贸易中断的代价之值。总之，贸易的预期价值可能在两个极端之间的任何地方变化，这取决于一个关键因素，即国家预计保持开放贸易和贸易中断的可能性有多大。[38]

由此可见，新的研究方法如何引导我们提出一套不同的假说，以解释产生强硬或温和大战略的条件。我们可以预知，对于任何特定的预期冲突价值，关于未来贸易的预期越低，有依赖性的国家就越会担忧其长期安全形势，因此也就更加可能选择强硬政策，或全面开战。[39] 然而，如果关于未来贸易的期望值很高，而且不断向好，那么国家就会对其安全形势感到比较自信，也就更容易采取合作政策，避 36
免冲突和战争。因此，使各国行为随时间推移发生变化的原因，应该包括对未来贸易环境预期的改变，而不仅是依赖程度的变化。

㊳ 国家的贴现因子（即国家对未来通过贸易或战争所获收益的重视程度，与对当前这方面收益的重视程度的差异大小）会影响乙国关于和平净值的计算。我假定各国都是目光并不短浅的理性行为主体，对未来收益的重视程度，基本等同于对当前收益的重视程度（即贴现因子较小）。以此为基准，可预测大国对未来经济环境的各种变化将如何反应。此后，可以放松前面的假定，以解释目光短浅的行为主体对短期获利机会可能如何反应，尤其要考虑只能通过战争才能获利的情况。关于时间跨度文献的精彩讨论，见 Levy 与 Streich，2008。

㊴ 根据传统军事思想，预期冲突价值取决于相对军力平衡、防守－进攻平衡、受攻击国家的经济规模，以及其他此类因素。关于此点的详细讨论，见 Copeland，1996a，20－21。

因此，贸易预期理论显然有别于自由主义和现实主义的静态理论。后两种研究方法进行预测的依据，只是国家在某个时间点上的依赖程度（对"依赖程度"这个概念也只做了部分概念化）。所以，这两种方法仍存在固有局限，难以充分解释各种历史事例。批评者可能会反驳，现实主义和自由主义确实至少隐含着动态因素，因为在实证分析中，自由主义者和现实主义者有时会涉及未来的贸易环境。两者对某些具体案例的研究可能的确如此，但在构建总体演绎逻辑时，两者显然只是在其意识形态的假设范围内考虑未来问题。自由主义者假定国家想要尽量增进绝对福利，认为只要国家是理性的，贸易繁荣的局面就应该会持续到未来；这样的行为主体没有理由放弃贸易的好处，假如不遵守贸易安排只会招致报复，就更不会放弃。[40] 有了这个假设，自由主义者就可以认为，相互依赖，即某个具体时间点的贸易繁荣所反映出的相互依赖，应该会促进和平。现实主义者假定国家想要尽量加强安全，认为由于担忧相对权力和自治权的问题，有些国家最终会断绝贸易关系。因此，群龙无首状态下的各国必须对其他行为主体做最坏打算，其中包括其贸易伙伴。于是，现实主义者可以坚持认为，相互依赖（仍然是某时间点的贸易繁荣能够鲜明体现）会促使有依赖性的国家抓住机会，现在就发动战争，以免今后可能变得脆弱（Mearsheimer, 1992, 2001; Buzan, 1984）。

然而，要构建强有力的理论，就不能简单地做出先验假设，认为贸易规律符合自由主义或现实主义的规定。过去两个世纪的历史表明，大国势力范围之间的贸易会随着时间推移而大幅度波动。因此，我们需要的理论，必须考虑国家对未来贸易环境的预期（乐观或悲观）会如何影响其关于是战是和的考虑。新理论的最大不同之处正

---

[40] 见 Rosecrance, 1986 之附录，其内容借鉴了基欧汉（Keohane, 1984）等学者的新自由主义制度主义论点。

在于此。贸易预期逻辑将这个动态变量嵌入理论核心，从而削弱或修正了关于相依与战争问题的许多既定思想。有依赖性的国家关于预期贸易价值的估计，以及预期和平价值的估量，并非取决于某时间点的贸易水平，而是取决于一系列未来的预期贸易水平。我已强调过，今天的贸易额高不高确实无关紧要，因为假如乙国知道甲国明天就会中断贸易，而且以后没有恢复的迹象，那么预期贸易价值，以及预期和平价值就会是负的。同样地，当前贸易额很低或为零也无关紧要，因为如果乙国相信甲国未来必将开放自由贸易，则预期贸易以及和平价值就会是正的。

即使当前贸易额很高，但因为对未来贸易的期望值很低，所以预期贸易价值也可能是负的。这一点很有助于解决自由主义理论显然无法解释的反常问题，如1884~1885年俾斯麦抢占非洲，以及1914年德国发动侵略。虽然在两种情况下大国之间的贸易水平都很高，但德国领导人却有充分理由认为，其他大国将来要削弱这种贸易。因此，为了德国的长期安全，就必须进行扩张，以控制原料和市场（见第三章和第八章）。而即使当前贸易水平很低，如果对未来贸易抱有积极期望，则预期贸易价值也可能为正，所以我们也可以理解一些重要现象，如冷战时期美苏关系缓和的阶段（1971~1973年，以及1985年以后）。虽然此时东西方贸易水平仍然较低，但由于苏联需要西方的技术，而且还愈发相信其与西方的贸易额即将大幅度增长，所以对苏联人而言的预期贸易价值很高，足以使其在大国关系方面变得比较通融。反之，1957~1962年间，艾森豪威尔总统和肯尼迪总统未能就将来的对苏贸易做出相应承诺，造成两个超级大国的矛盾恶化，而当时正值紧要关头，双方都有理由担忧其后发制人打击能力的安全（见第六章）。

当然，举这样的例子是回避了一个问题：为何依赖程度较低的国家要不顾军事升级的危险，开始限制依赖程度较高的伙伴国的贸易和投资流量，又为何有时承诺以后要与之开展经济往来，以缓解矛盾，减少发生战争的可能性？依赖程度较低的国家在追求安全的过程中占有很大优势，可以向依赖性较强的行为主体提出扩大贸易，换取有依赖的对手比较听话的行为。既然这样，我们确实疑惑，大国为何并不总是伸出商业利益的胡萝卜，以降低发生战争的可能性？与这个问题相联系的，是绪论中提出的议价问题，即各国虽然需要为彼此提供基本必需品，以维持经济增长，却为何往往不能达成合作协议，从而有助于避免大国战争的一切代价？下面一节就要解释这些难题。

反馈循环与内源性问题

截至目前，本章讨论的乙国关于未来贸易的预期，似乎基本上是外源性的。也就是说，似乎基本上独立于两国之间的相互作用之外。在许多情况下，这也许都是一种合理的假定。譬如，甲国可能拥有乙国需要的一种原料，但甲国这种关键商品的储量正在消耗殆尽，说明即使甲国想要长期销售这种商品，也越来越做不到了。甲乙两国还可能受到外部事件的制约，迫使其转变贸易方式。例如，在20世纪30年代末，日本领导人认识到，美国石油和铁的储量在减少，原因是其需要用于提升军力以应对德国，同时援助英国和苏联，所以美国领导人很可能必须减少对日原油和铁的出口。于是便产生了某些来自外部的理由，使日本政府对长期贸易流量持比较悲观的态度。

然而，在许多甚至大多数情况下，领导人都认识到，可以通过其行为来影响其他行为主体的看法。因此，驱动国家行为的贸易预期很少完全来自外部，而是可能受到外交互动的影响，主要表现在两个方面。首先，甲国可发出某些信号，有助于乙国形成较准确而正面的估计，认为甲国高层愿意维持很高的贸易水平直至未来。乙国的看法由此而得到更新，使其提高对预期贸易价值的估计，降低发起冲突的愿望。第二个方面同样重要：乙国知道其自身行为，即外交政策的侵略性程度，会影响甲国对其性格类型的评价，亦即乙国是讲道理的温和行为主体，还是由于安全或非安全方面的缘故，本来就怀有敌意。甲国是否愿意承诺将来与乙国进行贸易，当然容易受到这种评价的影响。毕竟，如果甲国认为乙国是一个决定扩张的侵略性行为主体，就不大会想与之进行自由贸易；如果这种贸易只会让乙国的实力相对增强，或向国外投射力量的绝对能力增强，从而有利于其提高扩张能力，那么甲国就更不会想与之开展自由贸易。

由此，我们可以直接考虑绪论中简要讨论过的贸易－安全困境问题。其关键是信息不完整的问题，也就是说，两个大国都难以知晓对方的性格。在现代博弈论中，不完整信息关系到对方当前的性格类型，以及掩盖其真实面目的动机。譬如，在流行的战争议价模型中，不确定性一般来自乙国无法得知甲国的"决心"，以及甲国也无法得知乙国的"决心"；换言之，就是从目前来看，假如危机升级，确实将两个行为主体都逼入绝境，甲乙两国是否愿意承担战争的代价和风险。双方领导人可采取代价高昂的措施发出信号（如进行动员、公开表明立场、结盟等），以体现其真实性格，从而有助于在战争爆发之前揭示议价空间，达成折中协议。如果各行为主体无法显示其决心，那么一方或双方就可能认为，只要把双方都往前推，使其滑向战争，对方就会对其要求做出让步（会"退让"）。㊶ 还有些学者将模型加以扩展，包括国家显示其当前军事意图的举措，而不仅仅是决心本身。㊷

但是，从包含未来预期的动态视角来看，如此看待大国政治的实

㊶ 尤可参阅 Fearon，1995；Wagner，2000；Schultz，2001；Reiter，2003；Weeks，2009。

㊷ 见 Glaser，1994－1995，2010；Kydd，1997b，2000，2005；Montgomery，2006。

际运作情况，还是相当狭隘的。还有两种关于性格类型的不确定，其问题要严重得多，导致战争的可能性也大得多。第一是甲乙两国对彼此未来的军事意图不确定，即对方是否十分想要在将来对其发起攻击，也许是在多年以后。第二是甲乙两国不确定对方将来是否愿意维持很高而且基本不加限制的贸易水平。这里需要担忧的，不是对方一定会攻击我国，而是对方将通过经济制裁限制我国发展，使我国发展半途而废，随后缓慢但持续不断地丧失领土和主权。第二种不确定显然与第一种相关，因为假如对方故意使我国衰落，就很可能想要以后入侵我国，或至少想要侵占我国领土或势力范围的关键部分，将之据为己有。

在这种对未来不确定的环境下，各国将寻找迹象，看对方是否承诺成为温和讲理的行为主体，直至未来。譬如，若乙国是两国关系中依赖性较强的国家，则乙国就会专心留意各种迹象，看甲国是否愿意保持当前的较高贸易投资水平；或者，假如目前商业受到限制，甲国是否可能在近期或中期将其开放。但我已经强调过，正因为乙国的经济需求很高，所以如果贸易投资往来比较开放，则获得相对收益的几乎一定是乙国。因此，甲国会寻找迹象，看乙国在通过贸易关系而发展增长的同时，是否会继续成为温和的大国，几乎没有在损害甲国领土利益基础上进行扩张的愿望。[43]

这番讨论立刻就突出了国际关系中普遍存在的承诺问题：在群龙无首状态下，行为主体很难保证以后会行为友善，因为并没有更高的权威强制各国信守承诺，防止出尔反尔。[44] 罗伯特·鲍威尔（Robert Powell, 2006）已证明，在力量动态变化的环境下，即使能够充分了

---

[43] 为简单起见，下面我将继续集中讨论甲乙两国由于依赖程度不对称而产生的不对称担忧。当然，在现实中，在甲国担忧乙国是否愿意将来继续维持开放贸易的同时，乙国也担忧甲国的军事意图。

[44] 尤可参阅 Fearon, 1995, 1998; Powell, 2006; Reiter, 2009。

解对方当前的性格类型,也就是说,即使关于对方决心的一切疑惑都已澄清,各行为主体完全了解当前交往的对象,承诺问题还是可能导致战争。在鲍威尔看来,导致战争是担忧崛起的国家实力增强之后会做什么,而不是当前信息不完整。

鲍威尔的论证很好地抓住了国际政治中"相对衰落"问题的一个方面。然而,现实中的"未来问题"比承诺问题要深刻得多,承诺问题只是其中的一个侧面(Copeland,2011a)。正式来说,所谓承诺问题,就是乙国领导人无法让甲国相信,乙国将来不会违背今天的承诺(反之亦然)。但甲国所担心的,还不仅是一旦乙国日后相对实力增强,其现在的领导人可能改变想法。甲国还担心乙国领导人可能因大选、政变、国内形势不稳等因素而发生变化,而这些因素会导致乙国新任领导人采取大不相同的政策。这就是众所周知的行为主体类型易变问题,即担心出现倒退与革命,现实主义者据此强调国家未来意图的不确定性。⑮

但未来问题可能比这还要深刻。乙国通过贸易带来规模经济效应从而实现增长,同时也可能加速其内部资源的消耗速度,从而产生正反馈循环,迫使乙国更加依赖于外部,只是为了维持工业机器的运转。过去十年中,中国就经历了这种问题,正如1890年后的德国。随着贸易依赖程度上升,乙国通过投射军力来保护贸易通路的动机也会发生变化。因此,即使乙国目前(时间 t)确实很温和,这一点毫无疑问,但乙国还是难以让甲国相信其在时间 t+10 或 t+20 还会保持温和。此外,我在下面将会讨论到,甲乙两国可能难以就合作政策做出承诺,原因很简单,那就是两国关于重要第三方的未来稳定性和性格都仍不确定。

未来问题的方方面面,使贸易-安全困境成为大国政治中的一个

---

⑮ Jervis, 1978; Mearsheimer, 1994 – 95; Copeland, 2000a, 2000b, 2011a, 2011b.

复杂而费解的现象，而且是很难从理论角度理解的现象。如果出现贸易－安全困境不断恶化的情况，便可能削弱有依赖性的乙国对未来贸易的预期。为避免这种情况，乙国就得让甲国相信，如果自己想让对方倾向于开放贸易政策，就非常可能长期保持温和国家的状态。然而，由于群龙无首状态下的国家不愿面对始料未及之事，所以乙国如果努力提高其力量投射能力，便可能减弱对方关于其未来类型的信心，开启贸易－安全困境的恶性循环。而甲国知道，如果对乙国实施贸易制裁，就会使其变得更加敌对。这就是说，如果一切照常，则甲国会想让乙国相信，在可预见的未来，自己仍然会是可靠而开放的贸易伙伴。但乙国知道，在自己变得过于依赖之后，甲国会有与之中断贸易的动机，或至少会利用其经济优势，迫使乙国做出毫不情愿的让步。

这一切问题中似乎有一点很清楚：在国际关系中，各国在历史进程中总是要面对艰难的利弊权衡问题，而且领导人无论决定倾向强硬还是温和政策，都涉及多种不同因素的平衡。进攻性现实主义试图忽略利弊权衡问题，简单化地规定国家必须根据最坏情况打算。据此打算的国家不会彼此进行贸易。如果碰巧产生了依赖性（原因未予解释），就被迫抓住一切机会依靠军力进行扩张，以降低其依赖程度。进攻性现实主义者强调，有依赖性的国家得担心将来的贸易机会，这是正确的。但是，他们认为大国不会彼此进行贸易，而且会不断抓住机会搞扩张，这种观点参照历史来看是相当偏颇的。其实，大国长期彼此大搞贸易，而不只是扩张其领土范围，这本身就说明，大国至少在某种程度上能够"信任"对方的类型，而并没有按最坏情况打算。㊻

㊻ 这里"信任"的意思是，大国已经通过估计认为，其他国家背叛它们的可能性相对较低，至少在短期和中期内如此。这并非说明大国"喜欢"彼此，或者认为彼此是"朋友"；即使有所谓朋友，也只是实用而自利意义上的，认为双方通过合作都可以最大程度地保证自身安全（参看 Wendt, 1999，第六、第七章；Kydd, 2005）。

在此方面，我的理论结合了守势现实主义的洞见与本质上属于进攻性现实主义的基本观点。进攻性现实主义者强调，群龙无首状态迫使各行为主体担忧未来实力与其他行为主体的意图，这是正确的。而防御性现实主义者认为，国家是从或然率的角度思考问题的，是看对方性格凶恶不善的可能性，而非先入为主地认为其性格就是最坏的。㊼从防御性现实主义的角度，可以解释为何群龙无首状态下的大国，虽然目的纯粹是维护自身安全，却仍然能够与其他大国保持很高的贸易水平，即使所有大国都有理由担忧未来。大国是在权衡利弊，而且至少在短期和中期内倾向于各种政策中较温和的一端。各国进行贸易合作是为了建设经济，同时认识到，如果这种合作有关于未来贸易的正面预期支撑，则有助于稳住和平局势。此外，各国也是想显示其性格温和，使对方至少对其未来行为能抱有一丁点信心。

然而有一点还是不清楚：大国之间稳定的贸易体系为何竟会崩溃？也就是说，甲国和乙国为何决定开始倾向各种政策中较强硬的一端，尽管知道（我的理性主义逻辑假定其知道）这样的行为有引发贸易－安全形势不断恶化的危险，并最终导致战争？此时，甲乙两国的政治精英都无法控制的外源因素会起决定性作用。我关心的是怎样解释任何两个国家关系中较贫困国家的行为，因此我继续假定，有依赖性的乙国是追求最大安全的理性国家，其领导人不受任何国内层次的压力和病态影响，因此只会根据甲国行为或乙国外部条件的变化（如与贸易不相关的实力下降）而改变行为。这就是说，我们需要集中研究，甲国对乙国保持开放自由贸易关系的能力和意愿，是如何受到甲国领导层之外的各种因素影响的。

有六个主要因素可能影响甲国关于以下利弊权衡的盘算：一方面

㊼ 尤可参阅 Brooks, 1997; Glaser, 1994 – 1995, 2010。

是树立可靠贸易伙伴的名声（代价是让乙国得到相对收益），一方面是减少与乙国的贸易，以限制其经济增长（风险是损害乙国对甲国身为贸易伙伴的信心，加大贸易-安全形势不断恶化，导致战争的概率）。[48] 其中有三个因素涉及上文提过的第三方问题。首先，甲国有关于第三方的担忧，在何种程度上会制约其与乙国将来继续自由贸易的能力或战略动机。如果乙国对丙国构成威胁，而甲国领导人决定帮助丙国生存下去，则甲国可能减少与乙国的贸易，以支持丙国。我在第五章中提出，1941年，罗斯福总统认识到，假如对日自由贸易会增加日本袭击苏联的可能性，就不能恢复对日自由贸易。罗斯福要让苏联保持强大，以击败世界和平的主要威胁，即希特勒治下的德国。为避免苏联因两线作战而衰弱，罗斯福对日实施严格制裁，以使日本将目标转向南方，并削弱其战斗力。结果便是爆发了美日战争。在这样的情况下，我们当然可以问，乙国瞄准丙国，原本究竟为何？然而，要理解乙国为何最终会袭击甲国，考虑乙国贸易预期因甲国行为而降低，可以很有助于解释这个问题。

　　影响甲国对乙国贸易政策的第二个外源因素，是各第三方小国内部的不稳定程度，甲乙两国都需要这种第三方小国来维持其经济生存能力。如果小国丁国国内出现问题，导致甲国为恢复秩序而进行干预，则乙国可能担忧其今后是否能与丁国进行贸易。如果甲国正式占领丁国，甚至只是以非正式途径将其力量投射到丁国的政治中去，有依赖性的国家乙就可能认为，丁国将不得不使其贸易政策的重心远离乙国，转向新的大国保护伞甲国。例如，整个19世纪，土耳其帝国的欧洲部分周期性地爆发叛乱，引起内部危机。在许多次危机过程

---

[48] 第二章还考虑了影响乙国关于甲国未来贸易意愿之评价的其他强化因素，包括甲国政权的"民主性"、有无特惠贸易协定，以及甲国的资本主义与工业化发展水平。

中，俄国都担心，假如奥地利和英国等其他列强进逼，欲控制巴尔干国家，则俄国可能失去穿过土耳其海峡的商业与海军通道。而俄国努力投射力量，又让欧洲其他大国感到忧虑，导致了破坏稳定的国际危机和一场大战（1853~1856）。1880年代初，帝国主义列强抢占非洲，其背景也是第三方小国的内部问题：黄金海岸与北非局势动荡，刺激法国进一步推动正式占领，而这又导致英国干涉埃及的内乱。1899~1902年的布尔战争，部分原因也是第三方的动荡；1943~1945年间，美苏两国政府之间的敌意不断加深，导致冷战，部分原因亦与之相同。

第三个外源因素，就是第三方大国丙国单位层次的各种推动力。丙国针对小国丁的行为招致甲国干预，而这又迫使有依赖性的国家乙采取行动。意大利统一之后，在强烈的民族主义推动下，想要在北非建立一个小型帝国。1881年，突尼斯局势动荡，意大利正准备下手，法国却觉得必须先下手为强。看到这两国的行为，先是英国，然后是德国，认为自己虽然不情愿，却也必须抢夺几块非洲领土，否则就有参加不了比赛的危险。请注意，虽然是第三方大国国内层次的变量开出了第一球，但关键选手甲乙两国之所以转向帝国主义，并不是因为自身单位层次的病态所致，而是因为其认为需要保护其海外贸易与投资。

推动甲国贸易行为的第四个因素，是乙国的整体经济增长水平，或是纯粹因为乙国的经济活力，或是因为乙国可通过贸易而积累的相对收益。甲国可能愿意允许乙国经济增长一段时间；如果乙国的起点是相对经济实力等级中较低的水平，就更是如此。而如果甲国领导人逐渐认为，乙国仅通过和平交往即可上升到支配地位，就会倾向于采取限制性较强的经济措施，以削减或遏制乙国的经济增长，尽管这样做有风险，可能引起贸易-安全形势不断恶化，增加发生战争的可能性。在此意义上，甲乙两国依赖性的不对称程度可能对甲国行为产生关键的影响力：如果乙国从与甲国的经济关系中获利远多于甲国，则甲国不仅比较容易担忧继续贸易带来长期的相对损失，而且会发现，如果限制两国贸易，则付出的代价较小。从1945年开始，美国对苏联实施越来越严厉的经济限制措施，体现了这两种作用机制。美国政府很有理由认为，二战之后，苏联即使没有贸易也能迅速发展。但很清楚的是，由于苏联政府需要先进技术，所以美苏贸易将使苏联的相对经济崛起变得更快（第六章）。1890年后，英法两国担忧德国继续发展，也符合这个规律（第五章）。㊾

第五个因素，是由于甲国势力范围内的原料消耗殆尽，使甲国向乙国供应这种关键商品的能力下降，而且还可能要与乙国争夺对第三方的控制权。㊿ 案例研究中的主要事例，是罗斯福在1943～1944年认识到，由于美国的石油供应快要用完，所以美国必须更加广泛地加强与苏联的竞争，夺取对伊朗和中东的控制权。这个因素反映了经济现实主义逻辑的一个方面：国家如果预计自己未来将依赖关键资源，那么当前就会开始活动，寻找有利位置，而这种活动会使当前的贸易伙伴担忧。然而，现实主义的关注重点，是甲国由于预计自己将来会产生依赖性，而有可能发动战争。我的关注重点，则是甲国限制其他

㊾ 权力动态与相对依赖程度也可能起到积极作用。假如目前乙国虽相对甲国崛起，但不会使甲国相对实力发生动态损失，而且两国彼此依赖程度比较对称，那么如果一切照常，甲国就不大可能切断乙国与自身及其势力范围的贸易。毕竟甲国的发展也需要两国贸易，而乙国也并未通过贸易得到很高的相对收益。在此情况下，极性也会产生作用。我在前面提出过（注26），在多极体系中，即使乙国得到中等的相对收益，甲国也可能会继续与之进行贸易，因为甲国的绝对收益使之能相对于丙国和丁国得到相对收益。在两级体系中，关于相对收益的担忧就比较成问题，因为甲国关于第三方小国的担忧较少，而且假如乙国相对实力超越自己，也没有强大的同盟伙伴可依靠（参看 Keohane, 1993; Schweller, 1996; Copeland, 1996b, 2000a）。

㊿ 这不同于前文提到的乙国内部出现资源枯竭的问题。在那种情况下，甲国很难放心地认为乙国以后不会变得比较强硬。

国家获得资源途径的动机,以及这将如何改变目前有依赖性的乙国在考虑自身前途时的预期。

  第六个因素,即最后一个因素,是甲国的内源因素可能制约其领导人,使其不能与乙国进行自由贸易。尤其是,甲国的行政部门可能很想扩大与乙国的贸易,却发现立法部门正加以阻挠。经典案例就是1971~1975年间的美苏关系。通过1972年签订的联系协定,尼克松和基辛格延长了美国的贸易信贷,承诺提高贸易开放程度,从而换取了苏联的合作。遗憾的是,在水门事件以后,美国行政部门发现已无法实施想要采取的政策。美国国会通过一系列修正案否决了尼克松的矛盾缓和政策,削弱了苏联政府关于未来贸易较为积极的新预期。1930年,史默特-哈利关税法案通过时,美国行政部门遇到了类似的问题。这一立法行为损害了日本对美国身为贸易伙伴的信心,促使东亚地区开始了十年的冲突。㉛

  上述外源因素可共同或单独起作用,制约甲国与乙国进行开放贸易的能力或意愿,从而引起贸易-安全形势不断恶化,可能使两国陷入冲突。这些因素有助于解释,两国虽然不想开战,却还是可能无法达成有助于避免战争的协议。但如果不存在这些因素,就可能存在长期合作,只要各行为主体有理由认为,虽然也担忧对方将来是否还会秉持贸易与和平的承诺,但比较而言,如果现在采取过于坚决的政策,引起贸易-安全形势不断恶化,却会更成问题。

㉛ 分别见第六章和第四及第五章。参照注1和注23,我要指出,我们的理论假定各国都是理性且追求最大安全的,将第六个因素包含进来,并不是要向其中偷偷引入单位层次的因素。我们仍然假设,甲乙两国的行政官员只关心如何以理性方式最大限度地保证本国安全。但有些时候,在依赖程度较低的甲国,领导人虽然想就未来贸易做出令人信服的承诺,却会受到国内层次各种因素的制约。于是,影响乙国预期,也因此而影响其行为的,是产生于乙国(以及甲国行政领导)外部的因素。

本书论述与其他假说总结

绪论中提出了本书论述的基本框架，本章对其加以充实。我们已经看到，要充分解释经济相互依赖与战争之间的关系，就必须摈弃传统文献中的静态模型。对依赖他国的国家而言，其政策温和还是强硬，会带来和平还是战争，取决于其关于未来经济环境的预期。然而，对未来贸易的预期往往也深受行为主体自身行为影响，因此我们要明确，究竟是何种机制容易让大国处于各种政策的温和一端（即在其势力范围之间进行相对自由的贸易，避免敌对状态不断升级），何种因素容易使其走向冲突行为，最终导致战争。

图1-1以图表形式总结了贸易预期理论的基本因果逻辑。与现实主义和自由主义一样，分析的重点是解释两国关系中依赖性较强国家的行为。此处，这个国家就是乙国。在两国之间，战争的可能性取决于乙国的行为是温和抑或强硬。在现实主义观点的基础上，贸易预期模型提出，影响乙国政策的是该国对其总体安全形势的评价，而最重要的就是关于其在体系中长期权力地位的估计。

在此情况下，乙国的依赖程度与对未来贸易的预期会起到主要作用。如果乙国领导人需要进入对方势力范围的途径，以得到原料、投资收益和市场，而且有理由相信，对方的领导人会协助打开这种途径，直至未来，那么乙国对甲国的政策应该是相当和平的。乙国期待将来不断得到利益，于是就想避免采取强硬行动，以免使对方怀疑其将来的意图，危害两国关系。但是，如果乙国领导人看到甲国切断进入其势力范围的途径，或有理由认为甲国将来会这样做，那么乙国的政策就可能变得不友好。甲国的限制性措施会减少乙国当前得到的利益，迫使其经济承担调整成本，从而使乙国的经济实力相对甲国有所衰退。如果出现这样的衰退情况，那么乙国领导人就会有更强的动机向甲国势力范围发动战争，以恢复经济途径，稳定本国的权力地位。

但国际政治并不只是应对关键经济与权力预期趋势的问题，同时也是不断进行的议价博弈，涉及互相让步、摆出姿态、做出回应。各国都认识到，其温和或强硬的行为会向其他行为主体发出信号，反映出在何种程度上承诺将来行为温和，且进行开放贸易。甲国领导人会观察乙国的行为，看是否有迹象表明对方是不可靠的国家，会攫取贸易的好处，用于将来的侵略。因此，如图1-1所示，影响甲国对乙国政策的部分原因，是甲国根据乙国过去行为对其性格做出的评价。如果甲国领导人对乙国性格做负面评价，就可能开始限制乙国获得资源、投资、市场的途径。这样的举措很容易引起贸易-安全形势不断恶化：甲国在商贸方面采取新姿态，加强约束，使乙国对前者的势力范围或第三方采取较为坚决的外交政策，而这又会使甲国进一步限制乙国自由贸易的能力。这种自我加强的反馈循环可能最终促使乙国发动战争，可以直接针对甲国，也可针对其势力范围内的较小国家。

我们也看到了，领导人知道贸易-安全形势不断恶化会造成何种恶果，所以双方应该都有理由避免过于挑衅的政策。那么，甲国或乙国为何还会转向各种政策中较为强硬的一端？有一种可能性，就是乙国发现整体贸易环境已经不再有利于己。例如，1929年之后日本面临的形势是，各大国都在向越来越封闭的经济圈中退缩。因此，日本对于未来贸易的预期变得悲观，并无惊人之处。但在分析甲乙两国关系时，我们必须更加具体地重点关注，是哪些因素可能使甲国重新评价关于与乙国贸易之利益和风险的权衡问题。本章提出了可能促使甲国限制乙国贸易途径的六大因素：担忧乙国对第三方大国图谋不轨；小国内乱，甲国需要干预；第三方大国对小国有所企图，迫使甲国采取行动；甲国对乙国的总体经济增长感到恐惧；甲国关键原料消耗殆尽，需要在别处争夺未来对这种资源的控制权；甲国立法部门阻挠行政部门的经济政策。

后面的案例研究将会证明，这些外源因素或单独或共同在战争爆发中起重要作用。这些因素会破坏贸易前景，使乙国领导人认为，造成其贸易关系恶化、国家衰退的问题，要靠自己采取措施来修正，几乎是毫无办法的。如果领导人不仅对未来抱有消极预期，而且认为这种预期来自"既定情况"，那么就比较容易认为，各种选择都有害，但战争是害处最小的理性选择，而且宜早不宜迟。

下一章将讨论我的研究方法，以及大样本定量分析在相依与战争问题研究中的价值。近来的定量分析有力地支持了这一观点：关于未来贸易的预期会深刻影响两国间爆发战争或军事冲突的可能性。然而，仅仅做定量分析还是不够的。定量方法用其他数据代替预期变量，而且只集中分析当前与过去数据的简况，最终并不能得到我们真正关心的结果，即领导人是如何考虑将来的。因此，在接下来的实证分析各章中，我要详细研究自1790年以来大国政治与军事冲突的主要案例。

案例研究的主要目的，是检验贸易预期理论的逻辑，将其直接与另外两种主要理论，即自由主义和经济现实主义相比较。我们通过历史文献检验这几种相互竞争的理论，方法简单明了。如果我们看到相互依赖维持着和平关系，可是当贸易投资水平下降时，导致冲突和战争的单位层次运动就得到释放，那么自由主义就得到了支持。反之，如果我们看到有依赖性的行为主体抓住机会，降低自身脆弱程度，加强供给安全，那么经济现实主义就得到了证实。然而，如果领导人较少注重当前的贸易与投资，较多注重将来的预计商贸水平，并且根据其估计情况乐观与否以及会如何影响国家安全来调节政策，则贸易预期理论即可成立。

我们不能指望用某一种理论来解释世界政治中的每个案例。确实有许多案例，其中经济因素与敌对行为的爆发关联甚少，或毫不相干。尽管如此，通过设置研究方法，纵观过去两百年间所有大国的基本案例，我们还是可以初步确定，贸易与商业是几百年来导致战争的突出原因。如果本书可以说明，大国行为在不同时间地域发生变化（即使原本有人认为经济因素并不重要），都可以用贸易预期理论来解释，而且解释力很强，出人意料，那么采用动态方法研究国际关系的价值就显而易见了。

第二章
定量分析与定性案例分析研究

在过去三十年中，学者均以实证方法推动关于经济相互依赖与冲突的研究，专门用大样本定量方法检验各种相互竞争的假说。其实，哪怕是根据外交与历史资料仅做过一例深入研究的学者，已经屈指可数，更不用说试图对不同论证方法进行跨案例分析的人了。[①] 绝大多数实证研究只关注由复杂数学模型得到的统计结果，至于这些结果如何应用于具体案例或时期，则不甚了了。因为定量方法原本就是用于研究变量之间的相互关联，而不是因果关系本身，所以假如将其作为唯一方法或主要方法，就不能充分理解带来和平或导致战争的因果机制。本书更为远大的目标就是纠正这种情况。1790 年是世界历史上现代后革命时期的开端，本书由此开始，深入研究档案材料，指出国际经济变量对于大国之间冲突肇始的相对突出意义。通过详细的案例分析，我们可以确定，相对于其他潜在因果要素，大国经济相互依赖与商业预期在何种程度上真正推动了世界历史，以及在推动过程中，具体哪种以经济为基础的理论得到了最有力的支持。

---

① 确实对历史资料做过跨案例研究的学者主要有：Ripsman 与 Blanchard，1995 – 1996；Gholz and Press，2001，2010；Papayoanou，1996，1999；Bearce，2001，2003；McDonald，2009。

但这并不是说，定量分析在关于经济相互依赖与战争的研究中不能占有重要的一席之地。关于商贸对国际冲突的影响问题，近来的研究确实提出了诸多关键的新见解，可能改变整个国际关系领域的研究方向。最重要的是，这种研究揭示出，贸易依赖性、相互民主水平等关键变量，就其本身而言，对于国家之间发生冲突的可能性并无一贯重要或一贯可预测的影响。其影响要以其他变量的存在为条件，如发展水平、合同强度、制度与高层接触的作用，这些变量决定了经济相互依赖和民主会在何时、何种程度上改变军事冲突和战争的可能性。我们将看到，这样的研究成果会让我们不再那么相信自由主义者的基本主张，即商业总是倾向于减少冲突的可能性，或较高程度的共同民主一定会建立"民主和平"的区域。近来的大样本研究给我们的启发，对现代自由主义者而言是惊人的观点：不仅商业可能产生正反两种作用——可以使国家走向和平，可以将其推向更剧烈的冲突，而且贸易和金融往来的强大影响，也往往会消除政权类型的因果作用。

在后面的几章中，我们将通过深入的案例研究，指出这种惊人结论可以得到史料的有力支持。我将证明，经济相互依赖的影响取决于对未来贸易和金融往来的预期，这种预期会深刻影响领导人对其在体系中的长期权力地位的信心。近来的定量研究已经证实，即使各国之间的贸易水平很低甚至不存在，对商业环境的预期还是会推动外交政策；推动国家行为的，是领导人对未来的预期，并结合对未来商业的潜在需要。通过案例研究也可发现，在把国家推向战争的因果变量中，政权类型的效果很弱。自由主义认为，当贸易水平很低时，抱有病态目标、国内结构也呈病态的国家会发动战争。然而，即使是在这种观点的"最佳案例"中，档案材料也显示，国家经济状况的外部压力对发动冲突之决策的影响，几乎总是强于单位层次的推动因素。我们将会看到，进行定量研究的学者巧妙地支持了这个结论。他们指出：可能成为现代自由民主国家间民主和平之基础的，不是国内制度或道德约束，而往往是这种国家具有的经济结构。因为大样本研究揭示的是相互关联而不是因果关系，所以，这种结构如何以及为何能降低发生冲突的危险，究竟要用何种因果机制来解释，仍需定量研究学者进行讨论。我认为，定量研究文献中呈现的多种模型，只有用贸易预期的逻辑，才能连贯地加以解释。

本章的后半部分讨论用于探究定量历史案例的研究方法，并总结六个历史案例章节的研究结果。我所关注的，是考察稀有事件时所用的案例研究新方法。我在本书中研究的现象——即破坏稳定的大国危机和战争，及其随时间而不断变化的肇始概率——幸好在现代世界史上属于稀有事件。正因稀有，所以要有各种复杂因素共同作用，事件才会发生。深入的定量研究相对于定量方法具有优势，能够将具体案例的原因剖析清楚。然而，传统的案例研究方法往往存在选择偏倚的问题，而且无法跳出案例之外进行概括。我要说明，在规定的时间范围内，针对清楚界定的一系列行为主体来研究全部基本案例，可以解决这个问题，同时可让我们集中讨论最有意义的问题：某种理论的各个因素能够解释所研究的现象——这种情况有多常见，这些因素有多么突出？国际关系研究要想真正进步，学者们就必须积极讨论具体案例，并就各种理论适用于不同时间地域的频度和程度达成大体一致的意见。为促进这个目标的实现，本章的最后部分简要总结了以下六章的研究成果。通过总结，不仅强调了商业因素在大国危机肇始过程中惊人的突出作用，而且指出，在解释这种因素如何深刻影响了1790年以来战争与和平的可能性时，自由主义和经济现实主义论证方法的表现均不及贸易预期理论。

定量研究的贡献

从20世纪80年代初到90年代末，关于经济相互依赖与战争的定量研究都围绕着一个简单问题：如果相互依赖的程度上升，那么发生军事冲突的概率会增大还是减少？但极少有人花工夫探讨商业的影响是否取决于其他重要变量的存在。② 在新定量研究的初始阶段，用如此简单明了的方式表达关键研究课题是有道理的。毕竟，我们是想弄清新变量——在此情况下就是经济相互依赖——相对于业已确立的因果变量（在分析中一般表现为"控制变量"）是否具有统计意义上的显著影响，而且如果有，那么这种影响是正面还是负面的。

早期研究的设置太简单，所以必然会得到相互矛盾或过于笼统的答案，不仅没有使研究领域变得较为明朗，反而使之愈发混沌。奥尼尔与拉塞特代表自由主义观点，提出经济相互依赖程度上升（通常以贸易占 GDP 之比衡量）一般会与国家间的军事化争端与战争可能性减少相关联。他们也能够支持自由主义较广义的主张，认为相互民主与国际机构的存在，与经济相互依赖共同作用，都有助于增进和平的希望，每个因素对整体而言都有益处，而且是有统计意义的益处。③ 芭比埃里（Barbieri）对奥尼尔和拉塞特关于相依问题的定量研究结果提出了质疑。她从基本属于现实主义的框架出发，证明通过对关键自变量的不同概念化过程，可以表明相互依赖或许对国际冲突并无统计意义上的影响，或者非但不会减少，反而会增加其可能性，与自由主义者的主张恰恰相反。④ 到 20 世纪 90 年代结束时，关于自由主义还是现实主义两方何为正确的问题，出现了激烈的辩论，而且基本上没有定论。⑤

---

② 早期的研究包括 Polachek, 1980, 192; Polacheck 与 McDonald, 1992; Gasiorowski and Polacheck, 1982; Gasiorowski, 1986。
③ Oneal and Russett, 1997, 1999, 2001; Oneal, Oneal, Maoz and Russett, 1996; Oneal, Russett and Davis, 1998.
④ Barbieri, 1996, 2002.
⑤ 譬如，可参阅《和平研究学刊》（*Journal of Peace Research*）1996 年第四期特刊中登载的辩论文章。

到世纪之交时，许多学者已经意识到一个明显问题：任何像经济相互依赖（不论如何衡量）这样的单个变量与军事化冲突之间的相互关联，只能反映平均关系。在简单的定量模型中，大量的数据点将远远落在任何"回归线"之外，说明大量的个案所反映的因果关系，可能与数据点的平均值看似能够揭示的因果关系恰恰相反。若情况如此，则相互依赖可能产生正负两种作用，有时加剧冲突，有时减少冲突。那么，一切都取决于具体还有哪些条件与经济相互依赖彼此作用，以确定贸易和金融交往会损害还是提高和平的希望。然而，最初的定量模型只是在已经确立的基本属于非经济性质的控制变量基础上，增加了经济相互依赖的衡量标准，所以无法反映这种条件关系。

1990年代末，自由主义和现实主义最初的争论陷入僵局，需要交互变量才能将其打破。简单的定量模型可考察因果变量A和B是否对事件E有独立的附加影响。而在含有交互变量的较复杂模型中，则引入了交互项A×B，关注A和B在何种程度上可能相互影响，产生协同增效作用，在不同时空范围内确定E的值。根据系数符号正负，把引入交互项与单个变量A和B联系起来理解，可以揭示简单的附加模型中隐含的条件关系（Friedrich, 1982; Braumoeller, 2004）。

在此方面最初的重要贡献，是格尔皮和格里科（Gelpi and Grieco, 2003b: 51）对奥尼尔和拉塞特以及芭比埃里数据集的重新考察，他们引入了交互项，以反映政权类型（相互民主程度）与经济相互依赖之间可能产生的协同增效作用。格尔皮和格里科采用了专门用于分析稀有事件数据的逻辑回归估算器（logit estimator），先是再现了奥尼尔和拉塞特以及芭比埃里的基本研究结果，即相互依赖或是对发生军事化争端的概率有统计意义上的显著负影响（奥尼尔和拉塞特），或是没有统计意义上的显著影响（芭比埃里），其结果见表2-1的第1、3栏。然后指出，如果引入政权类型与相互依赖的交互项,就会大大改变我们对各变量的认识(第2、4栏)。⑥ 当引入交互项时,贸易依赖性变量本身仍然重要,但会从负系数变为正系数。"民主"这个政权变量的系数仍为负值而且有效,正如自由主义者所料;同时,交互项的系数也为负值而且有效。以上结果意义深刻,说明在两国都很民主时,相互依赖只会有助于减少军事冲突的概率。然而,如果联合民主的程度很低,则经济相互依赖程度越高,发生冲突的危险反而越大。

表2-1 格尔皮和格里科关于民主与相依作用的研究结果
(因变量:国家间军事化争端之肇始)

	奥尼尔和拉塞特模型	格尔皮和格里科模型	芭比埃里模型	格尔皮和格里科模型
民主与贸易变量				
贸易依赖程度较高	2.165	2.753	0.876	1.196
	(2.533)	(2.946)	(1.243)	(1.278)
贸易依赖程度较低	-59.847**	70.037**	-2.797	40.887**
	(27.313)	(21.353)	(7.820)	(16.912)
低度民主×低度依赖	—	-9.199***	—	-5.112**
		(3.115)		(2.037)
更低度民主得分	-0.800***	-0.0683***	-0.089***	-0.068***
	(0.014)	(0.149)	(0.014)	(0.015)
控制变量				
国家相互接壤	2.423***	2.399***	2.025***	2.010***
	(0.182)	(0.180)	(0.181)	(0.179)

⑥ 因变量是军事化争端的肇始。[并未说明所检验的历史时期,但一篇类似论文(Gelpi and Grieco, 2003a)中给出的时间是1950~1992年,与奥尼尔和拉塞特研究的时间范围相对应;另见 Gelpi and Grieco, 2008。] 与大多数定量分析一样,其民主与贸易依赖性变量采用了所谓"薄弱环节假说",使用成对两国中得分较低国家的民主和贸易依赖程度得分。在本章的六个统计表中,为节约篇幅,我省去了作者列出的和平年代样条、截距,以及对数概度估计值。

续表

	奥尼尔和拉塞特模型	格尔皮和格里科模型	芭比埃里模型	格尔皮和格里科模型
首都间距离 Ln	-0.741***	-0.735***	-0.509***	-0.516***
	(0.074)	(0.073)	(0.074)	(0.075)
能力比率 Ln	-0.221**	-0.216***	-0.141**	-0.148***
	(0.049)	(0.049)	(0.057)	(0.056)
成对大国	2.367***	2.370***	1.691***	1.731***
	(0.218)	(0.215)	(0.183)	(0.179)
共同联盟纽带	-0.431**	-0.407**	-0.256	-0.258
	(0.179)	(0.175)	(0.192)	(0.189)
观察次数	28100	28100	12574	12574

注：Gelpi 与 Grieco 2003a，51，因篇幅所限，有些数字已四舍五入，且略去了四个"和平年代样条"。观察次数少于本书对其他著作所做的研究，因为格尔皮和格里科采用了稀有事件逻辑回归分析法。Gelpi 与 Grieco（同上）原注：系数的标准误差写在括号中。允许有休伯－怀特（Huber-White）稳健标准误差。关于统计意义的所有检测均为双尾。* $p<0.10$；** $p<0.05$；*** $p<0.01$。

  自由主义关于商业和平的简单看法，显然有哪里不太对劲。对很民主的国家而言，贸易能降低发生战争的概率。但对于专制国家而言，却反而使冲突更容易发生。当然，格尔皮和格里科的研究结果是计算机生成的大样本相互关联集，让人不禁要问：为什么会出现这种情况？格尔皮和格里科（2003b：52-54）结合经典自由主义理论和选举团（selectorate）理论提出假说，认为民主国家领导人对广大民众反应较积极，所以对中断贸易的机会成本很敏感。专制国家领导人对这种机会成本不那么敏感，因此在发动危机和战争方面所受约束较少。⑦ 但这种解释有不完整之处，虽然也许能抓住贸易水平高的民主

---

⑦ 关于选举团理论，见 Bueno de Mesquita, Morrow, Siverson and Smith, 1999；Bueno de Mesquita, Smith, Siverson and Morrow, 2003。

国家不愿打仗的部分原因，但至于为何贸易水平高的专制国家比贸易水平低的专制国家容易陷入冲突，这种解释却不能令人满意。像多数自由主义论证方法一样，格尔皮和格里科的解释也是基于贸易对国家间发生战争的制约作用。民主国家领导人可能对这种成本比较敏感，因此在贸易水平很高时不愿发生冲突。然而，按照其自身逻辑，专制国家领导人或是应该随着贸易水平上升而略微减少发起冲突的倾向（如果至少对舆论有些敏感），或是完全不受贸易水平影响。至于其为何会因为贸易水平上升而走向冲突，在此论证过程中却没有得到解释。

格尔皮和格里科（2003b：52，54）并非没有意识到这个问题，但解决方法却只是主张现实主义者关于专制国家的观点一定正确，即商业往来增加后，专制国家会更加强烈地意识到，一旦贸易中断，国家很容易受到伤害。这是一种临时应变的论点，并不能说明为何现实主义只适用于专制国家，也不能说明在何种条件下现实主义式的逻辑亦可适用于民主国家，从而抵消关于"机会成本"的推理论证。较为可信的概念性方法（能提出前后一致的理论论证，适用于所有成对国家）应该从这样一个观念出发：决定民主国家与专制国家是否可能发动军事冲突的，不是国内的制度或道德素质本身，而是国家的经济特征。

譬如，用贸易预期理论的方法，可以这样解读格氏的研究结果：民主国家由于其自由经济结构和意识形态使然，相比专制国家，一般主要以自由贸易或至少是比较自由的贸易为导向。因此，两个民主国家之间贸易水平很高时，两国对于开放商业的长期前景往往很有信心。即使偶尔提高针对贸易的关税或非关税壁垒（譬如因认为其他国家在某些领域有不公平贸易行为，而加以惩罚），但信心不减。然而，如果认为专制国家因经济导向之故，不大可能会秉持长期的"门户开放"政策，那么，这种国家的贸易依赖性越高，发生军事化冲突的概率就越大。由于贸易预期不定或悲观，其中一国，或两国皆然，会转而使用武力，以保护获得原料、投资、市场的途径。这就可能导致贸易－安全形势不断恶化，只会加剧互不信任和互相敌对。所以，按照这种解读方式，民主和平其实是经济和平，其基础是多数民主国家采取的自由贸易主要导向。两个民主国家若贸易相依程度提高，则发生军事化冲突的风险降低，原因正是两国对将来商业环境怀有正面预期。而同样情况下，两个专制国家却更容易发生冲突，原因正是对未来商业的悲观预期。[8]

希格尔（Hegre）、穆索（Mousseau）、加茨科（Gartzke）、麦克唐纳（McDonald）的研究强烈指向一个观念：真正重要的是各国的经济特征，以及这些特征对外部世界意味着什么，而不是各国的立法或道德方面本身。[9] 希格尔和穆索分别撰文提出，相互依赖与联合民主各自对发生军事化冲突可能性的影响，取决于两国达到的发展水平。通过检测包含相依与发展以及民主与发展之互动项的统计模型，可以颠覆关于自由商业和平与自由民主和平的简单论证，或对之做出重大限定。希格尔（2000：16）证明，如果向基准模型中加入"相依×发展"这个交互项，则交互项系数及发展变量本身的系数均有效，且为负值。然而，经济相互依赖变量本身虽然在统计意义上仍高度有效，但符号由负变正。这说明，只有当两国都

---

[8] 请注意，并不是民主国家必然要产生更多的实际贸易，然后这种贸易再成为中介变量，促进更广泛的和平。即使当前的贸易水平很低，甚至不存在，但如果两国都保持和平，各方都期待着将来能得到源源不断的收益，那么关于民主国家之间未来贸易的正面预期就仍然会产生效果。下文讨论的文献能很好地支持这个观点。

[9] 关于支撑传统的民主和平研究、强调制度与规范的论证，尤可参阅 Doyle, 1986b; Russett, 1993; Maoz and Russett, 1993; Owen, 1994; Chan, 1997; Dixon, 1994; Lipson, 2003; Ray, 1995; Gleditsch, 2008。关于对这种观点的批判，尤可参阅 Farber and Gowa, 1995; Layne, 1994; Rosato, 2003。

是高度发达国家时，贸易依赖性才有助于降低发生军事冲突的可能性。如果传统关系中的两国其中之一发展水平较低，或两者皆低，则经济相互依赖程度越高，其实反而越会增加发生冲突的概率。以上结果见表2-2。⑩

表2-2 希格尔关于发展与相依作用的研究结果
（因变量：1950~1992年间毁灭性军事化国际争端之肇始）

	模型1	模型2
发展与贸易变量		
相互依赖（贸易引力模型残余）	-0.13***	0.87***
	(0.39)	(0.29)
发展：人均GDP	-0.48***	-0.70***
	(0.18)	(0.16)
相依×发展	—	-0.14***
		(0.04)
控制变量		
两个民主国家	0.28	0.34
	(0.40)	(0.39)
两个专制国家	0.019	-0.045
	(0.26)	(0.25)
缺失的政权数据	-0.91	-0.076
	(0.78)	(0.76)
接壤	3.03***	3.02***
	(0.35)	(0.34)
结盟	0.06	0.007
	(0.25)	(0.25)

---

⑩ 希格尔采用的因变量，是1950~1992年间的毁灭性军事化国际争端之肇始，以倍增严重性模型（multiplicative gravity model）衡量成对两国的相互依赖程度。发展水平反映为人均GDP。为节省篇幅，我省去了希格尔的"规模不对称"和"和平历史"变量。

续表

	模型 1	模型 2
一个大国	-0.14	-0.001
	(0.37)	(0.36)
两个大国	0.52	0.47
	(0.53)	(0.53)
观察次数	266094	266094

注：Hegre 2000, 16，为节省篇幅，已删去"规模不对称"与"和平历史"两个控制变量。以上模型 1 和模型 2 分别对应希格尔的模型 1b 和 1c。系数的标准误差写在括号中。关于统计意义的所有检测均为双尾。$^*p<0.10$；$^{**}p<0.05$；$^{***}p<0.01$。

穆索（2003：表 1，490；表 2，495）的著作主要考察的是，取决于发展水平和性质的，可能并非自由商业和平本身，而是民主和平。虽然如此，他的研究结果还是对研究经济相互依赖和战争具有重大意义。在初次呈现其研究结果时，穆索提出，一旦引入民主与发展的交互项，则正当交互项的系数为负时，联合民主的系数由负值变为正值。这说明，只有当两个行为主体都是发达国家时，联合民主才有助于降低发生冲突的风险。如果发展水平很低，联合民主其实反而会增加发生军事化冲突的可能性——穆索在后来与希格尔和奥尼尔合写的一篇文章里证实了这个结果。[⑪] 所有这些研究成果，都为这个引人入胜的观点提供了论据：民主和平其实是经济和平，而不是政治和平。

就相关性而言，为何发展似乎会产生这种强烈的条件作用？在较近期的著作中，穆索（2009，61）想要揭示其中的因果关系。他提出，发达国家比较能够促进他所谓的"契约密集型经济"（CIE），即交易的基础是非私人的契约，以有效的法律体系为支撑，而不是传统的社会关系与私人交往。他认为，如果企业在这种"契约密集型经

[⑪] Mousseau, Hegre and Oneal, 2003, 294-300.

济"内部或之间开展业务,就可以克服信任方面的问题,即不知对方是否确实打算信守履行义务的承诺,直至将来。否则,信任问题就可能阻碍双方前进的意愿。按照他的总结,契约密集型经济"促使人相信陌生人会履行契约中的承诺";这就是说,已建立这种经济的国家将"比其他国家拥有较高的非私人信任程度"。在他的实证检验中,交互项"联合民主×契约密集型经济"高度有效且为负值,而"联合民主"变量的系数可为负也可为正,视模型规格而定,但从未达到有统计学意义的程度。这就是说,只有当两国之中至少一国有契约密集型经济时,联合民主才能促进和平。而且,这个研究结果具有鲁棒性:即使引入与之竞争的经济变量,包括贸易相依与资本开放,但交互项仍然具有统计学意义。上述结果见表2–3。[12]

表2–3 穆索关于民主与契约密集型经济作用的研究结果
(因变量:1961~2001年间毁灭性军事化国际争端之肇始)

	模型1	模型2	模型3
民主与CIE变量			
民主$_{低}$	-0.03	-0.02	0.02
	(0.02)	(0.02)	(0.02)
民主$_{低}$×单个国家CIE	-0.20***	-0.20***	-0.27***
	(0.04)	(0.04)	(0.06)
单个国家CIE	-0.85**	-0.90**	-1.47**
	(0.30)	(0.30)	(0.53)

---

[12] Mousseau(2009:表2)。穆索采用的因变量,是1961~2001年间毁灭性国际军事化争端之肇始。他通过"薄弱环节假说"衡量联合民主。"契约密集型经济"是一个二分变量,以"单个国家契约密集型经济"(成对两国中的一国有这种经济,或两者皆无)相对于"联合契约密集型经济"来衡量,因为后者与和平完全相关,故而会让结果朝有利于作者逻辑的方向产生偏差(同上:68~71)。

续表

	模型1	模型2	模型3
发展_低	0.05	—	—
	(0.09)		
贸易相依_低	—	-0.59	—
		(0.41)	
资本开放性_低	—	—	-0.15**
			(0.05)
控制变量			
能力比率_低	-0.21***	-0.23***	-0.15
大国	0.94***	0.96***	0.84*
接壤	1.52***	1.56***	1.37***
距离	-3.42***	-3.43***	-3.78***
和平短暂	3.14***	3.13***	3.13***
发展_高	-0.38**	-0.33**	-0.35**
距离×发展_高	0.34***	0.34***	0.37***
观察次数	276133	276133	145584

注：Mousseau，2009，73。下标"低"表示选择了成对两国中该变量较低的国家（下标"高"表示该变量较高）。系数的标准误差写在括号中（因篇幅所限，穆索没有写明控制变量的标准误差）。* $p<0.05$；** $p<0.01$；*** $p<0.001$。CIE 表示"契约密集型经济"。模型1、2、3分别对应穆索的模型1、2、6。

综合来看，希格尔和穆索的实证研究迫使我们从根本上重新思考自由主义的观念：贸易额上升和联合民主这两个因素，仅靠其本身，就必将提高和平的概率。然而，我们必须回到众所周知的一点，即定量研究结果本身只是暗示性的相互关联，并不能直接表明其背后的因果机制。因此必然需要推测性解释。我们共同的学术研究目标一定是：找到可信的解释，适用于尽可能多的研究结果。总之就是，哪种关于因果关系的解释最能让人理解多种多样的定量研究资料？

希格尔借鉴了罗斯克兰斯的观点，提出因果推测，认为发展水平越高,夺取和占有领土的成本就越高,这也许能解释为何仅当各国经济发达时,贸易水平提高才能降低军事化冲突的可能性。然而,这顶多只能算是部分解释。彼得·利伯曼(Peter Liberman,1996a)以实证研究指出,在多种条件下,即使在20世纪,发达国家也经常对其他发达经济体进行实质上的攻击和经济剥削。穆索的观点让我们另辟蹊径,可能更有收获。发达经济体的基础一般都是"契约密集型经济"结构,有利于陌生人之间建立非私人的信任。因此,这种经济体对未来商业环境往往怀有比较正面的预期。按本书理论的说法,在契约密集型经济主导的环境下,领导人会信心大增,认为商业伙伴将不断拥有获得原料、投资与市场的开放途径。于是就更有理由对其未来权力地位持乐观态度,而不太有理由发动预防性战争或引发危机,以武力威胁对方扩大其获取原料、投资和市场的途径。

我现在要指出,这种解释得到了过去十年间进行的其他多种大样本检验的支持,其中一些直接采用了商业预期的概念,以理解其结果。爱德华·曼斯菲尔德(Edward Mansfield)、乔恩·皮伍豪斯(Jon Pevehouse)、大卫·比尔斯(David Bearce)(1999~2000)证明,特惠贸易协定(一大类制度,包括自由贸易区、共同市场、关税同盟)对发生军事化国际争端的可能性有统计意义上的负面影响。在后续分析中,曼斯菲尔德和皮伍豪斯(2000:788)指出,如果两国都加入了特惠贸易协定,则相比没有加入的情况,发生军事化国际争端的概率减半;而且,即使当前贸易水平很低,甚至不存在,这种协议也会产生减轻冲突的效果。这几位学者借鉴贸易预期理论,为其研究结果提出了简单明了的解释:特惠贸易协定能降低贸易壁垒,同时使参与者更有可能维持最低壁垒,直到未来,从而"促使人期待未来的经济收益"。所以,这种协定能"使某国本届政府关于和选定的贸易伙伴维持开放贸易之承诺变得更为可信",正因其有助于约束后面可能比较倾向于保护主义的各届政府（Mansfield，Pevehouse 与 Bearce，1999 - 2000：98）。⑬ 于是，原本存在的"承诺问题"（即贸易国家担心对方是否真的愿意维持开放贸易，直至未来）即使不能完全消除，也会得到缓解。

在后来的著作中，比尔斯（2001，2003）以案例研究支持了上述推测。他考察了三种以地区性贸易协定为开端的制度，分别是波斯湾国家之间的"海湾合作委员会"宪章、南美洲南锥地区国家之间的《梅考苏公约》、西非国家之间的《ECOWAS 公约》，指出对将来贸易利益的预期有助于缓和发动军事化冲突的动机。⑭ 即使各国之间的贸易水平一开始很低，也仍然会是这样，因为对将来的正面预期给予当前和平时期的各国一个赌注。而且，从比尔斯的角度来看，有助于改善政治关系的，并不只是存在地区性公约。国家领导人以及高级官员之间的高层会晤也能起到关键作用，就对方关于未来贸易与和平的承诺，建立更高程度的信任。在衡量高层会晤程度的大样本研究中，比尔斯与大森佐和（2005：664，671）更进了一步。他们指出，在多种模型规格下，参与特惠贸易协定的各国之间的高层外交往来，对于降低发生军事化冲突可能性而言都特别重要。即使有了"经济融合程度"和"贸易相依程度"这样的替代变量，这种交往还是会产生有统计意义的负向效应。比尔斯与大森佐和的解释令人深受启发。他们认为，各国越是在特惠贸易协定下进行高层交往，其领导人就越能逐渐互相信任——在他们的逻辑中，"信任"定义为"当前关于另一行为主体将来行为的正面预期"。随着信任程度增加，各行为主体会逐渐认为，对方确实已决定在制度结构内信守

---

⑬ 亦可参阅 Mansfield and Pevehouse，2000，779 - 780。关于需要制度和相互依赖共同作用、创造和平条件的早期非定量论断，见 Keohane，1990。

⑭ "梅考苏"（Mercosur）意为"南部共同市场"。ECOWAS 意为"西非国家经济共同体"。

第二章　定量分析与定性案例分析研究

承诺。⑮

世界历史上如果确实出现过"资本主义和平",那么商业预期往往在其中起主导作用。近来,埃里克·加茨科(Erik Gartzke)和帕特里克·麦克唐纳(Patrick McDonald)分别主张存在过这种和平。民主和平主要反映了经济结构,而不是国内制度或自由风气。以此观点为基础,加麦二氏想要证明,一旦引入衡量"联合资本主义"程度的变量,"联合民主"的统计意义或实质意义就或是降低或是完全不复存在。加茨科认为,资本主义国家的经济发展水平一般较高,在维持重要的金融和贸易往来方面有共同利益,而且更加能够表达打仗的意愿,因为军事冲突带来的市场反应可成为代价高昂的信号,显示其决心。这三个因素共同作用,应该会使资本主义国家不太容易涉入军事化国际争端。⑯ 表2-4给出了加茨科(2007:表1,177)的某些关键研究结果。⑰ 此表说明,较高的相互金融开放性(这是加氏衡

---

⑮ 尤伦·哈夫特尔(Yoram Haftel, 2007)证实,在地区贸易协定下进行高层交往确实很重要,同时也强调,这种交往能够促进信任与互信。

⑯ 我们很有理由质疑加氏解释中的第三个因素,这个因素重申了加茨科、李权(音)(Quan Li)和查尔斯·博埃梅(Charles Boehmer)(2001;亦见Gartzke与Li, 2003)提出的"信号理论"。我们在第一章中已讨论过,认为高额贸易或金融依赖性有助于国家显示其在危机中使用武力的决心,这种观点并无合乎逻辑的理由。李本人现在也反对这种观点。在与拉菲尔·鲁文尼(Rafael Reuveny)合写的一本书中,李指出了"信号逻辑"的一系列主要实证问题,包括一旦将总体贸易分解为各个组成部分,则定量分析表明,与某些进出口领域相关的,是军事化冲突增多而非减少。见Li and Reuveny, 2009, 182-183。其研究结果得到了Dorussen, 2006与Souva, 2000的支持。嘉娜·冯·斯坦因(Jana von Stein, 2001)也指出,"发出经济信号"的行为(即以经济制裁表现决心),如果一定要说有影响,那么在定量分析中与之相关的,是增加而不是减少发生军事化国际争端的概率。这个结果与信号理论直接矛盾,但十分吻合贸易预期理论,因为后者强调,如果中断贸易,就会使对方国家关于其将来权力地位的看法变得更加悲观。

⑰ 加茨科采用的因变量,是1950~1992年间军事化国际争端之肇始。在衡量贸易依赖性、民主、发展,以及"金融开放性"这个关键变量时,全部采用"薄弱环节假说"。

量市场资本主义水平的主要标准），对于发生军事化国际争端的可能性具有统计意义上的负向效应。也许更重要的是，在基准模型中加入这个变量之后，联合民主的统计意义就完全抹去了。所以加氏得出结论：任何自由和平（liberal peace）的根源都不是民主的政治制度，而是与自由民主国家相关的经济开放性。[18]

表2-4 加茨科关于民主与资本主义（"金融开放性"）作用的研究结果
（因变量：1950~1992年间军事化国际争端之肇始）

	模型1	模型2	模型3	模型4
民主与经济变量				
民主$_\text{低}$	-0.064***	-0.010	-0.011	-0.017
	(0.014)	(0.014)	(0.013)	(0.012)
民主$_\text{高}$	0.0356***	0.0077	0.0080	-0.0022
	(0.010)	(0.012)	(0.012)	(0.013)
贸易依赖性$_\text{低}$	-37.8343*	-16.9177	-5.2063	-5.4023
	(15.874)	(10.073)	(8.473)	(9.036)
金融开放性$_\text{低}$	—	-0.1877***	-0.2143***	-0.2468***
		(0.053)	(0.059)	(0.058)
发展$_\text{低}$	—	—	2.237×10^{-4}***	2.481×10^{-4}***
			(3.87×10^{-5})	(3.25×10^{-5})
发展$_\text{低}$×接壤	—	—	-2.853×10^{-4}***	-2.776×10^{-4}***
			(4.91×10^{-5})	(4.92×10^{-5})
利益	—	—	—	-0.9824***
				(0.201)
控制变量				
接壤	2.003***	0.760***	3.429***	3.740***
	(0.211)	(0.302)	(0.306)	(0.273)

---

[18] 关于对加氏研究方法的批判，见Dafoe，2011。有人认为，创造商业和平条件的因素中，对外直接投资流尤其重要。关于此看法，见Rosecrance and Thompson，2003。

续表

	模型 1	模型 2	模型 3	模型 4
距离	-0.6108***	-0.4742***	-0.4327***	-0.4164***
	(0.084)	(0.097)	(0.093)	(0.085)
大国	2.515***	2.030***	1.973***	1.404***
	(0.257)	0.374	(0.356)	(0.273)
结盟	-0.430*	-0.238	-0.217	-0.007
	(0.203)	(0.240)	(0.232)	(0.233)
能力比率	-0.304***	-0.129*	-0.130*	-0.151**
	(0.055)	(0.060)	(0.058)	(0.056)
观察次数	282287	175548	171509	166140

注：Gartzke，2007，177。下标"低"表示选择了成对两国中该变量较低的国家（下标"高"表示该变量较高）。接壤、大国、结盟为虚拟变量，而距离和能力比率为登录变量。为节省篇幅，略去了加氏关于地区的控制变量。系数的标准误差写在括号里。* $p < 0.05$；** $p < 0.01$；*** $p < 0.001$。模型 1、2、3、4 分别对应加氏的模型 1、2、4、5。

麦克唐纳也提出了关于资本主义和平的论证，但采取了不同的角度。他认为，如果国家设立了很高的保护主义贸易壁垒，且占经济很大比重的关键产业皆属国有，则怀有侵略意图的领导人在发起军事冲突方面所受约束较少。关税收入和国有企业利润使国库充盈，有对外贸易利益的私人企业在行政决策方面发言权较少。在此情况下，领导人比较能够随心所欲地发动战争，执行扩张政策。反之，如果贸易壁垒很低，政府所有企业占经济比重很小，则领导人若想发起冲突，既缺乏财政资源，私企利益又会强烈抵制，从而会受到约束。

麦克唐纳的实证研究似乎可以支持这种国内层次的解释。关于保护主义和政府所有制经济，他采用的测量结果具有统计意义，而且符合预期的正面方向。也就是说，随着保护主义和国有经济增长，发生军事化国际争端的可能性也会提高。如果不使用交互项，如表 2-5 所示，则贸易依赖性没有统计意义。然而，一旦麦氏引入"依赖性×保护主义"这个交互项，以反映一种可能性，即贸易的效应取决于贸易壁垒的高低,就出现了有趣的现象。此交互项为正,且有统计意义("保护主义"变量本身也是如此),而"依赖性"系数为负,并表现出统计意义。麦氏(2009:表4.4、4.5,102-105)呈现的以上统计结果(即不带控制变量),见表2-6。[19]

表2-5 麦克唐纳关于保护主义与政府所有制作用的研究结果
(因变量:1970~2001年间军事化国际争端之肇始)

	模型1	模型2
经济与国内变量		
保护$_{高}$(关税水平)	0.024***	0.020***
	(0.007)	(0.007)
公有$_{高}$(政府所有制)	—	0.014***
		(0.004)
民主$_{低}$	-0.046***	-0.036**
	(0.013)	(0.013)
依赖性$_{低}$	-2.691	-3.415
	(5.442)	(5.158)
控制变量		
力量优势	-0.116*	-0.112*
	(0.061)	(0.060)
大国	1.408***	1.445***
	(0.210)	(0.203)
利益	-1.074**	-0.998**
	(0.359)	(0.352)
盟国	0.657**	0.684**
	(0.205)	(0.207)

[19] 麦克唐纳采用的因变量,是1970~2001年间军事化国际争端之肇始。"贸易依赖性"和"民主"变量采用薄弱环节假说,而"保护主义"和"政府所有制"变量则采用成对两国中这两个因素水平较高的一国,以更有效地检测其论点:保护主义和公有制程度越高,发生冲突的概率就越大。

续表

	模型1	模型2
距离	-0.298^{***}	-0.279^{***}
	(0.091)	(0.094)
接壤	2.187^{***}	2.211^{***}
	(0.282)	(0.286)
发展$_{低}$	$1.9 \times 10^{-4\,***}$	$1.7 \times 10^{-4\,***}$
	(7.1×10^{-5})	(7.0×10^{-5})
发展$_{低}^{2}$	$1.2 \times 10^{-8\,***}$	$1.2 \times 10^{-8\,***}$
	(5.1×10^{-9})	(4.9×10^{-9})
观察次数	87708	85416

注：McDonald，2009，102。下标"低"表示选择了成对两国中该变量较低的国家（下标"高"表示该变量较高）。系数的标准误差写在括号里。$^{*}\,p<0.10$；$^{**}\,p<0.05$；$^{***}\,p<0.01$。表中模型1、2分别对应麦氏的1、3栏（其2、4栏给出了"依赖性"变量的另一参数）。麦氏指出，所有模型都添加了样条，但未予显示。

表2-6 麦克唐纳关于依赖性与保护主义相互作用的研究结果
（因变量：1970～2001年间军事化国际争端之肇始）

	模型1	模型2
保护$_{高}$（关税水平）	0.019^{**}	0.015^{*}
	(0.008)	(0.008)
公有$_{高}$（政府所有制）	—	0.014^{***}
		(0.004)
依赖性$_{低}$	-24.483^{*}	-24.410^{*}
	(14.210)	(13.353)
依赖性$_{低}$×保护$_{高}$	3.737^{**}	3.615^{*}
	(1.898)	(1.850)
观察次数	87708	85416

注：McDonald，2009，105。在公开出版的版本里，为节省篇幅，麦氏略去了控制变量（其列表见本书的表2-5）。下标"低"表示选择了成对两国中该变量较低的国家（下标"高"表示该变量较高）。系数的标准误差写在括号里。$^{*}\,p<0.10$；$^{**}\,p<0.05$；$^{***}\,p<0.01$。上表中的模型1、2分别对应麦氏的第1、3栏（其2、4栏给出了"保护"变量的另一参数）。麦氏指出，所有模型都添加了样条，但未予显示。

我们如何解读这些研究结果？麦克唐纳（2009：104－106）指出，其含义之一，便是仅当两国进口壁垒均相对较低时，双边贸易往来增多才可能抑制军事冲突。但研究结果也表明，即使"两国之间没有双边贸易时，如果提高法规壁垒，则仍会增加发生军事冲突的可能性"。这两个实证观点都完全符合贸易预期理论。如果保护主义壁垒很高，就会促使已经依赖贸易的各国实施军事化政策，甚至发动战争，因为这些国家知道，这样做有助于恢复获得关键资源、投资、市场的途径，从而避免衰退。在1941年的日本案例中（第五章），我们将看到这个逻辑大举展开。但即使当前贸易水平很低，甚至不存在，而如果乙国需要甲国势力范围可以提供的资源，却又认为几乎不可能有进入其势力范围的途径，则甲国的高度保护主义立场仍会引发乙国的军事化行为。在第六章中将会讨论到，这就是美苏之间从1944年到20世纪80年代不断存在冷战紧张状态的一大原因。

有趣的是，麦氏的国内层次论证方法难以解释上述研究结果的后半部分。当贸易水平很高时，根据麦氏的逻辑，很高的进口壁垒确实很可能带来财政收入，应该有助于专制领导人实施侵略政策。然而，当贸易水平很低时，关税等贸易壁垒带来的财政收入就会极少或根本没有，原因很简单：两国之间没有贸易往来。麦氏只注重消除制约因素（如政府财政收入很低），却没有提出能够推动国家侵略行为的合理依据。因此，他的理论无法解释，为何即使两国当前贸易额很低或为零，却仍然可能在经济原因的推动下走向冲突。然而，如果两国对于贸易的需求很高，却得不到满足，且都认为对方不大可能满足这种需要，那么根据贸易预期理论，两国之间就可能发生冲突。总之，采用贸易预期理论的研究方法，可以非常简约地解释保护主义对军事化冲突的影响，而且能涵盖麦氏研究结果的两方面，包括其国内层次论证未能解释的那一方面。⑳

麦氏的另一个主要大样本研究结果——即如果经济结构中的政府所有制比重很高，就会与军事化冲突风险提高相关联——较能直接符合其国内逻辑。如果国家经济多由政府通过国有企业管理，则国家确实比较容易获得准备和发动战争所需的财政收入。但麦氏还是未能解释，为何这种国家在决定发动战争或危机之前，可能多年处于和平状态。其案例研究对此并无帮助，因为麦氏并未举例说明，曾有政府所有制比重很大的国家发动军事化危机或战争。㉑ 我们将在后面几章中看到，很少有证据表明，在1790年之后的两个世纪中，大国领导人认为政府控制公共企业是发起冲突的必要条件，更不用说充分条件了。当出现发起冲突的合理需要时，各种大国都非常愿意而且能够采取强硬政策，即使政府所有制经济数量极少——譬如英美等国。下面几章将指出，大国一般都只有在发现将来获得原料、投资、市场的途径即将受到威胁时，才会发起冲突。㉒ 究其本质，关于各国为何如此

---

⑳ 贸易预期理论对麦氏研究资料的解释，得到了米歇尔·本森（Michelle Benson, 2007）论著的进一步支持。本森指出，刚刚开展贸易的两国，或先前贸易水平很低的两国，如果贸易水平呈正向趋势线，则会有降低发生军事化冲突可能性的作用，且具有统计意义。若两国先前贸易水平中等或很高，则正向贸易趋势也会对发生军事化国际争端的概率有负向影响（但关于中等水平的研究结果并无统计意义）。

㉑ 麦氏研究了1845～1846年英美两国关于俄勒冈州，以及1895年两国关于委内瑞拉的案例，研究重点是在战争爆发之前，英美两国相对开放的贸易政策原本可能会怎样有助于解决矛盾。两国之所以陷入危机，当然不能用"政府所有制"这个变量来解释，因为在整个1世纪，直到20世纪，两国的这个变量都处于很低水平。麦氏对一战的解释是从安全角度出发的：德国由于担忧俄国的崛起而发动了预防性战争。麦氏指出，俄国的崛起部分源于公共企业带来的财政收入。虽然如此，但俄国并未挑起冲突，其实反而想要争取时间，进一步发展经济。这与麦氏关于政府所有制为何会增加冲突概率的基本预测相反。

㉒ 麦氏的实证研究结果，即政府所有制和军事化冲突之间呈高度正向关联，可能是其研究的历史时期（1970～2001）造成的。这段时间内发生的许多冲突均由俄国或中东国家发起，这些国家的公有制经济比例都很高。

频繁地陷入战争和军事化危机，最佳解释不是国内经济结构，而是对将来商业环境的信心降低。

定性分析：新方法与研究结果总结

通过以上对近期定量研究的梳理可见，采用预期理论的方法，不仅可为过去十年来的大样本研究结果提供有力的解释，而且还能解释定量研究结果中仍然存在的反常现象。然而，虽然大样本分析是检验关于经济相互依赖和冲突之观点的主导方法，但显然还是不够的。我在下面将要讨论，由于本身设置的缘故，这种方法存在一系列固有的重大局限，包括无法直接衡量领导人对未来的预期，以及难以处理在因果关系复杂的情况下不同变量的具体因果作用问题。定量研究尤其难以处理一种稀有事件，即发动战争或危机这类现象；在事件发生之前，领导人就已知道其本身对若干因素的影响，正是这些因素构成了决定稀有事件发生的诸多变量之组合。

然而，尽管大样本分析存在固有问题，却并不是说案例研究方法就一定胜其一筹，至少不能说传统的案例研究方法一定如此。这种研究一般存在两个相互重叠的问题：选择偏倚和缺乏可概括性。定性研究相对大样本研究一直有个明显优势：能够揭示将自变量与因变量相连的因果机制，从而有助于解释为何因素 A 或因素 B 与事件 E 相联系（George and Bennett, 2005）。这就超越了定量方法固有的相关分析。但这也会使定性研究者选择特别有用的案例，以说明因果机制在实际中如何运作。通过深入的过程追踪，学者们可以指出，领导人的行为在何种程度上出于一种而非另一种理论提出的原因，以及在当时影响与制约行为主体的所有因素中，这些原因有多么突出。但是，因为传统定性研究的目标是揭示行为主体为何采取行动，所以研究者往往会落入陷阱，挑选很能说明因果机制的案例，而忽略与模型不符的案例。即使这类研究者可以证明所选案例都是所检验理论的"铁证",或符合约翰·斯图亚特·密尔之求同求异法等方法的要求,也仍然存在可概括性的问题。我们也许可以相信所选案例没有问题,但对于更广泛的案例而言,这种理论是否有效、在何种条件下有效,我们不得而知。㉓

上述选择偏倚和可概括性的问题相互联系,似乎是定性案例研究所固有的。然而,我们将会看到,在处理稀有事件时,列出特定时间范围内与某种类型的行为主体(例如大国)相关的"全体"案例,是可以做到的,至少能将其作为一种理想状况。列出全体案例之后,研究者就不得不确定,所检验的一种或几种理论对所有案例而言有效程度如何。对可能支持某学者所偏好理论的案例而言,仍需深入分析,因为他毕竟还是要说服读者,这种理论确实能解释具体案例。但通过划定在较大背景下行得通的案例,可避免关于选择偏倚的批评,同时了解理论是否能够很好地适用于不同的时空背景。最重要的是,从实际立场出发,我们能通过这种方法得到想知道的答案:某种理论能或不能解释我们关心的稀有事件,频度各为几何。这样,我们就可以超越关于某些理论或因素是否"重要"的陈腐争论,集中研究更有意义的问题:这些理论或因素起重要作用的频度如何,以及有何相对解释力或突出性。

国际关系稀有事件定性研究的新方法

国际关系中的稀有事件,如危机和战争的肇始,是大样本研究者面临的重大挑战。这种现象有待解释的正面案例非常之少,因此极难

㉓ 见 King, Keohane, and Verba, 994; Collier and Mahoney, 1996; Collier, Mahoney, and Seawright, 2004; Brady and Collier, 2010。

衡量系数及统计意义。将全部稀有事件纳入样本，仅排除占很小随机比例的不重要事件，可以多少缓解一点这种方法问题。㉔然而，从定性研究者的视角来看，这种大样本研究忽略了一个关键点：稀有事件之所以稀有，是有原因的。国际关系中的稀有事件，一般都是一系列复杂因素必须同时作用，事件才能发生的情况。其中每个因素都是事件的必要条件，因为少了任何一个因素，事件就不会发生。但各个因素汇到一处，就成为事件的充分条件。这就是"单个必要、整体充分"（INJS）的演绎逻辑，因素 A、B、C 必须包含在特定的因果变量集中，事件 E 才会发生。就国际关系中的几乎所有现象而言，都有多条路径通往战争或结盟等具体事件。这就是说，其他的复杂因素集——也许是 A、D、J，或 D、K、L、M，也可能成为发生事件 E 的充分条件。㉕

这种复杂的推测性因果关系会给大样本研究带来问题，因为回归分析之目的是指出单个因果变量独立的附加影响，而并非各种因素要如何组合在一起，构成现象 E 发生的必要条件。前文已提到过，研究者可使用交互项，将新变量 A×B 纳入回归模型，而不只是分别研究 A 和 B 的附加影响，从而在某种程度上得以处理复杂的推测性因果关系（Friedrich, 1982；Braumoeller, 2004）。但这种解决方法还是存在局限。如果因素 A 在因果变量集中只起到阈值条件的作用，即必须达到某种程度，才能产生重要的因果效应，而达到这个程度之

㉔ 见 King and Zeng, 2001a, 2001b。关于过大数据集产生的扭曲效应，亦见 Braumoeller and Satori, 2004。

㉕ 尤可参阅 Ragin, 1987, 2000, 2008。亦见 Mackie, 1980；Mahoney and Goertz, 2006；Bennett and Elman, 2006。麦基（Mackie, 1980, 62）用 INUS［即单个因素是"不必要但充分"条件集的"不充分但非冗余（必要）部分"］这个缩写反映"每个必要因素集本身为充分，但对于 E 并非必要"这个概念。"有多条路径通向事件 E"这个概念常常叫作"殊途同归"（equifinality）（George and Bennett, 2005）。

后，所产生的附加效果很少或没有，那么如果将 A 视为倍增互动变量的一部分，就会造成结果严重扭曲。如果我们研究者不能预先知道这个阈值，或领导人自己对阈值的估计有所不同，则虽然 A、B 联合确实会构成因果关系的关键部分，但大样本检测中的交互项往往不会具有统计意义。举个明显的例子：如果乙国领导人认为，需要国内公众支持率达到一定程度，譬如至少 50%，才能考虑向甲国发动战争并获胜，则此阈值将成为战争的必要条件。只要低于 50%，领导人就得推迟发起冲突。但如果支持率高于 50%，对领导人发动战争的倾向也不会增加什么影响。这就是说，将国内人望作为因素 A 纳入交互变量，可能产生无统计意义的结果，虽然这个因素对领导人考虑的总体情况而言其实很关键。如果丙国和丁国的领导人对国内支持阈值的估计与之不同，则更是如此。[26]

然而，定量研究者在处理复杂的推测性因果关系时，还会面临其他问题。这种因果关系是国际关系中的稀有事件所固有的。别的且不说，虽然定量研究可以指出某个因素与危机或战争的出现相关，并且可用交互项反映复杂因果关系的某些方面，却不能说明在任何通向或不通向 E 的复杂 INJS 路径中，某特定因素起到何种因果作用。对学者和领导人而言，只知道因素 A 与事件 E 的发生相关是不够的。还需要知道，因素 A 是否推动行为主体做出了导致 E 的行为，或因素 A 的作用更多是促进和强化其他更主要的推动变量，或其实因素 A 对行为主体起到了制约作用，使其无法采取可能导致 E 的行动。

这些术语在学术话语中经常乱用，却很少被定义。"推动因素"直接涉及行为主体的最终目的和愿望或担忧，即行动的"原因"。例

---

[26] 因此，将 A 和 B 作为一个交互变量中的虚拟变量，并不能解决这个问题，因为研究者必须在缺乏实证资料，也不考虑领导人之间差异的情况下，对一个连续变量赋予先验阈值。

如，若领导人忧虑将来贸易中断影响国家实力，就会在关于未来和安全的担忧推动下发动危机或战争。"促进因素"是行为主体目的之附带因素，但需要具备之后才能实施想要采取的行动。上文提到，领导人需要达到国内支持的阈值，才能发动战争。这显然属于"促进因素"：国内人望并不会推动领导人发动战争，但必须要有，战争才能启动。"制约因素"在某种意义上是促进因素的反面：如果没有公众支持，那么领导人就受到制约，不能采取行动。但比较狭义的制约因素，是会阻止行为主体做本想做的事。在自由主义关于为何贸易带来和平的论证中，我们能看到这一点，即领导人出于单位层次的原因想发动战争，但贸易会增加持续和平的价值，从而对领导人产生制约作用。"强化因素"的作用，是让关键推动因素可能产生的效应更加容易产生。例如，有依赖性的乙国和中断其贸易的甲国之间，存在民族或意识形态差异。这种差异很可能让乙国更想打仗，因为贸易中断会带来相对衰落，而乙国有充分理由担忧相对衰落的各种影响。[27]

在处理稀有事件背后复杂的推测性因果关系时，理解变量的功能作用至关重要。如果我们知道当 A、B、C 联合起来时，一般会发生事件 E，就必须知道，因素 A 是推动乙国发动了战争，抑或只是促进了乙国做出发动战争的决定。其实，理论是否能得到"支持"，或缺乏支持，正取决于此。例如，在本书中，假如领导人的国内人望（或缺乏国内人望）确实推动行为主体发动战争，且贸易环境只是起到制约或促进因素的作用，那么自由主义和新马克思主义关于战争的论点就得到了支持。反之，假如其实是贸易环境推动领导人选择了战争，以最大程度地保护国家安全，而国内人望只是制约或促进因素，则经济现实主义和贸易预期理论的论点就可能具有解释力。请注意，

---

[27] 还可以提到"加速因素"，与推动因素共同作用，加速导致事件发生的过程。得知对方试图结盟是一个典型例子，可加速国家发动战争的时间表。

大样本定量研究此时起不到作用：不论哪种情况下，所有因素都与战争相关，因此所有理论似乎都是同样合理的解释。

关于国际关系中稀有事件的大样本研究之所以变得复杂，还有一个原因，就是内源性问题的具体性质。发起冲突或战争这样的事件，几乎总是取决于领导甲乙两国的寥寥数人做出的决定。这样的领导人一般都深知自己手中掌握着国家的命运，而且会增加危机和战争可能性的许多条件都取决于他们的"选择"，因此会随其自身的外交和军事行为而变化。前面两章中讨论的军事和贸易-安全困境，只是领导人可能认识到的内源性问题中的两个。定量方法在处理这种担忧方面存在固有难处，因为影响领导人现在行为的，是其对将来的预期。至少在国际关系领域，大样本数据集只能粗略地代替领导人对各种效应的预期，因为要衡量这种看法，需要对领导人进行全面的历史考察，而这种考察并不存在。而通过档案材料进行过程追踪，则至少能让研究者对此问题了解一二：领导人知道反馈循环和内源性的问题，在设法解决的同时，内心如何思考和计划？而且，在本书这样的著作中，对未来的预期是一个基本变量，我们认为其可以推动行为，所以探究领导人预期的最佳方法，归根到底还是仔细分析档案材料。本章前半部分讨论的定量研究可以让我们推断出，对未来的预期在许多案例中都起作用，但这种推断是间接的，因此终究不能令人满意。我们需要更进一步，而这正是定性历史研究大显身手之处。

上文讨论内源性和领导人对未来预期的问题，引出了另外一点。在大国政治这样的局面下，几位关键领导人就能够大大影响各国的命运。决策者知道，他们既能操纵对方的看法，同时也能操纵其社会单位的特点——在此情况下，社会单位就是民族国家。这就是说，像发动战争这样的强硬行为可以推迟，先改变某些国内或国际条件，以便改变政策。这两方面情况使大样本分析深受重创，因为这不仅可能造成反馈循环，而且说明领导人可能先故意影响关键参数，然后采取重大行动，导致稀有事件发生。因此，大样本分析中提出的控制变量常常并非彼此独立。其实，在稀有事件即将发生之前，这些变量往往会共同朝可预见的方向变化。例如，如果战争已事先计划好，那么在战争即将打响之前，往往会出现扩张军力、巩固联盟、鼓动民族主义和国人支持、减少民主权利、发展进攻技术等现象。这些变量和因变量之间的任何相互联系，都会被"战前计划"这个事实夸大，而既推动战争、又推动这些变量发生变化的真正原因，却往往受到忽视。㉘

由于以上各种原因，要研究国际关系中的稀有事件，定性文献分析是最佳方法。至少可以说，如果能够得到反映行为主体内部决策过程的资料，这种分析就是最佳方法。深入的文献研究能给我们一扇窗口，揭示关键决策者的思维过程：如何估计将来的现实情况，设法处理与反馈循环和形势不断升级相关的利弊权衡问题，并调整行为，以改变有助于其达到目标的因素。然而，国际关系中传统的定性案例研究方法多有不足之处，正是因为案例虽多，但研究者只从中挑选寥寥几个。因此这种方法受到批评，即前面提到的选择偏倚和缺乏可概括性的问题。定性研究者想指出其方法相对定量方法的价值所在，但一遇到这种批评，便似乎寸步难行。

然而，在处理稀有事件时，至少在理论上，只需简单一着便能克服这两个问题：对于既定的一段时间，凡所讨论的稀有事件，只要可

㉘ 在定量研究中，存在 A 和 E 之间有虚假联系的问题，因为 A 和 E 都是由隐藏因素 F 引起的。将遗漏变量和滞后变量包括进来，可以多少缓解这个问题。但这里讨论的更大问题是，领导人在 t−5 时担忧因素 G 的未来状况，因此进行规划决策，在 t−3 时深刻影响因素 F，在 t−1 时又深刻影响因素 A、B、C。于是，一旦到了时间 t，所有这些因素都已"到位"时（可以说，当领导人把国家的一切都安排妥当之后），便选择战争。使变量组合中的所有其他 INJS 变量发生改变的，正是 t−5 时的原本预期，而这种预期无法以大样本衡量，因此是隐藏的。

为之搜集到充分信息，均尽量考虑。㉙ 由于实际原因，包括研究者的时间和能否获得档案材料，必须界定研究的范围。例如，可以考察自1870年以来所有大国联盟的最初形成情况，或自1918年以来所有内战的肇端。在划定范围时，也要考虑方法论的问题，包括研究的是何种行为主体，以及总体时间范围可以说是有利还是不利于所检验的理论。在本书中，我基本上考察了从1790年到1991年所有重要的大国危机与战争之肇始。之所以选择大国，不仅是出于实际考虑（即划出稀有事件数量的界限，以及强调一般能够得到档案材料的案例），而且是出于理论考虑，因为我们面前的所有理论都假设存在群龙无首状态。如果是较小的地区性国家之间发生冲突，也许可用这种理论解释。然而，大国的影响可能笼罩在这些国家之上，决定并制约其行为。由此看来，这种检验就不那么可靠了（Copeland，2012a）。㉚

之所以选择1790～1991年这个时间范围，不仅仅是因为能找到相关文献。这个时间段也很有利于主导经济相互依赖与战争研究的自

㉙ 近来斯蒂芬·列维茨基和卢坎·威（Stephen Levitsky and Lucan Way, 2010）与詹姆斯·马霍尼（James Mahoney, 2010）的"中样本"定性研究让我们在此方面进步良多，尽管其方法并非专为研究稀有事件而设计，而且他们也并不是想涉及特定时期内的所有基本案例。更接近本人方法设置的是斯特凡·哈格德与罗伯特·考夫曼（Stephan Haggard and Robert Kaufman, 2012）的论文，但此文是要检验一个实证假说，即不平等是否与政权更迭相关，而不是评价各种理论论证方法的相对突出程度，及其可能源自内部的因果要素。

㉚ 在以上讨论中，当然可以吹毛求疵，质疑重要和不重要危机之间的界线。我在认定重要危机时，不仅依靠关于军事化国际争端的资料集，而且参考外交史学家的一般判断。后者很重要，因为关于军事化国际争端的资料常常包括国家较低程度施展手腕的情况，历史学家一般认为这种情况属于正常大国政治的各方面，而并非真正的危机，不会造成敌对状态升级，增加走向战争的可能性。然而，为免受关于偏向的批评，我所讨论的案例也包括了1830～1831年的比利时危机，以及20世纪20年代早期法国和奥地利干涉西班牙和意大利等事件。虽然这种案例与经济相互依赖和贸易预期几乎毫不相干，又不会显著增加大国冲突的可能性，但对历史学家而言仍有意义。

由主义理论，而大体上不太有利于经济现实主义和贸易预期理论的方法。如果我集中研究其他时间段，譬如1550～1750年，那么批评我的人就很容易指出，就大国重商主义的黄金时期而言，经济现实主义和贸易预期理论当然更容易奏效。那时的领导人主要从零和角度考虑问题，而且尚未接触到斯密和李嘉图的自由经济理论，以及现代贸易理论。㉛ 而从1790年到1991年，我们应该认为自由主义理论会很适用，因为领导人越来越多地考虑贸易的绝对收益造成的制约效应，而不太考虑早期重商主义的过时观点。如果在这个近代时期内自由主义并不适用，而经济现实主义和贸易预期理论却得到支持，那么我们就可以更加相信，后两种理论提出的观点经受住了"艰难时期"的考验，是站得住脚的。

这种方法集中研究某时间段内、某种行为主体的稀有事件，似乎仍然存在"根据因变量选择"的偏倚，即根据"事件E发生"这个事实选择案例。㉜ 要减轻这种担忧，有一个简单办法。除了直接考察危机或战争的爆发之外，我们还可以研究导向危机和战争的时期，看发起冲突的计划、关系紧张程度、战争的概率是否随着核心自变量的变化而改变。㉝ 当然，由于危机和战争取决于复杂的因素组合，而且领导人会试图操纵这些因素，以便在最佳情况下发动冲突，所以我们不能指望单个自变量的改变引起冲突程度的变化。即使这种变量是推动因素，也是包含在各组必要促进因素之中，必须等这些因素都到位之后，领导人才能合乎理性地发动冲突或战争。因此，定性研究需要

㉛ 关于如何将贸易预期理论应用于重商主义时代的关键案例，如17世纪的英荷战争，见Moriarty, 2007。

㉜ King, Keohane, and Verba, 1994; Collier and Mahoney, 1996; Collier, Mahoney, and Seawright, 2004。

㉝ 这就相当于在案例"内部"进行过程追踪，以确定自变量的变化和所研究因变量的变化之间的相对一致程度。见George and Bennett, 2005; Bennett and Elman, 2006; Munck, 2004。

第二章　定量分析与定性案例分析研究

细致入微，看主要理论提出的核心自变量如何与其他支撑因素相互作用，或维持和平，或导致冲突。

上述研究稀有事件的方法，对学者如何确定"档案材料"的研究方向有重大意义。国际关系和比较政治学中的稀有事件，如危机、革命、战争等，并非取决于各种 INJS 条件的单个复杂组合，而是取决于多个因素组合，这些因素在不同的时间地点起作用，具有不同的因果影响力。也就是说，即使我们考虑复杂的推测性因果关系，也仍然必须考虑通往事件 E 的多种路径。要认识这个起点，就必须对研究重点做出重大改变。我们本想寻找稀有事件 E 的"总解释"，不论时空背景如何，现在必须放弃，转而考察相互竞争的不同理论，研究据说推动了事件 E 的各种变量组合。随后我们便可观察，一种理论的变量组合比另一种理论的变量组合更能解释 E 的发生，这种情况出现的频率有多高。

然而，我们也必须超越定量和定性研究中了无新意的争论。在这种争论中，学者们想要指出，在较大的因果背景下，某个或某组因素"很要紧"——在定量研究中，是证明相对于已确定控制变量的实质性统计"意义"；在案例研究中，是指出某个因素在所选案例中的重要作用。因为政治学中发现的几乎每个因素都可以说有时很要紧，所以凡是有用的研究项目都必须围绕这个问题：在导致事件 E 发生的复杂因果关系中，某因素起到关键因果作用（推动、加强等）的频繁程度有多高？

具体而言，我在本书中想要回答三个问题。在 1791～1991 年间，与经济相依关联的变量有时对危机和战争的开始起重要作用，这种情况有多频繁？如果相互依赖确实起到了重要的因果作用，那么，在解释冲突如何开始方面，贸易预期理论的变量和因果逻辑有时胜过自由主义和经济现实主义的变量和逻辑，这种情况又有多频繁？而且，既然与经济相互依赖无关的因素在具体案例中也可能起作用，那么某种理论的机制相对于与之竞争的非商业理论提出的因素而言，有何相对突出性？通过考察既定时间范围内的所有基本案例，并以文献分析仔细研究案例，我们可以很好地把握每个问题。我在下一节中将会总结：经济相互依赖在近代大国冲突中起到的作用，远高于此前认识到的程度；不仅如此，在相互依赖起关键作用的案例中，贸易预期理论和经济现实主义也能扎扎实实地解释其中的绝大部分。[34]

研究结果总结

本节全面纵览第三至八章将详述的深入历史文献的研究结果，以达到两个目的。首先，给读者提供一个方便的参考，以便记住四十个案例研究的关键结果。其次，此处总结的内容，可以根据上文概述的稀有事件定性研究指导方针进行剖析。我们不仅可以确定经济相互依赖对大国冲突的跌宕起伏有多么重要，也可确定贸易预期逻辑相对于其他理论的作用和突出性。这至少可以算是针对一大段历史切下的第

---

[34] 要评价此处提出的方法是否合理，如果知道医学界的稀有事件研究中，研究者采用的方法与此类似，会深受启发。不妨考虑一个很不幸的例子：青少年原因不明的猝死（SUD）。突然死于心脏病发作、中风及其他疾病的青少年极少，在美国为每年每十万病人中的1.5名。为把握因果关系，医学研究者强调必须深入研究稀有事件本身。这些学者通过解剖SUD病人，算出在既定时期和地区中死于特定病情（心律失常、心肌梗死或肺栓塞等）的SUD病人总数所占比例。随后可以考虑体力活动、炎热指数等背景条件在SUD（如竞技运动员中的SUD）中的作用。主要关注的是哪些不同的因素组合可能导致稀有事件，以及该事件系由组合一、组合二、或组合三引起的频繁程度。见Puranik et al, 2005; Tester and Ackerman, 2007; Marini et al., 2001; Basso et al., 2000; Maron, Gohman, and Aeppli, 1998. 与此类似，在研究国际关系中的稀有事件时，我们也必须集中于仔细"解剖"案例本身。国际关系领域有一个优势，即如果存在关于行为主体的档案材料，则学者还可以考察发生稀有事件前的预备阶段，而不仅仅是当时的情况。这样一来，他们就可以确定，行为主体发生稀有事件的倾向如何随核心自变量而变化，以及行为主体如何采取行动，改变可以加大或减轻此倾向的各种条件。

一刀。此外，因为历史研究章节基本涵盖了1790～1991年间所有的大国危机和战争的案例，包括与经济相互依赖几乎不相关的案例，所以这四十个案例可以让我们直接深刻地认识到，在高层国际政治中，系统因素相对于国内因素而言何等重要。

表2-7列出了四十个案例研究的结果。每个案例都确实可以看作一个"案例时期"，因为我不仅研究了大国关系重大事件本身，而且考察了酝酿事件的岁月。这些事件包括危机、战争，以及美苏关系中的冷战结束。表2-7的前两栏给出了每个案例的详情，包括所考察年代、所涉及大国、所考虑的主要问题。当然，很难在案例时期之间划出清楚的分界线。原因之一，案例时期必须以特定的突出问题或重要事件为标志。因此，1790～1815年间的战争分为两个案例时期——法国革命战争和拿破仑战争，前者的各次战役与法国大革命的后果有关，而后者的各次战役源自一位法国领袖的霸权计划。然而，光有这个标准是不够的，因为多次冲突均可围绕单个大问题展开，长达数十年之久，如1820～1880年间英俄两国关心的东地中海地区支配地位问题。如果在转向新的重大事件过程中，涉及了新的大国，或地理重心有明显变化，那么我就将此转向过程视为一个不同的案例时期。例如，1943～1945年分为两个案例时期：一个是1943～1944年美苏关于控制伊朗石油的争端，一个是1943～1945年美苏关于战后欧洲秩序的斗争。第一个时期值得研究，主要在于地区性质明显。第二个时期不仅地区重心不同，而且最终导致了冷战大冲突，主导了以后四十年的大国历史。㉟

㉟ 对每个案例时期，均假定所讨论的时间范围内发生的冲突主要系由各大国之一发动。如果不同大国各自独立采取措施，以发动冲突或以侵略姿态插入某地区，我便将每个大国的决策过程视为一个单独的重要案例时期，需要就其本身进行解释。因此，针对1830～1840年地中海东部地区的斗争，以及1878～1885年欧洲的"新帝国主义"，我探讨了英、法、俄（1830～1840）以及德意志诸邦（1878～1885）之扩张行为各自背后的动力。

表 2-7 研究结果总结

时期（章）	关键大国与主要问题	待解释的关键疑问或结局	主要推动因素	支撑因素	经济相互依赖的重要性（及最佳理论）
1790~1801（第七章）	1. 法对英/普/奥，关于法国政权类型问题	法国大革命后的欧洲大战	意识形态差异与担心革命扩散	法国的庞大人口，不断增强的意识形态威胁	可忽略不计
1801~1815（第七章）	2. 法对英/普/奥/俄，关于欧洲霸权问题	1803~1805 年欧洲再次大战	法国担心英国的贸易限制，与工业化的英国长期崛起相关	拿破仑追求荣耀的个人动力，为加强因素	强（贸易预期理论最佳）
1815~1823（第七章）	3. 法、奥、俄，关于政权类型问题	大国愿意对周边地区进行军事干涉	对君主制政权类型稳定性的意识形态担忧	法、奥可在西班牙和意大利得到地缘政治利益	可忽略不计
1823~1830（第七章）	4. 英对俄，关于东地中海地区问题	1828~1829 年俄土战争，及俄国的温和和平条件	俄国担忧进入地中海地区的经济路径，并担心土耳其崩溃	俄英担忧近东势力范围	中到强（贸易预期理论与经济现实主义最佳）
1830~1831（第七章）	5. 法对英，关于比利时问题	为何发生危机，及为何危机程度一直较低	法国欲寻找机会，以很小代价修改 1815 年协议	法国国内向政府施压，要求在外交政策上得利	可忽略不计
1830~1840（第七章）	6. 英对法/俄，关于东地中海问题	英国为何干涉 1839~1840 年危机，支持土耳其	英国担忧法国向近东贸易渗透	英国欲遏制俄国对土耳其的影响	强（贸易预期理论与经济现实主义最佳）
1830~1840（第七章）	7. 俄对法/英，关于东地中海问题	为何俄国行为如此温和，在 1839~1840 年危机中支持土耳其	俄国欲维持土耳其的生存，以尽量确保进入地中海的途径	俄欲相对英在此地区的影响，树立有决心的名声	中（贸易预期理论与经济现实主义最佳）

第二章　定量分析与定性案例分析研究

续表

时期（章）	关键大国与主要问题	待解释的关键疑问或结局	主要推动因素	支撑因素	经济相互依赖的重要性（及最佳理论）
1830～1840（第七章）	8. 法对英/俄，关于东地中海问题	法国为何支持埃及反对土耳其/英国	法国欲加大对黎凡特地区的经济渗透	法国国内向政府施压，要求抵制英国的经济增长	中（经济现实主义最佳）
1830～1840（第七章）	9. 英对中，关于对中鸦片贸易问题	英国为何发动战争，支持邪恶的鸦片贸易	英担心丧失印、中、英三角贸易	英国商人的支持，为促进因素	强（贸易预期理论最佳，对经济现实主义亦有支持）
1840～1856（第七章）	10. 英对俄，关于奥斯曼帝国前途问题	英俄过去曾合作，却为何陷入克里米亚战争	俄英担心失去土耳其海峡的贸易路径	俄、英、法关于在近东地区名声的担忧，起到加强作用	强（贸易预期理论与经济现实主义最佳）
1856～1860（第八章）	11. 意/法对奥，关于意大利独立问题	意大利统一战争	意大利民主主义及拿破仑欲修改1815年协定	加富尔和拿破仑追求个人荣耀	可忽略不计
1860～1866（第八章）	12. 普对奥，关于石勒苏益格-荷尔斯泰因及德国领土的未来问题	普奥战争，为德国统一战争的一部分	普鲁士因安全需扩大领土；普鲁士民族主义	俾斯麦追求个人荣耀或许起到加强作用	可忽略不计
1866～1870（第八章）	13. 普对法，关于西班牙及德国领土未来问题	普法战争，为德国统一战争的一部分	普鲁士需要扩大领土及普鲁士民族主义；法国担心自身相对普鲁士衰落	俾斯麦追求个人荣耀或许起到加强作用	可忽略不计

97

续表

时期（章）	关键大国与主要问题	待解释的关键疑问或结局	主要推动因素	支撑因素	经济相互依赖的重要性（及最佳理论）
1871~1875（第八章）	14. 德对法，关于法国军力上升问题	为何德国在1875年造成"战争在望"危机	德国担心欲恢复失地的法国军事崛起	俾斯麦在国内地位强势，起促进作用	可忽略不计
1875~1878（第八章）	15. 俄对英，关于奥斯曼帝国前途问题	由俄土冲突引起的1878年英俄危机	俄国欲加强对黑海地区的控制，英担心经济损失	俄国内泛斯拉夫主义向政府施压，英担忧名声问题	中（经济现实主义适用于俄国；贸易预期理论最适用于英国）
1878~1885（第八章）	16. 法对其他大国，关于控制非洲问题	法国采取行动，加强对西非和北非的正式控制	法国担心经济竞争力下降，将来会失去市场	关于东部新德意志帝国的地缘政治担忧，起加强作用	强（贸易预期理论最佳）
1878~1885（第八章）	17. 英对其他大国，关于控制非洲问题	英国采取行动，加强对埃及和非洲其他地区的控制	英国担心法在北非开辟新殖民地，及失去经埃及的贸易	印度成为英国工业产品更重要的市场，起加强作用	强（贸易预期理论最佳）
1878~1885（第八章）	18. 德对其他大国，关于控制非洲问题	德国采取行动，加强对西非和东非的控制	德国担心英法对南非的贸易"关上大门"	德国1884年大选后前景看好，带来附加利益	强（自由主义能反映国内动机的加强效应）
1894~1895（第八章）	19. 美对英，关于委内瑞拉边界问题	美国介入英委边界争端，引发危机	美国担心英国对美的经济渗透，及失去得到原料的途径	海外市场对美国经济更加重要，起加强作用	强（贸易预期理论最适用于美国；经济现实主义最适用于英国）

98

续表

时期（章）	关键大国与主要问题	待解释的关键疑问或结局	主要推动因素	支撑因素	经济相互依赖的重要性（及最佳理论）
1897~1898（第八章）	20. 法对英，关于控制苏丹问题	英国在法绍达对抗法国，引发危机	法国欲加强东西贸易渗透，英国加以阻止	英国需要显示决心，迎接任何对其帝国领域的挑战	强（经济现实主义适用于法国；贸易预期理论最适用于英国）
1894~1899（第八章）	21. 英对德，关于南非问题	英国要削弱并摧毁德兰士瓦，导致布尔战争	英国担心德向荷兰土瓦进行经济渗透，及德控制南非	关于英国相对德美经济衰落的总体感觉	强（贸易预期理论最佳）
1880~1895（第三章）	22. 日对中，关于控制朝鲜问题	1894~1895年中日战争爆发	有机会加强日本对朝鲜发展中的控制	日本国内一致认为需要低成本扩张，起促进作用	强（经济现实主义最佳）
1895~1904（第三章）	23. 日对俄，关于控制满洲/朝鲜问题	1904年日俄战争爆发	俄国对日本/朝鲜的经济威胁增加，及俄国在远东的军力扩张	俄国国内强硬派加强了俄国政府避免让步的战略缘由	强（贸易预期理论最佳）
1905~1922（第四章）	24. 日对中/俄，关于控制华北与满洲问题	1914~1915年日本对中国提出要求，及1918~1919年进入西伯利亚	有机会加强日本对中国和远东的经济渗透	新建立民主的日本国内支持低成本扩张，起促进作用	强（经济现实主义最佳）
1922~1931（第四章）	25. 日对中/俄，关于控制华北与满洲问题	日本攫取满洲剩余部分，为何不在1928年，而在1931年	1922~1929年日本怀有正面贸易预期，然后是大萧条和美国新关税的影响	日本政府在国内达成一致意见，对1931年的行动起促进作用	强（贸易预期理论最佳；自由主义可解释日本为何在1928年保持克制）

99

续表

时期（章）	关键大国与主要问题	待解释的关键疑问或结局	主要推动因素	支撑因素	经济相互依赖的重要性（及最佳理论）
1931~1937（第四章）	26. 日对中，关于日在华北地位问题	1937年中日战争爆发	1936~1937年，中国向日施压，要求结束内战，一致抗日	1936年蒋被国民党内的抗战派暂时俘获，起促进作用	对中日战争而言可忽略不计（但贸易预期理论的确可解释日本为何关注华北）
1938~1941（第四、五章）	27. 日对美，关于日中日俄政策问题	日本自1936年起就计划袭击俄国，却为何于1941年袭击美国	由于日本准备向苏联开战，美国对其实施贸易制裁	日本高度依赖外界提供对俄战争所需的原料，起加强作用	强（贸易预期理论最佳）
1900~1914（第三章）	28. 德对英/法/俄，关于欧洲霸权问题	为何德国引发欧洲大战	德国贸易预期日趋负面，使其更加担心俄国崛起	德国相对其他大国有显著军事优势	中到强（贸易预期理论最佳）
1919~1939（第三章）	29. 德对英/法/苏，关于欧洲霸权问题	二战在欧洲爆发	德国担忧获得贸易和原料的途径，与担心俄国长期崛起相关	希特勒的性格以及纳粹和苏联的意识形态差异，为加强因素	中到强（经济现实主义适用于希特勒的逻辑；贸易预期理论适合解释传统军事合作）
1943~1944（第六章）	30. 苏对美，关于控制伊朗石油问题	为何苏联不顾危及战时同盟，要在伊朗扩大影响	苏联担心英美将其排斥在伊朗石油开发之外	苏联担心，若其在高加索地区无驻军，则外国可由此侵略	强（经济现实主义最适用于美国的行为；贸易预期理论适用于苏联的行为）

续表

时期（章）	关键大国与主要问题	待解释的关键疑问或结局	主要推动因素	支撑因素	经济相互依赖的重要性（及最佳理论）
1944~1945（第六章）	31. 美对苏，关于欧洲权力秩序问题	美国为何于1945年转而实施"前遏制政策"，包括拒绝延续密切的经济关系（冷战缘起）	美国担心西欧倒向共产主义，威胁美国与欧洲进行贸易的途径，与担心俄国长期崛起相关	俄国历史上的重商主义意识形态与共产主义经济圈逻辑相结合，使美国更加担心西欧变成共产主义后中断贸易	强（贸易预期理论对美苏两国行为皆最适用）
1945~1946（第六章）	32. 苏对美，关于伊朗国家性质问题	为何苏联不顾战时协定，拒绝退出伊朗北部	美英于1945年转向前遏制政策，使苏联意愿下降	俄国历史上关于外国在高加索人入侵的地缘政治担忧	中到强（贸易预期理论和经济现实主义最佳）
1946~1948（第六章）	33. 苏对美，战后两德国家性质问题	为何苏联于1948年引发柏林危机	英美统一德国西部地区的政策威胁东德经济的新政策	马歇尔计划对西欧和德国经济复兴有望产生的影响	可忽略不计（苏联关于其欧洲地位下降的担忧并非来自经济相依）
1948~1950（第六章）	34. 苏对美，关于控制朝鲜半岛问题	为何苏联最终同意朝鲜于1950年6月发动侵略	美国在远东建立政治军事存在的新政策	韩国人口数量和经济潜力胜过朝鲜	可忽略不计（苏联关于其亚洲地位下降的担忧并非来自经济相依）
1950~1953（第六章）	35. 美对苏，关于伊朗前途问题	为何美国明知超级大国对抗升级甚至引发战争的危险，却仍采取行动颠覆伊朗政权	诸如共产党夺取伊朗政权，随后苏联进盛产石油的波斯湾这些明确风险	英国支持伊朗采取强硬政策，起促进作用	强（贸易预期理论最佳）

续表

时期（章）	关键大国与主要问题	待解释的关键疑问或成结局	主要推动因素	支撑因素	经济相互依赖的重要性（及最佳理论）
1954～1956（第六章）	36. 美对苏，关于苏伊士运河与埃及前途问题	虽有针对经该运河交通的明显威胁，为何美国在苏伊士危机中如此克制	埃及政府并未面临共产主义威胁，且显然有动机和能力维持运河区的交通	美国越来越关心发展中国家舆论，更加认识到行为温和是明智之举	强（贸易预期理论最佳）
1956～1962（第六章）	37. 美对苏，关于全球战略稳定性及核战争危险问题	虽然努力以贸易为基础缓和紧张局势，但战略不稳定性和战争风险仍然增强	两国均担心失去后发制人打击能力，美国担忧苏联通过贸易加强对美实力	意识形态差异使两国更加担心对方首先发起攻击，认为更加需要建立强势战略地位	中到强（贸易预期理论最佳）
1963～1974（第六章）	38. 美对苏，关于全球战略稳定性及核战争危险问题	1972～1973年的缓和进程使两个超级大国的紧张关系和战争风险有所缓解	美国决定放宽贸易限制，提供贷款，以换取苏联改善行为	双方均巩固了后发制人打击能力，且相互确保能毁灭世界，成为清楚的现实状况	强（贸易预期理论最佳）
1975～1983（第六章）	39. 美对苏，关于全球战略稳定性及核战争危险问题	超级大国关系再度紧张，战争危险又起（第二次"冷战"来临）	"水门"丑闻后的国会政治破坏了以贸易为基础的缓和局面	苏联领导层中反对与美国加强合作的强硬派施压	中到强（贸易预期理论最佳）
1984～1991（第六章）	40. 美对苏，关于全球战略稳定性及核战争危险问题	超级大国紧张关系缓解，冷战最终完全结束	为回应苏联的合作行为，美国承诺放宽贸易限制	苏联集团严重衰退，使俄国别无选择，只得让步，以获得贸易和技术	强（贸易预期理论最佳）

为确保两个或多个大国斗争的年代不致切分过细,采用了最后一个标准,即事件的相对独立程度。例如,将 1803～1815 年的一系列大国战争看作"不同的"案例时期,没有什么意义,因为这些战争都取决于一个首要因素:拿破仑时代法国的霸权志向。如果将其看作各个独立事件,就会产生偏倚,有利于任何能很好地解释 1803～1815 年整个时期的理论(给它的"点击量"过高)。有些和平时期可能涉及多种危机或争端,但全都与一个地缘政治大问题相关。同样的道理也适用于这种情况。例如,从 1905 年到 1914 年,大国争相控制摩洛哥和巴尔干地区,引起一系列危机,牵涉到德国及其奥地利盟国。我在下面以及别处(Copeland,2000b:第三、四章)指出,这些危机,以及危机是否会升级,都与一个大问题密切相关,那就是德奥同盟在全球经济与战略体系中的未来地位。如果把各次危机当作独立案例处理,便又会歪曲结果,使之有利于最容易解释一战的理论。㊱

表 2-7 列出的结果意在不言而喻,所以我就不详细讨论了。第一、二栏描述每个案例时期,列出斗争涉及的关键大国,以及使这一时期动荡不安的主要问题。第三栏概述每个案例时期需要解释的主要历史结局或疑问,如 1904 年日俄战争的爆发,以及苏联为何在 1948 年引发柏林危机。第四、五栏列出了构成复杂变量组合的主要因素,正是这种变量组合导致了每个案例时期的主要结局。第四栏在此至关重要,总结了关于

㊱ 出于类似的原因,在大样本定量研究中,一般将战争或危机的开始作为特定案例的起点,而正在进行的战争或危机中随后发生的事件并不算作单独的案例(除非危机或战争的升级或持续时间具有专门研究的意义)。然而,在这种研究中,通常把危机或战争之前的"行为主体年代"或"成对两国年代"看作样本中的"独立"观察结果,即使从历史角度看,这些年的驱动力都来自一个共同的首要原因,如 1933～1939 年希特勒准备向体系开战,以及 1956～1962 年美国关于有把握后发制人核打击能力的担忧。此外,这些研究很少讨论这个问题:发生时间相近的危机,如 1911～1913 年的五次巴尔干危机,是应该看作不同的案例,还是单个较广泛现象的不同表现。

一个或几个主要推动因素的研究结果，这些因素推动大国走向冲突，或者，在1963~1974年和1984~1991年这两个案例中，有助于大国之间的紧张关系实现大幅度缓解。㊲第五栏列出了某些支撑因素，这些因素在较大的因果要素组合中充当加强变量、促进变量或制约变量。

第六栏，即最后一栏，简要回答了上面所提三个问题中的两个，指出在本案例中商业变量是否重要（问题一），以及如果重要，哪种重要理论最能解释这些变量的因果作用（问题二）。该栏评估案例时期中贸易与金融的重要性，从"可忽略不计"到"中"再到"强"不等，与第四、五栏结合起来看还可表明，在推动事件发生的总体因素组合中，商业变量的相对突出程度有多高（问题三）。

因此，表2-7不仅能让读者快速概览以下章节的研究结果，而且提供了一种方法，用以评估经济相互依赖起重要作用的频繁程度，以及各主要理论中的每一种能够解释各案例时期的频繁程度。在路径很多、因果关系复杂的情况下，可以想见，有许多案例时期与经济相互依赖本身很少相关，或根本无关。在四十个案例中的十个案例里，我没有找到任何档案材料，能够表明国际贸易或金融变量推动了案例时期中的事件发生。在这种情况下，各主要理论提出的变量相对非商业变量而言，均无因果突出性。㊳然而，相互依赖确实起重要作用的情况

㊲ 我并未讨论1790~1945年间多极时期中偶尔出现的紧张局势缓和情况，原因很简单：这种情况几乎总源于出于自利的平衡，共同针对一个大国（如1839~1840年英俄合作针对法国，1914年前英法俄三国联合针对德国）。但20世纪70年代初紧张局势缓和，以及80年代末冷战结束，这两者具有独特的研究意义，因为都是在并无敌对第三方挑衅的情况下发生的。

㊳ 术语在此很重要。在整本书里，我往往都说某些理论缺乏突出性，而不是被资料"证明不成立"或"证伪"。只有当资料显示，领导人行动的原因与理论提出的领导人行为方式直接相反时，后两种说法才是恰当的。在我研究的几乎所有案例中，领导人行为与主要理论的演绎逻辑并不矛盾。领导人只是觉得非商业因素或其他经济逻辑推动着自己，或让自己无法抗拒，说明在导致稀有事件E的较大因素组合中，某种理论可能缺乏突出性。

有多么频繁,却令人惊讶;至少可以说,对于往往不重视商业变量的传统国际关系学者而言,这种现象是惊人的。㊴ 在四十个案例时期中,经济相互依赖在深刻影响事件方面起中度或高度因果作用的,有三十个,占75%。当然,这并不是说,推动事件发生的只有商业变量。第四、五栏让人了解到,在这些案例中,其他的推动因素、加强因素、促进因素中有一些也起了作用。虽然如此,但相互依赖在四分之三的案例时期内都有突出性,初步证明了大国政治的经济方面不容忽视。

在经济相互依赖起重要作用的案例中,我们发现,在与其他理论的正面竞争检验中,贸易预期理论成绩斐然。在三十个案例中,有二十六个(86.7%)支持贸易预期理论,而只有十一个(36.7%)支持经济现实主义,三个(10%)支持自由主义。㊵ 上述结果中更惊人的是,在所考虑的两个世纪中,商业自由主义的表现之差。㊶ 即便是在支持自由主义的三个案例中——俄国缓和1839~1849年的东方危机、俾斯麦在1883~1884年决定转向帝国主义、1920年代末日本对满洲保持克制,自由主义也不能独力涵盖案例时期,而只能与贸易预期理论一道,各自解释事件的不同方面。而有些案例原本"最容易"反映随着贸易减少,单位层次的因素得到释放,如二战前德国和日本的行为、1948年的柏林危机,以及1950年朝鲜战争爆发,自由主义

㊴ 对于强调军力的现实主义学者而言尤其如此;对于主要研究民主政权类型之实现和平作用的自由主义者而言,亦复如是。见 Buzan, 1984。

㊵ 各百分比相加超过100%,因为在某些案例时期,就不同大国而言,或在反映决策过程的不同因素(如推动因素相对于加强因素)方面,其他理论效果很好。

㊶ 对于所有这些案例,新马克思主义都不能很好地解释,只是对于解释两个案例的某些方面有些辅助作用。这两个案例,一是1839年中英鸦片战争,一是1884~1885年德国投身于帝国主义。由于该理论表现不佳,而且为了节省篇幅,我在表2-7中没有讨论新马克思主义,但在第三至八章中的适当时候,我将它作为竞争性论点来考虑。

论点也无法解释推动冲突发生的各种力量。

在某些具体案例中，如1895~1896年的委内瑞拉危机，贸易预期理论和经济现实主义有时携手合作，前者解释一个大国的行为，后者解释另一个大国的行为。㊷ 经济现实主义可以很好地独力解释三个重要的案例时期：1830~1840年法国在东地中海地区的行为、1894~1895年的日本对华战争，以及1914~1922年日本针对中国和俄国西伯利亚地区的动作。然而，纵观各案例时期，贸易预期理论的解释力远胜于经济现实主义。在涉及经济相互依赖的三十个案例中，有十四个可凭贸易预期理论本身给出有力解释；在九个案例中，两者均有助于解释案例时期内发生的事件，而贸易预期理论的逻辑至少与经济现实主义一样突出。

不用说，我描述各案例时期以及驱使大国行为之推动力量特点的具体方法，读者可能并不赞同。有道是："布丁好不好，一吃就知道。"我得负责在以下六章（以及我关于商业和美国外交政策的后续论著）中证明，档案材料能够说明我关于每个案例时期的理解是正确的。当然，在上述方法设置的背景下，有不同意见并不是问题，它们是研究项目的有益组成部分，对于其长期发展是不可或缺的。只有通过反复讨论，国际关系领域才能就本书中的案例或其他时期的案例达成相对一致的意见。而且，只有一致意见不断增加，我们才能说国际关系领域有了"知识积累"。

因此，接下来的案例研究是一个漫长过程的起步阶段，意在激励学者进行辩论，希望籍此长期积累知识。其目的并非对各案例时期给

㊷ 请注意，我按照外交史惯例，认为直到1890年之后，美国建设了全球性的现代海军，才能将其视为大国。1898年的美西战争没有包括在此处的资料集中，因为西班牙并非大国。在我关于美国外交政策的后续论著中（Copeland，即将出版），我将指出把贸易预期理论应用于这次冲突，以及19世纪初北美冲突（包括1812年战争和1846~1848年的美墨战争）的意义何在。

出决定性的解释——本书讨论的事件很复杂，而能找到的档案材料数量有限，所以这是不可能完成的任务。话虽这样说，但我仍然相信，读者会觉得关于历史的各章不仅发人深思，而且很有道理，甚至令人信服。对于每个案例时期，我都将我的论点和外交史的主要历史阐释进行对比，其中既包括经济学的观点，也有非经济学的看法。如果资料表明经济相互依赖在某案例时期中几乎没有因果作用，我就会快速概述事件，总结关键因素，以确保能够反映整体情况，说明纵观四十个案例，系统变量相对于单位层次的变量总体而言具有突出性。然而，当相互依赖很重要时，我就会放慢节奏，深入考察与经济相互依赖和战争之不同理论有关的档案材料。这样一来，我们不仅能看到这些理论可以在何种程度上解释特定的案例时期，而且能了解论中的各种因素如何与非商业变量共同作用，产生结果。于是，在我集中讨论第一章所述的各种以经济为基础的论证逻辑时，针对外交史学家和政治学家从非经济角度提出的历史阐释，我们便可予以排斥，或加以支持。

最后，第三章至第八章的外交史研究内容表明，在世界历史的潮起潮落中，系统变量和安全担忧是压倒一切的。自由主义认为，当贸易下降时，有利于冲突的单位层次势力就会得以释放，这个观点很少站得住脚。在这些案例中，大国的主要动力，几乎总是担忧将来，以及担忧外部变化对长期安全的影响。即使在经济相互依赖起不到因果作用的案例时期中，单位层次变量也主要是作为外部因素，提高领导人的国家不安全感，而不是"来自内部"的直接推动力量。[43] 例如，在 1790~1799 年和 1815~1822 年两个时期中，君主制与共和制的意识形态差异起到了关键作用，但主要是因为有了这种差异，缺乏信心

---

[43] 对方国家的单位层次因素，可能使某国感到所受威胁程度增加。关于这种作用，见 Walt, 1996。

的领导人便担忧其国家在将来是否还能保持稳定。㊹ 当然，在若干案例中，追求地位（"荣耀"）和财富（"贪婪"）的单位层次动力，对冲突爆发而言是重要的支撑因素。拿破仑、俾斯麦、希特勒之所以对邻国发动战争，个人动机起了作用——关于这一点，有谁想否认呢？然而，研究历史的各章表明，推动这些行为主体及其支持者发起冲突的，是更为突出的外部力量，这种单位层次的因素主要起到了加强因素的作用。㊺

在本章结束时，我要指出不言而喻的一点：我关于第三至八章中各个案例的阐释，无疑决定于我自己的理论框架。理论框架会过滤人对现实的看法，无论本人还是他人都无从避免。因此，唯一的办法，就是对这种可能存在的偏倚尽量保持自觉，客观处理档案材料，认真设置研究方法，以尽量不产生扭曲。譬如，通过考察"艰难时期"（1790～1991）的所有大国案例，本书被迫处理并不很适合贸易预期理论的案例。此外，我还有意包括了可能属于边缘个案的情况，如1830～1831年的比利时危机，以及1815～1822年法国和奥地利的干涉行动，以防历史偏倚之责。㊻ 但以下各章提出的证据还是能够表明，在多种背景下、多个时期中，贸易预期逻辑都具有惊人的解释力。虽然我已努力讨论相反的观点，但我关于一些争议案例（如1938～1941年的美日关系，以及冷战的起源）的论断，还是会让某

㊹ 有人认为，意识形态差距是一个系统变量，会影响国家关于外部威胁的估计。关于这方面的讨论，见 Haas, 2005。

㊺ 国内动机确实成为冲突的主要推动力量，我只发现了一个案例，即1937～1945年的中日战争。一般认为是日本发动了战争，但与此相反，第四章讨论的新资料表明，只有蒋介石想要打全面战争，目的是维系摇摇欲坠的联合政府，维持其身为国民党党首的地位。广义而言，这个案例很符合自由主义的世界观。然而，由于中日贸易在战前若干年内不断回升，所以第一章详述的自由主义之经济方面并未得到支持。

㊻ 见前文脚注30。

些读者感觉过于片面。但我希望，等读完本书时，即便是持怀疑态度的人，再看有名的历史案例，也一定会对贸易预期在世界历史进程中的作用有了新的认识。如果他们也加入争论，调整阐释方式，从而对每个案例时期都达成新的共识，或引入新的案例时期，以扩大历史研究范围，那么我们便有望在国际关系领域中看到真正的知识积累。

第三章
日俄战争与德国霸权战争（1890～1939）

20世纪上半叶发生了四场最重要的战争，本章探讨其中三场的起源，它们分别是：1904～1905年日俄战争、第一次世界大战（简称"一战"）、第二次世界大战（简称"二战"）的欧洲战场（太平洋战争在后面几章中讨论）。这三场战争之间的关系，并非只是时间先后问题。日俄战争有助于巩固1914年之前各大国的外交和经济同盟，而一战的灾难显然促成了纳粹主义的兴起，酝酿了一代人之后的另一场世界大战。在此前的一本书中，我比较详细地讨论了德国发动的两次世界大战，分析内容在此就不重复了。① 本章的重点是比较全面地叙述日俄战争的原因，在讨论两次世界大战时，仅涉及其经济决定因素。

我们将会看到，在解释日俄战争和一战方面，贸易预期理论胜过与之竞争的主要理论。在两个案例中，对未来贸易环境的预期下降都起到了关键作用，引起了关于衰退的总体担忧，促使日本和德国分别于1904年和1914年发动战争。虽然日德两国都高度依赖外国市场和

---

① 只需说明，我的前一本书（Copeland，2000b）指出，俄国出现外源性崛起，向超级大国迈进，这使德国领导人感到压力，在两次战争中都想趁早削弱俄国。

原料，但其本身并不足以使两国在各自地区发动战争。经济现实主义认为，依赖他国的国家会抓住机会，降低其脆弱程度；但要完整解释这两场战争，除此之外，还须补充关于行为主体预期的动态观点。自由主义很难解释这两个案例。在1880年之后的远东地区，日本和俄国都在加强与中国和朝鲜的经济联系，但这种联系反而更加促使其发动冲突。一战对自由主义而言更成问题。当时，所有大国都在进行高额贸易，其对象甚至包括主要对手。虽然整个体系中的各国都相互依存，却未能维持和平。然而，如果考虑有依赖性的德国关于世界经济体系的预期越来越悲观，而且与德国担心俄国崛起联系起来，那么经济因素对战争爆发所起的作用就显而易见了。

　　二战的欧洲战场这个案例更为复杂。从20世纪20年代开始，希特勒就从经济现实主义的角度考虑问题，认为德国领土狭小，同时又依赖他国，造成德国在大国争夺生存空间的大背景下长期处于弱势。但由于出现了大萧条，同时英国、法国、美国都退回到封闭的经济领域，德国依赖外界的真正影响变得尽人皆知。于是，1930年之后贸易预期下降起到了至关重要的作用，促使传统军队和希特勒的纳粹部长们支持战争。因此，经济现实主义和贸易预期理论在二战这个案例中都至少得到了局部验证。虽然从表面上看，这似乎是自由主义的最佳案例，但自由主义表现仍然不尽人意。自由主义似乎把相互联系的问题说对了：随着1930年以后贸易下降，贸易的利益不再能约束德国内部不断加剧的各种病态。但史料显示，德国对他国的依赖其实是战争的推动力，现实主义和贸易预期理论解释了其中原因。所以，即使关于二战起源的全面解释需要包括单位层次变量，尤其是纳粹的意识形态，但有一点还是很清楚的：在德国领导人和官员看来，对德国来说，经济相互依赖并非促进和平的力量，而只会造成问题。

　　对于本章讨论的三个案例，历史观点强调战争的先发制人动机，贸易预期逻辑均可对之做出有益补充。对1904年的日本、1914年的德国，以及1939年的德国而言，关于在崛起的大国面前，本国能否维持在体系中的地位，都存在巨大的不确定性和深刻的担忧。在三个案例中，这个崛起的大国恰好都是俄国，只有这个欧亚国家拥有领土、资源、人口的力量基础，长此以往可籍此压倒整个体系。本章指出，在将日本和德国推向战争的总体悲观情绪中，对将来贸易的预期下降起到了重要作用。在经济制约因素增多的国际环境下，两国认为只有通过战争，才能得到未来国家生存所必需的资源和市场。但贸易预期理论并不能很好地解释全部情况。我们将会看到，规模较小的1894～1895年中日战争，是日俄战争背景的组成部分，用经济现实主义解释效果更好。1894年朝鲜发生危机，日本领导人趁机减轻其在朝鲜半岛的经济弱势。日本之所以针对朝鲜前途问题与中国开战，原因在于这种源自外部的机会，而不是贸易预期下降本身。

日俄战争起源

关于如何解释1904～1905年的日俄战争，几乎所有研究这场战争的学者对其大致轮廓均无异议。日本之所以发动战争，是因为俄国加强了对满洲和朝鲜半岛的渗透，而日本认为这正是它最重要的战略区域。日本领导人不愿向这个老牌大国开战，所以十分努力地寻求外交解决方法。但三轮激烈的外交讨论之后，俄国仍不愿提出让步，消除日本政府关于这两个地区的疑虑。这迫使日本趁俄国尚未变得更加强大时发动袭击。[2] 关于这些基本要点，史学家其实并无争议。但仍存在激烈争论的有以下问题：在何种程度上，因为俄国内部有政治分

---

[2] 见 Nish, 1985; White, 1964; Beasley, 1987; Malozemoff, 1958; Ito, 2007; Okamoto, 2007; Schimmelpenninck van der Oye, 2005; Stolberg, 2007; Warner and Warner, 1974; Westwood 1986. 关于概述和其他参考资料，见 Streich and Levy, 2011.

第三章 日俄战争与德国霸权战争（1890～1939）

歧，所以俄国政府无法及时做出足够的让步？俄国进入满洲和朝鲜的背后究竟有何动力，促使日本必然以某种形式做出预防性应对？日本是仅仅担心俄国可能利用朝鲜袭击本土诸岛，还是同样担心，甚至主要担心，会失去经济增长必需的市场和原料，进而丧失长期安全？

我将在下面指出，对日本来说，担心失去进入满洲和朝鲜市场及获得其资源的途径，与俄国可能控制朝鲜这个迫在眉睫的安全威胁相比，至少同样重要。在此意义上，推动这场战争的有两个关键且相互联系的原因：经济资源中断对日本未来经济地位的影响，以及控制朝鲜的俄国对本土诸岛的地理威胁。日本决定开战，国内政治与个人野心几乎未起作用。主要领导人和官员都希望、也都想想以外交途径解决问题；如果这样，便可明确划出"俄国的"满洲和"日本的"朝鲜两个势力范围，同时日本仍然可以与满洲和中国进行贸易。虽有右翼集团施压，呼吁开战，但日本政府显然本想通过谈判解决问题，以确保达到上述目标。所以，在此情况下，发动战争的一方几乎完全是在对外部威胁做出反应，而且这基本上都属于经济威胁。贸易预期逻辑由此而得到有力支持，正是在这种逻辑的影响下，日本才担心相对于俄国出现长期衰落。而且，在此案例中，在迅速现代化和部分民主化的作用下，确实产生了来自下层、要求开战的压力，但这种压力对决策过程影响甚微。这就说明，许多关于国内层次的论点，包括支撑经济自由主义的论点，都未能通过对其逻辑的"最有可能"测试。[③]

国内政治势力仍然起作用的，不是发动战争的国家，而是最终挑衅战争发起方的国家，即俄国。根据第一章提出的第六个外源因素，我指出，俄国的国内分歧和内讧，确实使日本更加怀疑俄国政府在此区域的经济和军事意图。但总体而言，俄国的国内政治并未像许多学

---

③ 尤可参阅 Mansfield and Snyder，2005。关于"最有可能"测试，见 George and Bennett，2005。

者认为的那样,对战争爆发起了关键作用。④ 原因很简单:在 1891 ~ 1904 年的大部分时候,俄国精英都强烈地一致认为,满洲对俄国的经济和战略前途至关重要。到 1903 年时,尽管越来越有可能与日本开战,但即使是沙皇最温和的谋士也坚决主张,俄国要在军队的支持下,保持在此地区的政治经济主导地位。他们认为,如果因为日本的担忧而退却,将会损害俄国在体系中的长期政治与战略地位。

关于朝鲜问题,俄国精英中确实出现了分歧,某些温和派似乎的确愿意给予日本有限的势力范围。但总体上大家仍然都认为,日本不得威胁俄国在朝鲜 - 日本海峡的经济与海军通道,尤其是因为俄国在中国辽东半岛的港口是其在东方仅有的不冻港。日本无法在这一点上让俄国放心,这成为谈判中的主要障碍。总之,俄国的战前外交虽然经常被说得一无是处,但使日本政府认为俄国的地区野心永无止境的,并不只是无能的蠢材和咄咄逼人的官员。其实,俄国摆出强硬姿态,说明俄国深信如果顺从日本的要求,便会遭受巨大损失。最重要的是,如果俄国未能巩固对满洲的控制,保护通往辽东半岛的海上航线,而日本如今又与俄国在"大博弈"中的老对手英国结盟,那么俄国在日本的经济扩张面前就将处于弱势。俄国努力向中国的广阔市场渗透,但日本的工业效率日益提高,对之构成了威胁。而且,日本政府与英国结盟,又遵守英美门户开放政策,说明假如俄国不能支配满洲,那么俄国的产品就可能被从中国和满洲排挤出去(Davis, 2008 - 2009)。在此意义上,俄国之所以不肯让步,是因为深怀恐惧,怕丧失自己在远东地区的经济和战略地位。

因此,归根到底,日俄战争是一场悲剧色彩浓厚的冲突,也许是本书中最有悲剧性的案例。对任何一方而言,只要从根本上改变政策,就必将损害长期经济发展,从而损害国家安全。日本不能允许俄

---

④ 关于参考资料,见 Nish, 1985。

第三章 日俄战争与德国霸权战争（1890~1939）

国继续向对其贸易前途如此重要的地区渗透，俄国也不能允许日本得到前沿阵地，在俄国认为是其后院的地方损害其关键的经济战略利益。两国都在进行工业化，想要赶上技术较先进的国家，这更是雪上加霜。两国都知道，需要现成的市场销售其低成本生产的货物，尤其对于日本而言，还需要廉价原料，以确保出口商品有持续竞争力。满洲和朝鲜正好夹在两个大国之间，在进入两个地区的经济和海军通道这个关键问题上，任何一方都不可能让步。于是，武力冲突基本无法避免。

经济现实主义强调，国家需要抓住机会减少依赖性，这有助于解释这场冲突。日本和俄国都需要深入满洲和朝鲜，以维持工业发展，而且两国都在寻找扩张的机会。但贸易预期理论能够填补现实主义留下的空白，指出双方发现自己陷入了一种特别剧烈的贸易-安全恶性循环：两个行为主体都要遏制看似不断增强的经济威胁，所以向满洲-朝鲜地区投射政治军事力量，但这样一来，却加剧了关于贸易中断的疑虑和担忧，而这正是促使其进行力量投射的原因。⑤ 由于其动态性质，贸易预期理论也能很好地解释，两国对满洲和朝鲜的相互依赖，如何最终从地缘政治斗争演变为真正的战争。俄国的军力增长与俄国政府的传统重商主义经济政策相关，这使日本政府更加担心，如果不及时行动，阻止俄国在此地区确立永久牢固的地位，那么获得重要资源和市场的途径就会减少或中断。英美政府不愿以武力保护中国的开放门户，但暗示如果日本这样做，它们不会反对。因此，日本领导人知道，可以发动袭击，无须担心第三方介入；而且，如果他们不与发展中的俄国较量，就不会有其他人这样做。到1903年底，日本的经济政治安全确实面临着"机不可失，时不再来"的情况。

---

⑤ 因此，这个案例代表了第二章提出的第四个外源因素，是罕见的双重作用现象。

战争背景

日俄战争的深刻根源可追溯到几十年前。19世纪晚期,俄日两国都决心迎头赶上——不是赶上彼此,而是赶上英、法、德等较发达的大国。1868年明治维新之后,日本迅速启动了现代化和工业化计划。这个计划有"两个支柱",反映为新统治精英提倡的两个口号:"富国强兵""殖产兴业"。根据理查德·塞缪尔斯(Richard Samuels, 1994:36-42)的解释,第一个口号的意思是国力和安全依靠不断增长的国家财富,而第二个口号强调必须发展工业和技术,这是财富的基础。如果政府不积极参与日本本土工业的发展,并首先以从西方引进的技术推动其发展,日本就容易遭受其他国家的胁迫和攻击,中国近代史就是典型例子。⑥ 俄国在克里米亚战争中惨败之后,其精英也同样认识到了现代化的重要性。1860年初,结束了农奴制;由此直至1870年和1880年代,亚历山大二世和亚历山大三世通过提高关税和政府补贴,加快了由尼古拉一世开启的工业化进程。

到1880年代,尤其是到了1890年代,两国的工业发展都进入腾飞阶段。但两国精英都开始担心,面对较先进国家的反应,国家如何维持很快的增长速度。尤其是,两国精英都明白,长期发展要依靠进入远东市场、控制获得原料的途径,特别是中国和朝鲜的市场和原料。要引进技术和低成本生产必需的原料,就必须筹集外汇,而要得到外汇,关键要有接收其廉价出口商品的市场。但两国都无法在欧洲与英国、德国高效率、高质量的工业机器竞争。而俄国和日本如果出口东亚市场,由于地理相邻,运输成本要低廉得多。于是,两国有望在某些细分市场,特别是劣质纺织品和廉价工业产品方面,在与欧洲大国的竞争中胜出。

---

⑥ 亦见 Beasley, 1987。

第三章　日俄战争与德国霸权战争（1890~1939）

我们将在第七章中看到，从1830年代开始，俄国就积极努力，想把英国从中国市场中排挤出去。在亚历山大三世治下，开始了一项新的计划，要在远东建立商业存在。1891年，亚历山大批准建设西伯利亚铁路，将海参崴与莫斯科和圣彼得堡相连。1892年，在精干的财政大臣谢尔盖·维特的领导下，俄国实施了积极的远东新政策，与加快工业化的政策直接相关。维特的总体策略是"和平渗透"：用高效的铁路系统将俄国商品运往满洲和朝鲜，以其人之道还治其人之身，战胜英国人。虽然英国在1890年仍然把持着中国对外贸易总额的三分之二，但华北的英国商品较少，俄国可在那里竞价销售。维特计划，一旦在华北站稳脚跟，"经济压路机"便可继续向中国腹地推进。出口贸易增长可促进俄国国内工业发展，使俄国达到更大的规模经济效应，从而得以与英国在世界范围内展开竞争（Shimmelpenninck van der Oye, 2005: 31–45）。

不用说，俄国政府的新政策令其他大国感到不快。历史学家威廉·兰杰（William Langer, 1960: 172）很好地总结了其他大国的反应：

> 全世界都认为，修建西伯利亚铁路说明俄国政策发生了转变，是一个不祥之兆，这个事件必将改变整个远东问题，同时更改国际关系的整体框架。日本和中国观察着俄国的计划，深感忧惧。在东京，人们担心，一旦俄国完成其交通系统，再要抵挡其前进步伐，连成功的机会都不再会有。

俄国工业化的成功，更是加剧了日本政府的担忧。到1890年代初，俄国工业以每年约8%的速度增长，而与此同时，大多数国家却仍深陷于1873年后的欧洲经济大萧条。维特设法控制军费，将剩余资本投入工业化计划。但俄国经济的复利式增长，导致年度军费绝对增长，从1890年代初的约2.4亿卢布，增长到本年代末的约3.8亿卢布。许多额外花费都用于俄国的军事技术现代化，增强了俄国的战场作战和力量投射能力（Fuller, 1992：362 - 384）。

面对俄国的发展，日本加紧控制朝鲜，并试图以自己的商品打入中国市场。1876年，日本迫使朝鲜这个与世隔绝的"隐士之国"开放贸易，为商贸体系做出了贡献。至少一开始，朝鲜的进口商品主要来自欧洲。例如，1882年，欧洲纺织品占朝鲜进口商品的76%。但日本的经济渗透努力竟大获成功，出乎所有人意料。仅仅十年之后，到1892年，日本已主导了市场，提供朝鲜进口商品的87%。[7] 尽管如此，仍有理由担心日本是否能够维持主导地位。1885年，正当与俄国在阿富汗问题上僵持不下时，英国夺取了朝鲜南部海岸附近岛屿上的汉密尔顿港（即巨文港——译注），以防俄国控制在其附近的一个朝鲜港口。虽然英国确实于两年后撤出，但在日本政府看来，俄国和英国之间的"大博弈"很容易产生溢出效应，演变为争夺日本附近领土。[8] 因此，日本必须做好维护自身权益的准备，在必要时动用武力。

还有一个问题值得关切：朝鲜的国内形势不稳是出了名的，容易招致邻国干预。中国在历史上视朝鲜为藩国，直到1880年代和1890年代，还是认为朝鲜的内部秩序主要由中国政府负责。1884年末，朝鲜因派系内讧引起内乱，中国政府遂派兵入朝，而日本也派出了自己的部队。双方均同意撤兵后，僵局很快化解。但日本明确表示，如果中国今后再威胁其经济势力范围，就绝不再忍让。日本政府元老伊藤博文告诉中国总督，中国与朝鲜的联系主要是历史和情感上的，而日本的利益源于经济需要，包括朝鲜可向日本提供粮食（Langer,

---

[7] Beasley, 1987, 45；亦见 Langer, 1960, 170。
[8] Langer, 1960, 169；Cumings, 1997, 114。

1960：170）。⑨

1894年5~6月，朝鲜排外势力东学党叛乱，国内再次爆发内乱，而且比上一次严重得多。危机爆发之后，中国又迅速向汉城及其周边地区派兵。1884年危机之时，日本领导人尚觉国力太弱，不敢与中国开战。而此时，日本军力今非昔比，其领导人认为有了天赐良机，可以将中国势力永远赶出朝鲜。这样一来，就可以迫使朝鲜政府实施改革，加快日本和朝鲜之间的贸易。八月初，中日开战。日军迅速占领朝鲜，袭击中国辽东半岛，到年底时胜局已定。随后两国媾和，日本吞并台湾，向中国索取巨额赔款，迫使中国进一步降低针对日本商品的贸易壁垒。但由于俄国在法德支持下进行干预，日本被迫不再主张控制辽东半岛，同时放弃旅顺、大连两个大港。

1894~1895年的中日战争，应看作十年后日俄战争的先兆。W. G. 比斯利（W. G. Beasley, 1987：55）指出，日本参战显然并不是为了夺取领土。日本官员意识到，如果情况继续按照既定模式发展，朝鲜不肯现代化，而中国可以随意干预，那么，由于内部动乱，朝鲜不可能在日本的经济发展中起到应有的作用，甚至还可能导致其被外国控制，1885~1886年俄国和英国僵持不下时已出现这种迹象。与冷战时期美苏对附庸国的看法类似，日本官员认为，需要从内部改革朝鲜——必要时可临时占领，改造其政府，以确保朝鲜与日本建立适当的经济联系。1894年6月26日，日本驻汉城领事馆在发往东京的急件中总结道：关于朝鲜的改革，日本的目标是"签订条约，使朝鲜接受日本的保护，然后介入朝鲜的国内外事务，促其进步与改革，使之富强；这样，我们将使朝鲜成为日本的坚强堡垒，同时将我国势力

---

⑨ 很难找到关于1880年代大米进口的数字，但我们知道，1896年和1901年，朝鲜大米占日本进口大米的比例分别为26%到51%，并在其间数年中在这两个数字之间浮动。见Duus, 1984, 表9, 171。

扩展到朝鲜，增进我国商人享有的权利"（W. G. Beasley, 1987：48）。本月早些时候，首相伊藤博文和外相陆奥宗光一开始认为，可以与中国协力平叛，同时迫使朝鲜实施必要的经济和政治改革（DJ, 1：33）。然而，6月22日，中国政府拒绝了合作的建议。当天晚些时候，日本内阁决定，不论中国赞成还是反对日本政府的行动，日本都必须在朝鲜实施改革（W. G. Beasley, 1987, 1：37, 38-39）。

6月14日，日本驻汉城公使大鸟圭介警告说，如果日本派兵入朝，俄国可能进行军事干预。尽管如此，内阁仍然做出决定（W. G. Beasley, 1987, 1：37）。此时，朝鲜对日本的前途极为重要，所以日本不能允许朝鲜陷入混乱。6月22日，日本外相对中国特使说，日本在朝鲜的利益，"既因为邻近，也因为商业需要，非常重要而深远，所以日本政府不能对该国的悲惨状况坐视不管"（W. G. Beasley, 1987, 1：40）。这并非只是为日本的侵略找理由。从6月底直到8月1日宣战，汉城和东京两地日本官员的往来信件中，压倒一切的主题就是：要迫使朝鲜政府采取何种改革，以确保朝鲜既能与日本进行自由贸易，又能抵挡中国和其他国家的干预。⑩ 在1895年4月与中国签订的《马关条约》中，日本明智地允许朝鲜保持独立，尽管这种独立要按照日本的愿望去塑造。这种结局比较温和，符合日本政府对大国干预的担忧，但同时也完全符合日本的战前目标：建立稳定而独立的朝鲜，使之继续成为日本的关键贸易伙伴。

因此，中日战争可以这样看：日本关于其外部贸易关系的担忧与日俱增，于是首次做出了防御反应。虽然如此，但就如何解释这个案例而言，经济现实主义还是比贸易预期理论略胜一筹。如果日本不采取行动，那么日朝商贸就会受到损害，因此这场战争当然符合贸易预期理论的总体预测。但日本从1880年代中期开始就一直担忧朝鲜局

---

⑩ 见 DJ, 1：41-73 中的档案材料。

第三章 日俄战争与德国霸权战争（1890~1939）

势不稳；与1884年朝鲜动乱时相比，到1894年，这种担忧也并没有增加多少。日本两次的反应之所以不同，是因为军力增长，同时依赖朝鲜市场和粮食进口的程度上升了许多。1894年6~7月，日本采取了破坏稳定的行动，不仅有与中国爆发战争的危险，还可能与俄国开战。之所以采取这种行动，是因为突然出现了可以减少日本持续脆弱性的机会。这高度符合经济现实主义的逻辑。日本在1894年料想，朝鲜将来再发生动乱，势必损害日本贸易，这当然加强了需要采取强硬行动的意识。但减少日本经济脆弱性的机会，仍然是推动日本采取挑衅政策的原因，而贸易预期下降只是强化了这一因果作用。

1895年，俄、法、德三国干涉，后来于1897~1898年又发生了若干事件，令日本开始怀疑俄国的长期意图。《马关条约》的条款规定，中国要把辽东半岛租借给日本，为期二十年。但三国共同施压，迫使日本将辽东半岛还给中国。俄国随后三年的行为暴露了自己对该地区的企图。1896年，中国在经过战争磨炼之后，满怀感激地与俄国缔约结盟，直接针对日本。俄国保证，如果中国再与日本打仗，俄国将军事支援中国。为报答俄国，中国政府同意俄国从满洲到海参崴修建一条铁路，由俄国"警卫"（即士兵）保护。这条"中东铁路"将由新成立的华俄道胜银行出资修建，汇集法俄两国资本，以尽快建成。1898年3月，俄国政府最终背信弃义。俄国官员自1897年底展开外交攻势，最后迫使中国政府将辽东半岛连同旅顺、大连港租借给俄国。此举令日本官员怒不可遏。就是这个国家，曾强迫日本把辽东本岛还给中国，现在竟据为己有（Nish, 1985: 22-34）。

西伯利亚铁路已延伸至满洲，如今又到达辽东半岛，完全符合维特关于远东地区的总体计划。与绕过中国的路线相比，中东铁路将把去往海参崴的旅程缩短八百英里；同时，铁路南延后，俄国将处于竞争中国市场的理想地位。海参崴每年有四个月为冰封状态，又位于朝鲜半岛另一侧，因此位置很不理想，很难有助于俄国扩大对华贸易。

有了满洲铁路,俄国便可以较低成本迅速深入中国市场,从英国和新经济竞争对手日本手中夺取贸易(Warner and Warner,1974:151-153)。维特深信,"财力是战争的神经",只有国家经济强盛,才能在与较弱国家"不断争夺商业影响力"的过程中取得优势(转引自 Schimmelpenninck van der Oye,2007:33-35)。维特也了解,铁路将会产生重要的战略影响,包括向中国首都有效投射强制力量。[11] 虽然维特后来努力远离强硬派,但他在1890年代的思想显然表明,满洲铁路是一个较大计划的重要组成部分:控制华北商业,必要时以武力为后盾(Stolberg,2007)。

一开始,俄国派士兵驻守车站,保护铁轨,以此支援新满洲铁路。但1900年夏义和团起义后,一切都变了。义和团是一个反叛组织,决心将列强赶出中国。义和团不仅袭击北京和周边地区的外国人,还直接袭击满洲铁路和保护铁路的俄国部队。7月,列强同意进行干预,以保卫其国民。俄国以此为由,派17万名士兵进入满洲,占领全省(Hopkirk,1990:508)。此举不仅使日本担忧,也让英国和美国感到不安,这两国曾与日本一起保证在华北维持开放商贸。1899年9月,美国国务卿海约翰(John Hay)曾正式宣布,美国坚持对华门户开放政策。但令日本政府感到可惜的是,在义和团危机期间,海约翰明确表示,美国政府不愿以武力维持进入满洲的贸易途径。英国似乎也很不想对抗俄国。这样一来,日本只能独自将俄国从它刚刚得到的地盘上赶出去。

1899~1900年初这段时间,对日俄两国而言已经是磕磕绊绊。1898年4月,两国达成非正式协议,似乎表示俄国承认日本在朝鲜的"主导"商业地位。虽然如此,但俄国还是一直想要侵入朝鲜(Nish,1985:46-47)。为保护从海参崴到旅顺港的贸易和海军航

---

[11] 见 Tang,1959,38-39,依据为1896年3月的一份备忘录。

第三章 日俄战争与德国霸权战争（1890~1939）

线，俄国政府于 1899 年重新开始努力在朝鲜南部海岸的马山浦（Masampo）港取得租借地。1900 年 3 月，俄国将舰队停泊在汉城附近，几天之后便成功胁迫朝鲜租借马山浦的土地，用于为俄国舰船补给燃煤。日本的反应是动员海军。俄国政府在强租土地时，其实明白风险何在。1900 年 1 月，外交大臣米哈伊尔·穆拉维耶夫（Mikhail Muraviev）写道，日本即使没有英国等国的支持，也会对抗俄国。海军上将彼得·特尔托夫（Pyotr Tyrtov）回复了穆拉维耶夫的报告，认为俄国需要一个朝鲜港口，以保护旅顺港和海参崴之间的交通。但最终两国都没有准备好开战。日本得知朝鲜对俄国租借地的限制条件之后，危机逐渐消散（Langer, 1960: 691-692）。但这次争端突出说明，早在义和团起义之前，日本政府已经有理由担心俄国对此地区的长期计划。

1900 年夏秋，俄国占领了满洲。由于军事行动规模很大，日本认为与租借马山浦相比，此举更严重地威胁了日本的地位。从 1900 年底到 1901 年，日本政府一边与俄国政府直接外交，一边通过其他列强与之间接外交，劝说俄国撤出满洲。俄国政府的反应是，向中国政府施压，令其接受俄国在满洲永久驻军，以保护俄国的铁路和商业利益，其实就是把满洲变成俄国的受保护领地。

此举让日本政府深感担忧。别的且不说，日本通过满洲唯一的开放港口牛庄与之进行贸易，贸易正在不断增长，如今却受到了威胁。这个港口位于满洲南部，是 1861 年在英法的压力下开放的。但在 1890 年代，日本商人和侨民涌入该市，最终，在居住于那里的约一万名外国人中占到 85%。此外，俄国占领满洲，也加剧了日本长期以来的担忧：只要有一个欧洲大国采取行动，正式控制中国某部，就会导致列强竭力抢夺各省，将其变为殖民地，而日本只能靠边站——1897~1898 年最初争抢港口时已经有了先兆。除此之外，还有俄国将来的意图问题。日本新首相桂太郎认为，俄国现在将试图向朝鲜扩张，而且会不断扩张，"直到我们无处容身为止"（转引自 Beasley，1987：77）⑫。

有人认为，沙皇及其官员只是疯狂的帝国主义者。要反对这个观点就必须指出，尼古拉的几乎所有高级谋士都主要在担忧丧失满洲，而不是出于贪婪，追求吞并满洲带来的荣耀。伊娃－玛丽·斯托尔伯格（Eva-Marie Stolberg，2007）的详细研究表明，从1898年到1903年间，各路官员，从俄国交通大臣和外交大臣到俄国将军，都在担忧如何保卫人口稀少的西伯利亚地区的问题。他们认为，控制满洲的铁路和温水港是非常重要的前沿防御手段，可抵挡日本及其他外国商人和移民。⑬ 1897年11月，后来当上外交大臣的弗拉基米尔·拉姆斯多夫强烈主张，如果俄国不夺取旅顺港，英国人就会抢先下手。1899年，沙皇的内兄亚历山大大公提出，俄国需要在朝鲜北部建立主导地位，以防日本控制朝鲜全国（Fuller，1992：373）。

最能透露实情的，是陆军大臣阿历克谢·克鲁泡特金于1900年写给沙皇的一份奏折，其中以悲观态度讨论了俄国将来面临的军事挑战。克鲁泡特金也认为，俄国"极有可能"要在近期与日本打仗。然而，威廉·富勒（William Fuller，1992：375－379）指出，这种可能性使他深感不安。绝大多数俄国士兵驻扎在西部，而且克鲁泡特金认为就应该待在那里。俄国必须永远牢记，它的头号敌人是德国，而不是日本，也不是英国。因此，俄国要避免在亚洲夺取领土。但克鲁泡特金看到，俄国追求增强经济实力，背后潜藏着可悲的两难处境。俄国只能继续深入满洲，别无选择，正如必须设法控制土耳其海峡一样。然而，他告诉沙皇，这些行动深深影响了其他国家的利益，所以俄国必须准备与英、日、德、奥等列强联盟进

---

⑫ 亦见 Nish，1985，14－15，65－66。
⑬ 亦见 Fuller，1992，362－393。

第三章 日俄战争与德国霸权战争（1890～1939）

行艰巨的斗争。

在 1900 年的奏折中，克鲁泡特金建议沙皇在远东采取温和的行动方案。直到日俄战争开始，他一直这样建议。虽然如此，他的逻辑还是暗示，俄国要在满洲维持强大的军事存在。因此我们看到，即便是非常想集中对付德国的俄国官员，由于俄国经济形势的缘故，也只得主张控制华北，尽管他们也认识到，与日本打上一场代价高昂的战争，会使资源从欧洲流失。

在俄国强烈需要满洲的情况下，从 1901 年到 1903 这几年，日俄双方都越来越有大祸临头之感。日本通过各种外交手段劝说俄国撤出满洲，或至少承诺开放进入满洲的途径，承认日本在朝鲜的势力范围。但即便是温和派俄国官员，也有两件事不能牺牲：俄国对满洲经济的主导控制，以及取得经朝鲜海峡的商业与海军通道的权利。在此情况下，加上俄国在该地区的军事和经济实力不断增强，有一点变得越来越清楚：很难以协商解决僵局。

从 1901 年到 1902 年，日本避免战争的主要策略是与英国结盟，迫使俄国撤出满洲。与英国的谈判开始于 1901 年 4 月，当时俄国正在向中国施压，要求中国同意俄国在满洲永久驻军。谈判于 1902 年 1 月结束，签订的条约于 1 月 30 日公布，具体条款两周后公布。因为需要向俄国显示决心，所以日本人早在 11 月就坚持要将条约内容公之于世。英国起初不愿意，但也逐渐接受了这个要求（*DJ*，2：34 - 35，68）。条约的序言透露了实情：立约双方商定的目的，是维持"中华帝国和朝鲜帝国的独立和领土完整"，并"让这两国享有各国皆有的发展商业和工业的平等机会"。在第二、三条中，英国和日本约定，仅当有第三方参与时，才介入双边战争（*DJ*，2：65 - 67）。这其实就是说，只有当法国支援俄国时，英国才会介入日俄冲突。但英国接受上述条款，是自拿破仑战争以来首次做出有约束力的结盟承诺。这给俄国政府发出了很强的信号。俄国的"大博弈"敌手与日本联合，表示要致力于维持中国的门户开放，而日本如今已正式赞成"门户开放"这个概念。1902年2月中旬，恰好赶在条约内容宣布之时，美国国务卿海约翰抗议俄国计划对满洲商业实行经济垄断，表示美国支持另外两个门户开放国家（White, 1964: 90）⑭。

英日联盟至少在一开始取得了预想的效果。俄国人听到两国宣布结盟时感到震惊，认为这是一大外交挫折（Nish, 1985: 129）。俄国突然变得很想和解，也许不足为奇。1902年4月8日，中俄两国政府宣布已达成协议，要求在一年半内分三个阶段将俄军从满洲撤出，同时恢复1900年前的状况。第一个阶段是从辽河以西的满洲西南部撤出，其中包括牛庄通商口岸，要在半年内完成，即到1902年10月8日为止。第二个阶段是撤离满洲中部，要在1903年4月8日前完成。最后一个阶段是在1903年10月8日之前撤离满洲北部。仍将允许俄国租借辽东半岛，并派警卫保护铁路线。日英两国政府都对撤军协议大加赞扬，认为这是门户开放外交的胜利（Nish, 1985: 141）。

但两国的乐观情绪未能持久。到1902年10月，俄国已撤离辽河以西的满洲西南部，但尚未撤离牛庄。然而，当初维特就已坚持将例外条款写入协议，规定俄国撤军必须有一个前提，那就是"在撤离过程中不受任何干扰"（Nish, 1985: 140–141）。这样一来，俄国就有了充足的回旋余地，一旦改变想法即可违背协议。1903年4月18日，俄国开始撤离牛庄和奉天（牛庄是第一撤退区中遗留下来的地方，奉天是第二撤退区的关键城市），仅仅十天之后，俄国政府便出尔反尔，向中国政府提出七条新要求，必须照办，否则就中止撤离。不等中方答复，俄军就迅速重新占领了牛庄和奉天。

这七条要求清楚表明，即使俄军确实撤退到1900年前所在地点，

---

⑭ 在公布条约内容当天，海约翰告诉日本大使，美国政府对通报条约内容"深表感谢"，而且条约之目的"完全符合美国的愿望"（转引自 *DJ*, 2: 73）。

第三章 日俄战争与德国霸权战争（1890~1939）

俄国人也绝不愿放弃在经济和政治上控制满洲。其中第一条，要求中国同意"在撤离地区不得建立任何自由港"。第二条要求在所有外国人中，只允许俄国人在满洲北部工作。第四条规定，目前唯一自由港牛庄的所有关税收入，都要交给华俄道胜银行。这就是说，港税这笔可观收入（主要由主导牛庄贸易的日本商人缴纳）不会交给中国，而是交给俄国政府设立的银行，为建设满洲铁路提供资金。最后的第七条，要求中国同意不会将满洲的任何部分让渡给外国（当然是除了俄国之外）（Nish，1985：146）。

不用说，中国政府如果答应了这些要求，就不能再主张对满洲拥有主权。四天后，中国驳回了新要求，在俄军撤离满洲之前拒绝讨论此事（Nish，1985：149）。历史学家都认为，俄国政府决定违背1902年协议，是导致日本于1904年发动预防性攻击的唯一最重要举措。我们将会看到，日本政府在1903年进行了三轮外交往来，看是否能够协商解决，避免战争。假如俄国遵守协议，撤出满洲，同意向外国开放商业途径，这些谈判原本毫无必要。因此，在解释日俄战争时，必须解答的根本疑问可以归结为：1902年底到1903年初，沙皇及其谋士为何决定放弃不到一年前签订的撤离协议，随后又强行提出明知对方几乎不可能接受的要求？

这对于讨论以下问题很关键：是不是有一群帝国主义者，因追求荣耀或受贪欲驱使而疯狂，不知怎么的挟持了俄国政府，因为不愿及时做出足够的让步，而将日本推向了战争？许多研究这场战争的人都赞成这种解释，认为既然俄国在外交上不肯让步，又继续在此地区扩充军备，所以日本就被迫先发制人，发动战争。他们提出，亚历山大·别佐布拉佐夫和叶夫根尼·阿历克斯西夫等强硬派说动了沙皇，将俄国引向强硬外交政策的"新路子"，使战争变得基本不可避免。

在具体细节上，这种推理论证符合新马克思主义和自由主义的观点，重点是贪婪和自我欺骗的强大推动力。⑮ 别佐布拉佐夫是退休将领，与沙皇有着深厚友谊。俄国于1890年代末在朝鲜北部取得了伐木和采矿特许权，别佐布拉佐夫在其中有直接经济利益。即便日本把满洲让给俄国，他和他的追随者也不能允许日本将朝鲜纳入其势力范围。因此，他们使尼古拉的思想发生扭曲，让他相信不能就朝鲜和满洲做出任何让步。阿历克斯西夫海军上将是远东部队司令，1903年5月之后任命为外交协调人，负责与日本政府进行一切直接磋商，并不属于所谓别佐布拉佐夫集团。这个集团由下层官员组成，听从这位退休将领的吩咐。但按照这种解释，阿历克斯西夫确实认为日本太弱，不会袭击俄国，而且如果做出让步，会损害俄国在此地区的地位。因此，他在战争危险问题上误导了沙皇及其官员，同时又左右谈判过程，防止俄国做出任何真正的让步。⑯

虽然这种关于国内政治因素的解释很流行，但面临着一个难题，是约翰·怀特（John White）在1960年代初指出的。⑰ 一言以蔽之，就是时间对不上。俄国外交政策发生转变，即走上历史学家后来所谓的"新路子"，是在1902年末和1903年初。很久之后，别佐布拉佐夫和阿历克斯西夫才在俄国政府中真正起到作用，或授予重要官职。1902年11~12月，在雅尔塔和圣彼得堡举行了第一轮国际磋商，导

---

⑮ 必须重申，认为俄国政策受国内因素驱使的观点，并不会直接对贸易预期理论不利，因为发动战争的还是日本，不是俄国，而且日本这样做，也是针对国外的各种力量。这种观点如果成立，就能反映第一章提出的第六个外源因素（对方的国内政治）影响独立国家行为的现象。我接下来的目标就是指出，这种解释在史实上不能成立，战争的更深层次原因远比关于国内因素的观点所说的要可悲。

⑯ 关于概要和参考资料，见 Nish, 1985, 第 11 章, 248~251; Shimmelpenninck van der Oye, 2005。

⑰ 伊恩·尼什（Ian Nish, 1985）是研究这场战争最有成就的历史学家。即便是他，也采纳了这种解释的某些方面，尽管其总体叙述是相当不偏不倚的。

第三章　日俄战争与德国霸权战争（1890~1939）

致俄国政府收回撤离满洲的决定。当时，别阿二人完全处于圈外（前者受到故意排挤，被打发到远东去，后者在旅顺港任辽东舰队司令）。而且，俄国从1903年1月开始进行激烈讨论，一直持续到3月，当时尼古拉及其谋士做出了停止撤退的最终决定。几乎没有任何证据表明，两人对这番讨论有任何影响。[18]

那么，在1902年11月到1903年3月这关键的几个月中，到底是哪些谋士在引导讨论的方向，并给沙皇提供政策建议呢？答案可能令人吃惊：他们正是那些在1902年初推动签署4月协议、让俄国承诺回到1900年之前状态的人，即财政大臣维特、外交大臣拉姆斯多夫、陆军大臣克鲁泡特金。别佐布拉佐夫把这三人蔑称为"癫痫三人团"；从1890年代末起，这三个人就一直阻碍他实现关于朝鲜的愿望（Warner and Warner，1974：157-158）。怀特（White，1964：50-51）和尼什（Nish，1985：145）指出，1902年末、1903年初进行的冬天磋商，正是由这三人主导的。此前，维特在远东执行了两个月的情况调查任务，于11月回国，其后不久就开始了磋商，这并非巧合。1902年11月9日，沙皇在雅尔塔的冬季行宫召见维特、拉姆斯多夫、克鲁泡特金，在场的还有维特的同胞，内政大臣维亚切斯拉夫·普勒韦。谈话的细节不得而知，但我们确实知道，最终所有在场的人，包括维特，都一致同意，满洲必须并入俄国，或至少要成为俄国的附庸。这种政策逆转的细节，还要等此后四个月，在圣彼得堡进行了紧张讨论之后方才敲定。但11月9日那天已经基本上做出了关键决定：俄军将继续驻扎在满洲，除非中国答应一系列新条件，使满洲完全成为俄国的附庸，否则就不撤军。回到1900年以前的状况——这

---

[18] 有时还提到一个人，也是强硬派的关键人物，阿历克谢·阿巴扎海军少将。直到1903年中期，他才出任新成立的远东委员会秘书这个关键职位，那已经是做出重要决定很久之后了。见Nish，1985，165。

是1902年撤军协议的前提——将不再可能。

　　为何要改变政策？此处文献记录稀少，我们只能猜测。或许沙皇的主要谋士从未真正想要实施1902年的撤军协议。维特本人下台之后，就曾于1904年提出过这种观点（Nish，1985：142）。这种解释似乎不合情理，有两个主要原因。首先，我们知道，到1902年10月8日，俄国的确满足了撤离辽河以西地区的要求，而且当政策正式逆转时，正在从第二阶段地区撤军。既然不想撤军，还走到这一步，就是怪事了。其次，这些老练的谋士会知道，先同意撤军，一年后又故意反悔，会对其他列强发出很严重的信号，尤其是对日本和英国。这等于是说，不能相信俄国会遵守协议——而俄国于1903年4月宣布对华七条要求后，日本和英国正是这样看待俄国新政策的。

　　既然所有主要人物还是一样，唯一合情合理的解释似乎是，维特在满洲进行情况调查时搜集到了新情报，反映出形势已经困难到了什么程度。或许维特通过满洲之旅得知，如果俄国回到1900年前的状况，就要么会出现国内暴动增多，要么会面临日本和英国的经济渗透，从而很可能失去在满洲的主导地位。尤其是日本，因为能高效生产低成本纺织品，而且相对于英国（面向中国的传统主要出口国）享有运输成本上的优势，所以已经成为主要的经济威胁。这种防御性思路应该恰好吻合了沙皇固有的思维模式：1901年，在与德国使臣谈话时，沙皇说他不见得在乎俄国是否控制满洲，而只是不想让其他任何国家这样做（Nish，1985：142）。

　　无论是什么促使尼古拉及其谋士在11月9日雅尔塔会议时改变了想法，其后发生的一切都十分符合新的行动计划。会议上决定，将未出席会议的别佐布拉佐夫派往远东，进行长期情况调查，几乎毫无疑问是要消除他和他的追随者对沙皇的影响，因为这位沙皇是出了名的优柔寡断（Nish，1985：165）。其后三个月的讨论和计划，他丝毫没有参与。下一次重要会议主要由外交事务官员参加，于1903年1

月 24 日在圣彼得堡举行。与会者都认为，要撤离满洲，除非中国答应充分保证俄国在满洲的利益。2 月 7 日又举行了后续会议，出席者包括负责远东政策的各类人员，外事界和军界人士皆有。外交大臣拉姆斯多夫认为，日本最近的提议——包括日本一直主张的想法，即日俄两国建立两个势力范围，俄国拿走满洲，日本拿走朝鲜——必须予以驳回，因为俄国的"国家利益"不可避免地会涉及朝鲜。在商讨了租借地是否会不利于俄国进入马山浦港的途径之后，与会者转而讨论满洲问题。在陆军大臣克鲁泡特金的带领下，大多数人都认为，俄国原本要于 4 月 8 日完成的第二阶段撤军，应当予以推迟（White，1964：50 – 53）。

4 月 8 日，举行了提出新要求前的最后一次会议。别佐布拉佐夫集团起到重要作用的会议，这是第一次，也是最后一次，而且还只是通过阿历克谢·阿巴扎海军少将起的作用，而不是通过别佐布拉佐夫本人，因为他还在满洲。讨论的话题是朝鲜。阿巴扎认为，采伐鸭绿江木材的特许权（别氏集团在其中有直接利益）应予保留并发展，因为它很有经济意义，而且又有助于保护满洲的东南侧翼。他还建议陆军部组织保护满洲和朝鲜的俄国企业，将远东地区的各行政职能合并，以减少部门之间的混乱状况。撤离满洲的问题没有讨论，原因很简单：已经下了决心，要违背 1902 年签订的协议（White，1964：54 – 55）。

从上述时间顺序来看，很显然，认为贪婪的帝国主义势力挟持了俄国外交政策，将其推向战争，这种观点是站不住脚的。整个战前时期的关键决定，即决定不从满洲撤军，并向中国提出新要求，完全是在旧的"三人团"指导下逐步产生的，别氏集团和阿历克斯西夫都没有起到明显作用。阿巴扎提出改造远东的行政架构后，到五月中旬，确实按其主张实行了集中化，由派驻旅顺港的阿历克斯西夫统一领导。但这个改造过程是决定留在满洲的自然结果，而不是战争的直接原因。假如俄国人信守诺言，撤出满洲，那么原本就不必与日本进行紧张的外交磋商。最终，在别氏集团和阿历克斯西夫与1904年2月战争爆发之间，唯一可能的因果联系就是：1903年末最后五个月的谈判，阿历克斯西夫处理得确实很差劲。但双方提出的主要建议都经过了俄国政府，由沙皇身边的核心集团而不是阿历克斯西夫决定接受还是驳回。这说明，1903年5月之后俄国采取不妥协立场，责任必须归于核心集团。我们已经看到，不撤离满洲，也不允许日本控制经过朝鲜海峡的路径，有充足的战略和经济理由。1903年进行了最后的外交努力，却还是徒劳，正反映了这些理由何等重要。

谈判的最后数月与战争开始

到1903年4月和5月，情况已经很明显：俄国想蹲守满洲，不愿轻易挪动。于是，日本政府就得做出选择：是计划早日开战，还是寻求新的外交出路。最终决定两者兼顾：尽量寻找达成新协议的基础，以保护日本的经济和战略利益，同时，如果俄国确实无法撼动，就准备打先发制人的战争。既然很难劝说俄国政府继续按1902年的承诺撤出满洲，于是日本内阁重新采纳政坛元老伊藤博文于1890年代末首先提出的"满韩交换"计划。这种策略要求日本政府承认满洲属于俄国的势力范围，换取俄国政府承认朝鲜属于日本的势力范围。

6月8日举行的参谋总部会议得出结论：俄国未从满洲撤军，"必然导致日本严重担忧未来形势"。日本应当与英美合作，迫使俄国撤离。但如果其他国家不肯帮忙，而且日本的谈判劳而无功的话，

> 日本应以武力达到目标……目前，我军优于俄军，西伯利亚铁路尚未完成，又有英日同盟，正是达到目的之最佳时机……机不可失，时不再来。（转引自 Nish, 1985: 157）

第三章 日俄战争与德国霸权战争（1890~1939）

不少部门负责人仍然反对"满韩交换"，即以满洲换朝鲜的设想。6月23日，在天皇御前举行了重要的内阁会议，出席者有伊藤博文、井上馨等主要政坛元老。会上解决了反对意见的问题。与会者认为，由于俄国已在满洲占据优势地位，所以日本应在此有所让步。但日本应利用当前的危机，"解决［长期存在的］朝鲜问题"，包括确保朝鲜政府不会将任何领土割让给俄国。⑲

这实质上就是1903年做出的"满韩交换"妥协。内阁和天皇之所以接受这种妥协，很可能是因为外务大臣小村寿太郎和总参谋长大山岩分别起草了两份奏折，在开会之前供人传阅。小村的奏折强调，鉴于远东形势，日本要重点关注国防和经济发展。就此而言，政府要立即注意朝鲜问题。朝鲜如同"直指日本心脏的匕首"，而俄国近来的举措将"最终使之主宰朝鲜"。与俄国政府谈判，必须围绕以下原则：维护领土完整，以及中国和朝鲜的商业开放；互相承认对方在满洲和朝鲜拥有的权利，以及向各自地区派兵的权利；日本享受协助朝鲜实施内部改革的特殊权利。大山的奏折也强调朝鲜对日本的国家安全很重要，督促政府趁日本仍有军事优势时与俄国政府商讨满韩交换问题。⑳

8月12日，日本开始与俄国正式磋商，向俄国递交了一份（英文）提案，概述了六项协议条款，用以取代两国此前达成的所有协议。实质上，日本政府有四点要求：俄国尊重中国和朝鲜的领土完整，以及所有列强在这两国的商业平等地位；俄国承认日本在朝鲜的

---

⑲ 见 *DJ*, 2：99；Nish, 1985, 159。
⑳ 关于引自小村奏折中的话，见 Nish, 1985, 159。我对两份奏折的总结借鉴自 Okamoto, 1970, 76；Nish, 1985, 159；Beasley, 1987, 80。

"主导利益",换取日本承认俄国在满洲铁路上的"特殊利益";相互达成默契,任何一方都不会在各自势力范围内妨碍对方的工业和商业利益;两国都有权向其势力范围派兵镇压骚乱(RJDE:351-352)。

俄国政府收到提案后,搁置了近两个月,才提出了自己的八项协定条款,令日本政府深感沮丧。俄国于10月3日提出的反提案(也是英文)预示着某些事情即将发生。俄国政府只同意尊重朝鲜的领土完整,而八项条款里显然没有提到中国。俄国将承认日本在朝鲜的"主导利益",不会"阻碍"日本在该国的商业与工业项目。而且,日本可以向朝鲜派兵以保护其利益,但必须事先通知俄国,且兵力不得超过所需人数,一旦任务完成立即撤兵。俄国政府还添加了两个有问题的新条款。日本政府必须同意,不将朝鲜领土用于"战略目的",也不"在朝鲜海岸从事能够威胁朝鲜海峡航行自由的军事工程"。而且,日本政府还要将朝鲜北部(39度线以北)划为中立区,任何国家不得派兵进入(RJDE,351-352)。

俄国做出如此反应,很难说意在和解。虽然日本关心的问题很明显,但中国和满洲问题都干脆不予讨论。虽然承认日本在朝经济利益,但日本政府需答应在北部划出中立区,使俄国的伐木和采矿企业得以进入,而这些企业已经有俄军在背后撑腰。要求日本不在朝鲜海岸设防,显然反映出俄国长久以来的担忧,即经过朝鲜海峡的贸易和交通是否能够持续。

10月30日,日本政府做出答复,但并非一口回绝俄国的要求,而是试图提出进一步妥协。[21] 这更加反映出日本是诚心实意地想要通过谈判解决问题。日本确实不断敦促俄国承认朝中两国的领土完整,由日本和俄国分别在朝鲜和满洲享有"势力范围"。但这次添加了一

---

[21] 这种妥协是10月14日、24日在东京举行的两次内部会议上,经反复讨论而提出的。见 Okamoto, 1970, 98。

第三章　日俄战争与德国霸权战争（1890～1939）

项新条款，保证不在朝鲜海岸修建可能威胁俄国航行自由的军事工程。而且，日本并未干脆拒绝在朝鲜北部划定中立区，而是提出设立一个由朝满边境向两边各延伸五十英里的中立区（RJDE, 352－354）。俄国这次的反应还是很慢，直到12月11日才答复，而且几乎没有提出任何具体的妥协方案。俄国刻意避免提及中国和满洲，不论是就中国的领土完整而言，还是就日俄各自的势力范围而言。相反，俄国政府只把重点放在朝鲜上。俄国提出的两项新要求，即日本不得将朝鲜海岸用于战略目的，也不得修建工事，以及朝鲜北部仍为中立区，还是与10月3日的提法完全一致。这显然就是拒绝了日本政府寻求妥协的努力。俄国人不愿讨论势力范围问题；从其反应来看，似乎只关心如何界定日本涉朝事务的范围，以确保俄国的经济利益及经过朝鲜海峡的自由通行权得到保护（RJDE：351－352）。

12月16日，举行了一次几乎全体日本高官参加的会议。其后，日本认定，时间所剩无几，日本必须采取更为直接的外交手段。12月21日，向俄国政府提出了第三轮建议。原来的第一条提出尊重中朝两国的领土完整，现在取而代之的是一条直截了当的说明。日本政府明确表示，"如果这些地区中广阔而重要的一部分［两个帝国的利益交汇处］完全不予考虑"，就不能去除"将来产生误解"的缘由。这就是比较明白地向俄国政府表示，假如俄国还是不肯讨论满洲问题，两国很可能最终开战。日本政府还删除了此前关于鸭绿江两侧各五十英里中立区的建议，可能是希望俄国政府放弃自己关于中立区的要求。至于俄国关于日本不得将朝鲜任何区域用于战略目的之要求，日本政府未置一词（RJDE, 354－355）。

由于中立区问题，以及保证不将朝鲜用于战略目的之问题，两国协议最终流产。各路俄国官员，包括阿历克斯西夫，都逐渐认识到，日本随时可能发动战争，而俄国自1903年6月开始的军备建设尚未完成。俄国政府头一次显得很紧张，不是照常等两个月才回复，而是两周不到（1904年1月6日）就向日本政府提交了一份新的协议草案。在其中，俄国提出了反提案，首次用到了"满洲""中国""势力范围"等说法。这表明俄国政府会接受一项新条款：日本政府承认满洲在日本势力范围之外，换取俄国答应不"妨碍"日本根据目前的对华条约行使权利和特权，尽管这不包括"建立定居点"。然而，俄国要同意添加这项条款，除非日本同意不将朝鲜用于战略目的，并答应将39度线以北的朝鲜北部划为中立区（RJDE：354 - 355）。

虽然俄国的新提案似乎带来一线希望，但的确还是太不够，也太迟。俄国仍然不愿正式声明朝鲜在其利益范围之外，而日本要的就是这句话。而且，俄国还是要求将朝鲜北部作为中立区，当时俄国商人和军人业已深入这个地区。此外，由于去年俄国的表现已经让人对其失去信任，所以几乎没有理由相信俄国政府真的会让日本商人和投资者在满洲自由经营。俄军毕竟已重新占领了满洲南部唯一的自由港牛庄。日本要求建立定居点，即设立新自由港，让日本公民自由居住和进行贸易，这个要求也被俄国人驳回了。最后，俄国仍坚持要求日本答应不将朝鲜海岸用于战略目的。

1904年1月12日，召开了御前会议，讨论俄国于1月6日提出的反提案。与会者一致认为，现在基本上没有谈判的希望了。由于运兵舰尚未完全就绪，大家也都认为日本应再递交一轮提案，主要是为了再争取一点时间（Okamoto，1970：100）。1月13日，日本政府向俄国政府提出了最后一系列建议，与此前的提案几乎完全相同。最重要的是，日本既不会接受将朝鲜北部划为中立区，也不会承诺不将朝鲜海岸用于战略目的。然而，关于日本在满洲的经济利益问题，俄国似乎有所让步，日本政府确实试图予以澄清。日本要求俄国删除关于"新定居点除外"的条款，因为此条与1903年10月8日刚签订的中日商业协定内容相抵触。日本在公报结尾警告，俄国政府要快速回应，因为"若再推迟解决［其面临的问题］，将对两国都极为不利"（RJDE：356 - 358）。

在圣彼得堡，情绪一片悲观。由于情况严重，一月底召开了特别会议，讨论日本的第四套提案。大家认为，应不再要求在朝鲜设中立区。然而，有一条被再次保留下来，即要求日本既不得将朝鲜用于战略目的，也不得采取威胁航行自由的措施。俄国的确简化了关于日本在满洲权利的提法，声明将尊重日本通过与华条约获得的权利和特权。但俄国的草案还是要求日本承认满洲"在其利益范围之外"，而无须就朝鲜做出类似保证（RJDE：356 - 358）。

结果，俄国的最终提案未能及时送达。2月3日，由阿历克斯西夫转交，直到数天以后才到达俄国驻东京大使手中。2月4日，当着天皇的面，御前会议决定立即开战。2月8日，日本突袭旅顺港。但很显然，即便提案及时送达，也无济于事。到1月时，日本对俄国已经严重不信任，而俄国的让步又相对很小，所以除非俄国提出一大套新的建议，保护日本在朝势力范围，确保进入满洲的开放贸易途径，方可阻止战争的势头。日本的贸易预期此时已经非常低，而关于俄国军力增长的担忧非常严重，所以战争就成了唯一的合理选择。[22]

在俄国方面，由于非常担心丧失对满洲的经济和政治控制，同时经过朝鲜海峡的通道又很重要，所以温和派和强硬派团结起来，都赞成尽量少让步的政策。当时的情况，并不是无知或自负的俄国官员挟持了事态进程，而沙皇和理智的大臣只能无奈地靠边站。拉姆斯多夫和克鲁泡特金等温和派不想打仗，但也并不认为日本发动战争的危险

---

[22] 在严重衰退的环境下，承诺问题的解决难度大大增加。见 Copeland, 2000b, 48 - 49, 20, 148; Powell, 2006。

很小，1903年10月之后尤其如此。㉓但他们也知道，俄国要维持长期工业发展，就必须将满洲保留在势力范围之内。而且他们认识到，俄国商人和海军要能够在海参崴和辽东半岛的温水港之间自由往来，这对于保护其远东商业而言必不可少。俄国政府最终在朝鲜北部中立区问题上让步，说明控制朝鲜木料（别佐布拉佐夫集团的要求）不是那么关键，更关键的是保护俄国在满洲的主导地位，从而保护其深入广阔中国市场的能力。但是，因为这两个正在工业化的国家都需要确保进入满洲和中国的途径，所以其各自与这些地区的联系最终是没有商议余地的。

从日俄战争中可以明显看出，两个大国当前依赖同一地区，预计将来还会继续依赖；受此束缚，会陷入贸易-安全恶性循环，互不信任自我加强，贸易预期不断下降，而且找不到出路。双方的领导人和政府要员都不愿打仗。虽然如此，但由于满洲和朝鲜对双方都很重要，所以不论哪一方做出足够的让步，都必将造成其经济和地缘政治地位下降。我们已经看到，自由主义者和新马克思主义者都认为很关键的国内因素，在日俄两国的决策过程中都没有起到什么作用。经济现实主义的确抓住了控制局势的强烈需要，这是双方都感受到的。这个理论还能很好地解释日本为何于1894年采取机会主义行动，向中国开战，以根据日本的贸易需求改革朝鲜政府。㉔但经济现实主义无法解释日本政府为何不断努力，想通过谈判达成协议，既避免战争，又保留日本进入朝鲜和满洲市场并获得其资源的途径。日本是不情愿开战的，直到其经济和战略利益受到的威胁太大，显然无法以外交手段解决时，才发动战争。俄国不愿妥协，乍看起来似乎令人困惑。但

㉓ 维特已于9月明升暗降，因此对最后的谈判影响甚微。

㉔ 表2-7将1880～1904年分为两个时期，分别为1880～1895年和1895～1904年，就1880～1895年这段时期以及中日战争爆发而言，对经济现实主义表示赞同。

我们看到，如果俄国做出让步，保留日本在朝鲜和满洲的地位，就很可能不利于俄国的经济增长。因此，就连温和派俄国官员也主张采取强硬姿态，就比较容易理解了。对双方而言，战争都是可悲的选择，但也是"诸害相权取其轻"的选择。这是悲哀的事实，本案例堪称其绝佳写照。

德国与一战爆发

关于一战起因的解释，主要可分为三类。㉕ 第一类包括所有认为这场战争并非有意发动的观点，即所有国家都不想打仗，但在危机升级的动态之下，各国纷纷陷入战争。这种主张的论述起点，是1897年之后海陆军备竞赛愈演愈烈，造成互不信任。然后强调，由于心理错觉、攻势崇拜，以及军事计划刻板僵硬，所以各个大国均于1914年7月将军队火速派往边境，以免被人抢先打击，或丧失帮助患难盟友的机会。㉖ 第二类解释驳斥了各国都不想打仗的看法。有些国家，尤其是德国，无疑侵略性较强，并非因为错觉或担心安全，而是由于国内的种种病态。在埃卡特·克尔（Eckart Kehr, 1970）的论述基础上，杰克·斯奈德（Jack Snyder, 1991：第三章）提出，德国想要打仗，反映了卡特尔化政治体制形成的战略意识形态：利益集团分享权力，造成国内互相投票，赞成扩张。最有影响的是弗里茨·费舍尔（Fritz Fischer, 1967, 1975）的新马克思主义观点，认为德国领导人想要打遍欧洲，以树立在欧经济霸权，从而巩固德国统治阶级地位，打压正在崛起的工人阶级。

㉕ 关于最近研究的精彩概述，见 Levy and Vasquez, 2014。
㉖ 尤可参阅 Jervis, 1976, 第三章；Lebow, 1981；Van Evera, 1999；J. Snyder, 1984。

第三类解释针对体系层面。某些新现实主义者认为，一战是多极化带来的误判造成的：大国不能抛弃盟友，于是巴尔干半岛的小危机使各国都卷入了战争。㉗ 动态新现实主义者认为，一战的根本原因在于德国担心衰落。这并非误判或无意引发的战争，而是德国领导人故意先发制人，目的是维持德国的权力地位，从而维护其安全，针对的是地大物博、经济军事发展潜力更大的国家。㉘

在另一本书中，我已经指出了有利于动态现实主义观点的证据，我认为这种证据是不容置疑的（Copeland，2000b；第三、四章；2014）。1914年7月发生的细节情况错综复杂，揭示了德国领导人和官员如何操纵体系，发动只有德国想打的战争，在此就不重复了。我的目标是证明世界经济因素，具体而言就是德国担心是否能够长期维持获得原料和市场的途径，大大加强了关于德国将来在体系中所处地位的总体悲观看法。尤其是，1896年之后其他大国都转向经济遏制政策，因此德国官员很有理由认为，相对于俄国、英国、美国等庞大经济帝国，德国将长期衰落，而仅仅提高对世界经济的渗透是无法逆转衰落势头的。在此形势下，为得到德国经济发展必需的资源和市场而打仗，成了德国眼中的必要之举。总之，越来越悲观的贸易预期在先发制人的逻辑中起了关键作用，推动德国领导人于1914年7月选择了战争。

在提出这个观点时，我广泛借鉴了费舍尔关于一战经济决定因素的详细档案材料。迄今为止，他的材料还是最完备的。但费舍尔最后得出结论，认为一战是一场社会-帝国主义战争，目的是防止德国内部爆发阶级革命。而我却指出，他的材料其实反映了战争背后是直截了当的安全逻辑。我在其他论著中也讨论过，在一战之前，德国主要

㉗ Waltz, 1979; Mearsheimer, 2001; Christensen and Snyder, 1990; Sagan, 1986.

㉘ Copeland, 2000b, 第三、四章; Copeland, 2014; Lieber, 2007; McDonald, 2009.

第三章　日俄战争与德国霸权战争（1890～1939）

领导人和官员认为，即使欧战胜利，也只会使国内更容易发生革命。虽然这样认为，他们还是选择战争，主要目的是针对德国周围经济帝国的崛起，保护德国在体系中的长期地位（Copeland，2000b：第三、四章）。

1890年代初期和中期，有少数大国想要抵挡保护主义的潮流，德国是其中之一。德国宰相格奥尔格·卡普里维（1890～1895）认识到，德国工业产品如今可以与任何国家的商品媲美，于是试图在欧洲和海外扩大德国贸易（Coutain，2009）。㉙ 然而，其他大国发出的信号却表示反对德国的"和平渗透"。美国和法国严厉的关税（美国1890年麦金莱关税，法国1892年梅里纳关税）固然令人担忧，但即便是作为自由贸易堡垒的英国，在1894年之后也出现了这样的迹象：由于担心德国的商业实力增强，英国的政策很快会发生逆转。我在后面一章中会讨论到，英国非常担心其竞争力和经济实力相对于崛起的德国和美国而下降（第一章中提出的第四个外源因素），因此，英国保守派公开提出，需要与各殖民地大大加强联系。1895年12月，由英国支持的突袭队攻打了南非德兰士瓦共和国，意在鼓动英国侨民推翻德兰士瓦的布尔政府。虽然袭击行动惨败，但德国政府自然将其看作英国政府的一种敌对反应，针对的是德兰士瓦刚刚调整定位，转向德国的贸易与投资（见第八章）。

1897年中期，加拿大突然对非英国商品征收歧视性关税，这一举措直接违背了德国和大英帝国于1865年签订的最惠国条约。对于德国政府而言，这是更加不祥的征兆。德国提出了抗议，但英国非但没有做出补偿，反而支持加拿大的决定，随后于1897年声明1865年

㉙ 请注意，卡普里维通过降低关税，击败了当时"铁与黑麦"同盟的强势抵抗。有人认为，德国的外交政策完全是由上流社会利益推动的，这种观点与卡普里维的成就不相符合（见 Barkin，1970）。

条约作废。此后不久,约瑟夫·张伯伦开始与英国各殖民地谈判,讨论建立普遍帝国特惠制。㉚ 此举对于将来的影响很清楚。即使英国未能"以英国政府名义"正式建立帝国特惠制,歧视德国商品,但可以允许殖民地或英联邦国家主动采取单边政策,倾向于英国商品。不论如何,对德国贸易产生的影响最终都是一样的。

德国对未来贸易的预期反映了事态的发展情况。1897 年 7 月 31 日,普鲁士驻慕尼黑公使告知德国宰相乔德威格·冯·霍恩洛厄,舆论认为,英国宣布废除 1865 年条约,是"英国与各殖民地建立密切贸易关系的前奏"。德皇的批示表现出赞同态度。他写道:"废除条约是整个英国商业政策体系发生革命的开端";如果认为英国此举是针对北美,那是"一派胡言",因为很显然"是针对德国"。德皇进一步阐述道:"既然德国工业的优势已得到认可,[英国人]很快就会努力将其摧毁","除非我们建立强大的舰队,迅速而积极地抢先阻止这种邪恶行为",英国人就会得逞(*GDD*, 2:486 – 487)。㉛

费舍尔(Fischer, 1975:7)总结道,1890 年代末,德国领导人"主要担心的问题仍然是……美国极端保护主义的关税,以及英国建立海关联盟的计划"。德国于 1897~1898 年开始扩充海军军备,与英国开始长达十六年的海军军备竞赛,其关键目的之一就是保护德国的海外贸易,这似乎没有什么疑问。保护的重点不仅是原料进口,还包括粮食进口;拉玛尔·塞西尔(Lamar Cecil, 1967:149)指出,德国人当时普遍认识到,随着人口迅速增长,德国"不能继续靠自产

㉚ 见 Kennedy, 1980, 第十四、十五章。关于促使英国采取上述措施的普遍衰落感,见 Friedberg, 1988。

㉛ 这种情绪遍布政府和立法界,肯尼迪对此有详细论述(Kennedy, 1980:261 – 264, 297 – 298)。尤其是,许多帝国议会代表认为,"加拿大(后来还有其他几个英国殖民地)对来自母国市场的商品给予特惠待遇,标志着……[保护主义]倾向冒头,其主要目的是严重削弱德国的经济,因为德国是英国最强大的对手"(同上,298)。

粮食生存下去","因此,维持海上航线通畅的强大海军是防止饥饿的必要保障"。㉜ 同样是在1890年代末,两个重要概念,"世界政策"(Weltpolitik) 和"大中欧"(Mitteleuropa) 得到了巩固,成为针对保护主义势头上升的反应。伍德拉夫·史密斯(Woodruff Smith,1986:65,78)说,"世界政策"力图"在德国境外建立受保护的市场和投资区域,并以管控价格从外界得到可靠的原料供应"。"大中欧"是与之相应的欧洲大陆政策,设想建立"有组织、受保护的体系,用于工业化德国与中欧和东欧的周边农业地区之间的经济交流"。

德国领导人很有理由担心外部供给方是否可靠。离一战还有15年时,德国人口和工业规模剧增,因此对关键商品贸易的依赖程度也大大增加(见 Kennedy,1980,1987)。例如,国内石油产量从1900年到1913年增长了1.4倍,但还是只能满足德国石油总需求的一成。直到1897年,德国还是铁矿石净出口国,而到了1913年,其铁矿石需求的三成都要靠外界来满足,尽管国内产量增加了1.2倍。㉝ 到1913年,德国进口商品的57%以上都是原料,而1903年的比例为44%,1893年仅为41%(Bruck,1938,110)。

当然,非常令人担忧的是法国、俄国、英国对德国不断加强政治

㉜ 到1890年代末,原料占德国总进口额的比例约为40%,粮食约另占35%(Kuznets,1967:127)。德国越来越依赖粮食进口;在1901～1902年关于关税改革的辩论中,这一点成了增加粮食关税的重要战略依据:1890年后,德国的工业化和随之而来的城市化发展十分迅速,如果不对粮食进口加强限制,德国可能会完全受粮食供给方摆布(见 Ashley,1910,第七至九章;Barkin,1970,第四至六章)。然而,尽管有了1906年开始实施的关税,但直到1914年,德国的粮食进口还是比总体经济增长得快(Offer,1989)。所有这一切说明,推动德国于1906年增加关税这一举措,不仅仅、甚至不主要是"铁与黑麦"联盟,而是也包括在限制较多的世界环境下系统性的担忧。德国进行海军军备建设,是在英国对殖民地采取新政策(尤其是1895～1896年南非危机所反映的新政策)情况下的反应之一。关于这方面的讨论,见后面的第八章。

㉝ 关于石油,见 *EHS*,393,439;关于铁矿石,同上,409,445。

和军事包围，其中英国还通过在全世界阻止德国商业发展，对之进行经济包围。不妨考虑占有殖民地的问题。1897年之后，英国和美国一唱一和，不让俄国在南半球获得大片领土；例如，虽然德国也做了努力，但西班牙帝国解体后德国什么也没有得到，只得到了萨摩亚和中国的很小部分。在1905年和1911年的两次摩洛哥危机中，英国帮助法国取得摩洛哥的政治控制权，牺牲了德国的出口贸易和获得原料的途径。㉞ 其实，从1898年到1913年，允许德国占有的殖民地，还只相当于一个我们不愿视为帝国主义的国家所得殖民地的1/7，这个国家就是美国（Herwig, 1976：9）。

在最关键的新地区之一，即中东地区，英国再次与其他国家积极合作，尽量减少德国的经济渗透。1901年，英国在波斯首次得到采油特许权；到1907年，英国与俄国达成协议，将波斯划分为几个势力范围；这是德国参与修建柏林－巴格达铁路后，限制德国势力延伸运动的一部分。1910年8月，俄国大使向莫斯科报告："英国主要关心的，不是波斯发生了什么事，而是阻止除英俄之外的其他国家在波斯发挥作用。这尤其适用于德国和土耳其"（转引自 Dickinson, 1926：261）。㉟

从1911年到1914年，随着英国海军转而依赖石油，英国便确保其他国家都没有得到波斯湾石油资源的途径。到1914年，英国政府已取得本为私营的盎格鲁－波斯石油公司的控股权。英国还与美国达成了默契，允许美国对拉美石油拥有势力范围，换取英国对中东石油

㉞ 詹姆士·戴维斯（James Davis）令人信服地指出，德国发动两次危机，主要都是一种自卫反应，针对的是法国对摩洛哥越来越大胆的干预，以及法国的举措对德国经济利益的影响。

㉟ 虽然英德之间就该铁路问题有长期冲突，但1913年同意共同管辖。尽管如此，英国还是确保铁路只修到距十分重要的波斯湾100英里处为止，保留否决进一步修建的权利（Earle, 1924）。这就保证了来自波斯、科威特、阿拉伯半岛的石油将全由英国而不是德国控制。

资源的支配权。㊱通过这些手段，其实是把德国人拒之门外，使其丝毫无法控制这种最关键商品的进口，而当时德国的石油需求日益增长，其国内产量只能满足一成。㊲

德国人还担忧两个问题：原料和粮食。当时，就连自由党的古斯塔夫·斯特莱斯曼也承认，两次摩洛哥危机主要是为了"争夺［摩洛哥的］矿床"（转引自 Fischer, 1975: 236）。前面已经指出，德国在 1897 年还是铁矿石净出口国，到 1913 年却已极度依赖进口。法国在此起到了重要作用：从 1900 年到 1913 年，在德国的主要供给方瑞典设立出口配额之后，从法国进口的矿石增长了近 60 倍。德国工业对法国北部矿场投入了巨额资金，到 1913 年，已控制法国矿石储量的 10%~15%（Dickinson, 321 - 322）。㊳

法国政府采取措施阻止这种经济渗透。1912 年初，开始制止继续给予德国企业采矿特许权，1913 年 12 月完全终止。当时，法俄两国市场均普遍排斥德国资本（Fischer, 1975: 322 - 326）。㊴因此，有件事不足为奇：1913 年，按照当时意大利商业部长的记述，德国实业家向他公开表示"需要得到法国洛林的铁矿石资源；战争在他们看来是为工业服务的"（Fischer, 1975: 326）。

在战争开始之前的几年中，关于重要粮食贸易的预期也在不断下

㊱ 见 Venn, 1986, 第二章；Yergin, 1991, 153 - 163。石油对于英国人的重要性显而易见。1913 年 7 月，丘吉尔提出，"如果我们得不到石油……我们就得不到维持英国经济活力所必需的无数商品"（转引自 Yergin, 1991: 160）。

㊲ 石油的意义在战争本身中也有所反映：罗马尼亚加入协约国部队后，德国立即对其发动攻击（Yergin, 1991: 179 - 181）。

㊳ 由于德国钢产量大幅增长，德国对其他国家铁矿石的依赖程度也出现剧增。关于这方面其他数字，见 Fischer, 1975, 320。关于德国对法国矿石产业的渗透，见 Gatzke, 1950, 30 - 38。

㊴ 法国想通过巨额贷款强化其俄国盟友，同时努力限制德国金融在世界各地发挥的作用。关于这一点，见 Feis, 1931, 尤其是第八、九章。

降。从 1890 年到 1913 年，食品进口额以平均每年 4.8% 的速度增长，远高于 3.9% 的总体经济增长率。艾夫纳·奥佛（Avner Offer）举出的证据说明，英德海军军备竞赛在很大程度上反映出双方都很担心，怕对方会封锁贸易，使对手因饥饿而屈服。在战前十年中，英国的封锁计划已布置周详；用奥佛的话说，"对德国的威胁是确确实实的"。⑳ 德国海军部 1907 年的一份报告显示，德国约 74% 的进口商品直接或间接来自海运。1908 年，一位德国海军外交官主张，德国必须努力"拥有一支足够强大的舰队，使我们的海岸无法封锁"（Fischer，1975：325 – 326，335；亦见第 15 ~ 21 章）。

以上分析表明，1897 年后，德国领导人既担忧大国的经济封锁，也担心大国的政治和军事封锁。尤其是担心英国人会采取措施，限制德国在世界各地的商贸活动。当然，有人可能会提出，既然英国在战前从未真正建立关税壁垒，也没有真正实行帝国特惠制，那么德国领导人本应对英国怀有正面的贸易预期。这种观点看似合情合理，但忽略了一点：1896 年以后，英国的保护主义情绪高涨，面对这种情况，但凡有远见的决策者会如何应对？总之，虽然英国并未放弃自由贸易，但德国人有理由认为英国很有可能在近期内就会放弃自由贸易。

罗斯·霍夫曼（Ross Hoffman，1983：225）详细指出，1895 年以后，德国的经济威胁与日俱增，英国民众和政府官员均为之深感恐慌。霍夫曼说："时世维艰，英国某些行业显然停滞不前，世界竞争领域不断扩大，德国航运崛起……各种因素共同作用，举国上下深怀忧惧。"从 1897 年开始，全英国都在热烈讨论关税改革问题，"令德国深感恐慌"（Kennedy，1980：305）。张伯伦一马当先，主张实行帝国特惠制。

---

⑳ 到 1913 年，英国所需的小麦和面粉有约五分之四来自进口。到 1906 年，德国每年约 20% 的粮食消耗量来自进口；以总吨位计，德国进口额仅次于英国（Offer，1989，93，230）。

第三章 日俄战争与德国霸权战争（1890～1939）

1897 年，时任英国殖民大臣的张伯伦发起了一系列御前会议，由白人自治领和殖民地参与，讨论加强经济政治融合的问题。到 1902 年召开第二次会议时，张伯伦提出，英国"将给予白人殖民地进入其市场的优惠途径，换取更紧密的军事和政治联系"（Offer，1989：264）。

战前英国举行了三次大选——1906 年一次，1910 年两次，关税改革均为其中的主导因素。统一党（即保守党）是带头主张帝国特惠制的党派，三次大选均告失败。但必须指出，在 1910 年的两次大选中，统一党的席位与自由党基本相同，而且获得的民众投票比例其实高于其他党派。[41] 自由党只能与爱尔兰党组成联合政府。虽然爱尔兰党的绝大多数党员都赞成保护主义，但还是加入了自由党的联合政府，以达到保留爱尔兰地方自治权的首要目的（Curtiss，1912：第六篇第一章）。

总之，到 1910 年，德国领导人很容易明白，大多数英国政界人物都赞成建立封闭的经济帝国，而且保护主义取得胜利只是时间问题。1910 年春，阿尔伯特·巴林（Albert Ballin）致信德皇："关税改革，以及与各殖民地建立关税同盟，成了口口相传的流行语，而反德情绪非常强烈，连和老朋友讨论问题都几乎不可能了，因为这里的人都发了疯，只谈论下一场战争和将来的保护政策"（转引自 Hoffman，1983：292）。[42]

---

[41] 在 1910 年的两次大选中，统一党得票率为 46%～47%，自由党为 43%～44%。在 1906 年的大选中，统一党得票率为 44%，自由党为 49%（Lloyd，1993：9-22）。由于 1910 年的大选中两党势均力敌，而且民众投票总体倾向于统一党，所以德国领导人认为，下次大选无论何时举行，保护主义势力都会获胜，这种看法并非没有道理。

[42] 霍夫曼（Hoffman，1983：252）接着写道："关税战争的长久威胁……是与德国签订长久协议的严重障碍。"当时英国报界"无数次鼓吹"德国经济威胁问题，也产生了"不可避免的影响"，坚定了英国政府通过三国协约反对德国的决心。霍夫曼还指出，关税改革被视为"一件武器，把英国从德国海军和帝国主义竞争的危险中解放出来，因为有一个说法流传开来：如果英国采取保护政策，就会重创德国经济，迫使德国放弃一切破坏英国霸权地位的希望"。

我现在要具体分析，到一战开始前，对未来贸易的预期下降如何影响了德国的地缘战略思维。以下内容很多借鉴自费舍尔的著作，因为他以档案材料为基础的研究仍为该领域之翘楚。[43] 费舍尔指出，德国的最初战争目的，显然与 1914 年 7 月前各类人不断增长的经济焦虑情绪有关。大家共同担心的问题是，德国工业越来越依赖外界提供关键商品，如果对手不断加强经济约束，德国工业就可能遭到扼杀。由于德国的对手都是帝国，占有广阔的殖民地，所以有能力采取封闭的经济政策，但德国却不能这样另辟蹊径。新重商主义者古斯塔夫·施穆勒（Gustav Schmoller）在 1900 年说过，俄、英、美这几个世界帝国"贪恋土地，海陆力量强大，贸易发达"，想给其他国家都"穿上经济约束衣，使其窒息"（转引自 Fischer, 1975: 35）。

到 1911 年，在第二次摩洛哥危机失败之后，"针对美国、英国、俄国的保护主义趋势"，德国"再次设想建立中欧经济区，作为防御措施"（转引自 Fischer, 1975: 10）。关于经济安全的担忧是实实在在的，超越了意识形态和党派的界限。1911 年 11 月，Nasa League 业务经理曼弗雷德·冯·李希霍芬（Manfred von Richthofen）提出，因为德国国土狭小，需要"能够满足我国原料需求"的土地，所以进行扩张是"迫切需要"（转引自 Fischer, 1975: 231 – 232）。[44] 1913年初，国家自由党的 National Liberal 施特雷泽曼说，德国必须设法"建立自给自足的经济区，以确保我国原料需求得到满足，并保护我国出口"。1912 年中期，中央党（Center Party）的恩斯特·巴瑟曼（Ernst Basserman）担心经济围堵造成孤立，认为"在某些地方，

---

[43] 关于最近一战研究的概要和参考资料，见 Levy and Vasquez, 2014。

[44] 一年之后，他仍坚持认为"德国需要殖民地"，因为"德国必须独立于美国，美国可能总有一天会不肯再向我国供应原料、粮食、铜和棉花"。为了与之竞争，德国必须建立自己的"欧洲大陆封闭式关税同盟"，否则"我国的出口将节节败退，最终完全消失"（转引自 Fischer, 1975: 236 – 237）。

我国贸易遭受排挤,或只是勉强坚持,结果每况愈下"。1913年,一家自由保守党报纸上写道,将来必须要打上一仗,夺取"近旁欧洲势力范围中的大片土地……一举赢得经济独立,满足工业出口和民众口粮的需要"。就连社会民主党的葛尔哈德·希尔德布兰(Gerhard Hildebrand)也于1911年写道:"从社会主义的角度看,取得殖民地已成为德国强烈的经济需要。"费舍尔(1975:234,239,250-253)指出,1906年以后,社会民主党不仅不再反对德国的殖民扩张,反而予以鼓励。

以上看法与政府观点不谋而合。1913年12月,瓦尔特·拉特瑙(Walter Rathenau,1914年8月就任原料部部长,颇有影响)提出,德国的原料资源太"贫乏","只要[德国]自己没有足够的原料来源",就必然受制于"世界市场"。1914年4月,巴林指出,"我国境外市场的扩张受到的威胁与日俱增",尤其是在盛产石油的近东地区,"我国已被排挤在最重要的区域之外"(Fischer,1975:238,450)。

1914年7月,德国领导人普遍感觉国家在全面衰落,原因之一就是对未来贸易的预期下降。在其他论著中,我考虑了不容辩驳的证据,这种证据表明,德国领导人发动世界大战,是出于先发制人的动机,即防止俄国这样的大国崛起。[45]而这里的关键问题,是考察强化这些动机的经济因素。实质上,如果能打败法俄两国,那么法国北部、比利时、乌克兰,以及中欧、东欧的重要地区便可置于德国的监护之下,确保德国能得到原料和市场,满足将来发展经济实力所需,从而也满足保卫安全所需;如果不大战一场,长此以往,德国对手的经济政策就会将德国进一步推向衰落。

上述目标反映在所谓"九月计划"中,该计划由德国宰相希尔

---

[45] 关于这方面的总结,见Copeland,2000b,第三、四章;Copeland,2014。

伯特·冯·贝特曼-霍尔维格于9月9日最终敲定。该计划称,"战争的总体目的"是"永久确保德意志帝国西部和东部的安全"。俄国"必须后退,使之尽量远离德国东部边境",而法国将"在经济上依赖德国,为我国出口商品赢得法国市场"。法国的"矿田布里埃为我国工业矿石供应所必需,应予割让",而且要建立"中欧经济联盟",包括中欧、法国、波兰,"或许还有意大利、瑞典、挪威"。虽然各成员国"形式上平等……但实际上〔该同盟〕将由德国领导,必须使德国在大中欧地区的经济主导地位保持稳定"(Fischer, 1967: 103-104)。如此直言不讳鼓吹德国在欧洲建立经济霸权的计划,显然与战前呼吁建立"大中欧"一脉相承,反映了贝特曼-霍尔维格及其同僚在1914年7、8月中的作为。拉特瑙此时负责帝国原料供应,影响尤其显著。1914年8月1日,拉特瑙向霍尔维格递交长篇建议书,提出"德国夹在世界强国中间,一边是英美,一边是俄国,唯有以大中欧巩固实力,才能维持世界强国地位,与英美俄抗衡",而如有必要,战争将有助于达到这个"基本目标"(Fischer, 1967: 101, 11)。㊻递交日期说明建议书必然写于七月危机最紧张时,证明"九月计划"反映了战前定下的目标,而不是战争确实开始之后才匆忙为之辩护。

贝特曼-霍尔维格尤其关心德国在法国的铁矿石利益。8月26日,他询问了法国洛林的矿床规模,不久之后便同意考虑"通过最终和约"吞并法国各处矿场。他知道法国在战前歧视德国企业,因此在"九月计划"中写道,与战败的法国签订的任何通商条约,都"必须让我们在法国享有财务和工业上的行动自由,使德国企业不再

㊻ 引文的前一半是费舍尔的改述,而"基本目标"这几个字是费舍尔摘自建议书原文。贝特曼-霍尔维格显然对建议书深有感触,令人将其在部门上下传阅(Fischer, 1967: 101)。

与法国企业区别对待"（Fischer, 1967: 104）。㊼

1914年10月22日，贝特曼-霍尔维格致函帝国内政部部长克莱门斯·冯·戴尔布鲁克（Clemens von Delbruck），重申必须确保德国长期拥有进入市场和得到原料的途径（Fischer, 1967: 248）。贝氏认为，德国的首要目标之一，就是打开法俄两国的市场，使之接纳德国的贸易和工业。法国要割让铁矿丰富的隆维-布里埃地区，俄国要"被迫签订长期通商条约，降低其工业关税"（Fischer, 1975: 538）。

要注意，在九到十月期间有一种普遍看法：虽然重要的工业和农业利益团体很可能反对，但德国还是需要在胜利之后建立欧洲自由贸易区，与剩下的世界强国竞争。戴尔布鲁克于9月13日致函贝特曼-霍尔维格，主张"只有一个没有关税壁垒［并受德国控制］的欧洲，才能有效面对大西洋彼岸世界的巨大生产潜力"（Fischer, 1975: 540）。10月，普鲁士农业部参事亚历山大·冯·法肯豪森（Alexander von Falkenhausen）写道，需要在欧洲建立经济霸权，"以同样坚实的经济集团与美、英、俄帝国巨大而封闭的团体抗衡"。考虑到战前德国商品的销路问题，他强调，德国的主要目的之一，就是"率领欧洲联盟的所有经济实力……与世界强国斗争，争取允许各国进入他国市场的条件"（Fischer, 1975: 539）。

同样在此时，戴尔布鲁克的一位顾问提出，将来全球贸易限制可能加强，战争就是克服这种趋势的一种手段。这也许是关于战争重要

㊼ 但德国攫取领土的目标不仅仅限于欧洲。8月25日，外交大臣戈特利布·冯·贾高（Gottlieb von Jagow）向殖民部国务卿威尔海姆·索尔夫（Wilhelm Solf）咨询关于德国在非洲占领殖民地的问题。索尔夫在关于这个问题的报告中建议，德国应取得法国和比利时所占非洲地区的广大区域，尤其是中非地区。此建议在"九月计划"中有所反映。贝特曼-霍尔维格提出："首要目标就是建立一个连续的中非殖民帝国"，而"占领殖民地"的总体问题"将留待以后考虑"（Fischer, 1965: 104）。

性的最佳总结。这位顾问向上级进言,战争有一个"最终的远大目标",虽然"步骤艰难"也不该忘记:"建立大中欧经济区,使我国能够在各国经济斗争中站稳脚跟,面对越来越势均力敌、姿态强硬的世界经济帝国——英国及其殖民地、美国、俄国、有了中国市场的日本,不致经济衰退,一蹶不振"(转引自 Fischer, 1975: 539;亦见 Fischer, 1967: 251)。

总之,我们能够看到,贸易预期越来越悲观,与总体上担心衰落密切相关,正是这种担心促使德国领导人于1914年7月发动了大战。英国不让德国进入盛产石油的中东和资源丰富的非洲,法国威胁德国获得铁矿石的途径,法俄两国关税又很高,限制了德国相对于英美等"经济帝国"的发展。因此,德国领导人认为,只有大战一场,才能让德国在经济上主宰欧洲,满足德国长期生存的需要。就此案例而言,经济现实主义有一个问题:虽然能够解释德国为何担心依赖他国,却无法解释为何德国领导人允许这种依赖状态持续数十年,而并未因此而发动战争,或坚决采取相对自给自足的政策。自由主义无法解释为何虽然大国之间贸易依赖程度很高,却未能维持和平。而贸易预期下降,加上德国强烈需要国外资源和市场,却能够解释为何相互依赖最终将德国推向了战争。

德国与二战爆发

关于第二次世界大战在欧洲的起源,现代研究文献可分为两派。克劳斯·希尔德布兰(Klaus Hildebrand, 1973)、艾伯哈德·雅克尔(Eberhard Jäckel, 1981)、安德烈亚斯·希尔格鲁伯(Andreas Hillgruber, 1981)等"国际主义者"依据的是战后头十年中出现的传统派历史记述。这几位作者认为,希特勒及其追随者于1933年上台时,就意在为德国霸权而再打一场欧洲战争,随后操纵外交和军事

第三章 日俄战争与德国霸权战争（1890~1939）

环境，在最有利的情况下发动了这场战争。而"结构主义"则提出反驳观点，领军人物主要有汉斯·莫姆森（Hans Mommsen, 1979）、马丁·布罗塞特（Martin Broszat, 1981）、蒂姆·梅森（Tim Mason, 1995）。这种观点从修正主义角度指出，希特勒并无关于德国霸权的既定计划。结构主义者认为，希特勒缺乏长期目标。其所作所为，是在设法重建德国经济时，对国内势力得到释放做出的反应。尤其是，1938~1939年的经济危机促使希特勒发动战争，以攫取自己把持权力所需的资源。[48]

这两派观点都存在问题。结构主义的推理论证最容易质疑。史料显然表明，希特勒于1933年初刚一上台，就有了全面战争的计划。[49]而且，正是因为希特勒从1933年到1936年努力建设一支到1939~1941年时能打进攻战的军队，才引起了1938~1939年的经济危机。因此，结构主义者颠倒了因果顺序：经济危机是希特勒希望打全面战争的结果，而不是原因。[50]但国际主义者的观点也有问题。他们说希特勒计划打一场大战，这是对的，但不太清楚其中原因。希尔德布兰和希尔格鲁伯正确地指出了希特勒的战略目的：摧毁法国和俄国，以及最终削弱大英帝国和美国。但希特勒及其追随者的最终目的，究竟是追求国家安全还是财富，或是传播纳粹意识形态，却没有说清楚。大多数国际主义者都很可能会赞同艾伦·布洛克（Alan Bullock, 1964：806－807）的结论：希特勒有病态的权欲。但这种结论不但毫无启发意义（领导人难道不是几乎都渴望权力吗？），而且实质上是

---

[48] 关于完整的参考资料，见 Kershaw, 1993, 第六章。
[49] 1933年2月3日，就任总理后仅仅三天，希特勒就召集了手下的高级将领，告诉他们最重要的短期任务就是重建德国的军事实力，以"在东面征服新的生存空间，将其无情地德国化"（NDR, 3：628－629；亦见 Weinberg, 1970：27）。关于传统军队对此消息的热烈反应，见 Copeland, 2000b, 125－128。
[50] 关于对结构主义观点的深刻批判，见 Kershaw, 1993, 第六章。

同义反复：正是通过追求地缘政治霸权，发动大战的领导人表现出"想要"支配他人的愿望。

上述两派观点都有缺陷，有待本书讨论的三种主要理论予以填补。下文提出的证据揭示了自由主义观点的缺陷。德国依赖外界提供关键商品，并非只是对国内层次的各种病态起到制约作用——1930年后，随着其他大国重新实行帝国特惠制，这种制约作用不复存在。经济现实主义和贸易预期理论认为，德国对外界的依赖造成一种敏感，担心国家是否能持续拥有获得原料的途径，加剧了最高层强烈的不安全感。我在讨论中指出，现实主义和贸易预期理论都能在档案记录中找到有力证据。究竟哪种理论最终"更胜一筹"，取决于是强调希特勒在战争爆发中的突出作用，还是强调希特勒与负责打这场全面战争的传统军事将领之间需要达成一致意见。我现在就来讨论这一分歧。

1914年前和两次大战之间的德国，有一个突出的基本地缘政治情况：这个国家能在军力上占优势，但与周围的大国相比，国土狭小，自然资源匮乏。这产生了两方面影响。首先，除非德国进行扩张，否则就将永远依靠外界提供经济健康发展所必需的粮食和原料。其次，由于周围的大国更有能力建立自给自足的帝国领域，所以一旦朝此方向而动，禁止与境外有贸易往来（1930年代初，这些国家确实开始这样做了），就会威胁德国的长期经济生存能力，从而威胁其长期安全。这两方面的现实情况说明，如一战时一样，可能需要动用德国的潜在军事优势，夺取生存所需的大片领土，对抗1914年时所谓的"世界经济帝国"。[51]

希特勒与纳粹政权念念不忘的战略问题，就是围绕着一战未能解决的这种两难困境。希特勒自己关于德国经济和军事脆弱性的看法，是在20世纪20年代与卡尔·豪斯霍费尔（Karl Haushofer）等地缘政

---

[51] 见 Copeland, 1996a, 2000b, 2012b; Tooze, 2006。

治学家谈话的影响下形成的，而谈话的内容则又反映了 1914 年之前根深蒂固的时代观点（Stoakes，1986：第五章）。在 1925 年出版的《我的奋斗》中，希特勒预见到，德国面积狭小，制约其“生存空间”（lebensraum），随着人口增长速度超过耕地的粮食产量，德国只会越来越依赖于外国。希特勒（1925：131－140，641－655）认为，因为殖民地都已被其他欧洲列强控制，所以德国只得在欧洲本身占领新的土地。俄国既是巨大的威胁，同时也是机遇。由于俄国的国土面积和人口都是德国的许多倍，所以一旦实现工业化，就会长期在欧洲占主导地位。但俄国幅员辽阔，也可以此为基础，克服德国高度依赖 135
外界的问题。(52) 到 30 年代中期，希特勒忧虑的问题扩大了：德国的问题不仅是粮食供应，更严重的是发展工业实力所需的原料供应。于是，从 1933 年开始，希特勒的战争计划就是为了专门摧毁俄国。这样就能一举解决问题，既能得到关键的粮食和原料供应所需的土地，又能防止将来最有可能击败德国的国家崛起。(53)

即使我们质疑希特勒世界观的主要方面，还是必须要指出，其战略目的反映了 1914 年以前的许多思想认识；不仅如此，如果没有他对大众的号召力，没有下属的忠心耿耿，希特勒也发动不了世界大战。因此，必须提出一个简单的反拟命题：假如德国拥有俄国或大英帝国的辽阔领土，或者假如世界贸易没有被大萧条扰乱，希特勒的观点还能否让他的追随者觉得那么有道理么？接下来的论证隐含着这样的观点：如果德国不那么依赖关键商品，而且对未来贸易的预期也没有在美、英、法努力构建封闭贸易集团之后变得如此悲观，那么希特勒要把德国拉入战争就会困难得多。德国的安全形势看起来不会那么严峻，从而减弱战争的必要性。

---

(52) 关于“生存空间”概念在 1914 年之前时代的起源问题，见 Smith，1986，第五章。

(53) 关于对俄战争计划，见 Copeland，2000b，第五章。

希特勒于 1933 年 2 月上台之后就告诉亲信，德国需要计划打上一仗，在东部赢得生存空间（见 Copeland，2000b：125）。所谓"改革派"，即呼吁建立由关税壁垒保护、自给自足的"大经济区"（Grosswirtschaftsraum）的一群经济学家，当时指导着德国经济政策。杰里米·诺克斯（Jeremy Noakes）和乔弗里·普里德汉（Geoffrey Pridham）在其编纂的一手文件集中总结道："在经济萧条、全世界保护主义复兴，特别是建立帝国或地区特惠区之后，国际贸易体系崩溃，从而导致了这场运动。……如果德国经济要与美国、大英帝国和日本的经济竞争，就要建立与之分庭抗礼的经济集团"（*NDR*，2：259 – 260）。这类似于一战前的"大中欧"概念。1930 年以后，面对世界贸易崩溃的形势，海因里希·布吕宁与弗朗茨·冯·帕彭政府积极复兴了这个概念（见 Copeland，2006b，2：260 – 262）。

虽然如此，但从 1933 年到 1936 年，德意志帝国银行行长亚尔马·沙赫特（Hjalmar Schacht）监督德国经济时，德国并未马上走向自给自足。凯恩斯式的赤字开支，包括大规模重整军备，使经济迅速复苏，需要显著提高原料投入，而原料一般来自国外。然而，美国于 1930 年通过史默特 – 哈利关税法案后，保护主义浪潮汹涌，成为主要的制约因素：德国无法将出口商品买到国外，所以就筹不到支付原料进口所需的外汇。到 1934 年 6 月，有人告诉希特勒，"原料供应形势日趋严峻"，而且"外汇在流失"（见 Copeland，2006b，2：270）。德国的大量原料来自已加入大英帝国特惠制的英殖民地或自治领，使问题愈发严重。1934 年"新计划"的内容之一，就是将德国贸易重新定位，远离大英帝国，转向供应比较可靠的欧洲小国和南美（见 Copeland，2006b，2：274）。

"新计划"解决了 1935 年的收支平衡问题，但到了 1935 年末，世界经济震荡已使贸易条件不利于德国：进口价格上涨了 9%，而出口价格下跌了 9%。也就是说，德国要多卖出 18%，才能进口同样的数量（见 Copeland, 2006b, 2: 277）。到 1936 年，希特勒决定提高自给自足程度，准备打仗，因为他认为必须通过战争，才能维持德国长期的经济生存能力。这个决定反映在 1936 年 8 月的"四年计划"中。进口要仅限于德国国内得不到的商品，同时启动了合成石油的计划，后来又启动了合成橡胶的计划。

由于沙赫特等人反对这个计划，希特勒在八月给主要下属写了一篇长篇报告，以阐述他的理由。他写道，德国正在为生存而斗争。马克思主义的俄国是首要长期威胁，因为"这个侵略性［国家］的军事资源……逐年迅速增长"。德国的形势很严峻："我国人口过多，靠自己的资源养活不了自己……目前，我们同样无法人工生产德国缺少的某些原料，也找不到替代品。"德国需要采取行动，减少对粮食和原料进口的依赖，解决方法"在于扩大我们的生存空间，也就是说，要扩大我国人民所需原料和食品的来源"（见 Copeland, 2006b, 2: 283-284）。

希特勒认识到，德国可以通过进口必需商品来满足依赖性，但这就要求先将出口商品卖出，才能得到进口商品。世界经济环境并不适宜这种策略。他的逻辑思路如下：

(a) 因为德国人的粮食将越来越依靠进口，而且同样地，不论发生什么情况，某些原料至少有一部分要从国外进口，所以必须不遗余力地为进口提供便利。(b) 我国自己的出口，理论上可以增长，但实际上不大可能。德国不是向政治或经济真空地带出口，而是向竞争非常激烈的地区出口。与普遍的国际经济萧条相比，我国的出口额已下降到……低于其他国家出口额的程度。但因为总体粮食进口无法大幅度削减，而且较有可能增长，所以必须找到其他的调整方式。（见 Copeland, 2006b, 2: 284）。

因此，希特勒的解决方法就是努力"在一切可行的领域……达到百分之百的自给自足”，以节省宝贵的外汇，用于进口粮食和德国无法出产或合成的原料（见 Copeland，2006b，2：286）。(54)

但原料依赖问题竟比希特勒设想的还要棘手。从 1936 到 1939 年，通过巨额投入，德国将合成燃料的产量提高了 1.3 倍。然而，到 1938 年，国内生产还是只能满足德国 10% 的石油需求，其他 90% 都来自外界，主要是西印度群岛、美国、罗马尼亚（Goralski and Freeburg，1987：26）。同年，所需铁矿石有三分之二来自德国境外（*EHS*，446，410）。(55) 到战争爆发时，德国仍然依赖外界满足整整三分之一的全部原料需求（*NDR*，2：291）。

1935 年以后，对未来贸易的预期并未好转。英法已坚定迈向帝国特惠制。意大利攻打埃塞俄比亚之后，国联试图制裁其石油供应。此举虽然未能成功，但向人表明，一旦“穷”的大国想改变现状，“富”的大国会做何反应。而且，关键商品的进口会突然中断，并无明显原因，或是由供应国内部无法控制的因素造成。例如，1936 年 2 月，苏联停止了一
138 切对德石油供应，只是说“外汇支付存在问题”（Yergin，1991：332）。(56) 这样的举动只会让希特勒更加低估通过贸易解决问题的价值。

为缓解依赖外界的严重程度，德国在 1935 年之后加大努力，寻

---

(54) 1936 年，杰出的“经济将领”，军队经济与军备部部长格奥尔格·托马斯（Georg Thomas）也清楚指出了德国的困境：“我国人口过多，反映在靠本国土地养活不了本国人民；我国在经济上不能自立，因为我们没有可以支配的热带或亚热带原料。而且……［我国］没有天然边界……从民族国家的角度来看，必须要说［这种情况］是无法忍受的”（转引自 Carroll，1968：39）。

(55) 值得注意的是，这个比例是一战前数字的两倍多、也就是说，虽然希特勒发起了自给自足运动，但由于国内铁矿石资源枯竭，所以到 1939 年，德国却更加依赖外界供应这种已成为现代工业社会基石之一的原料。

(56) 直到 1939 年纳粹德国与苏联签订条约之后，供应才得以恢复。从苏联过去的行为来看，希特勒显然没有多少理由认为，斯大林之所以愿意从 1939 到 1941 年向他供应商品，并不只是为了争取时间，让苏联发展壮大（关于这一点，见 Read and Fisher，1988）。

找比较容易控制的贸易伙伴。1936 年，与蒋介石签订了协议，为中国提供军事和工业物资，换取重要原料，尤其是钨（Weinberg，1980：12）。(57) 同时也加强了与拉美和东欧的贸易联系（见 Weinberg，1980：182－183；Kaiser，1980；Hirschman，19880）。1936 年，德国介入西班牙内战，支持弗朗哥一方，主要目的之一就是得到西班牙的铜、铁和黄铁矿资源（Weinberg，1980：146）。(58)

从 1936 年开始，希特勒就设法让德国自给自足，以便打上一仗，夺取长期生存空间，并及时摧毁日益崛起的苏联。然而，在战前的两年中，德国还是感觉原料严重短缺，尤其是石油和铁矿石（Carroll，1968：第八章）。到 1938 年，德国已在花大力气控制罗马尼亚的石油生产，因为罗马尼亚是欧洲仅次于苏联的产油国。罗马尼亚利用与英国的关系，于 1938 年 12 月和德国签订了有利于己的协议，但到了第二年，就被纳入了德国的经济轨道，主要是因为害怕德国的军事实力（Weinberg，1980：491－494）。

到了此时，要打仗的关键决定已经做出。1937 年 11 月 5 日，希特勒召集高级军事将领和外交部部长开会，一般认为这是战前最重要的“战争委员会”会议（见 *NDR*，3：680－687）。(59) 希特勒开头便 139
说，德国外交政策之目的，就是解决“空间”问题，以保障子孙后

(57) 德中关系非常重要，所以，虽然德国的准盟国日本于 1937 年 7 月对中宣战，德国却并未减少与中国的贸易以支持日本，也没有撤回派给蒋介石的军事顾问。1938 年，外交部部长约阿希姆·里宾特洛甫转向较为亲日的立场，承认了满洲国，但就连此举也是因为希望德国能分得满洲原料的一杯羹。反讽的是，由于日本也是资源匮乏的国家，所以即使在日德同盟正式建立之后，德国的希望还是没有得到满足（Weinberg，1980：12－83）。

(58) 截取西班牙的出口铁矿石还有一个附带的好处，就是让英国得不到这种矿石，而英国此前是西班牙的主要买家（Weinberg，1980：150）。亦见 Whealey，1989。

(59) 希特勒自己也强调这次会议很重要，一开始就说，“如果他死了”，他的立场“就应看成他的临终遗嘱”（*NDR*，3：681）。会议内容主要由弗里德里希·霍斯巴赫（Friedrich Hossbach）上校记录，一般称为《霍斯巴赫备忘录》。

代的安全。眼前的问题是，德国的难题能否通过“自给自足”或“加强参与世界经济”来解决。自给自足是行不通的，因为完全的自给自足“无法维持”。希特勒随后开始讨论是否能够通过贸易保证德国的长期安全。他说，至于参与世界经济，“有些限制我们是无法消除的。要把德国的地位建立在牢固而稳妥的基础上，会受到市场波动的阻碍；通商条约也不能保证实际上大家会真正遵守。”他指出，德国原先依赖供应粮食的国家，如今正在工业化；也就是说，即使这些国家愿意，也无法再满足德国的粮食需要了。而且，德国处于“经济帝国时代”，希特勒将德国比作日本和意大利等国，其“扩张的迫切需要建立在经济动机的基础之上”。遗憾的是，“对于经济帝国之外的国家而言，经济扩张的机会受到了严重阻碍。”

希特勒承认，重整军备带来的经济刺激作用，无法成为经济长期健康发展的基础。他进一步阐述了供应的两难问题：

> 依靠对外贸易生存的国家，在军事上显然软弱无力。因为我国的对外贸易要经过英国控制的海上航线，所以这不是外汇问题，而是运输安全问题，一到战时就会完全暴露我国粮食供应形势的弱点。唯一的解决办法，也是我们认为远见卓识的办法，就是取得广阔的生存空间。(60)

希特勒延续了《我的奋斗》中提出的观点，认为这种生存空间只能在欧洲寻找。这“不是得到人口的问题，而是得到农业发展空间的问题。而且，要寻找生产原料的地区，在欧洲离帝国很近的地方找，要比在海外找有用。”（*NDR*，3：60－87）。希特勒说，德国要以武力从其

(60) 希特勒在此表现其出从一战中汲取了教训：国家即使有钱购买，也不见得就能得到所需要的关键商品。见 Liberman，1999－2000。

他国家夺取领土。然后，他列出了三种应变计划，三者均设想最迟于1943~1945年发动战争，因为德国军力的巅峰到那时应该已经过去了。[61]

这次会议显然表明，到1930年代末，德国具备了贸易预期理论中决定战争的两个条件——依赖性很高，对未来贸易的预期很低。在这种情况下，即使侵略的预期值很低或为负，但在现状下贸易选项的值往往更低。[62] 于是，两害相权取其轻，大战的弊端相对较小；如果贸易的预期价值为负，只会加剧预计会出现的衰落，就更是如此。

虽然谁都不会低估单位层次的重要战争原因（希特勒的个性、纳粹政权的性质、其种族主义意识形态等），但德国的系统经济形势却是根本原因。与20世纪30年代的日本相似，德国领土狭小，经济高度工业化，人口不断增长，因此将永远依靠其他大国供应长期健康发展所必需的商品。[63] 即使德国努力实现相对自给自足，情况也会依然如此。世界经济大幅波动，美英等庞大经济帝国又断绝了与德国等"穷国"的贸易往来。在此形势下，没有把"参与世界经济"视为保障德国长期安全的手段，是不足为奇的。因此，由于贸易预期很低，使人更加认为，德国长此以往将会衰落，尤其是相对苏联这样庞大而又资源丰富的国家而言。

以上分析既支持经济现实主义，也支持贸易预期理论，而对自由主义观点的逻辑多有质疑。我们发现，德国高度依赖外界供应关键商品，确实在很大程度上使希特勒及其下属担忧未来局势，这一点能够支持现实主义，而不是自由主义。如果我们想要主张战争的责任只在

---

[61] "在我们看来，从这个时间往后，只能认为会每况愈下"（*NDR*, 3: 684-685）。

[62] 虽然对捷克斯洛伐克等小国发动战争非常有利可图，但希特勒并未抱有幻想，认为与其他大国较量不会带来很高的代价和风险。例如，1939年5月23日，希特勒对高级军事将领说，虽然德国必须以速战速决为目标，但"也必须准备打一场十到十五年的战争"（*NDR*, 3: 738）。

[63] 随着德国自身贫乏的自然资源不断消耗殆尽，依赖程度将有增无减。

希特勒一人，那么现实主义似乎胜于贸易预期理论；希特勒毕竟是在世界经济崩溃、转向帝国特惠制之前，就已经念念不忘德国依赖外界的问题。但史料也强烈暗示，希特勒知道，如果不能说服官僚和军事将领，使其相信世界经济形势的变化在削弱德国的长期安全，就无法发动战争。关于未来贸易的预期下降，对发动战争所需要的支持至关重要，对于传统德国军队而言尤其如此。我在其他论著中讨论过，在希特勒上台之前，几乎所有的德国将领都已大权在握。希特勒知道，必须以地缘战略的理由使之相信战争是必要的，而纳粹意识形态达不到这个目的（Copeland，2000b：第五章）。因此，希特勒分析了封闭的世界经济体系，以强调需要针对这个体系打一场先发制人的战争。尤其是，德国攻打苏联，就能摧毁对其将来威胁最大的国家，同时夺取保障长期安全所需的原料和肥沃土地。这种地缘战略逻辑，是希特勒和传统军事机构都能够赞同的。

结 论

本章指出，在领导人面临最重大抉择，即是否要对其他大国发动代价高昂的大战时，贸易预期下降对国家的决策过程有显著影响。1894 年，日本可能是迫不及待地抓住机会，加强了对朝鲜的控制，损害了中国的利益（支持了经济现实主义的预言）。但在 1903~1904 年，日本显然不愿与俄国开战，通过一系列外交努力，想劝说沙皇及其谋士有所收敛，不要过分控制满洲和朝鲜的政治与经济事务。但俄国政府显然不想与日本达成协议，保留日本进入该地区的长期经济途径。直到此时，日本政府才决心先发制人，发动战争。不用说，俄国在远东的军事崛起也让日本官员对未来忧心忡忡。但我们看到，1904 年战争的根本动因，是俄国向该地区不断进行经济渗透，而且制定了长期计划，要将贸易往来引向俄国西部。俄国的战略利益，在某种程

第三章 日俄战争与德国霸权战争（1890～1939）

度上还有其国内政治压力，起到了外源势力的作用，使日本担心的问题难以通过谈判解决。

德国与一战的案例无比深刻地说明，即使当前的贸易水平很高，但对未来贸易环境的预期仍有可能为负面。虽然贸易依赖性很高，却无法维持和平，这是自由主义理论解释不了的。而现实主义理论不能解释的是，为何德国数十年一直依赖体系提供原料和市场，但直到1914年才向体系发动攻击。将贸易预期理论与关于德国相对俄国地位不断衰落的总体观点相结合，可以回答这个问题。德国领导人很有理由认为，其他国家想慢慢地在经济上遏制德国，将其从中东排挤出去，限制其与欧洲殖民地进行贸易的能力。于是，需要对体制开战，在俄国进一步扩张之前将其摧毁，并控制欧洲西北部和东部的重要领土，使其成为德国长期安全的稳定经济基础。

二战基本上重演了这种因果过程，只是其他国家之所以要退回约束性较强的贸易领域，不是故意要以德国的利益为代价，加强自己的经济实力，而是受到了大萧条的影响。但结果是大体相同的。除了需要在俄国征服欧洲体系之前将其摧毁，希特勒及其谋士也深知德国在世界体系中的经济前景暗淡。资源丰富的国家可继续以对己有利的方式控制世界贸易，让穷国抬不起头。本章指出，经济现实主义本身可以很好地解释希特勒在20世纪20年代中期的思想：通过战争降低德国易受贸易中断影响的脆弱性，显然是其大地缘政治逻辑的关键要素。但大萧条对贸易活动的有害影响，不仅让希特勒本人更加担忧德国的未来，同时也有助于使他的大多数谋士坚信战争是必要的。假如德国的贸易预期没有在1930～1931年之后一坠不起，那么，上一次战争刚结束不久，希特勒就要动员传统军队和全体国民再打一场全面战争，可能性就小多了。就此意义而言，贸易预期下降既是1939年开战的推动因素，又是其促进因素。

第四章
珍珠港序曲：日本安全与北方问题
（1905～1940）

美日关系破裂，导致日本于1941年12月袭击珍珠港，七十年来让历史学家疑问重重，但其中之一最为突出：一个小小的岛国，为何甘冒与另一个国家殊死大战的危险？这个国家打全面战争的经济实力要强得多，而且更重要的是，这两国在近代史上从未有过正面军事冲突。日本固然是军事大国，在战争的头半年中节节胜利，战绩惊人，证实了日美官员都已经知道的一件事：日本的军力在短期内占优势。但对美战争如果像多数日本官员预计的那样，会拖延下去，那么日本获胜的希望就很小了。既然这些官员明知战争的结果很可能是国家全面战败，被人占领，为何还要发动如此冒险的战争？

在许多深入研究了这个问题的国际关系学者看来，答案简单明了：到1941年，日本领导人和官员的行为不再合乎理性。这些人满脑子荒谬的想法，包括这种观点：要维持帝国大梦，他们别无选择，只能与美国开战。如果美国的确是纸老虎，没有长期打仗的勇气，那么日本只要再坚持几年，就可以实现亚洲帝国的梦想。按照这种推理，日本的这些信念源于1930年后国内出现的各种病态。陆海军的强大势力能够支配文官领导人，胁迫国家为其意识形态与组织目的服务。20世纪20年代以后，比较理性的领导人被推到一边，或被迫屈

第四章 珍珠港序曲：日本安全与北方问题（1905~1940）

服，因此战争势头无法避免，最终酿成袭击珍珠港这样的愚蠢行为。① 这种观点很符合自由主义的经济逻辑。30 年代的大萧条和贸易壁垒使贸易水平下降，日本社会中单位层次的战争动力不再受到理性约束。于是，这种动力就向世人释放出来，表现为自欺欺人地追求地区霸权，很像两年前刚刚爆发的欧洲战争。

1941~1945 年的太平洋战争，在过去两百年间的大国冲突中，大概最能证明商业自由主义的观点。自由主义者可以指出，在 20 世纪 20 年代，贸易联系紧密，民主地位稳固，日本的政策也很温和，而到了 30 年代，世界贸易体系崩溃，军国主义和扩张主义便抬头了。而且，除了挑战庞大美国的日本之外，历史上还有哪个大国更加深受内部非理性因素的支配？其实，日本袭击珍珠港以及欧洲战争，正是有助于使商业自由主义的观点重新流行，而这个观点当时似乎已被一战彻底否定了。1941 年后，这种观点显得比较合理了：假如贸易水平没有在 1930 年后陡降，战争或许可以完全避免。这主要应归功于国务卿科德尔·赫尔的大力宣传（见 Buzan, 1984; Hull, 1948）。

由于这个案例对于自由主义的理论大厦很重要，而且又非常复杂，所以我要用两章来详细讨论形势如何发展到外交关系的最后一年（本章），以及 1941 年外交谈判的起起落落（下一章）。我总体主张，虽然自由主义观点看似合理，但存在两个大问题。首先是忽略了一个情况：自 1880 年以后，虽然日本国内形势变化多端，但日本的帝国主义政策却始终如一。在寡头统治的初期，日本发动了两场战争，一次针对中国，一次针对俄国（第三章）。随着日本于 1912 年后进入"大正民主"时代，党派领袖支配政策的权力加强，日本占领了中国的部分领土，又在西伯利亚开始针对红军进行了四年的干涉行动，但

---

① 关于这种逻辑最完备的表述以及其他参考资料，见 Snyder, 1991; Kupchan, 1994; Taliaferro, 2005（Sagan, 1989 提出了一个论据更为合理的观点）。

损失惨重。即使在 20 世纪 20 年代中晚期，当时的日本领导人据说是按照威尔逊的理念行事（所谓"币原外交"时期），但日本还是在满洲和华北扩张势力，而且一旦亚洲经济利益受到威胁，便总是回以强硬举措。要全面解释日本政府从 1931 年到 1941 年的行为，就必须了解从 1880 年到 1930 年影响日本政策的各种势力。否则就会落入常见的陷阱，认为日本在袭击珍珠港前十年中的行为不知何故与此前半个世纪的行为矛盾。

自由主义观点的第二个问题很简单，却受人忽略：从 1938 年到 1941 年，日本越是接近真正的大国战争，文官领导人和裕仁天皇反而越是与温和派军事将领合作，制约日本军队中受意识形态驱使较强的派别，并大致消除了这些人的影响。从 1937 年开始召开的一系列会议，主导了 1940 年 6 月后的决策过程。通过会议，日本各路官员积极讨论了各种选择的利弊，其中包括和平外交解决方案。转向强硬政策的过程是逐渐进行、得到一致同意的，而且大家充分了解日本面临着巨大风险。外务省往往比海军更加强硬，而到了 1940～1941 年，几乎所有的文官领导人都认为有必要打全面战争。而且，赫伯特·比克斯（Herbert Bix, 2000）与爱德华·贝尔（Edward Behr, 1989）指出，裕仁参与了整个过程，发挥了最高统帅和国家元首的应有作用。根据最近披露的史料，所谓"日本陆海军胁迫国家实现自己目的"的观点是站不住脚的。确实需要解释的是，虽然风险不言而喻，但为何文武两方的主要人物还是一致同意全力开打——针对美国或苏联，视情况而定。

经济现实主义和贸易预期理论都建立在一个假设的基础上，即理性国家在不确定情况下会设法最大程度地保护安全。这两种理论可以比经济自由主义更为合理地解释日本的行为。日本日益成为现代工业强国，但领土狭小，所以高度依赖其他国家供应原料和粮食，以维持经济增长和人口生存。而由于日本需要通过出口来得到关键的进口商品，所以也依靠美国和亚洲市场，以销售其产品。自 1880 年以后，

第四章 珍珠港序曲：日本安全与北方问题（1905～1940）

日本所有的大党领袖，无论意识形态倾向如何，都念念不忘一个问题：身为新兴大国，日本如何维持得到资源和市场的途径，满足长久安全之必需？自由主义观点忽略了经济依赖性加强带来的担忧，所以无法解释日本为何对贸易途径问题念兹在兹六十年之久，及其与日本安全政策有何联系。

经济现实主义确实抓住了两点：日本执着于依赖性不断加强的问题，以及偶尔会逮住一战这样的机会扩大控制范围。尽管如此，经济现实主义的解释还是不完整的。按照其观点，日本既然高度依赖体系提供关键商品和市场，就应该会不断地发动战争以减轻脆弱性。但日本的外交政策往往比较克制，不仅在20世纪20年代如此，而且特别奇怪的是，在1941年也是如此：当时日本不断做出真诚努力，想与美国政府达成暂时妥协，以完全避免战争。仅用一个常量（日本的高度依赖性）无法解释日本随时间推移的行为变化，而对经济环境的预期不断变化这个因素，在此处却可发挥作用。我们看到，在1905年之后，1904年将日本拖入战争的战略思维还在继续。只要远东地区（尤其是满洲和华北）出现威胁，危及日本得到贸易和投资的途径，日本领导人就变得比较强势，以抵消或消灭威胁。但至于强势到什么程度，则反映出一种权衡：一边是眼前的经济威胁程度，一边是与关键国家紧张关系升级的危险，其中不仅包括美国，还有俄国和中国。而且，日本领导人知道，这种危险不仅包括战争的危险，还包括对日本的意图越来越不信任而造成贸易环境恶化的危险。日本的贸易-安全困境比其他国家都严重，这一点日本人自己也明白。因此，日本政府的决策者设法尽量维持温和的外交和经济政策，以尽量防止出现事与愿违的恶性循环。

日本在20世纪20年代的政策还是很讲道理的，原因很简单：在一战造成经济紊乱之后，世界贸易体系已在不断恢复。然而，到1929～1930年时，日本的贸易预期开始变差。大萧条开始了，1930

年6月又通过了史默特-哈利关税法案，严重冲击了日本的出口贸易。从1929年到1931年，日本对美出口下跌了55%，对全世界的总出口额则下降了1/3强。② 英国于1931~1932年转向帝国特惠制，进一步削弱了日本对世界贸易体系的信心。日本关于地区体系的看法也在发生剧烈变化。到20年代后半期，蒋介石及其国民党政府在南方巩固了政权基础，开始北上，中国于是逐渐走出十年的"军阀时期"。③ 与此同时，北方的俄国在世界大战和内战之后迅速复兴，正在东方重新建立其地缘政治存在。到1930~1931年时，日本在满洲和华北的经济利益似乎突然面临着来自四面八方的威胁。

1930年后，日本领导人集中应付针对日本生存的新经济威胁，同时努力避免局势升级为大国战争。1931年9月，日本采取行动，吞并了满洲全境（日本自1905年后便控制了满洲南部的铁路和辽东半岛）。此举可能是奉满洲和东京少数军官的命令做出的，但日本的文武领袖很快便予以接受，认为这是日本经济健康发展所必需的。日本陆军在1931年采取的行动为政府所接受，但1928年的类似行动却被政府排斥。这究竟为何，凡是好的理论都要做出解释。但奇怪的是，认为要从国内层次解释太平洋战争的人，却很少考虑1928年发生的事件。我指出，华北和世界经济环境的变化，加上对苏联在远东实力增强的担忧，是日本政府于1931年转变政策的最合理解释。

其后，从1932年到1936年，日本在与满洲相邻的华北省份建立了顺服于己的地方政府，这是为了应对蒋介石南京政府实力的不断增强，以及苏联对蒙古这个名义上独立国家不断加强的控制。日本政府不能让中国或俄国损害日本的经济前途，因为在那个时代，包括美国

---

② 即使到了1937年，就在美国政府即将实施越来越严厉的贸易制裁时，日本对美出口仍然比1929年的数额低30%以上。

③ 关于中国人姓名的拼法，我将使用现代拼音体系，但蒋介石和国民党等著名人物和组织除外。

在内的所有大国都在巩固其帝国领域，排斥日本等穷国。到1936年，日本官员的关注重点是美苏两个庞然大物的长期发展，及其对日本的经济与领土安全有何影响。据估计，这两个未来的超级大国都会制约日本在满洲、中国以及亚洲其他地区的经济发展。尽管如此，尤其是考虑到1941年发生的事情，还是必须记住，困扰日本政府的首要问题，也就是自1890年以来一直困扰它的首要问题，还是俄国的崛起。

1936年，在天皇的支持下，文武领袖集中起来，准备在五年之内对苏联发动先发制人的大战。目标是在北方由陆军组织全国进行全面战争的同时，在南方集结海军以威慑美国。与1903～1904年的情况一样，一切的动力都是需要趁早攻打俄国，既确保进入东北亚的经济途径，又避免将来苏联袭击本土诸岛。同时也要在经济上深入东南亚，因为日本需要原料来保障北上行动。当然，和平渗透是首选方案：通过增派海军，日本政府希望加大与地区国家议价的筹码，从而不用付出战争的代价，便得以与之进行贸易。但卢沟桥事变打乱了这个计划④。

在对华战争期间，日本继续加强陆海军。但直到1941年，最支持"南进"的海军人员还是认为，日本能够对东南亚实现经济渗透，而不必挑起对美战争。在几乎所有日本官员看来，南方问题还是明显次于北方问题。与自1890年代以来的情况一样，首要的战略问题还是控制满洲和华北的资源和贸易，以及阻止俄国在该地区崛起。

1939年后，为了以军事手段应对日本在东北岌岌可危的状况，尤其是对付庞大苏联的崛起，日本对东南亚资源的需求日益增长，因此国内支持向南方进行较为军事化扩张的势头加强了。到1938～

---

④ 到1936～1937年，中日总体贸易额在从1929年到1932年期间下降一半以后，已恢复到1930年以前的水平（见 *HYSJE*, 292）。因此，不能认为由于贸易制约因素消失，所以蒋氏政权的国内势力得以突然释放。实际情况是，虽然中日贸易恢复了，但这种势力还是释放了出来。

1941年，由于美国体量庞大，发展速度快，所以也构成了长期威胁。但在短期内，美国之所以成问题，主要是因为美国抵制日本向南方渗透，而且美国的经济政策妨碍了日本，使之难以积聚实力，准备向苏联开战。我们在下一章中将会看到，假如不是因为华北和满洲对日本的安全极为重要，日本就几乎肯定不会与美国打仗。

本章是为下一章做准备的，指出日本一直关心自己在东北亚的经济和地缘政治地位问题，以及日本外交政策是如何随着对此地位的威胁程度变化而改变的。这两章结合起来，让我们以完全不同的眼光看待太平洋战争。并不是日本国内的病态现象使之对美国深怀敌意，不可避免地导致其袭击珍珠港。太平洋战争之所以爆发，是因为日本需要保护其在东北亚的经济和领土安全，以应对来自中苏两国日益严重的挑战。从理论角度看，来自中苏的挑战属于第三方影响，干扰了美日双边经济外交的正常要求。日本需要保障其在东北亚的利益，因此向南推进，以获取向苏俄采取行动所需的原料。这导致美国做出反应，进一步限制了日本从东南亚和美国得到资源的途径，于是你来我往，不断升级，削弱了双方对彼此的信任。

在这两章中，我的研究方法不同于关于太平洋战争的大多数政治学研究。我想证明，日本从1931年到1941年外交政策的根本逻辑可追溯到数十年前。因此，我将首先简要讨论从日俄战争结束直到1921年的美日关系。然后我将探讨日本在币原外交时期和大正外交晚期时的行为。本节将指出，日本的各类领导人，包括外相币原喜重郎，都是冷静的现实主义者，想要维持日本在满洲和华北的经济地位，同时采取措施，减少与大国发生经济或军事冲突的风险。本章的其余内容，将较为详细地分析1931~1940这不幸的十年。第五章将讨论谈判的最后一年，考虑历史学家和国际关系学者至今仍在激辩的问题：日本和美国的领导人为何未能达成和平协议，避免太平洋战争的灾难？

第四章　珍珠港序曲：日本安全与北方问题（1905～1940）

日俄战争的余波（1905～1921）

日俄战争之后，美日关系很快变得紧张起来。战争以前，日本曾是赞成美英门户开放政策的国家之一，寻求更加自由地获取中国市场和资源的途径（Davis，2008－2009）。西奥多·罗斯福协助促成日俄于1905年讲和，通过稳定两国的地区均势来促进美国向中国的经济渗透。但讲和的结果，是让日本得以控制辽东半岛和中东铁路的南段。一夜之间，不论是祸是福，日本在中国的势力变得很强大。罗斯福及其继任者对此的反应，是对东亚采取基本属于现实主义的均势策略。最初的目标是划分势力范围，避免冲突。1905年7月，陆军部长威廉·霍华德·塔夫脱在东京签订了秘密协议，承认日本对朝鲜的"宗主权"，换取日本保证没有侵略菲律宾的意图。美国对华出口刚刚达到新高；在出访之前，塔夫脱发表公开讲话，说四亿人的中国市场现在是"世界上商业价值较高的地方之一"。美国金融家也在大声疾呼要加强控制满洲和华北将来修建的铁路（见Griswold，1938：125；Iriye，1967：108－110）。但日本的实力增强，还是引起了疑虑，开始损害其外交关系。1907年中期，日本调动海军，引起了战争恐慌危机；罗斯福总统于七月警告太平洋战区司令，日本即将发动袭击（Griswold，1938：226）。同年，罗斯福有意派遣美国舰队进行"环球巡航"，显示美国政府保卫其远东利益的决心。到1907年底，日本的老牌政治家伊藤博文抱怨道，有一种"确凿无疑的趋势，要把［日本］孤立起来"。⑤

国务卿伊莱休·鲁特（Elihu Root）认识到形势有进一步恶化的

---

⑤　转引自 Iriye，1967，114，关于罗斯福越来越担心日本的问题，见 Griswold，1938，127。

危险，于 1908 年 5 月会见日本大使高平小五郎，寻找缓解紧张局势的办法。随后签订的鲁特－高平协议深刻影响了后面几十年的美国政策。协议内容不仅仅限于东北亚问题。两国同意尊重亚洲的"当前现状"，包括各自目前占有的领土。两国还同意维护中国的门户开放，以及中国的独立和完整。于是，这个协议将美帝国最近占据的领土（关岛和菲律宾），以及日本在满洲的新存在合法化了（Griswold，1938：128 – 129）。很显然，罗斯福总统同意日本控制满洲。塔夫脱接任总统之后，让罗斯福提交关于远东形势的分析报告。罗斯福在 1910 年 12 月的报告中提出，"不对满洲采取任何措施，以免日本觉得……我国对其怀有敌意"，显然符合美国的利益。满洲对日本而言"至关重要"，日本政府不能容忍任何干预。罗斯福还敏锐地指出，俄国会设法收回失去的珍宝，迫使日本准备迎接新一轮敌对状态（Griswold，1938：131 – 132）。

这种对势力范围和日本在满洲巨大利益的务实认知，后来的各届美国政府都一贯秉承，只是形式有所不同。塔夫脱、威尔逊，以及 1920 年代的各任总统都认可日本在满洲的特殊利益，认为这是既定事实。就连日本在 1931 年占领满洲全境时，美国也只是口头上予以谴责。最能透露实情的是，美国继续在日本控制的中国各地区进行贸易。在美国政府看来，只要日本允许美国的贸易和投资经过开放的门户，日本在满洲存在就没有问题。我们将看到，使美国政策真正转向经济制裁的，是日本占领华南。此举将影响美国的贸易以及与希特勒的斗争，导致美国在 1938～1939 年采取反制行动。

在 20 世纪的第一个 10 年，美日关系仍然不错。塔夫脱从 1909 年到 1912 年实施"美元外交"政策，重点是通过美国的投资资本，加强美国在中国和满洲的势力。与英国人和法国人一样，威尔逊赞赏日本站在协约国这边参加一战。日本以战争为契机，夺取了德属马绍尔群岛，以及德国在中国山东半岛的势力范围。1915 年 1 月，日本

第四章 珍珠港序曲：日本安全与北方问题（1905～1940）

向中国递交了臭名昭著的《二十一条》，重点是巩固日本在山东及其他中国港口城市的经济地位。其主要内容写入了1915年5月签订的《中日盟约》。此处，经济现实主义最能解释日本政府的行为：没有对日本经济地位的迫切威胁，反而有了出乎意料的机会，可以提高这种地位，于是日本政府迅速抓住了机会。随后俄国爆发革命和内战，使日本再次有机可乘，于1918年向西伯利亚发起了干涉行动，结果损失惨重。虽然日本表面上是在参与协约国打击布尔什维克主义的行动，却在西伯利亚一直待到1922年，又占领了石油资源丰富的库页岛，直至1925年。这说明日本的主要目的不是打击布尔什维克主义本身，而是扩大日本获得西伯利亚原料的途径。经济现实主义还是能很好地解释这种行为。自由主义的立场特别成问题，因为大正民主到1914年还是如火如荼。其实，促使日本于1918～1922年远征西伯利亚的，正是日本的第一位"平民"首相原敬。⑥

在世界大战期间，关于日本新的帝国主义扩张行为，协约国只是略有微词。1917年11月，美国国务卿罗伯特·兰辛和日本的石井菊次郎子爵达成协议，再次确认了美国对远东形势的认知。在威尔逊的支持下，兰辛接受了一条秘密协议，"承认日本在华有特殊利益，尤其是与其占有领土接壤的地区"（转引自 Griswold，1938：215－216）。日本则再次承诺维持门户开放和中国的领土完整。遗憾的是，到1921年末，日本、英国、美国在华盛顿坐下来谈判时，日本的意图却受到怀疑，因为在协约国于1920年撤出西伯利亚之后，日本政府却决定继续留在那里。日本此时拥有世界第三大海军，日本领导人也深知需要避免与庞大的美国进行海军军备竞赛。尽管海军强烈反对，认为美日主力舰之比要达到十比七，才能保护日本免受英国或美国打击，但日方谈判代表在最终条约中接受了十比六这个比率。日方

---

⑥ 见 Griswold，1938，第五、六章；Beasley，1987。

还同意将日军撤出山东半岛,并在关于中国的九国公约中重申日本致力于维护中国平等的商贸机会,以及中国的领土完整(Iriye, 1990:18)。

未来的首相币原喜重郎是华盛顿会议上的日方主要谈判代表之一,而且九国公约的最终行文采用了威尔逊式的措辞,摈弃了"势力范围"的提法。因此,人们往往认为,1922年签订的华盛顿条约反映了战略思维的新取向。三个大国毕竟表面上把军备竞赛和专属势力范围搁置一边,赞成在中国等争议地区进行和平经济合作。虽然有几位美国外交官也许接受了威尔逊的思想,但日本官员却没有接受。入江昭(Akira Iriye, 1990)影响深远的著作指出,就连币原本人当政时,也从未做过不利于日本在满洲关键利益的事,反而多次强调日本在满洲的"显性与隐性权益"。币原认为,显性权利就是1915年《中日盟约》所确定的权利(尽管该协议是中国被迫签订的)。隐性权利则是币原所谓日本与满洲"特殊"关系的产物,这种关系反映出日本耗费巨资帮助满洲发展;此外还包括日本的"生存权",要求日本有权得到该地区"未开发的宝藏"(Akira Iriye, 1990:111)。要解释日本在1921年后精心算计的政策立场,经济现实主义比自由主义效果要好,而且我们将会看到,贸易预期理论也优于自由主义。

不断加剧的中日矛盾(1922~1928)

我们已经看到,日本的帝国主义取向根深蒂固。由此看来,日本的政策在20世纪20年代相对缓和所反映的,并非威尔逊式的理想主义,而是对较坚决策略之代价和风险的冷静估计。尤其在一战以后,与美国和其他国家恢复贸易的前景变得明朗起来,所以日本采取经济接触政策就完全讲得通了。日本可以在技术上仍然落后于英美时推动工业发展,同时避免与权力基础更强的行为主体进行代价高昂的军备

第四章 珍珠港序曲：日本安全与北方问题（1905~1940）

竞赛。值得注意的是，从1922年到1931年发生满洲事变，即通常所谓的"币原外交"时期，币原仅担任了五年的外相：从1924年6月到1927年4月，再从1929年7月到1931年12月。因此我们需要解释的是，日本这段时间的政策为何一以贯之：为何日本各届首相和外相都认为需要采取温和的外交政策，而且需要约束主张对华采取更强硬姿态的国内派别。

从国内政治角度出发，自由主义认为，这种温和政策产生于当时日本政体的民主性质（见Snyder，1991；Kupchan，1994）。这种解释是不充分的。别的且不说，20世纪20年代时，有多位军人担任首相一职，包括加藤友三郎（1922~1923）和田中义一（1927~1929）。从其背景以及军方强硬派对其施加的压力来看，其政策竟出乎意料地温和。田中在任首相期间兼任外相，他的情况尤其耐人寻味。1920年代末，中国局势相当混乱。然而，入江昭指出，田中的政策最终与币原的政策相似：田中小心翼翼，虽然也确实用武力保护日本的经济利益，却没有进一步吞并中国领土，以维持美英的信任。虽然面临国民党新的挑战，但田中阻止了驻满洲的关东军于1928年发动军事政变。因此我们需要解释的是，虽然中国局势动荡，但为何不论文官还是武将当政，日本政府都能够在20世纪20年代维持相对温和的政策。我们还必须解释，为何到了1930~1931年时，为何绝大多数政界人士和政府大臣排斥这种政策，而公开赞成于1931年12月在满洲再次发动政变。[7]

---

[7] 有一种简单的观点认为，1930年后右翼激进分子胁迫了温和派（反映为刺杀滨口雄幸首相，以及1930~1932年间的其他暗杀活动），这是缺乏历史视角的。日本领导人此前也受到过袭击：1920年代初，一位首相被杀，未来的天皇裕仁也遭遇过不止一次暗杀。1930年代初固然是日本的动荡日期，但日本领导人却以不顾个人安危维护国家利益为荣。例如，滨口雄幸遇刺，就是在签订了1930年美英日海军条约之后——他知道此举会令极端主义者非常反感，让自己有性命之虞。

如果要就 1922 ~ 1931 年时期总结出一个要点，那就是比斯利（Beasley, 1987：第十一章）所强调的：1904 年前为促进大国与中国和满洲进行贸易而建立的通商口岸体系，随着时间的推移越来越受到威胁。中国在辛亥革命之后已成为民国，但 1916 年袁世凯死后，中国很快沦为军阀割据。1923 ~ 1926 年，先是在孙中山领导下，后来在蒋介石领导下，国民党在华南的广州巩固了权力基础。1926 年，当时与中国共产党合作的国民党开始北伐，以铲除军阀统治，将国家统一在排外的民族主义旗帜下。这种民族主义席卷了各殖民地（如穆汉达·甘地的印度），也席卷了中国。国民党许诺要让中国现代化，并废除 19 世纪中国被迫签订的不平等条约，吸引了众多追随者。到 1927 年，国民党已经控制了华南大部。蒋介石坐镇新都南京，与北方军阀结盟，开始在满洲以南的北方各省维护国民党的权威。

到 1920 年代末，日本已在满洲拥有巨大利益，以上政治动向对日本的利益构成了直接威胁。日本企业已投入十亿多美元，以开发当地巨大的煤、铁及其他矿藏。满洲又有世界上最肥沃的土地，所以农业也蓬勃发展；例如，经过耕作、用来种植大豆和谷物的土地，自 1903 年以来增加了 70%。满洲还是中国少数几个对除日本以外国家出口大于进口的地区之一。因此，通过由日本企业出售满洲的产品，可以得到宝贵的外汇。到 1930 年，22.5 万多日本人居住在满洲；也就是说，满洲的日本人口在二十年中其实翻了一番（Coox, 1985：2, 20 - 21；Iriye, 1990：111）。

一开始，针对国民党声望日隆的局面，日本政府想对北京做出让步，因为北京是中国的传统首都，又不受蒋介石控制。在 1925 年开始的关税会议上，日本外交官同意与美英两国政府合作，调整 19 世纪遗留的"不平等条约"。中国可以享有更大程度的关税自治权，但作为交换条件，三国想要中国保证只会有限地提高关税，而且尽量少限制投资。就在谈判即将于 1927 年 1 月重新开始时，外相币原发表

第四章　珍珠港序曲：日本安全与北方问题（1905～1940）

了重要讲话，很好地表达了其思想中相互矛盾的两个方面。他强调说，外国应避免干涉中国，除非是为了帮助中国达到内部稳定。但他指出，虽然如此，日本还是有权保护其侨民的生命和财产。因此，日本将继续支持有维持秩序能力的本地领导人（Iriye, 1990: 110 - 111）。这已经说得比较直白了，指的是自1920年代初起，日本政府不论意识形态如何，都支持残暴的满洲军阀"老帅"张作霖，帮助他消灭对手，主宰满洲。币原本人也积极鼓励这种政策，认为其至关重要，既能有助于维护秩序，又能对抗国民党势力。

在讲话中，币原还说到希望中国国民党"合理"考虑日本的利益。有人问他怎样理解"合理"一词，币原说如果中国寻求"共存共荣"，就是合理的，如果威胁日本的经济生存，就是不合理的。日本理解中国想修改现有条约的愿望，而且如果没有尝试外交手段就使用武力，则是不讲道理；虽然如此，中国在制定政策时也要同样重视日本的利益。⑧ 入江昭（Iriye, 1990: 114）指出，币原讲话字斟句酌，说明如果外交手段足以奏效，日本就不愿以武力维护其经济利益。而且日本支持张作霖等军阀的政策还将继续下去。

日本于1927年1月重新开始与中国政府进行关税谈判，但很快就破裂了。到田中4月接任首相时，实际情况已大为恶化。蒋介石的国民党于三月占领上海后，立即着手摧毁帮助其拿下上海的共产党盟友。五月下旬，田中加强了日本在上海的驻军，同时将两千人部队派往山东半岛保护日本侨民。币原发表声明称，日本只有在保护当前所占领土时才会动武。此后，田中令日军保持守势，不要涉入中国内战。由于美、英、法均已调动部队保护其定居点，日本政府的举措当然并非超乎寻常。⑨

---

⑧ 转引自 Iriye, 1990, 114；亦见 Dower, 1979, 68。
⑨ 英军多次实施轰炸，让英国侨民有时间逃离中国各方交火的前线。

也许更加重要的是从6月27日到7月7日举行的所谓东方会议。这次会议由田中召开,目的是讨论日本的对华政策。与会者包括所有关键部门的人员,以及驻重要中国城市的各位总领事。入江昭指出,此次会议制定的政策只是延续了币原强调的问题,即保护日本在华利益,并针对更加混乱的实际情况,把强调程度提高了一个档次。与会者都认为,首要问题是保护日本侨民和贸易,而且从中国的总体经济意义来看,日本政府不能退却。日本应该置身中国内战之外,同时与国民党温和派合作,协助恢复秩序,以重振商业,尽量减少将来的动乱。⑩ 按照币原的思路,在对外界的贸易预期依然很高时,日本很有理由做出温和的姿态,只仿效其他列强的所作所为即可。

满洲问题(1928~1931)

有一个疑问,是国际关系学者应该深感兴趣,却几乎完全受人忽略的:1928年,关东军的鹰派分子计划夺取满洲,被东京的日本官员阻止;但1931年9月,在相似的政变行动之后,为何这些官员却几乎人人称快?1928年4月,蒋介石的百万国民党大军北上,以完成国家统一。田中向山东半岛增兵,还是为了保护通商口岸的日本侨民和财产。5月初,中日部队在济南无意间爆发冲突。自此之后,从1928年到1937年,又发生了一系列这样的小规模冲突。但蒋介石专注于打败北方军阀,外国列强又对日本政府关心的问题表示同情,所以国民党撤退,此次事件到五月下旬得到了解决(Fenby, 2004:177-178)。然而,蒋介石势如破竹,军阀纷纷归附。日本在满洲扶持的张作霖开始显出迹象,不再对日本百依百顺,甚至可能与国民党结

---

⑩ 见 Iriye, 1990, 125-156, 171-172。关于币原和田中在政策上的连续性,见 Dower, 1979, 83-90。

第四章 珍珠港序曲：日本安全与北方问题（1905～1940）

盟。这使日本在满洲的地位首次受到严重挑战，国内出现了分歧。田中以及大多数文武大臣认为，不论蒋介石还是张作霖，日本均可与之合作。可以劝说蒋介石不要把满洲算在统一计划之内，同时以维持满洲独立地盘的好处哄骗张作霖。入江昭（Iriye，1990：210）总结道，田中政府设法"通过劝说分割中国"。

针对这种局面，强硬派结成了同盟，统一的观点是：如果采取温和政策，就会丢掉满洲。这个同盟的成员多为年轻的关东军军官，还有东京的几位将军。但文官中也有支持者，最有名的便是吉田茂，此人后来当上了日本战后首相。吉田茂在满洲首府奉天任总领事，直到1928年春，随后在田中手下担任外相。在20世纪20年代和30年代的外交生涯中，吉田素称温和派。因此，他关于中国动乱局势的立场尤可用来中和一种幼稚观点，即呼吁采取强硬政策的官员都是被意识形态冲昏头脑的莽撞之徒。吉田从1927年初到1928年夏向东京上书，阐述今天称为"强力威慑姿态"的观点。如果采取温和措施，只会让蒋张二人觉得日本意志薄弱，从而利用日本。吉田提出，满洲既是经济财富，又能在战略上对抗北方苏联日益严重的威胁，为保住满洲，日本政府要采取远比当前积极的政策，利用日本的军力优势，威逼张蒋二人顺从日本的意图。日本的生存依赖于持续不断地得到粮食和原料，以及销售日本商品的市场。因此，日本必须效仿英美等其他帝国，采取强硬措施保护其外部利益（Dower，1979：63-83）。

1928年6月，关东军强硬派动手了。他们炸毁了返回奉天的张作霖专列，干掉了老帅。同时又安排人向奉天的日本人财产扔炸弹，制造借口，让日军进行干涉。他们希望日本政府能够利用张作霖之子"少帅"张学良，让他当日本新受保护地的傀儡总督。但政变头目的计划夭折了，因为东京的文官大臣和陆军参谋本部都不予支持。张学良很快控制了整个地区，而且和老帅一样难以对付。日本的政策一如既往，设法影响而不是控制张学良，同时与国民党温和派达成协议，在更大范围内维持日本在满洲和中国的经济利益。

东京的日本官员为何没有像1931年9月那样,抓住这次机会,占领满洲全境?最佳答案是日本怀有正面的贸易预期。总体而言,在大萧条开始之前,贸易很繁荣,美国此时是日本首要的贸易伙伴(*HYSJE*:292-293)。日本高度依赖对英美的出口,从中得到现金,用以购买石油和铁矿石等原料,所以英美两国政府都是得罪不起的。而且,满洲暂时看起来很安全。蒋介石表示不会继续北上,打到长城。有人告诉张学良,必须保持满洲自治,不受中国控制,日本才会支持他,而张学良似乎答应了(Iriye,1990:232-237)。中国和世界的经济环境都在继续改善,而日本如果采取较为猛烈的举措,与大国的关系就显然有不断恶化的危险。因此,继续采取温和政策是合情合理的。自由主义认为贸易会制约国内层次的病态,这种观点在此也得到了支持。但一般而言,贸易预期理论更加能够指出,日本政府既关心日本在满洲的经济安全,又愿意约束这样一些人:他们可能会把经济现实主义思路推向逻辑的极端,也就是战争。

到1928年,国民党在中国刚刚强大起来,增加了经济谈判中的筹码。到1929年1月,中日政府达成了协议,允许中国逐步提高关税(Iriye,1990:246-250)。五个月后,日本政府承认了国民党政府。中国的内部秩序现已稳定下来,自由商贸往来似乎得以恢复了。但满洲还是日本领导人绕不过去的问题。1928年,蒋介石经过精心盘算,决定温和对待包括日本在内的所有大国,以争取时间,让刚刚统一的中国实现现代化,同时积累实力,既抵御外敌,又抵挡国内反对力量的威胁。尽管如此,蒋介石却坚决不肯承认1898年和1905年签订的两个条约;按条约规定,先是俄国,然后是日本,可长期租用辽东半岛,同时有权控制满洲的铁路。从1929年到1930年,张学良似乎也在韬光养晦,建立权力基础,向日本报杀父之仇(Iriye,1990:227-253;Sun,1993)。

第四章 珍珠港序曲：日本安全与北方问题（1905~1940）

使日本政府更加担忧的是，苏联人的实力也在增强，并设法将共产主义传入满洲，通过利用控制满洲铁路系统北半段的权利达到这个目的。1929年7月，在国民党的支持下，张学良驱逐了苏联人，不准其在铁路上任职。苏军的反应是越境进入满洲。国民党和张学良不肯将苏联的铁路员工恢复原职，导致苏中两军于8月和11月两次短暂交锋，最终蒋介石让步。币原已于七月重新担任外相，认为中国反抗苏联的行为是"对中国是否遵守条约规定的一次检验"。国民党没有首先尝试以外交途径解决令其不平的问题，就驱逐了苏联官员，这说明它愿意随心所欲地改变政策（Iriye，1990：264-268）。

到1929年中期，南北两面都在向满洲施加压力，明显削弱了日本政府关于将来与中满贸易关系的信心。但真正打击日本信心，动摇了经济外交既定战略的，是1929年10月大萧条开始，以及美国于1930年6月通过史默特-哈利法案。1930年1月，日本不合时宜地决定回归金本位，使其经济问题雪上加霜。从1929年到1931年，日本对美出口下降了55%。对华出口受日元价格过高打击，下降了一半。[11]

以上剧变重创日本，使之难以进口现代工业经济所需的原料和粮食。而且，世界主要经济帝国，即英国、法国、美国，都不愿合作解决全球危机，而更倾向于退回到新重商主义政策，实行帝国特惠制或类似制度。1928年满洲危机时的少数派观点认为，如果努力避免麻烦，接触更广泛的经济体系，就会削弱日本在华地位，从而影响其总体安全；突然之间，这种观点显得合情合理多了。入江昭（Iriye，1990：278，283）指出，

> 1930年后，世界经济危机的影响在远东显露出来，[币原]

---

[11] 见 *HYSJE*，292-293；Iriye，1990，279。

经济政策的首要地位受到了挑战。……日本官员恳求合作,在国外碰了壁;在国内,其想法和政策也遭到了严厉抨击。美国市场崩溃,对华贸易衰落,又未能在中国与列强有任何程度的有益合作。这一切说明,日本经济外交的基本依据已不复存在。拥护这种政策的人拿不出其策略的切实成果。

在此情况下,到 1931 年,"普遍存在一种氛围,只要是改变[币原的]经济政策,都会得到赞成"。⑫

1928 年试图发动政变的人很快提出了另一种政策。1931 年中期,张学良向蒋介石表示,愿意使满洲归属国民党治下的统一国家。军国主义者认为这实在太过分了。1931 年 9 月,趁张学良去边境打仗时,这些人发动了政变。这一次,策划政变的人得到了东京陆军机构的大力支持。更重要的是,虽然币原仍担任外相,但若槻礼次郎内阁却不肯令日军回营。这说明 1928 年阻止政变策划者的行动不会重演。1931 年 12 月,犬养毅接任首相兼外相,其内阁仿效若槻,观望外国列强对日本的行动做何反应。他们最担心的是苏联像 1929 年那样进行干涉,以维持其在满洲北部的地位,但结果发现这种担心毫无根据。苏联人无所作为,国联反应迟缓。1932 年 10 月公布的国联报告轻描淡写,很快被束之高阁。情况很快变得很明显:日本所依赖的关键大国,即英美两国,会公开谴责日本,暗地里却熟视无睹。国联报告建议对日实施经济制裁,但英美非但没有这样做,反而继续与满洲及 1932 年成立的伪满洲国积极进行贸易(Beasley,1987:193 - 219)。我们将看到,直到 1941 年 11 月底,美国的决策者还继续认为满洲在日本的势力范围之内——当然,自 1905 年罗斯福政府帮助日

---

⑫ 有类似观点将世界经济崩溃与日本对满洲采取措施联系起来。关于这种观点,见 Beasley,1987,175。

第四章　珍珠港序曲：日本安全与北方问题（1905～1940）

本得到满洲以来，满洲就一直属于日本的势力范围。

我在这里提出的大论点很简单。到 1931 年，日本领导人和文武官员都已明白，与欧美体系进行经济接触不再符合日本的长期安全利益。因此，虽然 8 月时文官大臣还对政变准备情况基本一无所知，但政变一旦成功，却都表示拥护，认为不论是应对满洲的新局面，还是世界经济大势，此举都很有必要。因此，与 1928 年不同，从 1931 年到 1933 年的各届日本政府（首相为若槻、犬养、斋藤实）不仅允许占领行动向前推进，而且积极采取措施，加强日本对该地区的控制。在 1930 年代初的新世界形势下，其他大国都在巩固各自的经济势力范围，日本领导人认为自己别无选择。当时的一份政府报刊称，因为"生活首要必需品短缺"且"供应不稳定"，所以满洲对于国家安全必不可少。即使其他国家愿意向日本供应物资，但其本身的需求也在扩大，因此日本有理由"担心先进工业国家是否会长期向我国工业供应材料，让我国工业与它们自己的工业竞争。……假如先进工业国家将经济政策转向禁止或限制对我国出口原料，我国将深受打击。"⑬

随后几年的形势发展表明，除了苏联之外，所有主要大国都只愿意在言辞上反对日本。这也许不足为奇。英美政府都在巩固自己的帝国领域，不想亮出太多危险信号。美国毕竟刚刚在尼加拉瓜完成又一次军事干预，英国则忙于打击甘地在印度领导的独立运动——学者在讨论满洲问题时，往往为图省事而忽略这两件事。有些人，如国务卿斯坦利·霍恩贝克，确实希望美国转向对日遏制政策。但绝大多数官员却担心此举造成两国紧张关系不断恶化。而且，日本在华北的存在确实有用，能让蒋介石不再迫切要求结束不平等条约时代的最终残

---

⑬ 日本帝国政府，《日本与满蒙关系》，B 文件，141－143；该文件发现于芝加哥大学图书馆，未标明出版社及出版日期，但从内容来看，系出版于 1932～1933 年左右。

留，即美、英、法在上海、天津及其他通商口岸的重要定居点（Barnhart，1987：第二章）。直到1937年日本对华战争全面爆发时，美国政府才真正开始担忧日本在远东地区的大目标问题，以及这种目标可能会与美国的经济和地缘政治利益发生冲突。

中国的动乱、苏联的威胁，以及中日战争的牵扯（1932～1937）

从1932年到1937年7月中日战争爆发这段时间，中国的局势又从根本上动荡起来。蒋介石想要消灭威胁他统治的势力，一是中国共产党，二是追求自治的华北地方首领。蒋介石要处理的局面很微妙。他知道自己需要时间，让中国实现现代化并消灭对手，所以只要边境冲突可能升级为战争时，一律执行顺应日本的政策。但随着中国的民族主义情绪加强（其中部分原因是蒋自己在努力巩固权力基础），蒋介石发现党内势力在向他施压，要求处理日本占领满洲的问题。一开始，他想知其不可为而为之，与日本和华北首领停战，以争取时间，同时又做出抵挡住日本的样子。1932～1933年，日本政府已经开始实行一种政策，在与满洲接壤的北方省份中，支持愿意与国民党断绝关系的中国领导人。日军偶尔进入这些省份，为其闹独立提供增援。1933年5月，蒋介石接受了塘沽停战协定。协定要求国民党部队撤出河北省北部（北京所在地），换取日军撤到长城以外。蒋介石深陷于对中共的第五次大围剿，需要避免北方的第二前线出现缺口。他在日记中写道，停战之后，他可以有时间进行重建，并准备以后的战争（Taylor，2009：99；Sun，1993：43）。

在随后三年中，日本利用停战协定和蒋介石与中共的矛盾，在山东、察哈尔、绥远三省怂恿自治运动。这项政策几乎得到了东京所有文武领导人的支持，有三个目标：针对国民党治下正在复兴的中国建

第四章　珍珠港序曲：日本安全与北方问题（1905~1940）

立缓冲区；让日本做好准备，防止苏联从蒙古（苏联傀儡国，经常让苏联在其领土上驻军）对其发动袭击；加强日本与华北的宝贵市场和原料之间的联系（Barnhart, 1987; Coox, 1985）。到1933年，日本领导人普遍认为，苏联是日本未来的主要威胁，就像在1904年之前一样。苏联于1932年圆满完成了第一个五年计划，将迅速成为欧亚大陆唯一的工业和军事超级大国（德国也明白这一点，见第三章）。在1929年的满洲之争中，苏军打败中国军队，取得了决定性胜利，早在当时就体现出苏军的技术越来越先进。日本决策者夙夜忧叹，怕苏联领导人试图完成1904年战败后中断的东扩计划——这一次是打着传播共产主义的幌子。1920年代初，俄国一片混乱时，日本（尤其是日本海军）认为美国是与俄国一样严重的威胁，甚至更加严重。但到了1933~1936年，除了海军的少数人之外，所有的文武官员都认为，崛起的苏联是对日本经济和国家安全最大的长期威胁。比克斯（Bix, 2000）指出，这种集中关注将来如何与苏联摊牌的态度深得裕仁天皇赞赏。

1932年后的关键问题，不是哪个国家构成主要威胁，就是对付威胁的最好办法是什么。陆军内部出现了分歧，文官之中也是如此。有人赞成攻打西伯利亚，速战速决，也许1936年即可实施；有人认为日本必须等待，直到国家做好全力以赴长期作战之时为止。主张所谓全面战争的陆军军官努力倡导后一种立场。他们通过一战得知，现代战争需要在战前将全国动员起来，不仅要军事上动员，还要经济上动员。像1904~1905年日俄战争那样速战速决的战争已成为历史。1933年，提倡速战的人似乎占主导地位，陆军大臣荒木真夫大力主张一项应急计划，认为1936年要发生危机，日本到那时就要做好战争准备。但其他陆军官员、海军，以及财政大臣和外交大臣提出了反对意见，并最终获胜。斯大林的大规模工业化计划在顺利展开，并将现代化的坦克和飞机部署在东面。在此情况下，日本显然不大可能在

1936年打败苏联。在1930～1932年的迅速衰退之后,日本经济正在重建,此时如果匆忙将国家军事化,只会削弱日本经济。荒木见众人一致反对,遂于1934年1月辞职(Barnhart, 1987; Crowley, 1966)。

从此以后,在裕仁的全力支持下,提倡全面战争的人在文武各界都主导了日本政府。陆军中主张速战的一派遭到降职,重新任命。这些人见自己影响式微,便孤注一掷,想让国家回到立即对苏开战的轨道上来。1936年2月,这一派的初级军官试图发动政变,但陆军中几乎无人支持政变头目,天皇又马上表示震怒,所以行动很快失败。第二年,经裕仁批准,仍然支持政变和速战的人不是挨了处分,就是受到镇压。到1937年初,就在中日战争意外爆发,打乱全面战争计划之前,日本政府中并无大的分歧(见Bix, 2000; Behr, 1989)。注重国内层面的论点强调1941年战争爆发的原因在于分歧和互投赞成票,其实恰恰相反:1935年后,日本政府越是接近发动大战的时候,就越是团结(Snyder, 1991)。我们将会看到,仅剩的分歧只在于一个策略问题,即要与苏联开战,是否一定需要就东南亚问题与英美发生冲突,以及如果需要,那么南边的战争是要先打起来,还是与北方的战争同时发动。

因此,1936年在日本历史上是决定性的一年,当时的人也是这样认为的。速战派遭到镇压以后,日本文武大臣设法制定一致同意的计划,让日本做好全面战争的准备。大家普遍认为,日本在巩固其在满洲和华北的经济势力范围时,要避免与蒋介石打仗。这样一来,就可以在满洲集结部队,在国内发展全面战争经济,具备最终与俄国进行战争的能力。日本得到的证据表明,苏联在西伯利亚集结军力的速度远比此前估计的要快。⑭ 但陆海军还是没有协调其行动的总体计

---

⑭ 在短短四年内,西伯利亚的苏联驻军已经从四个步兵师增加到十四个,还配备了一千辆坦克;Barnhart, 1987, 42。

第四章 珍珠港序曲：日本安全与北方问题（1905～1940）

划。海军知道，现任陆军参谋本部作战部部长的石原莞尔在设法让海军赞成其以对苏战争为核心进行动员（Pelz，1974：169）。1936年4月召开了五相会议，海军提交会议讨论的文件题为"国策大纲"，承认国家的主要对外目标为"确保日本在亚洲的地位"。具体而言，与满洲和华北各省的关系要加强，以"便于加强对俄防御，并促进日本与满洲的经济发展"。但海军文件也不足为奇地认为，日本同时必须利用海军将其实力与影响向南投射，以扩大日本的经济渗透。重要的是，文件强调南推行动必须以渐进与和平方式进行，避免刺激英美两国。虽然如此，由于英美两国政府可能反应过度，日本必须完成"应对任何不测"的准备（见 JGEACS：58-60）。

人们往往认为，这份文件体现了海军的决心：要通过将政策方向调整到"南方优先"战略，占据较大的预算份额（Snyder，1991；Pelz，1974）。海军中有许多人确实偏向"南方优先"的手段，这没有什么疑问（Pelz，1974：171）。但研究一下《国策大纲》文件就会发现，在与核心内阁（五位关键大臣）打交道时，海军领导人只是想指出，海军应该享有与陆军平等的地位，而且一旦将来采取行动应对苏联不断加剧的威胁，海军所做的准备和南下行动会起到补充作用。陆军的重要战略家石原莞尔大力支持最迟于1941年对苏开战的计划。他一直都在推动一项政策，内容包括与英美再签订限制海军协议，以及只在两个五年期中的第二个才加强海军军力（Crowley，1966：284-285；Barnhart，1987：46）。海军领导人当然知道，在这种政策下，他们能占据的预算份额会越来越少。但他们同时认为，从全面战争的性质来看，如果无法得到南方的资源，那么针对苏联的北上战略就不可能成功。海军文件的前两节讲的是日本"对与我有重要关系国家的基本政策"，专门讨论了满洲国和中国问题。"南方地区国家"到第三节才讨论。文件指出，这些国家对于解决日本的经济和人口问题非常重要（人口问题要通过移民解决），随后立即提出,日本向南方地区渗透"是使我国对满洲、中国、苏联政策完备所必需的"。第四节直接讨论苏联问题,提出"为制止苏联在远东地区向前推进的步伐,我国应做好必要的军事准备",并采取"积极进攻政策",作为基本原则(见 *JGEACS*:58-60)。总之,海军并不是要求以南下为主要方向,而只是认为了解东南亚很重要,是以中苏为重点之政策的必备要素(Barnhart,1987:44)。

虽然1930年后英美重商主义政策已经造成了危害,但有些海军军官还是直言不讳地强调"苏联优先"政策的重要性。1936年3月,第三舰队司令笈川小次郎(Oikawa Kojiro)致函总部,强调针对苏联扩充军备必须成为日本的第一要务。他总结了日本的战略困境:

> 如果我国〔能够〕在各方面和平〔进步〕,就不会产生任何问题。但今日之列强高筑关税壁垒,人为阻止其他国家的和平进步,所以我们必定要准备并决定在某些领域使用武力,消除壁垒……〔但〕帝国还没到可以放心大胆地与英美硬碰硬的时候。我们不应该那样做,而应不顾与苏联发生碰撞的危险,向北推进,解决〔来自〕北方的〔威胁〕。(转引自 Pelz,1974:170)

笈川(Oikawa)认为,只有在此之后,日本才能考虑转向南方的问题。

1936年6月下旬,陆军公布了自己的文件,题为"国防国策大纲",以左右核心内阁的辩论进程。为北方战争做准备是首要任务。日本必须通过战争或强制外交,"竭尽全力迫使苏联投降"。文件并未提及南下问题,但指出"除非我国与美英两国、〔或〕至少美国保持〔良好关系〕,否则与苏联进行战争就极其困难。"为安慰海军,文件在末尾指出,一旦苏联投降,日中友谊建立起来,就可以着手准备南方可能发生的战事。但文件明确指出,近期的一切计划与经济动

第四章 珍珠港序曲：日本安全与北方问题（1905~1940）

员，都必须强调为针对苏联采取措施而做好准备（JGEACS：61-62）。

进一步讨论之后，核心内阁于8月7日通过了一份新文件，标题很恰当，叫作"国策基准"。要理解1941年11月前日本外交政策的一切问题，这份文件绝对至关重要。这不仅是因为其细节内容一直得到贯彻，而且因为文件刻意指出了一系列首要任务和目标，以指引国家度过即将到来的五年动乱和不确定期。

表面上看，这份文件似乎是对陆军与海军的立场分歧做了折中。日本的"基本政策"是确保其在亚洲的地位，"同时在南方前进与开发"。但深入一些就会发现，核心内阁显然想把两个问题区分开来：一是为几乎一定会发生的对苏战争做准备，二是但愿能够和平进行面对东南亚的经济渗透。政策必须围绕着"消灭北方俄国的威胁"，而这需要"注意与世界强国友好相处"。因此，日本在向南扩张势力范围时，应避免刺激其他国家，同时"以渐进和平的方式"增强实力。大目标毕竟是让国家做好准备，"向俄国的武装力量……发起大规模打击"，而为了达到这个目标，日本需要海军保护原料的不断供应。与此相应，要加快军备建设，发展"能够确保西太平洋海军优势的武装力量"。针对南方的目标是威慑，而不是战争。加强了海军，美国政府就不会干涉日本在东南亚的势力范围。这里传递的信息就是四月文件明确表达的意思：与美国开战是万不得已的办法，只有在威慑失败、美国政府抵制日本向南经济渗透的情况下才能采用（JGEACS：62-64）。

在此后五年中，直到1941年11月与美国政府谈判破裂为止，海军一直非常不愿与美国进行长期的海战较量。1936年时，这种踌躇情绪更加明显，因为美国通过此前限制日本海军的发展，已经确立了优势。1935年底限制海军发展的谈判破裂后，对日本加强海军军备的制度约束已不复存在。但直到1936年8月，日本领导人还没有同意开始加强军备。8月7日达成一致意见后，一切都改变了。日本得以扩充军备，从而能于1941年向美国开战，而且在头半年中战绩非常出色。但我们已经看到，首要的政治目标并非与美国打仗，而是通过摧毁苏联在远东的势力，使日本在东北亚的经济地位保持稳定。当时的形势远比1902~1903年差得多，日本官员再次准备通过战争来应对。要理解本章后面以及下一章的内容，就必须将以上各点牢记在心。人们往往认为日本领导人希望与中国和美国打仗。其实从一开始，这两场战争就是不需要的附带事件，之所以发生，是因为需要趁失去满洲这颗经济明珠之前削弱苏联的实力。

到1936年秋时，日本与蒋介石的关系已经相对稳定了三年多。国民党军和日军或其当地傀儡政权在北方各省时有冲突，仍在继续且有增无减。尽管如此，1933年的《塘沽协定》仍然有效。蒋介石的重点是在陕北消灭毛泽东领导下的共产党，而日本政府则专注于针对苏联扩充军备。但到了1937年夏，双方都陷入了一场全面战争，而且非常残酷，一打就是八年。这是怎么回事？

奇怪的是，虽然中日战争在袭击珍珠港前的历史进程中起到了重要作用，研究太平洋战争的国际关系学者却往往忽视这场战争的起因。[15] 这些学者承认，中日战争大大增加了日本的资源需求，以及总体上依赖美英供应原料的程度，使日本变得脆弱，容易受到两国1939年后实施经济制裁的影响。他们也承认，因为有了这样的限制，所以日本领导人把美国政府今后与日本进行贸易的意愿估计得很悲观，从而推动日本对美国发动了战争。但他们已事先假定，日本之所以走向中日战争，又不愿在1941年撤出（虽然当时美国要求日本离开中国，否则就不恢复原料出口），背后的原因是一心想控制全中国的帝国主义思想。于是他们提出，是日本政体内部的病态使其丧失了

---

[15] Snyder, 1991; Kupchan, 1994; Richardson, 1994; Taliaferro, 2005.

第四章 珍珠港序曲：日本安全与北方问题（1905～1940）

理性，贸然向美国这个巨人开战。

然而，日本文武两界的所有关键领袖都根本不想在1937年与中国开战，反而希望避免这样的冲突。他们的想法很正确，认为如果发生这种冲突，就会偏离1936年制定的准备对苏全面战争计划，既不必要，又代价高昂。其实他们认为，如果与中国打仗，那么摧毁苏联远东势力的整个目标可能都会有危险。因此就出现了一个难题，但凡关于战争起因的良好理论都必须予以解释：为何1937年7月7日卢沟桥发生小规模冲突，就引发了全面战争，而从1932年到1936年发生的类似冲突却没有导致全面战争？有些学者强调日本国内自1931年起就一直存在各种病态，却无法解答这个难题。一个常量毕竟是无法解释一个变量的。这个难题的答案并不在于日本国内出现了什么新情况——在1936年达成一致意见之后，如果要说有什么变化，那就是日本领导人更加希望与中国保持和平。我们必须考察的反而是蒋介石对日态度的重大转变。蒋介石采取对日绥靖政策，以集中精力与毛泽东打内战。到1936年，蒋介石已面临很大压力，要求他结束内战，重新专注于将日本赶出华北和满洲。蒋介石的国民党人从一开始就主张中国统一，而且正是借着中国民族主义思潮获得了当时在国内的强势地位。但国民党自己的追随者却认为国民党没有完成任务。归根到底，不是日本得撤走，就是蒋介石得下台。

到1936年秋，蒋介石同时面临着两方面压力。一方面，他知道中国相对于日本还是很弱：军队现代化（在德国顾问帮助下）的计划没有完成，就连自己势力范围内的叛乱都没有平定，遑论消灭毛泽东的共产党。蒋介石以马基雅维利式的战略眼光认识到，如果与日本打仗，即便胜利，也会让他相对于毛的力量受到削弱，而当时共产党的实力和声望似乎都在上升。另一方面，蒋介石很清楚，他的对日绥靖政策让本党和广大中国人民对他的支持每况愈下。1936年初，国民党内部成立了"救国会"，使这种情况变得尤为明显。1936年，一个以日本为靠山的军阀试图掌管与苏联控制下的蒙古接壤的绥远省，被国民党军队击败。此后，救国会就有了一大批追随者。由于日军积极支持了这个军阀，所以国民党似乎首次对日取得了重大军事胜利。蒋介石当然头脑比较清醒，知道这次不过是与少数日本步兵发生了冲突，并不能真正检验中国打败日本的军事能力。但国内压力越来越大，要求他对日本"采取些措施"，他是不能视而不见的。到1936年中期，压力又增加了。

蒋介石虽然对本党和军阀盟友都控制不牢，却于1936年秋决定避免与日本打仗，以发动消灭共产党的第六次战役。蒋介石要求北方军阀参加战役，其中包括少帅张学良，他在1931年政变之后就被赶出了满洲。但两人于1936年12月在西安会面时，张学良却背叛了蒋介石，把他逮捕起来，扣为人质。在毛泽东特使周恩来的协助下，通过谈判说服了蒋介石，让他同意把剿共放在一边，正式答应加入抗日统一战线。蒋介石大受惊吓之后回到南京，下属发现他变了。蒋介石积极与毛泽东合作，准备与日本打仗（见Taylor, 2009：142–145）。这不仅仅是为了兑现承诺。通过12月的遭遇，蒋介石明白，要在国内生存下去，就得直接依赖于结束绥靖政策，对抗日本（见Fenby, 2004：287）。1937年7月7日晚，中日部队在卢沟桥交火，于是机会来了。根据1933年的《塘沽协定》以及1933年签订的后续协议（《何梅协定》），蒋介石同意北方各省不在南京政府直接控制之下。因此，事发现场的国民党29军司令宋哲元就有了很大的自主权，可以决定如何应对。宋哲元不仅害怕日本人的反应，也害怕国民党军队北上（Sun, 1993：88）。同时，东京的陆军参谋本部严令日本陆军不要使冲突升级（Taylor, 2009：145）。于是，7月11日上午，两军代表签署了停火协议，允许部队撤退（Crowley, 1966：327–328）。

因此，其后三天半中，这次事件看似只是又一次小规模冲突，可以很快通过外交途径解决。但南京的蒋介石准备发动突袭了。按照

第四章 珍珠港序曲：日本安全与北方问题（1905～1940）

Sun Youli（1993：88）的叙述，蒋介石的反应"迅速而毫不妥协，与前几年不同"。7月9日，蒋介石匆忙命令经过德式训练的四个精锐师渡过黄河，"增援"29军，而当时29军早已开始和谈了。蒋介石通令国民党治下各省的省长和军事将领"全面动员备战"，命令起草对日宣战书。蒋介石知道，派出四个师，就是违反了与日本签订的《何梅协定》，因为协定规定中国中央军不得进入黄河以北地区。有人提醒蒋介石有此协定，但蒋说："什么何梅协定！我已经撕得粉碎了。"⑯

在这头几天中，日本的反应恰恰相反。当年春天，"日本政府非常希望中日关系进入新时代"，甚至向南京派出了经济使团，以增加两国之间的贸易（Barnhart, 1987：82）。一段时间以来，关东军中有些人认为，日本应该先消灭南边对其构成威胁的国民党，然后再转向主要任务，即对苏开战。但石原莞尔（1931年满洲政变的关键策动者，现任陆军参谋本部作战部部长）却坚决反对这种举措。石原莞尔坚持认为，准备对苏战争必须优先于一切，因此与东京的其他将领合作，对关东军中有人主张先打中国一事秘而不宣。1937年6月下旬，与苏联在阿穆尔河（即黑龙江——译注）发生军事冲突，使满洲局势变得更加微妙，也使日本更加需要避免在南边开辟第二前线（Coox, 1985：102-105）。⑰

因此，7月8日，北京附近发生交火的消息刚刚传来时，东京的文武领导人一致认为，必须低调而迅速地解决这次事变。7月8日，陆军参谋长闲院宫载仁亲王向驻河北省的日军小分队司令桥本虎之助下达命令，要求以最快速度解决此事。载仁告诉核心内阁，只要战地指挥官充分理解"政府将事变局限于当地的政策"，他就可以拟定和

---

⑯ 引自 Sun, 1993, 88；Taylor, 2009, 145。

⑰ 关于裕仁对日军在阿穆尔危机中的战备情况表示不满，见 Bix, 2000, 319。

平解决的实地方案。当天下午，新首相近卫文麿的内阁通过了一份政策文件，是由陆相、外相、海相共同拟定的，提出了"不扩大"和"就地解决"问题的策略。次日（7月9日）上午，载仁转达了日本可以接受的协议关键条款——7月11日，当地中国代表在停火协议中所同意的正是这些条款（Crowley，1966：32-29）。

日本政府于7月9日得知蒋介石部署了四个师之后发生的事情，可以简短地叙述出来。7月10日晚，石原莞尔不情愿地建议陆相杉山元，日本得调动五个师抵挡已在北上的国民党部队。石原知道，要实施对苏战争计划（他赞成并正在协助组织这场战争），必须有五年和平时期。但他也理解战地军官向他提出的观点：蒋介石做出出人意料之举，说明他现在想要摧毁日本在华北和满洲的地位。杉山将石原的建议告诉近卫之后，近卫批准了这一举措，并召集核心内阁予以正式通过（Barnhart，1987：85-86）。但石原次日就改变了想法，请近卫暂缓发出动员令，认为将事变局限于当地仍然有可能做到。这体现出他对可能产生的后果惊恐不安。在7月11日的内阁会议上，杉山继续主张部署五个师，内阁批准了这一举措。但近卫刚刚公开宣布了决定之后，就传来消息：当天上午当地指挥官已达成协议。石原立即中止了动员令。当天夜里十点，核心内阁再次开会，杉山也认为，如果中方书面同意日方条件，就不要继续进行动员（Barnhart，1987：86-88）。

东京的领导人显然还希望将事变局限在当地。直到7月20日，这种希望似乎还是可以实现的。7月19日，日本要求撤军的最后通牒即将到期时，当地国民党指挥官宋哲元同意了日本的条件。宋哲元显然是在寻找出路：在此前两天中，宋哲元甚至为发生事变而道歉，还参加了最近一次小规模冲突中日本阵亡将领之一的葬礼。但宋哲元的这些举动并未得到蒋介石的批准。蒋介石明确表示还没有找到持久的解决办法。声明于7月19日传到了东京。虽然如此，石原还是按

第四章 珍珠港序曲：日本安全与北方问题（1905~1940）

照自己的想法，再次中止了动员。

到了此时，石原和他手下主张全面战争的军官已无法控制局势。7月25日，中日两军在北京附近再次爆发冲突。宋哲元自己部队的军官都骂他是汉奸，显然中方再无一人能够讲和。7月26日，石原重新发出动员三个师的命令，内阁也开会批准了新作战计划，要惩罚中国人，把国民党赶出华北。即便到了此时，目的还是在北方速战速决，劝说蒋介石让华北保持现状，即成为他自己和伪满洲国之间的缓冲区。但蒋介石于八月拒绝恢复原状，随后向上海派了几个师，要把日本赶出租界。此后，冲突迅速升级为全面战争。[18]

这一切的意思很简单明了：日本领导人不想在1937年与中国大打一仗，而是设法重点进行军力建设，准备对俄国先发制人地发动战争。但也很难认为日本领导人是无辜的受害者。他们的确希望在亚洲大陆发动战争，只不过是在北方而不是南方。因此，要解释后来日本为何袭击珍珠港，自由主义理论家不能以中日战争为另一例证，证明日本领导人受到了贪婪和荣耀的病态动因驱使。如果要真正理解1941年12月所发生的事，就需要专门考虑日本长期关心其在满洲和华北经济地位，以及日本恐惧苏联的长期崛起。与中国开战是不希望发生的附带事件，而且，在下一章中会讨论到，日本领导人很想把它结束，以便回到最终的任务，即摧毁在远东崛起的苏联势力，保护日本在满洲的经济地位。本章最后一节将指出，1937年后美国的举措怎样进一步使日本偏离了这个任务，迫使日本政府考虑此前从未希望发生的事，那就是与美国开战。

在继续讨论之前需要指出，我们的三个主要理论都无法很好地解释中日战争（见表2-7）。由于中日战争源于中国国内政治，而不是日本或中国在安全方面的动因，所以经济现实主义和贸易预期理论均

---

[18] 见 Crowley, 1966; Sun, 1993; Fenby, 2004; Taylor, 2009。

未得到支持。商业自由主义似乎很有道理，因为蒋介石是为了内部原因而打仗的，当时整体世界贸易都已急剧下降。但对自由主义立场不利的是，自1932年以来，由于蒋介石专注于对付共产党，中日贸易不断增长（因此日本在1937年初还很乐观，认为可能进行贸易谈判）。从1929年到1932年，中日贸易下降了一半，而到1936~1937年，贸易已恢复到1930年以前的水平（见 HYSJE：292）。因此，很难说蒋介石政权的国内势力得到释放，是因为贸易制约因素不复存在。自由主义关于国内因素推动战争现象的总体看法当然得以维护，但商业自由主义的观点得不到支持。

日美关系恶化（1938~1940）

到1938年中期，日本显然陷入了难以自拔的泥淖。蒋介石丢了上海和首都南京这两个关键城市，日本又在南京大肆屠城，但蒋介石还是不肯讲和。日本原计划针对苏联进行五年建设的军用物资，现在大量挪用于相反方向的全面战争。日本诸相对此大为惊愕，但发现此事别无选择。日本要想支配华北或满洲的经济，将其用作对俄战争基地，就必须打败蒋介石。尤其令人担忧的是苏联政府最近开始支持国民党。斯大林向蒋介石提供苏联军用物资，包括坦克和飞机，显然是想使日本深陷于南方而不得北上。同时，斯大林还派遣了数百名苏联军事顾问，以组织蒋的反攻，甚至允许苏联"志愿"飞行员驾机轰炸日本阵地。

1937年初，中日战争爆发之前，苏联政府开始在西伯利亚增兵，以应对日军在满洲国明显的集结行动。苏军重组为东西两个效率更高的军区（西区有些部队驻扎在蒙古）（Clubb，1971：309-311）。1938年7月，日本军界官员一直刻意避免的两线作战梦魇似乎突然变得有可能发生了。日苏两军在朝鲜边境附近的张鼓峰爆发冲突，此

第四章 珍珠港序曲：日本安全与北方问题（1905～1940）

后为争夺一个山头，战斗持续了一个月。日军战绩惨淡，同时陆军又在向武汉的国民党军事大本营推进，因此日军于八月初从张鼓峰撤退，避免进一步升级。[19]

日本打下武汉、蒋介石退守重庆后，中日战争进入谨慎相持状态，持续了三年。日本继续派轰炸机打击蒋的阵地，希望迫使他讲和。双方都知道沿长江流域发动地面进攻战非常困难，所以实际交战的规模和数量都大为减少。到1938～1939年，东京的文武诸相设法结束战争，条件是恢复1937年前的原状，并包括保护日本在华经济权利。虽然伤亡大量减少，但战争还是大量消耗着日本的经济资源。[20] 这妨碍日本为北方战争做准备，又大大增加了日本对美国原料的依赖性。到1938年初，日本已耗费几乎一半的黄金储备，用以支付主要因为原料需求增加而不断上升的贸易赤字。更为严重的是，贸易条件正变得对日本不利：世界各国都在扩军，造成全球原料价格上涨，日本的进口成本在1937年增加了37%，而日本的出口额只增长了18%。"日满财政经济研究会"1938年5月的一份报告指出，对华战争已大幅减少了出口收入，并干扰了物资动员计划。"企划院"6月的后续报告直言不讳地说，当初计划进口的原料，日本现在只能付得起其中八成。五年计划遇到了麻烦，需要从根本上做出改变，才能避免经济陷入混乱（Barnhart, 1987: 109-114）。

1938年5月，近卫首相任命宇垣一成为外相，专门负责对华和谈，但谈判毫无效果（Barnhart, 1987: 112）。武汉会战失败之后，蒋介石坚守重庆，希望日本与美国或苏联开战，使中国不必在让日本留在华北的条件下讲和（Sun, 1993）。而美国政府在战争的头一年

---

[19] 见 Coox, 1985, 第十章；Clubb, 1971, 312-313。

[20] 到1940年，在中国阵亡的日本士兵占战争第一年总数的四分之一（Bix, 2000: 346）。

中基本没有帮助蒋介石。但从1938年6月起，罗斯福总统开始实施一系列贸易制裁，宣布对军事装备实行"道义禁运"。这并非重大举措，罗斯福只是要求企业主动限制或中止对日出口军事装备。尽管如此，这一举动举表示美国愿意约束日本的实力，确实说明政策发生了重要变化。从此以后，日本的贸易预期就越来越悲观。而正是由于预期下降，所以日本政府的重点从对苏开战转向了对美开战。

在美国这边，以远东司司长霍恩贝克为首的国务院强硬派越来越关心两个问题：日本的军力增长，以及日本可能阻碍美国与中国和东南亚贸易途径的危险。几乎没有证据表明国务院的官员很关心日本残酷占领华南的道德问题（虽然有"道义禁运"这个冠冕堂皇的说法）。美国所关心的，几乎仅仅是地缘政治问题。日本在1936年初谈判破裂之后的军力扩张，威胁了美国在西太平洋的制海权。有人担心，由于实力增强，加上中日战争的迫切需要，日本政府可能会阻碍除日本之外的一切对华贸易。1937年8月战争开始之后，日本政府很谨慎，还是允许英国、法国、美国继续通过通商口岸租界进行贸易。1937年12月，美国炮舰"帕奈号"被意外击沉，霍恩贝克与财政部长亨利·摩根索敦促实施更严格的经济制裁，削弱日本的军力。虽然罗斯福从十月开始就在讨论制裁的重要性，但日本领导人很快道歉，又提出赔偿损失，于是这次危机得以平息。霍恩贝克在国务院的继任者麦克斯韦尔·汉密尔顿以及驻日大使约瑟夫·格鲁的观点占了主导地位。他们认为，如果日本觉得自己在经济上很稳固，有足够的实力使苏联不敢发动袭击，就会缓和其扩张政策。而且，日本的商品需要销路，如果这种需求在中国就能满足，日本就会回归英美势力范围中的"正常"位置。[21]

有了这种思路，1938年的"道义禁运"就是意在初步表示美国

---

[21] Barnhart, 1987, 尤见125–127页；Marshall, 1995, 各处。

第四章 珍珠港序曲：日本安全与北方问题（1905~1940）

关心自己在远东的经济地位。真正的经济制裁——由美国国家支持，而不是自愿实施，而且这种制裁能够削弱日本维持五年动员计划的能力——直到1939年中期才开始。制裁造成的影响充分体现了第一章里叙述的贸易-安全困境可悲的发展动态。我在下面要讨论到，日本政府越是怀疑美国政府的贸易意愿，就越是强调要从东南亚获得原料。日本以越来越强的海军实力支持外交上向南推进，于是美国官员开始认可霍恩贝克的主张，即必须通过制裁削弱日本的力量投射能力。而实施制裁之后，日本政府又更加担心日本无法以合理条件得到结束中日战争所必需的原料，完成对苏战争的军力扩张准备。自1939年起，日美两国敌意不断加剧，使日本偏离了摧毁苏联在远东地区实力的主要任务，转而与美国打全面战争；而1936年启动全面战争的军力扩充准备时，日本政府几乎无人认真考虑过与美国全面开打，更不用说希望如此了。

但贸易预期并不是朝着一个方向不断下降的。随着1938年对华战争加剧，美国官员越来越担心美国贸易受到限制。[22] 到1938年初秋，有三个主要担心的问题：日本阻碍船只向长江上游航行；在华北实行新货币，使除了日本进口货物之外的任何东西都更加难以进入华北；其他日本垄断企业正在进入中国。为了维持美国商贸的开放途径，国务卿赫尔于1938年10月1日正式提出抗议。11月初，近卫首相发表讲话以做回应，概述了日本关于东亚"新秩序"的构想（Barnhart，1987：131；Montgomery，1987：407）。讲话内容向美国保证，日本无意在华实行经济垄断；但同时也强调日本希望中国认识到，为自己利益着想，中国必须接受独立的满洲国，与日本并肩战斗，抵抗全球共产主义。在达成和平协议、结束当前战争之后，大概需要让日军驻扎在内蒙省份（察哈尔和绥远）。虽然没有点苏联的

---

[22] 马歇尔（Marshall，1995）对此论述最为完备。

名，但讲话说得很清楚：设法达成的共同防御协议将针对北方（见 *JGEACS*：68-70）。（没有提到东南亚国家也在新秩序范围之内。直到1940年中期，日本领导人宣布超出东北亚的"共荣圈"计划时也会有此提法。）

国务院认为这次讲话体现了日本政府的计划：在与蒋介石讲和之后控制中国经济，从而结束就连中日战争期间也坚持的门户开放政策。赫尔接到新任外相有田八郎的声明，其中称门户开放原则也应适用于中国之外。这加重了国务院的怀疑。有田认为，美英两国已经有了足以使之在经济上自给自足的势力范围，所以按道理说，日本也要能够进入"第三方国家的好战行为无法中断供应"的地区（转引自Barnhart，1987：131-132）。客观来看，日本外相说得有理：如果美英两国以歧视性的高额关税保护自己广阔的经济领域，就没有道理要求在中国继续实行门户开放政策。然而，在"新秩序"讲话之后，美国官员没有心思听人这样比较，美国的外交政策显然朝着强硬的方向前进。就连驻东京的格鲁大使，如今也认为日本违背了此前维持门户开放的承诺。霍恩贝克及其支持者进而敦促实施大幅度经济制裁，认为日本不堪承受经济压力，因此将不得不缓和其政策目标（转引自Barnhart，131-133）。

日本进入侵华战争第三年，而近卫未能结束与蒋介石的战争，导致困难越来越多。1939年春，美国国会也开始加入"不绥靖"的潮流，提出了三项法案供考虑，要求禁止向日本出售废钢铁。此举加大了对罗斯福的压力，敦促他采取措施，削弱日本在东方的军事实力。罗斯福、赫尔及国务院多数意见仍赞成逐渐加强经济限制——要足以让日本吃苦头，但又不至于逼日本早早发动战争，让美国猝不及防。1939年7月，罗斯福宣布，美日贸易协定（即自1911年以来成为美日经济关系基础的条约）将不再续约，于半年后失效。这是重要的外交举措，因为终止条约之后，罗斯福便有了充分自由，可以针对与

第四章 珍珠港序曲：日本安全与北方问题（1905～1940）

日本交易的一切商品施加限制，或完全禁运（转引自 Barnhart, 133 - 135）。

两个月前欧洲战争爆发，再加上这一举措，使日本对未来贸易的预期遭受了毁灭性打击。东京的计划制定者很快意识到，战争爆发后，向日本供应铁矿石、石油及其他重要原料的主要国家，即美英法三国，将减少出口，建设军队。即使日本能够得到这些商品，但由于世界总需求剧增，价格也会出现暴涨，使日本已经很棘手的外汇问题雪上加霜。迈克尔·巴恩哈特（Michael Barnhart，转引自 Barnhart, 149）指出，到1939年秋，日本这个国家"即将在获取原料方面遇到极大阻碍"。

以上事态发展对日本思想的影响，最明显地体现在陆军的情况中。1939年春，陆军已决定缩减在华作战的规模，以节约宝贵的军用物资，用于仍然准备发动的对苏战争。5月，陆军领导向裕仁递交了长篇报告，提出到1942年或1943年可能会打世界大战，因此侵华战争的干扰使日本无法准备应对将要发生的其他战争。按当时"企划院"的估计，在1939财政年度中，日本只有20亿日元可用于国外采购，比经过调整的1938年计划下降了17%，而该计划本身已经比原计划降低了20%。早在1939年7月（贸易协定到期）和1939年9月（欧洲战争比预想提前三年爆发）两次震撼事件以前，陆军已经得到消息：没有足够的资源来实施1942年与苏联开战的计划（转引自 Barnhart, 137 - 139）。而且，日本与苏联政府的关系已经很紧张了。1938年7、8月在满洲东部边境短暂一战之后签署的停战协定仍然有效，但苏联在蒙古进行军事集结，导致西线一再发生冲突。1939年5月，在诺门罕附近开始了小规模战斗，到8月时已升级为大规模战役，目的是控制蒙满边境地区。日本伤亡了约5万人后，于8月下旬战败，使众人更加认为日本还需要三年来准备与俄决战（Clubb, 1971：316 - 318；Coox, 1985：第12 - 13章）。斯大林8月与希特勒签订条约之后，日本领导人知道，德国的扩张不会有助于将苏军引向西方。于是日本在 9 月又签订了停战协定，以结束诺门罕战役，让日本得以重新准备 1942 年对苏发动全面战争。

1939 年夏，在苏德条约签订之前，陆军开始敦促与德国正式结盟，将苏军从西伯利亚和蒙古引开。海军对此持警惕态度，担心会影响日美关系。海相米内光政提醒同僚，日本海军的使命是阻止与美国发生冲突，而不是发动与美国的冲突。日本还是需要与美国保持良好关系，以取得针对苏联进行建设所需的物资。到 1939 年，美国供应着日本所需原油的约 80%，以及日本所需废铁的约 75%。按照南进战略，日本要以炮舰外交胁迫荷兰、法国、英国的属地增加原料出口。虽然海军在向南方投射影响力，说明愿意加剧发生战争的危险，但还是不希望真的在南方打仗（Barnhart, 1987：139 - 147）。

欧洲战争早早爆发，对日军的盘算有巨大影响。德国于 1940 年 5、6 月迅速击败荷兰、法国，又进攻英国，改变了日本陆军对整个东南亚地区的看法。美日贸易协定于 1940 年 1 月正式到期，罗斯福与赫尔开始限制某些产品的出口。这些产品是美国自身军力建设所需要的，还可能加大对日本的压力，迫使其与中国讲和，重新实行门户开放政策。到 1939 年初，东京的陆军领导已一致认为，日本需要体面地退出侵华战争，但还是要保留日本 1937 年之前在中国内蒙和满洲的存在。然而，到 1940 年，由于贸易限制局限了日本在满洲的军力增长，以及日本结束侵华战争的能力，陆军领导开始认为，更加大力地向南推进，对国家的北方战争计划而言至关重要。在许多陆军领导看来，这种推进，包括进入印度支那北部，并加大力度胁迫荷属东印度群岛增加原料出口，将起到两方面效果。一方面，蒋介石八成的外来物资要靠经过法属印度支那和缅甸的道路来运输，所以通过破坏这些道路，就可以迫使蒋介石讲和。同时，继续在北方进行军力建设，并在与蒋讲和之后稳定对华北的控制所需的原料，可以通过向南

第四章 珍珠港序曲：日本安全与北方问题（1905~1940）

推进来提供（Barnhart：第7-9章）。

这就导致了战前时期最奇怪的情况之一，用"国内各派互投赞成票"的观点是解释不了的（Snyder，1991）。从1940年初到1941年中期，最努力推动军事南进（即目的是军事占领，而不仅仅是投射海军力量，支持经济渗透）的不是海军，而是陆军。这种转变得到了拥护，即使大家都认为这将导致与美国发生战争的危险大大增加。从斯奈德（Snyder）的官僚政治角度来看，海军本应是这种政策的推动力量，而且目的仅仅是增加预算份额。但陆军在文官领导人和裕仁的支持下，知道日本除非真正以武力南下，否则就无法维持在东北部的地位。

陆军首次正式推动南进的举措，是于1940年7月颁布了一份文件，题为"适应世界形势处理时局纲要"。如果日本能够通过最近的进攻宜昌瓦解国民党的士气，蒋介石就可能求和。文件提出，如果蒋不肯求和，就必须在军事上控制印度支那北部，以经济手段向蒋施压。日本需要再从东南亚获得资源，提高原料的自给自足程度，但要尽量避免与美国发生战争。文件最后强调要与德国政府结盟，目标显然是使苏军兵分两线，同时让美国不敢干涉日本的向南推进行动（Barnhart，1987：158-159）。

日本于6月开始与法国当局谈判，商讨允许日本在印度支那北部驻军一事。7月，美国政府宣布实行出口许可制度，以限制铁矿石、废铁以及某些石油产品的对日出口。此后，谈判力度逐渐加大。从1月到7月初，在海军上将米内内阁主政期间，陆军受到约束，不能过快推行南进计划。但在亲陆军的近卫于7月22日重新担任首相之后，日本政府就加大了对法方的压力，要求其允许日军"和平"进入印度支那北部。在侵略威胁之下，法国当局屈服了，日军遂于9月下旬进驻（Tsunoda，1980）。

与此同时，日本在巴达维亚（雅加达）与荷兰当局开始了新一轮强势外交，要求对方签订关于原油和原料对日出口的新协议。日本特使取得了几分成功，于11月签订了购买两百万吨石油的合同。但同时，在美国的压力下，荷方谈判人员要求与日本签订的一切合同有效期不得超过6个月。日本得到的总量也只占原本要求数量的一小部分，所以日本的大部分石油供应还是要依赖美国（Nogaoka, 1980）。

日本政府对法国、荷兰采取强迫性新策略时，陆军领导还认为可以避免与美国发生冲突。由于日本已通过与法国达成协议进入了印度支那北部，而这份协议据称是法国自愿签订的，所以陆军领导希望美国政府不会反应过激。重点还是即将开始的对苏战争，而不是对美战争。而海军领导却更加现实地把握了美国政府的看法，知道罗斯福与赫尔不会允许日本控制与荷属东印度群岛的贸易，而且很可能会封锁南中国海海域，防止日本利用这种贸易。陆军鼓吹的那种向南推进行动容易引起冲突，而日本海军还没有做好应对这种冲突的准备。

但海军将领也是进退两难。1940年6月，美国国会通过了在1936年文森（Vinson）法案基础上提出的海军法案。据此，美国海军的规模将很快达到日本舰队的四倍。于是，思想矛盾的海军领导就赞成了陆军的南进新计划，因为他们知道，要建立能够与英美势力范围相匹敌的经济圈，时间已所剩无多。但海军又与小心谨慎的"企划院"联合起来，利用陆军对舰队的依赖性提出了条件：要将日本有限的资源多拨出一些，投入造船工作，以树立暂时的海军优势。1940年9月，海军接受了与德国签署的《三国轴心协定》。当时，海军提出要确保一切南进举措都要和平进行（Barnhart, 1987：第九章；Copeland, 2011b）。㉓

1940年底，日本海陆军都在拼命地使国家备战，或是准备在北

㉓ 关于海军担心向印度支那推进会导致局势恶化，与美国发生战争，见 Tsunoda, 190：255–258。

第四章 珍珠港序曲：日本安全与北方问题（1905～1940）

方与苏联打仗，或是打算在南方与美国开战。大家都认为，如果能发动对苏战争，而又不用与美国打仗，则为了稳定日本在东北亚的地位而与苏联打仗就是最高目标。但假如美国决定继续实施或加强经济制裁，那么日本就得先向南推进，确保能得到必不可少的原料。假如因为此举而与美国发生战争，也只得接受。但所有人都希望的结果是避免在南方打仗、与东南亚和美国恢复贸易，以及让日军调转方向，北上打击崛起的苏联。我们在下一章里将会看到，因为日美政府无法达成暂时妥协，恢复贸易，所以日本不情愿地选择了次一等方案，准备与美国打仗，以避免最坏结果，即日本不断衰落，与三流国家为伍。

结 论

本章探讨1905～1937年这段时期，检验了几种相互竞争的理论，同时也叙述了1941年最终走向战争的背景。最主要的是指出，苏俄崛起对日本在东北亚的经济地位日益构成威胁（这是自19世纪晚期以来日本一直念念不忘的事，见第三章），是从日俄战争结束到二战在欧洲爆发期间日本外交政策的主导问题。即便在1914～1929年的"大正民主"高峰期，日本的民主仍然是面向提高和保护日本相对于俄国在亚洲的地位。早期的很长时间，尤其是1905～1922年，可以用经济现实主义很好地解释。虽然日本领导人所属党派和意识形态取向不同，但日本这个国家还是继续抓住一切机会，趁其他大国不注意时，扩大日本在亚洲的势力和控制权。于是，在一战期间及其刚刚结束之时，趁欧洲各国纷纷忙于应付国内遭受的破坏时，日本向中国提出了新要求，对满洲加强了控制，占领了西伯利亚局部地区。但对于20世纪20年代而言，我们发现贸易预期理论效果更佳，能更好地解释在中国民族主义情绪加强、蒋介石崛起的情况下，日本决策者为何仍小心谨慎。日本政府虽有机会利用1926～1927年中国中东部地区的动乱，却效仿其他大国的政策，继续采取守势。1928年虽有机会在满洲实施政变，但东京的核心领导人却不让当地的鹰派军人采取任何仓促之举。他们是担心强硬政策会造成贸易-安全恶性循环，削弱日本的经济安全。这能够很好地解释日本当时为何采取谨慎政策。[24]

1929年经济大萧条开始，随后美英等经济帝国采取措施，实行封闭的经济圈政策。直到此时，日本的外交政策才发生了明显转变。20世纪30年代，日本先是在满洲发动政变，然后又努力对华北施加更为直接的影响；日本更有理由消除对其东北亚经济地位的威胁，而更无理由担心西方在外交或经济方面施以报复。日本领导人仍重点应对苏联的崛起，所以不能让英美海军通过封锁而切断其与东南亚的经济纽带。因此，日本领导人继续允许西方与满洲进行贸易，而且即使在1937年对华战争爆发以后，还是要确保其他国家进入中国市场的途径不会遭到破坏。[25] 做好先发制人、对苏开战的准备仍是第一要务。因此，让西方大国继续进行贸易是1936~1941年五年计划的重要内容。英、法、美毕竟都在东南亚拥有重要的殖民地，从而能够拒绝向日本提供对苏扩张军力所需的原料。

1939年，美国政府终止了美日贸易协定，并越来越严格地限制本国的原料出口；此外，在美国的支持下，英国和荷兰帝国也同样严格限制本国的原料出口。直到此时，日本的贸易预期才最大幅度地下降了。正是这些举措，而不是日本国内对美国的敌意，使日本政府转而认为日本可能需要在南方发动战争，而不仅仅是要在北方对苏联开战。正如1937年爆发的对华战争一样，与美国打仗也是本不希望出现的附带事件，因为主要任务是削弱苏联在远东的势力，同时保护日本的经济和战略侧翼。但我们在下一章中将会看到，美国领导人不打

---

[24] 商业自由主义正确地指出了相互关联，但无法解释日本思维背后的安全逻辑。

[25] 我们已经看到，中日战争本身是本书的所有主要理论都解释不了的。

第四章 珍珠港序曲：日本安全与北方问题（1905~1940）

算让日本重演1904年攻打俄国的一幕，至少不能让它趁着欧洲在打仗时攻打苏联，因为纳粹德国可能通过欧洲战争控制大部分欧亚大陆。罗斯福总统和国务卿赫尔想以向日本供应原料并帮助其从中国脱身为条件，劝说日本不要北上攻打美国脆弱的盟友苏联。但如果无法通过谈判使日本保证在整个太平洋地区乖乖听话，就得接受南方要爆发战争这个现实。我接下来将要讨论的，正是1941年最后的谈判，以及谈判为何最终未能避免战争。

第五章
苏联问题与太平洋战争之始
(1941年3月~12月)

前两章指出，从1895年到1940年，苏联力量的崛起对于日本各机构领导人而言都意义重大。第四章更是讨论了日本政府在1935年之后如何准备与苏联打全面战争，以及该计划如何因为本不希望发生的对华战争而受到了干扰。本章将重点讨论日本于1941年12月7日进攻美国之前的九个月。要解决的疑问很简单：日本官员虽然一心想削弱苏联的力量，而且明知与美国打仗几无胜算，却为何还是决定与庞大的美国较量一番，而不是通过谈判维持和平，避免代价高昂而又危险重重的战争？而我们一旦了解双方都何其认真地想要和平解决，这个问题就变得更加深奥了。有三次——分别为1941年6月初、9月初、11月下旬，日美两国政府差点就要达成能够维持和平的协议了，但总是存在某种阻碍因素。这种因素到底是什么，又为何如此难以对付？①

在几乎所有研究过这个问题的国际关系理论家看来，主要的和平

---

① 这个案例或许比其他任何案例都更能让人直接质疑战争议价模型的一个基本前提，即国家在缺乏信息，不了解对方的力量与决心时，就会陷入战争（Fearon, 1995；亦见第一章）。我们将会看到，美日领导人都完全了解对方的能力以及战斗意愿，不过，尽管两国在外交上做了最大努力，战争却还是发生了。

第五章　苏联问题与太平洋战争之始（1941 年 3 月～12 月）

障碍就是日本不肯撤离中国，以及由此反映出的情况，即日本政府一心想建立地区共荣圈。这种看法很符合商业自由主义的观点，即在双边商贸减少的时期，特别是 1939 年后，以及美国实施越来越严格的贸易限制措施之后，日本国内和心理上的种种病态可以说得到了释放。②

本章证明这种观点几乎一定是错误的。别的且不说，自从 1941 年 3、4 月谈判刚开始，美国政府就知道日本确实想从中国脱身，而且还迫切希望美国政府能够帮忙，让日本与蒋介石达成不丢面子的协议。美国如果帮忙，罗斯福与赫尔尤其希望得到一样回报：日本保证不在太平洋地区的其他地方发动战争，无论是在南方针对英美，还是在北方针对苏联。美国政策的首要目的是在欧洲打败希特勒，所以罗斯福与赫尔不希望在美国参与对德战争的情况下，日本在太平洋开辟第二前线。因此，美国政府不断敦促日本同意忽略与德国结盟带来的义务，即使美国被视为向德国发动战争的一方。更广泛而言，尤其是在德国于 1941 年 6 月进攻苏联之后，罗斯福与赫尔希望日本政府承诺不会为支持希特勒的东部战役而进攻北方。6 月 22 日后，第二点要求成了各次谈判的关键症结。日本政府想在苏联即将被德国打败的情况下，保留北上这种选择。因此，日本领导人不能同意美国政府的最终和平条件，即使这样一来美国就会继续对日实施严厉的经济制裁。

本章指出，传统观点面临着深刻的反讽。美国担心，也许在美国的帮助下，日本确实得以从中国脱身，那么数十万身经百战的日军就会被调往西伯利亚去进攻苏联。如果这样，斯大林就要被迫两线作战，苏联就可能对德战败。这样一来，希特勒就将号令欧亚大陆，出

---

② 关于日本决策的所谓不合理性，尤可参阅 Snyder, 1991; Kupchan, 1994; Taliaferro, 2005。

现最坏的结果。总之，苏联的存亡对于罗斯福的整个战争计划而言至关重要，不能允许日本横加干涉。美国领导人很清楚，让日本深陷中国战场，直接符合美国的利益。罗斯福与赫尔愿意帮助日本从中国脱身，只有一个条件：日本政府要做出可信的承诺，既不北上也不南下。归根到底，两国之所以未能达成避免战争的协议，是因为日本不肯保证不打苏联，而不是不愿离开中国。

从理论角度而言，本章支持第一章提出的主张，即关于第三方的担忧会导致依赖程度较轻的国家限制与依赖程度较重国家的贸易往来，使后者采取强硬行为，发动战争。在本案例中，依赖性很强的日本原本希望避免与美国打仗，只是因为日本政府的第一要务是对苏联先发制人，发动决战。从1938年到1941年，罗斯福以针对军事装备、铁矿石、航空燃料的贸易制裁限制日本军力的增长，但不直接刺激日本政府发动战争。罗斯福深知，如果直接针对日本的石油供应，就会逼迫日本领导人铤而走险，而他希望重点应对欧洲战争，不受太平洋地区爆发冲突的干扰。通过制裁，美国政府有了筹码：如果日本政府保证不会将中国境内的日军调去与苏联或美国打仗，罗斯福与赫尔就会与蒋介石斡旋，帮助日本离开中国，而且放松贸易制裁。然而，希特勒于6月进攻苏联之后，首要任务变成了阻碍日本针对苏联进行军备建设，并将日本的军事资源向南方吸引。这样一来，斯大林就可以将大部分西伯利亚精锐部队调往苏德前线。因此，1941年7月对日实施完全石油禁运，是帮助苏联避免两线作战之大战略的重要组成部分，同时也让美国政府在谈判中又多了几分筹码。我指出，传统观点认为罗斯福不知道有实施完全石油禁运的计划，而且由于官僚机构惯性的缘故，发现了之后也无法逆转，这其实是误读了史料。罗斯福密切参与了计划过程，完全知晓这个巧妙的策略，其目的是让美国政府在今后与日本政府打交道时能更加灵活。

因此归根到底，是美国政府不愿放松毁灭性的经济制裁，才导致

第五章　苏联问题与太平洋战争之始（1941年3月~12月）

日本政府在南方对美国发动了战争，而不是按照原本的意愿在北方发动战争。由于日本的贸易预期非常悲观，加上极度依赖原料，所以在1941年12月7日发动了战争。但美国之所以不愿与日本达成协议，是因为罗斯福与赫尔强烈意识到：一旦达成协议，日本就会北上进攻苏联，而苏联是美国盟友中唯一有可能阻止希特勒称霸欧亚的国家。美国本想与日本政府达成协议，使其承诺在南北两方都保持和平。但如果做不到（日本领导人总是不肯保证不会北上），那么最好采取将日本南引的石油制裁政策，而不是达成协议，让美国置身于太平洋地区冲突之外，却要以让日本进攻苏联为代价，因为苏联是美国最重要的盟友，对于最终战胜纳粹德国要起到关键作用。罗斯福与赫尔被迫两害相权取其轻，阻止日本北上。而由于他们如此选择，日本的贸易预期就变得非常悲观，所以只得进攻南方，以避免经济崩溃。

接下来我们将看到，不论是关于贸易与冲突的自由主义还是现实主义观点，都无法解释外交手段为何失败，以及战争为何爆发。自由主义重点关注贸易减少造成病态得以释放，既无法解释为何日本政府想通过美国的斡旋外交从中国脱身，也无法解释其为何在1941年努力避免与美国发生战争。而且也无法解释为何在战前一年中，日本国内进行了几乎完全出于安全考虑的多次讨论。经济现实主义抓住了原料依赖造成的强烈脆弱感，基本上所有的日本军政精英都有此感觉。但经济现实主义无法反映1941年美日外交的跌宕起伏，也无法说明日本政府为何如此努力避免战争。我们将明显看到，1941年两国关系的上下波动，直接影响了日本关于美国政府是否愿意放松经济制裁的看法。直到1941年11月谈判显然已破裂之后，日本的贸易预期才变得极度悲观，使战争成为看似唯一合理的出路。

本章内容安排如下：我首先考察1941年春的美日谈判。有人认为太平洋战争的根本原因是日本"不愿"离开中国。对这些人而言，美日谈判令人惊奇。两国政府差点就要达成维持和平的协议，而且美国政府还准备在此过程中牺牲中国的利益。为了使日本政府承诺在美国参加欧战的情况下也不会协助德国，美国政府愿意帮助日本与国民党通过谈判达成协议，允许日本继续控制满洲，并在华北各省继续驻军。在第二节中，我探讨美日协议为何在1941年6月成为泡影。德国于6月22日入侵苏联之后，美国担心日本政府进攻西伯利亚，使苏联战败。因此就不能签订任何有助于日本进攻西伯利亚的协议。

在第三节中，我考察罗斯福与赫尔为何愿意在八月下旬与日本重启谈判，以及为何在九月初中止谈判。关于这种奇怪行为的最好解释是：德国重新对斯大林发动攻势并取得了成功，而且美国担心，如果日本能与美国保持和平关系，并得以恢复贸易，就会利用这种有利条件，以便实现长久以来进攻苏联的愿望。最后两节讨论和平时期的最后三个月，以及1941年11月下旬流产的最后一轮谈判。我指出，美国官员深知美国的石油禁运导致日本的经济状况变得极差，正在将日本政府推向战争。此处的关键疑问是，罗斯福与赫尔为何要在11月下旬寻求临时妥协，随后却在11月26日"把一切推翻"（赫尔语）？答案并非如传统派所言，是美国政府得到了消息，称中国反对不利于抗日的任何协议。答案其实简单得多，也更吻合此前半年中发生的事情。11月25日，新消息姗姗来迟，表明苏联岌岌可危，莫斯科可能失陷。罗斯福与赫尔只得结束谈判，迫使日本南下，让苏联得以避免两线作战。只有这样做，盟国才能有机会一搏，战胜纳粹，拯救世界。

首轮谈判（1941年3月~6月）

1941年伊始，日本面临着一系列未解决的问题，包括进一步南下行动的性质和时机如何把握。陆军认识到，假如与美国发生冲突，会不利于结束侵华战争，也不利于培养对苏发动攻势的能力。虽然如

第五章 苏联问题与太平洋战争之始(1941年3月~12月)

此,陆军还是强烈要求对法国与荷兰殖民地进一步采取措施。海军和"企划院"仍希望和平深入东南亚。"企划院"在1940年夏秋对局势做出了悲观的估计,说明假如美国政府禁止一切石油销售,日本已经很严重的经济困境就会恶化到无法衡量的程度,而如果美国发现其政策未能吓阻日本政府,就很可能这么做(Barnhart,1987:174)。但日本现在发现自己已陷入绝境,似乎没有什么出路。日本在中国深陷泥淖,又要准备与苏联打仗,再加上贸易限制愈发严厉,使日本资源不足,既无法在合理条件下结束与蒋介石的战争,又无法与苏联的大规模工业、军事建设抗衡。然而,如果日本胁迫法国与荷兰,甚至包括英国,令其加入日本的经济圈,则必将使美国政府加强制裁或反击,导致爆发日本难以获胜的消耗战。③ 与此同时,在1940年6月实施废铁与航空燃料禁运之后,罗斯福政府每个月都往禁运物品单上添加别的材料。到1941年初,只剩石油还不在单子上,而原因仅仅是罗斯福担心,假如实施石油制裁,就会刺激日本进攻荷属东印度群岛,因为日本仍然靠美国满足其80%的一般石油需要,以及供应90%的汽油(Heinrich,1988:7,10-11)。

到1941年初,摆脱困境的出路似乎只有一条,也似乎只有一种办法既可以让日本继续获得原料,同时又能保护日本在东南亚这个核心地区的安全,那就是与美国政府签订协议,这可以同时达到两个目标:让美国向蒋介石施压,结束侵华战争;重建美日经济关系,结束美国的制裁。这种解决办法显然有吸引人之处,因为这样就可以恢复1937年前的原状,让日本得以再次重点关注1936年制定的北方全面战争计划。1940年末、1941年初,协议的大体框架开始得到关键大臣和官员的支持,但问题是如何以适当方法付诸实施,而不会暴露日本希望从中国南方脱身的强烈要求。如果美国政府认为自己在谈判中

---

③ 关于海军对战胜美国所持的悲观态度,见 Tsunoda,1980,258-259。

很占优势,日本政府就将难以让和平的关键条件得到满足,这个条件是近卫在1938年的"新秩序"讲话中提出的:日军要继续驻扎在华北,尤其要驻扎在绥远和察哈尔这两个省份。在这些地方驻军非常重要,能够防止满洲受到驻蒙古苏军的威胁,1939年的诺门坎战役使这一点比以往显得更为突出。④

幸运的是,罗斯福与赫尔愿意谈判。自1939年以来,他们就一门心思要摧毁希特勒治下的德国。1940~1941年,罗斯福竭尽全力,通过经济和军事援助,让英国坚持打仗。他也非常愿意让美国舰船在大西洋身处险境,希望与德国发生冲突,从而让美国参与欧洲战事。罗斯福最不希望看到的,就是远东发生战争。因此,当1941年初有人提出与日本签订和平协议时,罗斯福与赫尔确实感兴趣。我们将看到,这两人在1941年上半年中的谈判行为完全是地缘政治性质的。他们完全乐意忽视日本在华北驻军等道德问题,只要日本答应一个要求:允许美国不受阻碍地参与欧洲战争。

日本政府通过两条途径进行和谈试探。一是通过外相松冈洋右于1941年3、4月发出信号,表示想让美国政府进行斡旋,让日本与中国讲和 (Tsunoda, 1994:13-14)。第二条途径更为直接,是通过日本银行家井川忠雄进行试探,此人与近卫首相和白宫都有联系。日本陆军领导对此举甚为关切,批准参谋官岩畔豪雄上校在华盛顿与井川会合,以协助谈判,确保陆军的愿望得以充分表达。两条途径均由驻华盛顿的新任大使野村吉三郎负责监督。选择野村意义重大,表明日本政府愿意重新开始。野村的反轴心国倾向尽人皆知,在1939年担任外相时表现出非常希望改善美日关系。而且,身为前海军大将,野村会在谈判中事实上代表海军,对岩畔的代表身份进行补充。当近卫通过野村和岩畔提出建议时,美国可以认为,东京的文武官员都在参

---

④ 见 Coox, 1985; Montgomery, 1987; Duus, Meyers, and Peattie, 1989。

第五章　苏联问题与太平洋战争之始（1941年3月~12月）

与此事。

事实证明，第二条外交途径比第一条更为有效。1941年4月9日，井川向赫尔递交了"协议草案"，详细陈述了日本的要求，但也指出了可能做出的让步。赫尔与罗斯福在3月会见野村时，向他表示了两点关切：日本继续遵守《三国轴心协定》，而且在涉及中国问题时缺乏经济开放性（FRUSJ，2：396–398）。因此，赫尔在4月9日看到初步草案时，发现有不少内容令人高兴，至少算是可喜的第一步。日本承诺《三国轴心协定》只是防卫性质的，保证在"西南太平洋"的活动将"以和平方式进行，不会诉诸武力"，又表示希望签订新的商贸协议。日本希望罗斯福以总统身份劝说蒋介石"与日本媾和"。草案称，如果讲和成功，日本就会将军队撤离中国领土，恢复门户开放，但同时也要求"承认满洲国"，想必是要蒋介石和美国都予以承认（FRUSJ，2：398–402）。

4月16日，赫尔与野村会面，开始了两个月的紧张谈判。赫尔告诉野村，草案中"有许多项提议是我国政府可以欣然同意的"。赫尔提出了谈判的四个一般原则：尊重领土完整、不干涉内政、支持平等原则（包括商业机会平等）、只能以和平手段干预现状。日本大使指出，第四点可能会影响日本在满洲的地位。赫尔很快做出了令人吃惊的让步，说"这里所说的现状不会……影响'满洲国'，而是意在适用于将来采纳总体解决方案之后的情况"（FRUSJ，2：406–409）。这是一个意义重大的信号，说明美国不会让满洲的法律或道德状况阻碍和平协议，尽管满洲几乎占中国面积的五分之一。在其后两个月提出的所有协议草案中，"满洲国"的独立地位得到了双方的肯定，这个问题不再讨论。在谈判初期我们已经看到，罗斯福与赫尔想要做头脑清醒的地缘政治家，而不是不切实际的理想主义者。但这一点应该毫不奇怪：自从四十年前老罗斯福帮助日本在满洲站稳脚跟以来，满洲问题从来就没有妨碍过美日两国的谈判。

谈判继续进行，经过 5 月，到了 6 月初，美方不断重申三个目标。第一个目标提出得最为强硬：日本必须远离德国。日本必须发表声明，表示如果美国与德国开战，哪怕是由美国政府发起攻势，日本也不得援引《三国轴心条约》核心的防卫条款，对美国属地实施打击。第二个目标是让日本同意，在安排好由美国斡旋使中日媾和之后，日本不得在该地区继续从事侵略活动。第三个目标是让日本保证在中国恢复门户开放政策。⑤

这一连串要求中，很奇怪地少了一点：美国并未坚持要日本结束中日战争，从中国撤离。至少从关于为何谈判于 1941 年 11 月下旬结束的传统观点来看，少了这一点是很奇怪的。这种观点认为，中国是导致谈判破裂、战争爆发的关键症结，因为美国要求日本先撤离中国，然后才能恢复石油和其他原料的出口，而日本一再拒绝。然而，从 4 月到 6 月中旬的谈判中，美国政府本该坚持毫不妥协的立场，但罗斯福与赫尔却没有提出这种要求。这样做的原因只有一个，而且很简单。一旦认识了这一点，我们关于太平洋战争起因的看法就会根本改变。原因就是：让日本从中国脱身是日本政府的目标，而不是美国政府的目标，罗斯福与赫尔是在以此为筹码达到自己的目的。

从广泛的地缘政治观点来看，让日本深陷中国的泥淖，确实明显符合美国的利益。因为这样一来，日本就无法在别处大搞破坏，既无法北上进攻苏联，也不能南下打击英美。赫尔的高级顾问霍恩贝克于 4 月 7 日对赫尔说，必须记住中日冲突"已成为世界冲突的一部分"，因此：

> 只要日本还是三国轴心联盟的成员，那么无论以何种进程结束中日战事，如果日本的军事机器还未被击败，仍保存完好，就

---

⑤ 关于 5 月 2 日到 6 月 17 日的讨论，见 *FRUSJ*, 2: 411–483。

第五章　苏联问题与太平洋战争之始（1941年3月~12月）

不会符合美英两国的利益。……世界局势既然如此……日本目前与中国纠缠，对美英两国是有利的。（转引自 Tsunoda，1994：51-52）。

是日本政府请求美国政府帮忙结束中日战争。因此，在4月到6月的谈判中，我们看到日本恳求赫尔保证他和罗斯福会积极推动蒋介石讲和。其实，日本政府想要的只有两样：一是这种保证，二是恢复与美国的贸易往来。美方谈判人员对此心知肚明，在这两个问题上有意不做保证，以引诱日本同意美国的三项要求。在这关键的三个月里举行的几乎每一次讨论，都充斥着这种你来我往的交锋（见 *FRUSJ*，2：各处）。我们将看到，在袭击珍珠港之前的三段谈判中，美国领导人始终深知，如果结束中日战争，就会帮了日本，而让美国利益受损。

这里提出的大论点简单明了，但对于重新反思太平洋战争而言非常重要。罗斯福与赫尔并不关心中国本身。他们关心的是松冈外相一再声明的内容：日本不会放弃对《三国轴心协定》的承诺。美国可以帮助日本结束中日战争，允许日本将各师兵力部署到别处，但罗斯福与赫尔希望日本有所报答，保证不会在恢复力量之后进攻太平洋地区的其他地方，不会压榨中国的战后经济为己谋利，更不会干涉美国消灭纳粹的努力。在头三个月的谈判中，美方并未对日本的不道德战争表示愤慨，也从未以道德或意识形态理由要求日本离开中国。直到6月22日（尤其是11月26日）之后，谈判破裂时，才用上了意识形态的说辞。在整个第一轮谈判中，美国都以纯粹的现实政治（realpolitik）为行事方针，想要达成能够在中日讲和之后迫使日本行为规矩的协议，而且明确表示，只有日本在此方面做出可信的保证，美国才会提供帮助，老老实实地做中间人。

因篇幅所限，我们不能讨论第一轮谈判的细节内容，但简要回顾一下日方在 5 月和 6 月如何修改协议草案，便可抓住要领。5 月 12 日，野村提出了经过修改的草案，称日本仍坚决遵守《三国轴心协定》中规定的义务。赫尔与野村在两天后会面时，主要议题还是美国针对希特勒进行"自卫"的问题。5 月 16 日，两人再次会面，美方提出了修改协议草案的若干建议。赫尔回顾了建议背后的思路，再次强调美日两国政府要研究一个问题：可以允许美国做哪些事来抗击纳粹，保卫自身安全？鉴于希特勒的"无限制征服"计划，各国都要采取"适当的自我保护和自我防卫措施"。这说明美国也许确实要涉足欧洲战争，"即使美国领土没有受到攻击"。赫尔向野村递交了一份长长的附录，其中列出了他近期的多次公开声明，内容都是美国需要与德国斗争，保卫西半球。

野村心领神会，回答说日本虽然只希望保持和平关系，但恐怕还是得履行其在轴心联盟中的义务（即假如美国对德国开战）。野村随即转移话题，说日本需要美国斡旋，结束中日战争。赫尔在草案里提出的建议表示，如果能签订更广泛的协议，美国政府也许能起到这种作用。因此，他可以在这点上向野村保证（FRUSJ, 2：420 - 434）。

赫尔于 5 月 20 日会见野村时，气氛颇为乐观。野村大使向赫尔保证，陆军、海军、外务省和裕仁都大力支持修改后的草案。赫尔知道野村说的是日本版的草案，就问了野村两个自己关心的细节问题：中日讲和以后要"联合抵御共产主义"的想法，以及关于部分日军要"在中国领土的某些地区"继续驻扎的声明（FRUSJ, 2：434 - 436）。

赫尔继续讲下去，意思逐渐变得明显：他之所以表示关切，不是担心日本在华北继续驻军，而是因为如果这样直白地声明，可能会损害美国的外交地位和国际形象。赫尔强调他并非在讨论这两点的优劣，而只是怀疑蒋介石是否会觉得这两点有问题，使美国政府更加难以通过斡旋让中日讲和。赫尔指出，假如因为把这两点明确写入了美

第五章 苏联问题与太平洋战争之始（1941年3月~12月）

日协定而导致蒋介石拒绝美国的建议，那么罗斯福政府就会感到难堪。赫尔的高级谈判伙伴、远东司司长麦克斯韦尔·汉密尔顿后来补充道，具体的措辞很重要，因为任何协议要想成功，都取决于美国的舆论以及罗斯福政府驳斥批评者的能力。

在微妙的外交语言里，这些话意味着很大的让步，说明美国已经同意日本继续控制满洲。赫尔与汉密尔顿在暗示，是否让日本在华北驻军一事，并不会让双方无法达成协议。如果日本政府想要向蒋介石提出这个要求，没问题。但至于中国的战后局势是何性质，则要由日本和蒋介石来决定。美方所想要的，就是在美日协议中以巧妙措辞掩盖日军确实可能继续留在华北这个事实。赫尔对野村说，他在考虑是否可以"用某种宽泛条款掩盖这两点，譬如可以呼吁采取特殊措施，在缺乏法制的地方保护日本侨民和财产利益，这些地方需要有特殊措施保障第三国侨民的权益"（FRUSJ, 2：434-436）。总之，美国政府不会对日本在华北驻军提出质疑。赫尔知道日本政府希望强调自己有权在华北驻军，但建议使用模糊措辞，从而既能显示这种权利（以保护第三方国民为借口），又不会让人觉得美国政府出卖了中国人。⑥

两人次日会见时，赫尔又回到了日本在华驻军的问题。他的目标没变，根本不是要迫使日本离开华北（更不用说满洲了），而是既迎合日本的愿望，又维护罗斯福政府的形象。为了说服对方，他讲了些同情的话，建议说蒋介石的部队可以同日军合作，保卫那些需要以"特殊措施"保护第三方侨民的地区。无论怎样安排日军撤离，占领华北各省的部队都可以"最后出来"。还可以成立一个委员会，研究如何在这些地区维持秩序的问题。赫尔尽量以圆滑的方式提出上述建议，再次表示不希望让日本在华北驻军一事破坏美日谈判（FRUSJ,

---

⑥ 日本没有显露出准备对苏联发动战争的迹象，所以赫尔可以在这一点上让步，而不必担心对欧洲战争产生影响。

2：437－439）。

当天的谈判进行得很顺利。赫尔重申，谈判的核心目的是确保地区和平。美日两方商定了"双方都能接受的初步方案"，后来写入了美方的协议草案，其内容就是一个原则："本协议所依据的总体政策就是在太平洋地区维持和平"。双方保证不仅要维持这种和平，而且"对上述地区没有领土企图"（FRUSJ，438）。这是谈判取得的积极进展，但在东京，反复无常的外务省从中作梗。5月26～27日，赫尔接到格鲁等人发来的一连串报告，称松冈再次强烈声明，如果美国对德国开战，日本就必须根据轴心国协定第三条做出反应［见FRUS (1941)，4：224－238］。当赫尔于5月28日会见野村时，松冈是最先谈到的话题。赫尔指出，松冈反复声明了日本根据轴心国协定必须履行的义务，日本政府在此情况下必须明确表示其真实政策，因为毕竟美国可能很快就要"以自卫行动"参加欧洲战争。

野村试图宽慰赫尔，说松冈外相的声明是做给国内看的，其实外相诚心希望与美国保持和平关系。野村指出，很难从草案中剔除关于日本要遵守协定的话，因为如果那样，日本政府对德国和日本国外的亲轴心国势力就会不好交代。但就日本对轴心同盟的义务而言，日本政府"会自己独立判断，不会听命于德国"。本质上讲，野村就是在让赫尔不要光看轴心国协定的具体措辞，而要相信，如果美德两国打起来，日本会视而不见（FRUSJ，2：440－441）。

在5月28日的会谈中，赫尔再次提出日本从中国撤军的问题，委婉地要求野村"表明日本政府的想法"。野村指出，全面撤军可能要长达两年时间，随后提出了一个必定让赫尔措手不及的新条件。野村解释道，撤军"不会包括根据共同抵抗共产主义活动的规定留在中国的部队。他设想与中国达成类似《辛丑条约》的协议，让日军在华北和内蒙无限期驻扎。"野村首次明确表示，不论与中国怎样讲和，日本都打算在华北继续无限期驻军。假如中日和约的性质对赫尔

第五章 苏联问题与太平洋战争之始（1941年3月~12月）

而言极其重要（赫尔在1941年11月的公开行为让人觉得似乎如此），那么赫尔本应立即终止一切谈判。但赫尔没有这样做，只是说这样一来，中日两国恐怕就难以建立长久友谊了。赫尔继续像上周一样对日本表示同情，甚至提到了美国政府自己近期在拉美进行干涉的事（！），说美国在拉美的"经验"表明，动用部队的策略得不偿失。接下来的讨论显然说明，赫尔唯一关心的问题就是，假如日本设法在华北永久驻留，他身为中间人应该扮演什么角色（FRUSJ, 2：440-443）。

传统观点认为，日军继续驻留华北和满洲的问题，是导致1941年美日开战的根本分歧，但我们认为美国并未对此表示强烈反对。这一点可以从下面三周发生的事得到证实。5月30日，赫尔派汉密尔顿与岩畔会面，弄清日本如何考虑在华北维持驻军的问题。岩畔对汉密尔顿说，日本要阻止苏联共产主义蔓延，驻军一事对此至关重要。岩畔画出了华北、满洲、西伯利亚的草图，指出了若干具体省份，日本需要在这些地方保留驻军，防止"共产主义分子"从苏联的傀儡国蒙古进入。汉密尔顿问岩畔日军需要驻留多久，岩畔说不会永久驻军，只要"足以抵挡来自外部的共产主义活动"即可。

汉密尔顿虽已摸清了这些问题，却还是努力达到自己的意图。他再次强调，日本驻军问题之所以重要，只是因为日本要求美国政府通过斡旋让中日讲和。汉密尔顿问岩畔，是否可以"拟定一种方案"，在美日协定里不提讲和之后日本继续在华驻军的问题。他甚至提出了一种可能采取的策略，供日本政府考虑：协议文件中可以说，不论中日如何讲和，日军从华北撤退都可以"留待最后进行"。然后，"在完成撤离的期限即将到来时"，可以向中国提出，"根据可能存在的形势，包括涉及共产主义活动的形势，需要采取某些措施"，双方须就此进行商讨。关于如何在草案中恰当措辞、表达这个敏感问题一事，美日双方进行了反复的思想交锋。因为时间已经不早，汉密尔顿建议暂不讨论具体措辞，双方分别单独考虑此事（FRUSJ, 2：444-445）。

乍看之下，也许不能完全发现汉密尔顿的建议多么令人难以置信。汉密尔顿身为赫尔的副手，不仅称美国政府会认可用措辞掩盖日军何时撤离华北的问题（这已经是重大让步了），还向日方建议，可以利用对将来"共产主义活动"的担忧，避免就确定撤离日期对中国做出承诺！

美方于5月31日提出的协议修改草案表明，汉密尔顿受到赫尔的完全信任。在第三节中，关于"和平解决中日问题之措施"的问题，美方文本首次正式同意，美国政府将与蒋介石接触，劝他与日本讲和。此外，日方第三节草案中的八条内容，美方也大都认可。赫尔所做的两处改动很重要，反映了美国观点的发展变化。在关于日军在讲和之后撤离中国的第六条中，的确加上了"尽快"一词，但关于具体时限只字未提，说明美国允许日本对此问题灵活处理。这一点与第二条的重要改动相关。在第二条中，日方的草案原本只是呼吁"共同防御共产主义"，但美方将其改为：

> 2.（合作抵御有害的共产主义活动，其措施包括在中国领土上驻扎日本部队。）有待进一步讨论。

这是首次以书面形式证实：如果日本以抗击共产主义、保护外国侨民（包括美国公民）为借口，继续在华北驻军，美方将予以认可。根据汉密尔顿与岩畔会谈的内容，赫尔现在同意等找到彼此满意的措辞或"方案"之后，再讨论这个问题（见 FRUSJ, 2：446－451；参看 FRUSJ, 2：422－423）。⑦

但赫尔的让步也是有代价的。5月31日的草案仍包含赫尔于5月

---

⑦ 美国还修改了关于经济合作问题的第三条，指出消除商业歧视的重要性，从而强调了美国政府对中国保持门户开放的关心。

第五章　苏联问题与太平洋战争之始（1941年3月~12月）

16日提出，且明知日本会强烈反对的附件，其中大段摘录了赫尔关于美国需要为了"自保"而介入欧洲事务的讲话内容。赫尔希望再次表明，如果美国参加抗击希特勒的战争，那么不论美国政府如何参与，都不应视作进攻行为。因此，在关于"两国政府对欧洲战争之态度"的第二节中，他删去了日方草案中的一段，其内容称日本根据《三国轴心协定》要履行的义务仍然存在。为照顾日方情绪，赫尔保留了日本政府的这句话：《三国轴心协定》是防御性质的，目的是防止目前尚未涉足欧洲战争的国家参与其中。但他紧接着补充道："《协定》的规定显然不适用于以自卫行为参与战争的情况。"对美国而言，主要目标是维持太平洋地区的和平，让美国政府可以专注于击败纳粹。假如为了达到这个目的，得劝说中国接受日本在其领土上驻军，那也只能这样了（FRUSJ，2：446-451）。

在六月的前半段中，谈判进行得很顺利。日本外交人员向赫尔保证，不管松冈最近发表的声明内容如何，日本其实认可美国有自卫权，即便这意味着美国要参加欧洲战争（见FRUSJ，2：454-470）。日本愿意妥协，这一点体现在修改后的协议草案中，日期写的是6月8日，于6月9日提交给美方。美方5月31日草案的基本要点得以保留，修改之处主要是措辞上的调整。美国对关键的第二节内容的修改，即关于对欧洲战争态度的问题，仍然没有动，包括这句话：美国政府对战争的看法将取决于"自卫"方面的考虑［FRUS（1941），4：256-259］。⑧

---

⑧ "《协定》的规定显然不适用于以自卫行为参与战争的情况"这句话被删掉了，但岩畔当天小心地向美方解释道，这只是为了避免导致国内民众反对，况且美国的自卫权既然举世公认，那么这句话似乎是多余的（FRUSJ，2：468-470）。美方对日方的关切很敏感，所以没有因为这句话而耽搁谈判，而是提出日本要声明《三国轴心协定》之目的在于防御，意在防止欧洲战争"无故扩大"［FRUSJ，2：478，471-483；FRUS（1941），4：260-274］。6月21日，即德国进攻苏联的前一天，日本正式接受了这种措辞（FRUSJ，2：488）。

日方的妥协似乎起到了效果。在接下来的两周中，谈判顺利进行。美方于5月31日提出的草案，经日方于6月8日修改以后，已成为双方共同的基准文件，而谈判内容就是围绕着文件的具体措辞问题。双方也讨论了日本根据《三国轴心协定》要承担的义务这个非常重要的问题，但讨论得很有限，口气也很温和。谈判的重点放在了比较次要的问题上，特别是中日讲和之后美国如何介入中国经济的问题。在双方6月15日的修改草案中，日方谈判人员最终承认，太平洋地区的商贸活动将遵循无差别待遇原则，而这正是赫尔自三月以来一直在推动的（FRUSJ，2：472-476）。后来的谈判主要集中于无差别待遇在中国的具体问题。日方同意美国的贸易可以自由流动，但主张给予日本采矿企业某种优待，因为原料对日本经济而言非常重要（FRUSJ，2：476-483）。谈话可以集中于这样的细节问题，说明在最初谈判中占主导地位的大问题上，已经取得了多大的进展。两国似乎即将达成和平协议，双方的谈判人员都对此心知肚明。⑨

谈判破裂与怨愤之夏

德国于6月下旬入侵苏联之后，一切都土崩瓦解了。好几个月以来，美日政府都知道德国在苏德边境上大规模集结部队。但直到德国开始入侵以前，美国的舆论都存在分歧，有人认为希特勒是在准备打仗，有人认为他只是想迫使斯大林做出更多让步，因为德国毕竟还在同英国打仗。然而，在德国于6月22日早晨真正开始进攻苏联后，美国官员一致认为，仅此一举就改变了一切。如果德国打败苏联，并

---

⑨ 其实就连外交语言都发生了变化。到6月中旬，双方都在讨论"当前协议"和"目前还有待达成"的一致意见问题。美方关心的问题，主要是松冈这样的强硬派是否会试图破坏即将达成的协议。见野村日记，6月15日与19日，载于 PWP, 141-143。

第五章　苏联问题与太平洋战争之始（1941年3月~12月）

像许多观察家预测的那样将其推至乌拉尔山后，那么德国就将成为第一个真正主宰欧亚大陆的帝国。⑩ 那样一来，即便英国继续打下去，想把德国赶走也会极其困难。而希特勒一旦占据了这样地位，就可以调遣部队，消灭最后的大敌美国（Tooze，2006）。

当年初春，关于德国可能发动进攻的报告逐渐得到信任。自那时起，罗斯福与斯大林就开始努力修复美苏关系（见Heinrichs，1988：54-56）。但德国6月发动侵略，使两个未来超级大国的关系突然成了世界上最重要的"轴心"。在此后半年中，盟国如何防止苏联崩溃，成了罗斯福与赫尔首要的当务之急，其他一切事情都要从这个角度来考虑，其中也包括美日关系。

罗斯福与最亲密的同僚知道，要想让苏联生存下去，就必须迅速行动。6月24日，罗斯福公开宣布，美国政府将竭尽全力援助苏联。两天后，代理国务卿萨姆纳·威尔斯告诉苏联大使，无论苏联政府提出关于物质援助的"任何请求"，"都会立即得到重视"。在德国进攻苏联之后的三天中，罗斯福解冻了苏联3900万美元的资产，以便其购买美国商品。到6月30日，苏联已请求美国提供价值18亿美元的军事装备和工业硬件设备〔FRUS（1941），1：769-70；Herring，1973：9-10〕。但美国却不容易满足苏联的请求，原因并不复杂：根据租借法案向英国初次划拨的70亿美元，已经消耗殆尽；不仅如此，国会中的孤立主义者和反共分子还反对向苏联提供任何物质援助。因此，罗斯福暗中操作，购买苏联黄金，让苏联政府有现金购买美国商品，直到达成关于租借的政治协议为止。罗斯福还同意于7月下旬将最亲密的顾问哈里·霍普金斯派往莫斯科，向斯大林保证后面将要提供的援助还会多得多。⑪

---

⑩ 关于认为德国可能战胜的观点，见Sherwood：1950，304-305。
⑪ Herring，1973：10-11；Kimball，1991：22-36；Sherwood，1950。

但罗斯福还是要对付太平洋地区可能爆发战争的问题。本节将考察1941年春夏时期日本的决策过程,当时苏德斗争已成为一切事态的重中之重。在考察过程中,我将打开一扇窗口,介绍在日本政体内部,外相松冈与日本内阁和军方大部分人之间的辩论。本节还将指出,在来自各方且越来越多的情报表明日本正在准备与苏联打仗时,罗斯福及其手下官员是如何设法应对这种情报的。

必须重申,在春季的谈判过程中,日本的绝大多数文官武将都很想与美国政府达成协议。只要将来想挥师北上,就得撤离华南,并与美国恢复贸易,两者都必不可少。美国通过"魔术"项目破译了日本外交电文,发现主要的绊脚石其实是松冈外相。松冈大力支持北上计划,这已是众人皆知,而且在1940年9月签订《三国轴心协定》的过程中起到了重要作用。从1941年4月中旬到6月中旬,为协调文官与武将的决策工作,日本召开了13次紧张的联络会议。在此期间,松冈坚决不愿与美国政府达成任何协议,只要这意味着减少《协定》要求日本承担的军事义务。随着国际争论的展开,情况逐渐清楚:松冈并非反对美日协定本身,因为他念念不忘进攻苏联,而某种形式的协议毕竟对此必不可少。尽管如此,松冈还是认为,如果德国不与苏联人较量,日本是没法与苏联打仗的,所以日本政府要和希特勒搞好关系。矛盾就在于此。4月22日,海相及川古志郎直言不讳地告诉松冈,如果日本将征得德国同意作为美日协议的先决条件,那么日本就无法实现这个协议的关键目的,即结束中日战争(*JDW*, 19-24)。

5月下旬,消息传来:荷属东印度群岛不大可能将为期半年的锡、橡胶、石油出口贸易协定进行延期(*JDW*, 36-43)。到5月29日与6月11日会议召开时,荷兰似乎很可能开始中断对日贸易,松冈遂主张采取强硬措施。陆军参谋长杉山提出反对,说陆军和海军都认为,如果与荷属东印度群岛对抗,很可能招来英美两国的干预。因此，日本应当结束与荷属东印度群岛的谈判，接受能够得到的一切原料（JDW，43-51）。

直到6月初还在进行的这种内部争论表明，陆军和海军根本没有因为要满足组织上的需要，或出于疯狂的妄想症，而想在南方打仗。恰恰相反，陆海军对事态发展的反应很理性，设法阻止感情用事的外相，不让他采取措施，使日本自动陷入与美国的战争。在日本的文武官员看来，首要目标还是与美国政府达成协议，让美国帮忙结束中日战争，恢复准备北上的军力扩张所需的原料进口。对于所有相关人员而言，包括松冈在内，与美国打仗还是不愿采取的最后手段。

6月25日，即德国入侵苏联三天后，日本召开了关于苏德战争影响的首次联络会议。松冈与军方之间又产生了分歧，这次是争论是否要马上进攻苏联，还是再等一等。松冈认为，西伯利亚的苏军已被派往西边，日本应立即北上，发动攻击。陆海军领导都表示反对，认为一切决策都要取决于中国以及北方和南方的状况，而且如果日本过早进攻苏联，"美国就会参战"（JDW，56-60）。在其后六天中召开的五次后续会议中，大家都认为日本没有同时北上和南下的能力，所以必须做两手准备，看局势如何发展。6月30日，近卫首相总结道，只有考虑了"世界局势"之后（最重要的就是与美国政府的谈判情况），才能下定决心进攻苏联（JDW，60-75）。因为与美国谈判仍有可能产生效果，让北上行动变得容易得多，所以日本领导人认可了等待的价值。

7月2日召开了御前会议，目的是让裕仁天皇批准题为"适应局势变化之帝国国策纲要"的文件。所谓局势变化，就是德国进攻苏联一事。文件反映了扩大内阁的一致意见，指出日本不会立即参加苏德战争，而是会继续针对苏联扩张军备，同时与美国进行谈判。然后，"如果苏德战争的发展有利于本帝国"，日本将动用军队，"解决北方问题"。在进行军备扩张的同时，日本将向印度支那北部推进，既是为了得到北方作战所需的橡胶和锡,也是为了准备可能需要对荷属东印度群岛进行的打击。文件强调,在实施南进行动时,日本不会因为可能与英美开战而踌躇不前,即使如海军参谋长永野修身在会上所言,这并非希望出现的结果。

枢密院议长原嘉道负责代裕仁发言(根据日本传统,天皇"超脱于"政治,在这种会议上不能发言)。原嘉道的话清楚表明,裕仁很担心与美国打仗的问题,希望确保把重点放在苏联问题上。苏德战争让日本有了千载难逢的机会:"因为苏联在全世界推行共产主义,所以我国早晚要进攻苏联。但我国目前忙于处理侵华战争,所以我觉得我国要是进攻苏联,不会如我们希望得那样容易。尽管如此,我还是认为在时机似乎很恰当时,我国就应该进攻苏联"(JDW, 77-90)。这种立场完全符合裕仁自20世纪20年代以来的反苏观点。比克斯(Bix, 2000)指出,裕仁把自己的日军最高统帅身份看得很重。因此,在会议快结束时,原嘉道再次发言,提到"最高指挥部"时,所有人都明白,裕仁完全清楚他希望日本走向何方:

> 我认为,政府和最高指挥部在这一点上意见一致,那就是,我们将竭尽所能,避免与英美两国发生冲突。我认为,日本应该避免对美国采取挑衅行动,至少在此时应该避免。同时,我也要求政府和最高指挥部尽快进攻苏联。我们必须摧毁苏联,所以我希望你们做好准备,提早开战。我衷心希望这个政策一旦决定下来,就立即付诸实施。

陆相东条英机立刻插话,说自己赞同原嘉道的(即天皇的)意见,虽然仍在进行的中日战争还是制约因素。然后,陆军参谋长杉山提出,由于苏联目前处于优势,所以日本需要加强驻在满洲的陆军;但苏军正调往西面,而且德国打击红军的战绩不错,所以日本只要两

第五章　苏联问题与太平洋战争之始（1941年3月~12月）

个月就能做好对苏战争的准备。直到那时以前，日本应继续与美英谈判。海军代表保持沉默，以示赞同（即赞成杉山的话）。会议结束时，记录员写道："天皇似乎非常满意"（JDW, 77-90）。这并不奇怪。裕仁现在有了文武官员支持他的主要目标，也就是日本领导人四十年来唯一的首要目标：摧毁远东的苏联势力。几天之内，陆军就采取措施，在七月底前调遣了85万人和前所未有的80万吨军用物资，派往满洲（Barnhart, 1987: 213）。⑫

在华盛顿，罗斯福通过格鲁的报告和"魔术"项目破译的电文得知，日本政府正在激辩应该北上还是南下的问题。7月1日，罗斯福致函石油协调人哈罗德·伊克斯（Harold Ickes）说，从他得知的日本政局情况来看，终止石油出口是个敏感问题。伊克斯此前认为，由于美国汽油严重短缺，应终止一切对日石油出口。但一年多以来，罗斯福一直清楚如果中断石油供应，就可能导致日本向南方发动攻击，而他需要亚洲保持和平，才能专注于欧洲战争。于是他对伊克斯说：

> 日本人自己内部正在大打出手，过去一周一直如此，想决定该走哪条路——是打苏联，还是打南海（从而明确要与德国共命运），还是骑墙观望，与我国增进友好关系。没人知道他们会如何决定，但你知道，我们必须帮忙维持太平洋地区的和平，这对于控制大西洋而言极为重要。我们就是海军不够用，只要太平洋有一点小插曲，大西洋这边的军舰就要少几艘。（FDRPL, 1173-1174）。

有一点会变得越来越清楚：罗斯福所谓"太平洋地区的和平"，

---

⑫　由于南方形势紧张，所以并非所有这些部队和物资都能到达满洲。

指的是整个太平洋地区的和平，不论南北。到 6 月下旬时，罗斯福与赫尔已经变了调子，既不让日本进攻南方，也不让日本进攻苏联。6 月 22 日，即德国发动攻击的那天，赫尔会见了野村，并直奔主题。他想知道"野村的意图……是不是让[美国政府]向中国施压，迫使其与日本达成协议"，从而使日本可以"就欧洲战争自由采取行动"。这就是几乎毫不掩饰地说日本可能以《三国轴心协定》的"防御性"条款为由，向北方发起攻击，支持德国入侵苏联。野村对此讳莫如深，说日本不想与美国打仗，但不能"就未来的不测事件事先约束自己"（FRUSJ，2：492 - 494）。

罗斯福、赫尔及其下属在 6 月 22 日之后的表现，说明他们担心日本北上。汉密尔顿给赫尔写了份报告，指出东京可能有人提出德国打苏联让日本有了南下的自由，但其他人会急切主张"这是日本除掉苏联对日威胁的机会，日本应该进攻苏联"。汉密尔顿认为，日本的思路会赞成第二种想法，而不是第一种。因此，虽然所提出的美日协议之主要目的是"维持全太平洋地区的和平"，但美国政府可能无法阻止日本北上。美国的问题很简单却很深刻。日本领导人了解，如果南下打击英国与荷兰的属地，就会导致与美国打仗，但他们认为日本如果进攻苏联，美国不会有所反应。因此，日本政府将渴望与美国政府达成和平协议，但这会加强日本北上的能力，所以美国并不那么希望达成这种协议。这就是汉密尔顿的结论[FRUS（1941），4：276 - 277]。

当天，下属麦克斯·施密特给汉密尔顿与赫尔写了长篇报告，赞成汉密尔顿的观点。报告题为"当前苏德战争对日本的影响"，认为日本领导人"多年来将苏联视为指向日本心脏的一把匕首，不能指望他们会忘记这一点"。虽然日本还是可能决定南下，但日本的任何进一步军事冒险都"可能是针对苏联采取行动……这种可能性要大得多"（FRUSJ，4：983 - 984）。两天后，另一位下属也撰写了报告，

第五章 苏联问题与太平洋战争之始（1941年3月~12月）

进一步强调了以上关切的问题。德国在战场上节节胜利，将"推动日本对西伯利亚采取行动"。这会造成严重问题，因为这样一来，苏联就要两线作战，缩短其能够抵抗纳粹的时间。为帮忙打败希特勒，美国政府要设法"使日本动弹不得，无法进攻西伯利亚、新加坡及荷属东印度群岛"。为达到这个目的，报告提出了决定性建议："［加强］石油产品对日出口限制"，同时冻结日本资产（FRUSJ, 4: 278-280）。

7月2日，在汉密尔顿的远东事务司任职的威利斯·派克提出了更有马基雅维利色彩的方案。派克也认为，从希特勒最近取得的胜利来看，"总的来说，日本决定入侵西伯利亚，而不是继续向南扩张，这种可能性更大。"在此情况下，"有一个无可辩驳的突出事实"，即：

> 比以往更加紧迫的是，中国的抗日行动要加强，从而使越来越多的日本武装打击部队消耗在侵华战争上，动弹不得……这种情况对美国有何好处，似乎显而易见。美国如果鼓励中国更加努力抗日，使日本日益深陷于中国的战事，就可以大显威力，为达到某些主要目标而奋斗，其中包括维持远东的现状、保护我国橡胶与锡的供应、帮助苏联抗击德国，以及支援英国。

派克提出增加对华租借援助的政策，属于简单明了的现实政治。他认为，美国帮助中国达到其目的，"就是采用最有效的方法达到我们自己的目的"（FRUSJ, 4: 288-289）。派克的观点与霍恩贝克自三月以来主张的意见一致。因此，身为赫尔的政治关系高级顾问，霍恩贝克便随手在派克关于日本比较可能北上而非南下的那句话旁写了个批注："取决于德国在苏联胜利还是失利"（FRUSJ, 4: 288n62）。霍恩贝克是要确保赫尔与罗斯福能认识到，如果德国似乎将要取胜，日本就会想要进攻苏联，而美国的政策就要相应调整，阻止日本北上。我们将看到，赫尔与罗斯福非常理解这个问题。

既然有了这些关于事态严重的分析，美国的外交在6月22日后果断转为强硬，也就不足为奇了。我们已经看到，赫尔当天向野村表示担忧，认为日本可能利用与中国讲和而在别处采取行动。6月27日，威尔斯让身在东京的格鲁告诉日本领导人，美国政府的既定方针是"帮助英国等国"抗击希特勒。由于抵抗德国的只剩下了英苏两国，这样说显然指的是罗斯福新近做出的承诺（三天前刚宣布）：要竭尽所能帮助苏联，包括通过海参崴提供援助。美国政府现已与苏联政府站在一边，日本必须了解这一点［FRUS（1941），4：987］。

为阻止日本北上，罗斯福及其同僚还采用了其他重要手段，其中最明显的，或许就是威尔斯于7月4日拍给格鲁的后续电报。格鲁接到指示，说"总统专门要求"他给近卫带信，其中写道：

> 美国政府接到报告……称日本政府已决定对苏联采取敌对行动。正如日本政府所知，美国政府恳切希望太平洋地区的和平得以保持与维护。……不言而喻，假如日本走上这样的军事侵略与征服道路，那么我国政府怀有的希望，以及据我国所知日本政府也同样怀有的希望，即太平洋地区的和平不能再遭到进一步破坏，就会成为泡影。

信中最后说，希望这些报告并非属实，如果近卫就此做出保证，美国政府将深表感谢（FRUS，4：994–995）。

在国会中孤立主义和反共情绪高涨的情况下，罗斯福虽然想表示对苏联承担义务，起到威慑效果，却也不敢比给近卫的信中所表达的更为直白了。御前会议决定在两个月之内准备北上后，只过了两天，罗斯福的信就到了。这毫不奇怪，因为罗斯福与赫尔已经通过格鲁和

第五章 苏联问题与太平洋战争之始（1941年3月~12月）

"魔术"项目得知了此次会议，美国驻巴黎大使也证实会议的重点是北上方案。大使得到消息称，日本政府已做出决定，"赞成对苏联采取措施"。"所谓的北方派似乎'胜出'了……并得到了日本政府中德国势力的大力支持。"在这份急件寄来之前，美国驻华大使刚刚发来电报，称中国已接到可靠情报："日本要进攻西伯利亚一事确定无疑"［MB，2：56-57，附录；FRUS（1941），4：994-996］。[13]

当格鲁于7月6日回复赫尔与威尔斯时，近卫显然是在拖延时间。近卫此前对格鲁避而不见，于是格鲁便通过中间人将罗斯福信件的纸质本交给近卫。近卫只回复了两句话，感谢了罗斯福，说松冈会予以答复。格鲁认为，总统的信很可能已使日本国内重新开始争辩御前会议定下的路线（即"设想进攻苏联"）是否明智［FRUS（1941），4：997-998］。总之，在格鲁看来，美国的外交达到了想要的效果，使日本政府重新反思北上计划。

虽然格鲁持谨慎的乐观态度，但近卫不肯说日本不会北上，无疑还是令人不安。而且，他把责任推给了松冈，而众所周知，此人最赞成北上观点，所以这也不是好兆头。当松冈于7月8日对格鲁做出正式答复时，以上担忧的问题更加严重了。松冈的声明称，日本向来衷心希望和平，"迄今尚未考虑过参与针对苏联的战事"。此前，松冈在7月2日向苏联大使提出声明（格鲁将其作为附录），同样是两边下注，申明日本政府"目前"尚未觉得必须修改对苏政策（FRUSJ，

---

[13] 美国官员很重视新形势，体现在7月3日的两件事上。海军作战部长哈罗德·斯塔克（Harold Stark）向下属发送消息，提醒他们"［日本］与苏联的中立条约将被废除，［苏联的］沿海省份将遭到大举进攻"，时间很可能是7月底，"但进攻也可能推迟到苏联的欧洲部分崩溃以后。"他要求向海军主要指挥官和英军各参谋长通报该情况（PHA，13-14：1396）。威尔斯告诉苏联大使，他已得到情报：日本已决定撕毁中立条约，随即进攻苏联（FRUS［1941］，1：787）。

2：504）。⑭

很显然，要防止美国最重要的盟友陷入两线作战，还得进一步努力。7月14日，罗斯福政府决定采取非常措施，要求日本改组政府。当天，赫尔再次因病难以主事，遂让汉密尔顿直言不讳地问野村，日本政府是否愿意控制其内部"支持与和平政策矛盾之政策"的"分子"（FRUSJ，2：505－506）。大家知道赫尔对日本外相有意见，所以这样问的意思很明白：只要日本想与美国达成协议，松冈就必须下台。

一向举止温和的野村大吃一惊，第二天告诉汉密尔顿，美国无权提出关于日本政府中具体个人的问题。汉密尔顿否认美国政府想要干涉日本内政。目标仅仅是达成和平，不仅是在日美之间，而且是"在太平洋地区的所有国家之间"。野村的答复不能令人放心。自谈判于4月初开始以来，野村首次提到日本被敌对列强包围，可能被迫"采取适当的预防措施"，就像美国近期占领冰岛一样（FRUSJ，2：506－509）。

然而，在东京，赫尔的抗议却起到了想要的效果。松冈对美国政府的态度缺乏外交策略，又顽固遵守《三国轴心条约》。一段时间以来，陆军、海军和文官领导人对此忧心忡忡。由于众人意见一致，近卫便决定在程序上耍花招，从而既能满足美国的要求，又能除掉一个难以相处的同僚。7月16日，近卫让内阁辞职。两天后，天皇授权近卫组成第三届政府，近卫让所有内阁成员重新加入，只有松冈除外。⑮ 松冈已出局，由丰田真次郎担任外相，近卫遂得以执行其大计划：与美国政府达成和平协议，让日本拥有时间和资源，为北方战事做好准备。

---

⑭ 日本知道，由于苏德战争的缘故，许多美国人认为日本现在会实施向北推进的这个"长久渴望的策略"。关于此点，见野村7月8日的日记，载于 PWP，150。

⑮ 见艾克（Ike）的综述笔记，载于 JDW，103－104。

第五章　苏联问题与太平洋战争之始（1941年3月~12月）

在美国看来，松冈被免职是个好兆头。但不论对于苏联还是东南亚而言，近卫还是没有承诺保持现状。美国的情报显示，日本正在准备占领印度支那南部，这就更加说明还需要采取其他措施，也就是经济武库中的最后一件武器：严格限制对日石油出口。这段历史一般是这样叙述的：7月25日宣布实行的许可限制，只是为了惩罚日本对印度支那南部采取行动。罗斯福并不想完全中断石油销售，但官僚体系热情过度，使他成了受害者。因此，罗斯福无意之中使日本经济失去了最重要的资源，从而将日本推向了全面战争。[16] 这种说法很符合贸易预期理论，因为这意味着，假如美国政府没有终止石油出口，日本就不会袭击珍珠港。

但以上传统叙述内容顶多只是部分符合实情，所以掩盖了罗斯福全球战略中大的方面。这种说法向来存在两大问题。首先，罗斯福自从一年前就知道，如果对一般石油产品（而不是航空燃料等特殊商品）实施制裁，就几乎一定会促使日本进攻荷属东印度群岛，但这种叙述竟想当然地认为，罗斯福会让下级官僚制定石油政策的详细内容，而不直接加以监督。其次是说罗斯福在大西洋会议上会见丘吉尔之后回国，发现官僚已将制裁变成了完全禁运，但虽然知道这个错误的影响，却没有立即纠正错误的勇气。实质上，这种说法是让我们相信两点：罗斯福智力不足（无法理解许可政策）、性格懦弱（担心别人以为他对日本很软弱，或者害怕让下属不高兴，所以无法撤销完全禁运）。

然而，有清楚的证据表明，在动身去见丘吉尔之前，罗斯福确实知道并理解许可政策的具体细节，而且予以批准。7月18日，罗斯福告诉伊克斯（当时伊克斯还大力主张石油禁运），他赞同赫尔的观点：此举将使日本提前进攻荷属东印度群岛。在当天的内阁会议上，罗斯福总统反对完全禁运，但同意美国应当冻结日本资产，将美国对

---

[16] 关于参考资料和综述，见 Sagan, 1989。

日石油销售限制在"正常"数量,即1939年前的水平(Barnhart, 1987:225-228)。⑰ 在其后六天中,国务院制定了一项计划,有以下内容:日本企业首先要向国务院军事物资管控部申请具体进口数额的许可;然后,要得到石油,日本企业须从"外国资金管控委员会"(由助理国务卿迪安·艾奇逊任主席)再取得许可,才能拿出资金购买石油。

当内阁于7月24日开会讨论此事时,这一系列复杂的官僚程序在罗斯福及其秘书看来有一大优点:宣布为"法规"的完全禁运会中断一切石油买卖,直到撤销为止,而通过许可制度,罗斯福与赫尔却可以最大限度地灵活处理,根据日本的行为和美国的目标,加大或减轻对日经济压力(Barnhart, 1987:230)。通过这种制度,还能达到远东事务司在6月下旬提出的关键策略性目标,即让日本摸不透美国的石油政策 [FRUS(1941), 4:278-280]。7月下旬,有报告称,苏联已开始拖慢德国战争机器,很可能撑到冬季。因此,日本但凡有不愿北上的情绪,这种政策都会使之加强,同时让日本政府仍抱有希望,认为只要表现好一点,石油供应就可以恢复(Heinrichs, 1988:第五章)。

在7月24日的会议上,罗斯福及其内阁批准了关于许可制度的建议。次日,白宫发表了声明。单凭措辞就能看出,其目的就是为了迷惑对方,使之摸不透美国到底想干什么。声明中提到了新许可制度,但关于其实际运作方式却点到为止,仅指出该措施将"使涉及日本利益的一切交易行为受美国政府管控"(FRUSJ, 2:266-267)。因此,声明表示,美国政府如今要掌控日美贸易的所有方面,直到细

---

⑰ 次日,海军通过总统的海军作战部部长哈罗德·斯塔克海军上将送来报告,加剧了罗斯福与赫尔的担忧。报告建议不要实施石油禁运,指出"如果切断美国的石油供应,就会立即导致荷属东印度群岛遭到入侵。"FRUS(1941), 4:836-840。

第五章 苏联问题与太平洋战争之始（1941年3月~12月）

枝末节，同时却让日本难以知晓如何让美国官僚机构真正批准石油销售。

同日本一样，英国与荷兰也很困惑，不知美国7月25日声明的实际用意何在。尽管如此，为确保对日施加最大经济压力，两国还是立即宣布废除与日本的贸易协议（见 Heinrichs，1988：135-136）。此前，在7月8日，罗斯福总统与英国大使爱德华·哈利法克斯进行了讨论，认为必须利用石油制裁让日本人摸不着头脑（见 Heinrichs，134，141）。罗斯福很快发现新策略起作用了。7月26日，罗斯福通过私人助手霍普金斯致函丘吉尔，当时丘吉尔正在前往莫斯科，准备讨论美国对苏联的援助。罗斯福让霍普金斯告诉丘吉尔，"我们同时对日采取行动，我认为产生了效果。"总统接着说，"我听说他们的政府很烦恼，关于未来政策没有定论"，从而透露：刚刚发表冻结声明一天之后，他就（通过"魔术"）知道了日本的决策情况（CR，1：225）。在协同实施的制裁政策下，日本已被迫重新反思进一步扩张（不论向北还是向南）是否明智的问题。

罗斯福显然完全了解新政策背后的战略逻辑。即便如此，我们还是可以提出，他以为制裁只是局部范围的，而其实强硬派官僚却将其变成了禁止一切石油出口。但传统叙述的这一段同样是歪曲了事实。罗斯福的时间安排是这样的：他打算8月6日前不久从华盛顿动身，8月6日到9日在阿根廷会见丘吉尔。7月30日，国际经济事务顾问办公室的乔治·卢思林洛（George Luthringer）向艾奇逊及其上司赫尔递交了长篇报告，讨论许可制度的执行问题。报告在第一大节中指出，在近期内（括号中注明"大约两周"），关于美国政府的大体政策是什么，绝对不能有一点表示。在这两周中，要实施完全的双向禁运，不得批准任何进出口许可申请。但在接下来的"中间阶段"，日本将面临试验期，其间美国政府可"对与日本进行贸易"采取"谨慎态度"。有些进出口贸易或许可以恢复，包括有限的对日石油出口,但这将取决于"远东的总体政局发展情况"[FRUS(1941),4:844-846]。

这份文件是艾奇逊委托撰写的,反映了前一天晚上召开的"部门间政策委员会"会议得出的结论(FRUS,4:844n13)。文件表明,美国从一开始的意图就是完全终止美日贸易,不仅是出口,还包括进口。这样一来,就能向日本发出最清楚的信号:美国政府只要想伤害日本,就一定能做到。但同时又避免流露出这属于总体政策内容的迹象,从而让日本政府还抱有希望,认为只要表现好点,贸易就能恢复。我们再次看到最高层故意采取策略,使日本政府感到没有把握、忧心忡忡,同时却保留和谈所需的灵活性。

但罗斯福在动身前往阿根廷之前,是否知道最高层在进行这种马基雅维利式的筹划?当然知道。7月31日,赫尔再次因病不在位,威尔斯向总统提交了关于制裁政策执行的长篇报告,实质上就是把卢思林洛的报告总结了一下,但也包括了上一周内部讨论的其他细节问题。威尔斯告诉罗斯福,日方提交了若干出口许可申请,但"[艾奇逊的]外国资金管控委员会暂时扣留着这些申请,不予处理"。威尔斯接着说,该委员会以及出口管控部门最好能"得到关于您希望其遵循之政策的指示"。他介绍了一系列禁运货物,该委员会将继续不准其出口。但就石油产品而言,威尔斯指出,根据形势发展情况,或许值得将汽油和润滑油贸易恢复到1935~1936年的"正常"水平,即侵华战争造成日本石油购买量增加之前的水平。为确保罗斯福能听明白,威尔斯最后说,对于所有石油出口许可申请,委员会将"继续扣留,不予处理",接下来"只根据出口管控部门制定的政策"(即在总统指示之后)批准许可申请(FRUS,4:846-848)。罗斯福赞成威尔斯的建议,批示道:"SW[萨姆纳·威尔斯]OK. FDR(罗斯福全名首字母缩写——译注)"(FRUS,846n16)。

因此我们看到,罗斯福前去会见丘吉尔时,完全知道要在两周内

第五章 苏联问题与太平洋战争之始（1941年3月~12月）

中止一切对日石油产品销售，而且也知道他要负责决定采用何种政策取代完全禁运。这种策略确实很高明。日本会有两周买不到石油，这将对其领导人产生震动，使之不再洋洋自得。但美国还是可以灵活处理，只要在两周后让申请通过，便可恢复石油销售。这样，如果日本变得老实一些，罗斯福即可给予奖励，而不会怎样损害自己谈判讲道理的名声。卢思林洛的报告将"近期"所指的时间范围明确为"两周"，这一点也是耐人寻味的：从实施制裁（7月25~26日）起的两周后，正是罗斯福按计划从阿根廷会议返回的时间。罗斯福将有时间与丘吉尔讨论这方面问题，观察日本的外交和军事动向，最终决定是否继续实行完全禁运。因此，真正的历史与传统的叙述恰恰相反：罗斯福前去开会时根本就没有认为制裁只是局部范围的，而是从一开始就知道那是全面制裁，是由他负责决定这种过渡政策是否应当继续执行。⑱

日本政府认为石油禁运只是与7月进入印度支那南部一事有关，于是尽力做出好说话的样子。野村于8月6日向赫尔递交照会，提出日本将前进到印度支那为止，而且在与中国讲和之后会将日军从印度支那全部撤回。照会表示，日本希望美国政府礼尚往来，恢复正常贸易关系，甚至帮助日本从东南亚获得原材料（FRUSJ，2：549-550）。但赫尔前来会见野村时，是准备表示美国新的强硬姿态。赫尔看都没看照会，就把它随随便便地塞进了口袋。两天后，赫尔答复野村，称日本政府的提议对罗斯福早前的建议"反应冷淡"（FRUSJ，2：546-553）。在参加大西洋会议期间，总统收到了赫尔关于此次交锋的报告。8月11日，即会议的最后一个整天，他决定将日本8月6日提议的内容给丘吉尔一份。两人都认为，日本得先保证不会在东南亚增加驻军，并撤回目前位于印度支那的日军，美国政府才会接受

---

⑱ 关于支持此观点的证据，见 Heinrichs，1988，141-142，246n8。

日本政府的条件。如果日本政府不肯，罗斯福就要告知日本政府，将采取"各种措施"，哪怕导致战争［FRUS (1941), 1：356－360］。

两人随后考虑，在警告日本政府时，是否要就日本假如对苏采取侵略行动一事做出声明。威尔斯重申，美国的主要目标是维持整个太平洋地区的和平，无论日本打算北上还是南下。因此，罗斯福对野村做出的声明应当"依据总体政策问题，而不只是以日本在西南太平洋地区的举动为前提"。罗斯福、赫尔、威尔斯当然一直都是这么想的：不仅要阻止日本南下，还要阻止其北上。罗斯福赞同威尔斯的建议，认为这种策略将有助于防止日本的进一步侵略，至少能坚持三十天（FRUS, 1：356－360）。"三十天"这话说明罗斯福对日本的短期意图已经变得何等悲观：他恐怕不能阻止日本进攻苏联，但或许至少还能争取一个月的时间。苏联人还在西线苟延残喘，一个月也许刚刚足够让苏联熬过冬天。因此，打败希特勒的全球战略要求美国再次努力与日本谈判。

第二轮谈判流产（1941年8～9月）

罗斯福在接下来三周中的表现，说明他仍然希望太平洋地区保持和平。他没有食言，在刚刚返回华盛顿不久，便于8月17日在白宫召见野村。野村先是表示，一周多以前近卫就想召开首脑会议，随后强调近卫非常希望在两国之间的某地（如檀香山）举行这样的会议。罗斯福说，在继续讨论之前，必须明确美国的立场。他读了一段长长的声明，然后把它交给野村，重申了美国政府的新威慑立场。声明指出，日本继续将军队部署在远东各处，又占领了印度支那南部。总统希望日本政府知道，假如日本再采取任何措施，执行"对邻国进行……军事统治"的政策，美国政府就将被迫采取"任何及一切措施"，保卫美国在该地区的安全（FRUSJ, 2：556）。根据他与丘吉尔

第五章　苏联问题与太平洋战争之始（1941年3月~12月）

达成的一致意见，罗斯福将美国的威慑力明确扩大到整个地区，包括苏联（即日本"邻国"之一）。

罗斯福随后开始讨论日本想重新谈判的问题。他又读了一份声明，把它交给野村。声明一开头就直言不讳地宣布，要继续谈判，就必须达成涵盖"整个太平洋地区形势"的协议。接下来的六句中，有五句都是在重复这个意思：协议必须涉及太平洋地区的所有国家。如果在达成协议之后，这些国家中无论哪个受到威胁，美国政府将立即予以援助。在大棒之后，罗斯福又晃起了胡萝卜：有了和平协议，日本就可以得到一切想得到的东西，包括"满足其经济需求"。但日本政府必须做出更加清楚的声明，陈述其目前的态度和计划。野村答道，他会把罗斯福的看法向上级报告，并补充说他的上级都"非常希望"维持两国之间的和平（FRUSJ，2：557-559）。

罗斯福还是决定不遗余力地维持整个太平洋地区的和平。虽然我们可以对罗斯福在此阶段的外交手段不以为然，认为其目的只是争取时间，但其实际意义远不止于此。如果能与日本达成和平协议，保护南方与北方，那么就可以实现他的首要目标：有与德国打仗的自由，而不会受到第二前线的牵扯，英俄两国也可以专注于欧洲战场。因此，8月18日，罗斯福再次会见野村（这次是秘密会见，只有赫尔在场），以证实自己想要和谈。他告诉野村，如果在檀香山召开首脑会议，由于要飞到本土以外，恐怕比较困难，但假如近卫觉得可以，会议不妨在旧金山、西雅图，甚至阿拉斯加州首府朱诺举行（MB，3：26-29，附录）。⑲

在东京，形势到了紧要关头。美国的石油禁运使希望立即入侵苏联的人立马冷静下来。巴恩哈特指出，就连最赞成北上的人都认为，这时有必要向南推进。是否要在北方打仗，一直取决于两件事：德国

---

⑲ 由于此次会议对国务院官员保密，所以 FRUS 系列档案中没有记载。

在西线获胜，以及原料充足。8月第一周的两份报告证实，要在10月下雪之前向北发动攻击，现在来看是不明智的。第一份报告由总参谋部情报处撰写，认为苏联目前表现出较强的恢复能力，不大可能于1941年投降，也许到1942年都不会投降。第二份报告由陆军部装备局撰写，认为在西方实行石油禁运的情况下，日本如果得不到东南亚的油田，就根本没有信心去打苏联人（Barnhart，1987：239）。罗斯福的石油许可制时机把握得很好，目的之一已经达到，即终止了日本关于秋季进攻苏联的一切讨论。8月9日，为进攻苏联进行筹划的所有行动都暂停了，转为准备向南进攻。虽然这次是陆军领头，但海军也表示赞同。陆海军的分析报告都估计，没有了石油进口，即使日本不进行任何大规模军事作战行动，其石油储备也只够用两年（Barnhart，240－241）。

日本对未来贸易的预期下降，因此将重点从北方转移到了南方。8月联络会议中讨论的主要问题，已不再是战略，而是与美国打仗不可避免。8月7日，关于和罗斯福直接进行首脑会见的想法，近卫得到了陆海军的支持。但一切还都取决于谈判条件：陆军表示想与美国维持和平关系，但前提是罗斯福必须允许原料不受阻碍地流入日本。在8月26日的会议上，与会者一致同意，日本应当以理性态度回应罗斯福最近的外交方针，以有助于劝说罗斯福召开首脑会议（JDW，85－112）。

8月28日，野村与罗斯福会面，向他递交了两份文件。第一份文件表示希望"太平洋地区保持和平"，因此"亟须"召开首脑会议。第二份文件提出了日本或许愿意做出的一些让步。"一旦侵华战争结束，东亚建立起公正的和平"，日本就会愿意从印度支那撤军。而且，"只要苏联忠实履行苏日中立条约，不威胁日本与满洲国"，日本就不会对苏联采取军事行动。"……总之，日本政府无意于平白无故地对任何邻国使用武力"（FRUSJ，2：572－575）。

第五章　苏联问题与太平洋战争之始（1941年3月~12月）

　　这些都是日本政策发生的重大变化。日本政府提到在东亚建立公正的和平（即美日协议），即是表示不会将中日战争结束作为从印度支那撤军的前提条件。更重要的是，日本政府首次愿意保证不会无缘无故地进攻苏联。实质上，日本是在重新承诺履行1941年与苏联政府签订的互不侵犯条约，尽管德国政府在向日本施压，催促日本进攻苏联的东线。五天前，即8月23日，赫尔才刚刚重申美国政府很重视日本的这种保证。当时，赫尔直截了当地告诉野村，如果日本"干涉苏德局势"，美日协议就不可能达成（*FRUSJ*, 2：567）。[20] 日本政府显然明白了其中的含义。

　　由于12月爆发了战争，所以有人可能得出结论，认为日本根本无意信守让步承诺，而且罗斯福与赫尔也对此心知肚明。这种观点过于简单，原因有二。首先，日本的意图确实就是遵守苏日条约至少半年，因为目前看来，北上行动的最早可行时间是1942年2月。如果签订可以恢复贸易的和平协议，就将有助于日本为在北方打仗做好准备。

　　罗斯福与赫尔也确实认为日本于8月28日发表的声明很关键，至少可以争取时间，让美国得以扩充自己的军备，或许还能维持太平洋地区的和平。当晚，应赫尔的要求，野村来到赫尔的公寓，讨论已恢复的"非正式"谈判及后面首脑会议的具体问题。最重要的并非所讨论的细节内容，而是赫尔说话的口气，似乎表示谈判与首脑会议将会进行下去，已是既定事实。这次会见的调子与5、6月的会议颇为相似，所以当野村重新提出让美国政府做中间人，结束中日战争时，赫尔再次同意，说只要蒋介石愿意，美国政府就可以承担这个任务。美国的立场非常合理。赫尔说他愿意"合作"，充分利用中国作为贸易国的潜力，谈话本身也围绕着双方赞同的假定，即日本将在侵

---

[20] 就在这句话之前，赫尔还在用挖苦的语气对野村说，日俄皆沿满洲边境驻扎重兵，两国一定就是以这种方式遵守苏日中立条约的。

华战争结束之后从印度支那撤军,而不是像罗斯福在本月早些时候强调的那样,要将日本撤军作为美国帮助中日讲和的前提条件(*FRUSJ*,2:576-579)。

6月中止的谈判重新开始,似乎很有希望,但六天之后,一切土崩瓦解。9月3日,罗斯福在白宫召见野村,向他递交了两份声明。他强调,在召开首脑会议之前,日本政府必须表现出"真正坚持四项原则",即赫尔用作四月谈判指导方针的四项原则。然而,即使日本政府能以某种方式证明自己遵守这样的模糊原则(包括尊重领土完整、互不干涉、商贸平等),罗斯福还加上了一个条件:美国政府要先与英国、中国、荷兰"充分讨论此事",以确保这三国会接受美日之间的协议(*FRUSJ*,2:588-592)。

罗斯福当然知道,有了这两项新条件,就无法达成协议。第一个条件已经够苛刻了。虽然此前两周的讨论务实地围绕着6月提出的协议草案,但罗斯福现在是强迫日本达到未曾言明的标准,遵守令人费解的四项原则。在外交手段中,这是一种老办法,目的是表示对达成协议所需的讨价还价不感兴趣。而第二项则完全是新条件。罗斯福此前从未表示需要事先征得他国同意,连英国都不需要,更不用说中国与荷兰了。

在东京,外相丰田在接到野村的会见报告后,显然很是担心(*MB*,3:64-68,附录)。当天晚些时候(东京时间9月4日,华盛顿时间9月3日),丰田召见格鲁,说近卫想"不遗余力地"确保首脑会议能够召开。丰田给了格鲁一份备忘录,总结了七点让步,让格鲁注意c、d、e三部分。在这里,过去半年中的三个主要分歧点,即日本遵守《三国轴心条约》、在华驻军、门户开放问题,被一笔勾销了。如果美国参与欧洲战争,那么日本就会"独立决定"如何理解《三国轴心条约》(丰田屡次强调,这与松冈的立场不同)。此外,一旦中日战争结束,日本就将从中国撤军,而对在华美国企业的限制也

第五章　苏联问题与太平洋战争之始（1941年3月~12月）

将结束。丰田说这几点让步的内容已电告野村，但强调格鲁务必立即将其发到华府（FRUSJ, 2: 593-594, 608）。

次日（华盛顿时间9月4日），野村连忙将新协议草案交给赫尔，其中添加了让步的内容。关于《三国轴心条约》的一节借用了此前的一份未讨论的协议草案，那是日方在德国进攻苏联之日前一天交给赫尔的。其内容称该条约只是防御性质的，为的是有助于防止欧洲战争"无故扩大"。"无故"一词很关键，表示在美国参战的情况下，日本不愿罔顾对德国的义务。（日本可以声称，美国加入欧洲的冲突，是德国的扩张行为造成的。）在第五节中，日本表示接受贸易无差别待遇原则。在关于中国的一节中，日本同意在中日讲和之后"尽快"从中国领土撤军，时间最长不超过两年。文件指出，关于日本在华北驻军的第二条，已根据美国的意愿"完全放弃"了（FRUSJ, 2: 597-600, 608, 488）。

这些让步至少可以说是幅度很大的。与美国6月初的草案比较一下即可看出，在文件的几乎每一节中，日本都在按美国政府的意愿来措辞。其实，在驻军问题上，新文件比美方草案还要更进一步。早在6月，美国已同意讨论日本在华北驻军抗击共产主义的问题，只是要求华南的日军"尽快"撤离。但日本完全放弃了驻军问题，又写明撤离时间最多为两年，就是在表示愿意在两年后完全从中国撤军（满洲除外）（FRUSJ, 2: 597-600；参看 FRUSJ, 2: 446-449）。

虽然日本做出了这些让步，但赫尔在会见野村时，却步步设置障碍。赫尔重申，先要征得盟国同意，才能继续下去。野村指出，美国政府现在不应担心日本遵守《三国轴心协定》的问题——这是整个4月到6月期间美国关心的主要问题。但赫尔说，如果日方没有就此做出"明确保证"，在美国参议院那里就通不过（FRUSJ, 2: 595-596）。这显然是虚假的理由，是在为美方不肯抓住日方迄今为止最重要的让步而辩解。优秀的谈判人员多半会利用日本政府明显的孤注一掷情绪，进一步提出要求,但赫尔却没有这样做,而是干脆拒绝讨价还价。

这到底是怎么回事?罗斯福与赫尔半年以来一直想要达成的协议触手可及,这两人却为何变得不肯合作?这是一个关键问题,因为他们做的事实际上中止了认真的谈判,直到11月中旬为止。原本通过协议可以取消的石油禁运,如今继续执行,而这当然使日本对未来贸易已经悲观的预期变得更加确定了。罗斯福与赫尔决定放弃首脑会议和谈判,实质上使战争变得无法避免。他们为什么要这样做?

现有文献对此疑问几乎没有解释,主要是因为学者往往认为,到8、9月时,双方对达成协议其实都已没有多大兴趣。[21] 而以上讨论无疑说明,没有兴趣并非问题所在。8月,罗斯福还希望达成协议,从而能够集中对付希特勒,为扩充海军军备争取时间。日本的军方和文官也想避免与美国打仗,从而可以利用来自南方和美国的原料,为对苏战争提供便利。

由于没有文件能够揭示罗斯福与赫尔在9月最初几天中的想法,所以我们必须依靠间接证据和逻辑推理。[22] 一种可信的解释,就是若

---

[21] 就连巴恩哈特(Barnhart,1987:232-233)这样细致的历史学家,对8、9月的谈判也只是一带而过。

[22] 赫尔(Hull,1948)自己的回忆就是在此问题上进行掩饰的典型例子。在过程中的每一步,他记述的事情都与实际发生的事恰恰相反。他的确承认,他与罗斯福在8月下旬还希望能够达成和平协议,但在9月初改变了想法。但他认为自己之所以突然改变想法,是因为日本只想坚持关于原则的含糊声明(Hull,1948:1024)。其实,是日本政府做出了原本可以改变形势的让步。赫尔(同上)称,在9月初的谈判进行过程中,近卫政府"缩小了刚开始愿意让步的范围"。其实这样做的正是美国政府。尽管日本政府最终确认将在两年内从中国本土全部撤军,但赫尔(Hull,1948)还是断言道,除非已经就保护中国主权达成了协议,否则只要举行首脑会议,"就会使中国感到严重不安"。虽然赫尔的外交手段直到此时还是与理想无关,而全部关乎现实政治,但赫尔(Hull,1948:1025)却说,他和罗斯福无法"牺牲我们的原则和利益",以及牺牲中国的原则和利益而达成协议。前国务卿竟如此谎话连篇,为我们提供了初步证据,说明他和罗斯福在掩盖某事。此事一旦泄露,就会严重损害他们与美国的声誉。

第五章 苏联问题与太平洋战争之始（1941年3月~12月）

干因素相互作用，使他们决定转向毫不妥协的立场。似乎存在三个突出因素。首先，关于可能召开首脑会议的秘密谈判情况，当时已泄露给日美报界。两国的强硬派都认为这种谈判令人深恶痛绝。也许在此情况下，罗斯福与赫尔认为，再继续谈判就会有政治风险，或者认为近卫在国内得到的支持不再足以让他批准任何协议。

再有一种可能，就是因为有新证据表明，日本正在准备趁早在南方发动战争，所以罗斯福与赫尔突然认定，谈判不再有用，日本只会利用谈判来争取时间。8月下旬，格鲁从东京发来报告，指出日本似乎正在动员，准备打仗［FRUS（1941），4：408-419］。更重要的是，日本文武官员于9月3日召开了联络会议，申明了一致意见，即假如外交努力失败，待裕仁在御前会议上批准，日本就要进攻南方（JDW, 129-133）。由于会议是在华盛顿时间9月2日举行的，所以"魔术"和其他情报工具有一天的时间得知此次会议，以及发生了什么情况。

最终，在8月下旬，德国重新开始进攻苏联，全力以赴，要在冬天到来前消灭斯大林的陆军。德军在8月初被迫停止进攻，沿自波罗的海到乌克兰中部一线原地不动，达三周之久。但德国于8月22日开始全面推进，目标是列宁格勒、高加索地区，最终是莫斯科。8月下旬到9月初，报告向华府纷纷传来，称苏联人情况不妙，正在撤退（Heinrichs, 1988：146-179；Clark, 1965：109-149）。自6月起，罗斯福与赫尔就完全了解，日本是否决定北上，取决于德国能否在西线获胜。因此，这个消息在他们听来绝非喜讯。罗斯福曾在8月中旬对哈利法克斯大使说，影响日本人的，"主要不是对美国的尊重，而是苏联战场形势的变化"。㉓ 因此，罗斯福与赫尔突然结束谈判，背后

㉓ 这里引用的话，是转述了哈利法克斯于8月18日发往伦敦的报告原文（Heinrichs, 1988：161）。

的想法很可能与他们在 6 月下旬的想法一样：日本现在更加可能进攻苏联，所以不论什么协议，只要让日本得以将部队调往北方，并恢复原料供应，都必须终止。

罗斯福与赫尔之所以在 9 月 3 日突然改变想法，这三个因素可能都起了作用。然而，我们也很有理由认为，头两个因素远不如第三个因素突出。认为罗斯福与赫尔会因谈判情况泄露而停止谈判，这似乎令人怀疑。日本在 9 月 4 日提出的让步，如果写入最终协议，对罗斯福而言将是巨大的公关胜利，可以证明包括石油制裁和军备扩张在内的胁迫外交能带来巨大收获，不仅能维持和平，而且能恢复对华贸易。至于有人认为，美国政府结束谈判，是因为掌握了日本备战的新证据，这种观点似乎也令人怀疑。美国的行为发生转变，不大可能是因为得到了格鲁关于日本正在动员的报告。这个消息毕竟与美国两个月以来掌握的情况相符合：在 7 月 2 日御前会议之后，日本正在为打全面战争进行动员，至于南下还是北上，视后续情况而定。比较可信的看法是：罗斯福与赫尔接到了关于 9 月 3 日会议的情报，认为战争基本无法避免，于是决定结束谈判。

这次会议上的讨论，确实说明日本人的想法越来越孤注一掷。海军参谋长永野首先发言，指出"帝国正在失去原料，也就是说，我们正在变得虚弱……而敌人却在变强。"随着时间的推移，"我们将无法生存"。他继续说道，日本要尝试外交手段，但如果外交手段失败，就必须迅速决定打仗。关于获胜的希望，他并不乐观。日本在开头几个月里或许战绩不错，但即便一开始就决战一场，"战争还是会拖得很久"，而且日本由于资源短缺，很难获胜。然后是杉山发言，提出最晚要在 10 月 10 日达到日本的外交目标。他的论证与天气和后勤无关，只关系到陆军的真正目的，即摧毁苏联。日本直到 2 月才能在北方进行大规模作战。"为了能够在北方采取行动"，他解释道，"我们要在南方迅速进行作战。即使我们马上开始，作战行动也要持

第五章　苏联问题与太平洋战争之始（1941年3月~12月）

续到明年春天。如果耽搁下去，我们就无法在北方采取行动了。因此，有必要［在南方］尽快采取措施"。当天，与会者同意日本要尝试一下外交手段。但如果到10月10日还是没有结果，领导人就要"立即决定开战"。各位大臣也同意请天皇三天后召开御前会议，批准此行动计划（*JDW*, 129-133）。

假如"魔术"项目破译了这次重要会议的详细内容，也许会促使罗斯福与赫尔决定结束谈判。但即使他们听到了会议的风声，还是有个疑问：㉔ 关于会议的什么信息，会让他们停止谈判？日本决定在10月10日后开始南下——这个消息是极不可能起到这种作用的。是否做出这种决定，毕竟还取决于近卫的外交手段是否失败。因此，如果罗斯福与赫尔想要阻止日本因资源短缺而南下，就应该加大力度，与日本签订协议，使其得到石油和原料。只有这样，才能改善日本的贸易预期，防止其一头扎进东南亚，造成悲惨后果。至少能让美国争取时间，进行军备建设——我们将看到，这正是美军亟须的。

假如罗斯福与赫尔得知了会议详情，那么最令其担忧的事，应该是杉山的这句话：陆军还在积极期待早在2月便对苏联采取行动。与美国一样，日本无疑也已听说德国于8月22日重新开始进攻，并初步取得了胜利。假如罗斯福与赫尔得知了杉山的话，那么也只会认准一点：只要美日协议有助于日本结束中日战争，并恢复贸易，就意味着几十万部队以及数百万吨资源将调往北方，用于进攻苏联。㉕ 因此，罗斯福与赫尔应该是根本不想与日本达成协议。

但即使没有关于9月3日会议的情报，从苏联前线传来的消息也

㉔ 在通常的资料中（*MB*与*PHA*），我没有找到讨论这次会议的"魔术"文字稿，当然这并不是说这样的文字稿不存在。

㉕ 赫尔于9月4日对野村说，他反对日本"为反共目的而驻军"，"希望日本完全撤出"这些部队（野村日记，9月4日，载于*PWP*, 177-178）。这与他在6月初德国进攻之前的立场相反。

已相当令人不安,足以使罗斯福与赫尔中止谈判。他们知道,日本是否决定北上取决于德国是否能向莫斯科开进,而且日本在经过了7月的集结之后,在满洲的驻军人数已从20万增加到了60万左右。因此,他们有充分理由不帮日本进一步加强北方的陆军力量(见 PHA,13 - 14:1346 - 1347)。当然,这并不是说这两人故意诱使日本进攻东南亚。其实,在接下来的三个月中,他们还是一心想着要参加欧洲战争,在太平洋地区避免战争。他们一直认为两线作战有很大问题,所以假如在11月即将面临两线作战,就会重新希望与日本政府达成暂时妥协,再争取半年和平时间。然而在9月初,罗斯福与赫尔不能让日本进攻苏联,因为苏联是唯一对战胜希特勒起关键作用的国家。

为看清这一点,我们要简单了解一下1941年夏季的地缘政治大背景。除了在大西洋对德挑起战争之外,向苏联尽量多提供军事和经济援助,仍然是罗斯福的首要地缘政治目标。8月1日,罗斯福恼火地把内阁成员教训了一个钟头,骂他们在此问题上拖拖拉拉,尤其针对陆军部长亨利·史汀生(Henry Stimson)。罗斯福希望苏联能牵制德国,直到冬天,这一点现已得到情报证实。所以他告诉内阁,美国能向苏联提供的一切援助,必须在10月1日前到位,"而且我想听到的唯一回答就是这项工作正在进行中"(转引自 Herring, 1973:13 - 14)。为了达到这个目标,他甚至愿意牺牲美国自己的军备建设,所以命令史汀生立即送走保证提供的飞机,即便没有飞机可以替代(Heinrichs, 1988:139 - 140)。

从8月到9月,由于对苏援助进展缓慢,罗斯福继续痛斥下属。美国经济突然要为全面战争做准备,出现了巨大的供应问题。总统想要满足苏联提出的一切要求,但由于四处出现短缺,国会中的反苏议员又试图阻止延长对俄租借,罗斯福陷入了困境(Herring, 1973:13 - 17)。霍普金斯于7月下旬到8月初前去会见斯大林,此访颇为成功。两国已事实上结盟;霍普金斯向斯大林保证,援助物资已在送

第五章　苏联问题与太平洋战争之始（1941年3月～12月）

达途中。但在短期内，罗斯福能向苏联提供的物质援助微乎其微。然而，从大战略的角度看，总统当然有事可做，那就是防止日本在西伯利亚开辟第二战线。

前面提到，日方于9月3日晚（华盛顿时间）向格鲁递交了关于让步内容的声明。其措辞应该是让美方更加认为需要结束对日谈判。丰田列出了日本同意做的七件事，让格鲁注意c、d、e三项，分别讨论的是轴心国协定、在华驻军、门户开放问题。而b、f两项虽然看似重要让步，却明显回避了一些东西。在b项中，日本保证不会对"位于日本以南"的任何地区无故采取任何军事行动。在f项中，日本保证其"在西南太平洋地区"的行动只会以和平方式、依据无差别待遇原则进行（FRUSJ, 2：608）。㉖但凡对日本国内近期讨论内容有所了解的人，看到这种措辞，都会立即警惕起来。日本保证在南方维持和平，撤离中国，在经济上实行无差别待遇，而关于极其重要的北方邻国苏联，却未做明确保证。丰田没有把让步范围说成包括整个太平洋地区，以此作为掩饰。这件事本身就说明，他或是希望美日协议能够维持到1942年早春以后（即计划入侵北方的时间），或是陆军领导不让他做出更多让步。无论如何，罗斯福与赫尔应该是很容易地读出了言外之意，从而认识到，日本政府希望在南方维持和平，是为了掩盖在北方发动战争的大计划。㉗

因此，关于罗斯福与赫尔刚刚认真地重启对日谈判，却为何突然于一周后的9月3～4日结束谈判的问题，我们根据逻辑推理和间接证据，可以提出首要原因加以解释。唯一能够促使他们改变政策的事（尤其是在明知断绝日本恢复贸易的希望会带来风险的情况下），似

㉖ 虽然这份FRUS文件上写着"9月6日"这个日期，但其实和三天前交给格鲁、又立即转交赫尔的那份文件一样。

㉗ 从9月初到10月底，由于苏联边境上的日军数量日益增加，赫尔不断痛斥野村。关于此，见下面的脚注㉟。

乎就是德军在苏联前线刚刚取得的胜利及其对日本决策的影响。其他两个因素——关于秘密谈判的消息泄露，以及有证据表明日本在集结部队备战，本身作用都太弱，顶多只是让美国更加担心日本正在准备北上，而且要这样做还需从美国得到原料。

和平的最后数月（1941年9月～11月）

在接下来的两个半月，即直到11月中旬时发生的事，几乎全都受到了美国9月初决定结束谈判的影响。日本领导人知道，如果谈判不能重新开始，战争就无法避免。日本的整个经济结构，加上维持舰队和现代陆军，都依赖于石油和原料。如果得不到这些资源，日本将陡然衰落，今后无论哪个国家想拿它开刀，它都只能被动挨打。通过9、10月的联络会议和御前会议，此前尚未深切意识到这种情况的官员，这时已经完全明白了。

9月6日，即美国政府改变想法两天之后，召开了关键的御前会议。与会者请求裕仁批准一份文件，其中说日本将采取"一切可能的外交措施"，在10月10日前使贸易得以恢复。但如果外交措施失败，那么就要立即做出开战的决定，而且不再是像陆军此前希望的那样，只是进攻荷属东印度群岛，而是向"美国、英国、荷兰"开战。

近卫在会上首先发言，简要介绍总体问题。鉴于美、英、荷政府采取协调一致的政策：

> 假如我们让这种形势继续下去，我们的帝国就必将逐渐丧失维持国力的能力……[日本]必须尽一切可能采取外交手段，努力避免战祸。如果外交措施无法在一段时间内取得有利结果，我认为我们就只得以终极手段保卫自己。

第五章 苏联问题与太平洋战争之始（1941年3月～12月）

随后，海军参谋长永野禀告裕仁，日本不能长期推迟做出打仗的决定，否则，石油供应不断下降"将逐渐削弱我国的国防"。与此同时，美国却在迅速增强军事力量。到1942年中期，"美国的战备将会取得巨大进步，使美国难以对付"。如果外交手段失败，就要马上发动战争。

永野直言不讳，说胜利的可能性很小。即使日本一开始能够取胜，但美国会"利用其坚不可摧的地位、出众的工业实力、充沛的资源"打持久战。日本没有能够"使美国人丧失斗志"的手段。唯一的希望，在于日本要在战争初期就占据强势地位，等待"世界形势的发展"。这些话很重要，因为学者往往说日本领导人在参战时认为战争会很快结束，或认为美国没有打仗一两年以上的意志。㉘ 永野不仅打破了这些幻想，而且暗示，美国政府只有在深陷对德战争的情况下（所谓"世界形势"），才会试图以某种方式讲和，而且即便这样，在此之前也得经历太平洋地区的长久战事。最后，永野再次强调，日本必须不遗余力地设法避免战争，但同时也不能让自己衰落，否则今后还会面对咄咄逼人的对手，而且届时实力更弱。他的话恰好反映了日本诸大臣在其后三个月中面临的可悲选择：或是听凭日本衰落，相信对手不会摧毁日本，或是现在就打，希望在持久战后能通过谈判讲和。

杉山出来发言，在衰落问题上赞成永野的看法，但接下来就让天皇放心，说日本还在继续准备对苏战争，因为尽人皆知天皇热衷于北上。到1942年春，可以利用"北方形势的变化"，发动全面进攻。他的话重申了与会者已经认为理所当然的事：国家的核心目标是摧毁苏联的实力。即便在南方维持和平，北方的军事行动也可以展开。反之，如果南方发生战争，就要迅速控制南方的原料产地，以便在北方

㉘ 关于这样的观点和参考资料，见 Snyder, 1991。

223 展开春季攻势。

"企画院"总裁铃木贞一禀报裕仁,国家的唯一问题在于能否获得原料。他提醒天皇,日本经济是通过贸易发展起来的,在关键商品上依赖外国供应。但由于英美施加了经济制裁,日本的国力日益衰退。因此,"建立牢固的经济基础并使之稳定",对日本的生存"至关重要"。关于日本将要面临的情况,不要存在幻想。铃木提醒道,假如日本在南方打仗,则日本的短期生产能力就会减半。即使东南亚的原料轻易落入日本之手,要充分利用也得需要两年。

有了这种令人警醒的估计,原嘉道对近卫及其同僚提出的解决方案表示不满,也就不足为奇了。原嘉道代天皇发言,对与会者说,目前美日关系如此之差,常规外交手段不再足以奏效,要采取一切可能的手段解决当前局势问题。天皇以为外交准备和军事准备将同时进行,但看了政策文件之后发现,重点是战争而不是外交。海相及川马上宽慰原嘉道,说首相决定访美,说明外交同样重要。在此基础上,原嘉道(即天皇)同意了政策提案。尽管如此,在会议结束时,裕仁却做出了极不寻常的举动,表示了自己的担忧。他念了一首祖父明治天皇所做的诗:"四海之内,本皆兄弟,何事纷扰,至此汹汹?"众人马上明白,天皇这样说,是在申斥重战争不重外交的想法。必须先要尽一切努力和平解决问题,然后与美国打仗的计划才能得到批准(*JDW*, 133-151)。㉙

各位大臣随后的举动表明他们领会了意思。但此时很显然的是,如果美国政府不肯与日本各让一步,战争就得趁早发动。如果外交手段失败,日本就得进攻南方,原因有二。首先是一个简单的事实,即美国海军的实力再过一年就会大大加强,到那时,即便想通过僵持取得胜利,也是希望渺茫。其次是陆军一直以来的观点,

---

㉙ 关于呈给裕仁的文件,见 Snyder, 1991, 152-163。

第五章 苏联问题与太平洋战争之始（1941年3月~12月）

即北方的军事行动要在1942年2月后展开，意味着必须要在此之前从美国（通过外交）或东南亚（通过战争）获得原料。许多学者都注意到，到1941年秋时，日本的想法带有强烈的先发制人动机。㉚ 但他们忽略了地缘政治大背景：从日本政府的角度看，阻止苏联这个庞然大物崛起，比防止美国这个巨人成长更为关键。要利用苏德战争摧毁苏联，是天皇在7月御前会议上的首要目标，在1941年秋还是日本的首要目标。日本在满洲继续集结部队，就证明了这一点。

在9月召开的五次联络会议上，讨论的重点是与美国政府进行外交谈判的状况。由于野村的急件只是轻描淡写地提到罗斯福与赫尔对达成协议设置的障碍，所以日本的各位大臣对两国关系还是抱有过于乐观的看法。㉛ 直到10月2日，野村才最终告诉外相，谈判陷入了僵局，首脑会议希望渺茫。在两天后的联络会议上，陆海军参谋长都主张日本立即发动战争。陆相东条在此前半年中大力支持天皇的想法，但这时却比较谨慎。他提醒道，由于此事"极其关键"，日本要避免匆忙做决定，多研究研究（JDW, 179-181）。

在下一次会议上（10月9日），海军领导对战争也缄口不言（见JDW, 181-184）。但到了10月12日，达成协议的最后期限已过去两天，近卫见自己的艰苦努力毫无成果，就知道遇上麻烦了。当天，近卫召开私人会议，只请了外相、陆相、海相（杉山除外），想劝东条相信谈判还有希望，却未能说服东条。东条与陆军的意见一致，认为战争是合理选择，近卫应当辞职，换成在必要时能让日本参战的领导人。两人都赞成选择东久迩宫稔彦王，因为此人既是

㉚ 关于参考资料，见Sagan, 1989；Taliaferro, 2005。
㉛ 关于9月11~25日的五次联络会议记录，见JDW, 167-178。关于野村从9月初到10月中旬发出的急件，见MB, 3: 73-163, 附录。

天皇的血亲，又是陆军军官，能够促成团结，满足接下来采取关键措施的需要。但裕仁不愿亲属与日本参战相关联，于是让东条当新任首相，使东条颇感意外。有人认为东条能够控制陆军，确保天皇的愿望得以实现。㉜

东条不情愿地接受了任命，让东乡茂德担任外相。此时，由于资源短缺，日本在南北两方的军备建设都饱受重创。在10月27日的联络会议上，大藏大臣贺屋兴宣首先发言，提出关键问题："如何获得关键物资"。铃木说，到1942年底，日本就会耗尽一切物资储备。已经实施了对民用和官用资源分配的限制，如果还需要进一步限制，"国家的生产力就会下降。"东条以首相和陆相的身份发言，说陆军正在进行准备，"重点是针对苏联做好准备"；虽有短缺，但只要分配给陆军的物资数量不变，陆军就还是能够在1942年进攻苏联（*JDW*, 190 - 193）。

10月28日和30日召开的后续会议，重点为是否可以用合成石油克服日本的供应问题，以及南方的作战行动是否能迟至1942年3月再实施，以便有更多时间采取外交手段。铃木雄辩地提出，日本无法产出足够的合成石油来克服石油短缺问题。陆军以物资短缺为由，拒绝拖延到11月以后。此外还讨论了日本是否应该干脆答应美国的要求。除了外相东乡之外，所有与会者都认为，假如那样，日本就会沦为不堪一击的三流国家。因此，只有三种选择可供今后讨论：日本应该"避免战争，经历极大困苦"（即接受现状）；日本必须立即在南方发动战争；日本应"决定打仗，但战备和外交要同时进行"。与会者同意在11月1日开会，做出最终决定（*JDW*, 193 - 199）。

10月下旬这几次会议最奇怪的特点是，第三种选择竟然还在考

㉜ 见掌玺大臣木户幸一日记，载于 *PWP*, 126 - 128; Barnhart, 1987, 253 - 254。

虑之列。9月6日的御前会议上已经达成一致意见：如果到10月10日还没有外交解决方案，就要做出立即开战的决定。但现在已是10月下旬，由前陆军大将东条担任首相，除了陆军领导之外，所有人都犹豫不决。这群人于11月1日再次集会，就日本前途问题进行了十七个小时的历史性辩论。陆军领导发现自己得票偏低，只得同意把决定打仗的最后期限再次推迟，这次是推迟到11月30日。获胜的是第三种建议，即继续进行战备，但同时不断努力寻求外交解决。

11月1日关于第一种选择的讨论，充分反映出严重衰退的行为主体如何担心崛起国家将来的实力和意图。贺屋问，假如日本推迟战争，"三年后美国舰队来进攻我国，海军有没有机会打赢？"永野说，这个问题谁也回答不了。贺屋又问，美国是否真的会进攻日本。永野说他不敢肯定，但"概率是五五开"。贺屋和东条认为美国不大可能发动攻击。永野的回答是："未来难以预料，我们什么事都不能想当然。"而且，他指出，三年后美国会比现在强大得多。

在漫长会议中途，当第三种选择显然就要获胜时，东条（在东乡支持下）转向陆军领导，让他们做出重要保证：假如日本要做最后一次外交努力，"你们必须保证，如果外交手段成功，我们就要放弃打仗。"从日本互相迁就的微妙决策传统来看，这种要求极不寻常，近乎残暴。实质上，东条和东乡是在当着全体与会者的面，让陆军领导冒着丧失荣誉的风险，在美国政府肯通融的情况下，不把国家推向战争。

毫不奇怪的是，讨论情况急转直下。陆军副参谋长塚田理迅速回应，说这是"不可能的"，这种承诺会使最高指挥部陷入混乱。杉山也插话表示支持塚田。海相岛田繁太郎问，是否可以谈判到开战前两天为止。塚田让他住口："请不要说话。你刚才讲的行不通。"随后是激烈的辩论。与会者决定休息二十分钟，其间陆军接受了折中建议：谈判继续到开战前五天为止。陆军这样做就等于是同意了东条的要求：如果在最后期限前能够找到和平解决方案，陆军就要接受。十七个小时的马拉松会议结束时，会场上的情绪由记录员总结如下：

> 总体而言，如果我国打起仗来，前景并不明朗。我们都想知道是否有什么办法能够和平前进。没有人乐意说："别担心，就算战争久拖不决，全部责任由我来承担。"另一方面，维持现状也不可能。因此，我们不可避免地得出结论：[假如外交手段失败]，我们就必须打仗。（JDW, 200-207）

有人认为，日本军队胁迫了日本政府，逼它发动战争；也有人认为，在日本袭击珍珠港之前，日本领导人患上了某种文化或意识形态痴呆症。而东条与过去的军界同僚之间发生的上述交锋，其意义并非在于不同寻常的直白，而是在于最终推翻了一切此类观点。㉝ 与前几次联络会议一样，讨论是开放而范围广泛的，围绕着什么对日本这个国家最有利，而不是什么对某个组织集团或个人最有利。陆军领导本不肯让步，却被迫同意：虽然时候已晚，但外交解决方案还是更好的选择。到12月1日，恐怕还是得两害相权取其轻，理性地选择战争。但首相及其外相仍在以天皇和国家的名义掌控大局。军队要听他们的，而不是他们听军队的。

11月5日再次召开御前会议，让裕仁批准四天前众人做出的决定。与美国政府的外交谈判将围绕甲乙两个方案展开。甲方案的基础是6月初协议草案的美方版本。日本在9月4日曾同意在轴心国问题上"独立行动"，并接受门户开放，现在要再次这样保证。在第三个

㉝ 尤可参阅 Snyder, 1991; Kupchan, 1994。

第五章　苏联问题与太平洋战争之始（1941 年 3 月～12 月）

大问题即中国问题上，日本将和 9 月 4 日一样，再次同意在签订中日和平协议后，尽快（最多两年内）撤离中国，并立即撤出印度支那。但 9 月 4 日的草案中曾删去了日本关于在华驻军的要求，而日本这次却再次要求让某些部队在华北继续驻留"必要的一段时间"，想必是如 6 月草案所言，为了打击共产主义（*JDW*，209 - 210；参看 *FRUSJ*，2：600）。我们记得，在 6 月初情况比较顺利时，美国曾就日本在华驻军问题做出了让步。但此时美国的态度毫不妥协，这个问题很可能构成一大障碍。㉞

乙方案是备用计划，目的是在甲方案由于时间紧迫而无法商定时，充当临时的妥协方案。乙方案提出双方干脆回到 1941 年 7 月以前的状态：日本撤离印度支那南部，美国恢复大部分石油出口。让罗斯福与赫尔在 11 月短暂回到谈判桌上的，正是这个方案。

11 月 5 日御前会议开始时，东条首先发言，向裕仁禀报 11 月 1 日做出的决定，即外交与战备同时进行。然后东乡指出，外交手段现已陷入僵局，因为美国政府丝毫不肯让步。两人发言之后，铃木对资源问题做了大段分析。关于未来贸易的预期很悲观："我国将越来越难以获得物资，这是极有可能的。"实际上，为了得到物资供应，日

㉞ 必须指出，在 11 月的谈判中，日方采取的立场并非有人认为的那样，是不愿离开中国，或直到二十五年后才会离开中国。"二十五年"这个数字在 11 月 5 日的御前会议上讨论过，但仅仅指华北驻军的问题，而不是将撤离华南的部队。而且，这个数字只是一开始商讨条件时用的，只有在美国政府想知道日本打算在华北驻军多久时才会提出（*JDW*，209 - 210）。总之，日方提出甲方案，就是完全清楚地表明，他们还是想在美国的帮助下摆脱侵华战争（即日方从 4 月以来的目标）。而美国从 9 月到 11 月主要关心的问题，不是在 1937 年后占领华南的日军，而是自 1937 年前便驻扎在华北、以后还可能继续驻留的日军（见下面的脚注）。要理解从 11 月中旬到下旬的美日谈判，就必须记住这种微妙而又关键的区别。最终，赫尔将"撤离中国"（即中国全境，包括华北各省以及满洲）作为美方的关键要求。但他提出这个要求——比他在 6 月初的立场严厉得多的要求，是在他与罗斯福于 11 月 26 日上午决定不做暂时妥协之后。

本可能要卷入战争,"即便我们想要避免"。这并不只是让日本军队保持强大的问题。铃木详细列举了一长串对日本国内需求很关键的物资。由于英美禁运,这些物资也都无法获得。他总结道,因为美国可以自由获得原料,而日本不能,所以"防卫力量上的差别"久而久之将逐渐扩大。

大藏大臣贺屋把情况说得更加悲观,指出如果没有原料,无论政府管理得多好,国民经济也会崩溃。杉山随后详细分析了军事形势:美国在扩张军备,因此力量对比正在变得越来越不利。就北方而言,杉山强调,苏联在苏德前线上损失惨重,已将部队从西伯利亚调往西线,兵力达13个步兵师、1300辆坦克,以及大致相同数量的飞机。因此,苏联在短期内不会袭击日本在满洲的驻军。但苏联有美国的援助撑腰,所以将来还是会造成危险。所以日本"必须尽快结束在南方的作战行动,准备应对这种形势",也就是进攻北方。

这时,原嘉道代表裕仁发言了,说虽然9月6日达成了一致意见,认为日本要专注于和美国政府进行谈判,却未能签订任何协议,使他感到遗憾。东乡告诉原嘉道,美国关于轴心国协定的顾虑已经解决,因为日本已同意不会反对美国参与欧洲战争。但中国问题变成了主要的障碍。日本要求在与蒋介石讲和之后在华北驻军,而美国现在对此犹豫不决。㉟

原嘉道转而讨论甲乙方案的具体内容,强调日本要结束侵华战争。所以,乙方案中关于中国本身只字未提,让他觉得很奇怪。东乡指出,由于所剩时间不多,按甲方案迅速达成协议是不大可能的。原嘉道转向军方,"解释假如谈判破裂会发生什么事"。关键问题是日

㉟ 东乡没有提到这一点,但从9月3～4日开始,美国官员就日本针对苏联部署军队的问题不断痛斥野村。野村已向上级明确表示,这是美国政府的首要关切,也是达成协议的主要障碍。见野村于9月4日、11日、17日、22日、30日和10月9日、4日、16日、27日发往东京的急件,载于 PWP, 177–196。

本能否打败美国海军。永野说日本在短期内的确有一定优势。美国舰队总体规模较大，但其中四成在大西洋，所以日本拥有7.5比6的优势。但即使日本能够在一开始打赢一场决战，"战争在'南方行动'之后还会持续很久"。

原嘉道随后讲了很长的一段话，总结了天皇的观点。他强调，努力达成协议还是必不可少的。但因为外交上取得突破希望渺茫，所以假如日本错失当前发动战争的机会，"我们就得听任美国发号施令"。因此，如果外交努力失败，国家必须接受开战的决定。他的话表示裕仁批准了计划，所以会议很快结束了。在结束之前，东条总结了局势。他认为，美日谈判还是有成功的希望，因为美国需要时间完成军备建设。他沮丧地注意到，围坐在桌旁的人想到可能要打持久战，都感到忧心忡忡。然而，日本怎么能听任美国为所欲为？他说："我一想到美国在西南太平洋的防御工事不断加固，美国的舰队在扩张，侵华战争还未结束，如此等等，我就觉得困难永无止境……我〔还是〕担心，假如我们按兵不动，我国在两三年后就会变成三流国家。"与会者从会场鱼贯而出，心里知道，除非在三周内出现外交奇迹，否则日本就要开始自明治维新以来最危险的冒险（*JDW*, 208-239）。然而，关于日本是否能够获得僵局式的胜利，也许除了杉山之外，会上没有一个人对此表示乐观。大家都知道战败和国家惨遭破坏的风险很大。尽管如此，由于美国继续实施禁运，罗斯福又不肯接受6月初提出的关于中国之协议，所以日本人认为除了南下之外别无选择。战争正在迅速成为两害相权之较轻者。

最后的谈判

由以上内容可见，11月最后三周的真正疑问，不是为何日本准备在南方打全面战争,而是罗斯福与赫尔为何仍不愿达成协议,避免即将到来的灾难。自从4月开始谈判以来,这两人就想避免太平洋战争,以便专注于抗击希特勒的战争。但到了9月初,日本已经就他们的首要关切做出了让步:假如美国参加欧洲战争,日本政府将"独立于"轴心国而行动。罗斯福、赫尔与军方都想防止太平洋地区爆发耗尽资源的战争,尤其是防止在美国完成军备建设前就爆发这样的战争。所以我们会认为,合理的策略是至少通过妥协多争取一些时间。

其实,出于充分的地缘政治原因,罗斯福与赫尔的确决定设法达成这样的协议。两位主要军事顾问,陆军参谋长乔治·马歇尔和海军作战部长哈罗德·斯塔克,一连几周都在说石油禁运正在把日本推向战争。由于美军还没有做好打仗的准备,他们希望能够达成协议,让美国能至少再有半年时间。总统赞同这种思路。11月6日,罗斯福花了一个小时会见史汀生(日记,载于 *PHA*, 10 - 12∶5431),对史汀生说他在"努力思考能够给我们多些时间的办法"。到11月中旬,日本的绝境已有目共睹,罗斯福决定采取临时妥协策略。他在11月17日或17日左右给赫尔手写了一张便条,说美国应该"恢复经济关系——现在是石油和大米,以后再增加",而且美国可以再次同意扮演中间人的角色,"把〔日本人〕引到中国人那里去,好好谈一谈" [*FRUS*(1941), 4∶626]。

罗斯福对赫尔说,作为对美国帮忙的回报,日本要接受两个条件。首先,为响应美国长久以来的关切,日本必须答应,即使美国参加欧洲战争,日本也不会根据《三国轴心协定》采取行动。日本政府早在9月初就已经接受了这个条件,所以在此问题上不大可能小题大做。而总统的第二个条件要难以满足得多,也很能反映他较深层次的担忧。日本要保证"不再向印度支那、满洲边境或南方任何地方(荷兰属地、英国属地、暹罗)增兵" [*FRUS*(1941), 4∶626;

第五章 苏联问题与太平洋战争之始（1941年3月~12月）

Heinrichs，1988：208，258n95]。我们再次看到，罗斯福不仅担心日本南进，也担心其北上。假如所达成的协议有助于日本撤离中国，在南方维持和平，却得以调动部队去进攻苏联，那么这样的协议他是无法接受的。在此前的谈判中，美国要求日本保证在整个太平洋地区维持和平，其根源正在于此。罗斯福现在所想要的，是远比以往直白的表态。日本不仅得答应不打苏联，而且要答应不向北方增派部队。罗斯福将满洲列入限制范围，只有一个目的：让日本承诺与苏联保持和平，同时用一个简单的机制——从华南或日本本土诸岛都不得再有部队调动——来确保其信守承诺。

到11月中旬，罗斯福知道他陷入了困境。打败希特勒仍是首要任务。这年秋天，罗斯福不断地让大西洋上的美国舰船处于危险境地，想引起能够升级为战争的事端，但希特勒却不肯上钩。修正主义观点认为，罗斯福见德国不愿使局势升级，就挑起对日战争，想通过这种方式与德国开战。尽管罗斯福当时深感沮丧，但这种观点是毫无根据的。㊱ 几乎没有直接的档案资料支持这种观点，而且还有一个决定性的事实证明其不正确：罗斯福与赫尔在半年时间内三次考虑与日本达成协议，分别是6月初、8月下旬，以及最后和最重要的一次，即11月下旬。假如有谁想挑动对手发动攻击，为的是在别处打起仗来，就不会花费巨大精力想办法满足其要求了。㊲

罗斯福的目标与修正主义观点所认为的目标恰恰相反：他想避免在远东发生一切冲突，只要日本接受他的两个条件（现在只有两

㊱ 关于参考资料及该论点的改进形式，见 Trachtenberg，2006。
㊲ 修正主义观点一直有潜在的漏洞：这种观点认为，在美国看来很明显的是，假如日本在太平洋进攻美国，希特勒就会向美国宣战。但根据《三国轴心协定》的规定，无论德国还是日本，假如其盟国显然是入侵了第三方，那么不论德国还是日本都不承担任何义务。回头来看，是太平洋战争使美国加入了欧洲战争，似乎显而易见。但在1941年12月7日前，不可能有人能够自信地预见到这一点。

个）——脱离德国，在整个太平洋地区保持和平，最重要的是在北方针对苏联保持和平。不言而喻，这是他最希望出现的情况，因为这样一来，他就可以专注于欧洲战争，同时确保苏联能够发挥打败纳粹德国的关键作用。

然而，在国际政治中，最希望出现的情况往往实现不了。罗斯福知道自己也许要在两个都与希望相差甚远的方案中做出选择。第一种方案很简单，就是在日本为夺取原料而进攻南方时，与日本开战。第二种方案是根据他写给赫尔的便条，与日本达成妥协性协议，但日本却为了进攻苏联而破坏了这个协议。让日本人同意不向满洲增兵，也许有助于约束日本政府，使其维持地区和平。尽管如此，要达成协议，还是面临严峻的承诺问题。㊳ 最终，日本政府可能决定在满洲秘密集结部队，或者就用满洲现有的驻军进攻苏联。

因此，罗斯福考虑临时妥协方案，就是进入了微妙而危险的外交游戏。假如日本同意他的条件，他就可以接受协议，希望日本信守承诺。然后，如果他的大西洋计划或其他策略取得成功，美国与德国打起仗来，那么他最希望出现的情况就实现了。但负面的风险也是明显的。与日本恢复贸易，帮助其结束侵华战争，可能导致最坏的结果，即日本对苏联开战，而苏联红军是阻止希特勒实现德国统治欧亚大陆的唯一真正障碍。

罗斯福完全了解美军希望争取时间。11 月 5 日，陆军部向他提交报告，指出美国海军目前"次于日本舰队"，无法实施进攻作战。美英两国还在增援菲律宾和新加坡，所以要到次年初春才能具备威慑日本的能力。因此，陆海军领导（马歇尔与斯塔克）都认为，"在远东建设防卫力量之际，应当避免"美日战争。美国政策的"首要目的"毕竟还是打败德国，与日本打仗"只会严重削弱［美英］在大

㊳ 见我在头两章里的讨论；Fearon, 1995。

第五章 苏联问题与太平洋战争之始（1941年3月~12月）

西洋上联手对付德国的努力"（*PHA*, 13 - 14: 1061 - 1062）。在11月剩下的时间中，马歇尔和斯塔克不断强调争取时间的重要性（见Trachtenberg, 2006: 120 - 121）。

总统也明白，虽然德军在推进，但日本与苏联之间还维持着和平，而这种和平是很脆弱的。罗斯福知道，日本在进行战备，但也在等待德国取得决定性胜利，也许中日还能讲和之后，再果断出击。从6月初到11月，罗斯福接到了陆军部直接提交的一系列远东局势绝密评估报告。[39] 7月17日的报告指出，日本虽然在满洲集结部队，但有可能保持守势，因为"日本陆军的主体……都被牵制在中国"。8月16日的报告称，日本将满洲的驻军兵力增加到了60万部队（5月时原本为20万），但近期内不大可能发动进攻，因为德国的攻势"出了问题"。9月5日的分析重申，日本要直到与中国讲和之后，才会向苏联开战。9月23日的评估报告得出结论：日本政府很可能要求召开首脑会议，以掩盖为在北方全面进攻而做的准备，进攻的"时间把握在苏联据估计在欧洲被打垮之时"（*PHA*, 13 - 14: 1342 - 1357）。

10月2日交给罗斯福的报告，是该系列报告中最突出的一份。报告认为，假如中日战争结束，日本就会腾出21个师、1000架飞机，其中大多数都会调往满洲。然后，如果苏联在西线被打垮，或日本因苏军被调往西线而取得优势，日本政府就会开战。因此，美国政府应充分利用久战不决的中日战争，阻止日本北上。

表面上看，这是在我们的战略计划中拿中国当工具利用。虽然一开始会令人厌恶，但从冷静理性的角度考察一下反轴心国国家的处境，感觉就没那么严重了。我们的目标是消灭纳粹，全力

---

[39] 这些报告一般均由谢尔曼·迈尔斯（Sherman Miles）准将送交。谢尔曼准将是陆军计划与情报收集处代理参谋长。

以赴地援助积极抵抗纳粹为统治世界而发动侵略的国家。在此过程中，苏联是我们的盟国，这是权宜之计。我们必须竭尽全力、倾其所有，帮助苏联与德国做斗争。因此，无论我们做什么事，只要会让（亲轴心国的）日军解放出来，在西伯利亚对苏联的后方采取行动，都属于有勇无谋。

报告确实指出，美国政府可以利用首脑会议，为自己的军备建设争取时间。但最重要的是"千方百计地削弱希特勒"这个眼前目标。于是，在所有谈判中，美国政府都要确保日本政府拿出"表示诚意的切实证据，说明不会在西伯利亚进攻苏联"。只有日本这样保证，苏联才能在心理上、军事上都得到解放，能够更加顽强地抗击纳粹德国（PHA, 13-14: 1357-1359）。

几乎所有的历史观点都认为，日本不肯在 11 月下旬撤离中国，是美国不愿恢复石油贸易的关键原因。而鉴于上述情况，我们无法接受这种观点。美国官员完全了解，结束中日战争是日本政府的目的，不是美国政府的目的，而且使日本深陷中国战场对美国政府非常有利。假如日本入侵西伯利亚，那么苏联与德国的仗就基本算是打完了，希特勒就会成为欧亚新超级大国元首。⁴⁰

但罗斯福自己是否确实理解这些惊人分析的重要意义？当然理解。10 月 10 日，罗斯福对英国大使哈利法克斯说，他担心日本会进攻海参崴（Heinrichs, 1988: 191）。五天后，即 10 月 15 日，他致函丘吉尔，说与日本之间的情况"确实恶化了，我认为他们正在北上"（CR, 1: 250）。次日，即 10 月 16 日，罗斯福在白宫召集高级顾问开

---

⑩ 1941 年 9 月 11 日内部发行的《联合委员会取胜方案》Joint Board's Victory Program 使人更加担心德国取得霸权。方案强调，如果德国最终控制了欧亚大陆，就可能准备"最终征服南美，并在军事上打败美国"（Trachtenberg, 2006: 118-119；亦见 Stoler, 2000: 第二、三章）。

第五章 苏联问题与太平洋战争之始（1941年3月~12月）

会。从史汀生的日记（LC，1941年10月16日）可见，罗斯福正在积极考虑是否需要将日本拖入战争。总统认为，美国面临着一个微妙问题：美国政府必须要使出"外交剑术"，"以确保日本会乱了阵脚，做出第一个错误举动"。并非巧合的是，海军作战部部长斯塔克当天向太平洋、大西洋舰队司令发电报，称日本不大可能与美国达成协议，因此"日本和苏联之间发生敌对行动的可能性很大"。他接下来提出，由于日本可能认为其经济状况是美国和英国造成的，所以也有可能进攻这两国。他建议两位司令进行准备性部署，但要避免"构成挑衅行为"的动作（PHA，13-14：1402）。这种措辞不仅说明美国主要担心的是日本进攻苏联，而且说明要允许日本首先动手。

陆军部在10月16日后搜集的情报，使人更加担心日本会很快进攻苏联，尽管满洲已进入冬季。陆军部10月21日交给罗斯福的分析报告称，苏联具有空中优势，但"[日本]从中国调来……空军主力"后，优势就会很快逆转。目前，日军数量是684000人，苏军为682000人。如果更多的西伯利亚部队被调往西线，而关东军达到二比一的兵力优势，那么关东军就"极有可能"发动攻势。如果比例上升到1/3，可能性"就会变成确定无疑"（PHA，13-14：1360-1361）。

报告认为，在如此危急的形势下，美国政府要竭尽所能让苏联在军事上与日本保持势均力敌。有两种策略引人注目。一是延续利用中国的计策，增加对华援助，让中国得以"继续牵制……日本陆军主力"。二是在欧洲和西伯利亚都加强对苏军的援助，以此帮助苏联，意味着要通过伊朗和海参崴向苏联输送更多租借物资（PHA，13-14：1360-1361）。11月1日交给罗斯福的后续报告指出，日本目前在满洲有33个师，比9月初的19个师增加了许多，与德国入侵苏联前的8个师相比，增加了3倍。报告认为，日本可能还会在南方增兵，但此举会削弱北方驻军，使日本在"入侵西伯利亚机会到来时

'赶不上车'"（PHA，13-14：1361-1362）。

因此，到11月中旬，罗斯福发现自己在地缘政治问题上如履薄冰。他只能通过谈判达成暂时妥协，或许能因此而得到想要的结果——即使美国参加欧洲战争，太平洋地区仍然能保持全面和平——但要冒着让日本北上进攻苏联的风险。在11月的前半个月，令人振奋的报告纷纷传来，说德国向莫斯科推进的步伐被迫停止了（Heinrichs，1988：201）。11月13日，格鲁转交了一份报告，其中坚持认为日本领导人在经济上已接近穷途末路。如果原料进口不能恢复，日本经济"在目前的压力下［无法］坚持多久了"，说明日本政府"必须接受必然结果，否则就要打仗"（PHA，19-20：4051-4057）。很可能是这个消息，加上认为苏联可能挺过冬天这个想法，促使罗斯福在11月17日改变了策略，转而支持与日本达成妥协性协议。如果在北方威慑日本的时间能延长一点，罗斯福就能争取到在南方进行军备建设的时间。

自3月以来，这已是罗斯福第三次重启美日谈判，希望达成协议，维持太平洋地区的和平。与前两次一样，他后来又突然决定结束谈判，这次是在11月26日，让日本外交官（以及美国军方）觉得既沮丧，又大惑不解。一定要记住，不论用何种"通过后门走向战争"的理论，都无法解释罗斯福为何时而想进行和平谈判，时而又对其失去兴趣。假如他是在操纵日本发动战争，从而让美国参与欧洲战事，那么他就应该在11月始终保持对日压力（而且应该在春夏两季也保持压力）。

其实，唯一还需要解释的疑问，就是罗斯福为何强烈要求立即达成临时妥协，在11月25日与高级顾问达成了一致意见，认为有这个必要后，又于次日上午予以否定。但凡研究太平洋战争的人，都会认为11月26日的彻底转变是从1941年3月到11月期间最令人困惑的事。我们考虑一下事情的具体先后顺序，就会更加觉得罗斯福不愿达

第五章 苏联问题与太平洋战争之始（1941年3月~12月）

成临时妥协这件事很奇怪。总统通过与野村及其同僚的讨论得知，如果不能在5月到6月和8月到9月的谈判基础上达成较广泛的共识，日本政府希望能够达成临时妥协。㊶ 这当然就是11月6日御前会议上提出的乙方案：如果美国政府至少部分恢复美国石油出口，日本就将回到1941年7月以前的状态，从印度支那南部撤军。因此，当罗斯福在11月25日星期二中午坐下来，准备与赫尔、史汀生、斯塔克、马歇尔以及海军部长弗兰克·诺克斯开个一个半小时的会时，他几乎完全知道日本人会提出什么、接受什么。会议结束时确定的协议草案，强调日本要将军队撤出印度支那南部。如果照办，美国政府"［将］允许向日本出口石油……每月出口一次，满足民用需要"［*FRUS*（1941），4：662-664］。斯塔克与马歇尔从一个月以前就开始催促罗斯福达成这个协议，此时甚感欣慰。他们于星期三下午离开华盛顿，认为双方可以至少再坚持几个月不打仗，这样美军就能有时间在夏威夷、关岛、菲律宾增兵。㊷

次日，即11月26日星期三早晨，罗斯福会见赫尔。用赫尔的话说，两人决定"把一切推翻"。此外，他们没有与参加星期二上午会议的其他人商量，就决定立即在白宫召见日本外交官，把消息告诉他们。当天下午，罗斯福告诉野村及其同僚，不会再有什么临时妥协方案；实际上，日本政府现在必须答应美国的10条要求，石油供应才能恢复［*FRUS*（1941），4：645-646］。因为罗斯福与赫尔已通过"魔术"得知日本决定发起攻击的最后期限是11月29~30日，所以本打算直到星期五或星期六才会见野村。因此，让他星期三下午来白宫，不是为了达成协议，而是提出10条明知对方无法接受的10条要

㊶ 见野村于11月20、22日寄往东京的急件，载于 *PWP*, 205-207。
㊷ 星期三上午11：35由斯塔克和马歇尔主持召开了联合委员会 Joint Board 会议，会议记录体现了军方较为放松的态度。讨论仅仅围绕着环太平洋地区的军事准备问题展开（*PHA*, 15-16：1641-1643）。

求，的确是很奇怪的行为。

很显然，罗斯福与赫尔知道日本领导人不可能接受这10条要求。星期三下午，野村及其同僚虽然感到震惊，却没有驳回10条要求，而只是说会转告日本政府。但第二天，陆军部向太平洋司令部发送消息，直截了当地说外交手段现已基本失败，战争随时可能爆发；一旦开战，"美国希望日本首先公开采取行动"（见 PHA，13-14：1328-1329；Prange，1981：402-403）。㊸

于是疑问依旧：罗斯福与赫尔为何突然在11月26日终止一切外交解决的可能，而仅仅一天前他们还同意寻求外交解决？显然，从星期二下午1：30到罗斯福与赫尔在星期三上午会见并改变想法，这期间一定发生了什么事情。为解决这个疑问，历史学家一般都关注中英两国领导人在11月25日晚扮演的角色。有证据表明，11月25日晚，蒋介石告知史汀生，美日可能达成协议一事使他感到不快。蒋给中国特使宋子文写了一份公文，由宋子文转交史汀生。其中写道，如果中国人民认为美国政府牺牲了他们的利益，他们的士气就会垮掉。如果中国军队因此而分崩离析，"［这种］损失不会是中国独自承担的"［FRUS（1941），4：660-661］。历史学家猜测，是这封信改变了罗斯福的打算，因为他意识到，如果与日本达成协议，就不能再让中国继续做盟友。㊹

英国领导人对美日可能达成协议的反应，可以支持这种解释。10月26日早晨，丘吉尔致函罗斯福，说他已读过哈利法克斯关于临时妥协方案的急件。丘吉尔对罗斯福说，让我们感到不安的只有一点："蒋介石怎么办？他岂不是太吃亏了吗？我们担心的是中国。如果他

㊸ 按马歇尔的说法，这条消息的措辞直接来自罗斯福本人（PHA，1-3：1310）。

㊹ 关于参考资料与该论点的一个较好版本（有中国文献支持），见 Sun，1993，第七章。

第五章　苏联问题与太平洋战争之始（1941年3月~12月）

们垮了，我们共同面临的危险就会大大增加"［FRUS（1941），4：665］。这种观点认为，蒋介石的信加上丘吉尔的信，使罗斯福与赫尔别无选择，只得不再努力达成妥协（Dallek, 1979；Kimball, 1997）。

从理论角度看，如果接受传统历史学家关于11月25~26日事态的观点，是完全符合贸易预期理论的。这种观点毕竟认为，是外源性的第三方问题，即中国这个盟友的生存问题，迫使美国政府坚持强硬政策。是这个政策证实了日本关于未来贸易的负面预期，使战争变得无法避免。但"与中国有关"这个观点必须遭到质疑。罗斯福与赫尔之所以完全改变想法，关键原因几乎一定是另一个第三方问题，这个问题我们现已熟悉，即苏联是否能在对德战争中生存下来。接下来，我要摆出这个观点的证据。但还是要记住，无论我们接受"与中国有关"的论点，还是"与苏联有关"的论点，两者都能支持本书的观点，即第三方制约因素可能会使两国之间因经济问题而发生战争。

"与中国有关"的论点有三个问题。首先，罗斯福与赫尔好几个月前就知道，蒋介石对美日可能达成协议一事感到不安，认为美国的援助会因此而减少。蒋介石11月25日晚发的那封电报虽然表示焦虑不安，却没有告诉他们什么新情况。其实，自从赫尔四天前向中英两国大使通报美日可能达成临时妥协起，中国政府就一直表示反对。㊺尤其是11月24日星期一，即罗斯福核心集团开会的前一天，赫尔得知蒋介石对临时妥协"反应颇为强烈"，认为美国政府想要牺牲中国，对日采取绥靖政策［FRUS（1941），4：46-47］。既然罗斯福与赫尔已经知道中国焦虑不安，却为何在星期二还继续打算妥协，而次日上午又将妥协方案推翻？

第二个问题就是蒋介石的担忧并不成立。因此，假如美日两国政

㊺ 关于星期六的通报记录，以及赫尔对中国反对意见的不屑反应，见 FRUS（1941），4：635-640。亦见 Heinrichs, 1988：209-210。

府达成了协议，美国在此之后的行为原本可以轻易平息蒋的担忧。从 11 月 21 日到 24 日，美国提出的协议草案都明确表示，日本在撤出印度支那南部的同时，要减少印度支那北部的驻军数量。11 月 24 日的草案其实已写明：在协议签订之后，日本只能在印度支那北部至多保留 2.5 万人的兵力。美军认为这个人数太少，不可能顺利进攻缅甸公路（向重庆提供物资的主要通道）（FRUS，4∶643）。而且，草案完全没有保证美国的对华援助不会增加。总之，通过稳定中国南疆、使缅甸公路保持畅通，并让美国政府得以维持对蒋援助，美国政府其实会加强中国的抗日能力，而不是削弱这种能力。

显然，罗斯福了解以上几点，而且对中国的担忧嗤之以鼻。这在他于 11 月 26 日星期三会见宋子文时有所表现。当天早晨，就在放弃临时妥协方案之前，罗斯福与赫尔通了电话。赫尔提到了前一天晚上蒋介石那封焦急的电报。罗斯福的财政部长亨利·摩根索（FDRL，1941 年 11 月 26 日）当时在场，后来在日记中写道，总统轻松地说："让［中国特使］今天来见我，我会让他们平静下来。"当天下午，宋子文会见总统。虽然罗斯福与赫尔在几个小时前就已放弃与日本达成协议一事，但罗斯福还是对宋子文说此事还在考虑。他继续哄骗宋子文，说他"认为蒋介石过于激动了"。罗斯福认为，不论达成何种临时妥协，都会有助于物资沿缅甸公路不断运入中国，可以争取三到六个月时间，在菲律宾做好准备（FDRL，1941 年 11 月 27 日）。㊻

有人可能认为，是丘吉尔的干预起了作用，因为无论中国的担忧是否成立，美国都需要英国站在它这一边。但这种看法也没有什么根

㊻ 摩根索星期四下午与宋子文会面时得知了以上情况。这说明中国公使仍然相信临时妥协方案还在讨论，而其实这个方案早在二十四小时前就已被推翻。罗斯福不仅在星期三误导了宋子文，而且显然直到第二天也不想告诉他真相，尽管当时他已经会见了日本外交人员。假如蒋介石的担忧对星期三上午的反转起了关键作用，那么中国大使馆想必应该是第一个得到宽慰的。

第五章　苏联问题与太平洋战争之始（1941年3月~12月）

据。11月25日前，哈利法克斯就向赫尔明确表示，英国人急于避免在太平洋地区两线作战，而且伦敦大力支持临时妥协。丘吉尔本人早在数月前就开始表示，他不希望太平洋地区发生战争。所以，唯一的"新"情况就是丘吉尔11月26日那封信中问蒋介石是否太吃亏那段。历史学家常常引用此段来印证一个观点，即赫尔突然意识到，中国人和英国人都不会支持美日协议。赫尔（1948：1080-1082）在自己的回忆录中也持此观点。[47]

然而，我们研究一下丘吉尔信中的其他内容，就能明显看出，这封信不可能起到了决定性作用。在讲到蒋太吃亏那段之前，丘吉尔对罗斯福说，他已经看过哈利法克斯和外交部部长关于临时妥协建议的评价意见。他接下来说："当然，此事由您处理，我们肯定不希望再爆发一场战争。"直到此时，他才说"只有一点令我们不安"，随后讨论蒋介石太吃亏的问题。因此，从上下文来看，丘吉尔显然是把做决定的权力交给了罗斯福，而且他的主要关切和罗斯福一样，是避免两线作战。丘吉尔的措辞温和而谨慎。他说"只有一点"，就是特意使语调缓和，表示他只是提出建议。他指出蒋太吃亏，是为了强调对华物资援助的重要性，而不是想改变美国要与日本达成协议的决定。丘吉尔没有理由对此协议表示反对，因为他比谁都清楚，这在当时是防止日本进攻南方的唯一办法。所以，赫尔后来散布的这种说法纯属编造：他于11月26日上午去见罗斯福，说中国表示反对，同时"英国、荷兰、澳大利亚政府不热心支持，或实际上也表示反对"，因此临时妥协方案是不能提出的（见Hull, 1948：1082）。英国、荷兰、澳大利亚其实已经站在美国这边，而且由于这三国在东南亚处于地理

---

[47] 在赫尔的回忆录中，关于4月到9月谈判情况的内容是精心编造的（见注22）。因此，他抓住中国和英国的来信，将其说成他改变想法的原因，这本身就应该令人怀疑这种解释的可信度。

弱势，所以也急于维持和平，这是可以理解的。㊽

"与中国有关"观点的第三个即最后一个问题，是最简单明了的：这种观点无法解释的是，为何罗斯福与赫尔前两次（6月下旬和9月初）都把可能通过谈判达成的协议破坏掉了。这里显然存在规律：美国原本很想达成协议，但当事态出现有希望的发展时，却又故意破坏。关于蒋介石的观点是无法解释这种规律的。我们已经看到，前两次终止谈判最有可能的原因，是苏联相对德国的形势，以及日本是否会利用苏联的失利而进攻西伯利亚。这是否能再次成为11月26日所发生转折的最佳解释？

关于罗斯福与赫尔为何在那个星期三上午改变想法，我们很可能永远得不到完全确凿的证据。然而，美国需要让苏联在全世界抗击纳粹的过程中生存下来，可能是适用于所有可用证据的唯一解释，而且无疑是符合前两次终止谈判之证据的唯一解释。我们已经看到，从几个月前开始，罗斯福及其顾问就念念不忘日本可能北上一事。在此背景下，11月25日传来的关于苏联形势的消息，在他们看来必然是非常令人不安的。早在11月初，德国于8月下旬发动的战役最终被迫停止，距离莫斯科只有几百英里远。希特勒数日按兵不动，似乎会将部队撤回，以稳住供应线，等待天气好转。但希特勒没有撤退，而是再次铤而走险。11月15日，希特勒再次大举进攻，要在苏联隆冬来临之前攻陷莫斯科。此后九天，双方打了战争爆发以来最关键的一场战役，战斗前线在两军之间来回推动。然而，11月25日晚，传来了新消息：德军当天取得重大胜利，已推进到离莫斯科三十一英里处，正直奔北

㊽ 实际上，这三国是在得知赫尔没有向日本政府提出协议方案时，才感到不安，因为这三国知道，一旦战争爆发，它们就会处于前线。尤可参看澳大利亚关于这个阶段的档案文件，其中详细叙述了澳英两国外交官如何努力在11月26日后重回正轨（*DAFP*）。关于英澳两国如何在11月30日劝说赫尔通过外交争取时间，见 *PHA*, 19-20: 3690-3691。

第五章 苏联问题与太平洋战争之始（1941年3月~12月）

边的莫斯科－伏尔加运河和南边的奥卡河而去。不论哪条河失守，通往苏联首都的道路都会敞开。希特勒孤注一掷，要拿下莫斯科，因为他知道，如果斯大林被迫撤到乌拉尔山脉之后，德国就基本上打赢了。㊹

摩根索的日记显示，到了11月26日星期三早晨，上述事态已经使罗斯福深感忧虑。那天上午，摩根索去白宫讨论美国近期增加对苏租借物资供应的问题。当时罗斯福正在用早餐，摩根索交给他一份报告。消息是令人沮丧的：11月已向苏联运送物资的船只数量，还不到计划数量的三分之一。但让摩根索吃惊的是，总统并不想讨论"苏联的事"。摩根索认为，这"使我认为他知道情况很糟糕。"（就是在此之后，罗斯福与赫尔通了电话，告诉赫尔他会让中国人"平静下来"。）

写到这里，摩根索提到了临时妥协方案的实质内容（当时还没有被推翻）。他的概述很简略，但提到什么、省略什么却颇能给人以启发。他写道，美国要将日本资产解冻，以便日本尽其所需购买工业和出口需要的石油。作为回报，"日方要答应不从西伯利亚进攻苏联。"所提情况仅此而已。摩根索虽然对于美日关系了解甚多，却只字未提美国要求日本"离开中国"。假如日本撤离中国是美国在11月这段紧张时间里的首要关切，不提此事的确很奇怪。㊺

摩根索的日记中说，在会谈快结束时，电话又响了，是埃莉诺·

㊹ 见 Heinrichs, 1988, 213; Clark, 1965, 第九章; PHA, 19－20, 4473－4474。关于罗斯福政府担心莫斯科陷落一事，见乔治·马歇尔在珍珠港事件国会听证会上的证词，载于 PHA, 1－3, 1148－1149。

㊺ 摩根索在当天的日记中，还概述了宋子文告诉他的一次近期会议情况。参加会议的有赫尔、宋子文，以及英国、澳大利亚、荷兰大使。各位使节听取了临时妥协方案的详情汇报后，哈利法克斯说要与伦敦政府商量。赫尔"十分恼火，说英国人应该不置一词地接受建议。这在我［摩根索］看来颇为霸道"。这进一步证明，赫尔与罗斯福基本不关心盟国的意见，决定根据自己的战略要务行事。

罗斯福打来的。埃莉诺先是就某位低级官员辞职一事打趣了几句，然后问罗斯福情况怎样。罗斯福说："一切都糟糕透顶。苏联的局势很可怕，莫斯科要陷落了。"他接着说，英国人也可能丢掉利比亚。总统告诉夫人，情况"似乎非常不妙"。摩根索发现，罗斯福似乎对事态发展极为忧虑，连早饭都没能吃完。[51] 会谈结束了。大约一个小时后，赫尔来见总统。正是在这次两人单独会见过程中，罗斯福与赫尔做出了重大决定：拒绝妥协，逼迫日本答应10项要求，使战争变得无法避免。

摩根索的日记虽然也许算不上确凿证据，但至少可以说非常具有暗示性。关于1941年11月26日早晨发生了什么事，他的日记基本上就是当时留下的唯一档案。[52] 他的日记表明，蒋介石反对美日可能达成的临时妥协，这对罗斯福而言几乎毫不足虑，但罗斯福却非常担心莫斯科即将陷落。坚持"从后门走向战争"观点的学者可能会提出，罗斯福接到关于苏联的新情报后，更加认定他必须让美国参与欧洲战争，而且要快。但请注意，假如日本北上，则即便美国立即参战，在短期内对苏联也毫无帮助。在第一个美国士兵踏上外国领土之

---

[51] 以上引言和概述，都摘自摩根索的日记，FDRL，1941年11月26日。除了《纽约时报》上越来越悲观的报道（Heinrichs，1988：213）之外，罗斯福的消息来源还可能包括11月25日晚撰写的一份军情报告。报告再次对莫斯科能否抵挡德国的猛攻表示怀疑，指出苏联官员首次对局势表示了担忧（PHA，19-20：4473-4474）。

[52] 史汀生在日记中记录了那天上午晚些时候他与罗斯福的谈话，当时赫尔已经告知史汀生，协议方案不会向日方提出。但至于罗斯福与赫尔在决定拒绝临时妥协，并于当天下午向日本提出10项要求之前有何想法，似乎没有其他文件可以揭示。有意思的是，史汀生本人也是直到次日上午与赫尔谈话时，才被告知这是最终决定。史汀生立即给总统打电话，但总统让史汀生相信他与赫尔只是向日方提出了一个"极好的声明"。史汀生后来才发现，这个声明不是要"重新开始"美日谈判，而实质上是要终止谈判。见史汀生11月26、27日的日记，载于PHA，10-12：5434-5435。由此似乎显然可见，罗斯福与赫尔想确保任何人，包括史汀生这样的亲密同人，都无法采取行动改变他们的决定。

前，欧亚大陆的战争早就将决出胜负。㊳ 那样一来，德国就能将部队调往南方，完成控制中东巨大石油储量的计划（罗斯福关于英国在利比亚处境的担忧反映了这一点）。要恢复欧洲大陆的均势，就要防止共产主义的苏联陷入两线作战，除此之外别无选择。为了防止日本北上，必须将其引向南方。

结 论

本章的分析有力地支持了一个论点，即第三方因素可使国家进入贸易-安全恶性循环，迫使其受到严厉的经济制约，进而走向战争。当1941年美日谈判重新启动时，双方都不愿相互打仗。美国想打的是德国，而不是日本，而日本也想结束中日战争，从而可以重新部署，对崛起的大国苏联发动盼望已久的战争。到了6月初，双方已通过反复推敲拟定了协议，似乎能令双方都满意。但6月22日纳粹德国向苏联发动进攻，并向莫斯科稳步推进之后，日本政府便不肯保证不参与苏德战争了。罗斯福与赫尔一直希望能够达到最理想的目标，即美国参与欧洲战事，同时太平洋地区保持和平。但到了11月下旬，似乎很显然的是：只要与日本达成协议，恢复石油供应，日本就很可能北上进攻苏联。于是，罗斯福与赫尔不情愿地决定继续实施禁运，但也知道日本由于贸易预期悲观，可能被迫扑向石油储量丰富的荷属东印度群岛，并对美国发动战争。㊴ 虽然美国很不希望发生这场战

㊳ 因此，在1942年初的严重挫折之后，美国军事战略的重点仍是在太平洋地区奋力作战，使日本无法进攻西伯利亚。这样做会使美国的资源从欧洲战场转移开来，但可以让苏联继续打下去，从而能够阻止德国控制欧亚大陆，并坚持足够长的时间，让美国得以完成全面战争所需的准备。见Stoler, 2000, 72–97。

㊴ 附带一提：没有证据表明罗斯福知道日本即将袭击珍珠港，但他一定预料到了日本会攻打菲律宾。

争,但这至少能有助于保住苏联这个盟友,让美国有机会奋力一搏,让世界免遭纳粹暴政统治。

我们必须明白,关于太平洋战争的这种解释不仅与历史证据相符,而且能解释其他观点解释不了的反常现象。经济现实主义能够解释日本为何担忧自己的依赖程度太高,但无法解释日本为何想通过外交途径解决原料供应问题,也解释不了日本为何要在1941年11月下旬由外交转向战争。高度依赖性这个常量无法解释这个变量。在自由主义者看来,太平洋战争应该是最能支持其观点的案例之一:随着贸易水平从1939年到1941年不断下降,此前就存在的国内各种病态应该会得到释放。斯奈德(Snyder, 1991)认为,思想狭隘的集团,具体而言就是陆海军,在内化的帝国幻梦和自己制造的国内压力作用下,绑架了日本政府,将其推向战争。这是关于国内政治所起作用最有力的观点,但就连这种观点也面临着深刻的问题。别的且不说,文官领导人和裕仁深度参与了决策过程,所有高官都努力达成支持战争的一致意见。而且,军队里尤其是海军的许多人,都不愿与美国打仗,所以积极赞成与美国达成协议,恢复西方石油出口。最后,档案材料无可辩驳地证明,日本与美国开战的首要动机,就是担心日本在经济制裁和美国海军军备建设的双重打击下,会陷入长期衰落。几乎没有证据表明日本官员感到民众或下层军官向他们施加压力,要求对美国开战。假如他们确实感到了压力,只是不愿说出来,那么他们就不会花上九个月时间,通过断断续续的谈判努力寻求和平解决了。

纯粹历史角度的论点同样成问题。"从后门走向战争"的观点认为,罗斯福操纵日本发动战争,目的是参与欧洲战争。但这个观点无法成立,因为有一个关键事实:罗斯福与赫尔努力为太平洋地区达成和平协议,而且有三次几乎就要成功了。本章的论证指出了他们为何想达成这样的协议,而且说明当日本政府不肯答应不会北上时,他们又为何冒着美日开战的风险,一再阻挠双方达成协议。传统观点认

第五章 苏联问题与太平洋战争之始（1941年3月～12月）

为，罗斯福与赫尔因为蒋介石的缘故而结束了最终谈判，这同样是站不住脚的。蒋关心的问题众所周知，而且基本上无关紧要，因为罗斯福与赫尔已经完全做好了准备，即便与日本达成临时妥协，也不会中断对华提供经济援助和物资援助。

总之，我们不能认为美日之间的战争是由多个强大势力共同决定的。真正的首要原因只有一个，即在高度依赖的情况下，日本的贸易预期变得越来越悲观。可以认为，其他一切因素都几乎毫不突出，或者只是起到了推动作用。毋庸赘言，在大背景下看这场战争，就会发现日本领导人——文官武将，加上天皇——很难逃脱责难。四十年来，他们一直想削弱苏联的势力，以保护日本在东北亚的经济和战略地位。假如他们愿意放弃这种企图，那么太平洋地区的和平协议原本是可以达成的。但是，要解释1941年日本为何发动全面战争，以及为何针对的是美国而不是苏联，我们就必须考虑：罗斯福与赫尔虽然明知会将日本推向战争，却还是决定对石油和原料实施完全禁运，而且长期坚持下去。这两人完全知道，通过将日本的贸易预期向积极或消极的方向操纵，他们就能掌控太平洋地区的命运。尽管如此，但由于情势所迫，必须让苏联坚持抵抗有史以来世界面临的最大威胁，所以他们必须两害相权取其轻，让战争在南方爆发，避免北方发生战争。

归根到底，我们可以说，不管以道德还是地缘政治而论，罗斯福与赫尔都做出了正确的选择。唯一的反讽是，他们创造了条件，使希特勒最终被打败，却同时埋下了祸根，造成未来美苏两极斗争，占据了20世纪世界历史的后半个世纪。罗斯福在1941年出手拯救的国家，仅仅四年之后就变成了美国的主要对手和长期威胁。然而，大国政治往往需要使用令人反感的手段，以避免灾难性的后果。而且很容易认为，为实现摧毁希特勒的纳粹德国这个目的，一切手段都是合理的。

第六章
冷战的起源、动态与结束（1942～1991）

本章的目标很广泛，很可能过于远大。我将试图纵览1941年后五十年的大国政治，考察一个简单的问题：经济相互依赖与商贸预期的变化，对于冷战历史的起伏跌宕而言，在因果关系方面有何重要性？本章要对此问题做出详细而概要的回答。本书的姊妹篇讨论商业与美国外交政策问题，提出了更加完整的解释，对1941年后美国治国方略深感兴趣的读者不妨一读（Copeland，即将出版）。[①]

乍看起来，经济相互依赖与冷战的起源，以及20世纪80年代末以前冷战史上的多次危机和紧张局势几乎毫无关系，这似乎不言自明。毕竟，从1946年起，美苏贸易水平就一直很低，因为在地缘政治方面，两国似乎有充分理由避免贸易往来，尤其是因为美国担心贸易会促进苏联经济的相对增长。因此，经济相互依赖似乎无法成为这样的一个因果变量：不仅可以解释冷战如何开始，而且可以解释其中偶尔出现但颇为激烈的几次危机，以及如何最终于1989～1991年结束。其实，关于从1945年到20世纪80年代美苏关系的经济方面，现实主义者和自由主义者通常都忽略不计，认为两国贸易一直很少，

---

① 关于下面论及的11个案例时期概要，见表2-7。

第六章　冷战的起源、动态与结束（1942~1991）

甚至几乎不存在，所以在解释冷战斗争的强度变化方面，不可能起到什么作用。因此，两派学者往往就其他变量的相对突出性争论不休：现实主义者强调实力与核技术对军备竞赛动态以及争夺领土地位的深刻影响，而自由主义者则主张意识形态与国内的推动因素，以及国际军控制度的重要性。② 至于冷战本身的根本原因，自由主义者一般赞成传统派观点，认为是苏联政府大力传播共产主义，造成了两个战时盟国之间的敌对状态不断恶化。系统现实主义一般采纳后修正主义观点，认为双方之所以造成冷战局势不断升级，是因为担心对方目前和将来怀有领土企图。但大国政治的经济方面，在两派的分析中往往几乎或者完全无足轻重。③

要深刻理解经济在冷战中的作用，我们以往必须依靠所谓修正主义学者，他们认为美国发动并延续了冷战，目的是支撑资本主义，并确保美国能够控制外国市场和原料。修正主义者发掘了一些十分重要的文件，迫使我们重新思考美苏冲突的性质问题。④ 遗憾的是，他们的新马克思主义论证起点往往使其脱离正轨。修正主义者往往先入为主地认为，美国的精英想要统治世界，以增加资产阶级的财富和权力，从而忽略了随着二战结束和新时代开始，经济相互依赖对美国的国家安全开始产生深刻影响。而且，他们重点关注西方资

---

② 这方面的文献过于浩繁，无法列举，但关于两派立场和参考资料的总体概述，可参看 Buzan, 1984。
③ 关于冷战起源之辩的概述文章，见 Gaddis, 1983; Jones and Woods, 1993; Leffler, 1994a。新古典主义现实主义者强调单位层次因素，所以一般会支持自由主义观点（Kydd, 2005; MacDonald, 1995: 96）。Marc Trachtenberg (1999) 提出了一种系统现实主义观点，强调争夺对战后德国控制权的重要性。唯一非常重视经济因素的现实主义学者是历史学家 Melvyn Leffler (1984, 1992, 1996a, 1996b)，其著作对我的研究角度有深刻影响。
④ 尤可参看 Kolko, 1990; Paterson, 1973; Williams, 1962; Hearden, 2002; Gardner, 1972, 1993, 2009。

本主义，所以忽视了一个重要事实：苏联也有强烈的经济需求，所以苏联领导人非常关心苏联与欧洲、非洲的新势力范围以及美国本身的联系。

本章旨在填补国际关系领域中的空白，指出商业因素对1941年后的美苏关系动态产生了真正强烈的影响。现实主义和自由主义在思考经济相互依赖问题方面存在的问题，在冷战这个案例中鲜明地暴露出来。两派理论逻辑的依据，都是大国势力范围之间当前确实进行的贸易往来。但在当前贸易水平很低、甚至不存在的情况下，领导人关于未来贸易和商业有何预期，对其决策过程仍可产生关键影响。因此，即使当前贸易极少，假如某国需要外部体系所能提供的东西，那么对方是否做出将来会提供经济利益的承诺，还是能够深刻影响领导人对国家未来安全形势估计的。

本章前半部分将讨论冷战的开始，以及冷战早期（1945~1956）的几次危机。冷战本身的起源深深植根于双方关心的问题：自己和对方势力范围内的经济发展情况，以及对未来商贸的预期。在二战的最后几年中，苏联已高度依赖美国的租借援助，不仅是为了打仗，而且是为了在纳粹撤退后重建饱受摧残的国家。因此，苏联人希望美国愿意维持贸易和贷款不断进行，认为这体现了美国政府关于战后时代经济合作的态度。美国也关心战后贸易环境问题，但原因与此大相径庭。某些美国官员在国务卿赫尔的带领下，的确认为允许世界贸易的自由流动会有助于维持和平，主要是出于威尔逊主张的理由（Layne, 2006）。但梅尔文·莱弗勒（Melvin, Leffler）已经有力地指出，美国获得市场、原料、投资的途径问题主要源于现实政治的逻辑：美国官员认为，如果没有这种途径，美国的实力就会衰落，使国家容易受到苏联这个崛起的庞然大物的伤害。所以，为了在将来继续保持力量优势和安全，就必须确保美国拥有进入欧亚大陆边缘地区国家的途径。在苏联和美国本身之外，大部分全球生产和资

第六章 冷战的起源、动态与结束（1942~1991）

源都来自这些国家。⑤ 这种高于一切的考虑从一开始就有，将笼罩整个冷战时代，使美国的预期变得很敏感；任何政治或经济方面的事态发展，只要可能威胁美国势力范围将来的经济生存能力，都会使之受到影响。

1956年后，为缓解冷战的紧张局势，也许是为了完全结束冲突，双方做出了各种努力。本章的后半部分就将考察其中的若干经济决定因素。到20世纪50年代中期，双方都认识到了热核战争的恐怖，都有充分理由寻找各种方法来增进互信，防止军备扩张和危机将超级大国真正推向战争。但虽然双方两次进行重大尝试，想稳定地缓和局势（在20世纪50年代末做了初步努力，在70年代初又做了一次努力，而且这次更有希望），但美苏两国政府却直到80年代末才找到真正结束冷战的方法。为何早期的尝试都是昙花一现（往往似乎加剧了敌对状态）？为何80年代的策略最终"奏效"了？

决定超级大国行为的因素很多，不仅仅限于商业因素，所以本章的目标并非证明贸易预期理论能够对以上问题给出一锤定音的答案。我想指出的是，对于冲突的原因和超级大国缔造持久和平而言，经济因素具有重要意义，这种意义未受重视，而且往往令人惊讶。我并不否认自由主义和现实主义提出的因素（如权力、意识形态、国内政治）也很重要。但我要证明，在重要关头，对未来贸易的预期严重加剧了紧张程度，以及大国之间爆发危机的风险。譬如，我们将会看到，贸易关切与军事问题相互作用，在现代核时代最危险的阶段，即1956~1962年，破坏了缔造和平的机会。我们还会看到，在70年代初和80年代，贸易预期对缓解冷战中的敌对状态起到了何等重要的作用。

---

⑤ 尤可参看 Leffler, 1992；亦见 Leffler, 1984, 1994b, 1996b。

冷战的开始

冷战的起因，可以追溯到二战之后美苏两国怀有的贸易和金融预期。在被德国占领了四年之后，苏联已变得千疮百孔，数以千计的村庄被夷平，1/4 的工业生产能力被摧毁，2700 万人死亡。为进行重建，苏联政府迫切需要在战后维持美国的贸易和贷款不断进行（美国国会批准的租借援助只针对战时）。苏联政府还需要德国对其进行赔偿，使东欧国家远离传统的西欧贸易伙伴，转向苏联。最后，由于苏联的进口需要，苏联政府希望能够得到伊朗可能给予的石油供应。到 1944～1945 年，苏联人感到很担心：美国政府是会促进还是阻碍其实现这些目标？

而美国关心的问题，尤其是到 1945 年 4～6 月关心的问题，性质与此不同。美国政府担心，即使没有苏联政府的积极怂恿，被战火摧毁的欧亚大陆边缘地区国家也会倒向共产主义。美国人知道，无论哪个小国，只要"共产主义化"，就很可能调整其外交与经济政策，靠向苏联政府的势力范围，将苏联的经济模式视为未来的潮流。而且，正因为苏联需求巨大，所以苏联政府将欢迎这类国家，然后切断其与西方的经济纽带。

脆弱的西欧边缘地区国家可能共产主义化，这是实实在在的威胁。在战时发挥关键作用的共产主义组织已做好准备，要利用国内形势夺取政权，可以通过枪杆子，也可以通过投票箱。法国、意大利、希腊等重要国家尤其岌岌可危。整个 1945 年，美国领导人都在观察东欧国家，视其为检验苏联未来经济政策的工具，而所见情况令其不悦（Leffler，1992）。美国人可以理解苏联政府为何要牢牢地控制波兰，尽管波兰曾经是德国入侵苏联的必经之路。但苏联在 1945 年对罗马尼亚和保加利亚都采取了严格的重商主义政策，说明如果其他欧洲国家也倒向共产主义，被拉进苏联的势力范围，美国经济就会遭到严重削弱。⑥

在上述威胁之下，但凡负责的美国政治家，都只有一个选择：限制苏联获得贸易和贷款的途径，以遏制其发展，同时冒着引起贸易-安全恶性循环的危险，将美国的物资转而提供给摇摇欲坠的西方经济体。我指出，美国领导人早在1945年4～6月就开始采取这种措施了，这是在其宣布实施马歇尔计划和杜鲁门主义的整整两年以前。美国还在中东占据了强势地位，以削弱苏联在这个重要地区的影响。到罗斯福于1945年4月去世时，这些行为上的变化早已开始落实了。然而，从1945年5月～8月，美国的政策却果断转为强硬，原因是一个重大事实：到1945年春，包括杜鲁门在内的所有重要官员都明白，假如美国政府不采取强势行动重建西欧，美国势力范围中的国家就会很快倒向共产主义。

因此，美国之所以在1945年中期转向强硬政策，后来又不断升级为冷战敌对状态，其根本原因是美国获得资源和市场的途径开始受到威胁。但这并非唯一的原因。同样重要的是一种简单的需求，即鉴于苏联未来发展潜力巨大，美国需要维持其力量优势。有无可辩驳的证据表明，1945年夏，杜鲁门还很喜欢斯大林，认为可以和他做生意。但杜鲁门也担心，假如美国不采取行动遏制苏联，苏联就会取得重大发展，将来苏联领导人的行为也许就不会这样克制了。我已在别处详细讨论过这方面证据，在此就不重复了。⑦ 我的目标是进一步扩展，指出杜鲁门及其顾问在1945年同样担心的是，在苏联共产主义的蛊惑之下，边缘地区的国家眼看就要被吸引过去，而这将造成严重

---

⑥ 关于1945年罗马尼亚和保加利亚之重要性的详细讨论，见 Copeland 即将出版的新书。

⑦ 见 Copeland，2000b，第六章，其中借鉴了 Leffler（1984，1992，1994b，1996b）影响深远的著作。

的经济影响。

至于"谁发动了冷战"这个古老的问题，我要预先摆明我的立场。以简单的时间顺序而论，是美国首先转向了旨在削弱对方力量的大战略。到 1945 年 7~10 月，美国领导人已用空军和海军基地将苏联包围起来，坚决不允许苏联政府得到核机密，开始重建西欧（包括苏联的头号敌人德国），终止了对苏援助，限制了西德赔款数额，并将美国海军陆战队派往中国和满洲，防止共产主义势力将这两个关键区域合并起来。⑧ 而苏联却仍然采取谨慎而内向的政策，这样做有充分的地缘政治理由：苏联人需要做出讲道理的样子，以争取时间，重建其满目疮痍的社会。⑨

因此，本章质疑了传统派和自由主义的观点。这种观点认为，由于苏联在 1945~1946 年进行了侵略，美国政府被迫于 1946~1947 年转向强硬遏制态势。但我的观点并非要在道德上"指责"杜鲁门，说是他引发了敌对状态的恶性循环，即我们如今所谓的冷战。杜鲁门所做的，正是在当时的不确定情况下必须做的，这种情况是否包括苏联领导人将来的意图不得而知。而且，杜鲁门关于将来体系的悲观看法，也是受到了苏联国家性质的影响，因为苏联在经济实践上采用重商主义，国家结构是独裁专制的。但从理论角度来看，苏联的共产主义政权类型可以说只产生了间接影响。引起冷战的，并非苏联在 1945~1946 年的"侵略行为"（直到美国政策转变之后，苏联的行为才比较具有扩张性质）。美国的行为之所以变得强硬，是因为美国担心革命会导致更多国家倒向封闭的苏联经济圈，而且担心苏联政府的意图恐怕不会一直保持温和。在此意义上，我们可

---

⑧ 关于上述举措的详细讨论，见 Copeland, 2000b, 149-175。
⑨ 我在此要搁置一个备受争议的问题，即苏联人是否在"内心深处"仍怀有未来扩张的企图（可参看 Gaddis, 1997）。我的意思很简单：具体而言，斯大林在 1945 年中行为温和，杜鲁门及其主要顾问也是这样认为的。

以认为两国都要为冷战"负责",但原因不同:美国要负责,是因为是它首先转向了强硬政策,而我们知道这种政策具有挑衅性;苏联要负责,是因为其政权类型及其势力范围内的经济政策动摇了美国对未来的信心。

罗斯福与伊朗石油危机(1943~1944)

在二战后的头十年中,出现了一种看法,认为罗斯福是个幼稚的领导人,竟然允许斯大林以极小的代价扩张苏联帝国。虽然许多国际关系学者还坚持这种观点,但这对于历史学家而言已经影响甚微。通过沃伦·金博尔(Warren Kimball, 1991, 1997)和罗伯特·达莱克(Robert Dallek, 1979)影响深远的著作,我们已经认识到,罗斯福身为马基雅维利式现实主义者的一面,远超威尔逊式理想主义者的一面,而且其实他自己也是这样认为的。为集中权力,他会让各派争斗,再居中调解。在外交方面,他会避免板上钉钉地宣示信条,从而提高灵活性,以便实现其战后的意图。他是狡猾欺骗的高手,乐呵呵地哄骗别人,摆出和蔼可亲、愿意商讨条件的样子,即便牺牲明确表示过的原则也在所不惜。他在1942年这样描述过自己:"我是个耍把戏的,从来不让右手知道左手在干什么……只要有助于打赢战争,我完全乐意误导别人和撒谎"(转引自 Kimball, 1991: 7)。

从1943年到1945年,罗斯福的大战略目标很简单:通过承认苏联和美国明确的"责任范围",建立和平的战后秩序。尤其是,通过向苏联政府保证东欧将仍在其势力范围之内,不再会成为入侵的渠道,使苏联人不再想要干扰美国的势力范围(转引自 Kimball, 1991: 7)。但罗斯福也是两边下注。1942年12月,罗斯福让军方调查美国战后的军事基地建设需求。"联合战略调查委员会"于1943年3月交给他一份报告,主张海外基地对于美国的安全必不可少,因为不能依靠国际机构维持和平。⑩ 11 月，罗斯福批准了 JCS 570 号文件，其中强调必须在西非、太平洋、冰岛、日本以及东亚大陆建立基地，抵制一切目前和今后来自苏联的威胁（Sherry，1977：44 - 47；Copeland，2000b：152 - 153）。⑪

然而，在罗斯福看来，基地问题的意义不仅仅是投送空中力量，迫使苏联保持合作。1944 年 2 月，他让赫尔敦促国务院、陆军部、海军部研究如何将海外基地的用途扩大到海军和地面部队。⑫自从在威尔逊手下当助理海军部长时起，罗斯福就已吸收了马汉的观点：国家必须在全球范围内投送力量，通过进入外国市场并得到原料，既保持安全，又增强实力［Ninkovich，1994：101；Mahan，(1890) 1987］。他在 1943～1944 年做出了建立海外基地网的重大决定，既是由于军事上的关切，也是出于加强美国全球商业纽带这种更加普遍的需要。⑬

罗斯福关于获得经济利益途径的担忧，在哪个大国将在战后控制伊朗和中东石油的问题上达到了顶点。在两次大战期间，美国石油企业曾大举进入中东。虽然英国通过国有的英伊石油公司掌控着伊朗石油，但美国企业到 1942 年已经控制了四分之一的伊拉克石油、一半的科威特石油，以及大部分沙特石油开采权。但未来情况是不确定

---

⑩ "战后军事问题——尤其与空军基地相关的问题"，NA, JSSC 9/1, RG 218, CCS 360 (12 - 9 - 42)，第一节。

⑪ 罗斯福所受影响，来自前驻苏大使、顾问威廉·布利特（William Bullitt）于 1943 年 1 月向他提交的一份报告。这份报告极具先见之明：早在阿弗里尔·哈里曼（Averell Harriman）和乔治·凯南（George Kennan）提出类似观点将近两年前，布利特便强调，必须以美国的优势军力和经济上的慷慨相助为工具，阻止苏联这只"变形虫"把触角伸向其目前势力范围之外（FTP, 576 - 590）。

⑫ "就战后军事基地问题向国务院下达的补充指示"，NA, JCS 570/4, RG 218, CCS 360 (12 - 9 - 42)，第二节。

⑬ 同样在这种双重构想下，罗斯福想要建立国际机场体系，为美国空军服务，并促进全球商贸（Kimball, 1991）。

第六章 冷战的起源、动态与结束（1942~1991）

的。英国和苏联于 1941 年 8 月占领了伊朗，将其分为不同的势力范围。虽然美军于 1942 年进入伊朗，帮忙管理对苏租借物资运输，但由于英苏两军占主导地位，所以美国官员担心英苏两国政府会设法扩大影响，或是在伊朗内部，或是朝向沙特等美国占主导的地区。

到 1942 年，罗斯福政府面临的问题很简单：国内石油供应达到了最高点，但由于美国工业正在恢复，再加上已然庞大的海外军事机器之需要，所以石油需求也在飞速增长。发展趋势并不乐观。1941 年 10 月，国务院的一份研究报告得出结论：美国石油探明储量的下降速度高于发现新储量的速度。假如这种趋势继续下去，美国这个世界头号石油生产国将由净出口国变为净进口国。研究报告的结论很有先见之明：随着美国成为石油净进口国，其外交政策"很可能会变得更具侵略性，将越来越像英国在过去三十年中实行的政策"（转引自 Miller, 1980: 49）。1942 年 7 月，"经济战委员会"更加强调了巩固美国在中东地位的意义，因为该地区的石油储量很可能与美国的石油储量一样巨大（当时美国生产着世界上三分之二的原油）（转引自 Miller, 1980: 55: 57 - 58; Yergin, 1991: 395 - 396）。

根据这样的估计，罗斯福于 1943 年做出的决定就不足为奇了。他决定以伊朗为例，检验保护美国战后获得资源之途径的政策，尽管这有可能损害苏联政府关于自己获得资源之途径的预期（RC, 650 - 651）。苏联和英国已在 1941 年将伊朗分为南北两个势力范围。英国的主要目的是保护南方英伊石油公司的石油，而苏联希望开采伊朗北部的潜在石油资源。苏联战时石油产量不足，因此需要在国外寻找新的油田（见 Yegorova, 1996）。1942 年末，伊朗要求美国政府加大参与力度，制衡英苏两国的势力。1943 年 1 月，国务院的一份报告建议美国政府加强伊朗的政治经济机构，防止局势动荡，同时确保伊朗独立于英苏两国。报告认为，可以用伊朗来检验《大西洋宪章》的宗旨是否得到实施，尤其是保护主权和贸易开放性的宗旨

(Kuniholm, 1980: 156 – 163; Rubin, 190: 20)。

赫尔兴冲冲地把以上建议转达给罗斯福，指出采取行动的理由既有理想主义，也有自利因素。美国不仅要建立持久的地区和平，而且要确保"不得在波斯湾建立任何大国，与美国在沙特的重要石油开发项目相对"（转引自 Kuniholm, 1980: 159 – 160）。根据美国在其后两年内的重要举措来看，罗斯福显然十分赞同赫尔的结论。美国政府很快深入参与了伊朗政府的直接运作。最奇怪的是，尽管伊朗名义上是独立主权国家，但美国官员在伊朗国王的允许下，竟出任了伊朗政府的重要职位。其中最重要的，是阿瑟·米尔斯波（Arthur Millspaugh）出任伊朗财政部长。在此任上，米尔斯波不仅指导了伊朗经济改革，而且负责监督美国军事顾问如何用于改造伊朗陆军（Kuniholm, 1980）。

在 1943 年 11 月的德黑兰会议上，罗斯福说服丘吉尔和斯大林接受了《德黑兰宣言》，向伊朗保证在战后完全恢复主权。到了此时，美国顾问已完全取得了稳固地位，还有三万美军撑腰。罗斯福这时要以伊朗为例，检验其战后的构想，即存在若干稳定的边缘地区国家，与开放的全球经济相联系。在德黑兰时，罗斯福让巡回大使帕特里克·赫尔利写一篇关于伊朗的分析报告，用以指导美国与较弱国家如何相处。赫尔利于 1944 年 1 月写出了报告，强调需要根据《大西洋宪章》的宗旨，在伊朗与苏联和英国"帝国主义"做斗争，确保自由企业在伊朗扎根。如果这个计划能够奏效，伊朗就会成为一个样板，代表美国政府如何与一切同垄断、压迫、帝国主义侵略做斗争的国家进行交往（Kuniholm, 168 – 169）。⑭

罗斯福将赫尔利的分析转交给了赫尔，指出"将伊朗作为无私美国政策之作用的样板这个想法"让他感到"颇为激动"（转引自

---

⑭ 罗斯福关于以伊朗为测试案例的措辞，见 RC, 50 ~ 51。

第六章 冷战的起源、动态与结束（1942～1991）

Kuniholm，1980：169）。这句话显然是虚伪的，因为本是赫尔在1943年初首先对罗斯福说，从自私的角度来看，伊朗对于保护美国在沙特的利益而言有重要意义。但伊朗的意义已经远不止于作为沙特阿拉伯的缓冲。1943年12月，伊朗正式邀请两家美国石油企业就美国在伊首项石油开采权进行磋商。虽然身在德黑兰的美国官员提出了警告，认为这样的磋商可能损害盟国的团结，但这两家企业还是得到了开始磋商的许可。英国立即风闻此事，逼迫伊朗政府将英国包括在一切石油开采权新项目中。到1944年2月，苏联政府也深表关切，向伊朗官员捎话，提醒他们苏联对伊朗北部石油拥有"优先权"（McFarland，1980：341）。于是，在美国举措的影响下，开始了围绕伊朗新石油开采权的争夺战。

一开头，苏联在这场争夺战中只是个配角。直到1944年9月，美国的主要对手还是英国，因为英国一直是伊朗石油政治的主导者。其实，在1944年的上半年，苏联政府还不愿直接参与。苏联政府在1944年1月收到一份关于伊朗北部石油资源的分析报告，其中承认伊朗的潜力巨大，但也提出告诫，认为还需要进一步的地质勘查，这就不仅要求大规模投资，而且很可能要求吞并伊朗的部分领土（Yegorova，1996：2-3）。

然而，《英美石油协定》于1944年8月初签署之后，苏联的计划就改变了。该协定确立了共同管理英美全球产量（约占世界总产量的八成）的规则，以确保价格与分销维持稳定。⑮ 然而，在苏联政府看来，这似乎是一场交易，目的是把全球石油分为美英两个势力范围。8月16日，苏联人民委员会副主席拉夫连季·贝利亚向斯大林递交了一份报告，称英美两国正在携手反对苏联，具体而言，是要"阻止伊朗北部的油田转移［给苏联］"。苏联政府必须坚决要求参加

---

⑮ Yergin，1991：402-403；Painter，1986：64。

德黑兰磋商,"在国际石油事务上捍卫苏联的利益"(转引自 Yegorova,1996:3)。9月,苏联政府将一名高级特使派往伊朗,目的是通过谈判得到苏联石油开采权。1944年的"石油危机"开始了。⑯

娜塔莉亚·叶果若娃(Natalia Yegorova, 1996:3)在其影响深远的分析文章中总结道:解密苏联文件显示,苏联政府所关心的,不仅是眼前的安全问题(高加索陆地入侵路线),还有自己能否"平等参与战后竞争……争取拥有中东新油田的权利"。就在苏联的依赖程度上升时,出现了英美共管伊朗石油的新威胁。正因为如此,尽管显然存在恶性循环的危险,但苏联还是加入了争夺战。

各方对此的反应耐人寻味。10月11日,就在苏联政府正式要求得到石油开采权的几天后,伊朗政府宣布推迟一切关于新开采权的磋商,留待战后进行(Natalia Yegorova, 1996:6)。美国支持这个决定,而且理由很充分。虽然这会推迟美国得到开采权的时间,但也会防止开采权落入英国或苏联之手,因为当时这两国的部队在伊朗拥有主导势力。等到所有外国部队撤离之后(根据协定,要在战争结束之后半年之内撤出),美国政府就更有可能深刻影响伊朗的战后发展和石油贸易。美国经济在全球占主导地位,企业拥有技术优势,所以伊朗如果有所选择,自然会趋向美国的经济圈。反之,苏联政府唯一的议价筹码就是在伊朗北部有苏联驻军,隐含着一种威胁:不给予石油开采权就不撤军。

我们无须在1944年秋这场危机的细节问题上耽搁太久。磋商推迟后,苏联人的反应是很恼火,怂恿奉行共产主义的群众党(1941年在共产国际的支持下成立)组织罢工和示威,以高压策略吓唬伊朗政府,同时让苏联政府不必承担直接责任。但这种策略未能动摇伊朗议会多数派的立场。为重申伊朗的决心,议会于12月通过一项法

---

⑯ 该名称见 Kuniholm, 1980。

律，规定政府官员即便就石油开采权问题进行非正式磋商，也属于非法行为。到1945年1月初，由于苏联政府需要防止局势在雅尔塔会议前进一步升级，石油危机逐渐平息下去。苏联直到1946年初才强烈要求获得石油开采权，而当时美苏关系已经急转直下。

由1943~1944年关于伊朗问题的斗争可以得出两个重要结论。首先，苏联政府之所以采取行动，是因为美国政府试图插手伊朗政府的管理以及石油开采权的分配。由于苏联对其经济地位的预期下降，所以英美争夺中东石油成了冷战之初的第一次大国危机。因此，贸易预期理论很好地解释了苏联的行为，以及危机的开始。

但情况并非完全如此。罗斯福与赫尔知道，苏联和英国自1907年以来就一直认为伊朗属于其地缘政治圈，所以想在这个国家扩大影响力，势必带来风险。美国领导人是睁大双眼进入伊朗的，这说明我们不仅需要解释苏联的行为，而且需要解释美国的行为。这就引出了第二个结论：归根到底，经济现实主义比贸易预期理论更能解释美国的行为。美国发现了威胁，但这与其说是因为担心英国和苏联会马上采取措施，限制美国得到石油的途径，还不如说是预见到将来会依赖伊朗的石油，由此而产生威胁。罗斯福政府担心，假如美国政府无所作为，英国和苏联就会在伊朗建立太大的势力。而与此同时，罗斯福正在设法鼓动边缘地区国家参与全球经济。正如经济现实主义将会预言的那样，通过抓住机遇，将力量投送进伊朗的权力真空，美国领导人认为可以削弱苏联和英国的势力，同时让美国能够得到石油，尽管存在引起贸易-安全恶性循环的危险。于是，中东变成了地缘政治竞争的中心，这种竞争一直持续至今。

欧洲的动荡与冷战斗争的开始（1945年1月~7月）

到1945年1月，罗斯福的策略已经使美国处于非常有利的地位。

因此，到 6 月底、7 月初时，他的继任者就能转移到"前遏制主义"（protocontainment）立场。美国此时已在欧亚大陆周边建立了一系列基地，又帮助伊朗政府起死回生，以阻挡苏联的进一步渗透。而且，罗斯福没有采用摩根索计划的极端形式，即将德国分裂为若干小农业省，而是打下了基础，将德国的煤炭和工业融入整个西欧经济。事实证明，这种整合对防止西欧倒向共产主义起到了必不可少的作用。在 2 月的雅尔塔会议上，罗斯福在无法阻止的事情上做出了让步，让苏联政府控制东欧。但在此会议上，他得到了斯大林的保证：不会坚决要求苏联参与收复意大利的过程。斯大林还同意在欧洲战争结束三个月后参与太平洋战争，从而尽量减少美国在军事上的损失，这种损失可能削弱美国战后的实力。斯大林的条件很温和。他可以承认国民党政府为中国的合法政府，答应在苏军撤退后将满洲交给蒋介石。至于回报，他只要求使用辽东半岛的一个温水港，并参与运营满洲铁路（见 Plokhy, 2010; Harbutt, 2010）。[17]

尽管如此，从 1945 年 1 月~9 月，两个主要经济问题仍然困扰着美国的策略讨论过程。首先是苏联请求美国在战后提供 60 亿美元的贷款，以促进苏联的重建过程。第二是西欧经济已遭受重创，而且有人担心仅仅是缺乏温饱就可能使西欧国家倒向共产主义，或通过选举，或通过革命。还有两个经济问题与上述主要问题相联系：针对德国的赔款政策，以及美国如何获得东欧贸易投资途径的问题。[18]

1945 年 1 月 3 日，苏联外长维亚切斯拉夫·莫洛托夫会见美国大使艾夫里尔·哈里曼，请求美国提供 60 亿美元的贷款，让苏联得以重建工业体系 [FRUS（1945），5: 942 - 943]。从 1944 年春起，

---

[17] 在 7 月中旬波茨坦会议召开的前一天，杜鲁门和斯大林确认了关于远东的这种安排 [FRUS（1945），Potsdam 2: 43 - 46; 1585 - 1587]。

[18] 关于后两个问题的详细讨论，见 Copeland 即将出版的新书。

第六章 冷战的起源、动态与结束（1942~1991）

哈里曼就一直敦促罗斯福将战后贷款用作外交工具。用哈里曼一再重复的话说，美国政府应该摆出"坚定而友好"的姿态，将政治让步作为美国贷款保证的"交换条件"。⑲ 罗斯福赞同这个观点，于1月10日对新任国务卿爱德华·斯特丁纽斯说，"我们一定不要发放［贷款］，不要向他们做出财政上的承诺，直到我们得到想要的东西为止"（转引自 Herring, 1973：170）。斯特丁纽斯认为这个问题不应在雅尔塔会议上提出。罗斯福同意这个看法，所以在一个月后开会时刻意保持沉默［Paterson, 1973：39-40；*FRUS*（1945），5：967-968］。贷款在罗斯福任内没有得到批准。杜鲁门政府直到1946年才处理贷款问题，而且最终永远放弃了这个想法。不用说，对于首当其冲遭受纳粹侵略的苏联而言，这非常令人失望，而且也是一个早期征兆，反映了美国刚刚形成的经济大战略。

但1945年最重要的事，是美国在4月意识到西欧正在遭受极其严重的经济危机。此事将直接决定美国的经济政策，从而决定苏联的商贸预期。1945年4月4日，哈里曼提醒罗斯福，苏联政府可以把西欧局势作为理想的宣传工具，鼓吹其经济制度的优越性。假如美国不迅速采取行动，整个欧洲都有可能落入苏联控制之下。因此，美国的政策要转向"首先照顾好我们的西方盟友"，然后才"把剩下的划给苏联"。在马歇尔计划出台两年多以前，哈里曼就看出了必须要做什么。为阻止共产主义的传播，美国政府必须通过经济援助，为赞同美国自由价值观的各国人民"重新恢复合理的生活"（*FD*, 39-40）。

直到4月中旬，哈里曼的报告才完全产生了效果。当时，助理陆军部长约翰·迈克罗伊从欧洲回国，告诉各位同僚，情况远比想象的严重，尤其是在德国。史汀生在4月19日的日记中指出，德国形势

---

⑲ 见 Paterson, 1973：35-36；Herring, 1973；Harriman and Abel, 1975；Martel, 1979。

"之严重很可能在世界上前所未有。我预料会产生混乱,但详细情况令人惊骇"(转引自 Leffler, 1996b: 16)。美国官员知道,假如德国无法生存,美国在欧洲的整个行动都要受到损害。西欧的家庭和工厂需要德国的石油;如果苏联限制东欧石油出口,就更加需要。迈克罗伊和史汀生利用 4 月与杜鲁门经常见面的机会,时刻向他通报欧洲事态发展情况,提醒他假如无所作为会有何影响。写给杜鲁门的报告中,有一份特别直接,宣称"中欧正在发生经济、社会、政治的全面崩溃",自罗马崩溃以来"规模空前"。法国、比利时等国"很可能被目前〔中〕欧正在发生的崩溃弄得四分五裂"(转引自 Leffler, 16 – 17)。

新总统显然吸纳了上述意见,并相应地调整了行为。4 月 20 日,哈里曼对杜鲁门说,要建立美苏关系"可行的基础"还是有可能的,但美国政府需要采取强势姿态,而且可以这样做,因为苏联政府"需要我们的帮助,以减轻重建的负担"。杜鲁门同意了,说他打算做到"坚定而公平",得到 85% 想要得到的东西。[20] 两天后,杜鲁门与莫洛托夫开始了为期两天的谈判。杜鲁门在头一天态度和蔼,但第二天就强势主张,斯大林必须信守在雅尔塔会议上关于波兰所做的承诺,否则国会就不大可能批准向苏联提供经济援助的法案。[21] 杜鲁门通过直截了当的"连锁政治"表明,苏联要想得到重要的战后援助,就必须在东欧采取合作姿态。

话虽这样说,但杜鲁门此时还是希望促成美苏的战后合作。他关于波兰的目标很温和。杜鲁门比谁都清楚,他无法阻止苏联控制波兰。因此,在下面两个月中,他敦促斯大林在波兰内部组成方面做出

---

[20] 《谈话备忘录》,HSTL, 1945 年 4 月 20 日,Papers of HST, PSF:外交事务主题案卷,俄国:莫洛托夫。

[21] 《谈话备忘录》,HSTL, 1945 年 4 月 23 日,Papers of HST, PSF:外交事务主题案卷,俄国:莫洛托夫。亦见 FRUS (1945), 5: 256 – 258。

第六章　冷战的起源、动态与结束（1942～1991）

足够的表面让步，使国内舆论站在杜鲁门这边。斯大林在听了莫洛托夫的汇报之后，应该能够明白，安抚国内舆论是获得战后贷款的关键。5月下旬，杜鲁门将霍普金斯派往莫斯科。杜鲁门在霍普金斯临走前对他说，自己希望与斯大林达成"公平协议"，所以霍普金斯应该让斯大林知道，东欧发生的情况"对美国利益毫无影响"，只是对和平大框架有所影响。霍普金斯应努力让斯大林做出某种姿态，"不论 [苏联领导人] 是否出于真心"，都要"在我国公众面前表示他打算信守诺言"（转引自 Maddox, 1988: 65）。[22]

多派观点认为，波兰是破坏协议的因素，导致了冷战敌对状态的恶性循环。但事实与此相反。其实，霍普金斯与斯大林在1945年6月达成的协议本身就能证明，杜鲁门主要关心的问题是能否拿到给国人看的遮羞布。斯大林同意让伦敦的波兰侨民参加联合政府，直到举行选举时为止，但只能当政府中的少数派。7月初，杜鲁门"非常满意"地公开宣布美国政府承认新波兰政府，而此时他甚至还没有得到选举将会举行的保证（根本没有举行），也没有承认在苏联控制之下的其他东欧政府。更能说明问题的是，斯大林在7月开始审判十六名波兰反对党领导人时，杜鲁门丝毫没有表示反对。[23]

真正使两个超级大国之间产生分歧、导致冷战的争论焦点，范围要更为广泛，也更具地缘政治性。这便是西欧的稳定问题，以及该问题与斯大林为苏联和东欧制定的经济计划之间的联系。美国政府不仅要将资金和物资从新兴的东方国家集团调往西欧，而且将会认为，斯大林采取将罗马尼亚、保加利亚等国与苏联结合的政策，显然表明东

---

[22] 这与参谋长莱希（Leahy）海军上将向杜鲁门提出的建议相吻合。莱希建议，美国政府应当只需让波兰在"外表上"独立即可（莱希日记，LC，1945年4月23日）。

[23] 见 FRUS (1945)，波茨坦 1: 735; Davis, 1974: 237–248; McJimsey, 1987: 386; Trachtenberg, 1999: 12–14。

西方贸易不能用于支撑欧洲的西半部分。与本书中的许多案例相同的是,第三方的政治现实导致了大国主角之间的关系不断恶化。

到4月底,由于美国政府奋力解决西欧经济危机,美国政策与苏联利益之间的矛盾开始加剧了。4月30日,白宫发布了长篇新闻稿,详细介绍了一份关于欧洲的新内部报告:形势很严峻;"欧洲的未来持久和平"取决于能否恢复该地区的经济,而除非西欧能够进行贸易,否则美国经济本身也会遭受严重影响。而且,"一个混乱而饥饿的欧洲,绝非能够建立稳定、民主、友好政府的沃土"。[24] 杜鲁门的意思很明显:没有美国的援助,西欧可能会很快倒向共产主义。

首先,租借援助的对象要从美国政府的战时盟友苏联转向西欧国家。5月12日,美国政府宣布立即终止一切对苏租借援助。传统派或许会认为,苏联当时不可能认为这一举措极不友善,因为美国政府次日就说不会停止一切援助,并恢复了对苏物资供应,为预计即将发生的苏联对日战争做准备。但我们将会看到,苏联正确理解了美国的举动,认为这说明美国的战略思维发生了令人不安的转变。

5月9日,国务卿斯特丁纽斯致函副国务卿约瑟夫·格鲁,提出向已被称为"西方盟友"的各国提供援助,应该比对苏援助优先考虑,而且美国应立即削减对苏租借物资运输。美国的政策应当"态度坚定,同时避免隐含威胁之意"[*FRUS*(1945),5:998]。5月11日,史汀生觐见杜鲁门,想让杜鲁门相信对租借援助需要采取"较现实的政策",也就是说这种援助应该停止。杜鲁门的反应"十分积极",让史汀生(日记,LC,1945年5月11日)就此问题写份报告。当天晚些时候,格鲁与史汀生谈话之后,向杜鲁门递交了一份报告,强调美国政府已正式承诺将某些援助(即苏联参加太平洋战争所需物资)延续到6月30日。但所有其他对苏租借物资供应要立即停止,

---

[24] HSTL,1945年4月30日,Papers of HST,Office File,426(1945–1946)。

第六章　冷战的起源、动态与结束（1942～1991）

相应物资要"根据获批供应计划，转而供应西欧"。杜鲁门正式批准了这份报告。㉕ 第二天，租借管理委员会经内部讨论之后，决定对格鲁的报告做激进理解，立即停止一切对苏物资运输。当天晚些时候，停泊在港口的船只卸货，在海上航行的船只掉头；不仅如此，就连计划为太平洋战争提供的物资供应也取消了（Herring，1973：204 - 205）。

苏联大使馆立即做出了反应。哈里曼与助理国务卿威廉·克莱顿听到消息后，从杜鲁门处得到许可，撤回了命令，允许已装船和已在海上运输的物资继续前往苏联。克莱顿向苏联大使解释道，完全停止供应是官僚机构犯的错误，现已纠正（Herring，205 - 206）。但格鲁当天（即5月12日）向苏联大使馆递交的一份外交公文，加深了"美国的政策已经改变"这种印象。公文强调，将来的租借物资供应要根据苏联的军事需求，以及"根据在已变化的军事形势下各方竞相要求这种物资"的情况而"说明理由"。（"竞相要求"的行为主体显然是西欧各国。）公文随后直言不讳地告诉苏联人：将来的一切援助，包括苏联政府参加太平洋战争所需物资，都不会依据正式合同，而只是在新军事形势"出现时"，根据需要而提供 [FRUS（1945），5：1027 - 1028]。这里的意思很清楚：苏联不再会得到促进其西部重建的援助，而且对日战争所需的租借援助将按需临时发放，即由美国政府自行决定。

以上情况说明，5月12日事件并非只是行政管理发生了混乱。虽然美国官员当天的确太过分，但几乎毫无疑问的是，杜鲁门和国务院强硬派在将美国的政策推往意义重大的新方向。租借援助现在要用来帮助苦苦挣扎的西欧各国，其中大多数对战胜纳粹几乎或完全没有

㉕ HSTL，1945年5月11日，Papers of HST，PSF：主题案卷，1945 - 1953，外交事务，租借；亦见 FRUS（1945），5：999 - 1000。

贡献。乔治·赫林（George Herring, 1973：206）对此总结道："5月12日停止物资运输，事出突然，手段极端甚至粗暴，既无提醒又未商讨，在美苏关系的紧要关头毫无必要地将苏联人推向了对立面。"

几乎毫无疑问的是，苏联对美国经济政策的印象，必定因为5月12日事件而受到了损害。很快，在霍普金斯于5月底会见斯大林时，这种情况变得显而易见。霍普金斯在头一天掌握了会谈进程，第二天问斯大林是否心怀顾虑。㉖斯大林开头便说，美国近来的举动让人对欧战结束后美国政府的态度感到"有些惊诧"。斯大林接着说道，最明显的例子之一，就是削减租借援助。假如美国不再有能力提供这种援助，那可以姑且不论。但"做这件事的态度令人遗憾，甚至很粗暴"。如果不肯继续提供租借援助的目的是"软化［苏联］"，那么美国人就犯了根本性错误。霍普金斯含糊其辞，说5月12日的停止援助令只是一个"技术错误"，不是"政策决定"，而且无人试图"将其用作施加压力的武器"。斯大林不肯罢休。他反对的是此举的形式；只要事先正常提醒，本不会造成反感。斯大林指出，事先提醒"对［苏联政府］很重要，因为［苏联］经济是根据计划运行的"［FRUS（1945），波茨坦1：31–41］。斯大林如此承认苏联需要美国所能提供的东西，还是很罕见的。

我们可以对斯大林的话不以为然，认为那只是为了使美国政府感到内疚，从而恢复物资供应，这种物资毕竟基本上算是免费的。但斯大林承认了租借物资对苏联的计划制定及更广泛的复苏进程不可或缺，这说明5月12日的停止援助令，以及此事关乎未来的意义，确实使苏联人感到震惊而愤怒。从5月下旬到6月，苏联人不断地向哈

㉖ 头一天的会谈重点讨论波兰问题。霍普金斯根据杜鲁门的指示对斯大林说，即使美国公众对苏联的支持在减少，杜鲁门仍希望与苏联政府合作。斯大林表示波兰问题可以轻易解决。在接下来的一周中，苏联领导人就做出了杜鲁门要求的表面让步［FRUS（1945），波茨坦1：24–31］。

里曼抱怨，说苏联无法得到关键的租借物资，而美国的援助却转向了西欧。[27] 但国务院却无意缓和其政策。6月26日，格鲁对苏联人说，租借物资不仅要根据军事需求说明理由，而且现在只能通过"现金支付"购买。如果苏联无法购买，美国政府就会采取措施，"将机器设备用于满足其他需求，以保护美国的利益"，这显然指的是西欧[FRUS（1945），5：1027-1028]。于是，到6月下旬时，苏联政府知道，就连本来要运往太平洋的物资，也将转而提供给美国势力范围中的某些国家，这些国家在对日战争中几乎或完全没有发挥作用。格鲁并未提到这些国家是否具有更强的现金购买物资能力，原因很简单：他知道这些国家会按照旧租借条件得到物资，也就是免费。牺牲苏联的复苏、加强西方势力范围的新政策显然早已开始实施。

我现在想简要讨论一下，杜鲁门的外交政策在1945年4～7月期间逐渐变得强硬，德国在其中起到了什么作用。改变租借援助对象、推迟向苏联政府贷款只是大战略的两个步骤，而这个大战略就是防止西欧滑向苏联势力范围。同等重要的是需要恢复德国（及东欧）与西欧国家之间的贸易。[28] 5月16日，史汀生与总统就德国问题进行了重要会谈，杜鲁门（1955：235-236）后来将这次会谈视为美国政策的转折点。史汀生对杜鲁门说：

> 所有人都认为，下个冬季中欧很可能出现瘟疫和饥荒，而且

---

[27] 可参看格鲁6月初写的《致总统书》，载于 Papers of HST, PSF：外交事务主题案卷，报告：当前外国事态发展；FRUS（1945），5，1018-1020。哈里曼本人于6月21日致函霍普金斯，说他对拖延情况感到"严重担忧"，希望霍普金斯能够动用关系（即与杜鲁门的关系），立即解决问题[FRUS（1945），5：1020]。

[28] 关于东欧贸易的重要性，见 Copeland，即将出版。

此后可能发生政治革命和共产主义渗透。能够防止这种情况出现的,就是法国、卢森堡、比利时、荷兰、丹麦、挪威、意大利等西方政府。一定要防止这些国家因饥荒而走向革命或共产主义。

迫在眉睫的问题,就是1945年夏很可能出现粮食短缺,到冬季时严重恶化。因此,必须确保德国得以重建工业,在欧洲经济中发挥必要作用。史汀生强调,八千万德国人的命运及其建设富裕民主社会的能力,"必将改变〔欧洲〕大陆上的平衡状态"。鉴于德国刚刚在欧洲犯下的罪行,让德国重新融入欧洲是个敏感问题,需要苏联合作。德国工业如果得以复兴,就会需要东欧的粮食,而苏军毕竟占据着中欧最优质的农田。美国政府"必须找到某种办法,说服苏联与之合作"(史汀生日记,LC,1945年5月16日)。

在这次会谈之后,美国的政策发生了新的根本转变。刚刚使欧洲陷入世界史上最血腥战争的那个国家,如今要迅速重新融入欧洲经济,并得以恢复其工业基础。而苏联政府在雅尔塔会议上得到过承诺:一个实力薄弱、四分五裂的德国,将成为苏联长久安全的必要基础。因此在它看来,美国政策的这种改变至少可以说很成问题。但既然杜鲁门已经参与进来,如今就已没有回头路了。5月22日,杜鲁门致函欧洲各国的军事机关,指出欧洲未来的和平取决于得到解放的国家能否恢复经济(Leffler,1996b:17)。6月24日,杜鲁门致函丘吉尔,详细论述了一个观点:欧洲面临"煤荒",因此必须不遗余力地提高德国的煤炭出口量。"我认为,除非立即专注于德国煤炭生产问题,否则西欧地区本身就会发生动荡和动乱,而整个欧洲大陆的稳定有赖于西欧"〔*FRUS*(1945),波茨坦1:612-614〕。在7月3日的一次会谈中,史汀生(日记,LC,1945年7月3日)再次强调必须使德国恢复正常,杜鲁门说他也认为正应如此。

新政策中不可或缺的一项内容,就是决定不让苏联得到德国西半部分的战争赔款。在雅尔塔会议上,斯大林、丘吉尔、罗斯福曾达成一致意见,要迫使德国支付 200 亿美元的战争赔款,其中 100 亿将来自德国西部地区,用来帮助苏联重建。然而,从 6 月到 7 月,美国官员得知战争赔款将削弱德国在西欧发挥新作用的能力后,就明确表示,来自德国西半部分的赔款,必须等到其已经付款购买必要的进口物资后才能支付。苏联明白,即便西德不支付任何赔款,也可以拿这条原则作为理由,于是进行了反击,但美国政府寸步不让。[29] 在 7 月的波茨坦会议上,经过长时间磋商之后,苏联被迫退让。虽然莫洛托夫愿意将赔款数字从 100 亿美元减少到 20 亿美元(但必须保证这个数量),但最终协议只规定了西德剩余工业产量(即减去进口量之后)的 10%～15% 这个数字(Copeland,2000b:155-156)。协议实质上确保了西德与东德之间将基本不存在相互协调。苏联想从东德拿走多少就拿走多少——这种政策当然只能损害其自身势力范围的总体实力,但苏联从西德将所得甚少。由于德国的工业实力主要在西德,所以这将严重影响苏联重建其工业基础设施的努力。

卡罗琳·伍兹·艾森伯格(Carolyn Woods Eisenberg,1996)指出,美国政府的政策明显违背了雅尔塔会议上关于战争赔款的承诺。赔款是为了承认苏联为战胜纳粹德国而做出的巨大牺牲,而如今,希特勒战败刚刚三个月后,美国政府就在协助建设西德,以及现已成为美国西欧盟友的各国。诚然,向德国和其他西欧国家提供的资金,最终并不如 1948 年春季后根据马歇尔计划流往欧洲的数十亿美元那样雄厚。虽然如此,但这笔资金没有经过国会,未曾因为立法机关的争吵而耽搁,所以立即到位,一举逆转了即将削弱西方的经济混乱局

---

[29] *FRUS* (1945),波茨坦 1:477-479,491-493,510-511,528-537;Copeland,即将出版。

面。西方将免受共产主义幽灵的侵扰。如果苏联人发现其经济复苏进程因此受到损害,也只能学着逆来顺受。㉚

冷战早期的危机与紧张局势(1946~1956)

我们已经看到,美国担心欧洲倒向共产主义,从而导致其对将来与西欧进行贸易的预期下降,这对于推动美国采取行动起到了关键作用。而美国采取的行动,又严重损害了苏联关于今后西方贸易与信贷的预期。因此,虽然我们可以赞赏杜鲁门的举措,认为那是对不断恶化的形势做出的明智反应,但我们必须认为,美国这个超级大国与冷战紧张局势的开端之间,具有最强烈的因果联系。斯大林曾在1945年上半年希望通过谈判重建国家,巩固其势力范围。但到了那年秋天,他开始对美国政府的战略转变做出反应。我们首先看到,斯大林在远东问题上改变了政策。在广岛核爆之后,杜鲁门不仅派美国海军陆战队帮助蒋介石夺回满洲,而且采取行动,不让苏联占领日本本土四岛,尽管苏联政府参战后有权承担占领任务。日本在1904年、1918年和30年代末都进攻过俄国,所以斯大林有理由担心日本军国主义复活。于是他让莫洛托夫在9月的外长会议上提出,苏联要求参与占领日本。但国务卿詹姆斯·F. 伯恩斯坚持立场。10月,斯大林对哈里曼说,如果不让苏联政府在日本问题上发挥应有的作用,苏联政府就将被迫在亚洲采取"单边路线"。哈里曼担心美国政策已变得过于强硬,提醒美国政府,假如美国不肯让步,就必将让人更加担忧美国在利用日本遏制苏联。㉛ 但他的提醒无人理睬,于是酝酿出了冷战时代的第一次危机。

㉚ 我在另一本书中详细介绍了杜鲁门如何于7月中旬在波茨坦会议上采取策略,逼迫斯大林开放罗马尼亚和保加利亚的贸易,以便稳定西欧,防止其共产主义化(Copeland,即将出版)。

㉛ 关于美国远东政策的更多细节,见 Copeland, 2000b, 159-161, 169-170。

第六章 冷战的起源、动态与结束（1942～1991）

1946年伊朗危机

在远东局势骤然紧张之后不久，斯大林便开始就长期发酵的伊朗问题采取较为强硬的立场。我们还记得，在1944年末，杜鲁门曾推迟讨论石油开采权问题，直到各大国兑现撤军承诺为止，即战争结束后半年之内。到1945年12月，大部分美军已经撤离，但苏军到年底时还在北部，而且似乎无意在3月初的最后期限前离开。在苏联政府看来，现实情况很清楚：美英两国可以承诺向世界市场投入大量先进技术和运输手段，而苏联却几乎毫无对己有利的谈判筹码。唯一的有利条件就是威胁对方，说军事占领将会继续，直到伊朗政府同意给予石油开采权为止。于是，从1945年11月下旬起，不论伊朗政府如何努力平息苏占北部省份的动乱，苏联一概阻止，同时拒绝撤军，直到伊朗授予石油开采权为止（Yegorova, 1996）。

这种操纵手腕在1946年3月演变为一场轻度危机。当时，伊朗在美国的支持下，将情况提交联合国安理会裁定。苏联代表拒绝参与裁决程序。几周后，在4月4日，苏联与伊朗政府签订了石油协议，伊朗保证在北部授予苏联石油开采权，换取苏联撤军。到5月9日，苏军已经撤离。美国官员认为，这是首次以强硬压力迫使苏联撤离了一个关键战略地区，为此而欢欣鼓舞。但叶果若娃在书中指出，最终结果其实接近于苏联政府将近两年来一直设法达到的目标。自1945年到1946年，苏联仍在从东欧进口石油，还远未达到50年代末的石油天然气强势出口地位。1946年4月的协议当然不是苏联政府大获全胜，但似乎的确能保证是苏联而不是英美能在伊朗北部各省拥有势力，直至将来（Yegorova, 1996）。

这次危机和1944年伊朗危机一样，本质上是超级大国在施展手腕，争夺在战后世界上的经济地位。1944年，美国政府想阻止苏联对伊朗渗透，同时加强自己对该地区的控制。国务院在过去两年中对罗斯福说过的问题，在1945年夏秋又向杜鲁门强调：沙特的石油（给杜鲁门的一份报告中称之为"战略力量的巨大来源，世界历史上最重要的物质宝藏之一"）必须得到保护［FRUS（1945），8：45 - 48；Leffler，1992：80］。虽然美国政府最终准备让英国政府主导控制伊朗石油，却不能允许苏联在这个关键国家发挥任何作用，无论在军事还是经济方面。但由于苏联政府担心无法获得伊朗石油，所以就必须在这个国家至少保留一些势力。因此，贸易预期促使双方在伊朗的前途问题上互相斗争。经济现实主义视角在此处也可成立，因为两个超级大国都将伊朗视为有待填补的权力真空。伊朗最终没有兑现给苏联石油开采权的承诺，但这并不是说，苏联人在1946年4月不相信他们已经得到了经济途径，可以撤军了。其实，危机自行解决的原因，正是伊朗政府利用了苏联关于未来途径的预期，达成了协议，削弱了苏联政府唯一的谈判筹码，即在伊朗领土上驻军。一旦苏军撤离，伊朗就可以违反协议，设法与西方做成更有利的交易，因为伊朗知道，苏联政府会担心假如重新占领，可能会引起较大规模的战争。伊朗政府赢了这一回合，但我们将会看到，苏联绝不会对伊朗善罢甘休。

柏林危机与朝鲜战争

从1947年到1948年，冷战的总体敌对状态再度急剧恶化。1947年2月，英国政府告知美国政府，由于财政赤字严重，英国无法继续支持土耳其和希腊。3月提出的"杜鲁门主义"和6月出台的马歇尔计划，都直接借鉴了1944～1945年定下的战略逻辑：如果苏联能够将土耳其、希腊等边缘地区国家，甚至西欧国家，纳入其势力范围，美国就将丧失维持长久实力所需的贸易和投资途径。外交官乔治·凯南在1946～1947年主张美国必须控制欧亚大陆的"军事－经济潜

第六章 冷战的起源、动态与结束（1942~1991）

力",更是加剧了这种担忧（Leffler, 1992: 143; Gaddis, 1972）。用莱弗勒（Leffler, 1992: 146）的话说，虽然杜鲁门出于国内因素考虑，将杜鲁门主义表述为赤裸裸的意识形态话语，但美国之所以加大力度保护边缘地区，原因却是"根深蒂固的地缘政治信念，其中对国家利益的定义，是以控制关键资源、基地、工业基础设施为基础的权力相互关系"。譬如，在1947年4月，"国务院-陆军部-海军部协调委员会"（"国家安全委员会"的前身）强调了全球经济军事援助的意义。其报告提出："含有或保护金属、石油及其他自然资源的地区"，以及拥有"巨大工业潜力"的地区，"必须让友好国家控制。"（Leffler, 147-148）。

苏俄是集权国家，一百五十年来一直坚定实行新重商主义。而美国与之相反，是民主国家，不能直接强迫盟友交出物资，或接受美国的产品。只有通过维持贸易关系，才能让边缘国家帮助维持美国经济的高速增长。但到了1947年，世界各地的国家显然再也做不起贸易，因为根本没有美元来购买美国商品。西欧就是个典型的例子。1946年，西欧进口了价值约44亿美元的美国商品，但出口额仅9亿美元。过渡贷款在短期内有所帮助，但到了1947年初，美国官员估计，除非向欧洲注入大量现金，否则欧洲只得削减高达80%来自美国的进口额。这将导致中央计划和自给自足经济，也许还会爆发共产主义革命。国务院"欧洲复兴计划"委员会指出，西欧国家如果倒向共产主义，就会与苏联签订限制性贸易条约。然后苏联就会利用这种贸易，控制该地区的重要资源。斯堪的纳维亚、北非、中东均依赖欧洲，所以也会步其后尘，使经济均势发生有利于苏联的根本转变（Leffler, 159-163）。

杜鲁门说过一句名言：马歇尔计划和杜鲁门主义是一颗核桃的两半。要长期维持美国的经济和地缘政治实力，两者都必不可少。1948年的柏林危机就是在这种经济竞争的大背景下产生的，尽管其并非直接取决于经济依赖性本身。我已在别处（Copeland, 2000b：第七章）讨论过这个案例，所以在此只简要概述其与安全有关的根源。

到1947~1948年的冬季时，德国对于西欧复兴的重要性，已变得比1945年时还要明显。在1948年1~3月的伦敦会议上，英、法、美三国同意合并其在德国的占领区，将控制权交给独立的西德政府。㉜在苏联政府看来，这很成问题。西德一旦复兴，就不仅会构成长期军事威胁，而且在短期内，来自苏联占领区的大批难民已不断增加整个东方国家集团的经济压力。英美两国于1948年6月中旬宣布货币改革，作为建立统一西德国家的准备步骤。苏联此时做出了反应，封锁了通往柏林的一切陆地交通，希望以此迫使西方撤销最近的决定。美国知道苏联在以守势应对西方的举动。美国驻莫斯科大使沃尔特·史密斯于7月致函美国政府，称苏联希望"回到原状"，假如伦敦协议取消，就不会为了柏林而战斗［FRUS（1948），2：984－985］。

在其后两个月的讨论中，苏联一直要求撤销协议，但美国政府坚守立场。到1949年6月，苏联停止封锁，接受新的现状，结束了第一次柏林危机。经济因素是苏联发动这场危机的主要动力。苏联政府预见到，西德统一将造成苏联经济实力相对受损。但苏联之所以担心伦敦协议，并非由于东德对与西方进行贸易有所依赖。苏联就是知道伦敦协议将造就强大的西德，加快西方的经济增长，促使东德国民迁往西方。总之，是关于经济萧条的担忧推动了这一过程，但这种担忧并非取决于相互依赖本身。

1948年的柏林危机，对自由主义而言是一个有问题的案例。美苏贸易水平在此之前急剧下降。美国的对苏出口额已从1944年租借高峰期的35亿美元，下降到1947年的1.49亿美元，以及1948年的

㉜ 关于伦敦会议，见 FRUS（1948），2, 867－886。

区区2800万美元（FCY）。㉝ 从经济现实主义的角度来看，既然贸易水平到1948年时已经下降得这么低，那么依赖性就不再是重要变量了。从自由主义角度来看，对苏联行为的经济制约一旦不复存在，那么至少在短期内，贪欲和意识形态扩张等单位层次的推动因素就会成为苏联所作所为的首要推动力。然而，苏联政府的反应显然是出于对安全问题的担忧，只想回到达成伦敦协议之前的状态。对贸易预期理论而言，这个案例也是成问题的。苏联对未来贸易的预期下降，本应推动其政府进行与贸易有关的扩张，以弥补美国制裁造成的经济损失。然而，苏联的胁迫性行为却集中于伦敦协议对东德与苏联集团的经济影响，却与东西方贸易本身无关。苏联的行为取决于其对安全问题的担忧，这符合贸易预期理论的假设。但这个案例说明，在某些情况下，就相对突出性而言，造成衰退的其他因素可能会胜过贸易预期。

杜鲁门时代的下一次重大危机，就是1950年6月朝鲜战争的爆发。与1948年的柏林危机一样，如果我们只依赖于相关性，朝鲜战争也许看似对贸易预期理论和自由主义而言都是很好的案例。从前者角度来看，苏联贸易预期下降，导致其担忧安全问题，促使斯大林接受朝鲜发动攻击带来的风险。后者将会强调，贸易水平到1949~1950年时已降到很低程度，促使苏联政权内部原本就有的种种问题得以暴露。但证据表明，斯大林在1949~1950年考量朝鲜问题时，并未考虑改变超级大国贸易的现状。因此，与柏林危机的案例一样，贸易预期理论即使本身没有错，也缺乏突出性。然而，关于朝鲜战争的传统看法，即斯大林见美国政府将韩国置于美国的防御范围之外，

㉝ 由于数据仅逐年汇报，所以1948年的数字很低，部分原因是柏林危机本身。但即使假定在6月危机开始之后贸易跌到零点，只有价值2800万左右的进口商品在这年上半年卖给了苏联，说明早在危机开始之前，每月的数字已经急剧下降了。

就抓住机会进行扩张，似乎与自由主义非常吻合。在1949～1950年贸易水平很低的背景下，由于苏联行为所受的经济制约不复存在，苏联的贪欲和意识形态动机便得到释放。共产主义阵营在1950年时明显要谋求领土利益，而在1948年时，斯大林却只想抵制西方的种种举措，这就更加使人相信，苏联政府只是在咄咄逼人地试图扩大共产主义的地盘，而这样做的原因远远超出了"安全"的范围。虽然对于经济自由主义而言，1950年的朝鲜战争似乎是整个冷战时期唯一的可靠案例，但苏联档案中的新证据表明，在推动斯大林行为的因素中，防卫方面的动机远远超过了贪欲和意识形态目的。

在柏林危机之后，贸易水平确实在不断下降，美国对苏联的出口额从1948年的2800万美元下降到1949年的700万美元，到1950年时只有70万美元（FCY）。这反映了美国政府在1948～1949年正式限制美苏贸易，以及与西方盟友一起设立了恶名昭彰的"东西方贸易统筹委员会"，限制东西方贸易。迈克尔·马斯坦杜诺（Michael Mastanduno, 1992）认为，上述举措纯属经济战：凡是有可能增强苏联经济实力，从而增强其军事实力的商品，美国及其盟友试图一律禁止其销售。然而，尽管贸易水平下降，却显然并未影响斯大林关于朝鲜的决策。

关于朝鲜战争的观点，一般集中于国务卿迪安·艾奇逊在1950年1月12日关于东亚问题的重要外交政策讲话，认为那是战争的导火索。这次讲话的目的是介绍针对东亚加强遏制的新计划。艾奇逊指出，从日本到菲律宾，存在一道"防线"，而美国政府致力于保卫防线内的国家。按照多数说法，艾奇逊将韩国划在防线以外，就是允许苏联和朝鲜入侵。毕竟，如果美国不肯承担保卫某国，"延伸威慑"是不起作用的。[34]

---

[34] 关于这种论点影响深远的一个版本，见 George and Smoke, 1974。

第六章 冷战的起源、动态与结束（1942~1991）

但苏联档案表明，在艾奇逊发表讲话10天前，苏联政府已经在转向较为强硬的政策了，而且认为这个讲话标志着美国政府参与东亚事务的程度是在加深，而不是减轻。毛泽东于1949年12月中旬抵达莫斯科，希望通过协商建立中苏同盟，但对方却暗示他，暂时不要抱有这种指望。随后，所有苏联官员都立刻对他不理不睬，直到1月2日苏联的态度发生了奇怪的大转弯。那天，苏联人出乎意料地一反常态，同意为立即建立同盟而努力。这种奇特的转变不能解释为某种谈判策略。当天去见毛泽东的苏联人（莫洛托夫和一位同僚）只是答应了毛泽东的主要要求，却并未要中方有所回报。苏方此举并未顾及美苏关系恶化的显著危险，而此前之所以踌躇，正是由于担心这种危险。苏联政策转变的最佳解释，似乎是1950年1月1日《纽约时报》的报道，其中令人吃惊地披露，美国政府正在对东亚采取新的强硬政策。当时，《纽约时报》是美国刊登外国新闻的主要报纸，也是苏联领导人的重要参考资料。主要的报道人是詹姆士·雷斯顿，此人与艾奇逊、杜鲁门等关键人物都有私交。雷斯顿撰写的新闻刊登在1月1日头版，透露了12月29日国家安全委员会会议泄露出来的详细内容。在会议上，杜鲁门对更加激进的远东遏制政策表示赞同。

根据雷斯顿的报道，新战略之目的是在斯大林和毛泽东之间"加大裂口"。此外，还要在东南亚阻止共产主义发展，通过条约在日本建立多处美国军事基地。㉟ 根据协议，杜鲁门很可能允许日本重新武装。在雷斯顿的报道旁边，有篇文章讨论麦克阿瑟上将对日本民众的讲话。麦克阿瑟在讲话中暗示，共产主义正在前进，所以不能指望同意日本完全解除武装。㊱ 这一转变的方向似乎很明显。《纽约时

㉟ 《纽约时报》，1950年1月1日，A1版。
㊱ 《纽约时报》，1950年1月1日，A1版。

报》的另一篇文章指出，美国政府正在采取"较为强劲的东方政策"，其中日本是关键环节。㊲

鉴于日本过去的侵略行径，这样的消息已足够使苏联人改变方向，同意建立中苏同盟。这个同盟将会使中国留在苏联阵营，也有助于阻止美国从将来的驻日基地发动进攻。㊳ 能够支持这种理解的是：从12月下旬到1月2日，中美两国的行为并未发生能够解释苏联行为转变的其他变化。通过排除法，我们可以比较肯定地认为，苏联政策转变的原因，是斯大林对《纽约时报》所披露情况的忧虑反应。

然而，如果斯大林做出了守势的反应，那么对于强调苏联安全顾虑的理论而言，1月12日讲话仍然看似是不解之谜：如果韩国被划在美国防线之外，苏联人为何因此小国感到担忧？但现在情况似乎很清楚了：苏联人在1月做出重要决策时，根本不知道韩国在防线之外。由于艾奇逊讲话的内容直到11天后才公布，所以苏联政府只能依靠美国新闻界的报道，《纽约时报》再次成为最佳消息来源。《纽约时报》于1月13日刊登了介绍讲话内容的文章，重点是艾奇逊指责苏联在东亚实行帝国主义，尤其针对中国。艾奇逊说，苏联试图吞并中国北方的四个地区，此举必将使苏联人面临"中国人的仇恨和义愤"。这种语句支持了《纽约时报》此前的报道，其中称艾奇逊和杜鲁门正在努力让中国脱离苏联。

文章后来简要介绍了艾奇逊如何讨论从日本到菲律宾的所谓防线。艾奇逊认为，至于亚洲的其他地区，"没有人能保证这些地区免遭军事进攻"。在朝鲜于6月25日发动进攻之后，评论者和史学家根

㊲ 《纽约时报》，1950年1月1日，A20版。

㊳ 建立同盟的文件公布于1950年2月14日，强调需要防止日本侵略行为复活，并防止与日本合作的任何国家复兴帝国主义（见Goncharov, Lewis, and Xue, 1995：260-261，45号文件）。

第六章　冷战的起源、动态与结束（1942～1991）

据这些语句认为，艾奇逊已经允许苏联入侵他国。㊴但艾奇逊接下来强调，防线外的任何国家遭受攻击，都会涉及"整个文明世界根据《联合国宪章》承担的义务"。总之，即使苏联认为朝鲜在防线之外，这句话也会使之警惕：这时的美国显然主导着联合国，经常利用联合国促进美国在韩利益。㊵说联合国将抵抗一切侵略，在苏联政府看来，几乎等于说美国对韩国承担义务。㊶

但真正令人震惊的情况是：《纽约时报》（1950年1月13日，A1版）的报道有误，把艾奇逊的话说成："在亚洲南部，与日本韩国不同"，美国只是将通过联合国机制提供援助的许多国家之一。因此，根据《纽约时报》的报道，韩国其实是在防线之内！从冬天直到1950年春，即便在讲话全文公布之后，该报记者仍然坚持这种说法。㊷

莫洛托夫与毛泽东1月17日谈话的详细记录表明，苏联人对艾奇逊演讲的印象，的确与通常所认为的印象不同。莫洛托夫不仅没有提及防线和韩国，而且完全专注于艾奇逊关于苏联帝国主义的不友好言论。毛泽东说这个讲话让他感到困惑：是不是美国在释放"烟雾"，以便占领台湾？莫洛托夫说："美国人试图借助诽谤和欺骗"在中苏之间"制造误会"。他请毛泽东谴责这个讲话"侮辱"中国，毛泽东答应了。苏联人担心美国政府会使中国脱离苏联集团，与铁托的南斯拉夫情况一样，这种担心是实实在在的。因此，毫不奇怪的是，斯大林在1月22日又做出了单方面让步，对毛泽东说，他将撤销中国领导人非常反感的1945年各项协议（协议让苏联在满洲拥有一个港

㊴ 分析家在6月25日前对艾奇逊讲话做此理解的表述，我没有找到一例。关于只有韩国大使感到担忧一事的讨论，见 McLellan, 1976: 210-211。

㊵ Dobbs, 1982, 第五至七章；Lee, 1995, 第二章；Cumings, 1980。

㊶ 其实，由于韩国地位不明确——是联合国建立的国家，但还不是其成员，所以艾奇逊基本上只能这样说。于是，联合国就成了新兴国家理想的保护伞，同时又能保持公正的姿态。

㊷ *DSB*, 第22卷, 1950年1月23日；Cumings, 1990: 423-438。

口,并与中国共同管理满洲铁路)(CWIHPB, 8 - 9：232 - 235)。

艾奇逊的策略适得其反。这位国务卿的言论非但没能让中国脱离苏联,反而导致中苏建立了同盟,又使美国的意图更加受到怀疑。此时,朝鲜半岛对所牵涉的各方而言都更加具有直接的突出意义。早在1949年3月,金日成就首次恳求斯大林支持朝鲜对韩国发动战争。斯大林没有答应,告诉朝鲜"需要谨慎行事"(CWIHPB, 5：5)。苏联敦促金日成通过颠覆而非战争取得胜利。1949年9月,金日成再次请求许可,因为南方的反叛活动即将失败,而苏联再次要他保持谨慎(CWIHPB, 5：6 - 8)。

1949~1950年秋季到冬季,韩国完全剿灭了叛军。2月9日,在杜鲁门的呼吁下,国会在已经划拨的六千万美元基础上,又批准了6000万美元的对韩经济援助(《纽约时报》,1950年2月10日,A1版)。3月7日,杜鲁门要求国会自1950年7月1日起,为1951财政年度再向韩国提供一亿美元。以当前美元价值计算,以上援助数额巨大,相当于在1950年7月1日前提供超过14亿美元,然后再提供11亿美元。3月初,艾奇逊告诉参议院外交委员会,该援助标志着美国对新兴民主国家的支持。而且,由于1943年开罗会议的缘故,"[美国]对韩国负有'特殊责任'……这是普遍公认的","正如美国对日本的情况一样"(《纽约时报》,1950年3月8日,A6版)。

美国公开对韩国承担责任,不仅力度很大,而且不断加强。斯大林怀疑朝鲜的生存能力,所以在他看来,这只能说明一点:假如他继续阻止金日成发动战争,韩国将逐渐控制朝鲜半岛(见 Goncharov, Lewis and Xue, 1995：140)。韩国的人口是朝鲜的两倍,而且有了美国的经济援助,长远来看必将超过朝鲜。但在短期内,根据大使馆的报告,朝鲜的军事优势显著。历史学家查尔斯·阿姆斯特朗(Charles Armstrong, 2003：238 - 239)叙述道,在金日成看来,韩国"目前不堪一击,但将来可能变得比较强大",因此现在就要把它打败。

第六章 冷战的起源、动态与结束（1942～1991）

到3月中旬，斯大林已下定决心。3月18日，他直接写信告诉金日成，他现在可以提供进攻所需的武器。几天之后，斯大林同意在莫斯科会见金日成，敲定细节问题。4月中旬，在等待毛泽东意见时，金日成已在着手准备。5月13日，金日成在北京与毛泽东会见，对毛泽东说他已得到斯大林的指示，说"目前的形势已经发生变化"。毛泽东对这种突然的政策转变感到不解，要求苏联大使予以澄清。斯大林次日直接致函毛泽东，证实他已告诉朝鲜人，由于国际形势发生了变化，所以他们应当实施统一（CWIHPB，4：61）。6月25日，朝鲜战争爆发。

因此，朝鲜战争的起因似乎与1948年柏林危机的起因颇为相似。苏联采取的行动，主要是出于恐惧，而不是出于利欲，或是由于认为西方很虚弱，想要加以利用。从1949年4月起，斯大林对朝鲜发动进攻原本持谨慎态度。但新证据表明，美国准备通过向韩国等前线国家提供援助，扩大其在远东的军事存在，加强其势力范围的实力。在此情况下，苏联必须采取行动。此处给出的证据，只是简要总结了我在别处提供的档案资料（Copeland，即将出版），但能够表明苏联领导人想法的主要动因，是对未来的担忧，而不是贪欲或意识形态动机。虽然韩国是"最有可能"支持自由主义的案例，但所谓贸易减少会释放国内病态的观点，在此受到了质疑。然而，正如1948年柏林危机一样，这个案例也说明，在决策者面临其他引起衰退的重大决定因素时，贸易预期理论可能缺乏显著意义。

伊朗危机与苏伊士运河危机（1951～1956）

1951～1953年的伊朗危机和1955～1956年的苏伊士运河危机，应当合并起来分析。两者都是中东地区较大范围地缘政治斗争的组成部分。与柏林危机和朝鲜危机不同，经济相互依赖和贸易预期在影响美国行为方面并未起到重要的因果作用。这两个案例有许多共性。两次危机从根本上说都是围绕着中东的石油流动。与本书中的许多案例一样，是外源性的第三方关切推动着大国的行为。伊朗和埃及领导人都是民族主义者，想要控制对于美国的某个盟国而言很重要的东西：在伊朗案例中，是属于英国的英伊石油公司；在埃及案例中，是英国主导的苏伊士运河公司。此外，在两个案例中都存在一种担忧：苏联与关键当权领导人之间的联系，有可能让苏联政府最终能够使美国无法得到该地区的石油，也无法进入其最重要的石油产地沙特阿拉伯。最后，当两次危机分别于1953年和1956年达到顶点时，美国领导人是同一个，都是艾森豪威尔，支持其计划也是同一批顾问，包括很有势力的国务卿约翰·福斯特·杜勒斯。

然而，尽管有这些相似之处，但美国对两次危机的反应却截然不同。在伊朗案例中，艾森豪威尔授权对政府发动政变。1953年8月，在中情局的积极支持下，一位军事将领推翻了伊朗领导人穆罕默德·摩萨台。这是冒险之举，有可能扩大范围，引起超级大国之间的局势恶化。艾森豪威尔处理埃及一事的行为就温和得多了。他绝不允许推翻政府，并且采取强硬立场，反对英国、法国、以色列进行干预，而这三国是最想使用武力的。当这三国于1956年10月下旬到11月上旬确实进攻埃及时，艾森豪威尔和苏联政府一道，在联合国安理会谴责其行为，又实施了极为严厉的经济制裁，迫使英法两国很快结束占领。

面对两个看起来相似的问题，美国政府却采取了不同的立场，这如何解释？据我所知，尚无政治学著作就此问题比较这两个案例。研究美国中东政策的历史学家虽已透彻分析了这两次危机，却往往将两者分开讨论，所以未能回答我所提出的问题。我要指出，美国两次的反应有所差异，是因为对未来的贸易预期不同，再加上担心苏联在中东主动出击。在两次危机中，美国的精英都小心谨慎，避免对当时特

第六章 冷战的起源、动态与结束（1942~1991）

定政府的国有化措施反应过度。他们担心，如果做出支持英国的强烈反应，必将加剧对西方的仇恨，损害美国的地位，而当时苏联政府正在充当全世界"反帝力量"的捍卫者。但在伊朗，由于英国的石油制裁已经摧毁了伊朗经济，所以国内局势到1952年时已经陷入混乱。到杜鲁门总统任期快结束时，已经有了实实在在的担忧：假如美国政府不采取行动，这个国家就会落入已经与苏联政府结盟的共产党人之手。苏联人控制了伊朗及其石油之后，就可以对付该地区的其他国家，这些国家的石油主要流向美国和欧洲大陆。在这样的威胁之下，艾森豪威尔决定实施推翻摩萨台的计划。该计划是在杜鲁门总统任期之末首次讨论的。[43]

与此相反，在埃及案例中，从未有过共产党夺权的真正危险。埃及总统迦玛尔·阿卜杜尔·纳赛尔当然被视为一位难以捉摸的领导人，利用阿拉伯民族主义建立自己在本国和本地区的声望，但并无证据表明埃及共产党人已经强大到足以推翻他的地步。实际上，纳赛尔虽然接受苏联集团的军事经济援助，却在国内成功压制了共产党。因此，在纳赛尔宣布将苏伊士公司收归国有后，英国要求采取军事行动时，艾森豪威尔认为风险远大于收益。如果由英国主导，发动进攻或政变，会激起整个中东的阿拉伯民族情绪。如果美国政府被视为支持这种行动，其声誉将严重受损。而且，纳赛尔的举动相当温和，提出为将苏伊士公司收归国有而进行补偿，向世人保证将保持运河畅通，并在9月证明埃及可以不用欧洲帮助自行引导船只通过运河。总之，虽然艾森豪威尔及其国务卿反感埃及领导人及其立场，但在艾森豪威尔看来，纳赛尔对欧洲和美国的石油供应并不构成威胁。

---

[43] 关于杜鲁门与艾森豪威尔两届总统在伊朗问题上的政策连续性，见 Gavin，1999。

英国人强烈反对艾森豪威尔对形势的估计，认为贸易受到了严重威胁。但艾森豪威尔比英国政府更加清楚地认识到，让贸易继续进行完全符合纳赛尔的利益，尤其是因为他需要运河带来的收入为阿斯旺水坝项目提供资金。因此，埃及的情况与1953年的伊朗形势很不一样，当时的石油供应确实受到了威胁。两个案例中对未来贸易的预期不同，能够很好地解释美国政府为何采取不同姿态。我们将会看到，经济现实主义和经济自由主义无法解释这两个案例，两者的不同就更不必说了。与经济现实主义观点相反，美国在两个案例中都有依赖性，但只在伊朗采取了行动，而且是直到情况恶化时才行动。推动美国行为的是安全上的担忧，而不是自由主义提出的单位层次因素。

我们已经看到，美国在战后对中东念念不忘，可以追溯到罗斯福的担忧：美国的能源依赖性日益上升，而苏联再次关心中东地区。印度于1947年独立之后，欧洲在全世界的帝国势力即将垮台，预示着超级大国斗争将进入一个不祥的新阶段。1948年9月，中情局印发了关于新形势的首份重要分析报告。其中开头几段概述的逻辑，将在其后三十年中指导美国关于所谓第三次世界大战的思考。殖民体系的解体"对美国的安全有重大影响，尤其是可能与苏联发生世界性冲突"。如果美国未能合理出牌，就很容易"［丧失］得到这些地区中关键基地和原料的稳妥途径"。苏联没有殖民地，又是新近工业化的大国，处于"领导［反］殖民事业"的有利地位。这就意味着新兴国家可能与苏联结盟，"对当前［东西方］力量平衡产生不良影响"［CIA（HT），219-234］。

面对这种新的现实，美国政府只得小心应对中东日益发展的民族主义，否则就会被视为"又一个帝国主义国家而已"。1948~1949年，中东的主要石油生产国，包括伊朗和沙特，开始与外国跨国公司重新谈判，达成协议，以分享更多的石油利润。1949年7月，英伊

第六章 冷战的起源、动态与结束（1942~1991）

两国政府的英伊石油公司通过谈判达成了初步协议，在多数伊朗人看来远远没有达到伊朗的要求。伊朗议会拒绝批准该协议。1950年6月，问题提交给了国民阵线（民族主义组织联盟）领导人摩萨台主持的特别委员会。11月，委员会拒绝接受该协议，宣布只有国有化才能保障伊朗的利益（Painter, 1986: 172 - 173）。

杜鲁门政府担心，假如英国连有限国有化也不肯接受，就会引起动乱，而苏联政府会通过信奉共产主义的伊朗人民党对之加以利用。1950年7月，中情局局长R. H. 希伦科特向杜鲁门递交报告，毫无掩饰地陈述了问题：苏军"能够在毫无征兆的情况下席卷伊朗"。假如情况恶化，人民党掌权，苏联人将得到伊朗丰富的石油资源，并能深入中东其他地区和印度次大陆。㊹而情况的确开始恶化了。1951年3月7日，支持怠工策略的首相阿里·拉兹马拉遇刺。八天后，伊朗议会投票决定将英伊石油公司收归国有。4月28日，摩萨台当选伊朗新首相，三天后新法案经国王批准生效（Painter, 1986: 171）。英国政府拒绝接受国有化，危机骤然升级。

在任期的最后两年中，杜鲁门的立场一以贯之，认为英国应该接受国有化，以免发生动乱，导致共产党掌权。但伊朗应该提供补偿，并向英美企业保证其仍然可以在全世界销售伊朗石油。伊朗和中东对世界经济而言已经是太重要了。1951年1月的《国家情报评估》指出，假如中东石油供应中断，不仅美国要"大规模实施定量供应"，而且西欧的工业发展也要暂停，导致其经济结构发生"深刻变化"。㊺

㊹ "致总统书"，HSTL，1950年7月27日，Papers of HST, PSF: 情报档案，1946 - 1953，中央情报局。

㊺ "和平时期条件下伊朗与中东石油对西欧的重要性"，NIE - 14，HSL，1951年1月8日，Papers of HST, PSF: 情报档案，1946 - 1953，中央情报局报告。亦见一份未标日期的国家安全委员会备忘录，大约于3月印发，提出的观点与此相似[FRUS (1952 - 1954), 10: 12]。

后面这种影响尤其值得关注，因为美国政府自 1944 年以来的首要目标就是稳定西欧，防止其倒向共产主义。

1951 年夏，杜鲁门试图通过特使哈里曼在伊朗和英国之间促成协议，但两国政府仍然不肯妥协。丘吉尔在 10 月重新掌权后，形势反而更加恶化。伊朗石油出口已经下跌，但丘吉尔却采取措施，确保伊朗无法将石油卖给英国以外的石油企业。到当年年底，伊朗石油已遭到全面封锁。这将在 1952 年和 1953 年对伊朗经济造成绝对灾难性的打击。

杜鲁门政府此时进退两难。1952 年，杜鲁门继续努力促成英伊两国协议，但外交磋商毫无结果，伊朗继续陷于国内动乱（Yergin, 1991: 465 – 466）。1952 年 8 月，国务卿罗伯特·洛维特开始推动政策发生重大变化。他主张，由于英国在该地区不再强势，美国必须在政治、经济、军事方面承担新的责任，防止伊朗走向共产主义（Leffler, 1992: 483）。到 1952 年秋，艾奇逊和杜鲁门受够了英国和伊朗不肯妥协的态度，转而接受了洛维特的观点。11 月 18 日，两人会见当选总统艾森豪威尔时，伊朗在议事日程上排第二。艾奇逊对艾森豪威尔说，英伊两国政府都"完全不讲道理"，它们之间的僵局已导致伊朗的政治体制"严重瓦解"。艾奇逊含糊其辞地说，他和杜鲁门因此"将在总统批准后考虑［美国政府］可以单独采取什么办法解决问题"。㊻

艾奇逊没有告诉艾森豪威尔的是，国务院已经准备实施洛维特的政策转变，其中一切选项都在考虑之列，包括动用武力。在与艾森豪威尔会谈后次日，杜鲁门会见了国家安全委员会。国防部副部长临时代替洛维特，对杜鲁门说，美国现在必须"采取单边行动……让伊朗回到我们这边"。虽然他希望非军事措施即可奏效，但国防部已就

㊻ "杜鲁门总统与艾森豪威尔上将白宫会谈备忘录"，HSTL，1952 年 11 月 18 日，学者研究档案（B 档案），伊朗石油危机，1951 – 1953。

第六章 冷战的起源、动态与结束（1942～1991）

军事行动的可行性得出了初步结论［FRUS（1952－1954），10：526］。次日，国家安全委员会发布了一份关于伊朗的文件（NSC 136/1），待杜鲁门批准。文件提出，如果伊朗倒向苏联集团，苏联就会严重威胁中东石油。因此，如果共产党试图夺权，美国应采取包括"军事支援"在内的行动，支持非共产党一方［FRUS（1952－1954），10：529－534］。当年11月，美国开始通过与英国政府接触，制定秘密行动计划。于是，到艾森豪威尔政府任职的第一个月，英美两国政府已就政变计划的细节内容达成一致，并让老罗斯福之孙科米特·罗斯福监督实施（Painter，1986：189－90；Rubin，1980：77－79）。

伊朗局势不断恶化，对石油供应构成威胁。到杜鲁门政府任期结束时，这种情况已促使其转向冒险的军事颠覆行动。虽然大家还是希望可以不通过战争解决问题，但NSC 136/1号文件的最后一节指出了问题真正的严重性。假如苏联政府派兵进入伊朗，美国政府就得认为"世界大战很可能一触即发"，然后就要"以最有利于美国安全的方式……对侵略者［采取］行动"［FRUS（1952－1954），10：533－534］。不仅伊朗，而且全中东的资源都岌岌可危。因此，假如苏联试图强行进入该地区，美国就准备打仗。

故事的结局很快即可说清。艾森豪威尔（1963：160－161）于1953年1月20日就职之前，就已经在设法解决问题了。英美两国政府在2月将政变计划制定完毕。到3月初时，情况很明显：假如摩萨台能够继续掌权，就只能依靠人民党支持。㊼在3月4日的国家安全委员会会议上，杜勒斯对艾森豪威尔说，假如伊朗倒向了共产主义，"几乎毫无疑问的是，拥有世界石油储量六成的中东其他地区也很快会落入共产党之手"。会议气氛极其悲观。财政部长问杜勒斯，他是否已经认为伊朗将倒向共产主义。杜勒斯说是，艾森豪威尔听后便提出可

㊼ 见1953年3月1、2日备忘录，载于 FRUS（1952－1954），10：689－692。

将美军调往伊朗邻国。这样做显然很冒险。艾森豪威尔指出,假如美国被迫派兵进入伊朗,苏联政府将援引1921年同盟条约,"那样一来,我们就会与苏联打起仗来"。但如果美国未能采取行动,他"担心美国会下降到二流国家地位"[FRUS (1952-1954), 10:692-701]。

4月,德黑兰的中情局特工收到了一百万美元,用于推翻摩萨台。7月中旬,科米特·罗斯福从伊拉克进入伊朗,最终敲定"阿贾克斯行动"的安排事宜。8月中旬的街头抗议有利于摩萨台,国王逃离伊朗。然而,8月18~19日,在中情局的帮助下,法兹卢拉·扎赫迪将军逮捕了摩萨台,控制了国家。国王洋洋得意地回到伊朗,苏联人明智地没有对结果提出异议。两年之内,由美、英、荷石油公司组成的财团同意与伊朗的国有化石油公司分享利润,这与近期和沙特等其他重要产油国达成的协议类似(见Kinzer, 2003; Yergin, 1991)。

伊朗危机最终得到解决,没有升级为地区战争。但杜鲁门和艾森豪威尔为了防止苏联政府在中东站稳脚跟,都愿意承担这种升级的风险。第三方的动荡造成了一种局面,使通过谈判达成解决方案变得希望渺茫。关于未来贸易的预期下降,加上西方对中东的依赖性越来越强,使两位总统采取的策略都越来越严厉。由于依赖程度保持不变,所以经济现实主义无法解释美国的政策为何发生转变。自由主义无法解释美国领导人为何在依赖程度很高时采取冒险行为,也无法解释为何安全目的占主导地位。世界之所以免于战争,主要并不是因为美国保持了克制,而是因为苏联的谨慎态度,斯大林于1953年3月逝世可能也起到了促进作用。杜鲁门与艾森豪威尔做好了大打一仗的准备,关于未来经济形势的担忧起到了决定作用。

1955~1956年的苏伊士运河危机与此类似。由于英国不愿丧失中东的一笔财富,美国再度身陷危机。1956年6月26日,埃及总统纳赛尔宣布苏伊士运河公司收归国有,该公司运营苏伊士运河已将近八十年。以安东尼·艾登为首相的英国政府立即开始组织军事行动进

第六章 冷战的起源、动态与结束（1942～1991）

行应对，并让法国和以色列政府参与计划。西欧消费的石油中，有三分之二要经过苏伊士运河。英国担心，假如允许纳赛尔夺取这条航道，不仅英国的经济会受到损害，而且其地区地位也将迅速下降。[48] 艾森豪威尔想制止艾登采取军事行动，但艾登却执意保卫欧洲对运河的控制权。1956年10月29日，以色列发动先发制人的进攻，英法两军随后不久侵入运河地带。苏联集团通过捷克斯洛伐克向纳赛尔输送武器，所以赫鲁晓夫总理觉得有义务暗示，如果英法两国不撤军，就可能遭到苏联导弹打击。11月下旬，英法政府决定结束占领。但两国退出的更深刻原因却不是受到苏联的胁迫，而是艾森豪威尔不肯将拉美石油向欧洲输送，也不肯支持其迅速走向崩溃的货币。然而，与1953年的伊朗一样，当时的形势非常危险。不论哪一方举措失当——譬如美国决定支持英国使用武力，随后苏联决定在该地区部署常规部队——都很容易造成恶性循环，引起超级大国的全面对抗。[49]

我们面临的问题是，为何艾森豪威尔在这次危机中采取如此温和的立场，尽管西方世界的经济健康发展显然受到了挑战。埃及于1952年发生军事政变，推翻了法鲁克国王，一群将领组成的政权取而代之。艾森豪威尔及其国务卿其实很关注此后埃及事态的发展。1954年初，纳赛尔上校脱颖而出，成为唯一领导人，在其后两年中树立了泛阿拉伯民族主义领袖的形象，成为所谓不结盟运动的推动力量。在艾森豪威尔和杜勒斯看来，在冷战这一重要斗争中，不结盟并不只是令人讨厌，而是对美国事业的背叛。尽管如此，如果干脆干掉纳赛尔，还是风险太大。到1955年2月，新一届苏联政治局（现称为常委会）在赫鲁晓夫和尼古拉·布尔加林的领导下，决定加强苏

---

[48] 因篇幅有限，英国在危机中的决策过程在此不予讨论，只消指出：贸易预期不断下降是决定因素。

[49] 以上和以下的概述主要借鉴了 Hahn, 1991; Freiberger, 1992。

联在南方的势力。苏联政府开始发动"经济攻势"（美国政府这样称谓），通过承诺提供援助和贸易，把第三世界主要国家引开。苏联一开始的主要目标是刚独立的亚洲国家，包括印度、缅甸、印尼。但在1955年中期，赫鲁晓夫和布尔加林将注意力转向了埃及这个唯一不受英美政府控制的主要阿拉伯国家。

　　1955年初，以色列袭击了埃及控制的加沙地带，加上英国建立"中央条约组织"，使纳赛尔坚信必须加强埃及的军事实力。1955年9月，纳赛尔宣布从捷克斯洛伐克购买大量军火，震惊了西方世界。美国政府感到担忧，但与以色列人和英国人不同，仍然认为纳赛尔是理性的领导人，会适当约束激进民族主义。而且，艾森豪威尔和杜勒斯认为还有更重要的事要做：只要纳赛尔继续在埃及压制共产主义，又不直接威胁通过运河的商贸途径，就是可以容忍的。艾森豪威尔见纳赛尔在让美苏政府对抗，想从中渔利，便决定陪他玩下去。纳赛尔提出需要大量外资，用于修建阿斯旺水坝，美国政府表示支持。12月，杜勒斯表示，美国政府将提供大额贷款，作为美国主导的世界银行已提供贷款的补充。

　　到了此时，美国的冷战策略重点已明显发生变化。直到1955年末，指导美国外交政策的一系列《基本国家安全政策》文件中，首要重点还是围绕欧洲的战略军事斗争和竞争。但10月3日，国务院印发了一份报告，提出了新的政策方向。苏联认为全面战争是不合理的，所以现在专注于发展中世界的"非军事竞争"，尤其是在中东和拉美。为了加以抵制，美国政府必须加大力度，促进这些地区的经济增长。这种新观点将纳入这年冬天撰写、1956年3月15日批准的《基本国家安全政策》文件中。⑳

㊿ *FRUS* [1955-1957], 19: 123-125, 242-268, 相对于1955年1月的NSC 5501号文件，同上，24-38。

第六章　冷战的起源、动态与结束（1942~1991）

这样我们就能看出，从1955年末到1956年初，艾森豪威尔和杜勒斯为何如此热衷于和纳赛尔保持关系，尽管纳赛尔有泛阿拉伯民族主义思想，又从苏联集团购买军火。遗憾的是，纳赛尔的做法太过火了：他不愿和以色列讲和，继续加强军备，还表示假如美国政府还是不发放美国和世界银行对阿斯旺水坝的援助，他就去找苏联政府要经济援助。纳赛尔承认共产党治下的中国，又于1956年5月宣布与波兰进行新一笔军火交易，让美国感到再也无法容忍。国家安全委员会和国务院官员现在都认为，美国和世界银行资金这根胡萝卜，无法说服埃及不与苏联集团更加紧密地结合。6月19日，杜勒斯对埃及人说，美国不能为水坝提供援助，也不会鼓励世界银行提供援助。一周之后的6月26日，纳赛尔在亚历山大港发表了饱含情绪的讲话，宣布运河公司收归国有，指出过境费收入将用于为水坝提供资金 (Hahn, 1991：203-210)。

纳赛尔的举动令艾森豪威尔措手不及。7月27日星期五上午，他紧急会见中情局局长艾伦·杜勒斯和副国务卿小赫伯特·胡佛（杜勒斯不在市里）。胡佛断言纳赛尔的举动违反了国际法，可能干扰运河航运，而中东石油的三分之二要经过这条运河。艾森豪威尔表示赞同，说"我们和其他许多人都很关心［运河的］运营问题"，美国政府应发表声明，称对此事"深表关切"［FRUS（1955-1957），16：5-6］。这次会谈之后不久，艾森豪威尔收到艾登首相来信，其中强调埃及无力管理苏伊士运河，英国正在制定军事计划，抵抗欧洲经济受到的威胁［Hahn, 1991：212；FRUS（1955-1957），16：9-10］。

当天傍晚，艾森豪威尔又在白宫召见胡佛，讨论艾登的来信。胡佛主张，美国必须采取强硬举措，否则在"整个西方的地位"就会下降。艾森豪威尔还在摸索前进，立场未定，说形势太令人不安，可能需要让国会暂停夏季休会。必须告诉国会领导人，"这一事态发展对西方世界影响非常严重。如果石油运输受到干扰，或输油管道被切断，我们将面临严峻局面"［FRUS（1955-1957），16：11-12］。当天下午，艾森豪威尔向艾登发出了含糊的答复，说他同意艾登的许多观点，但首先应当考虑其他措施，包括与受影响的海洋国家进行协商。艾森豪威尔一开始的立场是让英国的决策过程慢下来，先尝试外交手段，虽然同时也在考虑军事行动。然而，在其后两天中，随着军事行动的成本上升，而不采取行动的风险似乎开始显得轻微，他的看法变得温和了许多。艾森豪威尔在7月下旬采取温和立场的关键原因，是他明白不仅纳赛尔的举动合法，而且埃及人也表示他们将保持运河畅通和有效运营。

星期五，国务院的一位顾问写了一份报告，强调纳赛尔的国有化法令同意完全以市场价对运河的欧洲投资方进行补偿［FRUS（1955-1957），16：16］。在次日上午（7月28日）的会议上，有人告知艾森豪威尔：埃及已同意遵守1888年公约，保证各国自由使用运河。胡佛也指出，参联会海军作战部长阿利·伯克海军上将说过，引导船只通过运河，并没有此前报道的那么难。总统总结了两种主要方案的成本和风险。西方国家不难以军事手段夺回运河，但在世界舆论看来，此举并无真正依据。因此，他赞同国务院的看法：埃及"没有越权，除非事实证明其运河运营能力不足，或运营方式不公平等等，否则我们无事可做"［FRUS（1955-1957），16：26，28］。

胡佛马上想避开对国务院汇报的如此理解，说他认为必须采取措施，否则西方就会遭到严重削弱。但总统此时已经得出了一种策略逻辑，并且会一直将其坚持下去，直到危机结束。无论西方采取何种形式的军事行动，对全世界舆论，尤其是中东地区舆论都会产生巨大影响。即便只有英国采取行动，美国也很可能不会去协助旧式欧洲帝国主义打击一个根据合法权利行动的发展中国家，这是情有可原的。而且，如果埃及不仅愿意保持运河畅通，而且事实证明其完全有能力引

第六章　冷战的起源、动态与结束（1942～1991）

导船只，那么有什么真正值得担心的呢？纳赛尔当然是个喜欢煽动的民族主义者，但他出于自利也很想保持运河畅通，尽量提高收入，用于阿斯旺项目。艾森豪威尔在7月下旬总结了他的想法：主流世界舆论认为，纳赛尔将运河收归国有是合法权利，而且只要提供公平补偿，这种权利"很难受到质疑"。艾森豪威尔（1965：39）接着写道："因此，利害攸关的主要问题就是：纳赛尔是否愿意，以及是否能够根据1888年公约，为各国交通保持航道畅通，""这个问题只有通过事实检验才能回答"。

此后两个月发生的一切情况，让艾森豪威尔更加坚信，美国采取"无为"政策，是多种令人反感的方案中最好的一种。7月30日，美国驻开罗大使发来电报，叙述了他与纳赛尔的谈话。纳赛尔强调，他采取措施的目的就是为水坝提供资金，而且本来很希望得到美国和世界银行的资助。大使说美国政府主要关心运河是否仍然会向国际开放，供各国使用。纳赛尔向大使保证，他承诺保持运河畅通，而且在最近的几次声明中确认了这一点［FRUS（1955-1957），16：55-56］。

这个消息也许让艾森豪威尔放松了一些，但他自己的军队却成了问题。参联会于7月28日提交了一份研究报告，提出三个方案：包括从外交上支持英国的军事行动到美国实际参与军事行动［FRUS（1955-1957），16：21］。在7月31日上午的白宫会议上，总统及其顾问得到消息：艾登已下定决心发起敌对行动，要"打垮纳赛尔"，时间很可能就是在六周的准备之后。艾森豪威尔首先发言，说这是不明智的决定，与当前发展中世界的情况脱节。他和中情局局长杜勒斯都认为，如果仓促行动，将导致整个阿拉伯世界联合对抗西方，中东石油将会"干涸"，美国将不得不把石油输往欧洲，造成国内实施定量供应。伯克表示反对，说参联会的意见是确实必须把纳赛尔打垮，而且如果外交手段失败，英国使用武力，那么美国政府应该支持英国的行动。但总统毫不退让，坚信英国人正在犯下大错，派杜勒斯去伦敦解释他的看法。有人问，假如这使英美两国政府之间产生不和怎么办，艾森豪威尔承认这种情况很严重，但“与听任战争爆发而不试图制止相比，还不那么严重”[*FRUS*（1955－1957），16：62－68]。

当天晚些时候发布了有关这次危机的《特别国家情报评估》，支持了艾森豪威尔的推理论证。虽然纳赛尔致力于削弱西方在中东的势力，但将运河收归国有的决定显然是临时做出的，针对的是美国政府决定不资助阿斯旺水坝一事。但这个举措是合法的，而且如果埃及兑现遵守当前规则和惯例的承诺，“使用运河的国家要采取合法行动，就几乎没有依据”[*FRUS*（1955－1957），16：78－93]。这似乎让艾森豪威尔拿定了主意。他立即致函艾登，说水坝虽然重要，但相关国家可以对埃及施加足够的压力，确保“运河高效运行……[直到]
286 将来。”艾森豪威尔强调，关键问题是运河的开放和效率，而不是谁控制运河。他随后警告：假如英国仍然采取军事行动，“美国的反应将很严厉”，而且世界上大部分国家都会有同样反应[*FRUS*（1955－1957），16：69－71；艾森豪威尔，1965，附录B]。

从8月到11月发生的事，很快即可说清，因为艾森豪威尔的基本立场从未动摇：如果由英国带头发动进攻，这对英美两国而言都是灾难性的。虽然他的顾问（有时包括国务卿杜勒斯在内）认为至少应该不公开地支持英国的行动，但艾森豪威尔仍然坚持自己的观点。(51) 8月中旬和9月中旬，在伦敦分别召开了两次多方会议，以协调这个海洋国家的应对措施。英国人坚决认为，一个由除埃及以外的国家组成的国际财团应当控制运河区。在8月的会议上，艾森豪威尔告诉担任美国特使的杜勒斯，这个集团一定不能采取纳赛尔无法接受

(51) 例如，8月9日，杜勒斯在国家安全委员会会议上提出，如果英国和法国进攻埃及，美国不应阻止。艾森豪威尔不肯采取这种策略。到8月中旬时，杜勒斯在与英国政府进行磋商时，已经与总统保持一致了。

的立场。因此,这个集团不能是管理运河运营的国际财团,而应该只起到"监督"作用(Fursenko and Naftali, 2007: 104)。这个建议与苏联政府的提议相似,立即遭到了英国政府的拒绝。在英国的立场以十八票对四票得到赞成之后,澳大利亚总理罗伯特·孟齐斯前往开罗,提出了相当于最后通牒的要求:埃及必须让运河由国际社会管理,否则就要遭到进攻。正如艾森豪威尔所言,纳赛尔拒绝接受这个条件,认为它与埃及的主权不能相容。西方国家于9月中旬召开的后续会议也同样毫无成果。这次会议的重点是杜勒斯刚提出的方案,即成立"苏伊士运河使用方协会"这样一个松散组织,负责协调运河交通、收取过路费、让埃及公平分享收入。这个计划虽然得到了多数人赞同,但由于英国没有热心支持,埃及又加以抵制,所以也胎死腹中了(见 Hahn, 1991: 220 - 221)。

到月底时,艾森豪威尔本人也认为"苏伊士运河使用方协会"没有什么价值,但他还是坚决反对使用武力。事实证明,9月14日发生的情况是决定性的。当天,英法两国政府命令其运河引航员离开运河区,希望以此暴露埃及无力经营运河。其后七天中,埃及引航员接替岗位,安全引导254艘船通过了运河,创造了一周新纪录。这一成就不仅说明英法关于采取行动的主张毫无根据,而且证实了埃及完全有能力自行经营运河(见 Hahn, 1991: 219)。艾森豪威尔(1965: 51)在回忆录中明确记述了他的反应:

> 结果表明,埃及官员和工人不仅有能力经营运河,而且[显示]他们能够在运输量增加的情况下,以更高效率经营运河……事实证明,"使用方协会"所主要依据的看法是毫无根据的。而且,在这种情况下,想使用武力几乎是可笑的。

如我们所料,积极的贸易预期起到了因果作用。如果埃及完全愿意、也完全有能力让经过运河区的商贸保持畅通，又有各种合理理由（包括为阿斯旺水坝提供资金）希望不断收取过路费，那么艾森豪威尔就没有理由推动使用武力。英国担心贸易中断，也许因此而想发动战争，但在艾森豪威尔看来，这种担心毫无道理；9月14～21日发生的情况证明，这种担心毫无事实根据。但假如英国确实这么做了，而且世人又发现美国政府竟支持垂死帝国主义时代的这种残留，那么美国在世界上的地位就会急剧下降。

于是，当以色列、英国、法国对他的警告不理不睬，于10月下旬到11月初进入运河区时，艾森豪威尔知道自己必须象征性地反对"侵略者"。自以色列建国以来，美国和苏联首次在联合国立场一致，谴责进攻行动。美国政府随后不愿向西欧提供石油，也不肯支持英法两国的货币，向世人表示，欧洲帝国主义不再会得到容忍，美国站在发展中世界进步的一边。

贸易预期理论能够扎扎实实地解释美国为何在苏伊士运河危机中持温和立场。与1953年伊朗危机不同，美国基本不担心共产主义在埃及夺权，也基本不担心当权的民族主义政府会限制石油贸易。经济现实主义无法解释，虽然西方高度依赖中东石油，而且依赖程度不断加深，但美国却还是持温和立场。而且也一定无法解释，在伊朗和苏伊士运河两个案例中，美国的行为为何有所不同。经济自由主义可以试图这样解释美国在1956年所持的温和立场：因为美国担心发生不断扩大的战争，进一步增加美国跨国石油企业付出的代价，并进一步损害美国国内的生活方式。但档案显示，艾森豪威尔从国家安全和冷战斗争的大问题出发，仔细考量了纳赛尔切断经过苏伊士运河的石油运输这种风险。此外，在1953年，由于无法获得石油对国家安全的影响甚大，所以他非常愿意承担超级大国战争的巨大风险。因此，我们可以稳妥地得出结论：推动他做出决策的，不是国内层次的关切，而是与贸易预期相关的战略依赖性。

第六章　冷战的起源、动态与结束（1942～1991）

贸易预期与结束冷战的斗争（1957～1991）

本章的最后一节讨论的内容是：1956年后，两个超级大国都付出了很多努力，即使不一定是为了结束冷战，也至少是为了降低其烈度，以及发生核战争的概率。到20世纪50年代中晚期时，双方都完全明白，只要爆发大战，其文明乃至整个地球都会毁灭。但直到80年代末，美苏两国政府还一直无法真正达成和平，让两国领导人的手指远离核按钮。他们为了达成和平而做的努力，为何一开始毫无结果，却于1989～1991年取得成功？从1957年到1961年，双方进行了首次尝试，其"结局"却是整个冷战时期最激烈的两次危机。这里要解释的难题是：虽然双方都付出了努力，尤其是苏联领导人赫鲁晓夫，想以贸易为基础缓和两国关系，但为何还是发生了1961年的柏林危机和1962年的古巴危机？第二次尝试是从1963年到1972～1974年美苏关系缓和。这次尝试的确取得了部分成功，尤其是在1973年中东危机期间降低了超级大国战争的危险。但这种缓和局面却于1975年崩溃，导致1979～1983年的所谓"第二次冷战"。1974～1975年发生了什么事，使超级大国关系回到了紧张和敌对状态？最后当然还有冷战结束本身这个难解之谜：从1984年到1991年，两个行为主体都来了个奇怪的大转弯，早在苏联解体之前，就已经带来了和平局面，而且两国都知道这将是稳定而互不信任减少的真正"新时代"。

本节与本章的其他内容有所不同。自由主义者和经济现实主义者都认为，贸易水平如果在一段时间内一直很低，就不再是重要因果变量。因此，要以其观点为参照检验贸易预期理论，几乎毫无意义。所以我的目标就是证明，即使在贸易基本不存在的环境下，不断变化的贸易预期也会对大国行为产生令人惊奇的影响。

失去的机会？1956～1962年缺失的局势缓和

在20世纪50年代末，超级大国对第三世界的争夺不断加剧。1956年3月，艾森豪威尔批准了《基本国家安全政策》（NSC 5602/1），其中新的强调重点是防止苏联政府有能力通过提供贸易和援助，将发展中国家拉入其势力范围［*FRUS*（1955－1957），19：242－268］。在对第三世界的争夺中，美国拥有一些强大的手段。主要手
289 段就是继续严格限制美苏贸易，以及西欧与东方之间的贸易。通过制约苏联的经济发展，美国可以削弱苏联援助第三世界或建设强大军事基础的能力。(52)

从根本上说，在冷战的经济方面，美国政府总是占上风。美国的经济和全球贸易联系总是远强于对手，技术上也更先进。这意味着苏联无论是在与美国政府谈判时，还是在与新兴国家相处方面，往往遇到对方洗牌作弊的局面。但苏联在1956年后面临的两难处境并非只是需要增强实力，而是更为复杂。苏联的决策受到两种矛盾因素的牵扯。一方面，赫鲁晓夫及其顾问知道，如果不能建立更强的工业基础，尤其是在化学、电子、石油工业领域，50年代的高增长率是无法维持的。为实现赶上美国的目标，赫鲁晓夫需要西方放松贸易限制，同时给予贸易信贷。到1954年时，“东西方贸易统筹委员会”已放弃纯粹的经济战，这有助于在苏联和西欧之间建立某种信任，但

(52) 1949年建立的“东西方贸易统筹委员会”连西欧最基本产品的销售也禁止，这已重创东西方贸易。到1954年时，在“和平共存”的后斯大林时代，西欧各国首都已经能够向美国政府施加压力，使其将该委员会限制的产品数量减半。1958年，双方又商定进一步削减数量。但美国仍然严格限制出口。到1959年时，美国对苏总出口额已下降到区区700万美元，直到60年代末都徘徊在2000万美元到4500万美元，而当时英国和西德对苏出口额的总平均值是该数量的7～8倍。见Mastanduno 1992，93－118，包括112页上的表。

第六章 冷战的起源、动态与结束（1942~1991）

来自西欧的高科技产品出口还是受到制约。更重要的是，因为美国显然仍是世界上技术最发达的国家，又几乎完全限制贸易，所以苏联为了发展，就需要缓和对美直接关系，以便从美国本身进口高科技产品（Parrott，1983，1985；Fursenko and Naftali，2007）。

另一种牵扯因素是苏联政府的战略形势岌岌可危。美国自1945年来一直拥有军事优势。苏联不仅需要缩小差距，而且要在转变过程中威慑美国。但假如采取措施建设强大的核威慑力，就会阻碍缓和紧张关系、增加贸易、加强经济增长这个大方向的努力。50年代末时，军事技术变革非常迅速，各方都始终担忧自己能否保持使对方放弃考虑首先打击的二次打击能力。为加快实施经济改革计划，同时保障苏联的安全，赫鲁晓夫于1955年决定削减常规部队经费，加大导弹项目的投入。这个策略奏效了。到1957年底，苏联似乎已在导弹计划方面领先，在8月成功测试了首枚洲际弹道导弹，又于10月发射了世界首颗卫星（"伴星"）。赫鲁晓夫知道能够进行压倒性打击的B-52轰炸机包围着苏联，所以决定鼓励这样一种看法：苏联正在快速生产导弹，这种导弹不仅能打到西欧，而且能打到美国本土。因此，从1957年10月到1961年底，关于美国外交政策的公开讨论中，最主要的话题就是担心苏联可能因"导弹差距"而拥有首先打击的机会。

在1957年末，艾森豪威尔知道美国在可投送的核武器方面领先。但是，他担心假如美国政府过于自满，将来就可能出现导弹方面的差距。在11月4日的一次会议上，他对各位顾问说，真正关键的时间不是现在，而是五年后［*FRUS*（1955-1957），19：621］。为防止将来出现差距，艾森豪威尔加快实施美国的导弹计划，同时将大量资源转而投入培养更多的工程师和科学家。由于上述努力，美国在部署导弹上的优势得到了保持。这个情况是肯尼迪就职以后才知道的。但这轮军备扩张的最终结果，是但凡有可能加快苏联经济实力发展的贸易，美国政府都不愿进行。

反讽的是，发生上述情况时，正值苏联对美国科技的需求不断增长，而艾森豪威尔缓和超级大国关系的愿望也最强烈——也就是说，正好出现了以贸易为基础缔造和平的机会。到1958～1959年时，苏联的工农业改革势头逐渐消失，苏联的经济科技（甚至军事科技）更加落后于美国（Parrott, 1983, 1985; Zubok, 2009）。艾森豪威尔希望留下的遗产，是和平的超级大国关系，包括军备竞赛速度放缓。我们也将看到，他知道能吸引苏联进行合作的手段只有极少几种，而增加贸易这根胡萝卜是其中之一。

于是，从1958年1月直到1960年5月谈判破裂为止的这段时间，成了激烈的军备竞赛和双方真正试图缔造稳定和平的奇怪结合。除此之外，美国还担心，假如苏联不断发展，第三世界国家将认为社会主义计划制定是未来潮流，从而被吸引到苏联的势力范围中去。艾森豪威尔知其不可为而为之，设法缓和两国关系，同时保持美国在全世界的经济和军事主导地位。但因为他不愿放松阻碍苏联经济发展的各种限制，所以这种策略注定要失败。

1958年2月中旬，负责经济事务的副国务卿道格拉斯·狄龙总结了全球经济斗争的新意义。"东西方贸易统筹委员会"等贸易管制手段与苏联对欠发达地区经济渗透之间的关系，是"当前我国与苏联斗争最严重的方面"。[53] 在1958年1月的国情咨文讲话中，艾森豪威尔提到需要打赢"一种不同的战争"，即苏联针对自由国家的"大规模经济攻势"引发的冲突。[54] 3月3日，狄龙向参议院外交关系委

---

[53] "谈话备忘录"，DDEL，1958年2月18日，美国对外经济政策委员会记录，1954～1961，政策文件系列。

[54] 转引自商业部长写给克拉伦斯·兰德尔（Clarence Randall）的一份报告，载于DDEL，1959年1月28日，对外经济政策委员会记录，1954～1961，政策文件系列。

员会阐释道，这种经济攻势正在加强，关键问题是：苏联政府能在何种程度上利用苏联集团的实力，推动实现国际共产主义的政治目标？在此方面，范围扩大的苏联援助项目是“一种巧妙而作用长远的新工具，目的还是和以前一样”：“将援助对象……拉入共产主义的轨道”。(55)

然而，苏联此时却很想改善美苏关系，以缓和军备竞赛，得到高科技产品。1958年6月2日，赫鲁晓夫给艾森豪威尔寄来一封长信，在开头一段写道：两国应抓住“尚未利用的机遇”改善关系，这非常重要。在下面的25段中，有23段都专门讨论美苏贸易关系问题。苏联人民希望得到更多的消费品，所以开放贸易将“促进世界和平事业”。赫鲁晓夫列出了长长一串希望购买的商品，包罗万象，从化工产品到制造冰箱电视所需的设备。虽然苏联能通过出口原料购买这些商品，但赫鲁晓夫表示需要一定数量的贸易信贷。在信的结尾，他指出“积极解决”贸易问题将成为“迈向我们两国恢复友好邦交的重要一步”。(56)

艾森豪威尔于7月15日给赫鲁晓夫的复信——只有短短一页，而且公之于众——并未改善局面。虽然他表示美国政府一直关心贸 292
易，却言不由衷地说，苏联可以向美国自由销售商品，几乎毫无限制。(57) 这样说是忽视了苏联表示不满的要点，即苏联无法自由购买美国商品。此时，艾森豪威尔的“对外经济政策委员会”（该机构对美苏和第三世界贸易政策有强大影响）却在散发一份报告，其中指出

(55) “声明”，DDEL，1958年3月3日，对外经济政策委员会记录，1954～1961，政策文件系列。

(56) 见狄龙批注的赫鲁晓夫来信，载于DDEL，1958年6月4日，美国对外经济政策委员会记录，1954～61，政策文件系列。

(57) 见艾森豪威尔新闻秘书詹姆士·哈格蒂（James Hagerty）公布的信件，载于DDEL，1958年7月14日，美国对外经济政策委员会记录，1954～1961，政策文件系列。

赫鲁晓夫来信中列出的许多项目还在明令"禁运"之列，如泵和压缩机、电视设备、采矿机械等。其他十八项中，有十六项虽然没有明令禁止，却属于"推定不予批准"，包括空调设备和城市煤气管道这种看似毫无危险的产品。[58]

但艾森豪威尔别无选择，只好继续实施限制政策，就连技术含量相对较低的产品也不准苏联购买。1958年5月，又一份《基本国家安全政策》研究报告完成了。艾森豪威尔的国家安全顾问罗伯特·卡特勒在5月1日曾对他说，随着苏联逐渐接近战略平等，不仅各盟国日益怀疑美国是否会保卫它们，而且苏联对发展中国家的经济政治政策也变得大胆起来。最终于5月5日印发的政策文件认为，美国在保持其核优势的同时，必须抵抗苏联对第三世界的经济攻势。因此，美国政府虽然应允许谈判，却不应"在苏联做出相似举动之前"，仅仅因为希望激励苏联进行妥协就做出让步［FRUS（1958－1960），3：78－79，98－116］。

在此后两年中，艾森豪威尔将此建议铭记在心。他确实希望达成暂时妥协，减少发生核战争的危险。但是，在首先看到苏联大幅度让步或改善行为之前，他一直不肯让步，尤其在贸易方面。这种议价策略与基辛格在70年代初采取的策略有很大差异。基辛格想把苏联的军事和政治妥协与美国在贸易上的妥协联系在一起。也就是说，双方的妥协要同时进行，并写入书面协议，约束双方。但艾森豪威尔却仍然不愿采取这种"联动"策略，而是希望在答应增加贸易之前，先看见苏联改善行为的明显证据。我们将看到，由于他采取了这种姿态，所以在卸任前绝无缓和局势的希望。

很难相信，艾森豪威尔这样富于智慧和经验的人，竟不明白采取

---

[58] 见"赫鲁晓夫1958年6月2日来信所提各类商品的受控状态"，DDEL，n.d.，对外经济政策委员会记录1054－61，政策文件系列。

联动这种行之有效的策略优势何在。他显然受到了某种因素的阻碍，而这种因素实质上就是美国在1958～1960年面临的战略形势。这个问题比基辛格与尼克松在1970～1972年面临的问题尖锐得多。在1958～1960年间，双方能否维持有把握的二次打击能力，以确保威慑力，是毫不确定的。此外，至于是否刚独立的第三世界国家会倾向于苏联，开始限制获得关键原料的途径，也是非常不确定。最后，苏联的经济增长率是美国平均增长率的两倍，但其总体经济实力是否真的可能赶上甚至超过美国，也是不清楚的。到尼克松就职时，以上担忧得到了缓解："相互确保毁灭"（MAD）已经实现，第三世界与谁结盟已经清楚，苏联经济体系正在陷于停滞。

相比之下，艾森豪威尔时代的美国还不能干脆放开自由贸易，而不必担心苏联会夺取可能使其一跃占据主导地位的科技。这就造成了一种可悲的反馈循环：在看到苏联做出重大让步之前，美国不能放松经济限制。但如果继续限制下去，就必将损害苏联关于未来贸易的预期，从而加剧苏联自身对未来的担忧。这又会造成苏联的行为更具敌意，使美国更加难以在贸易上提出大幅度让步。

在艾森豪威尔政府最后三年里，各份重要内部分析报告都充斥着关于苏联经济赶上美国的担忧。1958年11月16日，中情局副局长写给艾森豪威尔的一份报告强调，苏联政府新的要旨是为苏联的力量"建设物质和技术基础"。苏联政府在化工方面投入巨大，但是否会成功，取决于能否发展石化产业。而"除非从西方获得石化技术和设备方面的大量援助"，否则此举将困难重重。(59) 这份报告出现之时，正值苏联政府对西欧发动布鲁斯·詹特森（Bruce Jentleson，1986：81－83）所谓的"苏联石油攻势"，苏联已突然从石油净进口国变成了净

(59) "中情局局长备忘录"，DDEL，1958年11月16日，德怀特·D. 艾森豪威尔，总统任内记录，白宫核心档案（机密档案），1953～1961。

出口国。苏联政府希望向西欧销售大量石油，换取美国不准出口的较高科技产品（见 Mastanduno，1992：109；Jentleson，1986：80－87）。294 美国官员担心苏联在靠压低油价来增加西欧的依赖性，迫使其重新与东方结盟。(60)

出现上述担忧之时，恰逢赫鲁晓夫于 1958 年 11 月宣布，假如战时盟友不能做出新的安排，他就要在半年之内让柏林变成“自由城市”。虽然这一事态发展令人不安，但苏联政府还是不断敦促艾森豪威尔减少出口限制。12 月，苏联二号领导人、苏联贸易监督人阿纳塔斯·米高扬问，他能否对华盛顿进行“非正式”访问。这促使对外经济政策委员会主席克拉伦斯·兰德尔致函艾森豪威尔的新任国家安全顾问戈登·格雷，解释他关于东西方贸易立场的变化。兰德尔指出，虽然有些政府官员希望实施更加严格的经济限制，但美苏战略关系“已经太脆弱”，所以不能冒这个险。因此，“已经到了让和平贸易自由发展的时候”。(61)

兰德尔的报告首先反映出艾森豪威尔的各位顾问之间存在矛盾。对外经济政策委员会和国务院已逐渐开始认为，通过增加贸易，可能的确能缓和关系，同时有助于缓解紧张局面。但商务部却坚决认为，限制措施对防止美国相对衰落是至关重要的。米高扬即将来访一事暴露了各部门之间的分歧。在 1959 年 1 月 8 日的委员会会议上，狄龙强调，艾森豪威尔本人现在“明显赞成”与苏联开展“和平贸易”。兰德尔直言不讳地说，尽管贸易“将有助于带来和平”，但“某些部门”却在此问题上裹足不前。商务部长刘易斯·施特劳斯反驳道，就连炭黑这样的简单商品，如果用于生产轮胎，都可以

(60) “苏联试图打入西欧石油市场”，DDEL，1958 年 12 月 29 日，对外经济政策委员会记录 1954～1961，政策文件系列。

(61) 见“兰德尔致戈登·格雷先生书”，DDEL，1956 年 12 月 16 日，对外经济政策委员会记录 1954～1961，政策文件系列。

第六章 冷战的起源、动态与结束（1942~1991）

有助于苏联运输部队，从而增强其实力。[62] 国务院关于和苏联进行"和平贸易"的后续报告概述了不同观点，但倾向于贸易。虽然增加贸易可能有助于苏联让"未表态国家"相信，共产主义是实现工业化的最快道路，但贸易也是"避免战争"和"减轻矛盾"的"重要方法"。[63]

狄龙在1月19日会见米高扬时，一开始就说，美国政府知道改善商贸关系可能有助于减少矛盾，但"政治上的复杂情况"使其难以扩大贸易。米高扬很快明白，这就是说，只要苏联政府改善行为，贸易额很快就会上升。他回应道，关系较差可能不会增加贸易，但"扩大贸易的确会有助于建立良好的政治关系"，而美苏贸易水平仍然很低。他批评了限制苏联可购商品的许可制度。会谈陷入了僵局：狄龙主张苏联需要解决支付租借费用等未决问题，而米高扬则坚持认为，苏联人民在二战中做出的牺牲，已经足以偿还这笔费用了。[64]

虽然与米高扬的会谈失败了，但1959年随后的九个月中却出现了希望。国务院于3月初递交给艾森豪威尔的新报告称，美国经济防卫政策现在认为，东西方贸易应该得到鼓励，因为"和平贸易的益处"远大于其对苏联的经济、科技、工业发展可能造成的影响。[65] 赞成贸易的官员仍然希望苏联先在柏林和其他问题上做出让步，然后

---

[62] "对外经济政策委员会1959年1月8日会议纪要扩充，附1959年1月9日来信"，DDEL，对外经济政策委员会记录1954~1961，政策文件系列。亦见 FRUS (1958-1960), 4: 749-753。

[63] "和平贸易关系研究概述"，DDEL, n. d., 对外经济政策委员会记录1954~61，政策文件系列。

[64] 见"谈话备忘录，1959年1月19日，附在狄龙1月23日致兰德尔的一封信后"，DDEL，对外经济政策委员会记录1954~61，政策文件系列。

[65] "美国与苏联集团进行和平贸易之利弊研究概述"，DDEL，1959年3月5日，对外经济政策委员会记录1954~61，政策文件系列。

才允许其购买更多商品。(66) 但到了此时，冷战中首次出现了一种明显的可能性：通过利用商业和改变贸易预期，来缓和超级大国之间的冲突。

艾森豪威尔在随后五个月中采取的策略，就是以将来提供信贷和放松贸易限制为诱惑，让苏联在柏林和裁军问题上妥协。他知道苏联需要美国所能提供的东西，所以除非在安全问题上取得进步，否则就准备不做任何贸易承诺。到5月时，艾森豪威尔已经看出，苏联已经在柏林问题上有所软化。他通过英国首相哈罗德·麦克米伦得知，赫
296 鲁晓夫并未将原定的5月27日最后期限看成最后通牒。(67) 最后期限过后也平安无事，说明苏联在短期内不会抓着这个问题不放。

双方于5月在日内瓦重启外长谈判。总统认为，通过谈话，双方可能就未解决问题达成广泛的意见：不仅是柏林和战略裁军问题，而且还有禁止核试验条约、保证不进行突然袭击，甚至可能还有限制中程导弹部署（Ambrose，1984：524－525）。在此情况下，苏联领导人于9月下旬来美国进行事先安排好的两周访问，在访问开头和结束时与艾森豪威尔直接会谈，使人满怀希望。

国务院为艾森豪威尔做的情况汇报文件强调，在苏联希望得到的东西中，贸易排在很高的位置。9月8日的一份文件称，贸易是“苏联念念不忘的事”，苏联政府不仅希望限制措施减少，而且想得到购买商品所需的贷款。但假如苏联继续威胁美国，长期贸易所需的

(66) 就连最赞成增加贸易的兰德尔，也了解以贸易换取和平与相对得益之间的矛盾。兰德尔在4月的一次国家安全委员会重要会议上的情况汇报讲稿指出，虽然贸易能够减少互不信任，但只要中苏集团对西方构成“持续威胁”，美国的政策就不能有重大改变。“兰德尔先生备忘录”，DDEL，1959年4月29日，对外经济政策委员会记录1954～61，编年档案；*FRUS*（1958－1960），4：770－771。

(67) “总统与麦克米伦首相交流概要”，DDEL，n. d，，DDEL，对外经济政策委员会记录1954～1961，政策文件系列。

“信任”就尚不存在。(68) 三天后，艾森豪威尔得知，赫鲁晓夫将推动和平共存，提出“扩大贸易是改善美苏关系的最佳途径”。有人建议总统告诉苏联领导人，如果他帮助减轻军备竞赛的负担，历史将会把他视为伟大的政治家。

> 这样，美国和苏联就能够把相互竞争限制在和平领域。当然，在基本规则上要达成一致；在经济、文化以及思想领域中的竞争，不仅要在非共产主义世界进行，而且要在共产主义世界进行。这样，扩大贸易关系的前景……将会一片光明。(69)

上面的引文中反复使用“这样”一词，值得玩味。这强调了美国议价策略的总体方向：贸易可以扩大，但在此之前，苏联在军备和遵守竞争“基本规则”方面的行为必须发生重大转变。总之，艾森豪威尔不应怀着达成等价交换协议的意图参加高级谈判。苏联政府要先行一步，建立改善关系和贸易所需的信任。

赫鲁晓夫于9月15日抵达华盛顿。三小时后，两位领导人首次会见。双方都知道，要等到赫鲁晓夫结束了十天的行程之后，才能真正开始商讨，所以首次会谈讨论的只是双方共同希望建立互信（Ambrose，1984：541－542；Eisenhower，1965：435－437）。赫鲁晓夫 297
于9月25日回到华盛顿时，他和艾森豪威尔前往戴维营，进行为期两天的会谈。到了之后，赫鲁晓夫也许觉察到艾森豪威尔想先得到些

(68) “赫鲁晓夫公开与私下言论的重要主题以及美国的对立观点”，DDEL，1959年9月8日，德怀特·D. 艾森豪威尔，总统任内记录，白宫核心档案（机密档案），1953~1961，主题系列。

(69) “赫鲁晓夫来访时美方目标及与之谈话时建议采取的策略”，DDEL，1959年9月11日，德怀特·D. 艾森豪威尔，总统任内记录，白宫核心档案（机密档案），1953~1961，主题系列。

实在的东西，于是很快做出了关键的让步，同意撤销有关柏林问题的最后通牒，允许保持现状，至少在近期内可以不变。艾森豪威尔则承认目前关于柏林的安排是不正常的，不能无限期维持下去。他们还同意在包括英法的四国会谈上再次见面（Taubman，2003：437－438）。会谈第二天，赫鲁晓夫大力推动贸易问题。在与狄龙会谈时，狄龙想鼓动苏联购买生产鞋和纺织品的美国机器，但赫鲁晓夫愤怒地打断了他的话，说他不想讨论琐事。他想要的只有一样：全面停止歧视性做法。假如美国不肯停止，“就说明它希望冷战继续下去。”狄龙说，如果赫鲁晓夫希望美国在贸易上采取措施，就必须认识到，这取决于国会，以及“美苏关系的总体状况”。这话的意思很明显：除非苏联明显改善行为，否则在贸易问题上不可能有进展。(70)

除了在柏林问题上达成非正式协议之外，戴维营会谈的实际成果极少。但在随后的几个月中，“戴维营精神”——即两个超级大国至少可以平等地坐下来商讨妥协问题——使双方都感到乐观，认为到1960年5月举行四国首脑会议时，在关键问题上达成协议是有可能的。赫鲁晓夫离开戴维营时，尤其感到劲头十足、情绪乐观，对顾问说双方取得了转折，和平协议可以达成（Fursenko and Naftali，2007：241－242）。这样的和平协议，对于减轻军备竞赛造成的经济压力至关重要。赫鲁晓夫从内部报告得知，苏联经济增长速度在减缓。而且美国之行使他相信，美国在科技和工业技术方面仍然遥遥领先。与80年代的戈尔巴乔夫颇为相似，赫鲁晓夫明白，除非控制住军备竞赛，否则苏联的经济表现就总是会大大落后于美国。他对儿子说：“如果我们被迫［进行军备竞赛］，我们会把裤子都赔上”（转引自

(70) “谈话备忘录，1959年9月7日，载于罗伯特·布鲁斯特（Robert Brewster）1959年10月8日致兰德尔信”，DDEL，对外经济政策委员会记录1954～1961，政策文件系列。

Fursenko and Naftali, 242 – 243)。

赫鲁晓夫的解决方法激进而大胆。他将大幅度削减苏联常规陆军规模,坚持部署最少数量的第一代洲际弹道导弹,继续设法从国外获得技术。1960年1月,在戴维营余晖的基础上,他公开宣布苏联陆军将裁减100万人,变为120万人,即现役部队的大约1/3。这不仅会减少开支,而且能显示苏联愿意合作和建立互信的新精神,而美国曾说过这正是其所希望的(Fursenko and Naftali, 246 – 247; Montgomery, 2006)。

放弃大规模洲际弹道导弹建设,等第二代洲际弹道导弹面世——这个决定是巨大的战略赌博。赫鲁晓夫比任何人都更加明白,虽然他鼓吹苏联的战略军事实力已经与美国相当,这种说法又广为宣传,但其实并非如此。然而,他希望自己能度过临时处于劣势的阶段,不会面临战争。这样,安全可靠的第二代导弹就能在三四年之内建成切实可行的威慑力。此举将节约经费,避免重复建设,但另一方面也会带来巨大风险:假如美国发现苏联暂时处于劣势,苏联就难以抵御美国的讹诈甚至战争。

苏联还将继续推动美国放松经济限制。为达到目标,苏联此时愿意改变谈判策略。最重要的是,苏联政府首次表示愿意解决战时积累的租借债务。1960年1月11日,租借问题正式谈判在华盛顿开始。允许举行这种会谈本身就是巨大的象征性让步。苏联虽然在战争中做出了最大牺牲,却成了唯一被要求偿还大部分租借贷款的国家,而且还得不到任何无歧视贸易的补偿性保证,这一直让其感到屈辱。狄龙认为解决租借问题是贸易取得进步的关键,这显然已让苏联顺从美国的意愿。但苏联也想得到回报。在2月向媒体发布的一份新闻稿中,苏联指出在签订任何关于租借问题的协定同时,都必须达成给予苏联最惠国待遇和贸易信贷的贸易协议。[71] 苏联是在用老式的联动政治反

---

[71] "关于租借谈判", DDEL, 1960年2月4日, 对外经济政策委员会记录 1954 ~ 1961, 政策文件系列。

击美国的议价策略。

1960年的头四个月中，艾森豪威尔仍然满怀希望，认为到5月底时就可以在巴黎首脑会议上达成和平协议。但随后他的判断出现了致命失误。虽然明知有风险，他还是允许U-2侦察机再次飞越苏联，以便确定苏联洲际弹道导弹建设的真正规模。这架U-2于5月
299 1日被击落，飞行员被活捉。赫鲁晓夫左右为难：如果允许这种飞行继续下去，苏联的战略劣势必将暴露，但假如过于强烈地要求停止，美国就可能不太愿意在战略和经济大问题上妥协。他最终决定公开宣布，一架美国侦察机已被击落，飞行员被俘，显然认为艾森豪威尔希望和平，将利用这次事件惩戒其政府中的鹰派人物。但艾森豪威尔不肯让自己与间谍任务保持距离，也拒绝削减这种任务。在巴黎首脑会议的头两天中，赫鲁晓夫不断敦促美方承诺停止这种飞行。苏联总理见艾森豪威尔显然不肯让步，便退出了会议。U-2危机是行动与反应不断升级的典型例子，造成了双方都不想要、也不曾预见到的结果。(72)

艾森豪威尔很快明白了此事的影响。5月下旬，他"很动感情地"对首席科学顾问说，"他在过去几年中集中精力，想结束冷战，觉得自己取得了很大进展，但愚蠢的U-2事件弄得一团糟，使他前功尽弃。他最后非常悲哀地说，他现在认为直到总统任期结束时，都再也没有什么值得他做的事情了"（转引自Ambrose，1984：580）。当然，假如U-2事件没有破坏5月谈判，会发生什么情况，我们永远不得而知。但艾森豪威尔在位最后两年中更深刻的两难困境，就是在战略不确定时期试图进行经济外交的问题。由于双方都不能确保拥有二次打击能力，所以都不能放松警惕，让关于未来贸易的积极预期

(72) 我对这次危机的简短概述，借鉴于Fursenko and Naftali，2007；Beschloss，198；Ambrose，1984。

发挥作用。美国政府认为,除非看到大幅度让步,否则就不能提供贸易。苏联痛苦地意识到自己的战略劣势,认为如果此时做出重大让步(包括允许 U-2 飞行继续下去),就可能让美国更加认为自己处于优势,导致强迫外交,甚至更严重的后果。双方尚未具备"相互确保摧毁"能力,所以都担心核平衡哪怕出现微小变动,都可能促使对方发动首次打击。[73] 因此,直到苏联改善行为之后,才能扩大贸易。但假如美国非常不信任苏联,就连技术含量低的工业产品也不愿出售,那么苏联就几乎没有改善行为的动力。双方都陷入了险恶的谜团。直到"相互确保摧毁"在 60 年代末实现时,这个谜团才能解开。

在肯尼迪任期内发生的 1961 年柏林危机和 1962 年古巴危机,源于 1959~1960 年谈判的失败,当时谈判的目的是削减军备开支,在贸易基础上初步缓和紧张局势。在任期的最后半年中,艾森豪威尔继续推进美国的军备建设。到 1960 年底,艾森豪威尔政府已计划部署 1100 枚洲际弹道导弹——这个总数自 1957 年以来逐年跳涨(Prados,1986:114)。肯尼迪政府在就任头一个月中就知道了美国的核优势已达到何种程度,但由于担心苏联在美国的新洲际弹道导弹大量部署之前,仍然可能取得暂时优势,所以还是继续扩大规模。[74]

使艾森豪威尔备受煎熬的两难问题,仍然困扰着肯尼迪政府。肯尼迪希望冷战的激烈程度有所减少,但由于将来可能出现战略缺陷,所以美国政府不能在经济上提出让步,至少不能在没有证据表明苏联

---

[73] 关于两极体系中不利的力量摇摆问题,见 Copeland, 2000b, 25-27, 47-48, 186-206。

[74] 见"邦迪先生备忘录",JFKL,1961 年 1 月 30 日,NSF,275 号盒,"国防部 1963 财年国防预算 1/61-10/61"文件夹;"总统备忘录",JFKL,1961 年 1 月 31 日,313 号盒,2 号文件夹;"国家安全委员会行动记录",JFKL,NSF,1961 年 2 月 6 日,313 号盒,2 号文件夹。

外交政策趋于缓和的情况下提出让步。(75) 在近期内，美国官员很清楚：苏联需要和平。(76) 遗憾的是，外源性的第三方问题使赫鲁晓夫面临巨大压力。1961 年 6 月，赫鲁晓夫再次宣布柏林问题要在半年期限内解决。我在别处指出过，赫鲁晓夫此举的首要原因，是难民涌入西柏林，造成其最重要的东欧盟友东德经济衰退。假如东德崩溃，苏联集团的实力和在世界上的形象就会遭到严重削弱（Copeland，2000b：181－186）。

虽然柏林危机是担心经济衰退的直接后果，但大背景很重要。假如美苏两国能在 1959～1960 年达成协议，保证美国出口增加，促进将来的友好关系就会与赫鲁晓夫利益攸关。这样，他就要担心一旦柏林又出现危机，就会导致美国政府在贸易限制上采取强硬立场（他在戴维营首先就柏林问题做出让步，说明了这一点）。而且，如果对方就贸易做出保证，他就会更加相信苏联能以转移支付克服东德的经济衰退。例如，在 1960 年 11 月与东德领导人瓦尔特·乌布利希会谈
301 时，赫鲁晓夫同意“几乎完全接手东德经济……以拯救之”（Harrison，1993：28）。赫鲁晓夫知道，这在短期内会使苏联付出代价。但假如苏联经济本身没有放慢发展，或至少假如赫鲁晓夫认为美国的科技将满足苏联经济的迫切需要，推动其增长，他原本可以有更多选择，因此在处理难民出走问题时可能会更加谨慎。

这种反拟论点与所有此类观点一样，归根到底是无法证明的。虽然如此，但正如我在别处指出的那样，肯尼迪手下的官员，尤其是国务院官员，都从一开始就完全了解，贸易限制加剧了矛盾，制约了缓和局势的机会（Copeland，即将出版）。例如，1961 年 2 月下旬，国

(75) 关于详细讨论，见 Copeland，即将出版。

(76) 见“关于苏联领导人思想的讨论笔记”，邦迪（Bundy）写于 1961 年 2 月 13 日，NSA（*BC*）。

务卿迪安·腊斯克对肯尼迪说，“必须”减少限制，以在关系高度紧张时“切实证明我们希望改善关系”。(77) 腊斯克的观点支持了一个专门小组的研究结果。这个小组由肯尼迪在其过渡期组建，负责人是肯尼迪的副国务卿乔治·鲍尔。所谓的《鲍尔报告》于肯尼迪即将就职时完成，其中提出：美国政府如果采取较为宽松的贸易政策，将来与苏联谈判时就会拥有一枚关键筹码（Funigiello，1988：125－126）。

从 1961 年到 1962 年，国务院不断强调这个问题。甚至到 1962 年夏，虽然关于苏联加强洲际弹道导弹建设的报告令人忧心忡忡，但腊斯克还是认为，以贸易为诱惑，可以缓和苏联的行为。(78) 7 月 10 日，腊斯克向国家安全委员会提交报告，认为假如继续不批准许可申请，那就是与改善关系的努力背道而驰。由于苏联非常重视贸易，所以美国的贸易政策将决定其是会趋向缓和，还是对西方加大压力。(79) 腊斯克在后续报告中指出，他“完全赞成经常说到的前提”，即贸易是推动苏联行为走向和平的少数手段之一。(80)

腊斯克在写下这些话时，当然并不知道苏联已经开始在古巴部署中程导弹。我在别处指出过，古巴导弹危机源于一种压倒一切的双向动态。美国于 1961 年公开暴露苏联的核劣势，然后又于 1962 年上半年开始讨论“不针对城市”（no-cities）的反击战略。于是，赫鲁晓 302
夫认为，他需要采取临时措施，起到基本的威慑作用，直到第二代导弹投入使用为止。因此，他模仿美国将中程导弹部署在苏联附近的做法，说服古巴同意苏联在其国内部署导弹。但部署这种导弹的行为本

---

(77) “总统备忘录“，JFKL，1961 年 2 月 26 日，NSF，176 号盒，文件夹：“苏联一般 2/21/61－3/1/61”。

(78) “国家情报评估”，11－8－62，NSA（*SE*），1962 年 7 月 6 日，372 号文档。

(79) “国家安全委员会备忘录”，JFKL，1962 年 7 月 10 日，NSF，313 号盒，35 号文件夹。

(80) “国家安全委员会备忘录”，JFKL，1962 年 7 月 16 日，NSF，313 号盒，35 号文件夹。

身，就不仅使美国担心丧失优势，而且担心有可能在短期内处于劣势。一旦这样，苏联可能就会想趁美国恢复实力时首先发动攻击。总之，实力对比来回摇摆的不利动态，是这次危机的核心问题（见Copeland, 2000b: 186 - 208, 297n71; Copeland, 1996b）。

经济相互依赖并未直接推动这个担心、行动、反应的过程。然而，与1961年柏林危机一样，我们可以提出反拟问题：假如赫鲁晓夫更加确定，美国并未试图击垮苏联经济，那么他是否还会那么担心苏联在短期内处于劣势地位？我想提出，与柏林危机相似，假如1960年或1961年初达成贸易协定，大大改善苏联的贸易预期，赫鲁晓夫就会更有把握地认为，在苏联加强威慑力量时，美国会愿意接受和平共处。亚力山卓·弗尔森科与蒂莫西·纳弗塔利（Alexandr Fursenko and Timothy Naftali, 1997）认为，肯尼迪在1961年底鼓吹美国的核优势，在苏联领导人看来是反映了相反的意图：美国政府不会允许苏联发展，甚至可能决定利用美国的短期优势，发动先发制人的战争。

与柏林危机的情况一样，我们永远无法知道，贸易协定假如达成，能否让局面平静下来，阻止世界历史上最危险的一次危机。我也不想过于强调贸易预期观点：因为双方都非常担心丧失二次打击能力，所以即使美国重新承诺发展贸易，在1961~1962年间还是很有可能出现某种生存危机。但这种危机很可能不会使双方如此接近最终毁灭。假如初步缓和的局势在1960年底或1961年初就能奠定，双方在战略平衡问题上的态度都会比较放松。这样，在走向"相互确保毁灭"的过渡阶段，双方就会普遍采取较为谨慎的态度。可以支持这个结论的，是腊斯克对国家安全委员会说的话。他的话说明美国官员深知两点：苏联要增加贸易，才能对长期经济增长继续抱有信心，而贸易是美国政府能够用来影响苏联行为的少数工具之一。

从上述分析可以得出结论：在开放美苏贸易方面没有进展，从而也未能影响苏联的贸易预期——这在艾森豪威尔与肯尼迪时代的冷战政治中所起的作用，远比先前认为的要大。鉴于苏联的需求，贸易是很有力的谈判筹码，美国准备把它用上，作为补充。但由于核平衡很脆弱，所以美国只得坚持要求苏联先让步，然后才能放松贸易限制。这种战略难题构成了障碍，使基辛格后来所谓的"和平结构"一直无法实现。

在下一节里我将指出，尼克松和基辛格愿意通过联动的谈判策略建成这种结构。所谓联动，就是双方互相让步，同时解决诸多问题，使大国关系向前迈进。有利于选择这种战略的是："相互确保摧毁"成为新的现实，而且双方都知道，随着苏联经济陷于停滞，苏联不大可能在总体经济实力方面赶上美国。认识了这一点后，美国在通过贸易让苏联得到有限的相对利益时，就感到比较放松了。如果苏联对美国报以重大让步——当时的越战使人觉得美国气数渐衰，而这种让步将有助于美国维持其主导地位——那么联动协议就更加值得了。

关系缓和的出现与破裂（1963～1983）

本书理论强调，即使行为主体之间的实际贸易极少，但只要贫困国家认为将来的贸易环境会有所改善，并在一段时间内保持开放，那么行为主体的行为就能够改变。当两个超级大国于20世纪60年代末施展策略，走向真正的和平共处时，显然就是这种情况。尽管实际贸易水平并未显著改变，但1965年后苏联政府贸易预期的变化，加上苏联越来越需要西方商品来克服内部停滞问题，直接决定了苏联行为的和平属性。我已在别处较详细讨论了1963～1983年这个时期，所以在此处只概述基本研究结果（Copeland，1999－2000）。[81]

---

[81] 表2-7将1963～1983年分为两个案例时期，因为1963～1983这些年既包括1972～1973年缓和局势出现，也包括1974年后冷战重新开始。

到 20 世纪 60 年代中期，有件事变得越来越明显：苏联需要与美国进行贸易，以振兴其疲软的经济。在战后的头十年左右，苏联经济平均年增长率为 6% ~ 11%，而从 1961 到 1965 年，苏联经济的增长率仅为 5%（Aslund, 1989：15）。其根本原因，是苏联分析家此时所谓的"科技革命"，即脱离以粗放型生产（增加劳动力与资本投入）为基础的重工业，转向由计算机化和微型化推动的高效集约型发展（见 Hoffman and Laird, 1982：第一章）。赫鲁晓夫于 1964 年下台之后，阿历克谢·柯西金总理带领苏联走向技术改造。在 1965 ~ 1966 年，柯西金提出，科技革命已是超级大国竞争的关键方面，苏联的"本质缺陷"对经济增长产生了严重影响（转引自 Parrott, 1983：186）。在柯西金看来，最简单的解决办法就是增加与西方的贸易往来，因为可以利用国外科技省下数以百万计的卢布，将其投入科学研究。柯西金促进贸易的努力一开始受到了大部分政治局委员的抵制，因为他们担心，一旦依赖贸易，苏联就容易受制于西方政治压力。然而，到 1969 ~ 1970 年时，苏共书记列昂尼德·勃列日涅夫站到了柯西金这边。1965 年启动的内部经济改革成效甚微，所以必须采取措施了。1971 年的苏共代表大会出台了"和平计划"，其中正式规定的新方向，将增加贸易、减缓军备竞赛与苏联长期经济发展联系起来。勃列日涅夫主张，科技革命必须前进，其中增加贸易至关重要。[82]

苏联需要贸易，而这正是尼克松及其国家安全顾问基辛格寻找的突破口。为建立和平结构，美国将提供贸易，换取苏联行为的缓和（包括签署军控协议、协助解决越南问题、在第三世界保持克制）（Kissinger, 1979：152 – 153, 1203, 1254 – 1255）。美国愿意重新与苏联进行贸易，反映为 1971 年和 1972 年签订的一系列协议和协定。

---

[82] Anderson, 1993, 127; Aslund, 1989, 15; Volten, 1982, 4 – 67; Parrott, 1983, 243 – 249.

1971年11月，两国达成了价值2.61亿美元的粮食协定和工业合同；1972年2月，价值4亿美元的卡车生产设备许可又获得批准。5月召开的莫斯科首脑会议主要内容是签订《削减战略武器条约》，但双方也宣布将积极努力，加强经济纽带。[83] 1972年10月，两国签订了正式贸易协定，保证给予苏联最惠国待遇，并提供大额贸易信贷。这两者对苏联而言都很重要：由于缺乏硬通货，苏联无法购买美国商品，除非既能销售苏联商品，又能得到便于购买的短期信贷。

新商贸精神的影响很快得以体现。从1972年10月到1973年5月，在550类禁止出口商品中，有477类取消了限制。进出口银行放出了2.02亿美元贷款，由三百家美国企业组成的贸易委员会在莫斯科开设了办事处。由于苏联需要美国企业的技术，所以美国企业参与了开发西伯利亚地区广袤油气田的联合计划（Mastanduno, 1992：147；Jentleson, 1986：139 - 141, 147）。总体趋势无疑是上升的：苏联与美国的贸易总额从1960~1970年间的年均0.6亿~1亿美元，增长到1972年的6.49亿美元，又增长到1973年的15.77亿美元（见Mastanduno, 1992：112, 表4；158, 表5）。但更重要的是，两国新关系对苏联关于未来的预期产生了影响。1973年2月，勃列日涅夫致函尼克松，表示他相信，在6月于华盛顿召开的两国首脑会议上，双方将签署更多的商贸协定。在勃列日涅夫回国后撰写的一份苏共中央内部报告称，首脑会议展现了"［美苏］经贸关系……长期大规模发展的新前景"（转引自Garthoff, 1994a：366 - 367, 389）。

彼得·沃尔腾（Peter Volten, 1982：112）和雷蒙德·加索夫（Raymond Garthoff, 1994a：389）指出，在1972~1973年，勃列日涅夫对未来与西方进行贸易的预期过于乐观。水门事件将如何影响尼克松控制国内关于美苏贸易反对意见的能力，苏联人迟迟未能觉察。双

---

[83] FRUS (1969 - 1976), 4：349 - 352；Stevenson, 1985, 155；Jentleson, 1986, 139.

方于1972年签订贸易协定时,都承诺在随后三年中让双边贸易增加两倍。由于两国贸易额在1972年已经达到了6.49亿美元,所以这实际上就是说,预计到1975年,贸易额会猛增至每年约20亿美元(见Mastanduno, 1992: 146; 158,表5)。但苏联的预期(当然从未实现)却是希望更多。在此期间,一位苏联高级官员表示,苏联领导人"希望与美国每年的贸易额在这个十年结束时达到100亿美元"。[84] 其实,到1973年时,勃列日涅夫已将其复兴计划的成功赌注都押在了美苏关系继续稳定发展上。这一整年中,他都主张要让局势缓和变得"不可逆转",因为这是解决苏联国内问题的关键(Volten, 1982: 108-109, 111, 234)。

我很快就要讨论到,美国国内对关系缓和的反对意见,最终将于1975年1月破坏未来贸易的前景。贸易预期理论预言,这将导致苏联对第三世界的外交政策突然变得强硬许多。但在苏联预期仍为正面的阶段(1972~1973),苏联政府的行为显然变得温和了。正如基辛格所愿,苏联愿意牺牲边缘地区,以得到美苏贸易的利益。有两个突出例子:苏联政府通过外交压力和终止军事物资援助,推动北越做出让步,于1973年1月签署《巴黎和约》(Parrott, 1985: 38)。更有重大意义的是,在1973年的埃以冲突中,苏联的态度很配合,因此不论外交过程还是最终结果,美国政府均得以掌控。

1973年10月赎罪日战争引起的超级大国危机,也许可以说明两国关系缓和并未使苏联行为变得温和。但经过仔细分析,我们会得出相反结论。苏联不仅不希望中东发生战争,采取措施防止其爆发,而且设法迅速结束这场战争,以免关系缓和的局面受到太大损害。基辛格承认,他想利用苏联政府明显的谨慎态度,以加强美国在该地区的影响力。总之,中东危机是由埃及和叙利亚在不顾苏联力劝其不要发

---

[84] 依据为这位官员向加索夫(Garthoff, 1994a, 102n70)提供的情况。

第六章 冷战的起源、动态与结束（1942~1991）

动战争的情况下，独立做出决定而引发的。关系缓和中包含的经济诱因一旦生效，就显著缓和了苏联的行为，令尼克松和基辛格倍感欣慰。

1973年春，勃列日涅夫看到，虽然他再三恳求，但埃及和叙利亚还是准备向以色列发动战争。在6月首脑会议上，勃列日涅夫将此情况告诉了尼克松。在随后三个月中，虽然苏联一再恳请其应对这种局面，尼克松（1978，884-886）和基辛格却总是对此不屑一顾（见Garthoff，1994a：408-409）。虽然他们也许认为，鉴于以色列的优势，战争不大可能发生，但很显然的是（基辛格也承认），他们认为假如战争爆发，倒是个削弱苏联在中东影响的绝好机会。有了关系缓和充当苏联的"镇静剂"和美国的"幌子"，基辛格便可将中东"和我们拉近关系，牺牲苏联的利益"。[85]

苏联的确发现自己左右为难：既需要以贸易为基础的关系缓和，又要对埃及和叙利亚承担义务。据内部人士维克多·以色列杨（Victor Israelyan）说，勃列日涅夫及其政治局同人发现自己虽想努力制止埃及和叙利亚，却未能避免战争，都感到很懊丧。叙利亚与埃及对以色列发动突然袭击后几个小时，勃列日涅夫对政治局说，此举"将激起国际紧张局势，使苏联与西方，尤其是与美国的关系复杂化"（转引自Israelyan，1995：31，2）。勃列日涅夫匆忙给萨达特写信，说阿拉伯领导人"干涉了苏联与美国政治合作的发展进程"，要求立即停火（转引自Lebow and Stein，1994：201）。

基辛格在10月采取的策略，实质上就是"以结束关系缓和为威胁，诱使苏联保持谨慎"，从而实施最符合美国利益的地区解决方案。[86] 就连基辛格在10月25日的夸张之举，即令美军处于暂时核戒

---

[85] 基辛格，1982，594，296，299。当时的内部分析指出，勃列日涅夫的和解姿态反映了关系缓和与苏联政府利益攸关（Garthoff，1994a，409-420，434-441）。

[86] 基辛格，1982，467-469；亦见Lebow and Stein，1994，210。

备状态（三级战备），也与担心超级大国之间发生冲突几乎毫无关系，而与降低苏联的外交地位关系密切。勃列日涅夫见埃及陆军岌岌可危，便提出警告：假如美国拒绝他关于组建美苏联合维和部队的意见，他也许就得单方面将苏军派往埃及。基辛格（1982，579，584）担心，假如美国答应开展联合行动，就会让苏联参与中东事务成为正当行为。因此，基辛格将危机升级，以使苏联不敢采取行动。[87]

以上分析说明，在1973年10月，关系缓和对苏联行为产生了强烈影响，使之变得温和。[88] 假如没有对美苏贸易有很高期望这种刺激因素，而美苏贸易对苏联的改革和保持大国地位又至关重要，苏联就比较可能积极干预阿以争端，超级大国之间发生危险冲突的概率也会大大增加。归根到底，美国领导人必须承担10月危机的大部分责任，因为是尼克松和基辛格出于地缘政治利益的欲望，几乎无所作为，既不愿防止也不愿缓和冲突。

虽然1972~1973年间的积极贸易预期让苏联的行为变得温和，但美国内部却山雨欲来。批评尼克松政府的自由派和保守派找到了反对其外交政策的共同点：要攻击这种政策无视人权，在犹太移民问题上尤其如此。1973年3~4月，参议员亨利·杰克逊正式提出一项修正案，将最惠国待遇和犹太移民数量显著增长相联系，作为1973年《贸易改革法案》的部分内容（众议员查尔斯·凡尼克也在众议院提出了相似的修正案）。1973年，随着尼克松政府陷入水门事件的泥淖，杰克逊–凡尼克修正案缓缓加大了势头。12月，众议院通过了包含该修正案的法案。1974年6月，参议员阿德莱·史蒂文森三世又增加了一项修正案，限制由联邦进出口银行向苏联提供的信贷

---

[87] 解密文件证实了基辛格的回忆（KT, 155）。

[88] 1974年3月18日，基辛格在私人会谈中对同僚承认，苏联近期的行为"在各方面都比较讲道理……就连在中东，虽然我们的政治策略使他们深陷困境，但他们也没有真的想整我们"（KT, 225）。

（见 Jentleson，1986：136－142）。

苏联竭力以不会损害其世界声望的代价，满足美国国会中批评者
的要求。1973 年 4 月，正当杰克逊提出其修正案时，勃列日涅夫撤 308
销了限制犹太移民的出境税，使杰克逊及其支持者深感不悦。犹太移民从 1968 年的 400 人上升到 1973 年的近 35000 千人。但杰克逊认为这还不够。1974 年 9 月，杰克逊公开表示其目标为每年 75000 人，并将敦促达到至少 6 万人。苏联通过秘密渠道表示，只要协议保密，苏联可以将数量提高到 5.5～6 万人。(89) 但基辛格遗憾地指出，杰克逊“要的是问题，而不是解决方法”。1974 年 10 月 18 日，杰克逊和凡尼克在白宫签署似乎能解决争端的信件后，杰克逊借此机会鼓吹自己的胜利，说苏联人已完全屈从于他的要求（Kissinger，1982：996；Garthoff，1994a：509）。这种公开侮辱令苏联人怒不可遏。包含杰克逊－凡尼克修正案的贸易法案于 12 月 13 日获得通过。1975 年 1 月 3 日，杰拉尔德·福特总统勉强签署了《贸易改革法案》，使之成为法律。10 天后，苏联表示 1972 年贸易协定现已作废。

因此，加索夫（Garthoff，1994a：512－513）总结道，到 1975 年初，“美苏贸易成分的核心内容已经崩溃。”(90) 美国国内如此干涉尼克松和基辛格的计划，对苏联的贸易预期产生了外源性打击。(91) 苏联政府此时明白，要拯救 1972 年贸易协定，无论怎么做，都会看似屈服于越来越高的要求。而且，由于美国行政机关在水门事件之后显然处于弱势，所以到 1974 年 12 月时，继续谈判显然已经毫无用处。

有重大意义的是，苏联在边缘地区的行为很快回到了先前的“冒险主义”政策。苏联放弃了已实施两年的约束北越政策，于 1974

(89) Kissinger，1982，249；Garthoff，1994a，506；Jentleson，1986，143.

(90) 亦见 Mastanduno，1992，150。

(91) 这是决定预期的六种外源性因素中的第六种，见第一章。

年12月恢复向北越政府运送武器。四个月后，北越向南越发动了决定性进攻，无疑至少得到了苏联政府的默许。1973~1974年，苏联仅向安哥拉的左翼势力提供最基本的援助，而且是直到美国对反左翼组织的援助增加之后才提供的。1975年，这种克制不复存在，苏联对安哥拉的支持大幅度增加（Garthoff, 1994a：第十五章）。70年代末，苏联政府先是向索马里，然后又向埃塞俄比亚和尼加拉瓜大举渗透。1979年，苏军入侵阿富汗，在冷战期间首次入侵并非苏联势力范围正式成员的国家。

虽然关于1975~1983年间政治局决策的内部文件仍然很粗略，但苏联行为在贸易协定失效之后变化如此突然，显然并非巧合。[92] 布鲁斯·帕洛特（Bruce Parrott, 1985：38-39）指出，"苏联是否愿意接受贸易和苏联政治行为之间的隐含联动，取决于有望获得的经济利益是否符合政治机遇和风险之间的大平衡。……然而，到1975年时，利益与成本的平衡已经改变"。总之，贸易协定的终结，是关系缓和局面崩溃、重回冲突对抗的超级大国关系之主要原因。[93] 贸易预期理论为此提供了简单有力的解释。一旦不再期待美苏合作能不断增加贸易利益，苏联就不再有动力缓和其在第三世界的行为，如其在1972~1973年所做的那样。虽然这种预期似乎也符合自由主义理论，但请注意：约束苏联政策的，并非当前贸易，而是对未来高额贸易的预期。而且，推动苏联政府的纯粹是实力与政治方面的考虑。这再次证明了以动态方法研究长期敌对状态下大国安全问题的价值。

---

[92] 关于最初的几份文件，见 CSIHPB, nos. 8-9（1996~1997年冬）。

[93] 关于赞同此观点的学者，见 Garthoff, 1994a, 513；Njolstad, 2010, 155-153；George, 1983, 22；Jentleson, 1986, 第五章。就连中间偏右的历史学家亚当·乌拉姆（Adam Ulam, 1983, 93-94, 134-135）也指出，贸易协定终结后，苏联的行为变得较为强硬起来。

第六章　冷战的起源、动态与结束（1942~1991）

经济关系与冷战结束（1984~1991）

在许多人看来，冷战结束的根源是一个基本事实：米哈伊尔·戈尔巴乔夫的支配地位，以及他关于苏联社会及其世界地位的新自由主义构想。照此看法，戈尔巴乔夫认为苏联必须成为开放民主社会，所以希望将苏联融入西方自由体系，从而结束了近半个世纪的互不信任和紧张关系。本节指出，由于这种解释强调观念上的顿悟，而非自利的物质考量，所以是不充分的。[94] 戈尔巴乔夫的改革至少在头两年内并不是崭新的，而是延续了他的导师尤里·安德罗波夫在1982~1984年短暂任期内制定的改革计划。而这个计划所依据的目标，正是促使苏联政府在20世纪60年代末进行改革的目标，即克服经济与科技方面的停滞局面。戈尔巴乔夫的"新思维"直到1986年后（即初步改革失败之后）才变得越来越激进。但即使到了这时，他的行为还是主要受物质推动的：他认为，只有在国内实行民主化，同时国外更加和平、相互依赖程度增加，苏联才能停止衰落，维持超级大国地位。戈尔巴乔夫越来越认为，美国将提供促进其改革所需的贸易和信贷；在经过美国准许之后，欧洲也会这样做。这是戈氏和平大战略不可或缺的一部分。

虽然各种估计有所不同，但所有历史叙述一致认定，到70年代末、80年代初时，苏联经济已深陷困境。国民生产总值年增长率在60年代还有5%，但此时只有0~2%。生产率不再提高，苏联产品的质量远不如西方产品，效率低下的工厂耗尽能源的速度比西方高许

---

[94] 强调前者的有 Wendt, 1992；Risse-Kappen, 1994；Kydd, 2005；Haas, 2005。关于后者，见 Jervis, 1996, 224-225；Copeland, 1999-2000；Brooks and Wohlforth, 2000-2001。

多倍。(95) 苏联领导人并非对这些问题一无所知。在上台之前，还在担任克格勃负责人的安德罗波夫就在克格勃内部成立了秘密部门，研究的内容据一位官员说，是“即将到来的经济灾难”（转引自 Kaiser, 1991：57, 59）。苏联科学院于 1983 年撰写的一份报告指出，中央集权体制“落后得……难以置信”，是苏联衰落的首要原因。(96) 在 6 月的一次讲话中，安德罗波夫强调，必须进行改革，以提高以科技为基础的生产力（Doder, 1986：182, 185）。

由于安德罗波夫身体很差，所以主要由他的门生戈尔巴乔夫负责实施改革。戈尔巴乔夫完全支持安德罗波夫的努力，但这种努力此时尚且力度不大，主要集中于工作场所的纪律问题。戈尔巴乔夫很清楚经济相对停滞的问题。到 1982 ~ 1983 年时，他发现“时间不多了”。科技变革席卷世界，西方国家在迎接挑战，而苏联体制却“蔑视创新”。戈尔巴乔夫（1996：135；1987：18 - 19）认为，不仅西方领先，而且先进科技方面的差距“［已经开始］扩大，对我们不利”。戈尔巴乔夫在 1984 年 12 月的一次苏共官员会议上的讲话表明，他首
311 要关心的问题是维持苏联的超级大国地位。他简要介绍了经济改革战略，指出“我们必须完成突破。只有高度发达的集约经济，才能确保巩固我国在世界上的地位，使之能以富强大国应有的姿态进入下一个千年……除此之外别无选择。”(97)

到 1985 年时，衰落问题有了压倒一切的重要性。戈尔巴乔夫 3 月上台之后，收到了一份克格勃绝密报告，其中指出，除非苏联开始

---

(95) 见 Aslund, 1989, 15; Doder, 1986, 177 - 178; Gorbachev, 1987, 18 - 19; Ellman and Kontorovich, 1992。

(96) Doder, 1986, 111, 169 - 170, 186 - 187; Walker, 1987, 47 - 48. 1983 年进行了许多类似的研究（Oberdorfer, 1991, 63）。

(97) 转引自 Walker, 1987, 58 - 59；亦见 Brown, 1997, 79 - 81。

实施根本改革，否则就“无法继续以超级大国的身份进入 21 世纪。”(98) 1986 年 2 月下旬，戈尔巴乔夫在苏共二十七大上说，如果科技发展趋势继续下去，资本主义世界可能完成“社会报复”，即“恢复失去的东西”（Walker，1987：51）。(99) 为确保苏联经济和领土安全，戈尔巴乔夫面临三个首要任务。第一，他要结束军备竞赛，释放资源，用于生产消费品。如果苏联继续将国民生产总值的两成用于军队，经济改革就无法成功。(100) 第二，他要阻止美国建立太空导弹防御体系，因为这个体系即使不成功，也会迫使苏联浪费经济增长所需的宝贵投资资本。而这个体系如果确实奏效，就会削弱苏联的威慑力，引发新的军备竞赛。(101) 第三，戈尔巴乔夫要劝说美国放松贸易和经济信贷限制。随着戈氏改革的推进，这一点变得越来越重要。像勃列日涅夫一样，戈尔巴乔夫知道，要克服经济衰退，不可或缺的因素就是得到西方先进产品和技术的途径。

以上三个因素对于促进国内改革计划至关重要。这种改革的基础是列宁主义而不是自由主义的，戈尔巴乔夫对此直言不讳。他要的不是革命，而是改善现有的社会主义制度，因为他认为这种制度在道德和组织结构上都有明显优势。(102) 正如列宁在 20 年代以贸易和外交恢复苏联的实力一样，戈尔巴乔夫懂得与西方重建友好关系的重要性。1986 年 5 月，他对外交部 600 名负责对外援助与贸易的官员讲话，

---

(98) 关于该文件的概要，见 Coleman，1996，224。关于此时的一份类似报告，见 Arbatov，1993，322。

(99) 关于东欧在苏联衰落和复兴中所起的作用，见 *MH*，尤其是文档 4－9，39－42，48。

(100) 见 *UECW*，文档 19，25，32，40，52；Gorbachev，1996，215，401；Dobrynin，1995，570。

(101) 关于戈尔巴乔夫如何努力反对美国的“战略防御计划”（即“星球大战”计划），见 Gorbachev，1996，407，417－418，455；Shultz，1993，477－479，577，592，768－769。

(102) Gorbachev，1996，217－218，250；*UECW*，文档 44，52；*MH*，118。

指出苏联外交"必须对我国国内发展做出贡献"。因此，外交政策的首要目标就是为内部发展"尽可能创造良好的外部条件"（转引自 Oberdorfer, 1991：159 - 162）。虽然戈尔巴乔夫后来的举措表明结束军备竞赛是关键的第一步，但获得贸易也非常重要。在刚上台后首次会见国务卿乔治·舒尔茨和副总统乔治·H. W. 布什时，戈尔巴乔夫对两国交往很少表示遗憾。"技术转让必须经过总统明确批准，贸易不准进行"（转引自 Shultz, 1993：530）。两个月后，即 1985 年 5 月，戈尔巴乔夫对美国商务部长马尔科姆·鲍德里奇说，此时加强经济纽带"正是时候"。两人于 12 月再次会面时，戈氏又强调了这个问题（Garthoff, 1994b：218, 249）。

苏联有理由认为美国愿意扩大贸易。里根总统曾于 1983 年 7 月给安德罗波夫寄来私人信件，表示希望就军控和扩大贸易问题进一步讨论。5 个月后，里根表示，他认为杰克逊 - 凡尼克修正案是错误的，应该撤销。从 1984 年末起，商务部已开始放松某些西方内部的出口管制。这是一个关键的初步信号，因为苏联希望得到的大部分技术均从西欧获得。[103] 但戈尔巴乔夫知道这还远远不够。1986 年 2 月的苏共二十七大出台的"基本原则"中，经济领域的第一项原则就是结束"一切形式的［贸易］歧视"（转引自 Gorbachev, 1987：231n1）。在 1987 年中期出版的《改革与新思维》一书中，戈尔巴乔夫（转引自 Gorbachev, 1987, 126：222 - 223）向西方领导人提出："不要害怕改革［结构调整］……而要通过经济联系机制促进改革。"这种联系"［将有助于］在我们各国之间建立信任"。

然而，与 70 年代初不同，里根政府显然不愿签署等价交换协议，将军控和苏联改善行为与美国做出更多贸易承诺相关联。里根及其幕

---

[103] Dobrynin, 1995, 531, 518; Mastanduno, 1992, 300; Garthoff, 1994b, 249, 198.

第六章 冷战的起源、动态与结束（1942~1991）

僚就是太不相信苏联的意图。[104] 因此，苏联明白自己必须做出一系列夸张姿态，显示新领导人不同于以往。[105] 戈尔巴乔夫于1985年4月收到来自顾问格奥尔基·阿巴托夫（Georgi Arbatov, 1993: 321-322）的一份报告，其中提出，苏联政府领导人更替，为改善关系提供了重大机遇。但为了避免失望，"我们[必须]改变谈判作风，采取单方面措施"，包括削减苏联在欧洲的驻军。

戈尔巴乔夫将此建议铭记在心。1986年1月，他公开提出了在20世纪末前消除核武器的三步计划。在秋季的雷克雅未克首脑会议上，戈尔巴乔夫愿意答应深远削减战略武器，换取对方限制太空武器。虽然未能达成协议，但舒尔茨（Shultz, 1993: 775-780）认为，这次会议说明苏联政府在做出根本改变方面具有认真态度。这种观点后来得到了证实：1987年末，苏联政府同意签署一项核武器条约，其中要求苏联削减的中程导弹数量比例大幅度失调（Shultz, 1993: 1011-1022）。

苏联做出上述夸张姿态后，美国的政策有所缓和。在1988年的一次东西方贸易统筹委员会会议上，美国政府答应放松对某些产品的管制，包括计算机和电信设备（Mastanduno, 1992: 306; Garthoff, 1994b: 342）。但总体而言，苏联仍然没有得到满足。在1988年5月的莫斯科首脑会议上，当里根问起改革进展情况时，戈尔巴乔夫很快把话题转向美国如何"坚持对苏联采取歧视性贸易政策"。戈尔巴乔夫每次提起这个问题，里根都不肯让步。这使戈尔巴乔夫认为，要采取更夸张的措施，才能打破僵局。[106] 12月在联合国发表讲话时，戈尔巴乔夫采取了迄今为止最激进的措施。他表示，在今后两年中，苏联

---

[104] 关于透露这种怀疑到了何种程度的档案，见 *RF*，尤其是 2-79, 176-284。

[105] 这属于"代价高昂的信号"，传统苏联领导人无法发出这种信号。Fearon, 1995; Kydd, 2005; Glaser, 2010; Copeland, 1999-2000。

[106] 见 Gorbachev, 1996, 456-457; Garthoff, 1994b, 358。

将单方面削减其在东欧的驻军,削减人数达 50 万。此举和戈氏经济目标之间的联系是间接的,但很难忽略。他对听众说,全球经济正在变成一个有机整体,"任何国家,无论其社会制度和经济地位如何,都不能在其之外正常发展"(转引自 Oberdorfer, 1991:316-318)。戈尔巴乔夫(1996:608)后来说,这次讲话的首要主题之一,就是"改革……要求我们改变对外贸易方式,有机地融入世界经济"。

由于这次讲话,加上苏联同意撤出阿富汗,所以舒尔茨在里根政府任期快结束时,与国防部讨论了进一步放松管制的问题(Mastanduno, 1992:308)。但乔治·H. W. 布什上台之后,却决定全面审查美国对苏政策。多位顾问担心,苏联的让步只是一种计策,目的是让苏联获得恢复实力的喘息之机(见 Beschloss and Talbott, 1993:17-25)。在许多个月中,美国除了发表模糊的声明,对苏联改革表示赞赏之外,两国关系正常化几乎毫无具体进展。苏联人对此深感忧虑。9月,苏联外长爱德华·谢瓦尔德纳泽会见美国国务卿詹姆士·贝克,强调苏联正在经历一个重要阶段,需要克服其经济体制与西方国家不相容的问题。苏联政府想要的不是援助,而是有助于改革成功的"经济合作"(转引自 Baker, 1995:144-145)。为促进谈判,谢瓦尔德纳泽提出了两点关键让步:苏联将不再把军控谈判(战略武器削减谈判)与关于太空武器的磋商联系在一起,并拆除一座美国认为违反此前条约的雷达站(Garthoff, 1994b:384-385; Beschloss and Talbott, 1993:117-121)。

苏联如此进一步表明合作态度,似乎起到了效果。到 1989 年末时,布什政府最终决定,戈尔巴乔夫的改革必须得到支持。[107] 贝克在 10 月中旬发表重要讲话,证实美国政府准备为苏联改革提供计划援

---

[107] 见 Oberdorfer, 1991, 376; Matlock, 1995, 271-272; Bush and Scowcroft, 1998, 41。

第六章 冷战的起源、动态与结束（1942～1991）

助（Garthoff，1994b：386－387；Baker，1995：156）。当布什与戈尔巴乔夫于1989年12月在马耳他会面时，柏林墙已经倒塌，苏联在东欧的地位正在迅速瓦解。事态如此发展，使帮助苏联改革成功的需要变得更加紧迫，因为只有这样才能让戈尔巴乔夫继续执政。布什做出了戈尔巴乔夫等了四年多的承诺：美国政府将努力给予苏联最惠国待遇，结束对经济信贷的立法限制。布什同时提出，双方应开始讨论新的贸易协定，待下次首脑会议时签订。[108] 随着戈尔巴乔夫宣布："世界正在远离'冷战'时代，进入新时代"（转引自 Garthoff，1994b：408），马耳他会谈的气氛变得乐观，甚至喜气洋洋。苏联的积极贸易预期使新的和平计划显得更加明智。一个月后，戈尔巴乔夫向政治局提交报告时，对美国"乐于"援助苏联改革表示欢迎，强调在世界历史的关键阶段中，合作这个"稳定因素"的必要性（转引自 Dobrynin，1995：634）。

虽然有了新气氛，可是当布什和戈尔巴乔夫于1990年5月在华盛顿首脑会议上见面时，双方并未签署正式贸易协定。美国仍想利用戈尔巴乔夫对贸易和技术的迫切需要来实现自己的目标，尤其是在北约联盟内统一两德，并削弱苏联在立陶宛的存在。虽然第一个问题对苏联而言极为敏感，但戈尔巴乔夫在首脑会议上做出了引人注目之举，允许德国自行决定加入哪个联盟。不过他是有条件的。第二天，即6月1日，戈尔巴乔夫在与国会领袖进行电视会谈时强调，当前的贸易关系"非常原始"，呼吁美国国会"对贸易……做出有利姿态"。他指出，这种姿态"从政治角度看……非常重要"。[109]

双方都要争分夺秒，因为他们都已承诺当天晚些时候举行签约仪

---

[108] 见 *MH*，619－646；Garthoff，1994b，406－407；Beschloss and Talbott，1993，151－155；Bush and Scowcroft，1998，162－163，173。

[109] Oberdorfer，1991，415－419；Zelikow and Rice，1997，276－279；Beschloss and Talbott，1993，210－222；Baker，1995，248－249。

式。布什在电视会谈后会见戈尔巴乔夫，说他仍然对贸易协定没有把握。戈尔巴乔夫再次强调贸易协定非常重要（Bush and Scowcroft，1998：283－284；Oberdorfer，1991：419－420）。直到最后一刻，布什一直让戈尔巴乔夫心里悬着。就在下午六点步入白宫东厅参加签约仪式之前，戈尔巴乔夫问："我们要签署贸易协定吗?"布什回答说要的。戈尔巴乔夫眉开眼笑，对布什说："这对我确实很重要。"布什也答应不会将协定与苏联在立陶宛的行为明确联系起来（Beschloss and Talbott，1993：223；Zelikow and Rice，1997：280－281）。于是，戈尔巴乔夫得到了想要的协议。美国如今承诺贸易关系正常化，换取苏联默许美国在德国问题上的立场，并私下表示在立陶宛问题上缓和态度。(110)

显然，1990 年 5～6 月的华盛顿首脑会议是冷战逐渐瓦解的重大时刻。在戈尔巴乔夫（1996：542）看来，6 月 1 日签署的贸易协定代表了美苏关系的"转折点"，美国"从口头支持我们的改革，转变为实际行动"。在签署协定当天，戈氏称这套协定是迈向"新世界"的一步。布什在当天的讲话中指出，虽然两个超级大国并非事事意见一致，但"我们［的确］相信一个重大事实：世界等待已久，冷战必须结束"（转引自 Oberdorfer，1991：423）。(111)

合作在此时的确成了常态。在结束伊拉克占领科威特的 8 个月危
316 机中，双方携手合作，这是最令人惊讶、也是最直接的效果。1990 年 10 月，两德统一，双方达成默契，使新德国仍为北约成员。1991 年春，东西方关系已变得几乎难以辨认。6 月，戈尔巴乔夫接到邀

(110) 关于附带要求苏联在波罗的海地区缓和态度的问题，见 Matlock，1995，第 14 章，380～381。

(111) 贝克叙述道：6 月签署的协定对第三世界问题有直接影响。"几乎可以说，戈尔巴乔夫同意德国加入北约，和总统决定签署贸易协定，将两国关系推向了更高、更具合作性的私人层面。"Baker，195，254。

第六章 冷战的起源、动态与结束（1942～1991）

请，请他参加 7 月举行的七个工业化国家首脑会议。7 月 11 日，戈尔巴乔夫（1996：612）向西方国家寄出私人信件，称苏联人民"认为此时应采取果断措施……建立新的经济互动方式，将苏联经济融入……世界经济"。

1945 年后最引人注目的事件之一，就是仍然坚守社会主义信条的苏联领导人于 1991 年 7 月 16 日抵达伦敦，与资本主义世界的七国领导人商讨国际贸易和投资问题。在为了体现"7＋1"模式的一次特别会议上，戈尔巴乔夫对七国领导人说，苏联领导层现在认为，"如果我们建立的政治对话能够植根于新的经济合作，世界上的各种积极进程就可以维持。"当然，要进行融合，只有通过"取消对各国与苏联建立经济和技术联系的立法限制及其他限制"（Gorbachev，613－614）。[112] 七国集团同意在苏联与国际货币基金组织或世界银行间建立"特殊联系"，同时表示其已经下定决心，要完全恢复苏联获得贸易和投资的途径。戈尔巴乔夫认为自己是"带着重大收获"离开七国会议的。他已就"我国融入世界经济"达成"根本性政治协议"，从而"实现了我国的民族与国家利益"（Gorbachev，617）。

以上分析证明，苏联的贸易预期改善，对于冷战的消解具有深刻意义。戈尔巴乔夫早就认识到苏联需要贸易和投资，并不懈努力，争取美国和西欧国家同意放松当前的各种限制。他明白，未来贸易的概率部分取决于内部因素：除非他在军控和地缘政治方面提出重大让步，否则里根和布什就不大可能运用其政治资本，敦促东西方贸易统筹委员做出改变，并推动国内相关立法。但他也利用了改善行为的承诺，以及断绝新的利益、回到激烈冷战的隐含威胁，以之为工具，让西方做出关于未来贸易的承诺。因此，从政治让步，到出现未来西方贸易的信号，到政治再让步的良性循环便可启动。肇

317

---

[112] 这是戈尔巴乔夫对其实际讲话内容的重新表述。

端于1945年的贸易-安全恶性循环最终得以逆转，结束了近半个世纪的激烈冷战。

结　论

本章进一步阐明了本书的关键主题：各个时代的大国，甚至包括有核武器的大国，都念念不忘如何得到市场、资金、原料的问题。表2-7已总结：本章分析了11个案例时期，对其中9个而言，经济相互依赖都对超级大国冲突的激烈程度有重大影响。对于9个正面案例中的8个而言，贸易预期理论轻易战胜了经济现实主义和商业自由主义。在1944年伊朗危机案例中，经济现实主义胜于贸易预期理论，至少在解释美国政府行为方面略胜一筹，而自由主义对所有案例均不能充分解释。即便对于本应成为其"最佳案例"的1948年柏林危机和1950年朝鲜战争，自由主义也无法解释苏联领导层在安全和实力因素推动下进行的盘算。

贸易预期理论也无法充分解释柏林危机和朝鲜战争，尽管其中一个假设得到了证实：国家担忧衰落，因此要达到最大限度的安全。这种相反案例有助于我们了解贸易预期理论在哪些条件下可能不具备因果突出性。如果行为主体认为其衰落的首要原因是对方为加强其势力范围而采取的行动，那么这种衰落就可能掩盖贸易方面的担忧，推动国家走向破坏稳定的冒险行为。然而，第二章已经指出，我们不能指望事事都牵涉某一种因果逻辑。对于世界性冲突这种复杂现象而言，有意义的问题是某种理论正确的概率，而非这种理论是否永远正确。在这方面，贸易预期理论的确表现出色。

第七章
欧洲大国政治（1790～1854）

前面四章说明，本书提出的理论，即便对于国际关系学界讨论最激烈的案例，即动荡的 20 世纪中各个案例而言，也可以应付裕如。我现在转而探讨的问题，是从 1790 年到 1853～1854 年克里米亚战争爆发期间，经济相互依赖与贸易预期对于欧洲大国政策而言的相对重要性。下一章将研究此后直到 1899 年南非（布尔）战争爆发期间的情况。由于 1790～1899 年间的档案材料比较不易获得，我讨论的深度将不及第三章至第六章。而且因为在许多案例中，商业与危机或战争的爆发毫无关系或关联甚少，我将简略讨论此类案例，只突出其基本原因，以完整考察近代冲突的根源，免遭选择偏倚之讥。但我们将会看到，经济相互依赖与贸易预期在 19 世纪地缘政治中所起的作用，远比此前认识到的重要许多。

在 19 世纪上半叶，英、法、俄三国从 1820 年到 1853 年关于土耳其衰落问题的持续斗争，以及 1839 年中英鸦片战争的爆发，都受到了商业因素的强力推动。英法对黎凡特地区贸易控制权的争夺已长达数百年，但在拿破仑战争之后，由于两国都在为其不断发展的工业寻找新市场，并试图控制通往亚洲财富的传统中东中转点，所以这种斗争就变得激烈起来。俄国在 1815 年后发展黑海地区的粮食生产，又于 1835 年后涉足廉价纺织品出口；说明其想在有保护的情况下通过土耳其海峡，并打入中亚市场，在这两方面有了新的利益。因此，俄国政府针对奥斯曼帝国和波斯采取的策略，对英法政府而言就有了新的意义。

最重要的是，大英帝国身为世界头号工业与海军强国，认为俄国针对土耳其、波斯、中亚的举措直接威胁了英国与这些地区不断增长的贸易往来。从地缘政治大视角看，由于俄国的扩张，印度这颗英国经济王冠上的珍珠更加容易遭到俄国的打击。英国必须设法消除俄国的威胁，同时防止法国利用英俄冲突来增加法国的地区贸易。在 19 世纪二三十年代，英国通过谨慎的外交手段，以及偶尔发挥海军实力来达到这个目的。在 19 世纪 40 年代，英俄达成秘密协议，在该地区携手合作。然而，到 1852~1853 年时，事实证明该协议无法阻止事态的迅速发展，最终仍爆发了克里米亚战争，这是欧洲自 1815 年以来的首次大规模冲突。经济相互依赖与不断改变的贸易预期，对上述长达三十年的竞争情况，以及为何竞争最终导致战争而言，都是至关重要的。

1839~1842 年的中英鸦片战争，一直被认为与经济问题有较明显关系，因为其核心就是英国能否以其商品打入中国，其中最臭名昭著的就是鸦片这种使人上瘾的毒品。中国在 1839 年努力取缔经过广州的鸦片贸易（广州是中国允许外国与之通商的唯一口岸），引发了鸦片战争。在英国胜利后，中国开放了五个口岸，并割让了香港。由于这场战争直接涉及贸易，所以这个案例很重要，可用来比较和检验本书提及的三个主要理论，以及新马克思主义逻辑的相对解释力。我将证明，要解释英国为何将地中海斗争所需的宝贵海军资源派往半个地球之外的一场大战，贸易预期理论远比其他观点有说服力。英国人明白，鸦片贸易是英国与印度乃至全亚洲贸易的核心，对整个帝国的生存和发展都必不可少。这种贸易受到威胁，关涉英国的长久安全，

第七章 欧洲大国政治（1790~1854）

所以必须予以反击。

本章涉及许多各类案例。对于 1790~1854 年间的情况，学者尚未提出可以进行总体解释的理论。因此，我将一边讨论，一边简要提出各个案例的具体解释，而不是首先总结一连串理论。与其他各章一样，眼前的主要任务是检验自由主义、经济现实主义、贸易预期理论是否可以解释冲突程度随时间推移的波动情况。即使在战争得以避免时，如 19 世纪 30 年代的情况下，我们也必须了解为何大国会从相对和平走向战争非常可能爆发的状态。关于长期贸易的预期不断变化，可以有力地解释领导人是否想以强硬政策维护其国家安全地位，而且甚至可能是唯一的解释。

法国扩张时代的大国政治（1790~1815）

1790~1815 年间主要爆发了两次冲突：法国大革命战争（1792~1801）和拿破仑战争（1803~1815）。法国大革命战争与经济变量几乎毫不相关，可以迅速带过。战争于 1792 年在法国、普鲁士、奥地利之间爆发，次年将英国牵扯进来，是一场真正的意识形态战争。史蒂芬·沃尔特（Stephen Walt, 1996）与马克·哈斯（Mark Haas, 2005）指出，法国大革命将反君主制的自由意识形态引入了欧洲体系，使老牌大国精英深感恐惧。新法国的存在本身，就是在挑战等级森严的君主制与贵族秩序。假如允许法国的自由平等意识形态传播，就会导致邻国发生革命。此外，法国这样的强国现在宣扬着一种普世意识形态，今后就可能以武力强迫他国接受其政权类型。因此，普鲁士、奥地利、英国要联手及时摧毁革命的法国，恢复等级制和王权或贵族主宰的表象。要解释这场战争，无须引入其他因果变量，商业因素几乎毫无突出意义。这场战争纯粹就是为了恢复欧洲体系的意识形态统一性。

拿破仑战争就要复杂得多了。① 毫无疑问，拿破仑引发了1803年开始的一系列战争，而欧洲体系的其他国家由于厌倦了战争，一心只想求和。就理解战争的真正起因而言，各种历史记述大都仅止于此，几乎一致认为，只要详细剖析拿破仑性格内部的各个方面，尤其是他所谓追求荣耀和权力的欲望，就足以解释其行为。但这种性格分析却忽视了拿破仑身为领袖的一个关键方面，即拿破仑具有敏锐的地缘政治思维，并深入了解法国的历史，以及法国在欧洲体系中的薄弱地位。我在别处讨论过，拿破仑明白，长达150年来，法国与英国争夺世界贸易、工业、殖民地的支配权，到1800年时已告失败(Copeland, 2000b: 228–230)。英国在与路易十四的战争以及七年战争中获胜后，所积累的殖民地规模已远超法国。英国利用其海军实力优势保卫其封闭的经济领域，促进专门化分工，以批量生产的商品换取原料和食品。

英国的重商主义大战略，在1750年之前就已付诸实施。然而，在1756~1763年获得大量领土（尤其是控制了印度、加拿大、加勒比地区），以及领先进行工业革命之后，英国的全球贸易在1770年之后突飞猛进。就连丧失美国殖民地也没有使英国放慢脚步，因为英国已将美国这个新国家纳入其体系，用以供应原料，并使之成为英国所产商品的主要进口国。在主宰航运的同时，英国利用其工业优势，通过压价销售与他国竞争，其结果令人吃惊。法国在欧洲商品生产中所占份额，从1750年的17.2%下降到1800年的14.9%，而英国所占份额从8.2%上升到15.3%。到1800年时，英国人均工业化水平已两倍于法国。其贸易总额自1780年到1800年增长了两倍，商船队伍

---

① 由于拿破仑是在战争时期，于1799年发动政变的，所以我按照惯例将1799~1801年看作革命战争时期的尾声，而不是拿破仑战争本身的一部分。见表2-7。

第七章 欧洲大国政治（1790~1854）

规模从 1773~1774 年到 1800 年翻了一番（Kennedy, 1976: 97-98, 106-120; 1987: 149）。这种情况的影响不言自明：如果法国不能阻止英国经济崛起，就会逐渐遭到排挤，不能享受全球贸易的利益，其总体实力地位也会受到严重威胁。因此，贸易预期下降，使法国更加担忧长期衰落的问题，是拿破仑向欧洲体系发动全面战争的关键推动因素。

早在拿破仑上台之前，法国领导人就已经认识到，必须及时摧毁英国。② 但拿破仑于 1799 年末上台之后，就立即开始计划削弱英国的经济实力，并希望摧毁正在崛起的英国。1800 年 3 月，拿破仑发表宣言，称英国的目标是分裂欧洲，以攫取其商业，将法国变成二流国家。三个月后，他对英国国王说，威胁欧洲均势的不是法国，而是英国，因为英国垄断了全球贸易。他于 9 月出台了一项雄心勃勃的计划，要恢复法国的殖民力量。拿破仑同时也结束了与美国在加勒比海为期两年的海战，与西班牙签订了秘密条约，将路易斯安那地区归还法国。③

1801 年，拿破仑让妹夫率领一支远征大军前往加勒比地区，试图从叛军首领杜桑·卢维杜尔手中夺回海地。此举使拿破仑更大的经济目标变得昭然若揭。在 1791 年奴隶起义之前，海地曾是法帝国最有价值的殖民地，为法国和欧洲供应糖以及其他关键商品。拿破仑希望通过恢复法国的控制，并利用路易斯安那向海地居民提供粮食和原料，以自己得到复兴的商业帝国对抗英国的商业王国（见 *CN*, 7: 各处; Ross, 1969: 241-242）。但他的总体构想比这还要宏大。1802 年春，他指示海军与殖民大臣德尼·德克雷（Denis Decrès）制定战

---

② 1798 年初，当时控制法国的督政府曾积极考虑入侵英国，但拿破仑使其相信当时那样做是不可行的。为了换种方式削弱英国的实力，拿破仑被派去征服埃及，为将来进攻英属印度做准备。Copeland, 2000b, 230.

③ 见 *CN*, 3: 392, 376; Herold, 1955, 51-52, 191; *DNL*, 124; *NL*, 65-67.

略,夺回法国在印度的属地,这些属地曾在七年战争中被英国抢走。法国曾于1798~1799年试图经过埃及进入印度,但被英国挫败。因此,拿破仑现在明白,必须要走远路,即绕过好望角到达印度(CN, 7:435-436)。

这个恢复法兰西帝国的精细计划能否成功,取决于法国能否夺回自己王冠上过去的珍珠——海地。没有了海地,路易斯安那就几乎毫无价值,纯粹消耗法国国库,英国也会继续主宰加勒比地区的商业。这样,英国就会用盈余加强其全球海军优势,使法国重新占领印度各地变得近乎不可能。1802年末到1803年初时,所有报告都显示,法国夺回海地的努力已遭遇惨败。疾病和当地居民的凶猛抵抗使法军一败涂地,法国只好撤退。拿破仑见恢复法国全球经济实力的计划已成泡影,便迅速采取行动,趁早向英国发动战争。他公开指责英国希望战争,而当时他正在将部队调往北方,准备入侵英国。他将路易斯安那卖给了美国,不仅是为了侵略英国筹措现金,也是为了避免与美国打仗,否则就会耗费资金,影响他摧毁英国的主要目标。这样,美国就不会成为法国的敌人,并可能成为英国的盟友。他至少可以使美国保持中立,或许还会让其与英国为敌,削弱英国在北大西洋的海军势力(CN,8:326,354-356,288;Schom,1997:321-322)。

1803年5月,法国向英国宣战。随后,拿破仑花了两年时间组建一支庞大的侵略军。他的计划是将英国海军引向加勒比海,然后利用法国海军在英吉利海峡的暂时优势,保护渡过开阔水域的法国陆军。在关键时刻,负责这次行动的海军上将没有按计划执行,不是北上,而是率领舰队南下。1805年10月,在西班牙海岸附近的特拉法尔加,他被霍雷肖·纳尔逊打得一败涂地。拿破仑被迫放弃立即攻陷英国的计划,让大军调头向东。新策略是先战胜欧洲大陆各国,然后以欧洲为基地,再次试图入侵英国。到1806年秋,拿破仑已通过一系列决战击败了奥地利、俄国、普鲁士。11月,拿破仑颁布《柏林

第七章 欧洲大国政治（1790~1854）

法令》，禁止欧洲购买英国商品。这个法令，以及1807年颁布的《米兰法令》，构成了拿破仑"大陆体系"的基础，其目的是在欧洲建立法国专属经济圈，以摧毁英国经济。④

摧毁英国一直是拿破仑的主要目的，直到1812年进攻俄国为止。1807年9月，拿破仑制定计划，准备再次入侵英国。1808年初，他开始在法国北部为此目的恢复实力。英国到1810年时还能撑住，但其经济已开始衰退。然而，大陆体系使俄国经济也遭受重创，所以沙皇亚历山大允许英国通过俄国北部港口将商品偷运入欧洲。亚历山大不肯停止这种贸易，所以拿破仑于1812年进攻俄国，因为如果不恢复针对英国的严厉封锁，英国的实力就不会衰弱到法国足以入侵的地步。⑤

1803年8月，在英法战争重新开始后不久，而在拿破仑1805年的军事行动之前，拿破仑致函外交大臣夏尔·莫里斯·塔列朗，其中生动揭示了拿破仑摧毁英国之大战略的经济依据。拿破仑认为，英法在亚洲和美洲都有重要商业利益，但除非英国愿意主动在这些地区"限制其权力"，否则法国就无法恢复有竞争力的经济地位。英国不肯根据1801~1802年和平协议撤离马耳他岛，"显然说明其想把地中海也纳入其包括东西印度群岛、美洲、波罗的海地区的几乎专属的经济圈"。在可能出现的问题之中，"无一能与此相比"。因此有必要打仗，因为法国人民不肯屈服于这样一个国家："将世界上一切神圣之物当作儿戏，尤其在过去二十年中，占据了支配地位，又胆大妄为，威胁所有国家的工商业命脉"（CN, 8：618-620；亦见 Schom, 1997：616）。

以上分析均不否认拿破仑之所以在1801年后希望打一场大战，

---

④ 见 CN, 11：87；DNL, 204；Carr, 1941, 206-207；Schroeder, 1994, 307-310；Seward, 1988, 165, 173.

⑤ NLN, 45-47；Schroeder, 1994, 326, 405, 416-421；Tarle, 1942, 5, 38-39；Schom, 1997, 583-584.

可能有强烈的个人原因。⑥ 尽管如此，但通过分析还是可以看出，拿破仑提出的地缘政治逻辑完全符合法国由来已久的思想。这种思想的根源，是法国担忧其在国际经济体系中相对于老对手英国的地位。英国主宰着世界贸易，建立了封闭的殖民体系，又不断利用海军力量限制他国进入各地市场的途径。因此，久而久之，法国这个欧洲体系中的主要角色将会衰落。与经济现实主义的观点相反，使法国走向战争的，并非依赖性本身，而是一种看法，即英国正在利用其海军与工业的支配地位，限制法国参与世界经济体系的途径。18世纪，英法关系屡屡恶化，明显加强了拿破仑关于未来贸易环境的悲观态度。拿破仑本想恢复经过海地和路易斯安那的法国殖民贸易，以对抗英国。此举失败之后，他知道法国的长期衰落已不可避免。自由主义观点在此有几分道理：18世纪90年代时，英法两国的贸易水平很低，当然意味着使法国走向战争的内部动力不会受到物质因素的限制，而拿破仑本人似乎就具有这种动力。但自由主义逻辑中缺乏以经济变量为基础的战争之推动因素，所以要发动战争，必须依赖于单位层次的病态。在此案例中，确实有一种经济推动力在起作用：对未来贸易的预期不断下降，决定了拿破仑发动战争的愿望。

在将商业与战争相关联的三种研究方法中，贸易预期理论最能够从整体上解释这个复杂案例。它反映了法国关心的问题：不仅法国需要获得市场和原料，而且精英阶层认为，在英国政策的影响下，这种获取途径正在变得越来越难以为继。这种理论还能证明，拿破仑首要

---

⑥ 然而，值得注意的是，关于性格的观点多半无法证伪。任何向体系发动全面战争的领导人，只凭他试图摧毁其他大国这一点，就可以说是"渴望权力"的。而且，唯我独尊地觉得自己有能力影响天下大事，是成就伟大政治家的前提条件，不论他是拿破仑还是罗斯福。在拿破仑战争这样的案例中，由于领导人并未受到国内压力的推动，所以似乎非常容易把原因归于个人层面的病态，在体系势力显然起作用时尤其如此。

第七章　欧洲大国政治（1790~1854）

担忧的问题是英国海军和商业实力的发展，而不是欧洲大陆的威胁本身。我们也许会问，英国领导人眼看自己的政策在推动法国发动又一场长期战争，为何不试图向法国商人开放全球贸易，并帮助法国重建其在海地和亚洲的经济帝国？我们也许可以认为英国政府缺乏理性，但眼前就有一个更加合理的解释：法国的承诺问题。假如允许法国重建一个充满活力的经济帝国，扭转其不断衰落的权力地位，那么谁也说不准法国会如何利用其新建立的权力基础。在英国人看来，在过去两个世纪，尤其是过去三十年中（通过援助美国革命者和革命战争），法国人已证明其不可信赖。因此，英国有充分理由在经济上压制法国。但这种政策也必然会推动法国为了长期生存而发动先发制人的战争。

虽然贸易预期理论最能够从贸易角度解释拿破仑战争，但这并非全部情况。法国担心自己相对英国衰落，这并非仅取决于不断恶化的贸易环境，同时也与英国内部的工业化和人口快速增长相关。法国试图模仿英国的工业革命，却受到阻碍，因为法国旧制度经济的种种做法根深蒂固，尤其是因为法国偏好小规模农业和制造业。没有农业人口大量迁往城市，农业以及工业批量生产（尤其是后者）的规模经济效应就无法达到。⑦因此，拿破仑先发制人的动机的另一根源，是英国经济充满活力，而法国经济停滞不前。

由于贸易环境只是造成法国到1800年时出现衰落的若干关键因素之一，所以我们不能说就是这个因素导致拿破仑向欧洲体系发动了战争。但贸易环境确实加剧了法国的总体悲观态度：英国控制着大国发展的经济前提，又不愿分享其利益——在这样的世界中，法国无法维持其相对英国的地位。因此，商业环境可至少视为使战争变得无法避免的一种推动力，是解开难题的关键因素，甚至是唯一因素。

---

⑦　关于综述与参考文献，见 Copeland, 2000b, 228-230。

战后插曲（1815~1830）

拿破仑战争于1815年结束，随后七年可视为财政紧缩和恢复稳定的时期。所有大国都需要和平，以恢复遭受重创的经济，让国民在近1/4世纪的全面战争后休养生息。维也纳会议确立的欧洲协调体系，使恢复了君主制的法国回到了均势体系。但欧洲协调体系也试图通过定期会议的机制，确保协调解决大国和地区危机的问题。在战后的头六年中，召开了四次完整规模的代表大会：1818年在亚琛、1820年在特罗保、1821年在莱巴哈、1821年在维罗纳。我们无须纠缠于会议讨论的具体问题，因为那都是围绕着法国在体系中的地位，以及如何防止邻国发生自由派叛乱的问题，与经济相互依赖本身几乎或根本没有关系。我们只需要说，事实证明欧洲协调体系很脆弱，主要是因为其核心存在意识形态分歧。奥地利、普鲁士、俄罗斯三个专制国家首要关心的问题，就是如何剿灭可能在国内引发自由派革命的叛乱。这个"神圣同盟"支持奥地利于1821年入侵意大利，在皮埃蒙特和那不勒斯恢复君主统治，也支持法国于1823年干预西班牙，扑灭西班牙反对费迪南国王的自由派革命。这些举措都遭到了英国的反对，因为英国是欧洲体系中最倾向自由的国家。在随后三十年中，同心协力应对具体危机的原则将偶尔被人提起，但1822年后，五国致力于坚持集体应对欧洲问题的情况显然已告终结。⑧

科里纳·卡冈（Korina Kagan, 1997-1998）有力指出，从1822

---

⑧ 见 Schroeder, 1994; Kissinger, 1959; Kagan, 1997-1998; Albrecht-Carrié, 1973。见表2-7，其中1815~1822年间标注为经济相互依赖对大国行为的影响可忽略不计，在与关于君主制政权类型稳定性的担忧相比时更是如此。

第七章 欧洲大国政治（1790~1854）

年到1830年欧洲地缘政治的主要推动力，是关键行为主体关于现实政治的自私盘算。体制上的"制约因素"即使存在，对其政策也几乎毫无决定作用。在19世纪20年代这十年中，俄罗斯恢复了过去的政策：针对土耳其帝国进行谨慎扩张，而不使其完全崩溃，或导致其他国家进行干涉。奥地利继续担心俄罗斯扩张的问题，想让英国海军支持其遏制政策。法国在恢复实力的过程中遵照了传统政策：在地中海地区投射力量，与黎凡特地区建立经济联系。英国恢复了其行之有效的政策，即在所有的利益子领域中保持对手之间的均势。这种政策使其能够随心所欲地在拉美、非洲、亚洲巩固其贸易主导地位（Schroeder, 1994）。

这种理想状态出现麻烦的第一个标志，就是1821年希腊反抗土耳其统治的起义。奥地利虽然憎恨奥斯曼帝国，却坚决反对任何颠覆现状的努力，而且这种态度还得到了英法政府的支持。俄罗斯左右为难：一方面，俄罗斯不想被视为支持革命；另一方面，帮助基督徒同胞，有可能促进俄罗斯实现获得进入地中海可靠途径的目标。俄罗斯一直梦想着能够更加自由地进入地中海。然而，在拿破仑战争之后，随着俄罗斯开始积极发展黑海北岸产粮区，这种梦想的意义大大加强了。经济现实主义反映了俄罗斯处境的一个方面：随着俄罗斯贸易利益的增长，其控制可促进贸易之交通路线的愿望也在增强。历史学家马修·安德森（Matthew Anderson）解释道：

> 奥斯曼帝国命运与俄罗斯相关的物质利益，到1821年时已在迅速增长。在黑海草原肥沃土地上定居和开发，使俄罗斯对西欧的粮食出口巨幅增长。敖德萨是这种贸易的最大中心，规模远超其他中心，在19世纪的第二个十年中成了世界上发展最快的港口。对俄罗斯而言，这一切都使其商船自由通过土耳其海峡的重要性急剧增加。

327

但对俄罗斯而言,最终关心的问题是确保土耳其对土耳其海峡保持开放政策,而在此方面,土耳其政府反复无常的决策过程却很成问题。安德森(Anderson,1979:82)继续写道:"在19世纪20年代,土耳其政府开始通过行政方面的拖延、搜查俄罗斯船只,以及有时抢占其货物的方式,阻碍这种通行。"在1809~1810年与土耳其短暂交战之后,俄罗斯政府得到了土耳其的承诺:允许俄罗斯商船自由通过土耳其海峡。在拿破仑战争结束后五年中,俄罗斯利用这种自由通行权,将其粮食出口额增加了近乎六倍(Curtiss,1979:11)。但俄罗斯政府希望获得的利益还不只是扩大农业贸易。1815年后,俄罗斯还开始实施追赶西方国家,尤其是英国的工业化计划。到19世纪20年代初时,俄罗斯有了约5万家工厂,雇用了约20万人。彼得·霍普柯克(Peter Hopkirk,1990:102)叙述道,这些工厂"急于得到"俄罗斯南部边缘的"新市场"。

因此,在1820年后,土耳其海峡具有了新层次上的重要性,而俄罗斯官员也在仔细观察,以防有情况威胁土耳其海峡对商业的开放性。希腊起义既是威胁,也是挑战。假如此事会使土耳其政府变得更不稳定,导致其进一步限制俄罗斯的自由通行权,那么此事就是威胁。但同时也是机遇,因为这使俄罗斯能够向该地区投射更多力量。一开始,沙皇亚历山大效仿其他大国,除了向叛乱者输送有限补给之外,并不肯积极参与希腊独立战争。1825年,土耳其在希腊进行了残酷屠杀,使"不参与"政策受到舆论抨击,所以情况开始变化。1826年4月,在新沙皇尼古拉一世统治下,俄罗斯使英国也参与签订了一份协议,提供经斡旋达成的解决方法,将希腊变成奥斯曼帝国的自治附庸国。重要的是,该协议规定,假如希腊或土耳其不答应,两个大国可以"联合或分别"进行干预,解决这个局面。这一条正中沙皇下怀:以反对土耳其为掩护,恢复俄罗斯进入地中海的公开商业途径,同时避免立即与英国之间爆发战争的危险,因为英国是唯一

第七章 欧洲大国政治（1790~1854）

可能阻止沙皇的国家。尼古拉随后迫使土耳其签订了《阿克曼公约》（1826年10月）。该协议明确重申了俄罗斯在多瑙河沿岸各土耳其公国中的特权，并使俄罗斯商船得以在奥斯曼帝国内部自由通航（Anderson，1979：84-85；LeDonne，1997：120-121）。

遗憾的是，土耳其内部四分五裂，所以不愿或不能实施这个协议。俄国说服英法两国利用海军加强对土耳其向希腊境内土军进行补给的限制，由此导致1827年三国联合向土舰队发动进攻。这是一次毁灭性行动，使土耳其苏丹决定摒弃《阿克曼公约》，宣布对俄国发动"圣战"。1828年4月，俄土战争爆发。英国遵守1826年协定，未参与此战。俄国虽然一开始失利，但于1829年夏对土耳其取得了决定性胜利。9月，两国签订了《亚德里亚堡条约》，其中俄国的要求竟出奇地温和。

通过该条约的详细内容，我们很能看出俄国的大地缘政治目标和战略思想。土耳其已经屈服，欧洲各国政府都在期待土耳其帝国垮台。法国外长儒勒·波利尼亚克甚至主动找俄国讨论如何分割奥斯曼领土的问题。虽然这是扩张领土的大好机会，但俄国政府却允许多瑙河沿岸公国继续承认土耳其的宗主权。然而，俄国却通过和约为其方兴未艾的贸易寻求安全保障。俄国政府得到了多瑙河三角洲管辖权，该地区是来自巴尔干内陆地区的奥地利与土耳其贸易的商业咽喉要道。此外，土耳其政府还延续了1826年的承诺，允许俄国商船自由通过土耳其海峡。⑨

由于法国政府已建议瓜分土耳其帝国，所以我们不能认为，俄国之所以态度温和，只是因为担心欧洲进行干预。俄国的战略构想更加远大。在条约谈判的同时，沙皇设立了高级官员委员会，负责研究土耳其问题。委员会的基本结论就是："保留土耳其帝国，利远大于

---

⑨ 关于综述与参考文献，见Anderson，1979，85-86；Kagan，1997-1998。

弊。"俄国不需要进一步扩张,而且如果这样做,只会使其他国家夺取土耳其在地中海地区最好的属地,使之更加接近俄国边境。另外,如果土耳其弱而稳定,就会起到必要的缓冲作用,其政策可以由俄国左右。因此,让奥斯曼帝国生存下去,是俄国希望的结果。委员会认为,假如土耳其发生分裂,俄国应召开国际会议,协调土耳其帝国和平分割的问题。最重要的是,俄国必须采取"最有力的措施",确保土耳其海峡"不会被其他任何国家夺取"。由于此前的协定数十年来一直禁止军舰经过土耳其海峡航行,所以这句话显然是指商业进出口贸易继续通过土耳其咽喉要道的问题。⑩

在此后三十年中,这种谨慎的政策观将主导俄国的决策过程,而且我们将会看到,它还会深刻影响导致克里米亚战争的各种事件。但此处值得注意的是,俄国并非像经济现实主义者预言的那样,只是一个不断寻找机会减少其依赖性的"修正主义"国家。俄国希望南方贸易不断增加,这的确使其政府对是否能够继续进入地中海持警惕态度。但尼古拉及其委员会最希望的,就是土耳其以帝国形式继续存在。只有在不能确保得到这种结果、土耳其似乎很可能分裂时,俄国才会退而求其次,即根据主要大国的协议分割土耳其帝国。对俄国而言,最坏的结果就是各国混战,哄抢瓜分垂死的土耳其。沙皇的委员会明白,假如俄国的外交政策看上去过于咄咄逼人,那么俄国本身就会导致这种结果(Anderson,1979:87)。所以委员会得出了经过沙皇同意的结论:在近东地区保持温和必不可少,既是为了防止贸易 - 安全恶性循环,也是为了防止其他国家在攫取土耳其领土之后,不让俄国为商业目的通过土耳其海峡。

总结本节内容,我们可以看出,经济现实主义和贸易预期理论都

---

⑩ 转引并总结自 Anderson,1979,86 – 87。亦见 LeDonne,1997,121 – 122;Schroeder,1994,658。

能让人深刻认识19世纪20年代末"近东问题"的地缘政治方面。俄国的依赖性不断增强,又需要通过土耳其海峡进行贸易,所以更要针对土耳其投射力量,并通过战争确保土政府同意货物自由通行。但因为土耳其干扰俄国商船经土耳其海峡的航行,希腊起义又造成局势不稳,所以俄国政府才强迫土耳其签订了1826年的《阿克曼公约》,恢复了无限制通行权。土耳其迟迟不实施公约条款,导致俄国于1828年发动战争。这更加说明,推动俄国决策过程的主要因素,并非只是担心自身弱点,而是贸易预期下降。而且,在1829年讲和时,俄国政府提出的温和条件说明,确保开放通行比夺取正式控制的机会更加重要。

自由主义者也许会提出,俄国与西欧国家的贸易,尤其是粮食贸易不断增加,制约了俄国与英法两国鼓吹战争的倾向。除了1828~1829年的俄土战争之外,地中海地区的大国战争毕竟得以避免。自由主义的逻辑也许能多少解释各个大国为何在19世纪20年代保持谨慎,但直接证据很难找到。这种推理论证的主要问题是一个比较问题:它无法解释,在1853~1854年(克里米亚战争期间),虽然俄国与西方之间的贸易已变得更加重要,但战争却未能避免。同时也无法解释,在欧洲贸易继续增长时,为何两者之间的紧张关系日益严重,在19世纪30年代发生多次千钧一发的情况。我现在要讨论的,就是19世纪30年代。⑪

---

⑪ 有一个跨越19世纪20年代和30年代的案例,那就是1830~1831年的小规模比利时危机。该案例简要讨论即可,因为这场危机不太激烈,也没有明显涉及贸易。危机的起因,是比利时人民于1830年试图打破"维也纳解决办法"。该办法将荷属尼德兰与前奥属尼德兰统一起来,由荷兰国王统治。荷兰国王请求其他国家的君主维持维也纳会议后的现状。普鲁士、奥地利、俄国口头上表示支持,但并未提供直接援助。而法国却采取行动,支持比利时独立,这立即导致英国做出反应。但法国的新"资产阶级国王"路易·菲利普并不想占领比利时,也不想通过将其子加冕为将来的比利时国王而控制比利时。(转下页注)

局势不稳的土耳其与动荡的19世纪30年代

19世纪30年代这十年中的外交关系与20年代一样,主导因素是第三方问题,其核心是奥斯曼帝国能否生存下去,以及帝国一旦解体,对欧洲大国的经济与地缘政治地位有何影响。土耳其的实力遭到削弱,并非由于大国行动本身,而是因为苏丹的封臣之一,即埃及帕夏穆罕默德·阿里想要扩张。阿里反对苏丹的行动导致了这十年中两次最重大的危机。第一次危机发生于1832~1833年,当时阿里在直接入侵小亚细亚途中,进攻了土耳其在巴勒斯坦和叙利亚的属地。阿里的军队到达了离伊斯坦布尔几百英里处,但随后俄土联军迫使其撤退。第二次危机发生于1839~1840年,当时伊斯坦布尔的土耳其政府准备将阿里赶出叙利亚。但苏丹在战争即将爆发时突然去世,导致土耳其海军向阿里倒戈。英国担心奥斯曼帝国完全垮台,所以站在土耳其一边进行干涉,并呼吁俄国和奥地利施以援手。三国建立了同盟,成功消除了埃及对土耳其的威胁。但在此过程中,该同盟使支持埃及的法国陷于孤立,导致外交革命,最终结束了英法之间的友好关系,使英俄两国的关系更加紧密。

本节探讨的问题,是在这两次危机期间,商业因素在俄、英、法

(接上页注⑪)各国看清这一点之后,便找到了一种大国解决办法。从1830年11月到1831年1月进行了谈判(枝节问题于1831年11月处理完毕),英法两国政府同意合作,实现比利时独立。法国政府答应,如果没有大国干涉比利时,就放弃一切领土补偿。这场危机的根本原因,是民众要求改变1815年解决办法,但法国却不太想满足这种愿望,而英国政府在此情况下担心英吉利海峡的安全。由于缺乏证据说明英国或法国贸易利益的重要性,所以表2-7将该案例列为商业变量对其毫无影响的案例,意味着本书中的关键理论均无法解释这场危机。相关综述见Albrecht-Carrié,1973,第二章;Bourne,1982,第八章。关于档案材料,见Albrecht-Carrié,1968,60-98。

第七章 欧洲大国政治（1790~1854）

决策过程中的相对突出性如何。⑫ 我们已经看到，除了得到缓冲区这个传统目标之外，俄国政府在1820年后之所以关心奥斯曼帝国，是因为经过土耳其海峡的贸易变得日益重要。对英法两国而言，土耳其名义上控制的领土更有重大意义，原因有二。首先，自路易十四时代起，两国就在争夺黎凡特地区贸易（即从远东而来、经过近东的布匹、香料及其他奢侈品贸易）的主导权。其次，经过黎凡特地区的陆地交通线，对英国高效管理其印度与亚洲帝国必不可少。从印度寄出的外交急件，可以在约三个月后抵达伦敦，而假如绕过好望角，则最长需要半年。英国想对亚洲的事态发展（包括在中国和阿富汗不断酝酿的危机）做出及时反应，因此这种差别是至关重要的（Marlowe, 1971）。

在19世纪20年代，法国一直想通过支持阿里来加强其与黎凡特地区的经济政治联系。虽然埃及名义上还属于奥斯曼帝国，但阿里已通过匆忙实施现代化计划增强了埃及的实力。到19世纪30年代初时，阿里已开始挑战苏丹，想控制整个帝国。英国对阿里的政策在19世纪二三十年代始终不变：土耳其的生存很关键，既可遏制俄国，又可抵消法国在该地区的影响。因此，阿里只要试图削弱奥斯曼帝国，英国必然感到不满。而法国却左右为难，既想撑住土耳其，又想通过向阿里提供经济援助，进一步向该地区渗透。俄国在1828~1829年的战争中打败了土耳其，这使法国政府相信，土耳其不大可能完整地生存下来。因此，在1829年后，正如经济现实主义预言的那样，法国支持阿里的领土野心，以此加强法国对经近东地区贸易的控制。⑬

---

⑫ 我们将每个欧洲国家都当作单独的案例，因为各国都是分别受到推动，走向了近东问题上的强硬政策。

⑬ 法国于1830年占领阿尔及尔，是为向伊斯兰世界投射力量之总体计划的一步。见 Marlowe, 1971, 173-176。

阿里于1832年进攻巴勒斯坦，又于1833年初穿过叙利亚，进逼土耳其首都本身。土耳其请求英国支援。英国外交大臣巴麦尊勋爵想要做出反应，但内阁逡巡不前，因为当时议会正在就改革进行辩论，又需要解决比利时试图从荷兰完全独立出来的问题。苏丹找不到盟友，只好向土耳其的老对手俄国求助。1833年2月，俄国派出舰队，5000人的部队在土耳其登陆。阿里撤退到叙利亚，进而巩固其对叙利亚和巴勒斯坦的控制（Webster，1969：1：279-289；Anderson，1979：88）。

俄土两国于1833年7月正式签订同盟条约，土耳其似乎显然处于从属地位。由于尼古拉希望维持土耳其的生存能力，所以俄国保证提供军事援助，保持奥斯曼帝国独立。但巴麦尊忧心忡忡。他得知条约加强了此前的协议，在和平时期禁止所有大国军舰进入土耳其海峡，为此感到宽慰，因为这说明俄国继续保持守势。但新条约属于同盟条约。此事本身就意味着，假如土耳其与他国交战，俄国军舰就很可能获准通过土耳其海峡，同时这条航道却仍然不准其他所有国家进入（LeDonne，1997：123）。

1833年发生了几次事件后，巴麦尊将英国的政策改为在近东主动遏制俄国。该政策将实施一个半世纪之久。1834年，英国海军在土耳其海峡出入口处加强了军力部署。1835~1837年，巴麦尊开始支持波斯和阿富汗的当地统治者。此举导致英国于1839年干涉阿富汗局势，结果遭遇惨败。巴麦尊制定了战略，要复兴土耳其，同时加强英国对中东地区的贸易渗透。按照这个战略，英国政府于1837~1838年与土耳其政府签署了自由贸易协定。土耳其同意取缔大部分垄断行为和高额关税，因为英国认为这两者不仅损害贸易，而且阻碍了土耳其的现代化。英国加强其在东地中海地区的总体存在，目的显然是警告俄国政府：必须维持对奥斯曼帝国的温和立场（Webster，1969：1：338-339）。

第七章 欧洲大国政治（1790~1854）

英俄两国领导人都完全明白，在这场围绕近东与亚洲、比以往更为激烈的新斗争中，核心问题就是长期的贸易主导地位。例如，在1838年秋，俄国外交大臣卡尔·涅谢尔罗迭致函驻伦敦大使，称英国正在试图颠覆俄国在中亚的势力，将俄国商品赶出去，以英国商品取而代之。他认为，"就我们而言，我们唯一的要求，就是允许我们参与亚洲商业的公平竞争"（转引自 Hopkirk，1990：202）。不用说，大使达到这个目标的希望不大。巴麦尊完全明白，欧洲大陆大国经济政策的推动因素，是保护主义与国家支持的出口促进相结合。他决心在广阔而不断扩大的亚洲市场上保护英国产品，不让其被俄国及其他欧洲国家的产品取代。1841年1月，在其阿富汗政策的灾难性后果变得明显之前，巴麦尊致函印度总督乔治·奥克兰，提出了他的大战略逻辑。巴麦尊为其成功处理1839~1840年的土耳其危机（下文会讨论）而感到得意扬扬，敦促奥克兰巩固已在阿富汗获得的利益，在阿拉伯半岛和埃塞俄比亚为英国商品找到新市场。他继续写道：

> 欧洲生产商的竞争，正在将我国产品从欧洲市场迅速排挤出去。我们必须不懈努力，在世界其他地方找到我国工业产品的新销路。世界很大，人类缺乏的东西也很多，足以形成对我国一切产品的需求，但政府要负责为商人打开道路，提供安全保障。印度河通航对我国商业的促进作用，是否能达到期望的高度？如果能够，而且我们的中国远征又取得成功，那么在不远的未来，阿比西尼亚［埃塞俄比亚］、阿拉伯半岛、印度河沿岸各国，以及中国的新市场将大大拓展我国对外商业的范围。（转引自 Webster，1969：2：750-751）。

巴麦尊说出这话是颇有意思的，因为他似乎认为，"只有通过广泛的商业交往,才能在各国人民之间建立利益共同体",至少在谈到英国与较小国家之间关系时持此观点。⑭ 巴麦尊身为辉格党人怀有的这种自由主义情绪,在实践中显然淡化了,因为他认识到,其他国家会阻止廉价英国商品充斥其市场,同时却设法打入英国的经济势力范围。因此,英国必须将其政治军事力量向经济竞争地区投射,以确保渠道畅通。⑮

我们回到19世纪30年代末的土耳其问题,可以看出到1839年时,土耳其政府的前途与英俄两国都产生了新的经济利益攸关。英国于1838年和土耳其签订自由贸易协定后,在该地区的商贸数额大大增加(见下文中关于克里米亚战争的分析)。同时,弗农·普里尔(Vernon Puryear, 1965:82 – 88)指出,在19世纪30年代,俄国"正在大规模扩张南方出口贸易",不仅涉及粮食和原料,还包括廉价产品。出口粮食供应量在这十年中翻了一番。就连1839~1840这样的不稳定年份里,虽然来自敖德萨的粮食出口下降,但"对外高加索省份和中国的棉制品出口"却不仅弥补了这种损失,还有盈余。到这十年结束时,俄国的总体贸易顺差达9200万卢布左右(见Webster, 1969:2:548 – 557, 581 – 582)。

1839年4~5月,年迈的土耳其苏丹孤注一掷地调动军队,想在死前把阿里赶出叙利亚,巩固奥斯曼帝国的疆域,由此爆发了一场危机。到6月时,土军已伤亡惨重。苏丹于7月1日驾崩后,顶层的权力真空造成土耳其舰队向阿里倒戈,进一步削弱了奥斯曼帝国。巴麦尊决定采取强势行动。由于担心丧失土耳其这道抵御俄国的缓冲带,巴麦尊试图让俄国参与多方对危机做出的反应,使之无法利用土耳其

---

⑭ 巴麦尊勋爵致霍兰德勋爵信,1837年5月,转引自Bourne, 1982, 52。

⑮ 关于实力与经济利益之间的联系,见巴麦尊勋爵致墨尔本勋爵信,1840年7月5日,载于FPVE, 243 – 246。

第七章 欧洲大国政治（1790~1854）

的危急形势。法国一开始似乎支持这种举措，但随后却转而力挺阿里。⑯ 于是，巴麦尊就在没有法国援助的情况下执行计划。内阁中的克拉伦登勋爵和霍兰德勋爵表示强烈反对，因为他们担心军事行动会损害英国与阿里占领地区的商业往来，并中断与印度的联络。⑰ 1840年3月，巴麦尊向克拉伦登解释，虽然对阿里采取行动确实可能危及英国与埃及的商业关系，但如果土耳其抵抗俄国侵犯，就必须得到支持。他之所以采取行动，完全是"为了英国的利益，朝着最有希望扩大其商业关系及其势力范围的方向努力"。⑱

到7月时，英国已做好准备，要与奥地利、俄国、普鲁士最终敲定援助土耳其的四国协议。巴麦尊给首相墨尔本勋爵写了一封长信，为内阁讨论定调：必须采取联合行动，维护土耳其的完整和均势，并保护英国的"商业与政治利益"。假如英国无所作为，土耳其就会一分为二，分别成为法国的附属国和俄国的卫星国。在两种情况下，"我国的政治影响力将不复存在，商业利益将被牺牲。"⑲ 7月8日，巴麦尊的观点取得了胜利。英国很快签订了四国公约，开始进攻阿里在叙利亚的阵地，迫使其撤到埃及。巴麦尊使土耳其免受有史以来最严重的生存威胁，让奥斯曼帝国又存活了七十五年。

至于俄国在危机中的决策情况，最值得注意的就是它很温和。1839年，沙皇尼古拉和外交大臣涅谢尔罗迭管住了政府里的鹰派，同意参与联合行动，让英国在战争中主要负责军事指挥。1839年5月，他们已达成一致意见，认为与英国合作必不可少，而且俄国不应

---

⑯ Webster, 1969, 2: 625 - 643; *FPVE*, 19号文档，第38页（编者评论）; Schroeder, 1994, 737。

⑰ 例如，可参看克拉伦登勋爵与霍兰德勋爵致女王的抗议信，1840年7月，载于 *FPVE*, 24号文档。

⑱ 巴麦尊勋爵致克拉伦登勋爵信，1840年5月14日，载于 *FPVE*, 22号文档。

⑲ 巴麦尊勋爵致克拉伦登勋爵信，1840年7月5日，载于 *FPVE*, 23号文档。

维持与土耳其的双边联盟（Anderson, 1979：94）。俄国还缓和了对阿富汗和波斯的政策，避免与英国发生冲突［FPVE, 42（编者评论）］。这种温和态度反映了尼古拉与涅谢尔罗迭长久以来的一致看法，即俄国的首要任务是维持土耳其的生存能力，以确保经过土耳其海峡的商贸路线畅通。因此，巴麦尊的政策效果非凡。通过投射海军力量，同时却坚持多方共同行动，巴麦尊使俄国无法利用危机加强对土耳其的控制。通过表明其主要目的是让土耳其生存下去，他说服了俄国在广义的近东问题上与英国结盟。

我们将会看到，英俄合作将迅速深化，致使两国于1844年就土耳其前途问题达成秘密协议。这里我们不妨暂停，评价一下各派理论对于1830~1840年间发生事件的价值。自由主义观点可以部分解释俄国为何愿意在1839~1840年与英国合作：俄国与英国及该地区的贸易不断增长，所以当时现状对俄国政府有了双倍吸引力。但贸易预期理论可以解释俄国采取温和态度的具体原因。英国政府提出了妥协的解决办法，能够维持土耳其的生存能力，从而让俄国能继续进入土耳其海峡，同时避免各国在奥斯曼帝国崩溃之后争抢其遗骸。经济现实主义和贸易预期理论均可有效解释1840年以前英国的总体决策。到1830年代时，英国对东地中海地区商业的依赖性很强，而且不断增加，所以巴麦尊非常担忧这种贸易将来受到威胁。但巴麦尊的政策之所以发生转变，是因为阿里和埃及军队构成了具体威胁，以及担心俄国加大对土耳其的影响。他忧虑的是，如果阿富汗和土耳其遭到削弱，阿里就能控制中东贸易和交通线，同时加强俄国对该地区的经济和政治渗透。随着上述威胁不断加剧，巴麦尊说服了内阁，使之同意支持英国在近东和中亚采取更加强势的战略。这种对不断增长的威胁做出的及时反应，很符合贸易预期观点。但由于巴麦尊并非只是要对付当前的威胁，而是要预防将来英国商贸会受到的威胁，所以经济现实主义观点也可成立。

第七章　欧洲大国政治（1790~1854）

要解释法国在19世纪30年代末的政策，则比较困难。法国政府支持阿里，从而毫无必要地危害了与英国的重要贸易关系和政治联系，这与自由主义和贸易预期理论的预言都恰恰相反。经济现实主义具有某些描述性价值，因为法国在黎凡特地区努力建立另一个商业王国，将对其有所帮助，使其不再那么依赖英国所控制的贸易路线。尽管如此，但法国的政策损害了19纪30年代中期法国与英国的友好关系，似乎在本质上适得其反，因此与现实主义的"理性行为主体"假定相抵触。

总体来看，就1839~1840年的危机而言，情况比较复杂。自由主义和贸易预期理论能解释俄国为何态度温和，经济现实主义在解释法国问题方面毫无对手，贸易预期理论在解释英国行为时比经济现实主义略胜一筹。放到英国在近东与中亚的总体政策背景下看，贸易预期方法特别有效，能够解释当巴麦尊及其同僚认为英国商业遭到侵犯时，为何做出了如此强势的反应。我们可以认为，英国的举措是防御性的，是在其亚洲经济主导地位越来越受到威胁的情况下做出的反应。

中英鸦片战争（1839-1842）的起因

历史学家普遍认为，由于中国试图阻止英国向其出售鸦片，所以英国于1839年向中国发动了战争。鸦片已成为英国对华贸易的关键商品，因此中国政府禁止鸦片进口的新政策对东西方贸易造成了严重影响。这种普遍历史观点意味着，我们无须证明经济变量对于战争的爆发起到了关键作用。然而，尚存疑问的是经济变量究竟如何导致了战争。在过去两百年中，第一次鸦片战争最明显受到了经济因素的推动，因此最适于检验我们所有各派理论的相对解释力，包括新马克思主义。仅在极少数案例中，有证据表明国内资本主义精英施加的压力与战争有关,而这就是其中一例。

我指出,相对于经济现实主义和贸易预期理论而言,新马克思主义和自由主义观点的解释力都很弱。新马克思主义认为,中国禁烟影响了商业利益,促使英国政府发动战争,以恢复有利可图的不道德投机活动(尤可参看 Fay,1976)。虽然看似合理,但仔细研究一下,就会发现新马克思主义观点完全错误。向政府游说的商人,大多不希望打仗(他们认为战争不利于生意),而只是要求赔偿其一开始的损失。外交大臣巴麦尊说服内阁驳回了这种请求,转而迅速行动,要以武力维护英国的总体亚洲贸易。因此,虽然战后中英贸易扩大,使商人最终获利,但这是国家利益驱动下的政策不经意间产生的附带影响,不是战争本身的推动因素。

自由主义观点表面上也看似有理:1838 年后贸易额下降,使得由于经济之外的原因希望对华发动战争的人所受制约减少。这种原因包括荣耀、名誉、帝国意识形态等。这里的主要问题是,一段时间以来,英国官员乐意以非正式的方式控制对华贸易。与印度的情况不同,他们认为帝国正式控制实际领土并无必要。虽然英国此战大获全胜,但英国政府却只要求中国再开放四个港口,并割让香港,而并不试图对中国本身殖民。

经济现实主义与贸易预期理论则较能有效解释英国为何发动战争。现实主义抓住了中英贸易对整个大英帝国的重要性。到 19 世纪初时,由英国、印度、中国构成的三角贸易体系已经成形。英国能否向印度出口纺织品及其他批量生产商品,取决于印度是否有能力购买。但英国想买的印度产品却少得出奇。英国的确需要茶叶、丝绸、瓷器,但这些商品都来自中国。遗憾的是,中国希望英国提供的东西,除了白银以外就几乎没有了,因为这种金属对于中国经济的货币化必不可少。为防止英国的白银供应大量流失,以及随之而来的英国国内货币供应减少,英国需要某种能够卖给中国、换取购买中国商品

第七章　欧洲大国政治（1790~1854）

所需现金的东西。答案就是印度的鸦片。按照一种复杂的三角方案，集中于印度的英国商人可以将鸦片卖给中国，用得来的银条购买中国的茶叶、丝绸、瓷器，再将这些产品在英国销售，得到批量生产的商品，拿到印度市场上出售。

英国领导人明白，为了让这个体系运转起来，印度鸦片和英国商品之间的双向贸易必须维持在最低水平。除了明显的社会影响之外，这种贸易也无法解决既得到中国商品，又防止白银流失的问题。但还有别的因素：英国国库收入高度依赖中国茶叶的进口税。因此，假如鸦片贸易终止，除了经济实力受损之外，英国政府和全球帝国的运行本身都会存在危险。至少可以说，这是一种独特而影响巨大的经济依赖性。因此，英国政府鼓励并支持对华鸦片贸易，作为维持整个帝国大业的一种基础方案。自上一次臭名昭著的投机买卖，即17世纪、18世纪跨大西洋奴隶贸易以来，英国的国家安全还从未如此依赖三角贸易。

1839年，英国想控制造成其具有依赖性的因素，以保障其经济实力。经济现实主义可以解释这一点，但是会遇到一个关键问题：英国对这种罪恶贸易的依赖程度，自1810年后迅速上升（统计数字见下文），而直到1839年，英国政府对此都比较自鸣得意，并不像经济现实主义者预言的那样，显露出半点准备与中国打仗以确保能继续进入中国市场的迹象。直到1839年，中国政府决定强硬实施先前禁止对华销售鸦片的法律时，英国政府才突然警觉起来。也就是说，直到关键的鸦片贸易受到直接威胁时，英国政府才决定发动战争。至于使谈判解决变得不可能的外源性因素，那便是鸦片贸易本身。中国政府知道，随着吸鸦片上瘾的中国人成数十万地增加，不仅中国的生产力会大受损失，而且购买鸦片造成的白银外流还将破坏中国的货币和税收体系。这种困境是无法摆脱的：假如中国不禁止鸦片贸易，就会急剧衰落；假如英国不继续鸦片贸易，也会急剧衰落。到19世纪30年代晚期,避免战争所需的一切讨论余地都已不复存在(参看 Fearon, 1995)。

1839 年危机的起因,要追溯到一个世纪以前。18 世纪初,英国上流社会和中产阶级越来越流行喝茶,中英贸易随之迅速发展。1760 年,中国政府下令,将贸易限制在一个港口,即南方城市广州。在"广州体系"中,外国人要购买茶叶、丝绸和其他商品,必须通过少数几家称为"行"的中国公司。这几家公司合并为一个叫作"公行"的商业机构,受中国政府监督。东印度公司是英国政府支持的垄断机构,垄断了英国与广州的贸易,从中获利巨大。而且,由于茶叶进口要征收百分之百的关税,所以这种贸易也让英国政府本身非常有利可图。

遗憾的是,中国生产部门规模庞大,所以并不需要英国希望卖给它的货物。贸易不平衡来自银条向中国公司"出口",即英国商人给出白银,以补偿进出口差额。例如,从 1710 年到 1759 年,英国在华卖出了价值约九百万镑的商品,但支付了两千六百万镑。英国商人使用的西班牙银圆已在美国独立战争中耗尽,所以东印度公司就利用鸦片使对华贸易继续下去(Hanes and Sanello, 2002:20 - 21;Greenberg, 1951:8)。1782 年,第一批载着孟加拉鸦片的英国船只抵达广州。但鸦片在中国主要用于治病而不是享乐,所以首批货物并未找到现成买家(Hanes and Sanello, 2002:19 - 21)。因此,这个市场需要的是开辟,而不只是供应。

在随后六年中,确实形成了这种市场。每年运往中国的鸦片,从 1801 年的 4570 箱增长到了 1824 ~ 1825 年的 12434 箱,1833 ~ 1834 年的 20486 箱,以及 1838 ~ 1939 年的 40000 多箱。英国商人一般控制着运载量的 40% ~ 60%,其余由葡萄牙和其他国家的商人(包括卖土耳其鸦片的美国人)掌握(Greenberg, 1951:221;Fairbank, 1953:63 - 64)。19 世纪 30 年代中,鸦片贸易翻了一番,反映出英国政府在 1833 年决定打着自由贸易的旗号,并响应大众降低茶叶价格的

第七章 欧洲大国政治（1790~1854）

要求，不再让东印度公司垄断对华贸易。怡和控股与登特等英国商行过去曾是东印度公司的中转机构，如今也迫不及待地投身于鸦片生意。

鸦片销量上升，使中国深受其害。上瘾的中国工人成数十万地增加，造成生产力下降。[20] 或许更加重要的是中国货币体系的白银净流失。中国由高额贸易顺差转为高额逆差，白银随之流到国外。从 1829 年到 1840 年，中国收入的白银只有 700 万美元，而付出的白银和其他交易媒介却超过 5600 万美元（Greenberg，1951：142）。在 18 世纪的大部分时间里，中国的工业经济在世界上规模最大，也最先进。对于这样一个国家而言，当前的趋势是不祥之兆。银币的净损失造成了经济活动急剧下降，而中国政府却正想进行现代化，好与欧洲列强一争高低。[21] 中国政府需要停止鸦片贸易，这完全可以理解。只要英国政府及时认可中国担忧的问题，就原本可以避免战争。为了解英国政府为何没有这么做，我们需要更加详细地探索英国三角贸易体系的复杂运转方式。

该体系的关键起点是中国的商品出口——不是丝绸、瓷器等奢侈品，而是茶叶。在 19 世纪 30 年代，茶只有在中国才能成功地大量种植。此前两个世纪中，茶叶消费的增长速度惊人。1664 年，英国首次进口了两磅茶叶。1785 年，百分之百的关税降低到了 12.5%，以减少走私。在此期间，茶叶的年销量达到了 1500 万磅。1833 年，即东印度公司垄断对华贸易的最后一年，该公司进口了约 3000 万磅茶叶。到 19 世纪 30 年代，尽管关税已下调，但茶叶税仍然构成英国政府年度总收入的 1/10。[22]

---

[20] 估计数量不尽相同，但中国的吸鸦片上瘾者人数上升到了 100 万~400 万之间（Hanes and Sanello，2002）。

[21] 1838 年末的圣旨说，除非大力实行禁烟，否则就会"以中国有用之财，填海外无穷之壑"（转引自 Greenberg，1951：143）。

[22] 同上书，3；Beeching，1975，29。

由于中国对英国商品不感兴趣,所以到了19世纪,英国只有两样东西可以大量卖给中国,以抵消大规模茶叶采购:鸦片和原棉。到20年代末至30年代初,鸦片显然在其中占主导地位,构成了英国对广州出口商品数量的一半以上,而原棉和英国制造的产品(包括纺织品)则分别占出口额的30%和10%~15%。鸦片销量本身就已能抵消茶叶进口的全部成本,而茶叶是从中国公司购买最多的单种商品(生丝是位居其次的进口商品,其价值不及茶叶价值的1/7)。新出现的每年800万~1000万美元的贸易顺差,由中国运往国外的银条弥补上了(Greenberg, 1951: 10-15)。

三角体系的第二条边,是鸦片销售对印度本身很重要。如果不销售鸦片,印度就无法充当英国经济王冠上的珍珠这个角色。早在1787年,英国向中国首次派遣外交使团时,就已明白印华贸易与英印贸易之间的关系。使团得到的指示称,印度的繁荣取决于"在中国找到[印度]产品的可靠销路,由此产生向欧洲投资(茶叶等)所需的资源"。1833年,东印度公司对英印贸易的垄断结束。此后,廉价的英国出口纺织品涌入印度,摧毁了印度的纺织工业。居住在印度的英国商人需要向本国销售东西,以便购买英国纺织品。来自远东的茶叶和其他中国产品(用印度鸦片和原棉购买)对此过程有关键作用,使印度得以平衡其向英国支付的款项。1830年,东印度公司审计长T. C. 梅尔维尔直言不讳地宣称:"我要说,印度并非完全依赖于对华贸易的利润。"(转引自Greenberg, 1951: 9, 14-15)

曼彻斯特的纺织品生产商当然能认识到,虽然中国很少购买英国生产的布匹,但中国对他们的总体生计而言很重要。1833年,在东印度公司垄断结束后,英国海军开始负责保护印华贸易。曼彻斯特商会就"我国对华贸易不受保护"的问题向政府上书。其中称,由于对华贸易为印度产品提供了销路,所以"能让我国的印度臣民消费我国产品,其规模已大幅扩大"。如果中国政府采取行动,限制东西

第七章　欧洲大国政治（1790～1854）

方贸易，英国的工业就会瘫痪，政府税收损失可达每年500万英镑以上（Greenberg，1951：194 - 195）。而且，英国在印度的政治统治取决于对华鸦片销售，因为印度政府从此项税收中抽取的部分是其总收入第二重要的来源。卡尔·特洛基（Carl Trocki，1999：59）将鸦片贸易称为19世纪英国"帝国的基石"，这毫不奇怪。[23]

1839年危机的直接原因，是1838年末林则徐出任钦差大臣，负责实施禁止销售和吸食鸦片的新圣谕。林则徐于1839年2月抵达广州后，决心实施过去关于禁止销售鸦片的各道圣谕，惩戒从鸦片贸易中获利的腐败官员。3月，林则徐下令没收广州和城外各岛（外国商人将其用作贸易基地）上的所有鸦片。由英国政府指派，负责监督英国利益的贸易总监查尔斯·义律说服英国商人交出了价值1000万英镑的成箱鸦片，保证英国政府将提供至少250万英镑的赔偿。收缴的鸦片被销毁。5月，林则徐将所有鸦片商人赶出了广州。

远东的报告要等几个月后才能抵达伦敦。所以，当巴麦尊及其同僚于9月下旬集中起来考虑这个问题时，并不知道当月早些时候中国战船与英国军舰之间已经发生了短暂冲突。因此，他们在做关于是战是和的决定时，只知道英国鸦片商人已被林则徐赶走，而且只要试图回来，就会遭到处决。同时，内阁已经在忙于应付土耳其 - 埃及危机的动荡局面。9月30日召开了关于外交政策的重要内阁会议，但会议专注于讨论"东方问题"，所以中国问题只得推迟到次日讨论。

关于10月1日内阁会议的详细情况记载甚少，但正如肯尼思·伯恩（Kenneth Bourne，1982：588）所言，我们知道与会者做出了重要决定，赞成对中国采取敌对行动。义律在发给巴麦尊的急件中主张，英国的反应"应为迅速重击，之前不做一字书面通知"。在会上，巴麦尊选读了义律书信的片段，使用了鸦片商怡和洋行提供的地

---

[23] 亦见 Blue，2000，45 - 47。

图，以阐述发动战争的理由。陆军大臣托马斯·麦考莱表示支持，两人的观点共同占得上风（Fay，1976：192-193）。英国已于当年早些时候发动阿富汗战争，又在准备支持土耳其与阿里作战。而今内阁又要承当重任，其重大程度在与会者阿瑟·霍布斯豪斯的日记中表露无遗：他就要离开会场时，对麦考莱耳语道，如果反对党指责内阁无所作为，那是站不住脚的，因为"我们已经决定向叙利亚和埃及的主人开战……又决定向三分之一人类的主人开战"（转引自 Bourne，1982：588）。

　　巴麦尊迅速行动，实施内阁的决定。怡和洋行提出用快速纵帆船"莫尔"号给义律送信，巴麦尊同意了。10月23日，"莫尔"号携带一封信启程，信中告诉义律，英国将把军舰派往中国，可能于1840年4月某天抵达。巴麦尊在内阁会议前与怡和洋行进行了讨论，八九月时企业利益集团呼吁采取行动并要求补偿损失，巴麦尊又用怡和洋行的船向其中国特使匆匆送信。这三件事表明，新马克思主义认为是经济压力推动英国发起战争，或许有些道理。但还有三件事说明，推动巴麦尊和内阁采取行动的，不是狭隘的商人利益，而是国家经济利益。第一，我们在考察"东方问题"和阿富汗问题时已经发现，巴麦尊世界观的基础，从根本上说是现实政治思想。他明白，要让英国保持强大，就必须促进和保护其遍及世界各地的商业。在进行战争决策的1839年9～10月，巴麦尊有何想法，其细节我们不得而知。但是，像他这样才智超群的人，必定会认识到印华贸易对大英帝国总体健康状况的重要性。

　　第二，怡和洋行和其他鸦片商要求立即得到没收鸦片的赔偿，但巴麦尊将这种要求一律驳回，尽管当初义律是保证他们会得到赔偿，才说服其交出鸦片。当年秋天，巴麦尊一开始是让鸦片商再等一等，理由是议会尚未就赔偿问题投票。1840年4月，议会开始讨论政府已部署的海军部队问题。巴麦尊在受到质询时明确表示，他无意要求

第七章　欧洲大国政治（1790～1854）

议会对商人进行赔偿。各商行想要赔偿，必须等到战后。彼得·费（Peter Fay，1976：195）指出，这意味着若干商行"可能经受不住考验"。因此，鸦片商唯一的关键要求没有得到满足，说明其院外游说软弱无力。就其对战争的因果作用而言，鸦片商主要起到了促进作用，而非推动作用。巴麦尊有效利用了怡和洋行的地图和船只，执行其战争计划，但并无证据表明由于鸦片商的游说活动让他感到压力，他才发动了战争。[24]

削弱新马克思主义观点的第三点，是巴麦尊当时推出了针对亚洲和地中海地区的战略应对方案，其对华政策只是这个大战略的内容之一。就在其推动对华做出强硬反应的同时，他在让英国海军做好准备，要逼阿里退回埃及，并将陆军派往阿富汗，遏制俄国对中亚的政治经济渗透。1839～1840年，他还将军舰派往葡萄牙和那不勒斯海岸，迫使葡萄牙政府偿还债务，让那不勒斯同意对英国保持最惠国待遇（Bourne，1982：588-589）。如果认为以上基本同时进行的举措都是由商业压力推动的，那么除非各领域的企业进行了难以想象的密谋。而认为这些独立而又彼此协调的政策举措之共同根源，乃是巴麦尊与内阁关于国家利益的看法，则合理得多，也更加与证据相符。

以上得出的结论是，国内压力政治的重要性微乎其微。1840年3～4月的议会辩论情况可以支持这个结论。当年冬天，上下两院的多数议员都不知道政府已决定对华开战，而且已派军舰付诸实施。但流言已然四起。在公众压力下，政府于1月保证公布内部文件。3月，《泰晤士报》登出四字大标题"对华宣战"，透露了消息。在野的托利党要求知晓开战决定是否已经做出，而且如果已经做出，为何

---

[24] 那年秋天，巴麦尊对鸦片商经常爽约。鸦片商再要求谈话，他不肯答应。鸦片商写来抗议信，他原封不动地退回，由文书在信上写道："未经查看，予以退回"（见Fay，1976：195；Collis，1946：251-256）。受资本家阶级控制的人，不会有如此行为。

未与议会商讨。最终,在 3 月下旬和 4 月初,议会就危机问题全面展开辩论,而此时距内阁内部决定开战已达半年多之久。在约翰·格雷厄姆和托利党党魁罗伯特·皮尔的领导下,在野的托利党人决定基本上不质疑英国必须对华开战这个观点。莫里斯·科利斯(Maurice Collis, 1946:261)指出,几年前,议会曾调查鸦片贸易,"建议勿因税收原因进行干涉",当时托利党未曾反对。托利党决定只质疑政府在过去六年中对中国情况处理不当,"造成大量宝贵财产受到危害,巨额贸易的整个前景变得暗淡"。

在辩论过程中,托利党抨击辉格党政府,不是说它监督贩卖这种毒品违背道德,而是指责其在此方面不能称职。托利党人要求对政府提出谴责案后,议会从 4 月 7 日起一连 3 天开会讨论此事。格雷厄姆一马当先,认为重大国家利益处在危急关头。他估计英国和印度总共税收的 1/6 来自对华贸易,因为对中国商品要征收四百多万英镑的进口税,而且印度政府收入达两百万英镑(他刻意不提这两百万英镑主要来自鸦片贸易)(Maurise Collis, 1946:262)。格雷厄姆正面抨击巴麦尊,认为正是由于外交大臣监督不力,才造成目前中国茶叶贸易受到威胁。在托利党一再强调政府无能的冗长讲话中,当时还年轻的威廉·格莱斯顿提出鸦片贸易本身就不道德,英国促进这种贸易是错误的(Maurise Collis, 1946:267-270)。托利党中持此观点的基本上就他一人。众人都主要关注英国的物质利益,所以这种自由民主价值观的呼声无人理睬。

在辩论的第三天晚上,也就是最后一晚,巴麦尊站起身来,驳斥他和政府受到的指责:中国人需要印度鸦片。假如英国不卖鸦片,其他国家即必然会用土耳其和波斯鸦片来填补空白。重大经济利益处在危急关头。除非采取积极措施,否则在进行对华贸易时,"将不再能保证生命和财产安全,为英国带来荣誉和利益"(转引自 Maurise Collis, 1946:271-274; Fay, 1976:203-204)。中国政府采取行动,

第七章 欧洲大国政治（1790~1854）

不是为了帮助其国民，只是为了阻止鸦片需求增长造成的大量白银外流。因此，归根到底，"［这］是银条出口的问题"。㉕ 格雷厄姆想要回应，疲惫的议员们却大喊大叫不让他说话，要求进行投票。对辉格党政府的谴责案以 9 票之差未获通过。通过随后一年半的一系列海战，英国打赢了第一次鸦片战争。根据 1842 年《南京条约》，中国又开放了四个通商口岸，割让了香港，默许英国继续对华贩卖鸦片。

1839~1842 年的中英战争有力支持了贸易预期理论，也支持经济现实主义的某些方面。英国领导人之所以如此关心鸦片贸易能否继续，正是因为英国依赖亚洲的三角贸易体系。假如没有鸦片贸易，英国与印度和远东的双向贸易就会受到危害，国家的税收也会随之减少。经济现实主义抓住了英国的依赖问题，但无法解释战争为何发生于 1839 年，而不是远远早于此时。答案简单明了：中国政府于 1839 年决定实施此前的禁烟法，决定性地削弱了英国的贸易预期，迫使伦敦政府做出反应。林则徐的举动表明中国政府这次是认真的。而且，由于鸦片销量剧增破坏了中国的社会和经济基础，除此之外别无他法。但英国政府一旦停止鸦片贸易，就会损害其自身的长期经济实力，所以不存在谈判解决的余地。因此，即便身处中东和地中海危机之中，巴麦尊和内阁还是决定在亚洲发动大规模战争。

这个案例对自由主义而言很成问题。英国依赖对华贸易，这无疑并未有助于维持和平。英国政府认识到鸦片对整个英国经济的重要性，所以在东印度公司的垄断于 1833 年结束时，将海军力量向广州地区投射。尽管如此，由于英国并不想正式控制中国，所以很难认为，因为鸦片贸易在 1839 年下跌，所以国内先前就已存在的病态（如追求荣耀，并希望传播英国意识形态）得到了释放。更广泛而言，我们发现自由民主价值观几乎未能起到制约作用，让国家不要发

㉕ 转引自 Chambers, 2004, 196-197；亦见 Hanes and Sanello, 2002, 81。

399

动战争。除了格莱斯顿抨击鸦片贸易不道德的著名讲话之外,在朝在野的英国领导人几乎完全专注于处于危急关头的物质利益。由于他们做出的决定,直到20世纪开始后的相当长时间,数百万中国人还饱受烟瘾之苦。

在从单位层次角度反驳贸易预期理论的观点中,唯一可能有些解释力的就是新马克思主义观点。当然,归根到底,"国家"经济利益是很难与地方经济利益分离开来的:对通用汽车公司有利的事——在本案例中,对鸦片商有利的事——往往对国家也有利,反之亦然。而且,有证据表明,在1838年9、10两个关键月份中,巴麦尊与怡和洋行即其他商行进行了合作。尽管如此,但证据也表明巴麦尊在这几个月中依然故我,其实是在利用商人达到其地缘政治目标,而不是被商人利用达到他们的狭隘目的。1839年在英国历史上是决定性的一年,因为英国要处理欧洲和亚洲的无数危机,而当时英国在全球商业中的主导地位正在受到新兴工业化国家的挑战。巴麦尊并无照顾大企业利益的义务。拿破仑认为,商业是国家的命脉。巴麦尊懂得这一点,所以知道除非迅速而有力地应对商业面临的威胁,否则国家的长久安全就会受到危害。

克里米亚战争起因

1853~1856年的克里米亚战争,是国际关系领域中深受忽视的案例之一。除了詹姆士·理查森(James Richardson, 1994)、杰克·斯奈德(Jack Snyder, 1991)、理查德·斯莫克(Richard Smoke, 1977)、约瑟夫·戈察尔与杰克·列维(Joseph Gochal and Jack Levy, 2004)所做的讨论之外,绝大多数理论家对这场精彩的战争都只是一笔带过。这是令人遗憾的,因为这场战争能够为几乎一切战争理论提供研究素材,从关于转移注意力的战争和国内政治的观点,到专门

第七章 欧洲大国政治（1790～1854）

研究互不信任恶性循环的意外战争理论（inadvertent war theories）。历史学家本身仍然在战争根本原因问题上陷于僵局，主要因为两点：首先，虽然关于这个案例的档案材料很多，但并无确凿证据表明，在俄、英、法这三个主要参战国中，哪个国家最应对战争负责，或战争爆发对哪个国家最有利。确实，表面上看，这似乎是欧洲历史上少数几场真正"无人希望发生"的战争之一。其次，战前的外交事件极其复杂，牵涉五个关键国家，经过了近代史上最长的激烈危机时期之一（从1853年1月到1854年3月）。由于情况复杂，所以在缺乏确凿档案材料的情况下，很难做出清楚的判断。

由于在研究方法上面临这种困难，我将按以下步骤进行讨论。首先，我简要回顾在1839～1841年东方危机之后，俄国与英法两国的关系。通过回顾，不仅能揭示俄国和英国在1840年后对经土耳其海峡商贸的经济依赖性大大增加，而且揭示两国都不断担心，在土耳其局势不稳、可能崩溃的情况下，这种商贸是否还能自由进行。然后我转而讨论1850年到1852年末这个阶段，当时法国开始争夺俄国一直以来在监管基督教在圣地（尤其是耶路撒冷）的各处宗教场所方面的主导地位。到1852年12月时，由于土耳其对法国的要求做了让步，而土耳其控制的黑山又发生叛乱，所以俄国政府担心，除非采取强力措施恢复原状，否则俄国就会失去对奥斯曼帝国内部东正教基督徒的影响力，同时土耳其不是土崩瓦解，就是会被变节皇帝拿破仑三世领导的修正主义法国统治。

我后面的分析将提出一个有力观点，即从1853年1月起发生的一切，都可以追溯到俄国首要担心的一个问题：假如奥斯曼帝国受到削弱，甚至崩溃，土耳其海峡的控制权就会落入新兴的法国或者英国之手，而这种情况将威胁俄国关键的经济政治利益。一旦俄国丧失通过土耳其海峡的权利，其目前进入地中海地区的贸易就会遭到破坏，未来高额贸易的前景也会变得暗淡，而这种贸易在其作为大国的成长过程中是必不可少的。俄国在北部和东部都没有不冻港，因此这些关乎生存的问题显得更加突出。于是，沙皇挑起危机，以迫使土耳其政府收回对法国做出的让步，重新坚持让俄国主导土耳其境内的基督教事务。他衷心希望这将维持土耳其这个国家的完整，使之能够继续捍卫土耳其海峡。这就是俄国政府最希望看到的结果，自19世纪20年代以来一直如此。尽管这样，但假如苏丹不能满足俄国的要求，也不能保证信守承诺，沙皇就要确保俄国有能力达到退而求其次的目标：采取军事行动，控制土耳其海峡本身。1853年1月到10月的外交活动一直围绕着如何达成协议的问题。这个协议要既能满足俄国的最低要求，又能向土耳其及其支持者保证，俄国政府不会对奥斯曼帝国施加专横势力。由于俄国担心自己衰落，所以难以达成协议，而且因为双方都过于迫切地要捍卫名誉，因此变得越来越难。战争本身正是由无法达成这种协议造成的。

这个观点要与三种主要解释竞争。斯奈德（Snyder，1991：第五章）认为，英法两国的工业化和民主化在国内造成了破坏稳定的种种变化，而此战的根源就在于这两国如何应对这样的变化。为了维持社会秩序和精英统治，英法领导人认为，可以将对俄战争作为工具，煽动民族主义情绪，将群众的注意力从国内问题上转移开来。这种推理论证符合自由主义的总体观点，即国内病态是推动国家发动战争的根本原因。[26] 理查森（Richardson，1994：第五章）、斯莫克（Smoke，

---

[26] 亦见 Peterson，1996。斯奈德没有考虑贸易方面，但由于英国对俄出口在 1845～1852 年间仍然较少，所以斯奈德的观点很符合自由主义的逻辑。英国对俄出口约为对法出口的 2/3，以及对德意志邦联（英国的首要欧洲合作伙伴）出口的 1/4（EHS，598；进口数字未知）。但对于自由主义观点而言遗憾的是，英俄直接贸易自 19 世纪 20 年代以来就一直很少，而我们已经看到，两国避免了就土耳其问题发生冲突。我将指出，更重要的是，英俄两国对通过土耳其海峡的第三方贸易都有很强的依赖性，而且依赖性越来越强。危机的动态正是由这种贸易的前景推动的。

第七章　欧洲大国政治（1790～1854）

1977：第七章）、约瑟夫·戈察尔与杰克·列维（Joseph Gochal and Jack Levy, 2004）与许多传统历史学家观点一致，也认为此战原因是局势升级过程本身：三个大国未能在危机期间利用以合理条件结束战争的机会，于是陷入了不必要的战争。第三种方法被许多历史学家用作部分解释，将罪责推给俄、英、法三国主要领导人的性格。假如拿破仑三世不是那么一心要修改体系，假如沙皇尼古拉没有过度反应，假如英国首相阿伯丁勋爵的对俄态度一开始就更加强势，那么战争就不会发生。

我的观点不是要将以上看法全盘推翻，而是要指出其在解释战争深层推动因素方面的局限。拿破仑三世的确为了维持国内的统治，而挑起了围绕圣地宗教场所的争端。然而，一旦危机时期开始，拿破仑却又非常急于达成协议，避免战争。导致各国之间发生战争的原因，是沙皇认为土耳其正在走向解体，只有俄国与土耳其签订正式条约，才能维持俄国的地位，而英国政府受此影响，变得越来越强硬。法国的国内政治和拿破仑的性格，都不能成为使各国走向战争深渊的推动因素。为了解战争的真正原因，我们必须专门研究英国和俄国的行为。斯奈德认为，巴麦尊在社会帝国主义思想的驱使下，想击退俄国。但这种观点不足以解释英国为何越来越不肯妥协。在1853这个关键年份中，巴麦尊的地位相对较弱，因为他只是联合内阁中的内政大臣，而领导内阁的是反对党成员阿伯丁勋爵。巴麦尊和其他三四人一道，的确帮忙将内阁观点向强硬路线转变。但影响大多数内阁成员的论证与国内的社会秩序毫无关系，而与英国遏制俄国扩张的传统密切相关。这种遏制，正是巴麦尊自30年代初便提倡的地缘政治逻辑。

理查森、斯莫克、戈察尔与列维认为，局势升级的动态使各国难以悬崖勒马，这种观点是正确的。但此处的首要疑问，是俄国沙皇此前非常谨慎，为何在1853年又特别愿意承担局势升级、无法控制的风险。具体而言，尼古拉为何决心让苏丹签订确认恢复1852年前原状的正式条约？采取这种立场，危机多半会不断恶化，导致战争。这个疑问的答案在于难以维持积极而稳定的未来预期。整个1852年，沙皇一直得到口头承诺，说土耳其会维护俄国在圣地和广大奥斯曼领土上基督徒事务中的传统主导地位。但土耳其后来迫于压力，答应了法国要让天主教会在圣地享有平等地位的要求，从而违背了对俄国的承诺。尼古拉坚决认为，只有签订公开文件，才有希望确保东正教会的主导地位，从而恢复俄国在该地区的地位。这种想法是有充分理由的。

关于耶路撒冷和伯利恒教会控制权的争端似乎无足轻重，但对俄国而言并非如此。有1000~1200万东正教基督徒生活在奥斯曼帝国领土上。沙皇知道，如果这些人认为俄国不再能够保护他们，那么土耳其帝国各地将发生基督徒叛乱，导致土耳其解体，直接威胁土耳其海峡，而他自19世纪20年代中期以来就一直担心这种威胁。如果签订了正式条约，沙皇就能更有信心地认为，俄国在土耳其基督徒中的权威地位将得以维持。沙皇根本不想土耳其解体，认为俄国对奥斯曼帝国基督徒的影响将使帝国保持完整。㉗ 这就说明，关于俄国在奥斯曼帝国中宗教地位的预期，与俄国关于将来能否通过土耳其海峡进行贸易的预期直接相关——假如帝国解体，其他国家就可能控制这条进入地中海的关键通道。

因此，沙皇仍然坚持签订正式公开协议的主要要求。然而，对于英国驻君士坦丁堡的主要外交官斯特拉福德·坎宁及其国内支持者而言，这却成了关键症结。在他们看来，正式条约将改变各国对奥斯曼帝国的影响力平衡状况，可能会使土耳其成为北方俄国熊的附庸国。1853年4月下旬，斯特拉福德说服土耳其拒绝签订这种协议，导致为避免战争而举行的第一次也是最重要的一次谈判破裂。俄国随后继

㉗ 单凭这一点，就可以削弱这种观点：推动俄国政府采取敌对姿态的，是宗教、"泛斯拉夫主义"或其他单位层次的因素。

续强迫土耳其同意签订正式条约，于是再次进行谈判，但由于存在这个根本分歧点，所以谈判还是破裂了。总之，虽然局势升级的动态在1853年中期的确开始发挥作用，使达成协议变得越来越难，但更重要的问题是俄国坚持土耳其做出可信的承诺，恢复原来的状态。由于英国说服了土耳其政府拒绝做出这种承诺，所以在1853年9月之后，战争已不可避免。

因此，在最深层次上，推动这场战争的只有一个外在情况，即奥斯曼帝国的持续不稳定局势。与本书研究的多场战争一样，土耳其扮演的角色是较弱的第三方，既引起了较大规模的大国危机，又使谈判解决变得不可能。由于土耳其决定在巴勒斯坦给予法国宗教特许权，随后又不愿承诺终止这种特许权，所以俄国被迫采取行动，防止情况进一步恶化。而此举又迫使英国在巴尔干半岛抵挡俄国进逼，使谈判余地进一步缩小，而两国原本是希望通过谈判达成协议、避免战争的。双方都明白，局势有意外升级的风险（因此，双方在1853年前相互保持谨慎）。然而，由于土耳其帝国越来越不稳定，俄英两国政府知道这种风险必须承担，因为假如奥斯曼帝国崩溃，两国在该地区的重要贸易利益就会受到威胁。到1852~1853年时，围绕土耳其问题的重大危机越来越有可能爆发，只差一个火星了。

危机的背景（1840~1852）

我们先前已经看到，自19世纪20年代末以来，俄国政府就坚决希望土耳其保持稳定。这样，土耳其才能保护俄国进入地中海的途径，而俄国当时正在将农业商业化，并试探着进行工业化。1833年，俄国政府曾保护土耳其本土免遭阿里的进攻。1839~1849年，俄国与英国一道将阿里赶回了埃及。但沙皇尼古拉能看出所有其他欧洲领导人都明白的事：土耳其是一个摇摇欲坠的帝国，随时可能从内部崩溃。1833年，他在蒙申格莱茨（Münchengrätz）与奥地利皇帝坐下来商讨，达成一致意见，认为虽然最好维持现状，但假如土耳其解体，两国应就如何分割其巴尔干领土进行协商。1844年，尼古拉更进一步，同意与英国托利党政府达成秘密协定，既确认俄国希望支持土耳其的生存，也确认假如奥斯曼帝国似乎正在解体，那么俄国也愿意协商。为表示认真态度，尼古拉不辞辛劳，亲自前往伦敦（当时他的女儿身患重病），以通过谈判达成协议（Troubetzkoy, 2006：1-36）。

英俄两国都担心法国修正主义，这有助于外交活动顺利进行。路易·菲利普国王治下的法国一直想夺取太平洋的若干岛屿。伦敦要求法国遏制刚出现的美国威胁，但法国却对此犹豫不决。有鉴于此，尼古拉于1844年6月4日与时任英国外交大臣的阿伯丁勋爵讨论加强两国关系时，抱有同情态度。尼古拉说，路易·菲利普是在以俄国利益为代价加强法国的实力，尤其是在地中海东部地区。在此方面，英俄两国面临的关键问题就是土耳其的状况江河日下。尼古拉说土耳其是"垂死之人"，表明了越来越强烈的悲观态度。英俄可以努力让病人活下去，但不大可能成功。土耳其一死，就会是"关键时刻"，俄国必须与奥地利一道派遣部队。英俄共同面临的问题，就是在土耳其崩溃之后，谁将控制其在地中海的属地？"在这件事上，恐怕只有法国。法国会有何要求呢？"尼古拉问。"恐怕在非洲、地中海和东方本身都会要求很多。还记得安科纳远征吗？法国岂不会对克里特或士麦那［小亚细亚一港口］进行类似的远征？在此情况下，英国岂不应该到场，并投入全部海军？"㉓

沙皇的目标是不让法国进入该地区，同时防止英、奥、俄三国军队之间不慎发生冲突。次日，尼古拉继续和首相罗伯特·皮尔进行讨

㉓ 此处和下面两段中的引文来自 Puryear, 1931, 45-50; Troubetzkoy, 2006, 25-31。

第七章　欧洲大国政治（1790～1854）

论。尼古拉强调他关心君士坦丁堡的状况（到1853年，他将表明，这种关心几乎完全与土耳其海峡的安全相关）："我并不想要君士坦丁堡［伊斯坦布尔］。但是，如果奥斯曼帝国因为自己的错误而垮掉，如果它因为缺乏活力而灭亡，总之，如果帝国解体，我绝不允许君士坦丁堡落入英国或法国之手。"为强调君士坦丁堡应一直成为中立城市，尼古拉发出了谈判中的首次强硬警告，指出假如英国或法国试图夺取君士坦丁堡，俄国就会将其击退，或抢先阻止其进攻。这样说的意思是让英国做出明确选择：要么接受协议，确保君士坦丁堡和土耳其海峡不会落入任何大国之手，要么面临俄国处于主导地位的局面。

尼古拉装腔作势，皮尔却保持冷静。他对沙皇说，土耳其还没有灭亡，所以这时就明确提出如何分割土耳其，未免为时过早。尼古拉马上表示赞成，说任何关于如何处理土耳其的规定"都只会加速其灭亡。因此，我将尽我所能保持现状"，他解释道。"但尽管如此，我们应该诚实而合理地看到，土耳其垮掉是可能发生，而且最终会发生的。我们应该坦率而真诚地理解这个问题……与俄国和奥地利之间已经存在的相互理解类似。"尼古拉试图让英国接受《蒙申格莱茨协定》的逻辑，这个协定是他和奥地利早在十一年前就已达成的。每个大国都要认识到，必须尽量让土耳其生存得长久一些。但假如土耳其垮掉（尼古拉认为这很可能提早而不是推迟发生），那么英国、俄国、奥地利就得协调其应对措施，防止出现误解，不慎导致战争。

尼古拉离开英国前，皮尔和阿伯丁口头保证接受上述逻辑。由于英国自1837年以来就是土耳其最坚定的支持者，所以英国政府只得与尼古拉达成秘密而非正式的协议。但为了确保双方完全达成一致意见，俄国外交大臣涅谢尔罗迭访问了英国，然后撰写了长篇报告，总结双方"口头协定"的关键点。前十八段主要叙述一个要点：两国如何实现其"共同利益"，即维持土耳其的"独立"和"所属领土"。为了达到这个目的，关键在于两点。首先，由于土耳其总是违反与他国的协议,所以必须施加压力,停止这种行为。其次,由于奥斯曼帝国境内的庞大基督徒民众不断对土耳其造成"困难"(即不稳定),所以必须让苏丹认识到,需要以宽容和尊敬对待这类民众。涅谢尔罗迭的报告强调,外国有责任"施加一切影响,让土耳其的基督教臣民服从于[土耳其的]君主权威"。㉙尼古拉和涅谢尔罗迭丝毫不愿看到基督教臣民起来推翻其奥斯曼主人,这是他们自19世纪20年代以来的一贯想法。尼古拉在与皮尔谈话时强调,如果奥斯曼帝国解体,奥地利将成为"土耳其欧洲部分的继承人"(Puryear,1931:48)。对俄国而言,最好的结局确实就是维持现状,因为这样一来,奥地利就无法主宰巴尔干半岛,同时俄国经过土耳其海峡进行贸易的权利也会得到保护。

明白这一点是很重要的,因为在尼古拉于1856年去世之后,俄国采取了明显的修正主义政策,这也许会让我们认为,俄国沙皇总是喜欢在巴尔干半岛制造麻烦,以促进其领土利益。尼古拉在1828年之后的表现一直说明,稳定的现状是他的首选,而分割土耳其只是土耳其垮掉之后的应变计划。这个事实将逐渐具有决定性意义,因为在1853年1~2月,英俄两国的主要分歧就是在一个基本问题上意见不一致:土耳其是确实正在解体,还是将作为一个重要国家生存下去?俄国坚信土耳其正在崩溃,所以急于立即采取行动,要么再拯救它一次,要么与英国和奥地利一道将它和平分割。而英国与此相反,认为土耳其还可以生存下去。因此,英国采取行动保护土耳其,抵挡俄国的压力和进逼。

所谓的涅谢尔罗迭1844年报告无疑有助于让英国人相信,俄国认为维持土耳其的完整不仅是首要任务,而且是完全可以达到的目标。毕竟报告2/3内容的重点都是英俄两国在奥地利赞成的情况下,

---

㉙ 涅谢尔罗迭报告的所有引文,均来自 *FPVE*,32号文档。

第七章 欧洲大国政治（1790～1854）

可以采取何种措施，让土耳其存活下去。阿伯丁对涅谢尔罗迭的初稿和他在 1844 年末收到的修改稿都大加赞赏。尼古拉在定稿中加了一句，表示假如土耳其眼看马上就要垮掉，那么两国在此之前应进行协商。（这句话将在 1853 年 1 月显示出重要性，当时沙皇为了表示诚意，主动提起土耳其即将灭亡一事，以免英俄两国之间产生误解。）阿伯丁对俄国人说，报告准确体现了两国之间的协议，而且他希望"在我们与黎凡特地区的一切谈判中"继续与俄国意见一致（见 *FPVE*，33 号文档）。阿伯丁这样说，是在表达英国政府在土耳其问题上的基本观点。在英国看来，两国应努力维持土耳其的生存，只有在土耳其即将灭亡的极端情况下，两国才会进行协商，讨论如何分割的问题。因此，1853 年危机的核心，就是两国在土耳其是否即将灭亡的问题上意见不一。

在讨论危机本身之前，我们需要探讨英俄两国在何种程度上依赖经过土耳其海峡的贸易，以及在何种程度上两国预计将来会更加依赖于此。这将有助于我们准确理解一个问题：海峡遭到封闭的危险，为何令两国都感到如此不安？英国于 1838 年和土耳其政府签订自由贸易协定后，经过海峡的英国贸易剧增。1846 年，保护英国农业不受进口商品影响的《谷物法》废除之后，这种贸易再次大幅上升。到 40 年代末时，英国已完全转向自由贸易立场。当时，英国生产商涌入欧洲以外地区，换取食品和原料。各种趋势线令人吃惊。1838 年，英国几乎没有进口来自土耳其的粮食。四年之内，每年进口量达到了将近 100 万蒲式耳。到 1852 年，进口量已达 1500 万蒲式耳，其中许多来自土耳其仍拥有名义宗主权的多瑙河公国（今罗马尼亚）。㉚ 由

㉚ 来自各地区的具体百分比难以知晓，但弗农·约翰·普里尔（Vernon John Puryear，1931：127n165）关于 1853 年的部分数字表明，土耳其销往英国的粮食中，仅来自多瑙河公国的就占 1/3，还有 30% 来自其名义上的属地埃及，其余主要来自土耳其各领地，包括保加利亚。

于这种贸易的缘故，但也由于英国船效率很高，所以英国的航运量剧增。从1842年到1852年，经过土耳其海峡的英国商船数量增加了8倍（从250艘增加到1741艘）（Puryear，1931：122-123）。到1852年时，这个岛国已掌握了出自多瑙河水系全部贸易的1/3。因此，英国持续进入黑海领域，对英国和奥地利均有着重大利益（LeDonne 1997，320；Puryear 1931，123）。

英国越来越需要自由获取奥斯曼帝国的粮食。由于40年代末农作物歉收非常严重，再加上爱尔兰饥荒，所以这种需要就更加迫切了。由于欧洲其他地区仍然坚决实行保护主义，试图达到英国在20年代就已达到的工业化水平，所以英国发现，要将其生产的商品销往欧洲大陆，正在变得越来越困难。我们在关于鸦片战争的讨论中看到，英国领导人希望土耳其、波斯、印度、中国成为英国出口商品越来越重要的目的地。在1838年签订自由贸易协定之后，英国对土耳其的出口额比进口额增长还要快，使英国拥有了宝贵的贸易顺差，增加了其外汇储备（Puryear，1931：118-131）。

英国政治领导人了解这种新兴贸易的净影响。我们已经看到，巴麦尊坚信欧洲生产的商品正在将英国产品从欧洲市场上排挤出去，英国政府必须采取行动，支持英国商人（Webster，1969：2：750-751）。巴麦尊当然是1838年英土自由贸易协定背后的推动力量。1849年，俄国在建设新工业基础的同时，继续对英国生产商设置障碍。当时，巴麦尊对下院说："如果说，从政治角度看，土耳其的独立非常重要，那么以商业而论，这也同样重要……在土耳其，我国贸易可以自由进行。毫无疑问，这在任何其他国家都是做不到的"（转引自Curtiss，1979：23-24）。1853年3月，在君士坦丁堡活动的英国密探休·罗斯上校告诉外交大臣克拉伦登，土耳其允许英国"以胜于其他国家的优惠条件"进行贸易，而土耳其如果垮掉，"将标志着英国贸易和利益遭到毁坏"（Puryear，1931：127）。

第七章 欧洲大国政治（1790~1854）

1853年8月，在议会下院首次就刚出现的克里米亚危机进行重大公开讨论时，主张自由贸易的激进分子理查德·科布登和巴麦尊之间发生了臭名昭著的交锋，凸显了土耳其对英国商业安全的重要性。科布登从传统的自由主义立场出发，认为战争并非促进或保护英国商业的途径；要传播自由贸易，只能以和平方式"改变"其他国家的看法，使之认识到交流的益处。内阁认为，英国必须投射其力量，才能保护英国贸易。科布登反对这种看法，指出：

> 为了我国与土耳其的商业往来，必须维持土耳其的独立。关于这一点，我们说得已经很多。现在，身为自由贸易提倡者，我必须彻底表示反对为争夺市场而打仗。……我们不要自欺欺人，认为俄国的优势地位会对我国商业造成危险。我坚持认为，我国在黑海的一切贸易都要归功于俄国［过去的］侵略。直到俄国占有了克里米亚，我们才得以在黑海进行商业活动。（FPVE，62号文档，325–326）。

这种奇谈怪论让巴麦尊觉得忍无可忍。虽然他曾私下里批评首相迄今一直采取的温和立场，但还是站起身来，对下院发表讲话。他对科布登表示敬意，因为科布登对促进自由贸易的贡献大于所有人。但是，巴麦尊认为，科布登忘了"俄国的商业制度有种种约束和禁令"，而土耳其的商业制度却是英国所交往之"所有国家中最自由的"。当前，尤其是将来与奥斯曼帝国的贸易对英国至关重要。他指出，其产品已经和来自俄国的产品一样不可或缺。"随着其自然资源和内部资源的增加，其商业也将变得越来越有价值。"因此，"土耳其保持独立，使自由商业制度存在下去，对英国的商业利益非常重要"。土耳其的现代化计划已帮助其复兴。巴麦尊指出，面对俄国的行动，英国政府决心捍卫土耳其的独立——"我们认为，出于政治和商业两种目的,这种独立必须得到维持"(*FPVE*,62号文档,328 – 332)。

　　以上情况说明,土耳其继续生存下去,对英国而言何等重要,因为土耳其不仅可以缓冲俄国的扩张,而且可以提供食品和原料,促进英国经济的长久发展。因此,毫不奇怪的是,当俄国在1853年初的行为威胁当时的商业与战略现状时,英国必须做出反应。但俄国在1840年后越来越依赖经过土耳其海峡的贸易,这一点也是很明显的。前面提到过,俄国已在1815年后开始工业化,以对抗英国在拿破仑战争后的经济主导地位。俄国策略的基础是美、法、奥同时采用的经典幼稚产业(infant industry)逻辑。农业产品要销往国外,筹集购买工业和基础设施产品(大多来自英国)所需的外汇和银条,而这些产品又是实现经济现代化所必需的。在尼古拉的领导下,从1825年到1845年,俄国将重型机械进口量提高了30倍,同时将工人和工厂数量增加了一倍多。随着俄国开始将其廉价纺织品销往中亚和远东,原棉进口量从1830年到1842年增长了三倍,从400万磅增加到了1600万磅,然后从1845年到1850年又翻了一番。总体而言,俄国从1824年到1854年的工业总产值增长了两倍多,从4700万卢布增加到了1亿6000万卢布,其中一半为纺织品。因此,在亚洲和北非市场上,俄国此时与英国占传统主导地位的出口部门展开了直接竞争。[31]

　　为支持工业化,俄国非常需要在其相对优势领域进行出口,这个领域就是农业产品,尤其是粮食。从1832年到1840年,粮食出口量以每年56%的惊人速度增长。到40年代末,粮食约占俄国总出口量的一半。由于提高了农业技术,俄国西南部成了带动这种增长的火车头。因此,俄国黑海港口,尤其是现代化的敖德萨港,有了很大发

---

[31] 关于以上数字,见 Fieldhouse, 1973, 160; Troubetzkoy, 2006, 52 – 53; Puryear, 1931, 89n29。

第七章 欧洲大国政治（1790~1854）

展。仅经过敖德萨一地的俄国对外贸易，就占贸易总额的 1/10。敖德萨商业的 3/5 是小麦出口，而主要进口商品是纺织品出口所需的丝和原棉。久而久之，这种上升趋势不断巩固。有了更大的船只以后，出自敖德萨的总贸易吨位从 1850 年到 1852 年翻了一番，此时出口量的七成为粮食。㉜ 由于这些商品性质的缘故，经过俄国黑海港口的几乎全部贸易，在前往或来自欧洲目的地时，都必须通过土耳其海峡。因此，一旦海峡封闭，俄国商业就会受到严重影响。

沙皇和手下官员深知，这种贸易对俄国的长久发展越来越重要，而且俄国依赖着受一个长期不稳定政权控制的航道。1844 年，在与英国政府达成协议之后，俄国设立了一个秘密委员会，以"考虑帝国的对外贸易，以及如何拓展这种贸易的问题"。委员会很快发现，虽然圣彼得堡历史上是俄国与欧洲贸易的中心，而且南方贸易已经有了巨幅增长，但来自圣彼得堡的俄国出口量却有四十年没有增加了。这显然说明，俄国的整个现代化计划以及赶上欧洲老牌工业化国家的能力，现在都取决于能否增加出自黑海的贸易。因此，委员会建议采取措施，提高总体效率，扩大总出口量，包括废除出口税，设立储存粮食的国有仓库，改善基础设施，以便全年不断地运输粮食。英国听说了这些改革，想劝说俄国政府把进口税也取消，但未能奏效。然而，英国、荷兰、比利时等工业化国家为转向"自由贸易"，均于 1845 年后取消了进口限制。因此，黑海粮食出口对俄国的前途变得更加重要了（Puryear, 1931：97 - 102）。

这一切都意味着，在 50 年代初，只要经过土耳其海峡的贸易可能受到干扰，其意义都比二三十年代时还要重大。普里尔（Puryear, 1931：136）总结道：俄国目前"有巨大利益处在危急关头。其主要

㉜ 关于以上数字，见 Puryear, 1931, 990n30, 96 - 97, 104 - 105; Troubetzkoy, 2006, 52 - 53。

贸易路线已转移到黑海和土耳其海峡。只有这个产品出口保持畅通，才能实现商业繁荣……［俄国的］幼稚工业虽有政府支持鼓励，却只有在出口得到安全保障时才能发展"。因此，毫不奇怪的是，尼古拉在与英国人谈话时，坚持要求在土耳其这个国家垮台的情况下，任何大国不得控制君士坦丁堡。当然，最理想的结果就是土耳其继续强有力地主宰海峡。早在1838年，当土耳其与阿里的争端升温时，尼古拉就曾考虑从波罗的海派两艘海军军舰通过土耳其海峡，显示俄国的力量。涅谢尔罗迭认为，这会对英法构成挑衅，而"俄国真正的利益和需要"是"维持而不是动摇达达尼尔海峡在我国和海军强国之间设立的政治屏障"（Curtiss, 1979：25）。尼古拉同意了这个观点。俄国将继续一心关注自由通过海峡的问题，直到1853年的危机时期。我们现在就来讨论这个时期。

1853年危机的开端

　　1853年的长期危机导致了克里米亚战争。这次危机的导火索，表面看来似乎是欧洲大国历史上最没有危险的争端之一：关于哪国应该控制圣地主要宗教场所的问题，法国与俄国陷入了僵局。几个世纪以来，奥斯曼帝国允许东正教会掌管进入耶路撒冷圣墓教堂和伯利恒基督诞生教堂等重要场所的权利及相关宗教仪式事宜。由于俄国是东正教的主要大国，所以自认为对圣地的宗教事务有首要影响，这种影响已由1774年签订的《库斯丘克－开纳吉条约》正式确立。然而，1850年5月，路易·拿破仑治下的法国政府却对俄国的主导地位发起了挑战。在随后两年中，拿破仑强烈要求削弱俄国的主导地位，至少要让天主教会——进而也让法国——在圣地享有平等地位。土耳其进退两难。一方面，土耳其得罪不起法国，因为法国此时控制着过去属于土耳其领土的阿尔及利亚，并对其他名义上属于土耳其的北非领

第七章 欧洲大国政治（1790~1854）

土（如的黎波里塔尼亚，即利比亚）展示了海军力量。但土耳其也不想惹恼俄国，尽管俄国是奥斯曼帝国的宿敌，因为有1000万到1200万东正教基督徒生活在土耳其已经不稳定的巴尔干领土上。假如土耳其让天主教会在圣地宗教场所享有平等地位，就很可能导致与俄国发生战争。如果这样做在巴尔干地区引发反对土耳其统治的叛乱，就更是如此。

土耳其试图迎难而上，在1852年初分别颁布了相互矛盾的法令，似乎满足了法国的要求，同时又承认俄国的主导地位。法国政府发现矛盾之处后，派特使乘法国军舰前往君士坦丁堡，而这显然违背了1841年签订的海峡条约。拿破仑还咄咄逼人地让军舰开入地中海。土耳其明白其中含义，在1852年11月只公布了对法国有利的法令，不仅让法国享有平等待遇，而且在12月将掌管圣墓教堂和基督诞生教堂的权力从东正教会移交给了拉丁（天主）教会。更严重的是，在1852年10~11月，土耳其政府中思想活跃的新官员开始讨论与法国结盟，反对俄国，以减少俄国对土耳其东正教基督徒的影响，并劝阻法国用军舰打击叙利亚和巴勒斯坦。㉝

在沙皇及其官员看来，不仅土耳其暗中背叛了原先的承诺，而且这也对俄国在东地中海和巴尔干地区的总体地位构成了威胁。的确，虽然拿破仑就圣地问题挑战俄国的动机之一是在国内争取保守派的支持，但他也将此举视为法国在恢复实力的同时削弱俄国的总体策略之组成部分（见Ridley，1979：355-361）。新政策实行伊始，拿破仑的外交大臣于1850年致函驻君士坦丁堡大使，在后来划掉的一段中写道："最后，我们认为还有一个重大问题需要考虑，因为它关系到更高的利益，[即]我们在东方的势力要足以抗衡俄国一直在增长的[势力]"（转引自Saab，1977：10）。在俄国政府看来，法国自1830

㉝ 见Curtiss，1979，45-48；Saab，1977，9-12；Troubetzkoy，2006，86-92。

年以来就是俄国在欧洲的主要威胁。除了自由-民族主义革命的主将之外,法国领导人也一直试图打破1815年条约的限制,重新主张法国在体系中的地位(因此,尼古拉在1844年对英国人说,"我谁都不怕……只怕法国")(Puryear, 1931: 46)。拿破仑于1848年12月就任法国总统,法国后来又于1851年12月发生政变,但俄国的担忧并未得到缓解。虽然欧洲各国政府都称赞他镇压左翼组织,但他也显然表现出想步其叔父后尘,尽其所能恢复法国在欧洲的主导地位。在沙皇看来,最成问题的就是拿破仑在1852年强烈暗示他将建立第二帝国,让自己成为法国皇帝拿破仑三世。尼古拉认为,拿破仑坚持要建立世袭帝国,拥有世袭封号,这非常令人不安,因为这意味着推翻1815年关于拿破仑家族任何人不得在法国掌权的禁令。俄国内阁的一份内部报告指出,这相当于完全推翻了维也纳解决方案(Curtiss, 1979: 52)。在1852年,尼古拉一直大力劝说拿破仑放弃帝国和封号,但遭到了拒绝。1852年12月,拿破仑加冕为法国皇帝拿破仑三世,采用了其叔父近半个世纪以前的加冕仪式(见Curtiss, 1979: 48-57)。

这个时机把握得实在太糟糕,也太令人怀疑。法国在圣地争端中获胜,由于恰逢拿破仑加冕,此时看起来远远不只是遥远地方的微小损失了。在沙皇看来,法国的胜利将意味着东正教基督徒会造反,造成土耳其帝国垮台,或土耳其遭到严重削弱,其政策由法国掌控。不论如何,土耳其海峡的现状将遭到颠覆,其结果对俄国不利。俄国政府希望维持现状,但事与愿违,1852年11月在黑山爆发了基督徒叛乱。这是进一步说明俄国局势每况愈下的最后一条证据。黑山人于12月取得初步胜利之后,奥地利派代表团前往伊斯坦布尔,不仅为生活在黑山的基督徒,而且为波斯尼亚与黑塞哥维那的基督徒说情。面对奥地利的强硬态度,土耳其不再打算对黑山发动全面战争,使其拥有了更加自治的地位,增强了奥地利的势力(见Goldfrank, 1994:第七章; Saab, 1977: 19-22)。尼古拉认为,这只能进一步说明,

第七章 欧洲大国政治（1790~1854）

"欧洲病夫"行将就木，或者只有在其他国家支撑下才能存活。他必须采取行动，可以恢复1850年前的原状，而在他看来更加可能的是，根据他于1833年和1844年与奥地利和英国达成的协议，分割土耳其帝国。

正是在1852年12月到1853年1月这种形势下，沙皇才开始采取措施，最终导致1854年爆发战争。但虽然我说"开始采取"，我们却一定要记住，尼古拉及其官员是在应对并非由他们造成的问题。即便在1853年的谈判过程中，尼古拉还是更加希望恢复1850年前的状态，而不是分割土耳其，同时承担各种战争风险。尼古拉只是认为，既然其他国家都在试图动摇现状，那么除非采取强硬行动，否则现状无法维持。穆里尔·张伯伦（Muriel Chamberlain, 1983：474）说得好："东方的形势急转直下，原因是奥地利和法国的举动，而不是俄国的行为。"

1852年12月，关于俄国如何应对近东事态发展的问题，沙皇写下了一些笔记，反映了俄国政府越来越悲观的态度。尼古拉权衡了各种行动方案，却发现其无一不是过于危险。鉴于土耳其的巴尔干领土局势每况愈下，他在笔记中指出，土耳其的完整似乎很难挽救。与其他国家协调行动，和平分割土耳其，现在看来是"可能发生的一切坏事中最不坏的一种"（转引自Rich, 1985：22）。俄国将占领多瑙河公国，奥地利将得到亚得里亚海岸，英国将拿走埃及，也许还会拿走塞浦路斯。法国很可能要用克里特岛来收买。很重要的是，在沙皇设想的分割方案中，君士坦丁堡将成为自由市，完全允许商贸活动自由经过土耳其海峡（Curtiss, 1979：62）。[34]

---

[34] 沙皇最密切的幕僚涅谢尔罗迭也同样对前景持悲观态度。12月，涅谢尔罗迭写了一份报告，指出拿破仑想推动土耳其挑衅俄国，让俄国发动战争，这样一来，需要单独与欧洲同盟做斗争的就不会是法国，而是俄国。法国将试图通过此战夺取土耳其的东地中海属地，或在将来的和会上将其用作谈判筹码（Ridley, 1979：359）。

1月，尼古拉开始与英国驻圣彼得堡大使汉密尔顿·西摩进行一系列会谈，一直持续到3月初。沙皇希望通过谈话达到两个主要目的：向英国表示俄国决心抵消法国所采取行动的影响，希望维持现状；假如土耳其解体（至少在俄国看来这越来越有可能），则根据1844年协议，协调英俄两国的行动。从最终结果来看很反讽的是，沙皇认为英国会站在他这边反对法国，而且会赞赏他直截了当地说出了自己所担忧的问题。俄国驻英国大使曾于12月向国内写信，说法国正在设法针对俄国制造麻烦，土耳其必须向英国的各位大臣表明，"我们不想攻击苏丹，而想保卫他，维护他的权利。……总之，是维持土耳其，丝毫不要加速其垮台"（转引自 Curtiss, 1979：60）。尼古拉有理由认为，新首相阿伯丁将赞同协调应对事态新发展的做法。毕竟，在1844年秘密协定签订时，阿伯丁是外交大臣。而且，英国人本身也担忧拿破仑的意图。1852年末，阿伯丁曾对俄国驻伦敦大使菲利普·布伦瑙说，他担心拿破仑正在准备入侵英国（在1853年的头三个月中，英国的确是在准备抵御法国进攻）（转引自 Curtiss, 1979：33~34）。尼古拉认为，这种情况说明英俄政府确实可以共同合作，应对土耳其摇摇欲坠的状况。

尼古拉与西摩的谈话于1月9日以非正式形式开始，当时尼古拉在一次社交晚会上堵住了西摩。沙皇认为土耳其情况危急，正在"四分五裂"，英俄两国应该"就此事达成完全共识"。西摩说他的立场也是如此。尼古拉继续说道，两国手上有一个"病入膏肓的人"，假如他在"做好必要的安排"之前死去，那将非常不幸（Troubetzkoy, 2006：104 - 105）。两周后，在皇宫的一次会议上，尼古拉向西摩保证，俄国的领土已经绰绰有余，其实再想多占领土反而危险。沙皇强调，虽然如此，但他还是要负责生活在奥斯曼领土上的数百万东正教基督徒的安全。由于土耳其衰朽不堪，所以英俄两国就必须制定具体应急计划，以防土耳其解体。西摩用一句老话作答，说

第七章 欧洲大国政治（1790~1854）

英国如果提前为盟友之死做计划，那是不合适的。尼古拉说这些他能理解，但必须至少要达成君子协定，以免措手不及。尼古拉再次强调了他一直念念不忘的问题，即俄国商贸与海军进入地中海的权利，重复了他在1844年提出的警告：在任何情况下，他都不会允许英国占领君士坦丁堡。在某种情况下，俄国也许需要占领这个城市，但那也只会是暂时的（见Troubetzkoy, 2006：105-107；Curtiss, 1979：67-68）。

西摩后来与英国外交大臣拉塞尔勋爵有书信往来，直到2月。其内容说明英国官员赞同拿破仑的立场。第二次会议之后，西摩给拉塞尔写了封便函，说沙皇极其肯定地认为土耳其会垮掉。尼古拉关于分割土耳其的想法，根本没有使西摩火冒三丈。他对拉塞尔说，如果在大国协调下，可以不打仗就分割土耳其领土，那将是"伟大胜利"。2月8日，阿伯丁致函女王，称尼古拉的评论"与其此前〔1844年〕的宣言相当一致"（Curtiss, 1979：68-69）。然而，拉塞尔在次日给西摩回信时，却强调土耳其的灭亡并非迫在眉睫，所以假如此时就如何分割其领土达成协议，不仅为时过早，还可能加速其灭亡（Troubetzkoy, 2006：106-107）。

拉塞尔的评语暴露了两国之间关键的断层，这将决定危机后来的走向。沙皇坚信，土耳其确实已濒临灭亡。而英国的看法和拉塞尔对西摩说的话一样，认为土耳其"二十年、五十年，甚至上百年"都不会灭亡（*FPVE*, 313-318；Troubetzkoy, 2006：107）。沙皇对形势的根本看法较为悲观，所以认为此时必须采取强势行动。相比之下，英国对形势的估计较为轻松，所以认为保持温和才是常态。危机之所以演变为战争，正是因为这两种观念使通过谈判解决问题变得不可能。由于土耳其的状况确实非常糟糕，所以无从知晓哪一方的预言是正确的。

2月20日，尼古拉和西摩再次会面。西摩将英国内阁谨慎而不置可否的回应告知了沙皇。西摩还强调了英国的看法,即土耳其并未垂死,英国如果采取行动反倒可能坏事。尼古拉答道,英国得到的情况是错误的,土耳其确实已奄奄一息,英俄两国不应让自己措手不及(Curtiss,1979:69-70)。在随后两天中,两人再次会面,西摩将拉塞尔2月9日发来的急件念给尼古拉听。除了强调两国在土耳其健康状况上的根本分歧之外,拉塞尔在公文中用五段篇幅回应了尼古拉的话,即俄国可能需要临时占领君士坦丁堡。拉塞尔写道,掌管"地中海与黑海大门"的国家将"对欧洲事务产生巨大影响"。这种影响"可用于对俄国有利的事,也可用来控制和限制［英国的］力量"。他指出,英国内阁听说尼古拉无须扩张其帝国,感到很高兴,而且知道如果一个"强盛而雄心勃勃的国家"(即法国)想取代君士坦丁堡城中的土耳其政府,俄国就会认为战争是"必不可少的"。但是,拉塞尔提醒道,假如俄国试图长久控制君士坦丁堡,欧洲就会爆发冲突,因为英国、法国,很可能还有奥地利将反对这种举措。拉塞尔也强调英国政府会谴责任何占领君士坦丁堡的企图,而且在与俄国商讨之前,不会与其他国家就如何分割土耳其的问题达成协议(*FPVE*,314-315)。

尼古拉在回应中重申,近期的事件对土耳其国内稳定构成了威胁,而英国却对此轻描淡写。黑山危机尤其严重,直接挑战了苏丹的主权。尼古拉强调他"不会容忍英国、法国或其他大国［包括俄国］……长久占领君士坦丁堡"。尽管如此,他却仍然相信,如果英俄两国携手合作,就可以抵消法国在此地区行动的影响。至于奥地利,尼古拉声称他可以为之代言,因为两国的总体利益完全相同。西摩在写给拉塞尔的后续报告中说,他和沙皇已直接讨论了不管何种新方案都会对商业产生的影响。关于"当君士坦丁堡不再归土耳其人掌管时,我们需要遵守的商业政策",尼古拉具体怎么说,他已经不记得了。但谈话的目的"是英俄两国有共同利益,都要提供进入黑海和地中海的

第七章 欧洲大国政治（1790～1854）

最便利途径"（Troubetzkoy, 2006：108 - 110；Curtiss, 1979：70 - 71）。

总之，尼古拉在第一轮磋商中的措辞和表现都清楚表明，俄国的政策坚决而又温和。虽然他承认已下令进行军力展示，但他却向西摩保证，这样做的目的只是"证明我不想让人把我不当回事"。沙皇需要对日益恶化的形势做出反应，这是合情合理的，英国人能够理解。遗憾的是，对这种形势及其真正严重性的不同看法使两国之间存在分歧。在一次商讨中，西摩再次强调，英俄之间的关键分歧在于，沙皇希望专门讨论在土耳其垮掉之后如何分割的问题，而英国则设法让土耳其保持现状。尼古拉说，他老是听英国人这样说，但这种"灾难"可能很快就要发生，"将使我们都措手不及"。在尼古拉看来，这一天差不多已经到来了。至少可以说，如果两国不能携手合作，就真的是这样了（Troubetzkoy, 2006：109 - 110；Curtiss, 1979：73 - 75）。

于是，当尼古拉和西摩的会谈结束时，并未解决根本问题。如果土耳其不大可能灭亡，英国就不想与俄国协调行动，因为这样做可能真的使土耳其垮掉。俄国则认为土耳其已病入膏肓，需要立即采取行动，要么拯救它，要么以和平方式管理对其领土的分割。尽管有了这种分歧（必须强调，这种分歧的原因不是哪一方缺乏理性，而是形势本来就很不确定），但尼古拉在开始几次会谈之后还是感到很有把握。他认为，阿伯丁及其内阁确实理解他的两难处境，而且至少在俄国采取行动捍卫其在该地区的地位时，不会反对俄国。而涅谢尔罗迭却担心尼古拉说得太多了，于是在3月初为西摩写了份外交公文，其中说尼古拉并未提出分治，只是在设法弄清双方都不愿发生的事情是什么。他指出，在法国的威胁下，土耳其可能不肯撤销其对拉丁教会做出的让步，而这将使在土耳其占多数的广大东正教基督徒深感愤慨。如果东正教基督徒因担心自身安全而造反，可能导致全面叛乱。涅谢尔罗迭接着说，是因为法国使用了恫吓与威胁的手段，所以土耳其才违背了诺言,无视俄国的利益。假如英国能说服土耳其人明白道理,尊重其信基督教的臣民,那么就可以防止发生双方都希望避免的危机(Curtiss, 1979: 74-75)。

涅谢尔罗迭在公文中提到,尼古拉对会谈感到很高兴,因为双方同意不让强国控制君士坦丁堡,而且双方都声明丝毫不想占领这座城市。西摩在回信中对一个要点表示不赞同。与沙皇的印象相反,英国确实已采取行动,使法国缓和其要求,支持俄国的正当诉求。当涅谢尔罗迭与西摩在3月10日会面时,涅谢尔罗迭称俄国只希望英国"努力让法国诸位大臣明白"他们已犯的错误。西摩念了份1月下旬从伦敦发往巴黎的急件,其中英国人告诉法国政府,虽然英国不能支持争端中的某一方,但显然是法国驻君士坦丁堡大使首先扰乱了现状。涅谢尔罗迭对此表示满意(Curtiss, 1979: 75-76)。

会谈气氛总体是积极的,因此尼古拉继续实行他的计划,想敦促土耳其在宗教事务上恢复原先状态。早在1月,尼古拉曾委托亚历山大·门希科夫前往君士坦丁堡,奉命在圣地恢复东正教会在1852年之前的地位。很重要的是,沙皇让门希科夫拿到由苏丹签字的协议,以确保苏丹信守诺言。门希科夫要明确宣布,俄国不想在宗教事务上再做让步,只希望保留已经存在几百年的权利和特殊待遇。如果法国想仗势欺人,逼迫土耳其拒绝俄国的要求,那么门希科夫就有权向土耳其提出针对法国进行结盟。㉟

门希科夫与苏丹及其官员进行会谈,从3月谈到5月,最终未能成功。由于此人作风严厉,缺乏外交策略,所以多位学者认为就是他造成了谈判破裂,使局势后来升级为战争。㊱ 然而,如果仔细研究一下双方争执的问题,我们就会发现,到4月底时,土耳其与俄国在具

㉟ Goldfrank, 1994, 131; Rich, 1985, 35-36; Troubetzkoy, 2006, 112-13.

㊱ 关于这种观点的评述及相关参考资料,见 Goldfrank 1994。

第七章 欧洲大国政治（1790～1854）

体问题上几乎已经完全达成一致。双方僵持不下的只有一个问题：俄国要求一切协议必须签字，成为正式条约。4月10日，门希科夫告知俄国政府，土耳其已接受其提议的主要内容，但要让土耳其签订正式条约，却要困难得多。他请求政府明确，是否应当继续敦促对方签署协议（Curtiss, 1979：118；Rich, 1985：46-47）。涅谢尔罗迭给门希科夫回了电报，再次强调让对方签署正式协议的意义，虽然把它叫作协定、解释性政令还是别的什么并不重要。电报强调，重要的是苏丹愿意签订协议，表示他保证遵守。沙皇认为此前的口头保证让他受了欺骗，所以需要苏丹表明愿意履行义务的态度（Rich, 1985：47；Curtiss, 1979：118-119）。㊲

双方眼看就要达成协议，却有一人从中作梗，那就是英国老牌外交官坎宁。坎宁于3月下旬回到君士坦丁堡，接管磋商中的英国一方。虽然坎宁曾持反俄立场，但他一开始倒挺愿意帮忙。他鼓动土耳其人采取通融态度，而我们从门希科夫4月10日的急件中可以看出，坎宁的鼓动起到了作用。除此之外，他还在法俄之间斡旋，使双方于4月22日就关于圣地的关键问题达成了基本协议。然而，在整个4月，坎宁都对土耳其官员明确表示，土耳其必须抵制俄国关于签订正式协议的要求。坎宁知道，俄国的这个要求是造成危机不能完全解决的唯一症结（Curtiss, 1979：119-120）。但他担心，只要俄土签订协议，就会大大加强俄国对土耳其的影响，导致英国地位下降。他把这个观点告知了英国政府。他身在现场，先执行自己的政策，再设法得到上级的默许。尽管如此，但英国内阁并未强迫坎宁在这个最终症结上让步，这一点说明内阁的多数成员也担心同样的问题。

4月26日，门希科夫向俄国政府报告，要签订正式协议还是有

㊲ 用博弈论的话来说，沙皇需要苏丹发出代价高昂的信号，说明其愿意信守诺言。

困难，而且是"以斯特拉福德为首的"苏丹外国顾问"在怂恿奥斯曼政府抵制此事"（转引自 Curtiss，1979：120）。5月5日，门希科夫接到土方回话，称土方将根据俄土协议公布新法令。但对于他要求签订条约一事，却毫无回应。门希科夫致函国内，说只要土耳其政府同意将法令内容包含在协议之中，争议就能得到解决。他提出了协议草案，缓和了俄方的要求，但同时还是强调必须严格根据"当前现状"确保东正教会的权利（转引自 Curtiss，1979：121）。

坎宁立即行动起来。在随后四天中，他与土耳其重要官员进行了长时间谈话，于5月9日对苏丹说，"若出现危急情况，他将奉命请求驻地中海［英国］部队司令使舰队处于战备状态"。有了英国军事支援的明确保证，土耳其于5月10日拒绝了门希科夫关于正式协议的最后请求。门希科夫做了最后努力，想通过暂时在野的土耳其政治家雷希德·帕沙直接向苏丹提出请求。但坎宁却说服雷希德等到土耳其大议会（Grand Council）投票后才采取行动。同时，坎宁还游说议会成员，说服其投票反对签订协议。在5月17日的议会会议上，俄国的最新提议以42对3票遭到拒绝。门希科夫于5月20日最后再次努力达成协议。他再次降低要求，只请土方签订一份文件，表示苏丹承诺保护其东正教臣民。但即便这样，坎宁还是认为太过分。他给雷希德写了一份外交公文，摆出了拒绝俄国最新提议的理由。他认为，这种文件还是会起到条约的作用，意味着俄国过分影响土耳其内政。5月21日，门希科夫得到通知称土方拒绝了他的最后提议，随即动身离开君士坦丁堡，回到了圣彼得堡（引用、总结自 Rich，1985：50-57）。

接下来的危机情况可以简要言之。俄国试图恢复1852年以前的状态，以保护其进入地中海的权利，但未能成功。虽然各方艰苦努力维持和平，但战争本质上已不可避免。到3月时，法国已派部分海军进入爱琴海，但英国却没有进行类似部署，以免危害谈判。在门希科

第七章 欧洲大国政治（1790～1854）

夫离开君士坦丁堡，俄国政府得知谈判破裂之后，沙皇还希望能够通过占领土耳其的两个多瑙河公国（今罗马尼亚的两个地区）来迫使土耳其同意签订协议。自1828～1829年战争以来，多瑙河公国就一直受俄国保护，但俄军却并未踏入其领土。1853年初，俄军受命前往边境，因为尼古拉可能要动用部队实施胁迫外交。到5～6月时，部队已准备进入。7月初，俄军渡过普鲁特河，占领了两个公国。英国舰队已于6月行抵达达尼尔海峡外的贝西卡湾，与法国海军会合。

1853年危机现已进入军事化阶段。随后几个月中，在各国首都进行了复杂的外交谈判，但我们无须纠缠于此。我们只需要说，在英法海军的明确支持下，土耳其政府更加不愿同意与俄国签订正式协议，表现其屈服于压力。俄国倒是相对好说话，在8月接受了所谓的"维也纳照会"，这是其他欧洲国家为让双方不失面子拼凑出来的一份文件。但土耳其却不肯答应其中的条件，于是各国回到了原点。10月，因俄国继续占领两个公国，土耳其对俄宣战。11月，俄国对黑海锡诺普港发动突袭，重创土耳其舰队。1854年3月，英法对俄宣战。半年后，两国部队在克里米亚登陆。战争持续到1856年初，当时双方都已筋疲力尽，于是同意在巴黎签订和约。俄国失去了比萨拉比亚省（与两公国接壤），同意从黑海撤军。虽然这些条件并不苛刻，但俄国受到的屈辱却让人对修正主义产生兴趣，而我们在第八章中将会看到，修正主义将深刻影响随后半个世纪的欧洲外交。

为了圆满结束这个案例研究，我们来简要考察议价理论的一个关键问题：为何英俄两国在1853年夏未能达成双方都希望藉以避免战争的协议（Fearon，1995）？此处我们非常关心的是，阿伯丁政府在1853年5月后的姿态为何越来越强硬，因为这种姿态不仅鼓励土耳其坚定立场，而且使俄国认为自己失去了一个合作伙伴，而他们本来可以指望它抵挡法国，不让其侵入土耳其领土的。1853年初春，英国内阁的大多数成员仍然赞成采取温和立场。阿伯丁和克拉伦顿勋爵

（此人于 3 月就任外交大臣）尤其认为，在关于法国试图改变宗教事务现状一事上，俄国的立场合情合理。而且，由于英国仍然担心法国入侵，所以英俄政府有理由避免兵锋相见。那么，英国为何要在 5 月以后采取越来越强硬的立场，使战争变得基本上无法避免？

有一种可能的解释，就是断言内阁中的强硬派操纵了政府的决策过程，将英国推向战争。例如，斯奈德（Snyder, 1991）就认为，巴麦尊希望发生战争，因为他担心工人阶级崛起，认为战争会转移人们对国内要求改革的注意力。巴麦尊的确是 1853 年 4 月后力主对抗俄国的两人之一。另外一人是拉塞尔，他虽然于 2 月下旬被免去了外交大臣之职，遭到降级处理，却还是内阁成员。然而，并无证据表明巴麦尊和拉塞尔能够操控内阁，或试图挑起战争，以阻止国内进行改革。拉塞尔是最坚定支持改革，但也是最一贯提倡强硬姿态的内阁成员。因此，不能说这位鹰派人物的动机是通过战争转移注意力。至于巴麦尊，在 1852 年末成立联合内阁之后，他发现自己身为内政大臣，处在反对党成员阿伯丁领导下的政府中，竟一反常态，手中几乎没有实权。

巴麦尊的外交经验老到，所以他的看法无疑在议会辩论中受到重视。但影响力不等于权力。而且，在 1853 年夏，巴麦尊根本不希望发生战争，反倒运用其影响力，通过及时部署海军来挽救和平。我们关于此事的了解，来自内部人士 C. F. 格伦维尔的详尽日记。这位英国官员与当时几乎所有主要人物过从甚密。格伦维尔的日记说明，巴麦尊的看法和他二十年来的观点一致，认为只有采取强硬立场，才会使俄国放弃武力强迫的姿态。用现代的话说，巴麦尊的想法就是纯粹的威慑：俄国只懂得武力，所以只要适时运用武力，就能及时使之退却。㊳ 身为最有权势的内阁成员，阿伯丁和克拉伦登一开始的想法比

㊳ 例如，可参看 *GM*，1853 年 6 月 22 日；1853 年 7 月 12 日。

较接近冲突恶化模式（spiral model），认为假如过度使用英国海军力量，反倒只会刺激俄国采取不明智的军事行动（Jervis，1976：第三章）。

由格伦维尔的私人笔记可知，从4月到8月，英国内阁成员的分歧不在于目的（因为他们都希望和平），而在于手段：最能够防止局势升级为战争的，是进行威慑还是持温和立场？当门希科夫的谈判在4月和5月初看似会成功时，温和派占了上风。但门希科夫后来离开了君士坦丁堡，而且坎宁的报告又把情况说得很悲观，所以内阁对尼古拉的看法发生了明显转变。尼古拉的强硬外交立场导致英国越来越怀疑俄国的动机，犹如教科书中描述的情形。这促使内阁的看法发生改变，使形势不断恶化，将国家推向了战争。

格伦维尔5月30日后的日记指出，俄土关系即将破裂，沙皇又明显背离最近关于温和立场的表示，这使英国内阁倍感震惊。尽管如此，克拉伦登却仍倾向于"认为［尼古拉］的意图是温和而和平的，虽然从他的行为上似乎看不出来"，认为沙皇并不知道英国会怎样看待他的行为（GM，1853年5月30日）。6月初，传来了俄国即将占领两个公国的消息，使克拉伦登更加担忧。沙皇的行为至少在某种程度上是"受其所处地位的迫切需要"驱使的，所以或许还有时间进行谈判。因此，英国政府或许可以帮助沙皇"体面地摆脱他让自己和全欧洲都陷入的困境"（GM，1853年6月5日、13日）。

6月下旬，巴麦尊敦促内阁做出表示：如果俄国进一步采取行动，将导致与英国开战。他的提议遭到了大多数内阁成员的否决。虽然他是出了名地不肯退让，但这次却"颇有风度地"让步了。格伦维尔说，在整个危机期间，"巴麦尊的表现都非常好"。温和派立场的依据很简单明了。克拉伦登认为，国家"永远不会原谅政府与他国开战，除非政府能够证明战争绝对必要，而且政府已用尽一切办法试图和平解决"（GM，1853年6月22日）。

然而，到 7 月 9 日时，阿伯丁的态度已发生了转变。虽然十天前他还确信无疑地表示能找到解决方案，但他对沙皇的信心此时却已"严重动摇"。内部讨论的核心就是大国政治的经典问题：对手的性格和意图难以把握。

> 问题可以归结为：[沙皇的] 真正愿望和看法是什么？如果他目前的行为是要达到长久以来的目的，而且认为此时最适合摧毁土耳其，那么一切努力都无济于事。……如果与此相反，他知道自己陷入了两难境地，希望从中解脱，只要不会损害自己的名誉即可……那么毫无疑问，只要我们在外交上保持机敏，就迟早会找到权宜之计，解决争端。究竟何种情况符合现实，只有时间可以证明。(*GM*, 1853 年 7 月 9 日)。

8 月初，巴麦尊和拉塞尔将克拉伦登也拉入了强硬派阵营（同上，1983 年 8 月 1 日）。然而，到 8 月底时，局势却不断恶化。有消息称，土耳其拒绝了最近的外交倡议（"维也纳照会"）。而且，土耳其政府要求，若想达成协议，俄国必须从两个公国撤军，并保证以后不会再次占领。克拉伦登知道沙皇不会接受这种条件。在他看来，现在的问题在于，向土耳其提出的方案本可使之得到大多数想得到的东西，但土耳其却不愿接受。他怀疑坎宁在劝说土耳其政府保持强硬立场时，是否热情过头了。拿破仑表示，由于国内歉收，所以他不想参与此事。这时，对于英国面临的形势，克拉伦登"几乎绝望了"。㊴

到 9 月初时，就连阿伯丁也认为，战争似乎越来越可能爆发，而

㊴ 在上述讨论过程中，巴麦尊一直"非常讲道理"（*GM*, 1853 年 8 月 28 日；1853 年 9 月 2 日；1853 年 9 月 3 日）。

第七章 欧洲大国政治（1790~1854）

英国不能听凭土耳其毁于战火。一家德国报纸上的报道提出，俄国政府可能在推动为奥斯曼境内的东正教基督徒建立一个总的保护领地。这种报道令阿伯丁深受打击。现在看来，也许确实如坎宁自4月以来一直所言，俄国希望在土耳其帝国内部拥有过大势力（Chamberlain, 1983：485-486）。在内阁中，克拉伦登愈发倾向于强硬派，说他自己就是"［这个群体］中最好战的"（GM，1853年9月8日）。内阁此时已团结起来，一致认为需要对该地区投射军事力量，以威慑俄国，或在战争爆发后站在土耳其这边有效作战。温和派观点已一败涂地。到10月初时，就连格伦维尔也向自己承认，巴麦尊式的观点——早日使用威慑力，可使对方在事态无可挽回之前收手——很可能一向正确。"从现在的情况看，我们也许一开始过于温和而有耐心了，对此不感到遗憾是不可能的"（GM，1853年10月7日）。

从此往后，战争本质上已不可避免。假如俄国放弃强硬立场，就必须愿意恢复新的现状，但这种现状却会威胁其商船和海军通过土耳其海峡的长久权利。英国不能听凭俄国打败土耳其，因为这将危害英国得到关键的粮食供应、并将其产品向东欧输出的能力。问题的核心在于第三方（即奥斯曼帝国）出现了外源性的不稳定局势，以及土耳其能否将自己维持为一个有凝聚力的整体，直到未来。到1852年末时，鉴于围绕圣地争端发生的情况，俄国有充分理由认为土耳其即将解体。但英国人却不同意，认为正是俄国为巩固地位而采取的行动将导致土耳其崩溃。克里米亚战争的悲剧在于，双方观点针锋相对，却都能说出充分理由。由于这种形势本来就难以把握，所以谁也无法准确预测土耳其还能撑多久（1844年首脑会议的情况说明，就连英国也不是特别乐观）。遗憾的是，由于情况难以把握，所以俄国对未来贸易的预期不断下降，从而采取了某些行动，导致英国政府担心自己的贸易地位。结果便是一场代价高昂的战争。1844年协议原本意在避免这场战争，但最终未能成功。

结 论

本章指出，贸易预期的不断变化，在从1790年到1855年的多次欧洲大国危机和战争中起到了出人意料的重要作用。[40] 关于未来贸易的预期下降，是第一次鸦片战争和克里米亚战争开端的关键因素，也许还是主导因素。自由主义观点在两个案例中都不适用。在鸦片战争中，推动英国行为的是经济上的担忧，而不是国内势力。在克里米亚案例中，虽然英俄直接贸易很少，但两国都高度依赖通过土耳其海峡的第三方贸易。1852年末，当奥斯曼帝国可能垮台，使这种贸易受到威胁时，英俄政府做出了反应。在两个案例中，经济现实主义都可以解释领导人为何普遍担忧经济上的脆弱性，却无法解释为何其行为会从和平转向危机和战争。

东地中海和近东地区问题一直笼罩着19世纪二三十年代的地缘政治。英、法、俄就此方面问题的决策也和贸易预期有很大关系。拿破仑一世在1802年之后攻击欧洲体系，部分原因是担心英国掌控全球贸易的能力越来越强，而这将影响法国的长期权力地位。可以预料到，有些案例与经济相互依赖程度变化本身毫不相干。法国大革命战争的原因，是法国和其他国家之间的意识形态分歧，以及这种分歧在整个体系中造成的恐慌。奥地利和法国在20年代初对意大利和西班牙进行干预，同样属于意识形态造成的冲突，目的是消除自由主义和民族主义对已经确立或重新确立的君主制秩序构成的威胁。但是，用欧洲各主要对手国内和意识形态方面的担忧，难以解释1822年之后大国政治的潮涨潮落。俄国在20年代中期支持希腊的民族起义，却又努力支撑奥斯曼帝国，让它保护经过土耳其海峡的商贸活动。英国在1815年后的几十年里保持着高度的地缘政治姿态，始终不忘抵挡

---

[40] 关于本章涉及的10个案例时期之总结，见表2-7。

第七章 欧洲大国政治（1790～1854）

它与黎凡特和远东地区的贸易受到的一切威胁。只有法国可以说是偶尔被国内势力主导，做出反常举动，譬如在30年代末支持阿里对抗英国，又于1850～1852年在圣地争端中支持天主教会，反对东正教会。尽管如此，但由于法国的权力地位较弱，所以对东地中海危机的最终解决或升级而言，法国的举动远不如英俄两国的所作所为重要。

在我们考察的六十年中，对于所有经济因素推动的案例而言（也许只有19世纪30年代末这个阶段是个例外），贸易预期理论都优于其他理论。新马克思主义总体来看是最弱的理论，只在一个案例中能得到部分支持，那就是1839～1841年的第一次鸦片战争。然而即便在此案例中，更加能够解释巴麦尊和英国内阁在1839年末到1840年初的关键危机月份中之行为的，也是关于中印贸易的悲观预期，以及这种贸易与英国国力的重要联系。自由主义可以解释俄国在1839～1841年近东危机中的温和立场：因为俄国政府不希望损害与地中海地区的重要贸易。但我们已经看到，俄国也有理由对经过土耳其海峡的贸易继续进行持乐观态度，因此采取合作姿态。经济现实主义最能够反映英国在30年代末对贸易脆弱性的担忧，在英国政府承诺与土耳其进行长期贸易后尤其如此。但贸易预期理论可以解释英国为何越来越愿意面对与法国发生冲突的风险：因为法国支持下的埃及省份对奥斯曼帝国的生存构成了越来越大的威胁。

在下一章中，我将把历史分析延伸到19世纪后半期。我们将看到，各国在19世纪80年代争相进入新一轮帝国主义扩张，这与贸易预期下降密切相关。关于贸易环境的悲观看法也深刻影响了19世纪90年代的几次重大危机，尤其是导致1899年布尔战争的英德南非之争。这个时期的某些重要事态发展情况，包括意大利和德国的统一战争，与经济相互依赖关联甚少，或毫不相干。然而，与19世纪初的情况一样，我们将发现贸易和商业因素在大国政治中起到了重要作用，其重要程度远在大多数政治学者意料之外。

第八章
帝国扩张时代的大国政治（1856~1899）

本章探讨克里米亚战争后的四十五年，当时各类大国都开始激烈争夺对第三方领土的正式政治控制。虽然大多数斗争并未造成大国之间的直接战争，但这种竞争还是大大加剧了体系中的紧张程度。当然，最重要的是，我们看到法国、英国、德国在1880年后开始争抢殖民地，将非洲的大部分地区和亚洲的大片地区都拉入了欧洲的轨道。在两个特定时刻，即1866年奥地利与普鲁士之间的"七周战争"和1870年的普法战争时，大国之间的确爆发了大规模战争。本章之目的，就是揭示经济相互依赖在何种程度上、以何种方式深刻影响了这近半个世纪的斗争和战争。

我将指出，在1870年后，相互依赖和贸易预期是左右战争与和平的强大力量，但在1856~1870年间的影响却弱得多。在克里米亚战争后的头十五年里，欧洲体系的外交几乎完全是由尚未解决的意大利和德国统一问题所推动的。小国合并为近代大国是罕见情况，而一旦发生，其潜在影响就具有强大的革命性，往往迫使人们不再考虑其他问题。因此，毫不奇怪的是，这个时期的四场建国战争——1859~1860年法奥战争，以及1864~1870年的三次德国统一战争——与国家之间商业活动水平的变化几乎无直接关系。与其他各章一样，为完

第八章　帝国扩张时代的大国政治（1856～1899）

整起见，而且为了让大家了解在经济因素不起作用时，冲突的体系原因和单位层次原因相对而言哪个更突出，我将简要讨论这几场战争的起因。我关注的重点是1870～1899年，当时国家之间的经济变量再次凸显出来。一如既往，待解决的问题是：相对于非贸易因素，如简单的力量积累和为了转移注意力而发动冲突，我们的各种理论在何种程度上能够解释这个三十年时期的最终结果。从1880年到1899年，欧洲转向了大国在亚非实行帝国主义的阶段，激烈程度较此前大为上升。我将证明，贸易预期理论能够很好地解释这种转变，其效果出人意料。

1880年后各国发生了令人困惑的转变，转向"新"或"高度"的帝国主义。这为检验各种国际关系理论提供了肥沃土壤，因为几乎每种理论研究方法都与此相关。本章提出了大胆观点，认为只有贸易预期理论能够兼顾各个案例，扎扎实实地解释法、英、德1880年后的帝国主义政策。至于国内和体系层次的其他理论，其解释力都相当有限，因为这些理论找出的因素几乎总是不重要，或只是加强了推动发展过程的贸易预期逻辑。法国、英国、德国出于各自的原因，都越来越担心一个问题：有些地区可能在原料、出口、投资资本方面起到重要作用，而自己却可能被拒之门外。这场争夺由法国挑起，因为法国担心另外两国的经济更有竞争力，会把贸易抢走。法国在突尼斯的行动以及后来在埃及发生的事件，又迫使英国很不情愿地参与到争夺中来。俾斯麦治下的德国看到这种互相排挤的情况愈演愈烈，认为自己必须对付另外两国，以免在当前和未来无法享受与边缘地区进行贸易带来的利益。

第三方再次充当关键条件因素，导致了侵略性的大国行为。意大利希望控制突尼斯，迫使巴黎的法国领导人先发制人，占领该国，尽管国内政治条件对法国的行为起到了制约作用。由于埃及发生内乱，所以英国首相威廉·格莱斯顿只得采取行动，尽管众人皆知他对英国的扩张抱有根深蒂固的憎恶之情。德国在 1884 年突然转向帝国主义，主要是对英法行为做出的防御性反应，但同样也是因为刚果和非洲西南部的形势日益恶化，所以立即采取果断行动变得更加意义重大。虽然众人皆知俾斯麦反对殖民政策，但他也不得不参与帝国竞争，以保护德国的贸易途径。

自由主义和新马克思主义均以国内政治形势为支撑，因此难以把握各国争相殖民非洲和亚洲大片地区的原因。追求荣耀、完成意识形态使命，或追逐利润等国内层次因素，并非各国转向新帝国主义的动因。法、英、德政府采取行动时很不情愿，而且只是因为担心贸易的大门会关上才这样做的。经济现实主义在这方面的表现好得多，可以将对外界原料和市场的依赖程度上升与对接触第三方的稳固途径之需求提高联系起来。1860 年后的工业化已进入新阶段。所谓第二次工业革命涉及化工过程与批量生产方面的创新，大大增加了产品的种类，提高了实现规模经济效应的能力。任何希望控制贸易体系的大国，此时这种愿望都会变得更加强烈（Barracough, 1964）。但现实主义还是难以解释新帝国主义产生的时机问题。为何帝国主义行为是在 19 世纪 80 年代出现大爆发，而不是在此之前？领导人的打算因何发生变化，才导致了这种新的行为？答案不在于出现了发动侵略的新机会，而在于贸易预期下降。

在本章结束时，我将简要讨论 1890～1899 年间的几次重要帝国主义危机，其中最重要的是 1899 年爆发的南非布尔战争。这几次危机表明，在 1882～1885 年一开始的领土争抢之后，维持得到帝国主义所需的资源、市场、投资仍然是导致冲突的关键原因。19 世纪 80 年代的正式帝国主义（formal imperialism）并未完全将贸易预期完全稳定下来。因此，90 年代几次危机的根源，在于 80 年代互相排挤的争夺造成的不稳定局面。

第八章　帝国扩张时代的大国政治（1856～1899）

意大利与德国统一战争简述

1859年爆发的法意战争很容易解释。在卡米洛·迪·加富尔领导下，意大利北方的皮埃蒙特邦国试图将奥地利赶出意大利北部，将意大利各地区联合起来，建立皮埃蒙特领导下的统一国家。法国的拿破仑三世认为这是削弱奥地利、攫取意大利部分领土的机会，于是答应帮助皮埃蒙特达到目标。1859年战争成功地击退了奥地利。到1860年初时，虽然拿破仑背叛了进攻联盟，但除了罗马和维罗纳以外的意大利全境都已统一，成为民族国家。①

这是一场民族主义热情（至少对加富尔和拿破仑而言）和个人荣耀的战争。经济相互依赖在战争的爆发中没有起到明显作用。但此战导致英法签订了一个重要条约，深刻影响了此后世界贸易的性质。法国在战争中的表现，使英国对拿破仑的背信弃义及其将来意图的疑惧大大加深。英法此前曾是克里米亚战争中的盟友。为缓和两者之间越来越紧张的关系，英法政府在1860年同意签订自由贸易条约，其目的就是对两国行为产生刻意的"自由"影响。所谓《科布登－谢瓦利埃条约》由科布登和米歇尔·谢瓦利埃通过谈判而签订，前者是英国自由派构想的主要支持者，后者是法国自由主义经济学家。这个条约消除了两国之间存在的许多贸易壁垒。科布登尤其坚信条约将促使双方维持和平（Coutain，2009）。

很难判断该条约在何种程度上防止了英法之间在1860年后发生战争。和平本身已是非常确定的了：两国在60年代都念念不忘普鲁士统一德国的动机，所以有充分理由避免彼此发生直接冲突。而且，

---

① Albrecht-Carrié，1973，第四章；Ridley，1980，第33～36章；Taylor，1954；Smith，1985。

在六七十年代，两国仍在争取控制西非贸易，这一点将在后面讨论。尽管如此，但英法友好关系直到 80 年代初贸易预期下降时才破裂，这说明当这种预期仍为积极时，英法政府进行合作，有出于安全考虑的充分理由。② 自由主义观点强调贸易对单位层次战争动机的制约作用，也有一定价值，至少可适用于拿破仑和 60 年代的英法友好关系。拿破仑个人及法国国内的扩张欲望无疑并未得到整体缓和——在 60 年代初，拿破仑做出了愚蠢之举，想趁美国忙于内战时控制墨西哥。但拿破仑的确避免直接挑战英国的利益。③

与意大利统一战争一样，领导德国统一战争的也是一个追求民族梦想的人——俾斯麦。但普鲁士在欧洲等级体系中已是重要国家，所以相对实力方面的考虑在决策过程中起到的作用要大得多。毕竟，普鲁士的领土只要一扩张，就自然会加强其在欧洲中心的总体实力。大国之间的经济相互依赖对 1864、1866、1870 年战争的爆发并未起到可以察觉的因果作用。俾斯麦无疑明白，如果能控制各德意志独立邦国的经济资源和市场，就会大大加强普鲁士相对其较大邻国（尤其是俄国）的生存能力。然而，与经济现实主义观点相反的是，普鲁士虽然依赖各个邦国，却并未因此而想控制它们，以减少自己的脆弱性。占上风的倒是进攻性现实主义的军事方面：普鲁士如果通过一系列投机战争将各邦国吸收进来，就能将其潜在实力增强许多倍。如果这样，普鲁士就能以此为基础，抵挡今后来自东西方的威胁（Mearsheimer，2001）。

---

② 到 1863 年时，法国将《科布登－谢瓦利埃条约》条款的适用范围扩大到大多数西欧国家（但不包括普鲁士），这也加强了积极贸易预期。这有助于建立一个经济合作区，也可能缓和了军事方面的担忧。见 Coutain, 2009。

③ 由于很难通过档案材料确定英法在 19 世纪六七十年代保持和平的原因，所以我并未将此作为表 2-7 中的一个案例时期。英法贸易确实在 1860~1870 年增加了一倍多（EHS，598-599），说明贸易预期观点和自由主义观点都至少正确指出了各种相关性。

第八章 帝国扩张时代的大国政治（1856~1899）

俾斯麦发动了1864年的丹麦-普鲁士战争，以抓住机会，控制长期存在争议的两个丹麦公国石勒苏益格与荷尔斯泰因，并使普鲁士做好将来与奥地利打仗的准备。丹麦国王弗雷德里克于1863年末去世后，俾斯麦利用关于两个公国继承权的世仇，于1864年4月发动了奥地利-普鲁士联合军事干预。奥地利参与进攻，主要是为了防止普鲁士自己控制这片领土。奥地利得到了回报，得以控制荷尔斯泰因这个南方公国，而普鲁士则控制石勒苏益格。史黛西·戈达德（Stacie Goddard, 2008-2009）指出，俾斯麦以高超手段消除了大国的反对，称自己根据体系的规则行事，而且丹麦的宪法有自由倾向，对欧洲的规范准则构成了真正威胁。④

随后发生的事说明，俾斯麦与奥地利共同控制两个公国，只是推动其建国大业迈出下一步的工具。这一步便是结束奥地利对德意志独立邦国的控制。奥地利在1815年前曾主宰神圣罗马帝国，在1815年后仍然是新德意志邦联中的主导国家。为消除奥地利的存在，加强普鲁士对德意志北方邦国的控制，俾斯麦需要一场战争。1866年6月，奥地利错误地公开呼吁最终解决石勒苏益格与荷尔斯泰因地位问题。俾斯麦以此为借口，指责奥地利政府违背了1865年签订的《加斯坦条约》，该条约正式规定了奥地利和普鲁士在两个公国中的权力划分。俾斯麦命令部队进入荷尔斯泰因，恢复普鲁士对两个公国的"共同主权"。这是挑衅之举，导致奥地利对普鲁士宣战。在随后的七周战争中，普鲁士以令全欧洲惊诧的闪电打击迅速战胜了奥地利。然后，俾斯麦通过谈判达成了一般程度的和约，以便与奥地利保持友好关系，直至将来。奥地利并未丧失领土，只是被迫答应不再对德意志邦国施加任何影响。在普鲁士霸权之下，建立了新的北德意志邦联。俾斯麦明智地表示其目的是有限的，所以仍未解决德意志南部邦

---

④ 亦见 Pflanze, 1963; Moose, 1958; Steefel, 1932; Carr, 1991。

国的未来地位问题。⑤ 四年后,通过与法国的战争,这几个邦国都被纳入统一的新德国。⑥

普奥战争为1870年的战争埋下了种子。普鲁士巩固了对德意志北方领土的控制,又轻易战胜了奥地利,这清楚表明普鲁士将很快成为欧洲大陆的主导势力。为让法国保持中立,俾斯麦曾许诺用莱茵河沿岸地区补偿法国,如今却出尔反尔,使法国的衰落显得更加实实在在。拿破仑的枢密顾问官于1866年7月20日提醒道:"显赫地位是相对的。仅仅是新势力在一个国家周围积累这件事本身,也会削弱其实力"(转引自Wawro, 2003: 17)。从1866年到1870年,法国一边发展军力,一边恃强凌弱,逼人让步。法国要求控制比利时和莱茵区的部分领土,俾斯麦正好借此达到孤立法国之目的。到1870年时,英国、俄国甚至奥地利都已开始认为,与普鲁士相比,法国可能会对体系构成更大的修正主义威胁。⑦

法国人普遍担心衰落,这让俾斯麦可以较为容易地诱使法国首先动手。1869年9月,西班牙革命推翻了伊莎贝拉女王。此后,俾斯麦进行游说,想让普鲁士皇帝的嫡系后裔,霍亨佐伦王室的利奥波德登上王位。如果利奥波德答应,俾斯麦知道法国政府不会容忍法国领土遭到包围。这样,他就可以使法国更加认为自己在衰落,或许还能刺激法国发动战争,而此时的政治军事情况是法国受到孤立,普鲁士兵强马壮,对普鲁士最为有利。利奥波德虽然不情愿,但在俾斯麦的劝诱下,还是接受了西班牙王位,并于1870年7月3日宣布了决定。法国政府果然上钩,强硬派官员主张立即先发制人,发动战争。外交大臣格拉蒙伯爵在7月6日对议会说,德国此举将"扰乱欧洲目前的

---

⑤ Pflanze, 1963; Albrecht-Carrié, 1973; Carr, 1991.

⑥ 1864年和1866年的两场战争都属于俾斯麦以牺牲奥地利为代价的扩张计划,因此我在表2-7中将1860~1866年视为一个案例时期。

⑦ Howard, 1961; Pflanze, 1963; Carr, 1991.

第八章 帝国扩张时代的大国政治（1856～1899）

平衡状态，对我国不利"，法国必须采取行动（转引自 Wetzel, 2008: 8）。格拉蒙派使臣爱德华·贝内德蒂前往德国西南部的温泉疗养地巴德埃姆斯，奉命告诉威廉皇帝，他必须迫使利奥波德在两天内拒绝接受西班牙王位，"否则就要打仗"（转引自 Richardson, 1994: 167）。得知法国正在备战的消息后，威廉屈服了，于 7 月 11 日告知法国特使，利奥波德已放弃王位。

危机似乎结束了，但格拉蒙和法国首相埃米尔·奥利维耶却感到沮丧，因为法国无法先发制人，发动必要的战争（Ridley, 1980: 561）。7 月 13 日，法国政府提高了要求，显然是为了刺激普鲁士做出反应。贝内德蒂奉命要求威廉公开宣布以个人名义担保将来绝不允许利奥波德接受西班牙王位。威廉拒绝了这个要求，但允许贝内德蒂告知法国政府，威廉对利奥波德放弃王位一事表示"毫无保留的赞赏"（Howard, 1961: 53; Wetzel, 2008: 10）。

威廉做出让步，使俾斯麦深感困扰。他抓住了总结 7 月 13 日讨论情况的一封电报，删去了温和词句，剩下的内容像是毫不含糊地拒绝了法国的条件。删改后的"埃姆斯电报"被透露给报界，第二天就登在了法国和普鲁士的各家报纸上。这个计策奏效了。法国内阁一致认为这是无法接受的侮辱，于是法国在 7 月 15 日向普鲁士宣战（Ridley, 1980: 561 - 562）。法国完全中了俾斯麦的计：俾斯麦使拿破仑看起来像侵略者，从而孤立并迅速战胜了法国，然后完成了将德意志南部邦国并入统一德国的过程。

虽然普法战争与经济相互依赖本身几乎毫无联系，但还是表明关于衰落的担忧能在国际关系中起到何种推动作用，无论这种担忧来自贸易预期恶化，还是像本案例一样，来自直截了当的实力考虑。其实，普法战争是这样发生的极少数冲突之一：双方都认为自己在衰落，希望及早打仗。法国明白，1866 年战争之后，普鲁士将最终发展到构成威胁的规模。而俾斯麦则知道，如果没有德意志南部邦国，他正在创立的大德意志国家就不会拥有足够的经济和领土基础,以在将来具备对抗俄国和英国等庞大帝国的实力。总之,法国担心的是不断衰落,而俾斯麦的担忧则集中于德国实力即将达到顶点,因为长此以往,德国将无法抵挡来自法国以外国家的威胁。

总之,1856~1870年这个时期说明,如果战争是为了巩固民族国家的根基本身,那么经济相互依赖问题往往居于次要位置。在这种时候,进攻性现实主义观点以及预防性战争和民族主义理论会变得突出。然而,意大利和德国统一战争在欧洲的中心建立了两个重要国家,从而加强了工业竞争意识,使所有大国都放眼全球经济。尤其重要的是,出于对德国崛起以及(对法国而言)意大利帝国扩张努力的担忧,英法两个老牌国家将开始争夺对边缘地区的控制。在19世纪剩下来的时间里,大国政治将由这种竞争推动,这就是我现在要讨论的内容。

1870~1890年的欧洲以及向新帝国主义的转变

普法战争后的二十年,是欧洲中心地区相对平静的时期。这主要是俾斯麦外交努力的结果,他现在担任新德国的宰相。俾斯麦已经达到了在普鲁士领导下统一德国的目标,明智地意识到他必须表现出善良意图,以减轻欧洲各国的担忧,并为德国争取时间,巩固所得利益,发展经济实力。他首要担心的问题,就是他所谓"联盟的噩梦",即其他大国联合起来组成联盟,对崛起的德国发动战争。因此,他进行了不懈努力,以确保不会形成针对德国的联盟,尤其是包括法国的联盟。他的努力虽然没有完全成功,但大体奏效了。通过"三皇同盟"机制(形成于1872年,后因"东方问题"解体,又于1881年恢复),俾斯麦让俄国、奥匈帝国和德国签订了一项条约,申明三国维持东欧现状的共同愿望。通过1879年与奥匈帝国结成的两

第八章　帝国扩张时代的大国政治（1856~1899）

国同盟，以及1882年与奥匈帝国和意大利结成的三国同盟，俾斯麦确保奥匈帝国要依靠德国对抗东方不断增强的俄国势力（见Weitsman，2004）。最重要的是，通过上述策略，以及鼓动法国在非洲占领殖民地，俾斯麦阻止了法国与英国、奥地利或俄国形成同盟。"联盟的噩梦"因此得以暂时避免。

然而，所谓的俾斯麦体系也同样经历了危机和激烈斗争：1875年的"战争在望"危机和1876~1878年的东方问题危机，差点导致英俄发生战争；最重要的是1880年后开始的激烈争夺殖民地的斗争。头两件事我将一带而过，因为关于其原因史家很少争论。本节的主要内容将集中于一个仍在热烈讨论的问题：在1880年后，法国、英国、德国（按时间顺序）为何一头扎进了大规模的新殖民计划，导致非洲大部分地区和亚洲某些地区在1881~1886年的短短五年里就遭到鲸吞。

1875年的"战争在望"危机，是由法国在1870~1871年惨败之后重新武装直接导致的。法国在议和过程中失去了阿尔萨斯-洛林地区，因此有充分理由发动报复战。当法国在1873~1874年重建军队时，德国官员担心，一旦建设完成，法国就会发动战争。早在1873年10月，俾斯麦就对驻巴黎大使说，"假如事与愿违，认为战争不可避免，那么没有一个政府会愚蠢到等待时机对敌人最有利时才动手"（GDD，1：2，转引自编者按）。1875年4月，为试探欧洲领导人的看法，俾斯麦向各家报纸透露，德国在考虑对法国先发制人，发动一场短暂的战争。与1870年的情况一样，俾斯麦明白，假如其他国家反对，他是不能与法国进行较量的。幸运的是，英俄政府很快表示反对。到7月时，危机已经消散，俾斯麦只好容忍复兴的法国。[8]

---

[8] 关于档案材料，见GDD，1：1-19。关于概要和参考资料，见Langer，1950，第二章；Pflanze，1990，第九章；Seton-Watson，1972，第一章；Trachtenberg，2011。

1875年的危机很容易解释：法国在1871年后迅速恢复，使德国感到焦虑，其重新武装也对德国构成了威胁。而一旦其他国家反对，俾斯麦便就此罢休。由此可见，他不大可能仅仅是利用危机来加强国内对他领导地位的支持（尽管我们将会看到，对俾斯麦而言，这种国内目标往往是强硬外交政策不错的副产品）。与经济相互依赖有关的因素，对危机及其解决并无可察觉的影响。与依赖有关的经济目的并非俾斯麦决策的内容，而且俾斯麦也没有被战争的经济影响所吓倒。

1876～1878年的东方问题危机与经济问题有较大的直接关系。1875～1876年，仍受奥斯曼土耳其控制的巴尔干地区爆发了起义。土耳其政府残酷对待起义者，在保加利亚尤其如此，让俄国政府抓住了一直想要的口实。自1856年巴黎和约签订以来，俄国一直希望恢复因克里米亚战争而在巴尔干半岛失去的地位。1877年4月，俄国对土耳其宣战，渡过多瑙河，发动了全面进攻，把土耳其军队打得晕头转向。在本杰明·狄斯累利领导的英国政府看来，这是30年代和50年代东方问题危机的重演。英国必须做出强势反应，使俄国不敢夺取土耳其海峡，甚至要采取更严厉的措施。

与1852～1853年时的沙皇尼古拉一世一样，迪斯累利对奥斯曼帝国抱悲观看法，认为其无法维持现状。俄国在军事上取得了决定性胜利，起义的规模又很大，使他更加坚信这种看法。因此，如果奥斯曼领土受到有限调整，产生独立的国家，并加大俄国在此地区的势力，他并不反对。但迪斯累利与以往所有的英国领导人一样，坚决反对俄国以任何形式控制君士坦丁堡和土耳其海峡。因此，当俄国于1878年2月逼迫土耳其签订《圣斯特凡诺条约》时（其条件包括建立由俄国主导的大保加利亚国，可以直接进入爱琴海），英国以武力做出了反应。迪斯累利将海军调入爱琴海，并刻意经过苏伊士运河从印度调遣部队，以表明英国不仅愿意在海上打仗，也愿意在陆地上作战。俄国不愿克里米亚战争重演，于是同意了俾斯麦关于召开全欧洲大会的建议。1878年6~7月召开了柏林会议，俄国接受了大幅度修改《圣斯特凡诺条约》的新条件。刚刚独立的保加利亚，其规模只有圣斯特凡诺条约构想的一半大，不能进入爱琴海，被新成立的东鲁梅利亚省包围在南方。这个省在行政上自治，但以土耳其为宗主国。英国又和土耳其达成了私下协定，说服土耳其交出了塞浦路斯岛。作为回报，英国对奥斯曼帝国剩余部分提供防御支持。[9]

东方问题危机就此结束，没有在黑海地区造成第二次英俄战争。俄国进攻土耳其的动机，似乎是维持声望（重申俄国在该地区的影响力）与保证进入地中海途径之传统需要两者的结合。英国的目标是长久以来就有的：将俄国困在黑海地区，同时遏制其总体地缘政治发展。我们已经看到，这种巴麦尊式策略的依据，是保护中东和印度对英国的商业价值。只要英国的政治经济利益似乎受到了俄国熊的威胁，英国总是会采取行动，保护自身利益。迪斯累利反对俄国，只是这一长久传统的延续。

贸易预期理论能很好地解释这个案例中英国的行为，以及英俄两国为何在1878年陷入危险的危机。经济现实主义、进攻性现实主义以及民族主义观点能够更好地解释俄国的决策过程。与1852~1853年情况不同的是，俄国政府并未面临迫切威胁，只是在寻找机会，想收复失地，并确保自己能进入地中海从事商业活动。

新帝国主义的各种解释

广泛概览了1870年后的欧洲外交，我们就可以转而讨论19世纪最后三十年中最惊人的事态发展：法国、英国、德国争相吞并南半球

---

[9] 关于概要和参考资料，见Seton-Watson, 1972; Pflanze, 1990; Steinberg, 2011; Albrecht-Carrié, 1973; Taylor, 1954。

大部分余下的自由地区。为了解19世纪80年代新帝国主义的奇特性质，我们需要记住，在克里米亚战争后的二十年中，欧洲大国多半不愿加强对大片欧洲以外土地的正式控制。欧洲国家大都跟随英国，主要建设"非正式帝国"：在非洲和亚洲周围开发贸易港口，通过炮舰外交保护其贸易权利，但一般不会将亚非独立国家吸纳为殖民地。当然也有例外。英国继续吞并印度土邦，并于19世纪70年代初占领了斐济，同时在马来西亚扩大了控制范围。拿破仑三世治下的法国在60年代占领了越南南部，同时巩固了对塞内加尔的殖民统治。此外，英法两国都为控制与西非日益增多的贸易而进行了更加激烈的斗争。然而，与1880年后发生的情况相比，我们不禁感慨大国在1856~1875年的相对克制。英国官员尤其似乎比较乐于通过"自由贸易帝国主义"［罗纳德·罗宾逊和约翰·加拉赫（Ronald Robinson and John Gallagher, 1961）提出的说法］维持低成本、高利润，甚至鼓励加拿大于1867年成立独立的自治领。在1860年《科布登-谢瓦利埃条约》签订之后，拿破仑似乎也信服了自由主义理论：开放市场和贸易站是增加国家经济实力的最好办法。普鲁士/德国则没有占领殖民地，其领导人俾斯麦坚信（直到1882~1883年）殖民地是必然失败的投机买卖，只会耗尽国家的力量与元气。

由此可产生一个自19世纪末以来史家为之激辩的疑问：英国、法国、德国为何突然在1880年后匆忙吞并了整个非洲和亚洲的大片地区，以至于到1900年时，这三个欧洲国家已控制了除拉美以外的边缘地区？不用说，关于其行为的改变，人们提出了数百种解释，可以归为五大类，其中三类属于国内层面，两类属于体系层面。接下来，我将简要总结和批评这些观点，然后讨论关于这三个大国各自的档案记载。

第一类国内层面的观点包括著名的霍布森-列宁论点之各种变化形式。该论点认为，欧洲大国之所以实行帝国主义，是由于资本主义企业过度生产和国内消费不足造成的压力。这个论点提出，随着大国

第八章 帝国扩张时代的大国政治（1856～1899）

进入资本主义的更高级阶段，金融资本集中于越来越少数的企业和银行手中，造成低收入工人的需求不足，无法吸收高效工厂生产的所有产品。由于产能过剩，强大的商业阶级在1880年后推动领导人夺取殖民地，以用作剩余商品的市场，以及投入多余资本的地方［Lenin,（1917）1996；Hobson, 1902］。⑩ 这种"工具马克思主义"逻辑的关键点，就是领导人并无自主权，而是在资本主义企业和银行的游说下，被迫采取帝国主义政策（Krasner, 1978）。

第二类国内层面的解释，包括强调领导人希望通过在国外追求帝国荣耀，将大众的注意力从国内问题上转移开来的各种观点。19世纪末现代城市化国家的发展，在主要大国内部形成了严重的阶级矛盾。传统的工农业精英担心工农阶级造反或在选举中获胜，便通过帝国运动将大众团结在光荣的民族国家周围。通过这种办法，传统精英试图维持手中的权力，推迟威胁其主导地位的国内改革。虽然第二类解释从新马克思主义角度强调阶级政治，但它与第一类观点之间存在重要差异：第二类观点认为政治精英有自主权，其行为目的只是在工业化的大变革中维持现有社会秩序，而不是帮助资本家和企业保持盈利能力。其实，在第二类观点中，对于大多数确实参与其中的企业而言，正式帝国主义是可能赔钱的。但政治领导人认为，尽管如此，正式帝国主义还是会通过光荣帝国的非经济魅力，来确保其在国内享有精英统治地位。⑪

第三类国内层面论点，包括强调非理性意识形态或文化信仰体系内化（尤其是在精英阶层中）的所有观点。约瑟夫·熊彼特（1951）提出过一个著名论点：19世纪晚期的帝国主义反映出，有返祖倾向的

---

⑩ 关于其他新马克思理论家的总结，其中包括希尔弗丁（Hilferding）、卢森堡（Luxenburg）、考茨基（Kautsky），见 Cohen, 1973；Mommsen, 1977。

⑪ 见 Wehler, 1985；Snyder, 1991；Mommsen, 1977, 第四章；Baumgart, 1982, 第五章。

残留贵族精英试图通过帝国追求荣耀。任何观点，只要强调利用帝国扩张达到道德目的，如教化据称落后的民族，或传播基督教，都要纳入第三类（Doyle, 1986a; Mommsen, 1977）。就本书涉及的主要理论而言，值得指出的是，在大国贸易下降之后，第二或第三类观点提出的因素就会起作用，这时自由主义关于贸易和战争的论点就得到了支持。

第一类体系层面的解释，包括强调在欧洲核心的军力竞争中帝国主义重要性的推理论证。例如，本杰明·科恩（Benjamin Cohen, 1973）提出了新现实主义逻辑，认为在群龙无首状态下，各国必须夺取领土，才能维持其在体系中的相对地位。殖民地提供了获取原料的直接途径，在更广泛的国内政治经济斗争中也可用作筹码。科恩认为，新帝国主义产生的原因，是 1870 年德国统一后欧洲竞争加剧。就第一章涉及的各种理论而言，这种观点反映了沃尔兹和米尔斯海默的基本经济现实主义逻辑。

第二类体系研究方法以第一类为基础，但强调主要大国追求安全，而继续进行开放贸易的可能性在 19 世纪 70 年代后不断降低，使之忧心忡忡。在 1877 ~ 1881 年间，欧洲体系中开始建立贸易壁垒，使法国、英国、德国认为必须在大门关上之前抓紧夺取殖民地，否则就会再也无法进入关键的市场和原料产地。各国普遍患上了"关门恐惧症"（Torschlosspanik），因此先发制人、相互排挤的举措愈演愈烈，彼此激化，最终所有开放领土都被纳入了正式帝国疆域（Turner, 1967）。⑫ 这种解释很符合贸易预期逻辑：各国激烈争夺殖民地，是由于对未来贸易环境的预期越来越悲观，从而产生的预防性反应。

接下来我要指出，相比前四种方法，第五种方法对各国转向新帝国主义的解释效果要好得多。然而，引起新一波殖民浪潮的，并不仅仅是欧洲核心地区向保护主义的转变。法国、英国、德国的殖民动

---

⑫ 亦见 Darby, 1987; Fieldhouse, 1973。

机,还包括其经济地位在突尼斯、埃及、西非、南非等地受到的具体威胁。因此,虽然一个大国采取防御性策略,会引起其他大国也采取同样的策略,造成先发制人、相互排挤的循环,但欧洲的新贸易壁垒只是大国担忧未来的总体背景。为解释大国的具体策略,我们需要考察事件发生的顺序,以及事件发展过程中领导人的想法。我指出,在各个大国中,法国要对随后发生的情况负最大责任。正是由于法国在1881年占领了突尼斯,各国才开始相互排挤。英国紧随法国之后,于1882年占领了埃及。两国还在1882~1883年开始激烈争夺进入刚果地区的河流控制权。在法国和英国首先出击之后,俾斯麦才不情愿地参加进来,以保护德国与非洲日益增长的贸易。

在支持贸易预期观点的过程中,我还将指出其他观点的弱点何在。第一种国内层面的观点适用性有限。1873年发生了世界性经济萧条,影响了欧洲,经济危机在随后二十年中又时时出现,的确使许多企业出现产能过剩,希望在国外找到大量投放多余商品和投资资本的地方。其中一些企业的确呼吁国家进行殖民扩张,改善其盈亏状况(尤见 Darby, 1987:第三章)。但这里有一大问题:缺乏证据,无法证明政治领导人感觉受到压力,必须为保护商业利益采取行动。三个大国的领导人都表现出独立自主,只有在认为较重大的国家利益处在危急关头时才会采取行动。帝国主义争夺真正开始,是在19世纪80年代初。这个时间本身就说明,在1873年后,领导人原本能够抵制关于建立殖民地的呼声,但在别的情况干扰下改变了政策。

第二种国内层面的观点似乎较合理一些,尤其是能够解释俾斯麦为何于1884年做出惊人转变。有证据表明,俾斯麦认为殖民政策可以有助于偏右政党赢得1884年10月的大选。但这种观点却很难解释英法两国的情况。法国在1881年(占领突尼斯)和1884年(占领马达加斯加)大举建立殖民地,是在茹费理的领导下进行的。然而,与此前的法国领导人一样，茹费理也知道法国群众和议会都不欢迎殖民政策。原因很简单：法国于1870～1871年战败之后，绝大多数民众和议员都认为殖民地是劳民伤财的冒险事业，会分散人的注意力，使人忽视眼前的主要目标，即收复阿尔萨斯－洛林。因此，茹费理在推行帝国主义政策时小心翼翼，只有在他的冒险事业需要资金时才与公众打交道。茹费理的殖民政策最终使他下台：他试图占领马达加斯加和越南北部，但这却被广泛视为浪费法国的财富和军人的生命，导致他于1885年垮台。

英国的案例决定性地驳斥了第二种国内层面观点。英国自己的殖民地之争是在自由党的格莱斯顿领导下进行的。格莱斯顿于1880年就任时，打着反帝国主义的旗号，呼吁通过欧洲协调体系恢复合作。自从格莱斯顿在1839～1840年独自反对鸦片战争的道德罪行后，他本人对帝国主义的厌恶态度就已广为人知（见第七章）。但他却于1882年占领了埃及，然后又向苏丹和西非投放力量，以加强英国对主要河流体系的控制。他这样做时十分不情愿，但他认为，由于法国的扩张行为和当地的不稳定局势将危害英国的贸易和安全，所以自己别无选择。

德国的案例，是三个案例中唯一能在某种程度上支持"转移注意力"逻辑的。其实在本书中，转移注意力的想法能够成为战争合理原因的，也许除了1937年中日战争以外，就只有这个例子了。⑬但我将指出，通过建设殖民帝国赢得1884年秋的大选，只是俾斯麦政策的副产品而已。到1883年中期时，俾斯麦已认定，鉴于英法采

---

⑬ 我在别处指出，关于可能发生国内冲突的担忧，不仅导致了德国在1914年7月的强硬表现，而且是让德国领导人有了避免战争的动力（Copeland, 2000b：第三、四章）。本书表明，英国在克里米亚危机期间的决策以及日本在1941年的决策，虽然在关于大国的文献中是另外两个最有可能反映转移注意力战争的例子，却并不涉及这种担忧。（但关于转移注意力的观点对小国而言也许仍有价值；见Chiozza and Goemans, 2011）。

取的行动，他需要保护德国在非洲的贸易利益。1883~1884年冬，他采取了必要措施，让德国做好了夺取殖民地的准备。直到1884年初夏，他才开始考虑利用殖民政策赢得选举。俾斯麦新政策的首要推动力就是他不断下降的贸易预期。选举政治只是强化因素，甚至不是必要因素。如果他不指望在选举中获胜，那么即便只是为了国家安全，他也会推行这种政策。

第三种国内层面的观点，即道德和意识形态价值观的内化，是最无力的一种解释。其主要缺陷在于无法解释随着时间推移，各国如何从低调的非正式帝国主义转变为全方位的正式帝国主义。与推动因素甚至强化因素相比，帝国主义的宗教和道德原因顶多只是各种政策的方便理由而已。精英可籍此让群众相信，之所以要消灭南方的独立社会，是为了它们好（所谓"教化使命"）。而且，这种理由还很可能有助于精英克服其残暴政策带来的负罪感。然而，极少有证据表明，在1880年后各国的深层价值观突然发生了转变，故而一下投身到了帝国主义扩张中去。

第一种体系层面解释的主要问题，与进攻性现实主义普遍存在的问题一样，就是论证不完整。这种观点抓住了群龙无首状态的一个基本影响，即各个大国可能将殖民地视为增强其实力和掌控未来能力的工具。然而，自变量方面却没有发生任何变化，所以无法解释为何各个大国在1880年前能够克制正式帝国主义行为，而在此后却突然开始瓜分世界。必须考虑不断下降的贸易预期，才能指出各国对所受威胁程度的看法在20世纪80年代初发生了变化，促使大国转向新的行为，即所谓新帝国主义。

强力启动高度帝国主义法国案例

由于法国首先转向较具扩张性的帝国主义政策，所以我们最好从这里开始分析。法国认为经济环境于己不利,是由于1873年严重的经济萧条开始席卷欧洲体系。相对于主要对手英国和德国而言,法国科技落后,人口数量停滞不动,所以法国经济尤其受到了世界经济衰退的严重打击。其实,法国的相对衰落早在经济危机以前就开始了,而经济危机使之更为恶化。考虑一下五个主要欧洲国家的相对实力数字,这五国是英国、法国、普鲁士/德国、奥地利、俄国。法国的钢铁产量比例从1860年的15.4%（英国为66.4%,普鲁士为6.8%）下降到1870年的12.8%,而英国却保持在65.8%,普鲁士的比例上升到13%。到1880年时,德国的钢铁产量比例上升到了19%,而法国的比例基本没有增长,为13.4%。人口数量更加令人担忧。1860年,法国人口是3740万,到1880年时才略微增加到3770万。而德国的人口却迅速增长,所以法国在五国体系中的人口比例从1860年的19.4%下降到了1870年的17.1%,到1880年又下降为14.6%,而普鲁士/德国的人口比例却从1860年的9.3%增加到1870年的15.4%,最后上升到1880年的17.6%。⑭ 这种人口发展趋势影响了法国的总体增长率:国民收入在19世纪五六十年代以每年1.6%的速度缓慢增长,而到1875～1885年期间却下降到了每年0.7%（Price, 1981: 225）。

法国人普遍认为,法国的全球竞争力在不断下降。有两个因素加深了这种看法:国内的剧烈政治动荡,以及美国廉价粮食大量流入法国。1873年法国成立了共和国,反倒加剧了此前就存在的国内不稳定局势。在随后的十五年中,法国各届政府可谓出了名的脆弱,往往只能维持几个月,很少撑过一年半。更糟糕的是,到19世纪70年代末时,由于运输成本下降,美国的粮食大量涌入法国,扰乱了本地市场,而在当时的法国,小规模农业仍然占主导地位。小麦进口超过出

---

⑭ 数字来自Copeland, 2000b,附录（依据Kennedy, 1987和"战争相关指数""Correlates of War"数据集）; Price, 1981, 183。

第八章 帝国扩张时代的大国政治（1856~1899）

口造成的逆差，在1878年前的二十年中从未超过1400万百升，曾低至971000百升，却在1878年上升到了1800万百升，到1880年时已增加到2700万百升（Ashley, 1910: 313）。总体贸易收支从1872年1.91亿法郎的小额顺差，变成了1878年9.97亿法郎的逆差，到1880年逆差已高达15.65亿法郎。鉴于这种趋势，法国工农业开始要求终止1860年后的自由贸易体系，恢复关税保护制度。意大利和俄国在1877年宣布实行新保护主义政策，使法国更加认为自己必须做出反应，否则就会落后。1878年初，法国商务大臣出台了一项计划，要将进口关税平均增加24%。由于国内对此存在分歧，所以计划未能通过。但1881年5月，他的建议只略做修改，便成为法律（Ashley: 311~316）。

19世纪70年代末，由于感到法国在衰落，法国领导人坚信要在南方实行更有重商主义色彩的政策，从而为法国在80年代全面推动建设殖民地做好了准备。虽然法国产品越来越难以在欧洲赢得与英德两国的竞争，但在政府支持下，也许可以在非洲找到新市场。从1877年开始，通过实行差别关税，并增加与内陆部落的接触，法国开始协调行动，限制西非海岸的英国贸易。这种新政策针对的情况，是英国产品在英国商人建立的自由贸易港销路很好。英国政府对此政策做出了强烈反应。到1880~1881年，两国对西非贸易的争夺全面展开，愈演愈烈（Hargreaves, 1966; Hynes, 1979）。我们将看到，俾斯麦对此感到越来越担忧，因为他知道如果德国政府不采取行动，德国贸易的大门可能很快就要被关上。

在这种各国越来越不信任彼此经济意图的情况下，并不需要多少理由，各国就会蜂拥而上，争夺正式殖民地。争抢过程的开端，是茹费理于1881年5月占领突尼斯。茹费理成了法国殖民政策的主将，在两次短暂担任首相期间（1880年9月至1881年11月，1883年2月至1885年3月），让法国走上了建设帝国伟业之路，其在此方面的贡献比任何人都大。然而，和俾斯麦一样，他在 70 年代也曾强烈反对殖民政策，认为殖民地属于挥霍浪费，使人不再关注国内问题（他尤其关心教育改革）（Power, 1944：第一至二章）。

　　这就形成了一个所有理论都必须解决的问题：我们如何解释茹费理突然"转向"赞成殖民政策的立场？几乎毫无疑问的是，在 20 世纪 80 年代初，他开始坚信呼吁加强保护主义措施和采取更积极殖民政策的人是正确的，因为法国需要与英德两个出口大国争夺市场。在 1885 年 7 月的一次讲话中，茹费理对法国议会说，对法国这样的国家而言，殖民问题来自"其工业的性质本身，与大量出口相关"。由此看来，"殖民地的基础是建立市场。"五年后，退休的茹费理更加详细地阐述了他的观点。殖民政策是"工业化的女儿"。因为有众多国家同时工业化，所以大国必须向南方寻找市场，以销售其批量生产的商品。贸易保护主义在欧洲不断加强，"关闭了先前的市场"，使竞争更加激烈。关税政策也许能保卫法国市场，但并不足够。保护主义是"没有安全阀的蒸汽机"，除非有理智的殖民政策与之平衡。由于欧洲的消费已经"饱和"，所以必须到国外寻找新市场（转引自 Fieldhouse, 1973：22-25）。

　　我们可以认为，这些话是对茹费理殖民政策事后进行的合理化解释。然而，从单位层次上解释他为何转向帝国主义，却几乎毫无价值。绝大多数民众和议员都反对殖民主义，而茹费理两次下台（1881 年 11 月和 1885 年 4 月）的直接原因，都是众人认为其殖民政策属于挥霍浪费。⑮ 因此，国内政治即便起到作用，也本应阻止法国

---

⑮ 我们不能认为，茹费理至少相信殖民主义会有助于他在国内赢得支持。他并未在 1881 年利用占领突尼斯为竞选活动服务。而且，他在 1881 年 10 月的选举中失利的主要原因就是他在突尼斯的冒险事业。这本应使他在 1883 年 2 月担任总理时保持谨慎，却丝毫没有起到这种效果。他继续不顾公众的反应，积极扩大殖民地，在 1885 年春付出了代价。见 Power, 1944, 第二、七章。

第八章 帝国扩张时代的大国政治（1856~1899）

参与对殖民地的争夺，但结果却恰恰相反，法国反倒成了这个过程的主要推动者。而且，茹费理以前曾反对殖民主义一事说明，他在八十年代推动帝国主义，并非出于追求财富和荣耀的个人目的。最后，没有证据表明茹费理是资本主义商人的玩物。他是经验丰富、充满自信的从政者，在整个过程中都保持自我（尤可参看 Power, 1944）。

1881 年法国占领突尼斯的原因，并非国内的压力，也不是来自突尼斯的法国商人或投资者的压力，而是法国担心如果自己不采取行动，意大利就会抢先。1878 年，英国官员告知法国人，他们可以占领突尼斯，作为对土耳其将塞浦路斯割让给英国的一种补偿。俾斯麦向法国政府表示赞成，说突尼斯这只"梨子"已经成熟，随时可以采摘。重要的是，法国并未立马接受这种建议。左翼共和派和右翼保皇派都认为，德国只是想转移法国的注意力，使之忘记夺回阿尔萨斯－洛林这个首要任务（Pakenham, 1991：110；Langer, 1950：221）。然而，在随后三年中，出现了一个不容忽视的问题。意大利利用其在突尼斯的庞大而不断增长的侨民人口，向突尼斯贝伊（名义上承认土耳其宗主国地位，但其实完全独立的领导人）施加压力，要求他与意大利结盟，使突尼斯成为意大利的受保护国。自意大利于 1870 年最终统一以来，就对突尼斯垂涎三尺。该地区不仅有经济价值，而且曾属于古罗马帝国，所以令民族热情高涨的意大利备受吸引（Schuman, 1969：62 - 63；Power, 1944：33）。

早在 1878 年 10 月，法国驻罗马大使就警告意大利，要放弃重新征服迦太基的一切计划（Power, 1944：38）。但意大利继续试图通过经济渗透控制突尼斯。1880 年 7 月，一位意大利司令以四倍价格购买了突尼斯一家破产的铁路企业，由意大利政府保证能获得购买价格及所有附加资本投资之 6% 的利润。就连温文尔雅的法国总理夏尔·弗雷西内也因此感到不悦，对意大利大使说，法国在阿尔及利亚有"重大利益"，不允许其他国家在突尼斯培植势力。意大利私人投资是可以的，但如果意大利政府本身参与突尼斯港口铁路的开发，就构成了"对我们的不断威胁，造成不可避免的冲突"（转引自 Power，1944：41）。

茹费理于 1880 年 9 月担任总理之后，一开始并没有占领突尼斯的计划，而是仍然重点关注教育改革，尤其是要在学校中减轻天主教的影响。然而，托马斯·帕沃（Thomas Power，1944：43）指出，在争夺突尼斯特许权的斗争中，"意大利的行为变得更加来势汹汹"。法国的想法中主要有三方面的担心：将来法国与突尼斯的投资和贸易会受到威胁；法国经济"王冠上的珍珠"阿尔及利亚会受到威胁；以及意大利有可能控制西西里和突尼斯之间的海峡。法国驻突尼斯特使在整个 1880 年都在艰苦努力，以保护法国的经济利益。但到了 1881 年初，突尼斯贝伊显然在所有问题上都站在了意大利商人和官员那边。[16]

帕沃得出结论是：由于各种情况均对法国不利，似乎说明意大利有敌对意图，所以这些情况结合起来，促使法国政府采取了行动。有意思的是，茹费理本人却是内阁中最后赞成正式占领突尼斯的人。1881 年 3 月，他在一次内阁会议上对外交大臣说："正当选举年，却在突尼斯有事？亲爱的圣伊莱尔，想都不要想。"但三周以后，他已准备向突尼斯派兵。茹费理退休后承认，是意大利的挑衅逼他采取行动的（Power，1944：49）。4 月，法国以突尼斯部落居民进入阿尔及利亚进行劫掠为由，称法国必须保护自己的利益。法军越境进入突尼斯，进而占领全国。意大利曾希望英国帮它抵挡法国的进攻，但英国政府不肯，所以意大利理智地决定不再反对法国占领突尼斯

---

[16] 马赛有家企业经突尼斯当地法院裁定，丧失了财产权，令人担心这是否会形成先例。当英国政府对判决表示支持时，法国政府做出了愤怒反应，两国都向突尼斯派出了军舰。见 Power，1944：44–48。

(Schuman, 1969: 74-76)。

我们看到，法国对突尼斯采取的行动，不能用国内层次的观点来解释。俾斯麦让法国去摘突尼斯这个梨子，而茹费理和先前各届法国政府却不愿听从他的建议。这样做对选举没有任何好处，反倒可能有很大的负面影响，所以国内因素是在对行动起到制约作用，而不是成为推动因素。有人可能提出，突尼斯的法国投资者和商人在向法国政府施加压力，敦促其为他们的利益而行动。但这种压力自19世纪70年代以来就一直存在，而各届法国政府都对其置之不理。直到意大利流露出先从经济上、后从政治上吞并突尼斯的意图之后，法国政府才勉强进行正式占领。我们也许可以认为，法国之所以预期下降，并采取挑衅行动，原因在于意大利的民族主义这个国内层次的变量。但这仍然意味着，最终迫使法国做出反应的，是法国决策过程之外的因素。⑰ 贸易预期理论得到了支持，而其他观点却被证明不成立，当我们考虑茹费理关于全球贸易体系的回顾性观点时尤其如此。⑱

保卫贸易领域：英国的反应

英国在1880年后投身于新帝国主义一事，可以比较简要地讨论。这不仅是因为此事比较广为人知，更重要的是，因为它显然是商业预

---

⑰ 从概念上讲，这是第一章说到的第三种外源因素。
⑱ 茹费理在第二次担任总理期间，于1883~1885年又攫取了土地，如占领马达加斯加和越南北部。贸易预期逻辑尤其适于解释这种情况。到那时，英国已占领了埃及（1882年9月），西非贸易斗争已变得更加激烈。由于担心法国在缺乏优惠进入条件时无法与他国竞争，茹费理认为应该先占领，后讨论问题。国内因素起到的是制约作用，而不是推动作用。例如，按照弗里德里克·舒曼（Frederick Schuman）的讲述，茹费理在占领马达加斯加时，尽量不把行动情况公开，因为他"根据痛苦的经历"意识到，他的帝国主义政策"假如公开宣布，是不会得到各位代表支持的。"亦见Power, 1944, 第五章。

期下降的结果。英国两党领导人都明白,在19世纪70年代,英国仍是世界头号工业国,所以通过开放贸易(在炮舰外交支持下)发展国民经济,还是最有利可图和节约成本的办法。虽然在狄斯累利任期内(1874~1880)英国的确占领了塞浦路斯,但大家都很清楚,此举只是为了保护当前的帝国,而不是将其扩大。塞浦路斯几乎毫无经济价值,但确实能够保护苏伊士运河,以及通往印度和亚洲的重要贸易路线。英国在70年代与马来西亚内陆部落进行战斗,也几乎没有引起欧洲各国政府的反应,因为在各国看来,这是防止槟榔屿和马六甲两个贸易港口受到威胁的必要行动。

英国真正转向新帝国主义,是在1882~1884年,以占领埃及开始。这种政策上的转变是由格莱斯顿开始的,而在19世纪的英国领导人中,此人却最能代表反帝国主义思想。格莱斯顿开始从政时本为托利党人,却在60年代突然转为自由党,又于70年代末加入了激进自由派。格莱斯顿不仅支持自由贸易,而且像科布登一样认为,只有各国降低贸易壁垒,避免建立排他性的殖民领域,大国之间才能和平相处。1876~1877年,已退出政坛的格莱斯顿复出,反对狄斯累利的政策,因为尽管土耳其在保加利亚犯下了可怕的暴行,但狄斯累利仍然支持土耳其政府,反对俄国政府。格莱斯顿认为这是不道德的新巴麦尊式政策。格莱斯顿在1880年赢得了大选,本身就直接源自他对托利党外交政策的激进自由主义批判(Seton-Watson,1972;Matthew,1997)。

非常奇怪而又反讽的是,让英国参与争夺海外领土正式控制权的,正是1880~1885年的格莱斯顿政府,虽然它很不情愿这样做。前文概述的第二和第三种国内层面观点完全不适用。格莱斯顿在1880年是以反帝政纲赢得大选的,所以显然不是为了赢得大选而将英国的政策转向正式帝国主义的。而且,他的思想倾向和道德观对帝国主义政策而言是制约因素,而不是推动力。其实,他在1881年后

第八章　帝国扩张时代的大国政治（1856～1899）

推行的积极殖民政策倒是可以视为反对这种单位层次解释的关键依据，因为他的行为与从这种观点可以得出的结论恰恰相反。

第一种国内层次观点强调资本主义精英对外交政策的影响，似乎有一定价值。菲利普·达比（Philip Darby, 1987：尤见55-59页）指出，英国制造业的精英中有人担忧，在70年代全球经济衰退的情况下，英国工业的巨大产能需要由新市场来吸收。欧洲大陆日益加强的保护主义加剧了这种担忧。彼得·凯因和安东尼·霍普金斯（Peter Cain and Anthony Hopkins, 2002）认为，不仅如此，而且由于英国于70年代末在埃及、南非等地进行了巨额海外投资，所以伦敦的"绅士精英"对其国外资本所受的威胁变得高度敏感。这种观点的问题在于缺乏证据，不能说明格莱斯顿之所以转向帝国主义，是因为受到来自生产和金融阶层的直接或间接压力。恰恰相反，证据表明，在格莱斯顿当政期间，以及后来的托利党人索尔兹伯里勋爵任首相期间（自1885年6月起），英国官员均不受商人阶层影响，其采取行动的原因是国家经济受到的整体威胁，而不是特定利益团体受到的威胁。

例如，很能说明问题的是，菲利普·达比（Philip Darby, 1987：23-24，60-65，66-73）（以历史文献支持新马克思主义观点的少数历史学家之一）最终领悟了大部分证据反映的情况。他得出结论：英国政治家和官员"主要是从强权政治角度"看待欧洲以外的世界的。他指出，他们在80年代的主要担忧是防御性的，即抓住英国已经拥有的东西。到了这个时期，英国面临着"不确定的世界秩序"，其中"政治矛盾加剧，贸易壁垒增长，威胁着国际经济体系和英国商业的卓越地位"。英国各地商会都可能在大声疾呼，说英国企业需要独占市场，以应对来自欧洲大陆的竞争。然而最终，"比具体利益集团的主张更加有影响的，很可能就是对将来受到排挤的担忧"。

格莱斯顿于1882年入侵埃及，有力反映了英国官员所遵循的

"诸害相权取其轻"的逻辑。几十年来,英法已对埃及进行了巨大投入。到 70 年代中期时,名义上臣服于土耳其而实质上独立的埃及总督已债台高筑。埃及政府于 1875 年将总督的苏伊士运河股份卖给了英国,却还是欠外国债主 9000 万英镑。仅债务支出就占了岁入的三分之二(Robinson and Gallagher, 1961:81)。1876 年,埃及总督被迫允许其税收交由英法代表欧洲各国运作的一个国际机构来管理。英法政府用所谓"双重管理"制度监督埃及财政部的运行。迪斯累利内阁不愿为了欧洲债券持有者的利益采取政治行动,但还是这样做了,其原因与英国自 18 世纪 90 年代以来干涉埃及事务的原因相同,即担心法国。1879 年外交大臣索尔兹伯里致函一位同僚,说英国与法国维持合作关系,是为了确保法国"[无法]在埃及取得任何特殊优势"(Robinson and Gallagher, 1961:84;亦见 Fieldhouse, 1973:113 – 114)。

1879 年,埃及总督伊斯梅尔对大国干涉进行了反击,遣散了欧洲的财务监督人员。英法政府劝说土耳其苏丹罢免了埃及总督,以其子杜菲克代之。遗憾的是,埃及的国内局势继续恶化,主要是因为法国想要埃及尽可能多的偿还债务。这种政策造成埃及农民赋税过重,给政府履行职能留下的税收所剩无几。1881 年 9 月,主张民族主义的阿拉比·帕沙通过政变控制了政府。1882 年冬春两季,在"埃及人的埃及"旗帜下,他利用反对欧洲官员的民族情绪加强了对政府的控制。格莱斯顿一开始支持阿拉比的民族主义思想,反对干涉。他认为,如果事态发展需要干涉,那应该由土耳其去做,而不是法国,也不是英国(Robinson and Gallagher, 1961:94 – 103;Pakenham, 1991:124 – 128)。

由莱昂·甘必大任总理的法国政府主张英法联合行动,将土耳其人排除在外。法国担心,只要土耳其采取行动,就可能在北非引起泛伊斯兰起义,削弱法国对突尼斯和阿尔及利亚的控制。1881 年 12

第八章 帝国扩张时代的大国政治（1856~1899）

月，甘必大要求英国政府支持一份联合照会，其目的是警告埃及民族主义者，英法两国决心恢复埃及总督的权力和"双重管理"制度。在长时间讨论之后，内阁使格莱斯顿相信，该照会将迫使埃及政府发生改变，从而让英国不必进行军事干预。照会于1月发出，效果却适得其反：民族热情高涨的民众因此而团结在阿拉比周围，于2月成立了民族主义内阁，阿拉比任陆军部长。1882年3~4月，英国政府从特使处接到报告，得知埃及正在陷入无政府状态，埃及军队日益占上风，欧洲人的生命受到了威胁（Robinson and Gallagher, 1961: 96-98）。

格莱斯顿仍然试图避免干预。法国新任总理弗雷西内于2月取代了甘必大，在这一点上支持格莱斯顿的看法。然而，假如情况继续恶化，法国政府还是反对格莱斯顿较为赞成的应变方案，即由土耳其进行干预。格莱斯顿想努力维持英法合作，所以同意举行联合海军军力展示，以表现两国团结一心。法国同意，如果民族主义军官不能与埃及总督的政治派别达成妥协，那么土耳其军队将登陆埃及，以恢复秩序。5月15日，英法政府向其他大国宣布了两国的计划。但到了5月下旬，面对国内压力，弗雷西内临阵退缩，退出该计划。格莱斯顿却照常执行计划，将英国海军部署在埃及近海，但此举反倒再次巩固了阿拉比对局势的控制。6月11日、12日，50名欧洲人在亚历山大被杀，英国领事馆遭到袭击。

格莱斯顿此时陷入了困境。英法两国的胁迫外交反倒使埃及的局势变得更加不稳。内阁成员逐渐认识到，需要采取军事行动保护苏伊士运河，而且土耳其即使希望，也无法及时动员部队。6月下旬，土耳其政府表示不愿采取行动恢复秩序，似乎证实了这种观点。此时，阿拉比正在亚历山大海岸筑造炮台，一俟英国海军发动进攻，便予以还击。在埃及近海指挥英国舰队的海军上将请求得到允许，如果对方不停建炮台，就对相关设施进行炮击。由此引发了新一轮激烈的内阁讨论。大多数内阁成员主张向阿拉比发出最后通牒，不管最终是否需要占领埃及。格拉斯顿和外交大臣格兰维尔坚持自己的立场,认为英国必须继续实行观望政策。

到了7月8日,由于局势不断恶化,格莱斯顿只得采取行动。当天,格兰维尔在致同僚的信中写道:"格莱斯顿昨天对我首次承认,我们必须保护苏伊士运河"(转引自 Robinson and Gallagher, 1961: 111)。最后通牒立即得到了批准。7月11日,最后通牒到期后,英国舰队开始炮击亚历山大。这反倒引发了进一步的反欧暴乱,阿拉比号召发动圣战。仍忠于总督的埃及官员,包括住在运河沿岸城镇的官员,都被阿拉比阵营的人取而代之。针对这种情况,英国内阁于7月20日同意派遣远征军进入埃及内陆,在必要时攻占开罗。四天后,格莱斯顿要求下院将所得税率提高10%,以支持这次行动。[19] 他对下院说,埃及内部的无政府状态对运河地区构成了威胁,需要由英国实施法治。内阁成员查尔斯·迪尔克对此进行了详细阐述:英国采取行动,是出于"主导性商业利益",因为在通过苏伊士运河的贸易中,82%属于英国。运河也是通往印度和近东的要道,而英国在印度和近东拥有"巨大利益",因为它控制着84%的中国出口贸易。下院很快批准对行动进行支持。[20]

8月,加内特·沃尔斯利将军率领部队登陆埃及,保卫苏伊士运河。到9月中旬时,他已控制埃及全境。格莱斯顿向本党激进人士保证,占领埃及是暂时的,一旦国内稳定局面恢复,英军就会撤离。然而,令法国大为恼火的是,格莱斯顿一直不肯明确撤离日期。到其政府于1885年6月垮台时,英军仍控制着埃及。

---

[19] 罗宾逊与加拉赫(Robinson and Gallagher, 1961: 117)指出,格莱斯顿只是偶尔在财政上放松谨慎态度,支持海外冒险行动,而这就是其中一次——这显然表明,"恢复埃及的秩序此时极为重要"。亦见 Pakenham, 1991, 134。

[20] 7月下旬,弗雷西内政府要求得到拨款,支持保卫苏伊士运河的有限计划,却遭遇大败,这再次说明在法国推行帝国主义风险重重。此举被认为是要转移人们关注莱茵河地区的注意力。Robinson and Gallagher, 1961, 118-119。

第八章　帝国扩张时代的大国政治（1856～1899）

以上分析表明，由于苏伊士运河受到威胁，所以英国在1882年占领了埃及（英国在埃及的投资是关键的强化因素）。因为中印贸易非常重要，所以一旦丧失苏伊士运河，英国的总体经济将受到巨大打击。由于担忧这些问题，所以英国将继续控制埃及七十年，直到再次为了保护运河地区而发动入侵之后，才放弃这种控制（见第六章）。

在1882～1885年间，埃及问题将继续主导英法关系，严重削弱两国之间的信任。法国认为英国不愿让法国在管理埃及及其财政方面发挥作用，因此更加热衷于争夺刚果和西非的贸易。英国对此做出了反应，又与葡萄牙结盟，在刚果河水系问题上反对法国。这将导致德国在1883年中期突然加入帝国主义争夺之中。在突尼斯和埃及的领土被占之后，至少对英法而言，争夺非洲的过程正式开始了。但德国仍然置身事外。我现在要讨论的，就是俾斯麦对殖民问题的态度为何发生了惊人的转变。

转变观念：俾斯麦与德国案例

从真正意义上讲，只有德国为何转向新帝国主义尚存疑问。法国和英国在19世纪80年代投身于扩张性正式帝国主义，简单明了地反映了对未来贸易的担忧，而且是在国内势力和意识形态势力朝相反方向推动的情况下做出的选择。但德国的情况并非如此。虽然存在有力证据表明俾斯麦是在对下降的贸易预期做出反应，但也有证据说明他认为新殖民政策可能有助于他巩固国内地位。这种政策的国内推动因素可能有两点：俾斯麦显然认为，采取反英殖民姿态，将削弱亲英王储腓特烈的势力；他还认为，这种姿态可能有助于支持他的政党赢得1884年10月的大选。接下来，我将简要讨论俾斯麦转变观念的国内层次解释有何证据。然后我将指出，推动俾斯麦行动的任何国内势力，顶多是其行为的强化因素。他的首要动因，是担心在英法争夺非洲的同时，德国贸易将被拒之门外。国内政治利益顶多是其新政策的有利附带作用而已。

认为俾斯麦的行动旨在削弱王储势力的观点如下：俾斯麦与当时在位的德皇威廉一世关系很好，但到了19世纪80年代初时，威廉已八十多岁，行将驾崩。王储腓特烈娶了维多利亚女王的女儿，夫妇二人都非常崇拜英式自由主义。俾斯麦因此担心，威廉驾崩之后，腓特烈一上台就会将他解职，建立"格莱斯顿内阁"，将俾斯麦建国方略全盘推翻，或大部分推翻。而如果投身于建立殖民帝国，俾斯麦就可以直接挑战英国，在德国煽动反英情绪，使腓特烈登上皇位之后较难把他解职。

这种观点的主要依据，来自新政策全面推进之后得到的两点评论。根据弗里德里希·冯·荷尔斯泰因日记记载，1884年9月，俾斯麦在单独会见沙皇时说，"德国殖民政策的唯一目的，就是在王储和英国之间造成分歧"（1884年9月19日，载于 HP, 2: 161）。第二点评论不是来自俾斯麦，而是来自其子赫伯特，他是俾斯麦在1883~1884年关键时期派出的秘密特使之一。1890年3月，当时威廉一世和腓特烈都已驾崩，威廉的孙子威廉二世继位，有人要求赫伯特解释俾斯麦为何突然转向殖民地政策。他回答道，在德国开始执行殖民地政策时，"我们得考虑王储可能长久在位"，而如果那样，英国的影响力就会很强。"为防止发生这种情况，我们就得实行殖民政策，因为这种政策受人欢迎，而且让我们能够方便地随时与英国发生冲突"（转引自 Kennedy, 1980: 171）。

这似乎是相当确凿的证据了。尽管如此，我们还是有充分理由怀疑，这种逻辑是否推动，甚至是否影响了俾斯麦的新政策。俾斯麦内阁越来越担心腓特烈的自由主义倾向，更担心他无常多变的性格。这在荷尔斯泰因的日记中确有记载（HP, 2: 各处）。但俾斯麦在整个1883~1885年间（当时格莱斯顿是英国首相）的行为表明，他针对

第八章 帝国扩张时代的大国政治（1856～1899）

英国的"敌对"立场纯属策略性质，采取这种立场只是为了有助于保护德国殖民地。1884年末，俾斯麦需要英国在关于西非问题的柏林会议上支持德国，反对法国，格莱斯顿欣然同意。于是俾斯麦站到了英国一边，以推进殖民事业，并确保德国贸易能够进入刚果。假如他的目的是给英国制造麻烦，以孤立腓特烈，而殖民政策只是手段，那么他就本应放弃攫取领土，保持1884年春夏产生的英德对立局面。但俾斯麦却转而与英国和解，说明1884年中期的对立局面只是迫使英国让步的工具。一旦德国在非洲得到了领土和贸易上的利益，就可以不再使用这个工具。

有人认为，俾斯麦想通过殖民政策赢得1884年10月的大选，这种观点要有道理一些。到70年代末时，右翼政党越来越支持挑战英国主导国外市场之传统地位的殖民政策。俾斯麦此时逐渐认识到选择性保护主义的价值，于是和先前在帝国国会中支持他，且主张自由贸易的国家自由党分道扬镳。该党本身于1879～1880年突然瓦解，其右翼成员与各保守党派站在一边，其余成员则仍然坚持原先的自由贸易政纲（Wehler，1985：74-75）。1878年末，俾斯麦利用德皇遭到的两次暗杀，通过了禁止鼓动反对现有社会秩序的法律，从而得以镇压社会主义的报纸和组织活动。然后，俾斯麦开始巩固社会福利计划，以减少工人阶级的不满，削弱社会主义政党的吸引力（见Craig，1978：144-157）。

虽然俾斯麦成功地压制了反对他的政党，但学者指出，1884年3月发生了一次意外事件，大大加剧了俾斯麦对秋季大选的担忧，那就是国家自由党和进步党合并建立了新政党"德意志自由思想党"。通过这种融合，新党成为帝国国会中最大的政党。保罗·肯尼迪（Paul Kennedy，1980：171）指出，假如新党能够在十月表现出色，就可能对俾斯麦的社团主义目的构成巨大威胁。面对这种威胁，俾斯麦的确在1884年夏季和初秋试图利用建立更大殖民帝国的前景，来增加极右翼和中间党派在选举中获胜的机会，至少可以削弱明确反对殖民的德意志自由思想党。根据荷尔斯泰因1884年9月23日日记的记载，俾斯麦甚至对未来的宰相格奥尔格·卡普里维说，"在殖民地问题上如此大费周章，唯独是为了选举"（HP，2：163）。

俾斯麦关于其动机的这句话，似乎再次证实了国内目的是首要而有决定性的，但有两件事说明赢得1884年大选既不是首要目的，也不是决定性目的。第一件事，就是荷尔斯泰因四天前在日记中写道，俾斯麦对沙皇说殖民政策的唯一目的是在王储和英国之间造成分歧。于是我们发现，关于其推行帝国主义政策的"唯一"或"唯独"目的，俾斯麦几乎在同一时间对不同的人说出了两种不同的理由。从俾斯麦的政治头脑来看，他一会说"唯一"，一会说"唯独"，不大可能只是口误。这两句话相互矛盾，说明俾斯麦一如既往，先预计听者想听到什么，然后相应地改变措辞。卡普里维此时仍然按照俾斯麦过去的思维方式，认为殖民地是转移人注意力的东西，纯属浪费。至于沙皇，我们可以想象，他非常怀疑俾斯麦只是出于地缘政治原因而转向了帝国主义。俾斯麦通过告诉这两人他的行为只是出于国内原因，隐藏了自己的大战略目标，即保护德国贸易，同时减轻别人因为他在占领殖民地问题上令人困惑的态度转变而产生的怀疑。假如他的新政策只是短期实施的国内政治手腕，那么在10月选举中达到国内目标之后，他就本应缓和其帝国主义政策。但他却于1884年11月到1885年2月召开了影响深远的非洲问题会议，又在会议期间和之后大力肯定德国的殖民利益，说明国内目的只是新帝国政策次要的附带好处（见Turner，1967：52）。

然而，在此情况下怀疑"国内政治的首要作用"，还有一个更有决定性的理由。虽然学者认为1884年3月成立德意志自由思想党是导致俾斯麦将殖民政策作为选举政治工具的关键事件，但其实在此之前，俾斯麦就早已开始积极关心如何保护德国在西非争夺战中的地

第八章 帝国扩张时代的大国政治（1856～1899）

位。亨利·特纳（Henry Turner）的著作详尽已说明，俾斯麦在1883年初开始关心英法在西非的竞争问题，到这年中期时已在积极参与保护德国贸易的进程。很能说明问题的是，由于他担心正式帝国主义的成本问题，所以他一开始希望能够通过德国的海军和外交实力达到目的。但到了1883年末、1884年初时，俾斯麦看到英法在攫取领土，又不肯答应他的要求，于是认识到正式建立殖民地已经成为"诸害相权取其轻"的选择。特纳总结道，俾斯麦是"不情愿地转向"帝国主义的。他之所以改变策略，"不是因为有把握地认为能得到实在利益，而是因为越来越担心继续置身事外会造成不良后果"。假如德国不迅速行动起来，将来与非洲进行贸易的大门就会关上，而这种贸易的真正价值虽然当时尚且不为人知，但预计可能会很高。出于这种害怕关门的恐慌，包括俾斯麦在内的德国精英就想攫取当前利益，以免将来遭受损失。贸易预期下降，是俾斯麦的政策发生根本转变的首要推动因素。通过这种政策赢得选举，只是俾斯麦改变关于占领殖民地的看法之后很久才出现的有利附加效果。[21]

德国关于未来的预期，在很大程度上受到了海因里希·冯·库斯罗（Heinrich von Kusserow）报告的深刻影响。库斯罗是德国外交部最精通殖民事务的官员。1883年4月，俾斯麦接到了库斯罗的一份报告，内容是关于1882年6月秘密签订的英法协定，这个协定刚刚由法国政府在1883年3月公布。根据库斯罗的报告，英法两国不仅已商定瓜分塞拉利昂周边的领土，而且互相免除外国商人可能需要缴纳的差别关税，适用于整个非洲西海岸。特纳（Turner, 1967: 53）指出，假如情况确实如此，那么这种事态发展是不祥之兆："那就意味着帝国主义列强正在通过互相交换非殖民国家无法享受的特殊待遇，让自己免受殖民世界中日益加强的保护主义运动影响。"

---

[21] 见 Turner, 1967, 50-52。

直到八十年后，学者才指出库斯罗弄错了。英法协定只保证在保护生命和财产权方面给予平等待遇（Turner, 1967: 53）。然而，法国实施差别关税已达五年之久，又一直在和英国争夺关键贸易地区的直接控制权。在此背景下，库斯罗的报告显得非常合理可信。而且，就在这份报告之前不久，从事非洲贸易的一家重要汉堡企业老总阿道夫·沃尔曼给德国外交部写了一份报告。沃尔曼指出，瓜分非洲的竞争愈演愈烈，就连葡萄牙和西班牙都参与进来了。英国正力图在喀麦隆占领土地，而德国企业在此地业务量很大。沃尔曼提醒道，这种事态发展"将严重破坏德国的海外贸易，因为所有的殖民国家都在日益给德国商人设置障碍"。他建议向该地区投送德国海军力量，在喀麦隆近海占领一个岛屿。㉒

俾斯麦显然是认真对待这些报告的。1883年4月14日，有人告知一位汉堡的德国官员，英法已签署协议，并让他收集有助于德国进行谈判的消息，以确保德国商人在西非贸易中不会处于不利地位。俾斯麦收到的消息中，有一份汉堡商会7月撰写的报告。这份报告措辞强烈，强调德国商人在已经被殖民列强控制的西非领土上遭受了恶劣待遇。报告呼吁德国占领喀麦隆，指出如果德国犹豫不决，其他国家就会攫取喀麦隆的资源和广阔的内陆市场。同样是在1883年初夏，德国政府接到报告，称英国殖民地昆士兰已宣布拥有新几内亚东部，大概是因为听到了传言，说德国打算占领该地。此外，在1874年被英国吞并的岛屿斐济，英国政府对那里的德国商人缺乏保护，这加深了德国的疑虑。在法院判德国商人败诉之后，俾斯麦于1883年4月要求组成英德联合委员会调查此事。格莱斯顿直言不讳地对德国政府说，此事已经了结。这种姿态只能让德国更加相信，英国正在放弃保护外国商人的传统政策（Turner, 1967: 55-57）。

㉒ 此处的引文，是特纳（Turner, 1967, 54）对原文的转述。

第八章　帝国扩张时代的大国政治（1856～1899）

1883年夏末时，有清楚迹象表明，俾斯麦关于德国在非洲所起作用的看法已经改变了。自1882年11月起，不来梅商人F. A. E. 吕德里茨就一直在强烈呼吁官方对他想在非洲西南部建立的贸易站进行保护。俾斯麦于1883年2月向英国政府发出急件，重申德国对"海外项目"毫无兴趣，其实非常希望英国的"有效保护"能够惠及德国商人。然而，到了8月，当吕德里茨重新申请政府保护安哥拉佩克纳（Angra Pequena）港（在今纳米比亚）时，俾斯麦在外交部关于此事的报告旁边写道，德国将"永远力图保护他合法取得的权利，只要他是德国国民"。俾斯麦还指示驻伦敦领事馆对英国声称拥有安哥拉佩克纳港附近地区一事进行"谨慎调查"。随后，在8月18日，他通知德国驻开普敦领事馆，他将把领事保护范围扩大到吕德里茨在港口建立的机构。9月初，俾斯麦告知英国政府吕德里茨已在港口附近购买土地，询问英国是否对海湾主张所有权。显而易见，这时他再也没提希望英国保护德国商人一事（转引自Turner, 1967：57 - 59）。

但这种积极干预的新政策还不能说明，俾斯麦已经坚信的德国必须在非洲正式建立殖民地。俾斯麦此时并未试图在安哥拉佩克纳港周围建立殖民地，而是仍想让英国政府不再声称对非洲西南部未被占领的土地拥有主权。他于9月初为此事进行询问，却没有得到回答，于是在11月加重语气又问了一遍。英国的回答并不令人宽慰。外交大臣格兰维尔在11月17日向格奥尔格·明斯特承认，除了鲸鱼湾和安哥拉佩克纳港附近的几个岛屿，英国对非洲西南海岸并无具体所有权主张。但他接下来说，假如其他国家对从开普殖民地到安哥拉的地区主张主权或管辖权，英国政府就会将其视为对英国"合法权利"的侵犯（转引自Turner, 1967：62）。英国政府显然是在警告德国，不要涉足英国视为其势力范围之非正式部分的地区。

俾斯麦继续向前推进。1883年12月下旬，他给明斯特寄去了一封长信，详细叙述了英国过去关于否认对非洲西南海岸拥有主权的声明。他有针对性地问，英国在该地是否有机构可以确保德国公民的安全。由于英国显然没有这样的机构，俾斯麦试图迫使英国政府承认德国有权自行保护安哥拉佩克纳港。12月31日，明斯特将俾斯麦关切的问题呈递英国外交部，但英国政府有半年之久未予答复。俾斯麦认为，英国保持沉默，说明它已决定自己夺取非洲西南海岸。他的怀疑是有根据的。1884年1月，英国外交部将此事交由殖民部处理，而殖民部又怂恿开普殖民地吞并纳米比亚海岸。当月，开普敦的一位官员对德国领事说，开普殖民地对海岸拥有"正当利益"，他希望吕德里茨打算购买土地一事不会与此权利发生矛盾（转引自Turner，1967：64）。

2月，德国商人传来消息称，黄金海岸（今加纳）的英国总督准备吞并邻国多哥。当月晚些时候，德国方面得知英国和葡萄牙已签订协议，把刚果河口给了葡萄牙。为了争夺刚果河巨大贸易潜力的控制权，英法以及比利时国王利奥波德已斗争了一年多。由于葡萄牙久已被视为英国外交政策的工具，这种事态发展在俾斯麦看来，必然进一步说明了英国政府力图限制德国和法国进入最佳贸易地区的权利。3月9日，一位负责俾斯麦住在田庄时与外界通信的官员致函德国政府，说英国对德国的合理关切"不仅漠不关心，而且态度严厉，故意不讲道义"。俾斯麦自己的愤怒也在变得明显起来：到4月初时，他发给各位德国大使的急件中多处讲到英国的"仇德情绪"（Deutschfeinlichkeit）（转引自Turner，1967：64-65；Pakenham，1991：206-207）。

俾斯麦还只担心一个问题，即正式建立殖民地需要的高昂成本，而化解这种担忧的不是别人，正是库斯罗。他于4月8日交给俾斯麦一份报告，大致介绍了解决方法：德国政府可以沿用英国对待印度的旧模式，向德国企业颁发特许状，允许其为国家管理新土地。国家本身只需花费保护这些企业的成本。当天，吕德里茨发来一份急件，再

第八章 帝国扩张时代的大国政治（1856～1899）

次要求保护，而且这次指出，根据他派往开普敦的密探得到的情报，开普殖民地即将吞并安哥拉佩克纳。库斯罗此时已是俾斯麦最亲密的殖民问题顾问。俾斯麦直言不讳地对他说："我们动手吧"（转引自 Turner, 1967: 66-69）。

4月19日，库斯罗会见吕德里茨，让他起草一份将安哥拉佩克纳地区组织起来的计划。两天后，俾斯麦与德皇商讨此事，德皇准许他采取一切适当措施。次日，即4月22日，吕德里茨提交了一份措辞慎重的报告（显然参照了库斯罗对俾斯麦能听得进去什么内容的了解），为安哥拉佩克纳请求"政府保护"（Reichschultz），但确认管理成本将由他的公司负担。俾斯麦此时已经和吕德里茨达成心照不宣的协议，于是在4月24日致函开普敦领事馆，说他应当"正式宣布〔吕德里茨在安哥拉佩克纳建立的机构〕是受帝国保护的"。驻伦敦的明斯特奉命将宣布的内容告知了英国官员（转引自 Turner, 1967: 69-70）。

俾斯麦小心留意其新政策的细节内容。由此可见，认为他只是为了国内利益而行动的观点是错误的。就在德国投身于非洲的领土争夺之中时，他也在制订尽量减少国家直接成本的计划。这将确保新的德国殖民帝国能够长久地蓬勃发展下去。德国在1884年后不得不对新占领的地区进行正式管理，这更加证实了这一点。假如俾斯麦在1884年制订的计划只是为了短期国内利益而夺取领土，那么他就不会花费这么多时间为建立成本效益良好的帝国领域打下基础，也不会在1884年10月大选获胜之后勉强转向正式建立殖民帝国，而是会在1884年中期宣布正式成立帝国，然而在大选获胜之后尽量减少德国需要承担的实际成本。一段时间以来，俾斯麦一直担心殖民帝国将加强国会的权力，因为国会掌管着它的钱袋子（Pakenham, 1991; Craig, 1978）。但他在10月大选之后却甘愿给予国会更大权力，以确保其殖民地能够长久。这表明推动他的因素是担心大门关上，而不是

国内问题。㉓

总之，本节指出，关于俾斯麦的新帝国主义政策，有两种解释看似合理，但最终却不能令人满意。与这两种理论相比，贸易预期观点很有解释力。最能决定性地推翻国内层次观点的就是时间问题。俾斯麦在1883年春夏开始较为强势地保卫德国的贸易权利，而此后过了很久，才有证据表明他认为殖民政策将有助于他处理国内问题。因此，国内因素对他的行动而言既不是必要条件，也不是充分条件。在国内因素起作用之前，由于担心大门关上，俾斯麦已被迫改变政策，而即便没有这些因素，他也几乎一定会继续在1884－1885年巩固殖民政策。国内利益也许是新殖民政策的附带好处。如果有机会，谁不想一石二鸟呢？但俾斯麦是勉强拣起这块石头的，只是因为他知道别无选择而已。为了长久维持德国的国力，他不能听任英法将德国拒之门外，不让它得到非洲贸易将来会带来的利益。

19世纪90年代的三次危机

本节考察19世纪90年代发生的三次危机。这三次危机使英、法、德三个欧洲国家之间差点发生或的确发生了战争，分别是：1895年的委内瑞拉边界争端，1898年的法绍达危机，以及1894年后的南非危机（导致1899年爆发了布尔战争）。前两次危机可以简要讨论，

㉓ 俾斯麦在1884年4～8月的行动，以及他在1884年11月到1885年2月柏林会议期间的举动，都能支持这种理解。他在5、6月派海军对多哥、喀麦隆和安哥拉佩克纳采取先发制人的行动，试图让英国迷失方向（见他与英国政府的通信内容，载于 GDD, 1：170－180）。在柏林会议上，他与英国合作，把刚果给了比利时，从而防止了实施差别关税的法国主导这个拥有巨大经济潜力的地区。他还利用这次会议将他新得到的"受保护国"（多哥、喀麦隆和德属西南非）合法化，定下了便于取得今坦桑尼亚的规则（见 Pakenham, 1991; Stoecker, 1986）。

第八章 帝国扩张时代的大国政治（1856~1899）

不仅因为其他国际关系理论家已有详尽讨论，而且因为其原因几乎没有争议。学者一致认为，经济因素在两者中都起到了突出作用，尽管在体系中的威望和大国地位等因素也很重要。但布尔战争的起因远没有这么清楚，或许正因为此，它在安全研究领域中基本上是受人忽视的。这很令人遗憾，因为在19世纪90年代的各次危机中，只有这次危机真正使欧洲大国之间发生了代价高昂而且似乎可以避免的战争。我将指出，英国之所以发动这场战争，是为了支撑它在南非不断下降的经济地位。而造成其地位下降的，是独立的德兰士瓦共和国不断发展，而且据英国估计，它还会吞并英国殖民地。很重要的是，德国的资金和德兰士瓦与德国政府的关系促进了这种事态的发展。

1895年发生于英美之间的委内瑞拉危机，其经济根源是一目了然的。英国和委内瑞拉争夺奥里诺科河口的控制权已达数十年之久。不仅河口周围地区盛产原料，而且这条河及其支流也通往几乎整个南非北部有潜在价值的市场和资源。不论哪国控制这条河，都会获得丰厚利益。90年代初，在河口附近发现了巨大金矿，更加证实了这一点。1894年，英国开始将铁路从英属圭亚那向金矿地区延伸。传言称英国政府已主张该地区属于英国。1894年4月，英国外交大臣金伯利勋爵公布了一张地图，其中显示英国铁路线的终点在奥里诺科河三角洲内，于是传言得到了证实。

英美都实行金本位制，而美国尤其试图通过增加货币供给和促进出口来摆脱经济萧条。因此，控制委内瑞拉的黄金和市场显然对两国都非常重要。华盛顿的行政和立法领导人一致认为，英国的侵入对美国的经济利益构成了直接威胁。美国前驻委内瑞拉公使威廉·斯克拉格斯写了一本小册子，说奥里诺科河"是控制南美四分之一强地区的关键"，而英国打算"使至少三个南美共和国的商贸关系和政治制度发生根本改变"（转引自 LaFeber, 1963: 253）。这本小册子一出版，美国就更加愤怒了。

由于美国的商业利益受到了直接威胁，所以格罗夫·克利夫兰总统虽然以外交政策温和著称，却别无选择，只得采取果断行动。㉔ 1895年7月，国务卿理查德·奥尔尼给英国政府写了一封措辞强烈的信，重申西半球属于美国的势力范围，英国无权侵犯美国的利益。英国新任首相索尔兹伯里正忙于处理南非事务（见下文），到12月初才做出回应，直截了当地拒绝承认门罗主义普遍适用。他这样做是为了表明，英国将继续主张对奥里诺科河的所有权。于是，克利夫兰在12月17日向国会做了著名讲话，说美国将以一切手段反抗"对其权益的肆意侵犯"，即英国占有本该属于委内瑞拉的任何领土这种行为（转引自LaFeber, 1963：268）。克利夫兰已把美国带到了战争边缘。幸而由于英国担心南非局势，而美国又发生了金融动荡，所以头脑冷静的人占了上风，危机得到了解决，没有发生战争（见Kirshner, 2007；McDonald, 2009）。

研究过这场危机的学者会认可以上概述，不会有争议。帕特里克·麦克唐纳（Patrick McDonald, 2009：162-166）指出，学术争论的焦点仅仅在于为何双方能够迅速地结束危机，没有发生冲突（同为民主国家这一点起了作用、其经济为资本主义性质、英国担忧南非问题，等等）。学者对12月危机的前奏看法一致，这简化了我们的任务。英国侵入奥里诺科河三角洲，直接挑战了美国在委内瑞拉乃至整个南美地区的出口和资源利益。美国做出严厉反应，是贸易预期下降直接造成的结果。由于委内瑞拉已与美国结盟，而且一段时间以来一直希望美国提供更有力的保护，所以美国在1894年之前毫无想和英国打仗的理由。因此，虽然经济现实主义可以帮助我们理解美国为何希望进入南美的途径畅通无阻，却无法解释美国政府为何没有迫切

㉔ 克利夫兰完全了解奥里诺科河的经济价值。关于这一点，见LaFeber, 1963：254。亦见Campbell, 1976。

第八章　帝国扩张时代的大国政治（1856～1899）

要求正式控制委内瑞拉，也无法解释它为何直到 1895 年才做出反应。虽然英美之间的贸易往来和资金流动量很多，却还是差点发生战争，自由主义者解释不了这是为什么。我们或许可以用两国互相依赖解释双方为何最终希望避免战争（尽管英国担忧南非问题是一个关键制约因素）（见 Patrick McDonald, 2009：155-182；Kirshner, 2007）。[25] 虽然如此，但这种相互依赖本应从一开始就维持和平，而其实未能做到。[26]

经济现实主义能较好地解释英国方面导致危机的行为。英国是世界金融中心，高度依赖外汇和黄金向伦敦金融区的流动。英国于 1894～1895 年进入争议地区，主要反映其希望加强对全球黄金资源的控制。与前面讨论的南非案例不同的是，英国在南美的商业地位并未受到迫在眉睫的大规模威胁。委内瑞拉已经与美国企业签订了奥里诺科河三角洲的大额贸易合同，正在试图与美国政府更加紧密地结盟。这的确意味着英国必须迅速行动，才能抢到好处（LaFeber, 1963：253）。但经济现实主义可以正确地强调，英国采取行动，主要是为了抓住加强商业控制的机会，而不是对新的重大威胁做出反应。

1898～1899 年的法绍达危机，可以更加扼要地讨论，因为国际关系理论家对导致这场危机的事件并无争议。危机显然是由法国政府挑起的。法国派让·巴普蒂斯特·马尔尚率领一队士兵，前往尼罗河上游峡谷的法绍达村，与英国争夺尼罗河的控制权。法绍达的位置，

---

[25] 关于南非危机和英国做出让步之间的关系，见 Layne, 1994。
[26] 自由主义者和新马克思主义者可能提出一种国内层次观点，即可能从战争中获利的狭隘利益集团推动了克利夫兰。这种观点是站不住脚的。众所周知，克利夫兰不受人摆布，而且在过去也强烈抵制过利益集团的压力（例如在 1894～1895 年关于吞并夏威夷的争论中）。就连认为强硬派商业利益起了作用的人，也几乎拿不出什么证据证明克利夫兰在 1895 年 1～12 月这个关键时期受到了这些人观点的左右，也拿不出多少证据证明影响克利夫兰的是一种强调商业途径对长久国力重要性的马汉式观点（尤可参看 McDonald, 2009：166-182）。

正是出自法属刚果、英属乌干达,以及埃塞俄比亚的四条水系交汇、形成白尼罗河的地点。此外,英国需要一些土地来完成"从开普敦到开罗"的殖民带,而法绍达正处于其中一块土地的中间。这些土地一旦用铁路连接起来,就能确保英国在非洲的西半部享有经济主导地位。由于法国已经控制了西非的大部分地区,所以法国官员知道,向法绍达采取行动将十分具有挑衅性。他们不指望迫使英国把苏丹南部让给法国,而是想利用占领法绍达逼迫英国放弃对埃及经济和政治的控制,并同意在英属苏丹和法属刚果之间划定边界,以确保法国贸易能进入尼罗河源头处,从而进入尼罗河本身。㉗

英国政府不能躺着迎接这种挑战。法国知道索尔兹伯里素以温和著称,但法国的行动威胁着英国在非洲的整个殖民地位。如果允许法国人控制法绍达和周围地区,他们就会一下子毁掉"从开普敦到开罗"的计划。更加迫在眉睫的是,如果法国占领了法绍达,就能有机会将汇入白尼罗河的主要河流进行改道,或者用堤坝拦起来。在1895年的议会辩论中,有一点已经很清楚:埃及依赖白尼罗河在夏季提供水源,这种水源对于很多事情至关重要,其中包括价值约一千万英镑的棉花。法国有可能用水来要挟埃及,这是实实在在的危险。爱德华·格雷勋爵在他 10 月讲话的基础上,于 1899 年 2 月对下院说,"由于工程技术 [方面的创新],埃及在尼罗河流域的利益可能受到危害,这种可能性前所未有,情况完全改变了"(转引自 Langer,1960:559)。

英国的非洲贸易受到了新的威胁,这就解释了为什么索尔兹伯里政府不愿让步,反倒调动海军准备打仗。由于英国海军占有压倒性优势,而法国政体在 1898 年又显然不稳定,所以毫不奇怪的是,法国

㉗ 见 Langer, 1960, 538 - 539, 554 - 568; Snyder and Diesing, 1977, 67 - 68, 531 - 533; Schultz, 2001, 178, 183 - 185。

第八章 帝国扩张时代的大国政治（1856～1899）

在将其要求降低到最低水平后（即法国有进入尼罗河进行商贸活动的权利），决定完全撤离法绍达，并未得到任何补偿。[28] 因此，贸易预期理论很好地解释了英国的强硬立场。正如 1895 年的美国一样，英国并不是有意想发动战争，但一旦发现其当前和将来的商业利益面临危险，就会非常乐意打上一仗。至于法国为何决定前往法绍达，经济现实主义能提供更有力的解释。法国政府发现有机会扩宽其参与东非和尼罗河流域商贸活动的途径，同时削弱英国对这种贸易的控制权。毫无疑问，英国政府决定派赫伯特·基奇纳沿尼罗河而上，实施英国对苏丹的领土主张，这使法国人更加相信必须采取措施。然而，法绍达计划到实施之时，已经讨论了大约三年之久，与其说是对威胁做出反应，还不如说是打算制造威胁，以通过损害英国的利益而获得商业上的收益。

总之，法绍达危机与委内瑞拉危机的大体模式非常相似，都是一个国家（1894～1895 年的英国，1898 年的法国）在寻找获得利益的机会，而另一个国家（1895 年的美国，1898 年的英国）对新出现的威胁做出激烈反应。当然，主要区别在于，英国并不认为它在就委内瑞拉问题制造危机，也就是说，把双方推向战争边缘的是克利夫兰。而 1898 年的法国则正是希望发生险恶的危机，以迫使英国做出让步。贸易预期理论能够解释第一场危机发起者的行为，以及第二场危机中守势一方的行为，而经济现实主义与之恰恰相反。自由主义被再次证明不成立。英法两国在 1898 年是关系紧密的贸易伙伴，本不该陷入这种军事化争端，更不应如此接近战争。自由主义学者也许还是可以声称，两国相互依赖，又都遵循民主制度的规范，这有助于使双方从

---

[28] 肯尼思·舒尔茨（Kenneth Shultz, 2001: 175-196）也指出，英国反对党的支持有助于让巴黎政府相信索尔兹伯里愿意在必要时打仗。

战争边缘退回去。尽管如此,但发生了危机这件事本身还是未解之谜。㉙

英德商贸之争和布尔战争起因

南非战争,即布尔战争,是一个既容易又棘手的案例。说它容易,是因为关于战争由谁发动、为了达到什么战略目的,所有历史学家都意见一致。英国官员于1899年秋发动了这场战争,目的是维持英国在南非的最高地位。殖民大臣张伯伦、首相索尔兹伯里等人,以及内阁大多数成员,都认为只有通过这场战争,才能防止布尔人盛产黄金且不断发展的德兰士瓦共和国将来压倒英国的南非殖民地。英国必须行动起来,而且要快。但这个案例也很棘手,因为档案材料并未明说这些人为何认为英国继续占有主导地位如此重要,足以因此而发动战争,尽管他们知道这场战争将会代价高昂,并损害英国与其他国家,尤其是德国的关系。让英国走向战争的领导人和官员都认为,不能允许南非领土重蹈1775~1883年美国殖民地的覆辙,变成荷兰领导的独立共和国,以盛产黄金的德兰士瓦为中心,与英国的首要对手结盟(此时的首要对手是德国,而不是美国革命时的法国)。但因为有共同的基本观点,所以这些领导人和官员很少谈论最终目的,尽管正是由于这种最终目的,失去南非对大英帝国而言才会如此严重。

面对这种方法论障碍,我将效仿最擅长研究这场战争的历史学家,用推理和逻辑支持我的观点,并指出其他解释方法的不足之处。在叙述这场战争时,我们必须重点关注张伯伦的想法,因为张伯伦支持了1895年12月首次推翻布尔共和国的企图,即以失败告终的詹姆森突袭行动,并在1895~1899年间小心处理事态的发展,以便在最

㉙ 关于这种论点的回顾以及重要的反驳意见,见 Layne,1994。

第八章 帝国扩张时代的大国政治（1856~1899）

有利的条件下发动战争。1899年，英国内阁态度谨慎，而张伯伦使之相信，如果德兰士瓦不肯进行确保英国将来能控制布尔共和国的改革，战争就是必要措施。由于索尔兹伯里的身体时好时坏，又同时担任首相和外交大臣，所以便由张伯伦全权负责英国与欧洲以外世界的交往。因此，接下来，我将主要从张伯伦的角度考察英国在19世纪90年代的状况。我认为，由于英国的国际经济地位不断下降，所以英国领导人对任何可能进一步恶化局势的事情都很敏感。张伯伦尤其因此而倡导复兴强大的殖民帝国。英国的南非殖民地对这个计划而言非常重要。因此，必须抵制南非殖民地面临的一切威胁。如果这种威胁意味着德国将直接获得经济利益，同时英国将遭受商业损失，那就更要抵制。

亚伦·弗里德伯格（Aaron Friedberg, 1988）指出，到90年代，英国各界人士都已意识到，英国经历了非常严重的相对经济衰退，已有大约二十年之久。以几乎所有指标衡量，英国从70年代后就在德美两个崛起的工业强国面前节节败退。张伯伦比其他官员更了解这种衰落，力图进行补救。他希望采取的解决方法简单明了：通过帝国特惠关税，与英国广大的帝国殖民地和自治领建立更紧密的联系。这样就能保护英国的制造业和出口基础，使之在为英国提供廉价原料和粮食的同时，免受德美竞争的影响。

南非在张伯伦的总体计划中起到了关键作用，主要表现在两个方面。首先，该地区的财富在英属殖民地和两个独立的布尔共和国（德兰士瓦和奥兰治自由邦）都不断增长，能够带来繁荣的市场和廉价的原料，而当时德国已经削弱了英国在欧洲的传统经济主导地位。其次，1886年在德兰士瓦发现了大量黄金，使南非对于英国仍然主导的黄金金融领域变得越来越重要。伦敦和它的金融区（"金融城"）是国际体系的借贷、保险和货币汇划中心。如果英国控制了南非的黄金，就能以自己的黄金储备支持英镑，从而确保各国对英镑的信心

(见 Stephens, 2003; Cain and Hopkins, 2002)。

1893年后,英国决策者念念不忘的重大威胁是:假如德兰士瓦吞并了英国殖民地,建立由布尔人主导的南非合众国,那么出口、投资和黄金的流动都会受到威胁。在开放贸易体系中,这种损失倒是微不足道,因为英国企业既掌握着殖民地的经济(开普殖民地和纳塔尔),也控制着德兰士瓦的黄金生产。然而,自80年代末以来,德兰士瓦就一直想与德国结盟,以抵消英国在此地区的支配地位。假如德兰士瓦能够成功地统一该地区,新成立的国家将无疑更加倾向于德国。而且,德兰士瓦一贯对经过开普殖民地的英国商品实行经济歧视政策。如果在德兰士瓦控制下成立了独立的新南非共和国,那么这个国家也会这么做,而且规模要大得多。这样一来,已经在相对德国走下坡路的英国经济实力就会遭受严重打击。如果出口减少,英国企业的利润就会下降,流回英国的黄金和外汇也会变少。这将加剧英国一直很高的贸易逆差,同时削弱各国对其金融领域的信心,而这个时候,英镑的强势地位全靠英国在全球银行和保险业中的主导作用维持(Friedberg, 1988; Kennedy, 1980, 1987)。而一旦如此,悄悄填补这个空缺的欧洲国家当然就是德国。

1870年后,在金融以外的领域,体现英国衰落的数字也是相当令人吃惊。在英、法、德、俄、奥欧洲五国体系中,英国在1870年的钢铁产量占整个体系总产量的比重,达到了惊人的61%,而德国占13%,俄国只占4%。但到了1900年,德国已超过英国,产量达到体系总量的40%,英国只占30%(俄国占13%)。㉚ 英国制造业的地位也在严重下滑。1870年,英国占世界制造业的比重为32%,德国为13%;三十年后,英国为20%,德国为17%;到了1906~1910年,德国超过英国,比重达到16%,英国则为15%(Friedberg,

---

㉚ Copeland, 2000b, 表 A.2, 根据"战争相关指数"数据集计算。

1988：26）。㉛ 英国竞争力下降，影响了贸易收支平衡。19 世纪下半叶，英国贸易出现了逆差，由英国银行、航运和保险业的收入进行了补偿。然而，当英国制造业蓬勃发展时，贸易逆差还相对较少。1872年，就是英国的出口相对进口达到顶点的那一年，贸易逆差约为进口总额的 11%。在随后的二十五年中，随着进口增加，出口不增反降，贸易逆差迅速扩大。到了 1898 年，逆差占进口总额的比例已达惊人的 38%（Fieldhouse, 1973：表 1）。㉜

弗里德伯格（Friedberg, 1988）、霍夫曼（1983）、肯尼迪（1980, 1987）的著作表明，英国政界人士深切意识到了英国竞争地位在急剧下降。尤其令人担忧的是德国的工业实力和竞争力在 1890 年后不断增强。霍夫曼汇编的数字显示了这种趋势。1892 年，德国和英国对比利时/荷兰和俄国的出口量大致相等，但到了 1899 年，德国对这两国的出口量比英国分别高了大约 10% 和 60%。对于丹麦、挪威、瑞典这个群体而言，德国超过英国出口量的比例从 1892 年的 25% 上升到了 1899 年的约 50%。英国在意大利和伊比利亚半岛还能维持主导地位，但德国同样在缩小差距。在霍夫曼研究的国家中，只有对于法国——这个国家在 1892 年大大提高了关税，部分原因是担心德国的发展——英国才能保持相对领先。㉝

不用别人说，张伯伦就已深信英国正在衰落。自 19 世纪 80 年代末起，他就一直主张，只有实行帝国特惠制，英国才能不被德美不断增强的生产力打败。通过针对帝国以外的各国提高关税，英国将增加

㉛ 美国在 19 世纪 80 年代初是头号制造业大国，到 1906~1910 年时，生产了世界批量生产商品的 35%（Copeland, 2000b, 表 A.2，根据"战争相关指数"数据集计算）。

㉜ 这些数字其实还未能充分体现英国贸易竞争力的真正下降程度，因为其中还包括其他地方所生产商品的再出口，尤其是来自殖民地和自治领的商品。如果我们将再出口从出口总额中剔除，那么英国 1895~1898 年的贸易逆差要超过进口额的一半。

㉝ 所有数字依据 Hoffman, 1983, 第四章的图表。

其制造业出口，从而可以从殖民地和自治领购买更多的初级产品。这种观点有一定道理。从1870年到1900年，英国生产的商品出口到帝国以外国家的数量下降了57%，但这种商品出口到帝国内部的数量却增加了65%，其实从绝对数量上也超过了前者（Cain and Hopkins, 2002：156）。总之，增长型市场在帝国本身内部。白人主导的自治领（包括开普殖民地和纳塔尔这两个南非邦国）占了英国向帝国内部出口总额的将近一半（49%），比1871~1875年的44.7%有所上升（Cain and Hopkins, 2002：表5.3）。仅开普殖民地到1896年就已购买价值1360万英镑的英国商品，是加拿大的两倍，将近印度的一半，而印度的人口要比开普敦多许多倍（Hoffman, 1983：199）。

英国官员在19世纪90年代一直担心的问题，是德国会利用它与德兰士瓦不断加深的经济联系，让这个盛产黄金的共和国脱离英国的势力范围。1886年，在今后的约翰内斯堡发现了巨大的黄金储量，德国企业和矿工迅速前来开采。德兰士瓦的财富增长速度完全是惊人的：到90年代末时，其国民收入比1885年增长了25倍。很快，众人皆知德兰士瓦将很快成为南非的中心。在新出现的威胁中，铁路是关键因素。1887年，德兰士瓦政府向荷兰南非铁路公司（名义上属于荷兰，但资金来自德国）颁发了特许状，准许其修建一条铁路，从德拉戈亚湾的葡萄牙港口洛伦佐·马尔克斯（在今莫桑比克）通往比勒陀利亚和约翰内斯堡。德拉戈亚湾是整个东非海岸极少数良港之一（开普殖民地的主要港口开普敦位于非洲西部末端）。在英国看来，一条通往德拉戈亚湾、由德国控制的铁路，直接威胁着开普殖民地自己修建通向德兰士瓦的铁路，以支持英国黄金利益的计划（Langer, 1960：218）。

张伯伦很快发现了问题：开普殖民地的荷兰裔南非人，占这个自治殖民地白人人口的三分之二，将和他们的德兰士瓦兄弟亲近，共同与德国结盟反对英国。在1888年的一次讲话中，张伯伦说，"［开普殖民地的荷兰人］在德兰士瓦和奥兰治自由邦荷兰人的支持下，迟早都要把手伸向亲属国［德国］，而这个国家已经在非洲西海岸站稳了脚跟"（转引自 Langer，1960：219）。这种担忧已经跨越了党派界限。原本是自由党首相格莱斯顿在 1885 年吞并了纳塔尔和开普殖民地之间的南部海岸地区，以防止德国采取类似行动（Smith，1996：37）。当 1888 年出现传言，称德国想得到德拉戈亚湾时，未来的自由党首相罗斯贝利勋爵对下院说，这是一件"重大而意味深长的事"。如果德国控制了德拉戈亚湾，那么这不仅会危害英国在南非的各自治领，"而且可能对我国商业造成重要影响，成为对英国商品实施区别对待且有敌意的［关税］税率之手段"（转引自 Hoffman，1983：203）。

德国在南非构成的威胁，在 19 世纪 90 年代进一步加剧。德兰士瓦共和国总统保罗·克鲁格对德国企业表露偏好，以抵消英国对约翰内斯堡附近金矿的巨额投资。德国企业和德国资本，包括国家银行以及利润丰厚的炸药和威士忌垄断企业，主导了几乎一切政府控制的垄断行业。因为有了这种经济渗透，德国对德兰士瓦的出口额在 1889～1894 年增长了 5 倍（Langer，1960：219）。

1895 年，做决定的时候到了。索尔兹伯里的保守党于 6 月重新上台，张伯伦任殖民大臣。开普殖民地首相塞西尔·罗德斯告知张伯伦一项计划：对德兰士瓦发动突袭，鼓动约翰内斯堡的英国侨民造政府的反。张伯伦之所以决定支持这个计划，是因为开普殖民地和德兰士瓦之间的贸易情况在 1895 年不断恶化。由于黄金生意繁荣，开普敦到比勒陀利亚的铁路又刚刚修好，所以开普对德兰士瓦的出口从 1892 年到 1894 年增长了一半。但到了 1895 年初，通往德拉戈亚湾的荷兰南非铁路即将竣工时，克鲁格出台了一项大胆的歧视性经济政策，目的是使贸易转向新路线：将开普铁路跨过瓦尔河进入德兰士瓦段的每英里收费提高 2 倍。随后的"Drifts 危机"不断恶化，克鲁格便不准来自开普的货物经过瓦尔河。索尔兹伯里和张伯伦于11月向克鲁格发出最后通牒,其中隐含着以军事行动相威胁的意思。克鲁格让步了,允许货物进入德兰士瓦,但高得离谱的过路费却没有撤销。随着德拉戈亚湾铁路的开通,开普殖民地对德兰士瓦的出口额继续暴跌(Smith, 1996: 62 – 66)。

在伦敦,张伯伦准备更进一步。12月26日,他告知索尔兹伯里,即将从博兹瓦纳向德兰士瓦发动突袭。假如英国侨民果然起来推翻布尔共和国,"应该会对我们有利"(转引自 Smith, 1996: 92 – 93)。然而,"詹姆森突袭行动"遭遇了惨败,全体成员到1月初时都已被捕。虽然罗德斯的计划本身会带来明显的外交风险,但出于对德兰士瓦德国势力不断增强的忧虑,张伯伦和索尔兹伯里还是决定支持这个计划。兰格(Langer, 1960: 228 – 229)指出,在跨过瓦尔河的路线重新开通之后,英国政府界人士还是"越来越觉得克鲁格背后一定有德国人"。在6月举行的通向德拉戈亚湾的荷兰南非铁路正式通车仪式上,出现了德国军舰,令英国人感到不安。有报告称,反对罗德斯的德兰士瓦资本家中,有许多人其实是德国间谍。兰格指出,在11月,比勒陀利亚的一名英国间谍告诉开普政府,德国人正在尽量购买德拉戈亚湾周围的土地,以加大其对该地区主张所有权的力度。这个消息符合张伯伦两个月前提醒索尔兹伯里注意的情况:德国可能试图趁葡萄牙财政困难时夺取德拉戈亚湾。如果通往德拉戈亚的铁路被"外国势力"(指德国)拥有,那"将是灾难性的,应该尽可能避免"(转引自 Robinson and Gallagher, 1961: 428)。

也许最能体现英国在1895年情绪的,是驻柏林大使爱德华·马雷在10月下旬对德国外交大臣阿道夫·马沙尔说的话。马雷说,德兰士瓦是英德关系中的"黑点",因为德国不断支持这个共和国,而且德国政府的行为也许最终会变得令人无法忍受,造成"严重影响"

第八章　帝国扩张时代的大国政治（1856~1899）

（德国的某些档案记录显示，马雷甚至用了"战争"一词）。㉞马沙尔回答道，德国只想维持现状，但德国也不会听任德兰士瓦被罗德斯的计策搞垮，也不会允许通向德拉戈亚湾的铁路落入罗德斯之手（Langer, 1960：228）。这次直言不讳的谈话和同年早些时候的一次谈话相似，当时马雷对马沙尔说，德国和德兰士瓦的领导人"眉来眼去"，使他们认为"不论自己做什么，德国都会在背后支持"，让英国感到很不高兴。马沙尔答道，德国政府的政策，只是要保护德国通过修建铁路和贸易往来和德兰士瓦之间建立的物质利益。他指责罗德斯，说他想要把德兰士瓦并入英国主导的南非国家。马雷否认了这一点，说罗德斯只是想建立一个全南非的商业联合会。马沙尔说，这也会违背德国的利益，因为这意味着"在政治上建立［英国的］保护领地，在经济上……将德国贸易排除在外"。㉟

1895年12月下旬，"詹姆森突袭行动"的消息传到柏林。德国政府立即批准德国部队从停泊在德拉戈亚湾的一艘巡洋舰上登陆。马沙尔警告英国政府：由于德国在德兰士瓦有重要的经济利益，而且德国政府对舆论很敏感，所以德兰士瓦必须维持独立。他甚至联系了法国政府，试探它是否愿意和德国联合做出反应。㊱1月初，见突袭行动显然已经失败，索尔兹伯里和张伯伦便指责罗德斯，并逼他下台，以便与行动撇清关系。然而，在"克鲁格电报"被公布之后，英德关系继续下滑。德皇威廉于1896年1月3日寄出了只有一句话的信，"衷心祝贺"克鲁格总统在人民的帮助下，"没有请求友邦援助"，就战胜了武装入侵团伙（GDD, 2：387）。英国政府和民众顿时怒火万

㉞　见德皇威廉致阿道夫·马沙尔信，1895年10月25日，载于 GDD, 2：368。
㉟　Adolf Marschall, 备忘录，1895年2月1日，载于 GDD, 2：366-367。
㊱　Smith 1996, 109; Adolf Marschall, 备忘录，1895年12月31日，载于 GDD, 2：370-371；亦见 GDD, 2：378, 383。关于德国积极考虑组成"大陆联盟"反对英国一事，见 GDD, 2：372-377。

丈，认为德国政府不仅干涉了英国的殖民事务，而且暗示假如詹姆森没有被打败，德国就会作为"友邦"援助德兰士瓦。

克鲁格的电报是英德关系的转折点。这封电报在德国正式开始实行"世界政策"（Weltpolitik）的一年多以前发出，损害了两国之间仅有的一点信任。英国政府认为其目的是削弱英国国力赖以为基础的帝国，而德国政府则不理解英国为何要在只有一句话的电报上大做文章，怀疑英国准备暗中遏制和约束德国的经济增长。在1894~1985年不断发展的贸易-安全恶性循环，此时将加大势头，使两国之间在1914年爆发战争（第三章）。索尔兹伯里政府对这封电报高度警惕，遂不顾德国海军已在德拉戈亚湾驻扎，于1896年1月中旬向德拉戈亚湾派了3艘军舰。三月，下院批准了一个海军项目，其中包括5艘新战列舰，13艘巡洋舰。这个项目表面上是针对法俄海军的，但显然受到了英德关系不断恶化的推动（GDD, 2：396）。

德皇及其官员此时加倍怀疑英国的意图。在经历了南非危机之后，他们坚信，如果没有强大的海军，德国就无法保护其不断发展的全球贸易，使之免受英国霸道作风的影响。阿尔弗雷德·冯·提尔皮茨海军上将当时尚未担任德国海军部长，但曾应邀对海军建设提出意见。在克鲁格电报发出的那天，他给德皇写了一份报告，要求成立两个海军中队，分别配备8艘战列舰。提尔皮茨认为，这样的建设规模至少会迫使英国对德国摆出"较愿意和解"的姿态。这是他关于"风险舰队"逻辑的早期表述。三天后，德皇威廉接到了报告，但他正在为德国无法在德兰士瓦危机中投送力量而懊恼，关注重点仍是建造足以应对这种地区任务的巡洋舰，所以没有理会提尔皮茨的建议（Massie, 1991：169；Kelly, 2011：107-117）。然而，提尔皮茨于1897年6月就任海军部长之后不久，就说服了威廉和同僚，使其相信德国要想真正形成抗衡英国的海军实力，就既需要战列舰，也需要巡洋舰，而且两者数量必须平衡。英德海军竞赛已经开始，南非争端

第八章 帝国扩张时代的大国政治（1856～1899）

成了关键导火索之一。㊲

"詹姆森突袭行动"虽然一败涂地，但张伯伦却恢复了常态，地位却只受到了极少的损害。在他心中，突袭行动本身反倒更加说明必须在南非维持英国的主导地位。从1896年到1897年，他清楚地认识到，只有两个办法能解决这个问题：德兰士瓦的布尔人需扩大英国侨民的特权，主动放弃对英国侨民的控制，或者英国需发动战争，迫使德兰士瓦加入英属南非各邦联盟。张伯伦非常了解与德兰士瓦全面开战可能带来的代价和风险，这一点和后来派往南非的高级专员阿尔弗雷德·米尔纳不同。1896年5月，他对下院说，如果在南非发生战争，"那将是最严重的战争之一"，将会"［具有］内战性质"，是一场"漫长［而］代价高昂的战争"，即使英国取得胜利，怨恨之情也会持续几代人之久。尽管如此，英国政策的首要目标还是"保持我国至高无上的地位"，确保英国的权力"在南非占据优势"（转引自Smith, 1996：119-120）。张伯伦怀有较远大的目标，但又知道战争代价高昂，这两者之间的矛盾在随后三年中一直困扰着他。于是，他一边把战争当作解决衰落问题的最终方法，一边力图迫使布尔人同意以和平方式过渡到英国侨民占主导地位的局面。

1896年3月下旬，张伯伦的殖民部副手、索尔兹伯里的女婿塞尔伯恩勋爵写出了一份关于南非问题的报告。这份报告准确指出了英国的两难困境，并将指导随后三年的决策工作。报告是写给张伯伦的，其中详细而明确地列出了种种问题，提出了可能采用的解决方

㊲ 提尔皮茨的海军建设和1897年中期宣布的"世界政策"（Weltpolitik）恰好吻合，在保护德国世界贸易的计划中各占一半。史密斯（Smith, 1986）指出，"世界政策"的构想源于执行外交政策的官僚机构，目的是在德国经济增长越来越依赖海外市场、原料、投资时，确保德国与他国进行贸易的权利。德国的海军必须强大，才能起到效果——这种思路完全符合马汉的逻辑，这种逻辑已风靡欧洲，此前推动了美国在19世纪90年代早期的海军建设。亦见我在第三章中的讨论，以及Copeland, 2011a。

法。整个报告中最重要的问题,就是英国在南非的属地是能继续处于英国政府控制之下——成为独立邦国,或成为加拿大式邦联的一部分,这个邦联也将包括两个布尔邦国——还是将被纳入由德兰士瓦领导、荷兰人主导的南非共和国。英国政府能否避免美国革命重演(这次是由德兰士瓦打头阵)?塞尔伯恩对此感到悲观。德兰士瓦已是"世界上最富有的地方",因此对所有邻国都有吸引力。"德兰士瓦将成为南非的市场:开普殖民地和纳塔尔的市场;各殖民地和罗得西亚农业产品的市场,"塞尔伯恩宣称,"它们要和德兰士瓦建立最紧密的联系,其中的商业利益将胜过其他一切考虑。"英国殖民地最终只得请求建立更紧密的商业联盟,而德兰士瓦将提出,参加联盟的代价就是这些邦国都要加入"南非联合共和国"。㊳

然而,塞尔伯恩指出,德兰士瓦也有一个矛盾的问题。它吸引了太多英国侨民,所以就其本身而言,不可能永远成为一个荷兰共和国——英国侨民单凭人数优势也最终会控制这个国家。因此,德兰士瓦政府必须将荷兰人占多数的开普殖民地和纳塔尔纳入"南非合众国"。如果它希望在内部维持荷兰裔南非人的主导地位,那么除此之外别无他法。这就是说,即使英国政府希望再等等,但由于英国侨民人口不断增长,荷裔布尔人却不能等——仅仅为了在国内生存下去,他们也需要一个德兰士瓦主导的南非共和国。这个两难困境是绕不过去的:德兰士瓦的国内形势不断恶化,将迫使它采取行动,而这种行动必将加剧英国的总体衰落问题。但报告的悲观论调还不止于此。这种事态发展只会让一个大国受益,那就是德国。塞尔伯恩指出,一旦宣布成立统一的南非共和国,德国就会乘虚而入,占领鲸鱼湾这个德属西南非中有战略意义的英国港口。然后,德国会逼迫新共和国给予

㊳ 本段和下面两段中所有引文均来自 Robinson and Gallagher (1961: 434-437),其中基本引用了报告全文。

第八章　帝国扩张时代的大国政治（1856～1899）

德国优惠待遇，以实现其更大的野心："将它在非洲西海岸和东海岸上的属地连接起来"。

为应对这种局面，塞尔伯恩建议立即对德拉戈亚湾实施保护，在南非建立加拿大式的大自治领。如果英国从葡萄牙那里得到德拉戈亚湾，开普殖民地就能胜过德兰士瓦，取得商业和金融上的主导地位。这样一来，德兰士瓦就会发现自己已被包围，其领导人就会被迫"放弃外国阴谋"，与英国达成妥协。反之，如果铁路控制权落入了"与德兰士瓦一道损害英国利益的外国"手中，那么后果将"非常严重"。下面一句几乎毫无疑问地说明了塞尔伯恩指的是哪个国家。因此，德兰士瓦和这个国家

> 就可以垄断德兰士瓦通过德拉戈亚湾铁路运输的一切贸易，不仅会以（譬如）德国进口贸易代替英国进口贸易，以及严重损害开普殖民地和纳塔尔商人阶层的商业利益，而且可能使非常依赖铁路收入的［商人阶层］濒临财务破产的边缘。

一旦失去铁路，英国属地就面临更大压力，不得不加入德兰士瓦领导下的联盟。因此，要避免铁路控制权落入"除了葡萄牙和英国政府之外的任何国家"，这是"极其重要"的。在报告结尾，塞尔伯恩说，如果葡萄牙无法保住德拉戈亚湾，那么英国就应该采取行动，对其实施保护。

英国在随后三年中采取的措施，非常符合塞尔伯恩的战略逻辑，其经过可简略述之。在1896年剩余的时间中，索尔兹伯里力图劝说葡萄牙政府将德拉戈亚湾转交英国，但葡萄牙不肯让步。12月，他考虑将部分舰队派往德拉戈亚湾，以显示英国对此地港口的关切，震慑德兰士瓦和德国政府。1897年3月，在德兰士瓦政府对英国侨民的限制措施又引起了新的危机之后，英国派出了舰队（Robinson and

Gallagher, 1961：440–443；Smith, 1996：136–139）。4月，在为新任开普殖民地和纳塔尔高级专员米尔纳举行的宴会上，张伯伦对前来参加的人说，英国决心维持其"在南非权力至高无上"的地位。但在米尔纳离开之前，张伯伦要他记住，要和德兰士瓦开战，除非遇到了"非常严重而清楚的挑衅"，否则将在国内不得人心。在近期内，英国还得采取"伺机而动的策略"（转引自 Smith, 1996：150–151）。

张伯伦和米尔纳认为，局势很可能不通过战争就可以解决，因为布尔领导人将最终屈服于英国关于扩大外侨代表权的要求。尽管如此，在1897年和1898年，张伯伦还是花了很多时间论证，如果克鲁格在此问题上不肯让步，英国就有权对德兰士瓦实施军事干预。1897年10月，张伯伦撰写了准备向德兰士瓦政府提出的照会，主张英国对德兰士瓦拥有"宗主权"——这个词在1881年的英国-德兰士瓦条约中明确使用过，但在德兰士瓦政府的坚持下，在1884年条约中删去了。塞尔伯恩知道这个照会将激怒克鲁格，但"将非常有价值，向全世界申明我方立场"。照会于12月发出，但克鲁格直到1898年4月才回复，完全拒绝了宗主权的主张。他正确地认识到，这是一种工具，目的是为干预德兰士瓦内政进行辩解，阻止它向利益相关的外国（最显然是德国）请求援助（Smith, 1996：174–176）。

克鲁格在1898年2月以很大优势连任成功之后，指望英国侨民通过布尔人的屈服而控制德兰士瓦，这种可能性似乎小多了。2月23日，米尔纳致函张伯伦，说英国的问题要通过改革或战争来解决，但改革的希望"比以往更加渺茫"。因此，他"倾向于逐步造成危机"，方法是不断要求纠正不公。英国需要坚持英国权利的"积极政策"，并由大军支持（转引自 Smith, 1996：185）。张伯伦提醒米尔纳，战争将不得人心而且代价高昂，如果非要打仗，那么"德兰士瓦必须得是侵略者"（转引自 Langer, 1960：607）。

为避免同时在太多方面发生冲突，张伯伦于1898年初与德国接

第八章 帝国扩张时代的大国政治（1856～1899）

触，试图解决非洲和中国问题，但开头几次会见毫无成效。㊴ 1898 年 5 月，英国重新开始与葡萄牙就德拉戈亚湾问题进行谈判。由于葡萄牙财政状况很差，所以索尔兹伯里和张伯伦希望能够说服葡萄牙政府将德拉戈亚湾和葡属铁路段移交给英国，或者至少同意将葡萄牙殖民地作为从英国借贷的抵押。这样一来，假如葡萄牙无法偿还贷款，英国就会很占优势。德国在 6 月听到英葡谈判的风声后，立即强烈要求英国只要有贷款计划，就把德国纳入进去，而且要背地里同意在葡萄牙不能偿还贷款时瓜分其殖民地。到 6 月中旬时，英国似乎至少愿意讨论这个问题。但德国人很快发现，英国的首要目标就是夺取德拉戈亚湾。㊵ 尽管德国怀疑英国的计划，但谈判继续进行。8 月 30 日，英德政府达成了秘密协定：如果葡萄牙不能偿还英德联合贷款，就分割其非洲殖民地。德国对英国的要求做了让步，把包括德拉戈亚湾的莫桑比克南部给了英国，换取了与德属东非接壤的莫桑比克北部。㊶

英德协定似乎解决了"由哪个大国控制通向德兰士瓦的道路"这个问题。遗憾的是，1898 年末，葡萄牙出于对英德两国理所当然的提防，从法国那里接受了约束条件不那么苛刻的贷款，使英德协定变成了一纸空文。在有些学者看来，德国同意放弃德拉戈亚湾这件事本身，就说明德国在南非不再对英国构成问题（Smith，1996：39，208 - 209）。然而，在无政府状态下，领导人知道其他人会改变想法。而且，德国与德兰士瓦的商业和政治联系越来越紧密，已使英国十年来深感忧虑。因此，很难相信哪个英国官员会认为，仅仅因为一份无效的秘密协定，德国就会放弃利用将来的统一南非共和国。德国

㊴ 约瑟夫·张伯伦，《备忘录》，1898 年 3 月 29 日，载于 *FPVE*，453 - 454；Massie 1991，245 - 246。

㊵ 见 Paul von Hatzfeldt，致德国外交部的电报，1898 年 6 月 14 日，载于 *GDD*，3：28 - 29。

㊶ 见 Smith 1996，208 - 209；*GDD* 中的文件，3：36 - 41。

想得到莫桑比克北部,这件事本身就会提醒英国,德国仍然非常希望将它的东西殖民地连接起来,形成具有商业价值的"中非地区"(Mittelafrica)。所以,在8月30日签署的协定因法国贷款而变得无效之后,塞尔伯恩在1896年报告中提出的德兰士瓦继续发展会造成的各种不良影响,包括德国与未来的南非荷兰共和国之间的联系,都仍然存在。

1898年末,德拉戈亚湾问题仍未得到解决,于是事态开始迅速发展。12月22日,德兰士瓦检察总长杨·史莫茨(Jan Smuts)与英国特使埃德蒙·弗雷泽进行了一次非同寻常的会谈,布尔领导人由此而对英国的计划警觉起来。根据史莫茨当天写下的记录,弗雷泽对他说,英国政府因为"詹姆森突袭行动"的缘故,有两年时间毫无动作,但"现在已经到了采取行动的时候了"。史莫茨问他是什么意思,弗雷泽答道,格莱斯顿1881年让德兰士瓦完全独立,是犯了"严重错误"。全南非的荷裔人都"渴望建立大共和国",而格莱斯顿这样做,是"鼓励了这种渴望"。在过渡时期,英国让这种局面保持下去,但"现在已经要'动手'把它结束了"。弗雷泽接着说道,如果德兰士瓦一直和奥兰治自由邦一样,只是较为富裕,那么英国将会很高兴。但英国知道德兰士瓦政府不会接受如此卑微的地位。德兰士瓦排斥了英国"至高无上的势力",而且"一直和欧洲各国眉来眼去"。因此,这时应该让布尔人看到,"英国才是南非的主人"。[42] 五个月后,史莫茨写道,弗雷泽当天还说"[德兰士瓦]的地位和势力……让所有荷兰人都认为,一个伟大的荷裔南非人共和国将在南非成立。英国等得越久,这种分裂主义的渴望就会变得更强,而[英国]本身的地位将会变得更弱。现在的问题就是,英国是否还会继

---

[42] 转引自史莫茨在会议当天所写的备忘录,收入 Smith, 1996, 205。

第八章 帝国扩张时代的大国政治（1856～1899）

续坐着不动"。㊸

这种直言不讳的承认，不仅反映了英国对核心问题的看法，即德兰士瓦将利用其不断增强的实力建立较大的荷兰共和国，而且说明英国确实担心德兰士瓦与外国眉来眼去的政策。在1898年8月协定签署四个月之后出现这种措辞——马雷大使1895年与德国官员讨论时也说过同样的话——说明英国官员仍然非常担心德兰士瓦与德国不断发展的联系。

在这次会议之后，通过防止英国侨民问题被当作借口，德兰士瓦政府就理所当然地力图避免战争。1899年3月，克鲁格向约翰内斯堡的外国矿业团体提出了"大交易"：如果这些团体允许某些垄断行业继续存在，他就会给予他们其他领域的特许权，包括能够任命监督国家财政管理的顾问。他还宣布，英国侨民获得完整公民权的居住时间要求，将从十四年缩短为九年（Meredith, 2007: 394-395）。但英国侨民逡巡不前，"大交易"成为泡影。5月下旬，高级专员米尔纳会见克鲁格，讨论能否达成协议的问题。克鲁格向米尔纳提出了"改革法案"，将居住时间要求减少到最多七年，并让各金矿区在德兰士瓦议会中获得了五个新议席。米尔纳坚持居住时间要求最多为五年，并将议席数量增加到七个。克鲁格不愿继续讨论，说他不能把国家交给陌生人，米尔纳便突然结束了谈话，回到了开普敦（Meredith, 2007: 405-408; Smith, 1996: 278-287）。此时，英国觉得只有做出重大让步，才能避免战争。在举行首脑会议一周前，米尔纳已告诉英国政府，如果克鲁格不接受英国的要求，那么"现在就打，比今后五到十年再打要强"，因为到了那时，德兰士瓦"将会比以往更加强大，更有敌意"。

㊸ 转引自史莫茨致开普殖民地主要荷兰政治组织领导人的信，收入Smith, 1996, 205-206。

7月中旬,克鲁格宣布,已为金矿区在议会中增加了六个新席位。塞尔伯恩对张伯伦说,这种让步只是为了争取时间,防止英国舆论变得团结一致(Meredith, 2007:410)。张伯伦决定加码。7月28日,在对下院讲话时,他说英国人和布尔人的"民族对立"正在从德兰士瓦扩散到各邻国,对"[地区的]和平繁荣造成了长久威胁"。在详细介绍了英国侨民的不满之后,他要求议会支持政府,让克鲁格明白让步的必要性。㊹ 张伯伦在力图调动舆论,让舆论支持最后的胁迫手段——而如果此举失败,那么就让它支持战争。

克鲁格看到事态的发展方向,便提出了最后一系列让步。8月中旬,他提出满足英国的要求,将获得公民权的最长等待时间改为五年,并让金矿区在议会中拥有十个席位,即席位总数的四分之一。作为条件,英国不得再主张对德兰士瓦享有宗主权,并答应不干涉其内政。8月26日,张伯伦就克鲁格的拖延策略发表公开讲话,认为英国现在完全可以确定若干条件,一劳永逸地决定哪国在南非享有最高地位。两天后,他向德兰士瓦政府发出照会,接受了克鲁格的让步,但同时拒绝接受两个附加条件(Smith, 1996:358;Meredith, 2007:414)。

张伯伦显然已经认定,此时要结束危机,或者是对方在最后一刻屈服,或者就是通过战争。9月的大部分时间,他都在争取内阁的支持,以作最后一搏。9月6日,他给内阁看了一份报告,其中重申英国在南非乃至全世界的地位已经到了危急关头。威胁来自荷兰人,他们正在试图"完全切断与英国的联系","以南非合众国取而代之"(转引自 Robinson and Gallagher, 1961:454-455)。两天后内阁再次开会,接受了张伯伦的要求,同意将该地区的英军士兵数量增加到一

㊹ 转引自 Smith, 1996, 321-322;Meredith, 2007, 410-411。亦见 Pakenham, 2001, 79-80。

第八章 帝国扩张时代的大国政治（1856～1899）

万人。当天晚些时候，他给米尔纳写了一份报告，表示内阁在所有关键点上都团结一致。索尔兹伯里首相本人也坚定支持这最后一着。9月23日，张伯伦上书维多利亚女王，说由于德兰士瓦拒绝接受英国的要求，所以"我们不得不认为，布尔人的确打算建立南非共和国，其中包括德兰士瓦、奥兰治自由邦，以及陛下的［殖民地］。"10月初，在写给考特尼勋爵的信中，他表示德兰士瓦政府以及开普殖民地荷裔领导人的行为都让他相信，"［荷兰］领导人已达成默契，他们的理想就是让南非回到荷兰民族手中"（转引自 Langer, 1960: 616-617）。

德兰士瓦的布尔人拒绝接受英国政府的最后通牒，并与奥兰治自由邦的盟友一道，于1899年10月下旬先发制人，向纳塔尔发起进攻。这是帮了英国人的忙：张伯伦这下可以打上一仗，保持英国在南非的"最高地位"了。但我们已经看到，在张伯伦及其同僚看来，英国在南非的最高地位与大英帝国的总体经济政治力量紧密相连。在贸易实力衰落之际，英国不能允许德兰士瓦保持独立，并最终将南非的其余地区纳入荷兰人领导的强大共和国。即便不考虑这有可能对印度等其他属地造成连锁效应，英国也得担心这个新的共和国会与德国结盟，破坏英国在该地区的贸易、投资和黄金生产。

总之，到1898～1899年时，大英帝国全球经济地位的前途显然处在危急关头，一定要趁形势尚未恶化之时，迅速采取行动。由于商业预期下降，所以英国更加担心自己会整体衰落，从而认为必须采取预防措施。其他解释是比较无力的。张伯伦和索尔兹伯里都是谨慎之人。假如布尔领导人干脆同意让英国侨民控制德兰士瓦的内政，他们原本会乐见其成。他们让英国陷入战争，而且预计这场战争将代价高昂而又不得人心。这样做一定不是为了赢得选举，也不是为了满足国内资本家的狭隘利益。自由主义和新马克思主义观点认为单位层次的势力是推动因素，但这种解释是不充分的。塞尔伯恩的报告让大家都明白,从根本上讲,南非的形势关乎英国在全球经济斗争中的总体地位,而德国是英帝国在欧洲的主要竞争对手。但这场战争并不像经济现实主义者认为的那样,只是与英国在贸易上越来越依赖南非有关。有某种因素造成了英国的贸易预期下降,那就是德兰士瓦的持续发展,需要吸纳英国殖民地,而且与德国政府和德国资本都有长久联系——这都是外源性的现实情况,单凭外交是改变不了的。在总体经济衰落的情况下,英国领导人不能听任南非地区脱离英国的控制,落入它在欧洲的主要经济竞争者之手。

结　论

本章证明,要解释 1880～1900 年大国之间的帝国主义斗争,贸易预期下降能起到重要作用。对于法国、英国、德国争夺非洲,以及布尔战争这类案例而言,贸易预期观点远胜于将贸易和冲突联系起来的现实主义和自由主义解释。在这种案例中,领导人不愿发起新的帝国主义运动,除非他们怀疑其他大国力图切断他们获得关键原料、投资和市场的途径。1880 年后,法国开始觉得英国和意大利分别要将它从西非和突尼斯排挤出去。法国的反应是在 1881～1882 年夺取突尼斯。此举使英国对法国更不信任,导致格莱斯顿于 1882 年趁埃及内乱时占领了埃及。这些举措又让原本反对帝国主义的俾斯麦意识到,除非他迅速采取行动,否则大门就要关上,德国将再也无力进入非洲,而非洲对于工业化经济体的潜在价值此时正在变得不言自明。而英国施展手腕,造成与德兰士瓦和奥兰治自由邦两个布尔共和国开战的结果,也反映出一种担忧:如果英国不采取行动,南非就将由德兰士瓦主导,而这个国家与德国有着很强的经济政治联系。

悲观的贸易预期,加上经济依赖性,在 1890～1900 年的其他大国冲突中也起到了关键作用。委内瑞拉和法绍达危机显然与美、英、

第八章 帝国扩张时代的大国政治（1856～1899）

法之间更广泛的斗争有关，这种斗争是为了争夺控制原料和市场的权利，以及获得原料和市场的途径。经济现实主义本身可以有效解释英国对委内瑞拉采取的行动，以及法国在苏丹的行为。但要理解美国政府关于委内瑞拉情况的反应，以及英国在法绍达采取的政策，就必须考虑未来贸易预期不断下降的问题。有意思的是，这些案例也说明，民主国家之间有时也会因经济问题而差点发生战争，尽管其行为会受到规范和制度的限制。在简要回顾这两场危机时，我没有考虑某些更加纯粹的地缘政治和威望方面的因素。意大利和德国统一的案例表明，非经济因素有时会完全胜过相互依赖：加富尔在1859～1860年决定通过战争统一意大利，俾斯麦从1864年到1870年通过战争统一了德国，其中依赖性和贸易预期都没有起到明显作用。然而，在后一个案例中，系统变量——尤其是建立德国的长期潜在权力基础这种需要——很可能比纯单位层次的变量（如社会稳定性、贪婪、意识形态因素等）更加重要。从这个意义上讲，系统现实主义仍然能比自由主义更有效地解释战争的推动因素，即使贸易预期在这种例子中并不是突出的系统因素。

第七章、第八章合在一起，增强了我们对贸易预期研究方法的总体信心。这两章突破了广为人知的20世纪案例，强调在多种地缘政治和意识形态背景下，各类大国往往受到一个念念不忘的共同问题驱使，那就是在面临它们认识到的威胁时，要维持和加强获得原料、投资和市场的途径。尽管国内政体类型有所差异，但英、法、德、美、俄这些各不相同的国家一旦发现经济途径受到威胁，就都非常愿意实行强迫外交。在第九章中，我将把贸易预期方法应用于当代问题，如中国的崛起和中美经济关系的发展。

第九章
本书观点的意义

本书力图证明,通过构建一种接受自由主义和现实主义的深刻见解、同时纠正其局限性的理论,可以造就强大的演绎推理能力和解释力。自由主义者正确地认为,贸易有时可以对行为主体起到重要的制约作用,否则行为主体就会倾向于采取侵略性和竞争性的行动。但自由主义者这个群体认为,潜在的单位层次因素,如贪婪、荣耀,以及追求意识形态或宗教方面的主导地位,会推动国家表现出扩张主义行为。借用柏拉图的话说,在自由主义者看来,经济相互依赖不是促使人采取行动的动力,而只是对国内政治和领导人的病态这匹黑马的一种约束。① 但我们在前面几章中看到,只有在极少数案例中,战争可以解释为在商贸数额大幅度下跌之后,单位层次的病态得到释放。朝鲜战争以及二战的欧洲和太平洋战场是最接近这种情况的三个案例,但仔细研究之下,就连这几个案例也不是特别能说明问题。

经济现实主义者正确地提出,有依赖性的行为主体如果担心他人会切断它们获得关键原料、投资、市场的途径,就会通过把军力延伸到国外,以及直接占领关键的贸易伙伴来减少脆弱性,从而使商业贸

---

① 见柏拉图的《斐德罗篇》,收入 Hamilton and Cairns,1961。

易成为导致冲突的因素。但这种现实主义者对过于强硬的政策带来的危险轻描淡写,而又过分强调贸易一开始就具有的风险,所以无法解释为何大国之间可能多年维持合作性经济关系,而不会陷入战争。此外,如果强调行为主体会投机取巧地攫取更大的经济控制权,虽能偶尔解释其为何转向更具侵略性的新政策(最显著的例子就是1894年日本针对中国,以及1895年英国关于委内瑞拉的政策),但普遍来看,各国只有在其已建立的贸易关系开始受到威胁之后,才会这样改变政策。

贸易预期理论从三个主要方面解决了自由主义和现实主义理论存在的问题。首先是提出了一个新变量,即有依赖性的国家对未来经济环境的预期,从而将两个方面联系起来:一是自由主义理论强调的贸易投资收益;二是现实主义关心的调整成本可能很高的问题——国家依赖某种商业之后,如果供应中断,就会面临这个问题。这个变量的值将决定国家对其未来情况的估计。如果国家对经济环境的看法仍然乐观,就会不仅希望贸易继续下去,而且还会意识到,如果自己的行为过于强硬,干扰了贸易,就要付出机会成本。然而,如果国家对贸易环境的预期变得悲观,调整成本的问题就会起作用,使领导人担心假如不采取更加强硬的政策,就会导致长期衰落。因此,预期变量有助于确定自由主义和现实主义的预言可能成立的条件。然而,贸易预期理论的出发点是假定国家首先关心如何最大程度保证自己的安全,从而避免了自由主义存在的问题,即必须深入单位层次,才能解释战争为何真的会爆发。在贸易预期理论中,国家寻求贸易,是为了建立长期的权力地位,因此如果发现贸易投资途径受到限制,就会认为其未来安全受到了直接威胁。案例研究表明,在过去两个世纪的重要大国危机和战争中,起决定性作用的主要不是单位层次的因素,而是安全方面的担忧。

然而,要完全超越经济现实主义的局限,贸易预期理论就必须包含第二个新的方面，即"贸易-安全困境"的概念。经济现实主义植根于进攻性现实主义，是关于机会主义的理论。有依赖性的国家总是在留意用什么办法能使其不那么容易受到中断供应的影响，所以要抓住一切机会，加强对有价值市场和关键商品来源的控制；至少是，只要这样做的成本很低，它们就会这样做。但经济现实主义者忽视的关键潜在"成本"之一，就是原本意在保护经济途径的强硬行为，结果却会导致其他大国采取敌对反制措施，其中包括提供市场并直接或间接帮助供应关键商品的国家。这些大国采取的经济遏制措施，会反过来影响该国对其将来贸易环境的评估，造成悲观态度，然后导致更加强硬的行为。随着经济限制越来越严，该国行为也越来越咄咄逼人，形成恶性循环，将体系推向危机和战争。导致太平洋战争爆发的事态发展，是这种情况最生动的例子。

"贸易-安全困境"概念的基础，是防御性现实主义的一个深刻观点：强硬行为可能造成不信任和敌对状态的正反馈循环。遗憾的是，进攻性现实主义中的"安全困境"一直还是纯军事概念，重点是对一国生存构成直接威胁的军备建设和同盟行为之影响。"贸易-安全困境"则涉及大国安全考虑的经济方面。有依赖性的国家力图保护其获得原料、投资、市场的权利，却有可能导致依赖程度较低的国家对其施加经济限制，为自己划出势力范围，从而反倒损害了这种权利。这个道理很简单，而在行为主体对之有所意识的情况下，这个简单道理就很有助于解释大国在彼此交往时为何往往如此谨慎。双方都希望防止引起有可能导致危机和战争的贸易-安全恶性循环，而且双方都有动力表现出讲道理、有分寸的品格，以强化对手的正面预期：对有依赖性的国家而言，是预计对方会长期坚持经济开放；对依赖程度较低的国家而言，是预计对方会克制进攻性现实主义国家那样的行为，即用军事力量加强对经济前景的控制。

如果我们意识到理性行为主体会了解贸易-安全困境，从而倾向于温和行为，那么关于冲突和战争的疑问就变成了这样：国家为何有时还是会转向强硬政策，从而削弱对方对其总体上"通情达理"的信任？这就引出了贸易预期理论的第三个贡献：具体指出是哪些外源性因素改变了行为主体关于成本、收益、风险的考虑——是继续过去的温和行为，还是转向较为强硬的政策？在两个大国讨价还价的情况下，双方有动力寻找和平解决方法，既能让彼此都受益，又能避免战争的代价和风险。大国之间的和平贸易可以持续多年，这是初步证据，表明它们已达成对双方而言都优于战争的协定。因此，要解释国家为何会转向强硬政策，我们必须寻找某些议价关系"之外"的关键外源性因素发生的变化，这种变化改变了行为主体对这种关系有何价值的看法。其中最重要的，就是第三方的作用和有依赖性国家的发展水平，这在分析历史的各章中已经得到证实。当第三方行为主体威胁有依赖性国家获得原料、投资、市场的途径时，就会导致该国加强对相应地区的军事投入，或直接占领有价值的地区。这种与第三方有关的担忧可表现为多种形式，例如：小国发生叛乱，危及当前贸易，或招致其他大国想把小国纳入自己的势力范围（如1852～1853年的土耳其、1882年的埃及、1945年的西欧）；第三方的国内政治因素使之想要进攻对甲、乙两国都有重大意义的地区（如1881年意大利对突尼斯，1833～1839年埃及对奥斯曼帝国）；第三方会改变甲、乙两国关系中的经济决定因素（如1939～1941年俄国对日本和美国）；等等。

然而，甲国继续与依赖性较强的乙国进行贸易的意愿，也将很关键地取决于乙国不断增长的规模，以及它单凭实力也会在将来构成的威胁。这方面最明显的例子就是冷战初期。当时美国对苏联实行严厉的经济遏制政策，以防止苏联获得经济利益，从而加强其长期权力基础。但这样做的结果是，苏联被迫对第三世界采取更加强硬的政策，而它原本会认为这种政策不够谨慎。又如，1895年后，由于担忧德国在欧洲逐渐坐大，英法对德国实行了越来越严的经济限制。此举使德国更加担心长此以往，相对于俄、美等新经济强国，德国将会衰落。

独立于两个主要国家之行政部门的国内势力也可能损害经济环境。这方面最明显的例子，是尼克松和基辛格在20世纪70年代初精心打造了缓和局面，结果却横遭破坏。1972~1973年，苏联一旦相信即将得到来自美国的贸易和技术利益，其行为就明显变得谨慎起来。然而，在水门事件之后，美国国会将尼克松政府联动策略的经济基础抽去了。于是，苏联很快恢复了在世界各地采取的较强硬政策。1903年，日本对满洲和朝鲜未来贸易的预期受到损害，俄国国内因素在其中可能也起到了作用。诚然，俄国出于充分的战略理由，希望在满洲维持一个强大的前沿阵地，以便打入新兴的中国市场。然而，在日本看来，俄国国内的压力集团正在将沙皇的政策引向强硬路线，使双方无法通过谈判达成合理协议，在该地区确定势力范围，从而维持和平。

本书的实证章节基本涵盖了1790年来涉及两个或多个大国的所有重要案例时期，说明了从预期角度研究相依问题可以多么有说服力。在几乎三分之二的案例时期中（40个中的26个，即65%），形势为何转向危机和战争，或转向和平，都可以用对未来商贸的预期下降来解释，而且这个因素在其中还起到了突出或决定性的因果作用。如果我们只考虑冲突中直接涉及经济相互依赖的案例，那么贸易预期理论可以解释几乎十分之九的案例（30个中的26个，即87%）。经济现实主义也能成功解释多个案例，但比贸易预期理论逊色许多。经济现实主义逻辑起到了重要或决定性作用的案例，在所有案例中占四分之一（40个中的11个，即28%），在涉及经济相互依赖的案例中占三分之一强（37%）。自由主义的经济解释，即认为当贸易水平下降时，国内病态会得到释放的观点，总体而言效果很差。自由主义逻辑起决定作用的，在 40 个案例中没有一例。② 即使与贸易预期和经济现实主义因素联合起来，这种逻辑也只能适用于三个案例：俄国在 1839~1841 年东方危机中的温和表现，俾斯麦在 1883~1884 年决定转向帝国主义的某些加强因素，以及日本于 20 世纪 20 年代末在满洲问题上的相对克制态度。这三者只占案例总数的 7%，占涉及经济相互依赖之案例的 10%。③ 即便对于原本应该成为其"最佳案例"的案例而言——德国与日本导致二战爆发的行为、1948 年的柏林危机，以及 1950 年的朝鲜战争爆发——自由主义观点也无法解释冲突的主要推动因素。

本章接下来主要有两个任务。我首先考虑本书观点对国际关系理论而言有何意义，重点是在思考并非专注于经济相互依赖问题本身的自由主义和现实主义理论时，本书观点有何较广泛的重要性。然后，我将转而考察当代美中关系。我提出，要预测今后二三十年里美中关系的可能走向，关键要考虑中国对外界原料和市场越来越强的依赖性，以及它对未来的预期。也许除了中国台湾问题之外，没有哪个问题能像经济依赖问题那样让中国领导人念念不忘。但我们有充分理由相信，中国将长期继续以和平方式参与体系；至少是，只要美国愿意维持开放而自由流动的全球经济体系，中国就会这样做。

本书理论的广泛意义

实证章节已经通过定量和定性方法说明，贸易预期理论比其他理论具有更强的解释力。第二章证明，领导人对未来经济环境的预期这

---

② 然而，独立于商业而又属于自由主义范式的国内因素和心理因素，在 1937~1945 年中日战争和意大利统一战争这样的案例中却起到了重要作用。

③ 以上统计数字来自第二章的表 2-7。

个新变量,可以为过去二十年中的多种定量大样本结果提供简单而有力的解释。可以解释的现象之一,就是当贸易水平上升时,专制国家可能变得更有敌意(这种行为主体一般不会那么坚持开放商业),以及具有"契约密集型"法律结构的国家往往和平程度较高(其领导人对当前贸易保持稳定的信心较强)。此外,贸易预期逻辑可以解释最近在定量文献中发现的"资本主义和平",即有助于减少军事化冲突和战争之可能性的,或许不是国家的贸易水平本身,而是国家的资本主义性质。资本主义国家一般会更加坚定地维护长期贸易开放性,以及不受限制的资金流动。因此,从本书角度来看,毫不奇怪的是,这种国家与较低程度的军事化冲突相关,因为这类行为主体往往对未来抱有正面预期,至少对彼此而言是这样。而且,麦克唐纳(McDonald, 2009)的统计著作证实,即便当前贸易水平很低,但如果保护主义的程度减轻,发生冲突的危险就会减少。这个结果符合以下观点:即便当前贸易基本不存在,但是对未来贸易的正面预期也可有助于维持和平,因为行为主体会认为,如果彼此和平相待,将来会有收获。

　　第二章的定量文献综述,只能对贸易预期理论提供相关性支持。定性分析的历史章节更进一步证实了一点:在战争爆发或维持和平涉及经济相互依赖的绝大多数案例中,贸易预期变量的确起到了主要因果作用。我们已经看到商业预期在世界历史上的重要性,于是可以超越经济因素本身,探索贸易预期理论对于自由主义和现实主义这两种国际关系的一般研究方法有何影响。④ 自由主义者这个群体断言,国际制度和民主二联体(democratic dyads)的存在,应该也会提高维持和平的可能性:前者是通过减轻行为主体关于对方可能在履行协议方

---

④ 我仍然是将"自由主义"和"现实主义"作为简略标签,代指关于行为主体目的和某些变量之突出性有一系列共同假设的理论类别。

面舞弊的疑虑来实现,后者主要通过对可能考虑与其他民主国家开战的领导人施加规范和法律上的制约来达成。⑤

至于制度和平与民主和平观点有何价值,贸易预期逻辑提供了简单明了的深刻见解。如果在行为主体之间建立制度,目的就是加强正面预期,减少领导人关于有价值的贸易投资途径可能被切断的疑虑,那么自由主义者认为制度有助于维持和平的观点就是完全正确的。以相关性而论,我们已经看到了这种效果:自1945年以来,优惠性贸易协定和经常性高层会议就有助于减少发生军事化国际冲突的可能性(第二章)。但历史案例研究表明,制度既非行为主体间保持和平的必要条件,也非充分条件。在绝大多数大国案例中,虽然并未正式建立高级官员定期会晤的制度,就连这方面的协议也没有,但和平照样得以维持多年。而当危机或战争确实爆发时,也很少是因为此前存在的国际机制逐渐失效。因此,虽然国际制度确实有助于加强正面贸易预期,但一般只是在大国政治的大背景下起到支持或强化因素的作用。从历史上看,更有影响力的因素在于:理性行为主体如果意识到过度强硬行为的有害效果,就会谨慎运用外交手段;而且,即使国际机构作用很弱,甚至不存在国际机制,这类行为主体还是能够表明它们会坚持开放贸易,直到将来。在1972年和20世纪80年代,美国领导人这样做了,而且效果很好,向苏联表示,只要苏联缓和其外交政策,美国就会成为更加可靠的贸易伙伴。诚然,假如外交协议得以制度化,可能有助于使双方更加坚持开放贸易和合理的军事行为。然而,在这样的制度化进程之前,贸易预期就可以得到改善。而且,如果没有事先的外交努力,制度化进程本身也很可能无法牢固确立。

---

⑤ 关于概述和参考资料,尤见 Doyle, 1986b; Owen, 1994; Oneal and Russett, 2001; Maoz and Russett, 1993; Keohane, 1984, 1990。

贸易预期研究方法还有助于我们理解，在关于"民主和平"的不休争论中，利害攸关的究竟是什么。我们在第二章中看到，相互民主与和平的相关性，可能反映的是经济和平，而不是政治和平。换言之，民主国家之间不大可能发生战争，不是因为它们互相尊重规范价值观（normative values），也不是因为其立法机构能阻止反对自由的领导人走向危险边缘，而是因为民主国家一般具有开放的自由经济基础，从而能够表示它们会坚持门户开放的经济政策，直到未来。当然，这并不是说民主国家不会经常倾向于提高关税、限制资金流动，尤其是在经济衰退时期（如20世纪30年代初）。但尽管如此，民主国家的领导人却可以认为，其他民主国家一旦摆脱了经济萧条，就会想要恢复自由贸易。因此，民主国家对彼此从长计议的这种看法应该是相当积极的。这样一来，它们对自己获得关键商品和市场以及保障未来安全的能力应该是比较乐观的。

但我们的案例研究显然表明，如果民主国家认为自己面对的是不会在未来坚持开放商贸的行为主体，那么民主国家就会和专制国家一样具有侵略性。最明显的例子就是19世纪的英国。一旦英国领导人认为其他大国在试图限制英国获得原料、投资、市场的权利，就往往会发动危机或战争，如英国在19世纪30年代与法俄在近东问题上的斗争、1839年发动第一次鸦片战争、1853年和1878年针对俄国对土耳其的策略而做出的反应，以及19世纪80年代和1895～1899年布尔危机期间关于非洲问题的担忧。再如1945年，当美国面临着全球共产主义的经济挑战时，其政策变得强硬得多了。1895年英、美两国在委内瑞拉问题上僵持不下，也同样表明：即使两国都是民主国家，但如果一方认为对方侵入了它的经济势力范围，那么两者仍然可能走向战争边缘。

然而，自由主义总体观点面临的最大挑战，来自关于"专制国

第九章　本书观点的意义

家为何会投入代价高昂的战争"这个问题的新见解。自由主义关于战争为何爆发的观点植根于这样一种见解：单凭外界压力是不够的，单位层次的病态必须起作用。自由主义的假定（其实是自由主义与现实主义观点的最大区别）就是，国家在体系中的处境不可能成为战争的首要推动因素。而在几乎所有案例中，就连看似由国内因素推动的案例，如二战时的欧洲和亚洲战场，我们都能发现战争的发动者感到了来自体系的强大压力，逼迫他们为了保障安全而诉诸战争。这种体系压力并不一定是直接由贸易预期下降造成的。然而，在1948年柏林危机和1950年朝鲜战争这样的案例中，我们本该认为国内变量最为突出，但我们仍然看到，由于对方经济崛起而担心自己长期衰落，仍然是发动战争之理由中的关键内容。

上述案例研究必然表明，虽然自由主义理论认为单位层次因素是世界历史上发生战争的重大原因，但其实远非如此。当然，国内变量仍然可能有重要意义，但其主要作用一般是影响行为主体关于其对手将来是否愿意保持商业开放的预期；如果该行为主体正在衰落，那么就是影响它关于对手变得更强大之后是否希望发动进攻的估计。换言之，如果单位层次变量在危机和战争的爆发中起到了什么作用，那么最能有效解释为何某国会改变政策、发动冲突的，不是该国的单位层次特征，而是对方的单位层次特征。因此，本书的实证证据迫使自由主义思路发生根本转向。自由主义者必须摒弃"世界史上的危机和战争一般是由病态国家发动的"这种视角，转向另一种观点，这种观点能够说明甲国的国内政治如何深刻影响乙国的安全考量和行为，而我们力图解释的正是乙国的强硬行为。

上述讨论同时也指出了各类现实主义理论在哪些地方需要重新表述。进攻性现实主义能很好地解释大国为何普遍希望加强对未来事态的控制，但由于它忽视了经济或军事强硬政策的负面作用，所以在理解大国行为方面不甚令人满意。而一旦引入关于安全困境严重程度变化的防御性现实主义观点，我们就能明白为何多数大国在历史上都采取相对谨慎的政策。尽管如此，防御性现实主义在对安全困境的理解中还是忽视了综合关系中的经济方面。如果我们考虑到贸易－安全困境，并将它与不断变化的未来贸易预期联系起来，我们就能明白行为主体无论小心谨慎还是咄咄逼人，都有可能超出防御性现实主义所允许的范围。当行为主体的预期为正面时，会比较谨慎，因为它们担心如果自己转向强硬行为，不仅会导致其他国家增加军备开支，加强联盟（以反制贸易－安全困境），而且会招致经济限制，甚至贸易中断，从而使自己的长期经济实力和安全遭到严重损害。然而，如果在外源性因素（包括其他国家的国内因素）的作用下，有依赖性或依赖程度较低的国家被迫采取保护自己的经济途径、同时限制其他国家经济途径的政策，那么就会出现互不信任和相互敌对的恶性循环，其出现之快、烈度之大，都会超过防御性现实主义预计的程度。而且，在此情况下，很容易如进攻性现实主义所言，出现"行为主体确实希望防范将来的问题"这种现象，从而导致双方开始争夺第三方资源、投资、市场的控制权。

实践意义：美国与中国崛起

本书的观点对当今时代甚为紧迫乃至最为紧迫的问题有着重要的实践意义，这个问题就是在中国的经济与科技实力飞速崛起的背景下，美中关系的前景如何。在过去三十年里，中国的 GDP 增长着实令人惊叹，平均每年增速达 7%~9%（在许多年中为两位数增长）。因此，中国的绝对经济体量每 8 到 10 年就要翻倍，每 16 到 20 年就要翻两番。由于西方国家和日本的经济增长率远低于此，所以中国现已超过日本，成为世界第二大经济体。不仅如此，假如中国能维持现

第九章 本书观点的意义

有的发展趋势,那么它的 GDP 总量即将在十五到二十年之后超越美国。⑥ 由于中国的经济崛起,人们不断争论:是否出现了越来越严重的"中国威胁",以及假如存在这种威胁,美国能够怎样应对、应该如何应对。本节将根据贸易预期理论指出,也许除了中国台湾问题之外,可能导致中美关系恶化的一大因素就是中国不断增强的经济依赖性;但吊诡的是,这个因素也是最有可能维持和平的。在未来二十年中,一切将取决于双方如何出牌,以及双方的政策对各自关于未来经济环境的观点有何影响。

中国面临的最大问题,与二战之后困扰美国的问题一样:经济加速发展扩大对原料,尤其是能源的需求。由于篇幅所限,我将集中讨论中国对国外石油迅猛增长的依赖性,因为石油对现代经济的几乎每个领域都至关重要。1993 年,中国从石油净出口国变成了净进口国。在随后的十五年中,中国国内生产总值增加了三分之一,而石油需求量增长了 2.5 倍多,造成中国目前 55% 的石油需求依靠进口。国内产量预计将很快达到最高点,而消耗量却继续猛增。根据大多数估计结果,到 2025~2030 年时,中国所消耗的石油中有 75% 必须从国外

---

⑥ 以上统计数字趋于保守,反映了研究中国的学者之普遍一致观点。尤可参看以下著作:Shambaugh, 2005; Womack, 2010; Ross and Feng, 2008; Collins et al., 2008;亦见 Kang, 2007; Jacques, 2009; Friedberg, 2011。学者的具体预测取决于所采用的中国政府历史统计数字,以及如何调整价值得到低估的人民币,以反映中国经济产出的实际规模。许多学者认为,中国要想维持其惊人增长,就必须减少对出口的依赖程度,同时通过扩大消费和降低总体储蓄率来发展国内市场(2008 年金融危机后,中国领导人似乎已经开始认真对待这种建议)。本节假定中国将继续保持强劲增长,即便增速比过去多少有所放缓。当然,假如由于环境恶化和传统的 S 曲线决定因素(Gilpin, 1981),中国经济开始停滞不前,中国政府就应该不再会那么倾向于温和政策,而更有可能开始实行强硬政策,以支撑其逐渐下降的地区地位(见 Copeland, 2000b: 15-27, 240-245)。

进口。⑦ 我们在第六章看到，1943年后美国的石油依赖性不断增长，大大加强了美国在世界各地投送军事力量，并偶尔以强硬措施维持获得石油之途径的意愿。我们必须讨论的关键问题之一就是，中国的依赖程度不断上升，是否会迫使它在今后二十年中走上类似的道路，即转向力量投送战略，而美国政府必将认为这种战略是要挑战美国在全世界的军事主导地位。

十几年以来，中国领导人一直专注于国家依赖程度不断上升的问题，其主要关切归根到底就是：美国政府是否会利用其在海军和常规力量上的巨大优势，阻挡中国与历来最重要的产油地（中东各国和非洲）联系的途径？中国面临着其领导人所谓的"马六甲问题"。中国进口石油的五分之四以上要经过马来西亚和印度尼西亚之间狭窄的马六甲海峡。半个世纪以来，美国海军名为震慑海盗，实则负责保护这条极其重要的海上交通线。然而，在中国看来，美国政府有可能利用马六甲海峡这条咽喉要道，以之要挟中国，使中国不敢充分解决其外交政策上的问题（如中国台湾地区声称要独立），或遏制甚至逆转中国的总体工业和技术发展。⑧

美国一直没有直接利用中国的石油依赖性，将它作为操纵两国外交关系的工具。然而，经济现实主义者可能指出：尽管如此，中国还是越来越依赖盛产石油的国家，而且依赖美国保证能够持续与这些国家交往。经济现实主义的错误在于：它坚持认为，行为主体如果依赖关键原料，就一定会采取强硬的侵略性政策，以维持其获得原料的途径。而在过去二十年里，中国却极其不愿严重挑战印度洋和马六甲海

---

⑦ 以上数字来自2011年9月18日的《华盛顿邮报》A1版（根据国际能源署2010年《世界能源展望》报告）；《人民日报》2013年2月5日，english.peopledaily.com.cn/90778/8122545.hmtl; Pietz, 2008; Downs, 2010; Freeman, 2008。

⑧ 见Collins and Murray, 2008; Kaplan, 2010; Pollack, 2008; Holmes and Yoshihara, 2008; Collins, Erickson, and Goldstein, 2008。

峡的海军实力现状（见 Collins et al., 2008）。这种合作态度可以直接追溯到一个首要情况：美国希望避免对中国实施冷战时代的经济遏制。我在后面将会讨论到，美国表现得如此含蓄有多种原因，但产生的效果却一目了然。中国领导人对全球长期经济环境一直抱有积极看法，因此有很强动力去避免可能引起贸易－安全恶性循环，以及造成极其危险后果的各种行为。双方似乎都从20世纪30年代美日冲突不断升级的情况中吸取了教训，丝毫不愿那段历史重演。中国其实已经不遗余力地表明，它将坚决支持亚洲的门户开放——也就是说，中国绝不会试图为了自己的利益建立限制性的"共荣圈"，而且它非常愿意加入能够证明其和平意图的国际协定，接受其约束。

可以看出，两个行为主体由于共同面临的经济现实情况，行为都高度理性。美国目前高度依赖中国对美国短期国库券的投资，以弥补美国政府持续不断的财政赤字。中国需要美国不断购买其商品，以维持经济增长，并得到让中国在世界舞台上拥有金融优势的外汇。其实，我们可以认为中国在过去三十年中的策略是极其明智的。90年代初，邓小平在著名的"二十四字"国内政策中指出，中国要等待时机，隐藏实力，不要显露出在国际政治中争取领导地位的迹象（其实应为"二十八字"方针，即"冷静观察、稳住阵脚、沉着应付、韬光养晦、善于守拙、决不当头、有所作为"——译者注）。⑨通过在外交上维持稳定，中国可以和平发展经济实力，不断增强制造价廉物美商品的能力，从而战胜这方面的对手。这种策略也有弊端：它必将使中国在原料、投资、市场方面更加依赖他国。但就像19世纪70年代之后的日本一样，为了赶上老牌工业强国，中国非常愿意做出这种取舍。中国加入了数百个国际机构，参加世界性论坛和二十国集团峰会，又表现出愿意在重大国际贸易金融问题上进行合作的态

---

⑨ Sutter, 2005, 293; Jacques, 2009, 348; Jiang, 2008, 31–32.

度。这在很大程度上缓解了美国和邻国的担忧，让他们认为中国的发展不会在亚洲构成威胁，更不用说全世界了（Johnston，2003，2004，2007，2013）。

目前的形势和二战之后的情况大不相同。我们在第六章看到，1945 年时，美国领导人虽然认为斯大林大体而言是温和而又讲道理的地缘政治家，但还是非常担心苏联的战后崛起。除了担心苏联的长期发展，以及之后的苏联领导人会改变意图之外，美国领导人的担忧有两方面：首先，边缘地区的小国将发生共产主义革命，使之落入苏联的经济和政治势力范围；其次，苏联当时的意识形态要求建立封闭的经济势力范围，这意味在这些边缘地区国家发生革命之后，美国将不再能够获得其资源、进入其市场。然而，在过去三十年里，中国却不遗余力地表示它不同于过去的苏联。中国不想在境外支持革命或主导意识形态，而是一个高度务实的国家，只希望与其他国家达成合理的贸易协议，提高中国产品的市场占有率，拓宽中国获得原料的途径。而且，中国采取了西方发展贸易关系的方法，包括加入世界贸易组织和争取贸易伙伴给予其最惠国待遇，以此表明：较小的国家如果出于简单明了的经济原因而亲近中国，它们与西方国家之间的贸易和投资并不会在任何方面遭到封锁。⑩

这一切都意味着美国的担忧得到了缓解。这种担忧就是：一旦中国的 GDP 总量赶上美国，中国就会切断美国获得资源、投资、市场的途径。⑪ 当然，由于中国的意图可能改变，所以美国永远会担心，一旦中国占据上位，就会转而采取较为封闭的经济策略，以加剧美国的衰落。但在短期之内，对于除了最极端派别之外的所有美国政府官

---

⑩ 见 Copeland，2003；Johnston，2007，2013；Goldstein，2003，2005；Rotberg，2008。

⑪ 此外，由于美国拥有核武器和战略侦察手段，所以中国极不可能考虑对美国本土或其主要盟友发动突然袭击。

第九章 本书观点的意义

员和分析人士而言,引起贸易-安全恶性循环、破坏稳定局面的消极风险,很可能会继续掩盖关于未来的长期担忧。因此,美国两党都不大可能转而对中国采取"东西方贸易统筹委员会"式的经济遏制政策,以降低其经济增长速度。

尽管如此,但中国与世界进行经济接触的策略也包含着微妙的保护措施——这在国际政治的群龙无首环境下可以理解,但可能造成破坏美中关系长期稳定的后果。首先,在能源进口方面,中国正在竭力摆脱主要依赖中东和非洲石油的局面。过去十年里,中国建设了通向哈萨克斯坦、土库曼斯坦和俄罗斯的油气管道,加大了东海、南海的石油勘探力度。此外,还积极讨论了一种设想:建设一条管线,从伊朗进入巴基斯坦,越过喀喇昆仑山脉进入中国西部。⑫ 这种管线不仅能让中国加强对其获得石油途径的控制,而且长此以往,还将削弱美国影响中国外交政策的能力。中国政府同时还在实施建立三个月战略石油储备的计划,以缓解石油供应中断造成的剧烈影响,并减少石油供应方和美国实施石油制裁的动力。最后,中国巩固了与巴基斯坦和缅甸的关系,而且正在帮助两国建设深水港口。一旦必要的管线建成,中国就能通过这些港口将中东和非洲的石油运进国内,无须经过

---

⑫ Lo,2008;Kozyrev,2008;Kaplan,2010。近来有许多人讨论中国在捍卫利益方面变得更加"态度坚决",如捍卫东海的领土主张,以及南海的能源勘探与通航权利。但在这种争端中,中国政府大体上是在被动反应,力图抵制日本、菲律宾、越南等国对上述海域中某些岛屿的主权声索。而且,在其他国家提出反对时,中国愿意缓和其立场,并在几乎所有其他政策问题上继续实行总体合作政策(中国新近表现出的坚决态度既不是前所未有,也不是特别坚决。关于这一点的透彻分析,见 Johnston,2013)。总体而言,我们必须指出,对于美国分析人士常常用来判断中国的标准,他们既不会用之以评判美国近来(如在中东)的行为,也不会用来评价美国本身的崛起历史(如从 1898 年到 1930 年,在拉美和加勒比地区进行了二十多次军事干预)。

马六甲海峡。⑬

虽然前期经济成本巨大,但上述举措都具有重要的战略意义。今后二十年中,中国的石油消耗预计将从每天 800 万桶增加到每天 1500 万桶。来自中亚、俄罗斯和伊朗的管线将为中国增加供应来源,弥补供应短缺。⑭ 如果按计划修建以巴基斯坦和缅甸港口为起点的管线,那么假如美国发出威胁,不准前往中国的邮轮通过马六甲海峡,中国便可另辟蹊径,削弱这种威胁的效用。但美中关系面临的问题是:中国既要坚持这种策略,又不用发展保护管线和贸易路线(更不用说作为其盟友的石油供应国)、使之免受新出现的威胁损害所必需的力量投送能力,这种局面能维持多久?1943 年以后,美国发现自己必须向中东地区积极投射海军和常规力量,以遏制各种威胁,而从艾森豪威尔时代开始,就要偶尔派出地面部队应对各种威胁。中国领导人是否最终也会被迫向印度洋投送大批海军力量,或者干预中亚各国的事务,以维持获得能源的途径有所保障的感觉?

本书的理论预言,只要中国领导人仍然相信美国愿意维持石油的自由流通,就会继续保持谨慎态度,不会轻易转向这种力量投送的强硬立场。建立强大的海军并开始将它向印度洋派遣,从经济现实主义的角度来看似乎是合理的,但目前的情况不同于 19 世纪八九十年代。当时,意大利、日本、德国等新兴国家可以通过加强海军力量来保护贸易,而不会必然导致处于主导地位的海军强国(英国)做出强硬反应。⑮ 在当前形势下,美国在海军和常规力量方面显然具有霸权地位,所以无论哪届美国政府看到中国的海军政策发生重大改变,都不

---

⑬ 西方分析人士称之为中国的印度洋"珍珠链"战略。见 Holmes and Yoshihara, 2008; Collins, Erickson, and Goldstein, 2008; Kaplan, 2010; Myint-U 2011。

⑭ 《华盛顿邮报》2011 年 9 月 18 日,A1 版;Downs, 2010, 186。

⑮ 当然,英国在 1897 年后与德国展开了大规模海军竞赛(见第三章、第八章)。然而,在那时以前,英国关注的重点是其传统对手法国和俄国的海军发展。

第九章 本书观点的意义

会善罢甘休。北京的官员们懂得这一点。他们知道，如果中国采取新的力量投送策略，就几乎一定会引起贸易-安全恶性循环，美国的经济制裁和联盟活动很可能迫使中国向邻国施压，逼迫其加入中国的经济势力范围。这就会损害三十年来的经济发展成果，更不用说会增加真正发生战争的危险。因此，除非贸易预期出现下降，否则中国领导人很可能使用圆滑手段，继续执行邓小平发展经济实力、维持地缘政治稳定的政策。

当然，这一切都取决于美国是否愿意保持它的政策，即不要主动转向对中国进行经济或政治遏制的方向。崛起的国家显然希望避免惹是生非，通过相互接触持续不断地获得经济利益。然而，像美国这样相对衰落的国家却有理由主动转向强硬政策，从而及早降低对方的经济发展速度（见 Copeland, 2000b: 35-53, 240-246）。对世界和平而言，幸好中国领导人有三个理由相信，对美国而言，即使将来共和党当政，也不会恢复其在冷战时期对苏联（以及中国）实施的严格经济制裁。三个理由中的第一个，很可能也是最不充分的，就是美国身为自由贸易国家的意识形态倾向。美国领导人即便想要加强经济限制，也很可能在国会议员和跨国公司压力下被迫维持总体开放的对华政策，只要中国政府投桃报李。尽管如此，在今后几十年里，随着中国的 GDP 总量开始超越美国，中国领导人不能指望单凭意识形态就能维持贸易和投资往来。毕竟，在冷战时期，"自由主义"的美国在面临另一个崛起大国的威胁时，实施了世界历史上和平时期最为严厉的制裁政策之一。

中国持乐观态度的第二个理由则比较有力一些：美国两党领导人都表现出他们充分了解一点，即遏制政策不仅会使美国遭受绝对损失（贷款无法收回、贸易下降），而且会导致危险的贸易-安全恶性循环，而这又将导致新的冷战，甚至更坏的结果。例如，小布什在 2001 年就职以前，否认中美之间存在战略伙伴关系，反倒说中美之间存在新的战略竞争关系。但他在当政的八年期间，却维持了前任确立的对华经济接触政策。今后来自两党的强硬派领导人，在了解"东西方贸易统筹委员会"式的制裁政策对中美关系稳定可能造成的影响之后，也很可能会清醒过来。

如果在今后二十年里，中国似乎的确将在GDP总量上超越美国，那么美国国内可能出现巨大压力，要求政府至少转向温和的经济遏制政策，以维持美国的优势地位。这就引出了第三个乐观的理由，但这个理由经常为分析人士所忽略。中国已与日本、欧盟及亚洲邻国建立了有效且紧密的商业纽带，所以在今后几十年中，美国将越来越难以实施"东西方贸易统筹委员会"式的新政策——至少如此，如果中国继续表现出坚决拥护全球经济开放体系的态度，就会是这种情况。在冷战初期，欧洲、日本及美国其他盟友支持美国主导的"东西方贸易统筹委员会"政策，是因为它们对来自苏联的实际威胁看法一致，而且它们的经济都高度依赖美国市场和资本。但目前的情况并非如此。这些国家与中国的经济关系紧密，而且越来越牢固。它们不会仅仅因为某届强硬的美国政府提出应该遏制崛起的中国巨人，就想打破这种关系。而且，如果说中国将来会构成严重威胁，所以现在就应该对其进行有力而经济代价高昂的制裁，这些国家很可能不会同意，尤其是因为其民众强烈要求增加就业机会，买到廉价产品。即便在20世纪50年代，面对赫鲁晓夫的"和平共处"运动，欧洲也在敦促美国放松"东西方贸易统筹委员会"政策。假如美国又要对中国采取这种政策，那么几乎可以肯定，美国的盟友会普遍加以抵制，或者会绕过政策规定为自己谋利。如果制裁政策执行起来出现重大疏漏，结果就会比继续对华经济接触给美国造成更大的伤害。中国可以通过与其他国家进行贸易来弥补美中贸易的损失，而这种贸易转向会使美国的相对衰落更加严重。

出于以上各种理由，中国领导人应该会继续相信美国愿意维持自由贸易、开放投资的政策，直至可预见的未来。鉴于引起贸易－安全恶性循环的消极风险，中国政府可能在将来一段时间里继续保持低调姿态。如果要对这种乐观设想提出重大警告，那就要涉及大国政治中普遍令人烦恼的问题，即第三方的作用。在前几章中我们已经看到，第三方经常会迫使一方或双方在危机中采取本来不愿采取的强硬立场，从而破坏大国之间的和平关系。例如，倘若中国台湾地区大力推动独立进程，中国大陆就可能采取军事行动，而这又可能导致美国做出对华经济制裁的第一反应。如果中国领导人认为这种制裁属于长期经济遏制政策的内容，或许就不得不转向较为强硬的地区政策，那么出现贸易－安全恶性循环，直至发生冷战，也不是完全没有可能。此外，美国领导人如果发现中国在非洲、亚洲、拉美的经济盟友正在中国政府的支持下采取高度专制的政策，或者干脆就是与中国走得太近，造成美国与这些国家交往的"开放途径"似乎值得怀疑，那么他们也可能面临要求对华制裁的巨大压力。如果出现了中国越来越封闭的势力范围，就可能导致制裁，启动新的冷战——尤其是，如果美中资源需求不断增长，似乎预示着两国将争夺发展中国家的非可再生原料，情况就更是如此。

但总体来看，至少再过几十年，中美两国怀有的乐观贸易预期理由，应该会胜过悲观预期理由。两国不仅从目前的贸易投资关系中获得了绝对利益，而且双方领导人都非常希望不让灾难性的1930～1941年和危险的冷战时代重演。当然，和平从来不是确定无疑的。由第三方引起的导火索事件，或对未来过度担忧的预计，都可能导致制裁和军备扩张，形成你来我往的恶性循环，最终破坏中美两国政府长达几十年的合作关系。尽管如此，但在核武器时代，大国之间如果出现恶性循环，就会不言自明地带来很高的风险。如果行为主体能以史（或许还有国际关系理论？）为鉴，它们应该能够采取措施，巩固彼此的正面预期，同时避免可能导致危机和战争的失策行为。

尾声：今后研究方向

本书已证明，从动态视角研究经济相互依赖与战争的问题，具有何种解释和预测的价值。贸易预期理论将"领导人如何看待未来的依赖性和商贸途径"这个问题纳入其演绎因果逻辑，从而能够解释更多的外交和历史证据及定量研究结果，相比于与之竞争的两种主要理论——自由主义和经济现实主义——及其附属的各种理论要多得多。这说明关于商业和冲突的新研究方法应当以三个主要重点为引导。首先，依赖于自由主义和现实主义假设的任何演绎理论，都应该摈弃以当前国际贸易投资水平为基础的静态比较模型。由于主要影响领导人的并非当前贸易投资往来是多是少，而是其对未来商业环境的预期，所以演绎理论需要建立在此基础之上。一旦有了这种转变，实证分析便可进行相应调整。

其次，也是与此相关的一点，是还需继续进行理论研究，明确指出在何种条件下，各国可能认为未来的商业环境将是稳定开放，而不是变化莫测、限制重重。第一章列出了一系列外源因素，这些因素应该能够决定领导人对未来是抱乐观还是悲观态度，其中包括第三方、力量发展趋势、原料储备，以及对手的行政部门所受的国内约束。我们发现，这些因素在1790~1991年间大国冲突程度不断变化的过程中起到了重要作用。但要了解这种因素如何相互作用，以及在何种条件下某些因素可能比其他因素变得更为突出，还要继续进行理论研究。

最后，必须进一步深入研究贸易-安全困境的性质，以及何种因素会引起互不信任和强硬行为升级的贸易-安全恶性循环，破坏稳定局面。本书考察了引起严重贸易-安全困境的某些因素，其中包括：担忧对方的内部稳定和未来类型问题；地理条件和工业化进程在何种程度上会导致行为主体投送军事力量以保护通道路线；第三方拥有某些种类的关键商品（如石油），迫使大国参与地区争端。然而，关于何为贸易－安全困境，以及这种困境与比较传统的军事－安全困境有何不同，我们的了解尚在初级阶段。例如，关于如何在不确定形势下做出保持和平行为的可信承诺，这个问题在过去二十年中已经得到了广泛探讨。然而，关于各国如何树立保持经济开放、不希望引起贸易－安全恶性循环的声誉，我们还是知之甚少。

在本书结尾，我呼吁将现实主义和自由主义的深刻见解进行正确结合，以发展完备的理论。现实主义所关心的经济实力问题，以及如果得到关键商品和进入关键市场的途径被切断，对安全有何影响的问题，为本研究项目所提出的新理论提供了基础。而一旦我们考虑到领导人关于经济环境和长期相对实力的担忧，就能明白为何在世界历史上往往出现各方似乎都无法结束的激烈安全竞争，造成可悲的结果。然而，单位层次的变量对于历史冲突的爆发仍然可以起到重要的辅助作用，只是其中原因不一定如自由主义者所言。我们已经看到，"对方"的国内因素往往会使追求安全的行为主体变得更加悲观，认为长此以往自己可能无法维持得到贸易和投资的途径，从而促使其采取强硬政策。因此，虽然单位层次因素可能很少成为大国冲突的主要推动因素，但仍然可以成为若干参数，有助于推动追求安全的国家对其认为不利于其经济利益的国家采取进攻性政策。这样，我们就既可以专注于在历史上对大国行为有重大影响的安全担忧，同时又认识到，外在于主要行为主体的单位层次因素，有时也会导致其参与原本希望避免的战争和破坏稳定的冲突。

参考文献

SECONDARY SOURCES

Albrecht-Carrié, René. 1968. *The Concert of Europe, 1815–1914*. New York: Harper and Row.
———. 1973. *A Diplomatic History of Europe since the Congress of Vienna*. Rev. ed. New York: Harper and Row.
Ambrose, Stephen E. 1984. *Eisenhower the President, 1952–1969*. London: George Allen.
Anderson, Matthew. 1979. "Russia and the Eastern Question, 1821–41." In *Europe's Balance of Power 1815–1848*, edited by Alan Sked. London: Macmillan.
Anderson, Richard D. 1993. *Public Policy in an Authoritarian State*. Ithaca, NY: Cornell University Press.
Angell, Norman. 1933. *The Great Illusion*. 2nd. ed. New York: Putnam's Sons.
Arad, Ruth, Seev Hirsch, and Alfred Tovias. 1983. *The Economics of Peacemaking*. New York: St. Martin's Press.
Arbatov, Georgi. 1993. *The System: An Insider's Life in Soviet Politics*. New York: Random House.
Armstrong, Charles K. 2003. *The North Korean Revolution, 1945–50*. Ithaca, NY: Cornell University Press.
Ashley, Percy. 1910. *Modern Tariff History: Germany, United States, France*. 2nd ed. New York: John Murray.
Aslund, Anders. 1989. *Gorbachev's Struggle for Economic Reform*. Ithaca, NY: Cornell University Press.
Backer, John H. 1983. *Winds of History*. New York: Van Nostrand Reinhold.
Baker, James A. 1995. *The Politics of Diplomacy*. New York: Putnam's Sons.
Baldwin, David A. 1980. "Interdependence and Power: A Conceptual Analysis." *International Organization* 34 (4): 471–506.
———. 1985. *Economic Statecraft*. Princeton, NJ: Princeton University Press.
———, ed. 1993. *Neorealism and Neoliberalism*. New York: Columbia University Press.
Barbieri, Katherine. 1996. "Economic Interdependence: Path to Peace or Source of Interstate Conflict." *Journal of Peace Research* 33 (1): 29–49.
———. 2002. *The Liberal Illusion: Does Trade Promote Peace?* Ann Arbor: University of Michigan Press.
Barkin, Kenneth D. 1970. *The Controversy over German Industrialization, 1890–1902*. Chicago: University of Chicago Press.
Barnhart, Michael. 1987. *Japan Prepares for Total War: The Search for Economic Security, 1919–41*. Ithaca, NY: Cornell University Press.
Barraclough, Geoffrey. 1964. *An Introduction to Contemporary History*. Harmondsworth, UK: Penguin.

Basso, Cristina, Barry J. Maron, Domenico Corrado, and Gaetano Thiene. 2000. "Clinical Profile of Congenital Coronary Artery Anomalies with Origin from the Wrong Aortic Sinus Leading to Sudden Death in Young Competitive Athletes." *Journal of the American College of Cardiology* 35 (6): 1493–1501.

Baumgart, Winfried. 1982. *Imperialism*. Oxford: Oxford University Press.

Bearce, David H. 2001. "The Commercial Institutional Peace: Commerce, Institutions, or Both?" Paper prepared for the International Studies Association annual convention, Chicago, February 20–24.

———. 2003. "Grasping the Commercial Institutional Peace." *International Studies Quarterly* 47 (3): 347–70.

Bearce, David H., and Sawa Omori. 2005. "How Do Commercial Institutions Promote Peace?" *Journal of Peace Research* 42 (6): 659–78.

Beasley, W. G. 1987. *Japanese Imperialism, 1894–1945*. Oxford: Oxford University Press.

Beeching, Jack. 1975. *The Chinese Opium Wars*. New York: Harcourt Brace.

Behr, Edward. 1989. *Hirohito*. New York: Vintage.

Bennett, Andrew, and Colin Elman. 2006. "Complex Causal Relations and Case Study Methods: The Example of Path Dependence." *Political Analysis* 14 (3): 250–67.

Benson, Michelle. 2007. "Trade Expectations: The Trend in Trade and Dyadic Disputes." Typescript, State University of New York at Buffalo.

Beschloss, Michael R. 1988. *Mayday: Eisenhower, Khrushchev, and the U2 Affair*. New York: Harper and Row.

Beschloss, Michael R., and Strobe Talbott. 1993. *At the Highest Levels: The Inside Story of the End of the Cold War*. Boston: Little, Brown.

Bix, Herbert P. 2000. *Hirohito and the Making of Modern Japan*. New York: HarperCollins.

Blue, Gregory. 2000. "Opium for China: The British Connection." In *Opium Regimes: China, Britain, and Japan, 1839–1952*, edited by Timothy Brook and Bob Tadashi Wakabayashi. Berkeley: University of California Press.

Booth, Ken, and Nicholas J. Wheeler. 2008. *The Security Dilemma: Fear, Cooperation, and Trust in World Politics*. New York: Palgrave.

Bourne, Kenneth. 1982. *Palmerston: The Early Years, 1784–1841*. London: Allen Lane.

Brady, Henry E., and David Collier, eds. 2010. *Rethinking Social Inquiry*. 2nd ed. Lanham, MD: Rowman and Littlefield.

Braumoeller, Bear F. 2004. "Hypothesis Testing and Multiplicative Interaction Terms." *International Organization* 58 (4): 807–20.

Braumoeller, Bear F., and Anne Satori. 2004. "The Promise and Perils of Statistics in International Relations." In *Models, Numbers, and Cases: Methods for Studying International Relations*, edited by Detlef F. Sprinz and Yael Wolinsky-Nahmias. Ann Arbor: University of Michigan Press.

Brooks, Stephen G. 1997. "Dueling Realisms." *International Organization* 51 (3): 445–47.

———. 2005. *Producing Security: Multinational Corporations, Globalization, and the Changing Calculus of Conflict*. Princeton, NJ: Princeton University Press.

Brooks, Stephen G., and William C. Wohlforth. 2000–2001. "Power, Globalization, and the End of the Cold War: Reevaluating a Landmark Case for Ideas." *International Security* 25, no. 3 (Winter): 5–53.

Broszat, Martin. 1981. *The Hitler State*. London: Longham.

Brown, Archie. 1997. *The Gorbachev Factor*. Oxford: Oxford University Press.

Bruck, W. F. 1938. *Social and Economic History of Germany from William II to Hitler, 1888–1938*. Cardiff: Oxford University Press.

Bueno de Mesquita, Bruce, James D. Morrow, Randolph M. Siverson, and Alastair Smith. 1999. "An Institutional Explanation of the Democratic Peace." *American Political Science Review* 93 (4): 791–807.

Bueno de Mesquita, Bruce, Alastair Smith, Randolph M. Siverson, and James D. Morrow. 2003. *The Logic of Political Survival*. Cambridge, MA: MIT Press.

Bullock, Alan. 1964. *Hitler*. Rev. ed. New York: Harper and Row.

Bush, George, and Brent Scowcroft. 1998. *A World Transformed*. New York: Knopf.

Buzan, Barry. 1984. "Economic Structure and International Security." *International Organization* 38, no. 4 (Fall): 597–624.

Cain, Peter J., and Anthony G. Hopkins. 2002. *British Imperialism, 1688–2000*. 2nd ed. Harlow, UK: Longman.

Campbell, Charles S. 1976. *The Transformation of American Foreign Relations, 1865–1900*. New York: Harper and Row.

Carr, Albert, ed. 1941. *Napoleon Speaks*. New York: Viking.

Carr, William. 1991. *The Origins of the Wars of German Unification*. London: Longman.

Carroll, Berenice A. 1968. *Design for Total War: Arms and Economics in the Third Reich*. The Hague: Mouton.

Cashman, Greg. 2013. *What Causes War?* 2nd ed. Lanham, MD: Rowman and Littlefield.

Cecil, Lamar. 1967. *Albert Ballin: Business and Politics in Imperial Germany*. Princeton, NJ: Princeton University Press.

Chamberlain, Muriel E. 1983. *Lord Aberdeen*. London: Longman

Chambers, James. 2004. *Palmerston*. London: John Murray.

Chan, Steve. 1997. "In Search of Democratic Peace: Problems and Promise." *Mershon International Studies Review* 41:59–91.

Chiozza, Giacomo, and H. E. Goemans. 2011. *Leaders and International Conflict*. Cambridge: Cambridge University Press.

Chouchri, Nazli, and Robert North. 1975. *Nations in Conflict: National Growth and International Violence*. New York: Freeman.

Christensen, Thomas J. 2011. *Worse than a Monolith: Alliance Politics and Problems of Coercive Diplomacy in Asia*. Princeton, NJ: Princeton University Press.

Christensen, Thomas J., and Jack Snyder. 1990. "Chain Gangs and Passed Bucks: Predicting Alliance Patterns in Multipolarity." *International Organization* 44 (Spring): 137–68.

Clark, Alan. 1965. *Barbarossa: The Russian-German Conflict, 1941–45*. New York: Quill.

Clubb, O. Edmund. 1971. *China and Russia: The "Great Game."* New York: Columbia University Press.

Cohen, Benjamin. 1973. *The Question of Imperialism*. New York: Basic Books.
Coleman, Fred. 1996. *The Decline and the Fall of the Soviet Empire*. New York: St. Martin's Griffin.
Collier, David, and James Mahoney. 1996. "Insights and Pitfalls: Selection Bias in Qualitative Research." *World Politics* 49, no. 1 (October): 56–91.
Collier, David, James Mahoney, and Jason Seawright. 2004. "Claiming Too Much: Warnings about Selection Bias." In *Rethinking Social Inquiry: Diverse Tools, Shared Standards*, edited by Henry E. Brady and David Collier. Lanham, MD: Rowman and Littlefield.
Collins, Alan. 1997. *The Security Dilemma and the End of the Cold War*. Keele, UK: Keele University Press.
Collins, Gabriel B., Andrew S. Erickson, and Lyle J. Goldstein. 2008. "Chinese Naval Analysts Consider the Energy Question." In *China's Energy Strategy*, edited by Gabriel B. Collins, Andrew S. Erickson, Lyle J. Goldstein, and William S. Murray. Annapolis, MD: Naval Institute Press.
Collins, Gabriel B., Andrew S. Erickson, Lyle J. Goldstein, and William S. Murray, eds. 2008. *China's Energy Strategy*. Annapolis, MD: Naval Institute Press.
Collins, Gabriel B., and William S. Murray. 2008. "No Oil for the Lamps of China?" In *China's Energy Strategy*, edited by Gabriel B. Collins, Andrew S. Erickson, Lyle J. Goldstein, and William S. Murray. Annapolis, MD: Naval Institute Press.
Collis, Maurice. 1946. *Foreign Mud: The Opium Imbroglio at Canton in the 1830s and the Anglo-Chinese War*. New York: W. W. Norton.
Coox, Alvin D. 1985. *Nomohhan: Japan against Russia, 1939*. Stanford, CA: Stanford University Press.
Copeland, Dale C. 1996a. "Economic Interdependence and War: A Theory of Trade Expectations." *International Security* 20 (4): 5–41.
———. 1996b. "Neorealism and the Myth of Bipolar Stability: Toward a New Dynamic Realist Theory of Major War." *Security Studies* 5 (3): 29–89.
———. 1999–2000. "Trade Expectations and the Outbreak of Peace: Détente 1970–74 and the End of the Cold War 1985–91." *Security Studies* 9 (1–2): 15–58.
———. 2000a. "The Constructivist Challenge to Structural Realism: A Review Essay." *International Security* 25 (2): 187–212.
———. 2000b. *The Origins of Major War*. Ithaca, NY: Cornell University Press.
———. 2003. "Economic Interdependence and the Future of U.S.-Chinese Relations." In *International Relations Theory and the Asia-Pacific*, edited by G. John Ikenberry and Michael Mastanduno. New York: Columbia University Press.
———. 2011a. "Rationalist Theories of International Politics and the Problem of the Future." *Security Studies* 20 (3): 441–50.
———. 2011b. "A Tragic Choice: Japanese Preventive Motivations and the Origins of the Pacific War." *International Interactions* 37 (1): 116–26.
———. 2012a. "Realism and Neorealism in the Study of Regional Conflict." In *International Relations Theory and Regional Transformation*, ed. T. V. Paul. Cambridge: Cambridge University Press.
———. 2012b. "Trade Expectations and the Grand Strategies of Germany and Japan in the Interwar Era." In *The Grand Strategies of the Great Powers in the Interwar Era*, edited by Steven Lobell, Norrin Ripsman, and Jeffrey Taliaferro. Cambridge: Cambridge University Press.

———. 2014. "IR Theory and the Three Great Puzzles of the First World War." In *The Outbreak of the First World War: Structure, Politics, and Decision-Making*, edited by Jack S. Levy and John Vasquez. Cambridge: Cambridge University Press.

———. Forthcoming. *Commerce, War, and American Foreign Policy, 1790–2003*.

Coutain, Brian. 2009. "The Unconditional Most-Favored-Nation Clause and the Maintenance of the Liberal Trade Regime in the Postwar 1870s." *International Organization* 63 (1): 139–75.

Craig, Gordon A. 1978. *Germany, 1866–1945*. Oxford: Oxford University Press.

Crescenzi, Mark J. 2005. *Economic Interdependence and Conflict in World Politics*. Lanham, MD: Lexington.

Crowley, James. 1966. *Japan's Quest for Autonomy: National Security and Foreign Policy, 1930–38*. Princeton, NJ: Princeton University Press.

Cumings, Bruce. 1990. *The Origins of the Korean War*. Vol. 2. Princeton, NJ: Princeton University Press.

———. 1997. *Korea's Place in the Sun: A Modern History*. New York: W. W. Norton.

Curtiss, George B. 1912. *The Industrial Development of Nations*. Vol. 1. Binghamton, NY: Curtiss.

Curtiss, John Shelton. 1979. *Russia's Crimean War*. Durham, NC: Duke University Press.

Dafoe, Allan. 2011. "Statistical Critiques of the Democratic Peace: Caveat Emptor." *American Journal of Political Science* 55 (2): 247–62.

Dallek, Robert. 1979. *Franklin D. Roosevelt and American Foreign Policy, 1932–1945*. Oxford: Oxford University Press.

Darby, Phillip. 1987. *Three Faces of Imperialism*. New Haven, CT: Yale University Press.

Davis, Christina L. 2008–9. "Linkage Diplomacy: Economic and Security Bargaining in the Anglo-Japanese Alliance, 1902–23." *International Security* 33 (3): 143–79.

Davis, James W. 2000. *Threats and Promises*. Baltimore: Johns Hopkins University Press.

Davis, Lance E., and Douglass C. North. 1971. *Institutional Change and American Economic Growth*. Cambridge: Cambridge University Press.

Davis, Lynn Etheridge. 1974. *The Cold War Begins: Soviet-American Conflict over Eastern Europe*. Princeton, NJ: Princeton University Press.

Dickinson, G. Lowes. 1926. *The International Anarchy, 1904–1914*. New York: Century.

Dixon, William J. 1994. "Democracy and the Peaceful Settlement of International Conflict." *American Political Science Review* 88 (2): 14–32.

Dobrynin, Anatoly. 1995. *In Confidence*. New York: Random House.

Domke, William J. 1988. *War and the Changing Global System*. New Haven, CT: Yale University Press.

Doder, Dusko. 1986. *Shadows and Whispers: Power Politics inside the Kremlin from Brezhnev to Gorbachev*. Harmondsworth, UK: Penguin.

Dobbs, Charles. 1982. *The Unwanted Symbol: American Foreign Policy, the Cold War, and Korea*. Kent, OH: Kent State University Press.

Dorussen, Hans. 2006. "Hetereogenous Trade Interests and Conflict: What You Trade Matters." *Journal of Conflict Resolution* 50 (1): 87–107.

Dower, J. W. 1979. *Empire and Aftermath: Yoshida Shigerua and the Japanese Experience, 1878–1954*. Cambridge, MA: Harvard University Press.

Downs, Erica S. 2010. "China's Energy Rise." In *China's Rise in Historical Perspective*, edited by Brantly Womack. Lanham, MD: Rowman and Littlefield.

Doyle, Michael W. 1986a. *Empires*. Ithaca: Cornell University Press.

———. 1986b. "Liberalism and World Politics." *American Political Science Review* 90 (4): 1151–69.

Dueck, Colin. 2006. *Reluctant Crusaders*. Princeton, NJ: Princeton University Press.

Duus, Peter. 1984. "Economic Dimensions of Meiji Imperialism: The Case of Korea, 1895–1910." In *The Japanese Colonial Empire, 1895–1945*, edited by Ramon H. Myers and Mark R. Peattie. Princeton, NJ: Princeton University Press.

Duus, Peter, Ramon H. Myers, and Mark R. Peattie, eds. 1989. *The Japanese Informal Empire in China, 1895–1937*. Princeton, NJ: Princeton University Press.

Earle, Edward Mead. 1924. *Turkey, the Great Powers, and the Baghdad Railway: A Study in Imperialism*. New York: Macmillan.

Eisenberg, Carolyn Woods. 1996. *Drawing the Line: The American Decision to Divide Germany, 1944–1949*. Cambridge: Cambridge University Press.

Eisenhower, Dwight D. 1963. *Mandate for Change, 1953–1956*. Garden City, NY: Doubleday.

———. 1965. *Waging Peace, 1956–1961*. Garden City, NY: Doubleday.

Ellman, Michael, and Vladimir Kontorovich, eds. 1992. *The Disintegration of the Soviet Economic System*. London: Routledge.

Fairbank, John King. 1953. *Trade and Diplomacy on the China Coast*. Cambridge, MA: Harvard University Press.

Farber, Henry S., and Joanne Gowa. 1995. "Politics and Peace." *International Security* 20 (2): 123–46.

Fay, Peter Ward. 1976. *The Opium War, 1840–1842*. New York: W. W. Norton.

Fearon, James D. 1995. "Rationalist Explanations for War." *International Organization* 49 (3): 379–414.

———. 1998. "Commitment Problems and the Spread of Ethnic Conflict." In *The International Spread of Ethnic Conflict*, edited by David A. Lake and Donald Rothchild. Princeton, NJ: Princeton University Press.

Feis, Herbert. 1931. *Europe, the World's Banker, 1870–1914*. New Haven, CT: Yale University Press.

Fenby, Jonathan. 2004. *Chiang Kai-Shek*. New York: Carroll and Graf.

Fieldhouse, David. 1973. *Economics and Empire, 1830–1914*. Ithaca, NY: Cornell University Press.

Fischer, Fritz. 1967. *Germany's Aims in the First World War*. New York: W. W. Norton.

———. 1975. *War of Illusions: German Policies from 1911 to 1914*. New York: W. W. Norton.

Freeman, Chas W., Jr. 2008. "Energy as China's Achilles' Heel?" In *China's Energy Strategy*, edited by Gabriel B. Collins, Andrew S. Erickson, Lyle J. Goldstein, and William S. Murray. Annapolis, MD: Naval Institute Press.

Freiberger, Steven Z. 1992. *Dawn over Suez: The Rise of American Power in the Middle East, 1953–1957*. Chicago: Ivan R. Dee.

Friedberg, Aaron L. 1988. *The Weary Titan: Britain and the Experience of Relative Decline*. Princeton, NJ: Princeton University Press.

———. 2011. *A Contest for Supremacy: China, America, and the Struggle for Mastery in Asia*. New York: W. W. Norton.

Friedrich, Robert J. 1982. "In Defense of Multiplicative Terms in Multiple Regression Equations." *American Journal of Political Science* 26 (4): 797–833.

Fuller, William C. 1992. *Strategy and Power in Russia, 1600–1914*. New York: Free Press.

Funigiello, Philip J. 1988. *American-Soviet Trade in the Cold War*. Chapel Hill: University of North Carolina Press.

Fursenko, Aleksandr, and Timothy Naftali. 1997. *"One Hell of a Gamble": Khrushchev, Castro, and Kennedy, 1958–64*. New York: W. W. Norton.

———. 2007. *Khrushchev's Cold War*. New York: W. W. Norton.

Gaddis, John Lewis. 1972. *The United States and the Origins of the Cold War, 1941–1947*. New York: Columbia University Press.

———. 1983. "The Emerging Post-Revisionist Synthesis on the Origins of the Cold War." *Diplomatic History* 7 (3): 171–90.

———. 1997. *We Now Know: Rethinking Cold War History*. Oxford: Oxford University Press.

Gardner, Lloyd C. 1972. *Architects of Illusion: Men and Ideas in American Foreign Policy, 1941–49*. New York: Quadrangle.

———. 1993. *Spheres of Influence: The Great Powers Partition Europe from Munich to Yalta*. Chicago: Ivan Dee.

———. 2009. *Three Kings: The Rise of an American Empire in the Middle East after World War II*. New York: New Press.

Garthoff, Raymond L. 1994a. *Détente and Confrontation*. Rev. ed. Washington, DC: Brookings.

———. 1994b. *The Great Transition: American-Soviet Relations and the End of the Cold War*. Washington, DC: Brookings.

Gartzke, Erik. 2003. "The Classical Liberals Were Just Lucky: A Few Thoughts about Interdependence and Peace." In *Economic Interdependence and International Conflict*, edited by Edward D. Mansfield and Brian M. Pollins. Ann Arbor: University of Michigan Press.

———. 2007. "The Capitalist Peace." *American Journal of Political Science* 51 (1): 166–91.

Gartzke, Erik, and Joseph Hewett. 2010. "International Crises and the Capitalist Peace." *International Interactions* 36 (2): 115–45.

Gartzke, Erik, and Quan Li. 2003. "War, Peace, and the Invisible Hand: Positive Political Externalities of Economic Globalization." *International Studies Quarterly* 47 (4): 561–86.

Gartzke, Erik, Quan Li, and Charles Boehmer. 2001. "Investing in the Peace: Economic Interdependence and International Conflict." *International Organization* 55 (2): 391–438.

Gatzke, Hans W. 1950. *Germany's Drive to the West*. Baltimore: Johns Hopkins University Press.

Gasiorowski, Mark. 1986. "Economic Interdependence and International Conflict: Some Cross-national Evidence." *International Studies Quarterly* 30 (1): 22–38.

Gasiorowski, Mark, and Solomon Polachek. 1982. "Conflict and Interdependence: East-West Linkages in the Era of Detente." *Journal of Conflict Resolution* 26 (4): 709–29.

Gavin, Francis J. 1999. "Power, Politics, and U.S. Policy in Iran, 1950–1953." *Journal of Cold War Studies* 1 (1): 58–89.

Gelpi, Christopher, and Joseph M. Grieco. 2003a. "Democracy, Interdependence, and the Sources of the Liberal Peace." Manuscript, Duke University, Durham, NC.

———. 2003b. "Economic Interdependence, the Democratic State, and the Liberal Peace." In *Economic Interdependence and International Conflict*, edited by Edward D. Mansfield and Brian M. Pollins. Ann Arbor: University of Michigan Press.

———. 2008. "Democracy, Interdependence, and the Sources of the Liberal Peace." *Journal of Peace Research* 45 (1): 17–36.

George, Alexander L. 1983. "Détente: The Search for a Constructive Relationship." In *Managing the U.S. Soviet Rivalry*, edited by Alexander George. Boulder, CO: Westview.

George, Alexander L., and Andrew Bennett. 2005. *Case Studies and Theory Development in the Social Sciences*. Cambridge, MA: MIT Press.

George, Alexander L., and Richard Smoke. 1974. *Deterrence in American Foreign Policy*. New York: Columbia University Press.

Gholz, Eugene, and Daryl G. Press. 2001. "The Effects of Wars on Neutral Countries: Why It Doesn't Pay to Preserve the Peace." *Security Studies* 10 (4): 1–57.

———. 2010. "Protecting 'The Prize': Oil and the U.S. National Interest." *Security Studies* 19 (3): 453–85.

Gilpin, Robert. 1975. *U.S. Power and the Multinational Corporation*. New York: Basic Books.

———. 1977. "Economic Interdependence and National Security in Historical Perspective." In *Economic Issues and National Security*, edited by Klaus Knorr and Frank N. Trager. Lawrence, KS: Allen.

———. 1981. *War and Change in World Politics*. Cambridge: Cambridge University Press.

———. 1987. *The Political Economy of International Relations*. Princeton, NJ: Princeton University Press.

Glaser, Charles. 1994–95. "Realists as Optimists." *International Security* 15 (3): 50–90.

———. 1997. "The Security Dilemma Revisited." *World Politics* 50 (1): 171–201.

———. 2010. *Rational Theory of International Politics*. Princeton, NJ: Princeton University Press.

Gleditsch, Nils Petter. 2008. "The Liberal Moment Fifteen Years On." *International Studies Quarterly* 52 (4): 691–712.

Gochal, Joseph R., and Jack S. Levy. 2004. "Crisis Management or Conflict of Interests? A Case Study of the Origins of the Crimean War." In *Multiple Paths to Knowledge in International Relations*, edited by Zeev Maoz, Alex Mintz, T. Clifton Morgan, Glenn Palmer, and Richard J. Stoll. Lexington, MA: Lexington Books.

Goddard, Stacie E. 2008–9. "When Right Makes Might: How Prussia Overturned the European Balance of Power." *International Security* 33 (3): 110–42.

Goemans, H. E. 2000. *War and Punishment*. Princeton, NJ: Princeton University Press.

Goldfrank, David M. 1994. *The Origins of the Crimean War*. London: Longman.

Goldstein, Avery. 2003. "An Emerging China's Emerging Grand Strategy: A Neo-Bismarckian Turn?" In *International Relations Theory and the Asia-Pacific*, edited by G. John Ikenberry and Michael Mastanduno. New York: Columbia University Press.

———. 2005. *Rising to the Challenge: China's Grand Strategy and International Security*. Stanford, CA: Stanford University Press.

Goncharov, Sergei, John Lewis, and Litai Xue. 1995. *Uncertain Partners: Stalin, Mao, and the Korean War*. Stanford, CA: Stanford University Press.

Goralski, Robert, and Russell W. Freeburg. 1987. *Oil and War: How the Deadly Struggle for Fuel in WWII Meant Victory or Defeat*. New York: William Morrow.

Gorbachev, Mikhail. 1987. *Perestroika*. New York: Harper and Row.

———. 1996. *Memoirs*. New York: Doubleday.

Gowa, Joanne S. 1989. "Bipolarity, Multipolarity, and Free Trade." *American Political Science Review* 83 (4): 1245–56.

———. 1994. *Allies, Adversaries, and International Trade*. Princeton, NJ: Princeton University Press.

Gowa, Joanne S., and Edward D. Mansfield. 1993. "Power Politics and International Trade." *American Political Science Review* 87 (2): 408–20.

Greenberg, Michael. 1951. *British Trade and the Opening of China, 1800–42*. New York: Monthly Review Press.

Grieco, Joseph. 1988. "Anarchy and the Limits of Cooperation: A Realist Critique." *International Organization* 42 (3): 485–529.

———. 1993. "Understanding the Problem of International Cooperation: The Limits of Neoliberal Institutionalism." In *Neorealism and Neoliberalism*, edited by David A. Baldwin. New York: Columbia University Press.

Griswold, A. Whitney. 1938. *The Far Eastern Policy of the United States*. New Haven, CT: Yale University Press.

Haas, Mark. 2005. *The Ideological Origins of Great Power Politics*. Ithaca, NY: Cornell University Press.

Haftel, Yoram. 2007. "Designing for Peace: Regional Integration Arrangements, Institution Variation, and Militarized Interstate Disputes." *International Organization* 61:217–37.

Haggard, Stephan, and Robert R. Kaufman. 2012. "Inequality and Regime Change: Democratic Transitions and the Stability of Democratic Rule." *American Political Science Review* 106 (3): 495–516.

Hahn, Peter L. 1991. *The United States, Great Britain, and Egypt, 1945–1956*. Chapel Hill: University of North Carolina Press.

Hamilton, Edith, and Huntington Cairns, eds. 1961. *The Collected Dialogues of Plato*. Princeton, NJ: Princeton University Press.

Hanes, W. Travis, and Frank Sanello. 2002. *The Opium Wars*. Naperville, IL: Sourcebooks.

Harbutt, Fraser J. 2010. *Yalta 1945*. Cambridge: Cambridge University Press.

Hargreaves, John D. 1966. *Prelude to the Partition of West Africa*. New York: St. Martin's Press.

Harriman, Averell, and Elie Abel. 1975. *Special Envoy to Churchill and Stalin, 1941–1946*. New York: Random House.

Harrison, Hope M. 1993. "Ulbricht and the 'Concrete Rose': New Archival Evidence on the Dynamics of Soviet–East German Relations and the Berlin Crisis, 1958–61." Working paper no. 5. Washington, DC: Cold War in International History Project.

Hearden, Patrick J. 2002. *Architects of Globalism*. Fayetteville: University of Arkansas Press.

Heckscher, Eli F. 1933. *Mercantilism*, 2 vols. London: George Allen.

Hegre, Havard. 2000. "Development and the Liberal Peace." *Journal of Peace Research* 37 (1): 5–30.

Heinrichs, Waldo. 1988. *Threshold of War: Franklin D. Roosevelt and American Entry into World War II*. New York: Oxford University Press.

Herold, J. Christopher, ed. 1955. *The Mind of Napoleon*. New York: Columbia University Press.

Herring, George C. 1973. *Aid to Russia, 1941–1946: Strategy, Diplomacy, the Origins of the Cold War*. New York: Columbia University Press.

Herwig, Holger H. 1976. *Politics of Frustration: The United States in German Naval Planning, 1889–1941*. Boston: Little, Brown.

Herz, John H. 1950. "Idealist Internationalism and the Security Dilemma." *World Politics* 2 (2): 157–80.

Hildebrand, Klaus. 1973. *The Foreign Policy of the Third Reich*. Berkeley: University of California Press.

Hillgruber, Andreas. 1981. *Germany and the Two World Wars*. Cambridge, MA: Harvard University Press.

Hirschman, Albert O. 1977. *The Passions and the Interests*. Princeton, NJ: Princeton University Press.

———. (1945) 1980. *National Power and the Structure of Foreign Trade*. Exp. ed. Berkeley: University of California Press.

Hitler, Adolf. 1925. *Mein Kampf*. Translated by Ralph Manheim. Boston: Houghton Mifflin.

Hobson, J. A. 1902. *Imperialism*. London: Allen and Unwin.

Hoffman, Erik P., and Robbin F. Laird. 1982. *"The Scientific-Technological Revolution" and Soviet Foreign Policy*. New York: Pergamon.

Hoffman, Ross J. S. 1983. *Great Britain and the German Trade Rivalry, 1875–1914*. New York: Garland.

Holmes, James R., and Toshi Yoshihara. 2008. "China's Naval Ambitions in the Indian Ocean." In *China's Energy Strategy*, edited by Gabriel B. Collins, Andrew S. Erickson, Lyle J. Goldstein, and William S. Murray. Annapolis, MD: Naval Institute Press.

Hopkirk, Peter. 1990. *The Great Game: The Struggle for Empire in Central Asia*. New York: Kodansha.

Howard, Michael. 1961. *The Franco-Prussian War*. London: Routledge.

———. 1986. *War and the Liberal Conscience*. New Brunswick, NJ: Rutgers University Press.

Hull, Cordell. 1948. *The Memoirs of Cordell Hull*. 2 vols. New York: Macmillan.

Hynes, William G. 1979. *The Economics of Empire: Britain, Africa and the New Imperialism*. London: Longman.

Iriye, Akira. 1967. *Across the Pacific: An Inner History of American–East Asian Relations*. New York: Harcourt, Brace, and World, Inc.

———. 1990. *After Imperialism: The Search for a New Order in the Far East, 1921–31*. Chicago: Imprint.

Israelyan, Victor. 1995. *Inside the Kremlin during the Yom Kippur War*. University Park: Pennsylvania State University Press.

Ito, Yukio. 2007. "The Emperor Meiji and the Russo-Japanese War." In *Rethinking the Russo-Japanese War: Volume II, The Nichinan Papers*, edited by John W. Chapman and Inaba Chiharu. Kent, UK: Global Oriental.

Jäckel, Eberhard. 1981. *Hitler's World View*. Cambridge, MA: Harvard University Press.

Jacques, Martin. 2009. *When China Rules the World*. New York: Penguin.

Jentleson, Bruce. 1986. *Pipeline Politics: The Complex Political Economy of East-West Energy Trade*. Ithaca, NY: Cornell University Press.

Jervis, Robert. 1976. *Perception and Misperception in International Politics*. Princeton, NJ: Princeton University Press.

———. 1978. "Cooperation under the Security Dilemma." *World Politics* 30 (2): 167–214.

———. 1996. "Perception, Misperception, and the End of the Cold War." In *Witnesses to the End of the Cold War*, edited by William C. Wohlforth. Baltimore: Johns Hopkins University Press.

———. 1997. *System Effects: Complexity in Political and Social Life*. Princeton, NJ: Princeton University Press.

Jiang, Shixue. 2008. "The Chinese Foreign Policy Perspective." In *China's Expansion into the Western Hemisphere*, edited by Riordan Roett and Guadalupe Paz. Washington, DC: Brookings.

Johnston, Alistair Iain. 2003. "Socialization in International Institutions." In *International Relations Theory and the Asia-Pacific*, edited by G. John Ikenberry and Michael Mastanduno. New York: Columbia University Press.

———. 2004. "Beijing's Security Behavior in the Asia-Pacific: Is China a Satisfied Power?" In *Rethinking Security in East Asia*, edited by J. J. Suh, Peter J. Katzenstein, and Allen Carlson. Stanford, CA: Stanford University Press.

———. 2007. *Social States: China in International Institutions, 1980–2000*. Princeton, NJ: Princeton University Press.

———. 2013. "How New and Assertive Is China's New Assertiveness?" *International Security* 37 (4): 7–48.

Jones, Howard, and Randall B. Woods. 1993. "Origins of the Cold War in Europe and the Near East." *Diplomatic History* 17 (2): 251–310.

Kagan, Korina. 1997–98. "The Myth of the European Concert: The Realist-Institutionalist Debate and Great Power Behavior in the Eastern Question, 1820–1841." *Security Studies* 7 (2): 1–57.

Kaiser, David E. 1980. *Economic Diplomacy and the Origins of the Second World War*. Princeton, NJ: Princeton University Press.

Kaiser, Robert G. 1991. *Why Gorbachev Happened*. New York: Simon and Schuster.
Kang, David C. 2007. *China Rising*. New York: Columbia University Press.
Kaplan, Robert D. 2010. *Monsoon: The Indian Ocean and the Future of American Power*. New York: Random House.
Kehr, Eckart. 1970. *Economic Interest, Militarism, and Foreign Policy*. Berkeley: University of California Press.
Kelly, Patrick J. 2011. *Tirpitz and the Imperial German Navy*. Bloomington: Indiana University Press.
Kennedy, Paul. 1976. *The Rise and Fall of British Naval Mastery*. London: Ashfield.
———. 1980. *The Rise of Anglo-German Antagonism, 1860–1914*. London: Ashfield.
———. 1987. *The Rise and Fall of the Great Powers*. New York: Random House.
Keohane, Robert O. 1984. *After Hegemony*. Princeton, NJ: Princeton University Press.
———. 1990. "International Liberalism Revisited." In *The Economic Limits to Modern Politics*, edited by John Dunn. Cambridge: Cambridge University Press.
———. 1993. "Institutional Theory and the Realist Challenge after the Cold War." In *Neorealism and Neoliberalism*, edited by David A. Baldwin. New York: Columbia University Press.
Keohane, Robert O., and Joseph Nye. 1977. *Power and Interdependence*. Boston: Little, Brown.
———. 1989. *Power and Interdependence*. 2nd ed. Glenview, IL: Scott, Foresman.
Kershaw, Ian. 1993. *The Nazi Dictatorship*. 3rd ed. London: Arnold.
Kimball, Warren F. 1991. *The Juggler: Franklin D. Roosevelt as Wartime Statesman*. Princeton, NJ: Princeton University Press.
———. 1997. *Forged in War: Roosevelt, Churchill, and the Second World War*. New York: William Morrow.
King, Gary, Robert O. Keohane, and Sidney Verba. 1994. *Designing Social Inquiry: Scientific Inference in Qualitative Research*. Princeton, NJ: Princeton University Press.
King, Gary, and Langche Zeng. 2001a. "Explaining Rare Events in International Relations." *International Organization* 55 (3): 693–715.
———. 2001b. "Logistic Regression in Rare Events Data." *Political Analysis* 9 (2): 137–63.
Kinzer, Stephen. 2003. *All the Shah's Men*. Hoboken, NJ: John Wiley and Sons.
Kirshner, Jonathan. 2007. *Appeasing Bankers: Financial Caution on the Road to War*. Princeton, NJ: Princeton University Press.
Kissinger, Henry A. 1959. *A World Restored: Metternich, Castlereigh, and the Problems of Peace, 1812–1822*. Boston: Houghton Mifflin.
———. 1979. *White House Years*. Boston: Little, Brown.
———. 1982. *Years of Upheaval*. Boston: Little, Brown.
Knorr, Klaus E. 1973. *Power and Wealth: The Political Economy of International Power*. New York: Basic Books.
———. 1975. *The Power of Nations: The Political Economy of International Relations*. New York: Basic Books.

Kolko, Gabriel. 1990. *The Politics of War*. New York: Pantheon.

Kozyrev, Vitaly. 2008. "China's Continental Energy Strategy: Russia and Central Asia." In *China's Energy Strategy*, edited by Gabriel B. Collins, Andrew S. Erickson, Lyle J. Goldstein, and William S. Murray. Annapolis, MD: Naval Institute Press.

Krasner, Stephen D. 1978. *Defending the National Interest: Raw Materials and U.S. Foreign Policy*. Princeton, NJ: Princeton University Press.

Kuniholm, Bruce R. 1980. *The Origins of the Cold War in the Near East*. Princeton, NJ: Princeton University Press.

Kupchan, Charles. 1994. *The Vulnerability of Empire*. Ithaca, NY: Cornell University Press.

Kuznets, Simon. 1967. "Quantitative Aspects of the Economic Growth of Nations: X. Level and Structure of Foreign Trade: Long-Term Trends." *Economic Development and Cultural Change* 15, no. 2 (part II): 1–140.

Kydd, Andrew. 1997a. "Game Theory and the Spiral Model." *World Politics* 49 (3): 371–400.

———. 1997b. "Sheep in Sheep's Clothing: Why Security Seekers Do Not Fight Each Other." *Security Studies* 7 (1): 114–54.

———. 2005. *Trust and Mistrust in International Politics*. Princeton, NJ: Princeton University Press.

LaFeber, Walter. 1963. *The New Empire: An Interpretation of American Expansionism, 1860–1898*. Ithaca, NY: Cornell University Press.

Lake, David A. 2011. "Why 'Isms' Are Evil: Theory, Epistemology, and Academic Sects as Impediments to Understanding and Progress." *International Studies Quarterly* 55 (2): 465–80.

Landes, David S. 1961. "Some Thoughts on the Nature of Economic Imperialism." *Journal of Economic History* 21 (4): 496–512.

Langer, William L. 1950. *European Alliances and Alignments, 1871–1890*. New York: Knopf.

———. 1960. *The Diplomacy of Imperialism, 1890–1902*. New York: Knopf.

Lascurettes, Kyle. 2008. "Trading for Intentions: Relative Gains, Potential Adversaries, and the Prospects for Cooperation." Paper presented at the American Political Science Association annual meeting, Boston, MA, August 28–31.

Layne, Christopher. 1994. "Kant or Cant: The Myth of the Democratic Peace." *International Security* 19 (2): 5–49.

———. 2006. *Peace of Illusions: American Grand Strategy from 1940 to the Present*. Ithaca, NY: Cornell University Press.

Lebow, Richard Ned. 1981. *Between Peace and War*. Baltimore: Johns Hopkins University Press.

Lebow, Richard Ned, and Janice Gross Stein. 1994. *We All Lost the Cold War*. Princeton, NJ: Princeton University Press.

LeDonne, John P. 1997. *The Russian Empire and the World, 1700–1917*. New York: Oxford University Press.

Lee, Steven Hugh. 1995. *Outposts of Empire: Korea, Vietnam, and the Origins of the Cold War in Asia, 1949–54*. Montreal: McGill-Queen's University Press.

Leffler, Melvyn P. 1984. "The American Conception of National Security and the Beginnings of the Cold War." *American Historical Review* 89 (2): 346–81.

Leffler, Melvyn P. 1992. *A Preponderance of Power: National Security, the Truman Administration, and the Cold War*. Stanford, CA: Stanford University Press.

———. 1994a. "Interpretative Wars over the Cold War, 1945–50." In *American Foreign Relations Reconsidered, 1890–1993*, edited by Gordon Martel. London: Routledge.

———. 1994b. *The Specter of Communism*. New York: Hill and Wang.

———. 1996a. "Inside Enemy Archives: The Cold War Reopened." *Foreign Affairs* 75 (4): 120–35.

———. 1996b. *The Struggle for Germany and the Origins of the Cold War*. Occasional paper no. 16. Washington DC: German Historical Institute.

Lenin, V. I. (1917) 1996. *Imperialism, the Highest Stage of Capitalism*. London: Pluto Press.

Levitsky, Steven, and Lucan A. Way. 2010. *Competitive Authoritarianism*. Cambridge: Cambridge University Press.

Levy, Jack S. 1989. "The Causes of War: A Review of Theories." Vol. 2, *Behavior, Society, and Nuclear War*, edited by Philip E. Tetlock, Jo L. Husbands, Robert Jervis, Paul C. Stern, and Charles Tilly. New York: Oxford University Press.

———. 2008. "Preventive War and Democratic Politics." *International Studies Quarterly* 52 (1): 1–24.

Levy, Jack S., and Philip Streich. 2008. "Time Horizons, Discounting, and Intertemporal Choice." *Journal of Conflict Resolution* 51 (2): 199–226.

Levy, Jack S., and William R. Thompson. 2010. *Causes of War*. New York: Wiley-Blackwell.

Levy, Jack S., and John A. Vasquez, eds. 2014. *The Outbreak of the First World War: Structure, Politics, and Decision-Making*. Cambridge: Cambridge University Press.

Li, Quan, and Rafael Reuveny. 2009. *Democracy and Economic Openness in an Interconnected System*. Cambridge: Cambridge University Press.

Liberman, Peter. 1996a. *Does Conquest Pay? The Exploitation of Occupied Industrial Societies*. Princeton, NJ: Princeton University Press.

———. 1996b. "Trading with the Enemy: Security and Relative Economic Gains." *International Security* 21 (1): 147–75.

———. 1999–2000. "The Offense-Defense Balance, Interdependence, and War." *Security Studies* 9 (1–2): 59–91.

Lieber, Keir A. 2007. "The New History of World War I and What It Means for International Relations Theory." *International Security* 32 (2): 155–91.

Lipson, Charles. 2003. *Reliable Partners: How Democracies Have Made a Separate Peace*. Princeton, NJ: Princeton University Press.

Lloyd, T. O. 1993. *Empire, Welfare State, Europe: English History 1906–1992*. 4th ed. Oxford: Oxford University Press.

Lo, Bobo. 2008. *Axis of Convenience: Moscow, Beijing, and the New Geopolitics*. Washington, DC: Brookings.

Lobell, Steven E., Norrin M. Ripsman, and Jeffrey W. Taliaferro. 2009. *Neoclassical Realism, the State, and Foreign Policy*. Cambridge: Cambridge University Press.

MacDonald, Douglas J. 1995–96. "Communist Bloc Expansion in the East Cold War: Challenging Realism, Refuting Revisionism." *International Security* 20 (3): 152–88.

Mackie, John L. 1980. *Cement of the Universe: A Study of Causation*. Oxford: Oxford University Press.
Maddox, Robert James. 1988. *From War to Cold War*. Boulder, CO: Westview.
Mahan, Alfred T. (1890) 1987. *The Influence of Sea Power on History, 1660–1783*. 5th ed. New York: Dover.
Mahoney, James. 2010. *Colonialism and Postcolonial Development: Spanish America in Comparative Perspective*. Cambridge: Cambridge University Press.
Mahoney, James, and Gary Goertz. 2006. "A Tale of Two Cultures: Contrasting Quantitative and Qualitative Research." *Political Analysis* 14:227–49.
Malozemoff, Andrew. 1958. *Russian Far Eastern Policy, 1881–1904*. Berkeley: University of California Press.
Mansfield, Edward D. 1994. *Power, Trade, and War*. Princeton, NJ: Princeton University Press.
Mansfield, Edward D., and Jon Pevehouse. 2000. "Trade Blocs, Trade Flows, and International Conflict." *International Organization* 54 (4): 775–808.
Mansfield, Edward D., Jon Pevehouse, and David H. Bearce. 1999–2000. "Preferential Trading Arrangements and Military Disputes." *Security Studies* 9 (1–2): 92–118.
Mansfield, Edward D., and Brian M. Pollins. 2001. "The Study of Interdependence and Conflict: Recent Advances, Open Questions, and Directions for Future Research." *Journal of Conflict Resolution* 45 (6): 834–59.
———, eds. 2003. *Economic Interdependence and International Conflict*. Ann Arbor: University of Michigan Press.
Mansfield, Edward D., and Jack Snyder. 2005. *Electing to Fight*. Cambridge, MA: MIT Press.
Maoz, Zeev, and Bruce Russett. 1993. "Normative and Structural Causes of Democratic Peace, 1946–1986." *American Political Science Review* 87 (3): 624–38.
Marini, Carmine, Rocco Totaro, Federica De Santis, Irene Ciancarelli, Massimo Baldassarre, and Antonio Carolei. 2001. "Stroke in Young Adults in the Community-Based L'Aguila Registry: Incidence and Prognosis." *Stroke* 32:52–56.
Marlowe, John. 1971. *Perfidious Albion: The Origins of Anglo-French Rivalry in the Levant*. London: Elek.
Maron, Barry J., Thomas E. Gohman, and Dorothee Aeppli. 1998. "Prevalence of Sudden Cardiac Death during Competitive Sports Activities in Minnesota High School Athletes." *Journal of American College of Cardiology* 32 (7): 1881–84.
Marshall, Jonathan. 1995. *To Have and Have Not: Southeast Asian Raw Materials and the Origins of the Pacific War*. Berkeley: University of California Press.
Martel, Leon. 1979. *Lend-Lease, Loans, and the Coming of the Cold War*. Boulder, CO: Westview.
Mason, Tim. 1995. *Nazism, Fascism, and the Working Class*. Cambridge: Cambridge University Press.
Massie, Robert K. 1991. *Dreadnought: Britain, Germany, and the Coming of the Great War*. New York: Random House.
Mastanduno, Michael. 1991. "Do Relative Gains Matter? America's Response to Japanese Industrial Policy." *International Security* 16 (1): 73–113.
———. 1992. *Economic Containment: CoCom and the Politics of East-West Trade*. Ithaca, NY: Cornell University Press.

Matlock, Jack F. 1995. *Autopsy of an Empire*. New York: Random House.
Matthew, H.C.G. 1997. *Gladstone, 1809–98*. Oxford: Oxford University Press.
McDonald, Patrick J. 2004. Peace through Trade or Free Trade? *Journal of Conflict Resolution* 48 (4): 547–72.
———. 2007. "The Purse Strings of Peace." *American Journal of Political Science* 51 (3): 569–82.
———. 2009. *The Invisible Hand of Peace: Capitalism, the War Machine, and International Relations Theory*. Cambridge: Cambridge University Press.
———. 2010. "Capitalism, Commitment, and Peace." *International Interactions* 36 (2): 146–68.
McFarland, Stephen L. 1980. "A Peripheral View of the Origins of the Cold War: The Crisis in Iraq, 1941–47." *Diplomatic History* 4 (4): 333–52.
McJimsey, George. 1987. *Harry Hopkins*. Cambridge, MA: Harvard University Press.
McLellan, David. 1976. *Dean Acheson*. New York: Dodd, Mead.
McMillan, Susan M. 1997. "Interdependence and Conflict." *Mershon International Studies Review* 41 (suppl. 1): 33–58.
Mearsheimer, John. J. 1992. "Disorder Restored." In *Rethinking America's Security*, edited by Graham Allison and Gregory F. Treverton. New York: W. W. Norton.
———. 1994–95. "The False Promise of International Institutions." *International Security* 15 (3): 5–56.
———. 2001. *The Tragedy of Great Power Politics*. New York: W. W. Norton.
Meredith, Martin. 2007. *Diamonds, Gold, and War: The British, the Boers, and the Making of South Africa*. New York: Public Affairs.
Miller, Aaron D. 1980. *Search for Security: Saudi Arabian Oil and American Foreign Policy, 1939–1949*. Chapel Hill: University of North Carolina Press.
Mommsen, Hans. 1979. "National Socialism: Continuity and Change." In *Fascism*, edited by Walter Laqueur. Harmondsworth, UK: Penguin.
Mommsen, Wolfgang J. 1977. *Theories of Imperialism*. Translated by P. S. Falla. Chicago: University of Chicago Press.
Montgomery, Evan Braden. 2006. "Breaking Out of the Security Dilemma: Realism, Reassurance, and the Problem of Uncertainty." *International Security* 31 (2): 151–86.
Montgomery, Michael. 1987. *Imperialist Japan*. London: Christopher Helm.
Moravcsik, Andrew. 1997. "Taking Preferences Seriously: A Liberal Theory of International Politics." *International Organization* 51 (4): 513–53.
Moriarty, Thomas. 2007. "Third Party Market Competition and War: The Anglo-Dutch Rivalry." Master's thesis, University of Virginia.
Morrow, James D. 1999. "How Could Trade Affect Conflict?" *Journal of Peace Research* 36 (4): 481–89.
———. 2003. "Assessing the Role of Trade as a Source of Costly Signals." In *Economic Interdependence and International Conflict*, edited by Edward D. Mansfield and Brian M. Pollins. Ann Arbor: University of Michigan Press.
Mosse, William E. 1958. *The European Powers and the German Question, 1848–71*. Cambridge: Cambridge University Press.
Mousseau, Michael. 2000. "Market Prosperity, Democratic Consolidation, and Democratic Peace." *Journal of Conflict Resolution* 44 (4): 472–507.

———. 2003. "The Nexus of Market Society, Liberal Preferences, and Democratic Peace: Interdisciplinary Theory and Evidence." *International Studies Quarterly* 47 (4): 483–510.

———. 2009. "The Social Market Roots of the Democratic Peace." *International Security* 33 (4): 52–86.

Mousseau, Michael, Havard Hegre, and John R. Oneal. 2003. "How the Wealth of Nations Conditions the Liberal Peace." *European Journal of International Relations* 9 (2): 277–314.

Mueller, John. 2010. "Capitalism, Peace, and the Historical Movement of Ideas." *International Interactions* 36 (2): 169–84.

Munck, Geraldo L. 2004. "Tools for Qualitative Research." In *Rethinking Social Inquiry: Diverse Tools, Shared Standards*, edited by Henry E. Brady and David Collier. Lanham, MD: Rowman and Littlefield.

Myint-U, Thant. 2011. *Where China Meets India: Burma and the New Crossroads of Asia*. New York: Farrar, Straus and Giroux.

Nagaoka, Shinjiro. 1980. "Economic Demands on Dutch East Indies." In *The Fateful Choice: Japanese Advance into Southeast Asia, 1939–41*, edited by James W. Morley. New York: Columbia University Press.

Narizny, Kevin. 2007. *The Political Economy of Grand Strategy*. Ithaca, NY: Cornell University Press.

Ninkovich, Frank. 1994. *Modernity and Power: A History of the Domino Theory in the Twentieth Century*. Chicago: University of Chicago Press.

Nish, Ian. 1985. *The Origins of the Russo-Japanese War*. London: Longmam.

Nixon, Richard M. 1978. *RN: The Memoirs of Richard Nixon*. New York: Grosset and Dunlap.

Njolstad, Olav. 2010. "The Collapse of Superpower Détente, 1975–1980." In *The Cold War*, vol. 3, *Endings*, edited by Melvyn P. Leffler and Odd Arne Westad. Cambridge: Cambridge University Press.

North, Douglass C., and Robert P. Thomas. 1973. *The Rise of the Western World*. Cambridge: Cambridge University Press.

Oberdorfer, Don. 1991. *The Turn: From Cold War to a New Era*. New York: Poseidon.

O'Brien, Patrick. 1999. "Imperialism and the Rise and Decline of the British Economy, 1688–1989." *New Left Review* I (238): 48–80.

Offer, Avner. 1989. *The First World War: An Agrarian Interpretation*. Oxford: Oxford University Press.

Okamoto, Shumpei. 1970. *The Japanese Oligarchy and the Russo-Japanese War*. New York: Columbia University Press.

Oneal, John R., Frances H. Oneal, Zeev Maoz, and Bruce Russett. 1996. "The Liberal Peace: Interdependence, Democracy, and International Conflict, 1950–1985." *Journal of Peace Research* 33 (1): 11–28.

Oneal, John R., and Bruce M. Russett. 1997. "The Classical Liberals Were Right: Democracy, Interdependence, and Conflict, 1950–1985." *International Studies Quarterly* 41 (2): 267–94.

———. 1999. "The Kantian Peace: The Pacific Benefits of Democracy, Interdependence, and International Organization, 1885–1992." *World Politics* 52 (1): 1–37.

———. 2001. *Triangulating Peace*. New York: W. W. Norton.

Oneal, John R., Bruce M. Russett, and Michael L. Berbaum. 2003. "Causes of Peace: Democracy, Interdependence, and International Organizations, 1885–1992." *International Studies Quarterly* 47 (3): 71–93.

Oneal, John R., Bruce M. Russett, and David R. Davis. 1998. "The Third Leg of the Kantian Tripod for Peace: International Organizations and Militarized Disputes, 1950–85." *International Organization* 52 (3): 441–67.

Owen, John M. 1994. "How Liberalism Produces the Democratic Peace." *International Security* 19 (2): 87–125.

———. 2012. "Economic Interdependence and Regional Peace." In *Regional Orders and International Security*, edited by T. V. Paul. Cambridge: Cambridge University Press.

Painter, David S. 1986. *Oil and the American Century*. Baltimore: Johns Hopkins University Press.

Pakenham, Thomas. 1991. *The Scramble for Africa*. New York: Avon.

———. 2001. *The Boer War*. New York: Perennial.

Papayoanou, Paul. 1996. "Interdependence, Institutions, and the Balance of Power." *International Security* 20 (4): 42–76.

———. 1999. *Power Ties: Economic Interdependence and War*. Ann Arbor: University of Michigan Press.

Parrott, Bruce. 1983. *Politics and Technology in the Soviet Union*. Cambridge, MA: MIT Press.

———. 1985. "Soviet Foreign Policy, Internal Politics, and Trade with the West." In *Trade, Technology, and Soviet-American Relations*, edited by Bruce Parrott. Bloomington: Indiana University Press.

Paterson, Thomas G. 1973. *Soviet-American Confrontation: Postwar Reconstruction and the Origins of the Cold War*. Baltimore: Johns Hopkins University Press.

Pelz, Stephen E. 1974. *Race to Pearl Harbor*. Cambridge, MA: Harvard University Press.

Peterson, Susan. 1996. *Crisis Bargaining and the State*. Ann Arbor: University of Michigan Press.

Pflanze, Otto. 1963. *Bismarck and the Development of Germany: The Period of Unification, 1815–1871*. Princeton, NJ: Princeton University Press.

———. 1990. *Bismarck and the Development of Germany: The Period of Consolidation, 1871–1880*. 2nd ed. Princeton, NJ: Princeton University Press.

Pietz, David. 2008. "The Past, Present, and Future of China's Energy Sector." In *China's Energy Strategy*, edited by Gabriel B. Collins, Andrew S. Erickson, Lyle J. Goldstein, and William S. Murray. Annapolis, MD: Naval Institute Press.

Plokhy, S. M. 2010. *Yalta: The Price of Peace*. New York: Vintage.

Polachek, Solomon W. 1980. "Conflict and Trade." *Journal of Conflict Resolution* 24 (1): 55–78.

———. 1992. "Conflict and Trade: An Economics Approach to Political International Interactions." In *Economics of Arms Reduction and the Peace Process*, edited by Walter Isard and Charles H. Anderton. Amsterdam: North Holland.

Polachek, Solomon W., and Judith McDonald. 1992. "Strategic Trade and the Incentive for Cooperation." In *Disarmament, Economic Conversions, and Peace*

Management, edited by Manas Chatterji and Linda Rennie Forcey. New York: Praeger.

Pollack, Jonathan D. 2008. "Energy Insecurity with Chinese and American Characteristics: Realities and Possibilities." In *China's Energy Strategy*, edited by Gabriel B. Collins, Andrew S. Erickson, Lyle J. Goldstein, and William S. Murray. Annapolis, MD: Naval Institute Press.

Posen, Barry R. 1993. "The Security Dilemma and Ethnic Conflict." *Survival* 35 (1): 27–47.

Pottinger, E. Ann. 1966. *Napoleon III and the German Crisis, 1865–1866*. Cambridge, MA: Harvard University Press.

Powell, Robert. 1999. *In the Shadow of Power: States and Strategies in International Politics*. Princeton, NJ: Princeton University Press.

———. 2002. "Bargaining Theory and International Conflict." *Annual Review of Political Science* 5 (1): 1–30.

———. 2006. "War as a Commitment Problem." *International Organization* 60 (1): 169–203.

Power, Thomas F. 1944. *Jules Ferry and the Renaissance of French Imperialism*. New York: King's Crown.

Prados, John. 1986. *The Soviet Estimate: U.S. Intelligence Analysis and Soviet Strategic Forces*. Princeton, NJ: Princeton University Press.

Prange, Gordon W. 1981. *At Dawn We Slept: The Untold Story of Pearl Harbor*. Harmondsworth, UK: Penguin.

Press-Barnathan, Galia. 2009. *The Political Economy of Transitions to Peace*. Pittsburgh: University of Pittsburgh Press.

Price, Roger. 1981. *An Economic History of Modern France, 1730–1914*. New York: Palgrave Macmillan.

Puranik, Rajesh, Clara K. Chow, Johan A. Duflou, Michael J. Kilborn, and Mark A. McGuire. 2005. "Sudden Death in the Young." *Heart Rhythm* 2:1277–82.

Puryear, Vernon John. 1931. *England, Russia, and the Straits Question, 1844–1856*. Hamden, CT: Archon.

Ragin, Charles C. 1987. *The Comparative Method: Moving Beyond Qualitative and Quantitative Strategies*. Berkeley: University of California Press.

———. 2000. *Fuzzy-Set Social Science*. Chicago: University of Chicago Press.

———. 2008. *Redesigning Social Inquiry: Fuzzy Sets and Beyond*. Chicago: University of Chicago Press.

Ray, James Lee. 1995. *Democracy and International Conflict*. Columbia: University of South Carolina Press.

Read, Anthony, and David Fisher. 1988. *The Deadly Embrace: Hitler, Stalin and the Nazi-Soviet Pact, 1939–1941*. London: Michael Joseph.

Reed, William. 2003. "Information and Economic Interdependence." *Journal of Conflict Resolution* 47 (1): 54–71.

Reiter, Dan. 2003. "Exploring the Bargaining Model of War." *Perspectives on Politics* 1 (1): 27–43.

———. 2009. *Why Wars End*. Princeton, NJ: Princeton University Press.

Reuveny, Rafael, and Quan Li. 2009. *Democracy and Economic Openness in an Interconnected System*. Cambridge: Cambridge University Press.

Rich, Norman. 1985. *Why the Crimean War? A Cautionary Tale*. Hanover, NH: University Press of New England.
Richardson, James L. 1994. *Crisis Diplomacy*. Cambridge: Cambridge University Press.
Ridley, Jasper. 1980. *Napoleon III and Eugenie*. New York: Viking.
Ripsman, Norrin M., and Jean-Marc F. Blanchard. 1996–97. "Commercial Liberalism under Fire." *Security Studies* 6 (2): 4–50.
Risse-Kappen, Thomas. 1994. "Ideas Do Not Float Freely: Transnational Coalitions, Domestic Structures, and the End of the Cold War." *International Organization* 48 (2): 185–214.
Robinson, Ronald, and John Gallagher. 1961. *Africa and the Victorians*. Garden City, NY: Anchor.
Robst, John, Soloman Polachek, and Yuan-Ching Chang. 2007. "Geographic Proximity, Trade, and International Conflict." *Conflict Management and Peace Science* 24 (1): 1–24.
Roett, Riordan and Guadalupe Paz, eds.. 2008. *China's Expansion into the Western Hemisphere*. Washington, D.C.: Brookings.
Rosecrance, Richard. 1986. *The Rise of the Trading State*. New York: Basic Books.
Rosecrance, Richard, and Peter Thompson. 2003. "Trade, Foreign Investment, and Security." *Annual Review of Political Science* 6:377–98.
Rosato, Sebastian. 2003. "The Flawed Logic of Democratic Peace Theory." *American Political Science Review* 94 (4): 585–602.
Ross, Robert S., and Zhu Feng, eds. 2008. *China's Ascent: Power, Security, and the Future of International Politics*. Ithaca, NY: Cornell University Press.
Ross, Stephen T. 1969. *European Diplomatic History, 1789–1815*. Garden City, NY: Anchor.
Rotberg, Robert I., ed. 2008. *China into Africa: Trade, Aid, and Influence*. Washington, DC: Brookings.
Rubin, Barry. 1980. *Paved with Good Intentions: The American Experience and Iran*. Oxford: Oxford University Press.
Russett, Bruce. 1993. *Grasping the Democratic Peace*. Princeton, NJ: Princeton University Press.
———. 2010. "Capitalism or Democracy? Not So Fast." *International Interactions* 36 (2): 198–205.
Saab, Ann Pottinger. 1977. *The Origins of the Crimean Alliance*. Charlottesville: University Press of Virginia.
Sagan, Scott. 1986. "1914 Revisited: Allies, Offense, and Instability." *International Security* 11:151–75.
———. 1989. "The Origins of the Pacific War." In *The Origins and Prevention of Major Wars*, edited by Robert I. Rotberg and Theodore K. Rabb. Cambridge: Cambridge University Press.
Samuels, Richard J. 1994. *"Rich Nation, Strong Army": National Security and the Technological Transformation of Japan*. Ithaca, NY: Cornell University Press.
Schimmelpenninck van der Oye, David. 2005. "The Immediate Origins of the War." In *The Russo-Japanese War in Global Perspective: World War Zero*, edited by John W. Steinberg, Bruce W. Menning, David Schimmelpenninck van der Oye, David Wolff, and Shinji Yokote. Boston: Brill.

———. 2007. "An Invitation to the Aquarium: Sergei Witte and the Origins of Russia's War with Japan." In *Rethinking the Russo-Japanese War, 1904–5*, edited by Rotem Kowner. Kent, UK: Global Oriental.

Schom, Alan. 1997. *Napoleon Bonaparte*. New York: Harper.

Schroeder, Paul W. 1994. *The Transformation of European Politics, 1763–1848*. Oxford: Oxford University Press.

Schultz, George. 1993. *Turmoil and Triumph*. New York: Scribner's Sons.

Schultz, Kenneth. 1999. "Do Democratic Institutions Constrain or Inform? Contrasting Two Institutional Perspectives on Democracy and War." *International Organization* 53 (2): 233–66.

———. 2001. *Democracy and Coercive Diplomacy*. Cambridge: Cambridge University Press.

Schuman, Frederick L. 1969. *War and Diplomacy in the French Republic*. New York: Howard Fertig.

Schumpeter, Joseph A. 1951. *Imperialism and Social Classes*. Cambridge, MA: Harvard University Press.

Schweller, Randall L. 1996. "Neorealism's Status-Quo Bias: What Security Dilemma?" *Security Studies* 5 (3): 90–121.

Seawright, Jason, and John Gerring. 2008. "Case Selection Techniques in Case Study Research." *Political Research Quarterly* 61 (2): 294–308.

Seton-Watson, R. W. 1972. *Disraeli, Gladstone, and the Eastern Question*. New York: W. W. Norton.

Seward, Desmond. 1988. *Napoleon and Hitler*. New York: Touchstone.

Shambaugh, David, ed. 2005. *Power Shift: China and Asia's New Dynamics*. Berkeley: University of California Press.

Sheffrin, Steven M. 1996. *Rational Expectations Theory*. 2nd ed. Cambridge: Cambridge University Press.

Sherry, Michael S. 1977. *Preparing for the New War*. New Haven, NJ: Yale University Press.

Sherwood, Robert E. 1950. *Roosevelt and Hopkins*. Rev ed. New York: Harper and Brothers.

Simmons, Beth. 2003. "Pax Mercatoria and the Theory of the State." In *Economic Interdependence and International Conflict*, edited by Edward D. Mansfield and Brian M. Pollins. Ann Arbor: University of Michigan Press.

Smith, Denis Mack. 1985. *Cavour: A Political Biography*. New York: Knopf.

Smith, Iain R. 1996. *The Origins of the South African War*. London: Longman.

Smith, Woodruff D. 1986. *The Ideological Origins of Nazi Imperialism*. Oxford: Oxford University Press.

Smoke, Richard. 1977. *War: Controlling Escalation*. Cambridge, MA: Harvard University Press.

Solingen, Etel. 1998. *Regional Orders at Century's Down*. Princeton, NJ: Princeton University Press.

Snyder, Glenn H. 1984. "The Security Dilemma in Alliance Politics." *World Politics* 36 (4): 461–96.

Snyder, Glenn H., and Paul Diesing. 1977. *Conflict among Nations: Bargaining, Decision Making, and System Structure in International Crisis*. Princeton, NJ: Princeton University Press.

Snyder, Jack. 1984. *The Ideology of the Offensive*. Ithaca, NY: Cornell University Press.

———. 1991. *Myths of Empire: Domestic Politics and International Ambition*. Ithaca, NY: Cornell University Press.

Snyder, Jack, and Robert Jervis. 1999. "Civil War and the Security Dilemma." In *Civil Wars, Insecurity, and Intervention*, edited by Barbara F. Walter and Jack Snyder. New York: Columbia University Press.

Souva, Mark. 2000. "Types of Trade and International Conflict: A Response to the Manchester School." Working paper no. 12, Political Institutions and Public Choice, Michigan State University.

Steefel, Lawrence D. 1932. *The Schleswig-Holstein Question*. Cambridge, MA: Harvard University Press.

Stein, Arthur A. 1993. "Governments, Economic Interdependence, and International Cooperation." In vol. 3, *Behavior, Society, and Nuclear War*, edited by Philip E. Tetlock, Jo L. Husbands, Robert Jervis, Paul C. Stern, and Charles Tilly. New York: Oxford University Press.

———. 2003. "Trade and Conflict: Uncertainty, Strategic Signaling, and Interstate Disputes." In *Economic Interdependence and International Conflict*, edited by Edward D. Mansfield and Brian M. Pollins. Ann Arbor: University of Michigan Press.

Steinberg, Jonathan. 2011. *Bismarck*. Oxford: Oxford University Press.

Stephens, John J. 2003. *Fuelling the Empire: South Africa's Gold and the Road to War*. Chichester, UK: Wiley.

Stevenson, Richard W. 1985. *The Rise and Fall of Détente*. Urbana: University of Illinois Press.

Stoakes, Geoffrey. 1986. *Hitler and the Quest for World Domination*. Leamington Spa, UK: Berg.

Stoecker, Helmuth. 1986. *German Imperialism in Africa*. Translated by Bernd Zöllner. London: Hurst.

Stolberg, Eva-Maria. 2007. "'The Unknown Enemy': The Siberian Frontier and the Russo-Japanese Rivalry." In *Rethinking the Russo-Japanese War, 1904–05*, edited by Rotem Kowner. Kent, UK: Global Oriental.

Stoler, Mark. 2000. *Allies and Adversaries: The Joint Chiefs of Staff, the Grand Alliance, and U.S. Strategy in World War II*. Chapel Hill: University of North Carolina Press.

Streich, Philip, and Jack Levy. 2011. "The Role of Preventive Logic in the Japanese Decision for War against Russia in 1904." Paper prepared for American Political Science Association annual meeting, Seattle, September 1–4.

Sun, Youli. 1993. *China and the Origins of the Pacific War, 1931–1941*. New York: St. Martin's Press.

Sutter, Robert. 2005. "China's Regional Strategy and Why It Might Not Be Good for America." In *Power Shift: China and Asia's New Dynamics*, edited by David Shambaugh. Berkeley: University of California Press.

Taliaferro, Jeffrey. 2005. *Balancing Risks*. Ithaca, NY: Cornell University Press.

Tang, Peter S. H. 1959. *Russian and Soviet Policy in Manchuria and Outer Mongolia, 1911–1931*. Durham, NC: Duke University Press.

Tang, Shiping. 2010. *A Theory of Security Strategy for Our Time: Defensive Realism*. New York: Palgrave Macmillan.

Tarle, Eugene. 1942. *Napoleon's Invasion of Russia, 1812*. New York: Oxford University Press.
Taubman, William. 2003. *Khrushchev*. New York: W. W. Norton.
Taylor, A.J.P. 1954. *The Struggle for Mastery in Europe, 1848–1918*. Oxford: Oxford University Press.
Taylor, Jay. 2009. *The Generalissimo: Chiang Kai-Shek and the Struggle for Modern China*. Cambridge, MA: Harvard University Press.
Tester, David J., and Michael J. Ackerman. 2007. "Postmortem Long QT Syndrome Genetic Testing for Sudden Unexplained Death in the Young." *Journal of the American College of Cardiology* 49 (2): 240–46.
Tooze, Adam. 2006. *The Wages of Destruction: The Making and Breaking of the Nazi Economy*. New York: Penguin.
Trachtenberg, Marc. 1999. *A Constructed Peace: The Making of the European Settlement, 1945–1963*. Princeton, NJ: Princeton University Press.
———. 2006. *The Craft of International History*. Princeton, NJ: Princeton University Press.
———. 2011. "Audience Costs: A Historical Analysis." *Security Studies* 21 (1): 3–42.
Trebilcock, Clive. 1981. *The Industrialization of the Continental Powers, 1780–1914*. London: Longman.
Trocki, Carl A. 1999. *Opium, Empire, and the Global Political Economy*. London: Routledge.
Troubetzkoy, Alexis. 2006. *A Brief History of the Crimean War*. New York: Carroll and Graf.
Truman, Harry S. 1955. *Year of Decisions*. Garden City, NY: Doubleday.
Tsunoda, Jun. 1980. "The Navy's Role in the Southern Strategy." In *The Fateful Choice: Japanese Advance into Southeast Asia, 1939–41*, edited by James W. Morley. New York: Columbia University Press.
———. 1994. In *The Final Confrontation: Japan's Negotiations with the United States, 1941*, edited by James W. Morley. New York: Columbia University Press.
Turner, Henry. 1967. "Bismarck's Imperialist Venture." In *Britain and Germany in Africa: Imperial Rivalry and Colonial Rule*, edited by Prosser Gifford and W. Roger Louis. New Haven, CT: Yale University Press.
Ulam, Adam. 1983. *Dangerous Relations: The Soviet Union in World Politics, 1970–1982*. New York: Oxford University Press.
Van Evera, Stephen. 1999. *Causes of War: Power and the Roots of Conflict*. Ithaca, NY: Cornell University Press.
Venn, Fiona. 1986. *Oil Diplomacy in the Twentieth Century*. New York: St. Martin's Press.
Volten, Peter. 1982. *Brezhnev's Peace Program*. Boulder, CO: Westview.
von Stein, Jana. 2001. "Interdependence and Militarized Conflict: Toward a Signaling Theory of Trade and War." Paper presented at International Studies Association annual meeting, Chicago, February 20–24.
Wagner, R. Harrison. 2000. "Bargaining and War." *American Journal of Political Science* 44 (3): 469–84.
———. 2007. *War and the State*. Ann Arbor: University of Michigan Press.
Walker, Martin. 1987. *The Waking Giant: The Soviet Union under Gorbachev*. London: Abacus.

Walt, Stephen M. 1996. *Revolution and War*. Ithaca, NY: Cornell University Press.

Waltz, Kenneth. 1970. "The Myth of Interdependence." In *The Multinational Corporation*, edited by Charles P. Kindleberger. Cambridge: Cambridge University Press.

———. 1979. *Theory of International Politics*. New York: Random House.

Ward, Patricia Dawson. 1979. *The Threat of Peace*. Kent, OH: Kent State University Press.

Warner, Denis, and Peggy Warner. 1974. *The Tide at Sunrise: A History of the Russo-Japanese War, 1904–05*. New York: Charterhouse.

Wawro, Geoffrey. 1997. *The Austro-Prussian War*. Cambridge: Cambridge University Press.

———. 2003. *The Franco-Prussian War*. Cambridge: Cambridge University Press.

Webster, Charles. 1969. *The Foreign Policy of Palmerston, 1830–1841*. 2 vols. New York: Humanities Press.

Weeks, Jessica L. 2008. "Autocratic Audience Costs: Regime Type and Signaling Resolve." *International Organization* 62 (1): 35–64.

Wehler, Hans-Ulrich. 1985. *The German Empire, 1871–1918*. Translated by Kim Traynor. Providence, RI: Berg.

Weinberg, Gerhard L. 1970. *The Foreign Policy of Hitler's Germany: Diplomatic Revolution in Europe, 1933–36*. Chicago: University of Chicago Press.

———. 1980. *The Foreign Policy of Hitler's Germany: Starting World War II*. Chicago: University of Chicago Press.

Weisiger, Alex. 2013. *Logics of War: Explanations for Limited and Unlimited Conflicts*. Ithaca, NY: Cornell University Press.

Weitsman, Patricia A. 2004. *Dangerous Alliances*. Stanford, CA: Stanford University Press.

Wendt, Alexander. 1992. "Anarchy Is What States Make of It." *International Organization* 46 (2): 391–425.

———. 1999. *Social Theory of International Politics*. Cambridge: Cambridge University Press.

Westwood, J. N. 1986. *Russia against Japan, 1904–05: A New Look at the Russo-Japanese War*. London: Macmillan.

Wetzel, David. 2008. "The Origins of the Franco-Prussian War." Paper presented to the International Studies Association annual meeting, San Francisco, March, 26–30.

Whealey, Robert H. 1989. *Hitler and Spain: The Nazi Role in the Spanish Civil War, 1936–1939*. Lexington: University Press of Kentucky.

White, John Albert. 1964. *The Diplomacy of the Russo-Japanese War*. Princeton, NJ: Princeton University Press.

Williams, William Appleman. 1962. *The Tragedy of American Diplomacy*. Rev. ed. New York: Dell.

Womack, Brantly, ed. 2010. *China's Rise in Historical Perspective*. Lanham, MD: Rowman and Littlefield.

Yegorova, Natalia I. 1996. "The 'Iran Crisis' of 1945–46: A View from the Russian Archives." Working paper no. 15. Washington, DC: Cold War in International History Project.

Yergin, Daniel. 1991. *The Prize: The Epic Quest for Oil, Money, and Power*. New York: Simon and Schuster.

Zacher, Mark, and Richard Matthews. 1995. "Liberal International Theory: Common Threads, Divergent Strands." In *Controversies in International Relations Theory*, edited by Charles W. Kegley. New York: St. Martin's Press.

Zelikow, Philip, and Condoleezza Rice. 1997. *Germany Unified and Europe Transformed*. Cambridge, MA: Harvard University Press.

Zubok, Vladislav. 2009. *A Failed Empire: The Soviet Union in the Cold War from Stalin to Gorbachev*. Chapel Hill: University of North Carolina Press.

索 引*

Abaza, Aleksei, 113n18, 115
Aberdeen, Lord, 349–50, 353–54, 362, 369–71
Acheson, Dean, 208–10, 272–75, 273n39, 280
Africa, 63, 133, 248, 253, 269, 327, 352, 357, 359, 410–11, 438, 440–41, 444. See also Fashoda Crisis of 1898; South African (Boer) War; and individual cases for new imperialism, 1878–85
Alexander I, 324, 328
Alexander II, 102
Alexander III, 102–3
Alexseev, Yevgeni, 112–13, 116, 119, 121
Ali, Mohammed, 331–35
alliances, 9–10, 40, 290, 360, 366, 382, 430, 436, 442; Anglo-Japanese, 101, 110–11, 117, 126; Chinese-Russian (1896), 107; Dual, 91, 382; French-Italian (1859), 377; Holy, 327; North Atlantic Treaty Organization (NATO), 315–17; Russo-Turkish (1833), 333, 336; Sino-Soviet (1950), 272–75, 273n38; Soviet-Iranian (1921), 234, 281; Three Emperors' League, 382; Tripartite Pact, 178–79, 181, 185, 189–92, 194, 197–98, 197n8, 203, 206–7, 215–16, 221–22, 228–31; Triple Alliance, 382; Triple Entente, 92n37, 126; US-Soviet (1941–45), 221, 234; United States and "Western Allies" (1945), 259, 262, 271
anarchy: definition of, 7; implications of, 7, 14, 17, 21–22, 37, 41–43, 386, 389, 423, 440; survival in, 21, 28, 31; trust within, 42, 42n46. See also military-security dilemma; spiraling; trade-security dilemma; trust and mistrust
Anderson, Matthew, 327–28
Andropov, Yuri, 310–11
Arabi, Pasha, 396–97
Arbatov, Georgi, 313
Arita, Hachiro, 177
arms spending, increases in, 10, 122, 128, 153–54, 291–92, 297–98, 301, 305, 312–13, 436. See also balance of power; balancing behavior; neorealism; offensive realism; trade expectations theory
Auckland, Lord, 334
Austria, 76n30, 91, 336, 354, 361–62; Austrian intervention in Spain (1821), 80, 327, 373; German Confederation and, 379; Holy Roman Empire and, 379; war with France (1859), 82, 375, 377. See also Austro-Prussian War (1866); Crimean War; Germany (Prussia); Russia
Austro-Prussian War (1866), 82, 375, 378–79, 381, 427; Danish-Prussian War as precursor to, 379. See also Austria; Germany (Prussia)
autarky, 31–33, 133, 136–37, 140–41, 269; moving away from, 8–9, 35–36. See also international political economy
authoritarianism, 1, 14, 34, 55–58, 135–36, 252, 269, 432–33, 435. See also democracy, as cause of war or peace

Baker, James, 315
balance of power, 12, 18n2, 150, 229, 243, 269, 278, 300, 303–4, 322, 326–27, 336
balancing behavior, 9–10, 92n37, 254, 360, 429, 436
Ball, George, 302
Ballin, Albert, 129–31
Barbieri, Katherine, 24, 54–56
bargaining model of war, 12–13, 21, 38, 39–41, 184n1, 360, 430; bargaining and diplomacy, 9, 29, 38, 40, 47–48, 142, 148, 189, 216, 229, 253, 257, 267–68, 272, 293, 297, 299, 302, 304, 339, 351, 430; bargaining and signaling, 16, 20–21, 20n6, 21n7, 21n9, 38, 39–43, 110, 430, 438–39; bargaining space, 40, 47, 339, 351, 430. See also commitment problem; costly signaling; diplomacy, role of; leveraging; signaling arguments
Barnhart, Michael, 177, 213, 217n21
Basserman, Manfred von, 130
Bearce, David, 62–63

---

* 索引页码为原著页码，即本书边码。

Belgium, 76n30, 96, 131, 260, 264, 333, 358, 380, 405, 406n23, 414; British-French crisis over (1831), 81, 331n11
Benedetti, Edouard, 380
Benson, Michelle, 68n20
Beria, Lavrenty, 256
Berlin Crisis (1948), 88, 92, 269–70; liberalism and, 270, 435; trade expectations theory and, 271. *See also* Stalin, Joseph; Truman, Harry S.
Berlin Crisis (1961), 89, 301–3. *See also* Cold War (1956–62); Kennedy, John F.; Khrushchev, Nikita
Bezobrazov, Alexander, 112–16, 121
Bismarck, Herbert, 400
Bismarck, Otto von, 38, 93, 376, 378–83, 385, 388, 391–92; dislike of colonies, 385, 399–407, 432
Bix, Herbert, 146, 163, 201
Boer War. *See* South African (Boer) War
Bourne, Kenneth, 343
Brezhnev, Leonid, 305–8, 312
Britain, 4, 102, 152, 292, 296, 298, 310, 321; and Afghanistan, 332–34, 343–44; Anglo-Japanese alliance, 101, 110–11, 117; Belgian Crisis (1831), 81, 331n11; British-Chinese trade, 101, 103, 107, 114–15, 334, 337–47; British-German naval race, pre-1914, 125n32, 418–19, 419n37, 442n15; British-German trade relations, 29, 124–26, 128–29, 140–41; British-Japanese relations, 101, 108, 110–11, 116–17, 147, 150, 152–53, 156, 158, 160–61, 165, 168, 175, 177–82, 185, 188, 200–204, 209, 222, 233; British-Russian competition over Near East and Central Asia, 319–20, 327, 330, 332–34; Cape to Cairo railway, 410; Cobden-Chevalier Treaty, 377–78, 385; Corn Laws, 355; fear of Germany, pre-1914, 128–29; free trade, switch to, 355, 358; Great Game with Russia, 101, 103–4, 110, 334; gunboat diplomacy and, 334–35, 385, 394; imperial preference and, 29, 124–25, 128–29, 135, 137–38, 141, 147, 160, 412; mercantilism and, 322–23; open door and, 108, 116–17; and the Suez Canal, 277, 282–88, 282n48, 394, 397–98; and tariff reform, pre-1914, 124–25, 128–29, 129n42, 412–14; and trade growth, post-1750, 322, 325; and Turkey, propping up of, 322–33, 335, 355–57, 373. *See also* Crimean War; Fashoda Crisis of 1898; India; Japan; Opium War (1839–41); South African (Boer) War; Venezuela Crisis (1895); *and Britain, individual case periods*
Britain (1823–30 case period), 80, 327, 330–31; liberalism and, 331; trade expectations theory and, 330–31, 373
Britain (1830–40 case period), 15, 81, 91n35, 331–37, 343; economic realism and, 336–37; trade expectations theory and, 336–37, 373, 435
Britain (1878–85, and new imperialism), 45, 83, 91n35, 375–76, 385, 394–99, 435; British-French spiral over West Africa, 83, 378, 385, 388, 391, 394n18; British trade expectations and, 396, 398–99; and concern for French expansionism, 387–88, 393n16, 399; Cyprus and, 392, 394; domestic politics and, 395; Dual Control system, 396–97; economic realism and, 426; Egypt and, 44, 394n18, 395–99; Fiji and, 385, 403–4; "gentlemanly elite" and, 395–96; and India-China trade, importance of, 398–99; liberalism and, 395, 426; Malaya and, 385, 395; neo-Marxism and, 395–96; Suez Canal and, 394, 397–98; trade expectations theory and, 399, 426; trade-security spiral and, 387, 391, 426–27; Turkey and, 396–98. *See also* France (1878–85, and new imperialism); Germany (1878–85, and new imperialism)
Britain (1876–78, and Eastern Question Crisis), 83, 383–84. *See also* Bismarck, Otto von; Disraeli, Benjamin
Brooks, Stephen, 19n3
Brunnow, Philip, 362
Bulgaria, 250, 261, 266n30, 383–84, 395
Bulgarin, Nikolai, 283
Bullitt, William, 253n11
Burke, Arleigh, 285
Bush, George H. W., 314–16
Buzan, Barry, 29n24
Byrnes, James, 267

Cain, Peter, 395
Canada, 124–25, 322, 385, 415, 420

Canning, Stratford, 351, 366–67, 370
capitalism, 20, 22–24, 26, 63–64, 248, 312, 317, 338, 385–86, 392, 395, 408, 417, 426, 433
Caprivi, Georg, 124, 401
Caribbean, 322–23, 440n12
Cavour, Camille de, 377
Chamberlain, Joseph, 124, 129, 411–27
Chevalier, Michel, 377–78
Chiang, Kai-shek, 86, 95n45, 139, 147–49, 155–62, 164, 167–74, 177, 179, 186, 191–96, 215, 229, 238–41, 243, 245, 258, 266
China, 1, 4, 6, 8, 32, 41, 97, 103; Boxer Rebellion, 107–8; Britain and, 103, 115, 355; Chinese Eastern Railway, 107–8, 118, 150, 159; Korean War and, 272–75; Liaodong Peninsula, 100–101, 105–7, 111, 121, 148, 150, 159, 258; as market for other great powers, 101–4; open door and, 101–2, 108, 110, 151–52, 176–77, 179, 190, 215–16, 221, 439; Treaty of Shimonoseki, 106–7. *See also* Chiang Kai-shek; Cold War (1942–45, origins of); Korean War; Kuomintang Party; Manchuria; Opium War (1839–41); Sino-American relations, contemporary; Sino-Japanese War (1894); Sino-Japanese War (1937)
Churchill, Winston, 207–12, 235, 238–40, 255, 265, 279
Clarendon, Lord, 335, 356, 369–71
Clayton, William, 262
Cleveland, Grover, 408–9, 411
Cobden, Richard, 19n3, 356, 377–78, 395
coercive diplomacy, use of, 2, 7, 9, 11, 20–21, 23, 29, 32, 42, 57, 62, 102, 107–8, 144, 153, 166, 174, 179–80, 188, 198, 218, 228, 267, 269, 271, 282, 300, 329, 348, 351, 368–70, 397, 416, 419, 422–25, 427. *See also* diplomacy, role of; leveraging
Cold War, 5, 26, 29, 38, 66, 105, 431, 438, 442. *See also* Berlin Crisis (1948); Berlin Crisis (1961); Iran (Crisis of 1944); Iran (Crisis of 1946); Iran (Crisis of 1950–53); Korean War; Russia; Suez Crisis (1956); *and Cold War, individual case periods*
Cold War (1942–45, origins of) 5, 44–45, 87, 246, 247–66; China and, 252, 258;
Eastern Europe and, 250, 253, 258–60, 266, 266n30; German reintegration and, 258–59, 264–65; Germany and, 258, 264–66; liberalism and, 247–48, 250; neoclassical realism and, 248n3; neo-Marxism and, 248; Poland and, 250, 260–63, 260n22, 263n26; Potsdam and, 258n17, 265; and power preponderance, importance of, 249, 251; realism and, 247–48, 250; responsibility for, 251–52, 252n9, 266; Soviet loan requests and, 258–59; and Soviet trade expectations, 5, 249, 256–57, 259, 263–64, 266; trade expectations theory and, 249–52, 261–66; trade-security spiral and, 251; Truman Doctrine, 251, 268–69; US efforts to prevent Soviet growth, 250–52, 431, 435; US fear of loss of periphery, 5, 249–52, 269; US fear of Western Europe going Communist, 4, 250–51, 258–59; 264–65, 430; US trade expectations, 249–52, 266. *See also* Roosevelt, Franklin D.; Stalin, Joseph; Truman, Harry S.
Cold War (1956–62), 38, 89, 91n36, 250; bargaining strategy of Eisenhower and, 293–94, 297; CoCom and, 290, 290n52; and missile gap, potential of, 291; and mutually assured destruction, absence of, 89, 294, 300, 303–4; potential détente and role of trade, 295–304; power oscillations and, 303; puzzles of, 289; Soviet desire for détente, 289, 292, 296–99; Soviet economic offensive and, 289–90; Soviet fear of decline, 301–3; Soviet oil exports and, 294–95; Soviet strategic vulnerability and, 290–91, 298–99; strategic nuclear balance and, 89, 291, 297, 300, 303–4; trade expectations theory and, 89, 289; trade-security dilemma and, 294; US desire for détente, 291, 295, 300; US economic restrictions and, 289–90, 293; US fear of decline, 291, 293–95, 301, 303; U2 Crisis, 299–300; Western Europe and, 290, 290n52. *See also* Berlin Crisis (1961); Cuban Missile Crisis; Eisenhower, Dwight D.; Khrushchev, Nikita; third world, US-Soviet struggle over the
Cold War (1963–83, détente and aftermath), 5, 9, 38, 90, 92n37, 249, 289, 304–10; arms control and, 305;

Cold War (1963–83, détente and aftermath) (*continued*)
  breakdown of cooperation, 46, 90, 431; importance of US-Soviet trade to Russian growth, 9, 305–6; Jackson-Vanik Amendment and, 308–9; liberalism and, 310; linkage strategy and, 46, 304–5; moderation of Soviet behavior and, 306–8; and mutually assured destruction, role of, 90, 294, 304; Soviet economic decline and, 304; and Soviet trade expectations, 38, 306, 309, 431, 434; trade expectations theory and, 289, 310; US domestic politics and, 90, 306, 308, 431; Vietnam and, 304–7, 309; Watergate and, 46, 90, 306, 308–9, 310, 431; Yom Kippur War and, 307–8. *See also* Brezhnev, Leonid; Egypt; Israel; Kissinger, Henry A.; Nixon, Richard M.
Cold War (1984–91, end of), 5, 38, 90, 92n37, 247, 249, 310–18; arms control and, 313–14; G7 summit and, 317; ideational arguments for, 310; importance of US-Soviet trade to Russian growth, 90, 312–16; moderation in Soviet behavior, 314–17; Soviet economic decline and, 90, 311–12; Soviet trade expectations and, 5, 311, 314–18, 434; trade-security spiral and 317–18; trade expectations theory and, 289, 310. *See also* Bush, George H. W.; Gorbachev, Mikhail; Reagan, Ronald
commitment problem, 12–13, 40–43, 47, 60, 62, 121n22, 233, 325, 351; efforts to signal commitment, 38, 60, 62–63, 248, 273–75, 280, 303, 327, 351, 366, 368, 433–34, 439–40, 445; trade-security spiral and, 47–48. *See also* bargaining model of war; costly signaling; signaling arguments; trade expectations theory
Congress of Vienna, 325
constructivism, 19n3
contract-intensive economies, 60, 62, 433
costly signaling, 20n6, 21, 25, 40, 63–64, 64n16, 366n37
Crescenzi, Mark, 19n3
Crimean War, 4, 44, 320, 330, 347–72, 383, 435; British-French antagonism and, 352, 362, 365, 369; British-Russian cooperation (1839–1853), 336, 352–54, 362–63; British-Russian trade, 349n26; British-Russian trade competition, 357–58; British-Russian understanding of trade-security dilemma, 351–52, 358; British trade dependence and, 355–57, 355n30; Constantinople, role of, 352–53, 358, 363–64; Danubian Principalities and, 368; differing British-Russian estimates of Turkey's collapse, 354, 361, 363–65; domestic politics and, 349–50, 360, 369, 388n13; French motives, 360; Holy Lands dispute, 348, 350–51, 359–61, 367; importance of formalized agreement and, 350–51, 366–68; as inadvertent war, 347, 349–50, 370; Montenegran revolts and, 361, 364; Nesselrode memorandum, 354; Orthodox Christians in Balkans and, 348, 350, 359, 361, 363, 365; Russian-Austrian antagonism, 361–62, 364; Russian fear of Turkish collapse, 348, 350–51, 353, 361–66, 368; Russian-French antagonism, 352–53, 359–61, 364–66; Russian preference for Turkey's continued existence, 329–30, 333, 336, 348, 350–55, 358–68, 373; Russian trade dependence and, 348, 357–59; Turkey's commitment problem and, 350–51, 353, 366–67; Turkish instability and, 351–52, 354, 361; Turkish Straits and, 348, 352–53, 364, 368, 372; Vienna Note, 368, 371. *See also* Aberdeen, Lord; Napoléon III; Nicholas I
crisis escalation, 11, 38, 40, 122, 147, 171, 174, 257, 276, 281, 349–51, 366, 370, 373. *See also* military-security dilemma; spiraling; trade-security dilemma
Cuban Missile Crisis, 89, 301–2. *See also* Berlin Crisis (1961); Cold War (1956–62)
Cutler, Robert, 293

Dafoe, Allan, 64n18
Dallek, Robert, 252
Darby, Philip, 396
Davis, James, 126n34
decline, 2, 5, 40–41, 47–49, 66, 84, 87, 122–23, 271, 276, 318; causes of, 3, 3n4; commitment problem and, 13, 121n22; as exogenous force leading to conflict, 2–3, 11, 45, 48, 429, 435; and fear of future intentions, 40, 109, 252, 377, 440. *See also* dynamic approaches to theory;

preventive war; trade expectations theory; *and individual cases*
defensive realism, 9–10, 12; insights of, 10, 12, 43, 429, 436; weaknesses of, 10, 436. *See also* economic realism; neorealism; offensive realism
Delbruck, Clemens von, 132
democracy, as cause of war or peace, 25–26, 43n48, 52, 54–67, 100, 145, 152, 154, 181, 349, 411, 427, 433–35
democratic peace, 25, 52, 54–67, 411, 427, 433–35
democratization, as cause of war, 100, 349
Deng, Xiao-ping, 439
dependent variable of study, vii, 1, 3, 3n2, 77
deterrence, use of, 11, 148, 158, 167, 175, 178, 180, 188, 202–4, 211–12, 233–36, 273, 290, 303, 308, 370–71, 383, 393, 421, 438
development, and tie to peace, 24–25, 52, 58–63
Dillon, Douglas, 292, 295–96, 298–99
diplomacy, role of, 9, 11, 29, 38–39, 63, 99–100, 110–11, 117–22, 145–46, 150–56, 159–60, 166, 170, 177–82, 186–87, 189–98, 204–7, 211–16, 219, 221–29, 236–37, 240, 240n46, 241–48, 241n48, 242n50, 244, 259–60, 262–66, 279–80, 287, 291–300, 305–8, 312–17, 320, 332–33, 336, 348, 352–54, 362–68, 371, 380–81, 383–85, 393–94, 387, 403–5, 408–11, 416–18, 422–27, 434, 438–39. *See also* bargaining model of war; coercive diplomacy, use of; crisis escalation; endogeneity; spiraling
Disraeli, Benjamin, 383–84, 394–95
diversionary motives, as cause of war, 81, 86, 95n45, 123–24, 168–70, 388–89, 388n13, 432n2. *See also* Sino-Japanese War (1937)
domestic support, as facilitating factor for war, 72–73, 75, 83, 85, 383
Dulles, Allen, 284, 286
Dulles, John Foster, 276, 281, 283–84, 286–87, 287n51
dynamic approaches to theory, 3, 17–18, 17n1, 27–28, 33–38, 40–42, 50, 97, 101, 123, 310, 444; role of the future in building, 2–18, 27–50, 428–34, 444–45; role of the future in testing, 52–53, 57–58, 60, 62–63, 68–69, 74–75

Eastern Question Crisis (1875–78), 83, 382–84; economic realism and, 384; offensive realism and, 384; trade expectations theory and, 384, 435
economic containment, 123, 429, 431, 438, 440, 443–44
economic realism: assumptions of, 23; conceptualization of dependence in, 33–34; conceptualization of the future in, 17, 37; core argument of, 2, 14–16, 21–22, 46, 428; costs of adjustment in, 9, 24, 333, 429; costs of expansionism in, 22, 22n11, 429; downplaying of security dilemma in, 8–10, 436; hypothesis testing and, 50; insights of, 6, 14–15, 24, 46, 98, 318, 431–32; neo-Marxism versus, 23; opportunism of, 6–7, 10, 37, 42, 50, 428–29; problem of trade-offs in, 8, 29; quantitative work supporting, 54; vulnerability and, 2, 6, 7–9, 14–16, 21–22, 24, 29, 33, 37, 50; weaknesses of, 6, 8–9, 13, 15–17, 24, 29–30, 34–35, 37, 42, 54, 248, 318, 428–29, 431–32, 438, 444–45; worst-case assumption and, 7, 22, 27, 42; *See also* offensive realism; relative gains concerns
Eden, Anthony, 282
Egypt, 44, 276–78, 282–88, 307–8, 323, 331–37, 343–44, 351, 362, 374, 387–88, 395–99, 430, 410, 426–27, 430. *See also* Britain (1878–85, and new imperialism); Nasser, Gamal Abdel; el-Sādāt, Anwar; Suez Canal
Eisenhower, Dwight D., 5, 38, 276–78, 280–301, 303, 441
Elliot, Charles, 342–44
el-Sādāt, Anwar, 307
endogeneity, 11–12, 39–43, 48–49, 74–75, 429–30. *See also* crisis escalation; spiraling; trade expectations theory; trade-security dilemma
expectations of future trade, 2–6, 36–38, 40–49, 428–29, 445; contract-intensive economies and, 60–62, 433; democratic regime type and, 43n48, 52, 57–58, 434–35; development and, 58–62, 43n48; exogenous factors and, 39, 43–48, 430–41, 445; importance of expectations when trade is low, 5, 16–17, 35n36, 37–38, 52, 62–63, 66–68, 248, 433; as independent variable, 2, 6, 428–29; institutions and,

expectations of future trade (*continued*) 62–63, 433–34, 439; polarity and, 30n26, 45, 45n49, 92n37; preferential trading arrangements and, 43n48, 62–63; and problem of the future, 41–43, 440; problem of future intentions and, 40–41, 439–40; trend lines and, 68n20. *See also* bargaining model of war; bargaining and signaling; costly signaling; reputation; trade expectations theory; trade-security dilemma

Falkenhausen, Alexander von, 133
Fashoda Crisis of 1898, 4, 84, 407, 409–11, 427; British trade expectations and, 410–11; economic realism and, 411, 427; liberalism and, 411; trade expectations theory and, 410–11, 427
Ferry, Jules, 388, 391–94, 392n15
Fischer, Fritz, 123–24, 125, 130–31
France, 4, 15, 29, 76n30, 80–84, 86–87, 98, 102, 105–6, 110, 124, 126–27, 131–34, 160, 177, 179, 182, 250, 260, 264, 269, 276–77, 282, 288, 298, 319, 396–97, 399–400, 402, 405, 407, 410–13, 418, 423, 427, 431, 435; Belgian Crisis (1831), 81, 331n11; British-French competition over Levant trade, 319, 332; Cobden-Chevalier Treaty, 377–78, 378n3, 385; Crimean War and, 348–49, 352, 359–61; intervention in Mexico, 378; intervention in Spain (1823), 80, 327, 373; loans to Russia before First World War, 128n39; war with Austria (1859), 82, 375, 377; wars of the French Revolution, 79–80, 321, 373. *See also* Napoléon III; Napoléonic Wars; *and France, individual case periods*
France (1830–40 case period), 94, 332–37; economic realism and, 337, 373; French support for Ali, 335; liberalism and, 337, 373; trade expectations theory and, 337, 373
France (1878–85, and new imperialism), 83, 91n35, 375–76, 387, 389–94; Algeria and, 393; Alsace-Lorraine and, 388, 392; British-French spiral over West Africa, 83, 378, 385, 388, 391, 394n18; declining competitiveness of, 83, 390–91, 394n18; declining economic power of, 390; demographic decline of, 390; domestic politics and, 388, 391–94, 394n18, 397, 398n20; economic realism and, 426; European protectionism and, 390–91; French trade expectations and, 391–92, 394, 399, 426; involvement in Egypt of, 396–99; liberalism and, 394, 426; Madagascar and, 388, 394n18; neo-Marxism and, 392; trade expectations theory and, 394; trade-security spiral and, 391, 426–27; Tunisia and, 392–94, 392n15; Vietnam and, 385, 388, 394n18
Franco-Prussian War (1870), 82, 375, 379–81, 427; preventive origins of, 380–81
Fraser, Edmund, 423
Freycinet, Charles, 393, 397, 398n20

Gambetta, Léon, 397
Gartzke, Erik, 20n6, 24, 63–65, 64n16, 64n17, 64n18
Gelpi, Christopher, 25, 55–58
Germany (Prussia), 34, 39, 41, 44–45, 102–3, 105–6, 109–11, 152, 170, 178–79, 181, 187, 198, 250, 258, 378, 390, 427–28, 432, 441; and Cold War, 250, 258–60, 264–66, 269–71, 301–2, 315–17. *See also* Austro-Prussian War (1866); Franco-Prussian War (1870); *and Germany, individual case periods*
Germany (1878–85, and new imperialism), 38, 83, 91n36, 93, 93n41, 374–76, 399–407; Berlin Conference and, 400, 402, 406n23; domestic politics and, 388–89, 399–402, 406–7, 406n23; economic realism and, 426; German trade expectations and, 38, 45, 376, 387, 389, 399, 402–7; liberalism and, 426, 432; neo-Marxism and, 388–89; spiral over West Africa, 402–7, 426–27; trade expectations theory and, 38, 426–27
Germany (1890–1914, and World War I), 4–5, 29, 38, 86, 91, 97; Balkans and, 91n36, 123; British-French fears of German growth, 45, 124, 431; and British-German trade treaty, end of, 124–25; domestic politics and, 123–24, 388n13; economic realism and, 97, 133, 142; food dependence and, 127–28; German fears of decline and, 4–5, 97n1, 123, 131, 133; German navy and Weltpolitik, 125–26, 128, 418–19, 419n37; German trade expectations and, 38, 98, 124–28,

130–33, 142, 431; iron and rye coalition and, 124n29; liberalism and, 97–98, 133, 142; Mittelafrika and, 132n47, 423; Morocco and, 126–27, 126n34, 130; oil dependence and, 126–27, 127n37, 133; raw materials dependence and, 126–28, 127n38, 131, 133; trade expectations theory and, 38, 97–98, 123, 133, 142–43

Germany (1919–39, and World War II), 4–5, 38, 87, 97; China and, 139, 139n37; competing explanations for, 133–34; economic realism and, 98, 134, 141, 143; expectations of long war, 141n62; food dependence and, 135, 137–41, 138n54; Four Year Plan and, 137–38; German fears of decline and, 4–5, 97n1, 98, 135, 136n53, 137, 141, 163; German trade expectations and, 98, 136–41, 143; liberalism and, 98, 134–35, 141–43, 428, 432; living space and, 135, 136n52, 141; Nazi ideology and, 14, 141–42, 435; oil dependence and, 138; raw materials dependence and, 135, 137–41, 138n54, 138n55; Romania and, 139; Spain and, 139, 139n58; traditional military and, 136, 141–43

Gilpin, Robert, 30, 30n26
Gladstone, William, 345, 376, 388, 395–99, 400, 404, 423
glory, as motive for war, 6, 80, 82, 95, 109, 112, 172, 321, 338, 346, 376–77, 386, 392, 428
Goddard, Stacie, 379
Gorbachev, Mikhail, 298, 310–17
Gowa, Joanne, 30n26
Graham, John, 345
Granville, Lord, 398, 404
Gray, Gordon, 295
greed, as motive for war, 22–23, 95, 109, 112, 116, 130, 134, 172, 248, 270–71, 276, 392, 427–28
Grenville, C. F., 369–71
Grew, Joseph, 175, 177, 194, 202, 204–6, 215–16, 218, 221, 236, 262, 264
Grieco, Joseph, 21, 25, 29n24, 55–58

Haas, Mark, 95n44, 321
Haggard, Stephan, 75n29
Haiti, 323, 325
Halifax, Edward, 209, 218, 235, 238, 240, 242n50
Hamaguchi, Yuko, 154n7

Hamilton, Maxwell, 175, 193, 195–96, 203–4, 206
Hara, Kei, 152
Hara, Yoshimichi, 152, 201, 224, 229–30
Harriman, Averell, 253n11, 259–60, 262, 264, 267, 279
Hashimoto, Toranosuke, 171
Haushofer, Karl, 135
Hay, John, 108, 111, 111n14
Hegre, Havard, 24, 58–61, 58n10
Higashikumi, Naruhiko, 225
Hildebrand, Klaus, 133
Hillenkoetter, H. N., 279
Hillgruber, Andreas, 133
Hirohito, 145–46, 148, 154n7, 163–64, 170n17, 178–79, 192, 201–2, 207, 218–19, 222–25, 228–30, 245
Hitler, Adolf, 44, 91n36, 134n49, 134–43, 152, 198, 246
Hobshouse, Lord, 343
Hobson, John, 22n12, 385
Hohenlohe, Choldwig von, 125
Holland, Lord, 334n14, 335
Hoover, Herbert, Jr., 284–85
Hopkins, Anthony, 395
Hopkins, Harry, 199, 221, 260–61, 263, 263n26
Hornbeck, Stanley, 162, 175–77, 191, 204
Hull, Cordell, 6, 145, 176–77, 179–80, 183, 202–6, 208–11, 214n20, 220n25, 222n27, 225, 229, 229n35, 231–32, 237–45, 239n45, 241n48, 242n50, 243n52, 249, 253, 255, 257; and penchant for dissimulation, 217n22, 240n47
Hurley, Patrick, 255

Ickes, Harold, 202, 208
ideological distance, as cause of war, 80, 89, 95, 95n44, 252, 326–27, 373
ideological motives, as cause of war, 6, 34, 95n44, 57, 98, 123, 134, 141, 144–46, 158, 181, 192, 227, 247, 250, 270–71, 276, 321, 338, 346, 373, 376, 386, 389, 395, 399, 427–28, 439–40, 442
Ikawa, Tadao, 189
India, 1, 155, 162, 278–79, 283, 320, 322–23, 332, 334–35, 338–39, 341–42, 344–46, 355, 373, 383–85, 394, 398–99, 405, 415, 426; Indian Ocean, 438, 441
information problems, 12, 21; incomplete information, 39–43. *See also* bargaining

549

information problems (*continued*)
  model of war; resolve; signaling arguments; trade-security dilemma
international political economy: balance of payments, 137, 342; balance of trade, 340, 390, 414; causes of trade between great powers, 28–32, 32n29; connection to security studies, vii, 3, 315; depletion of resources and, 41, 46, 46n50, 48–49; diminishing marginal returns and, 30; and economies of scale, 30, 41, 103, 357–58, 376–77; and extensive production, 304; and industrialization of the great powers, 30–31, 80, 101–3, 121, 135, 140–41, 163, 278, 295, 317, 322, 326, 328, 347, 349, 351, 355–58, 376, 391, 427, 445; and labor productivity, 30–32; polarity, trade, and, 30, 30n26, 45n49; realist foundations for trade in, 9, 28–32; S-curve, 31; unit-level assumptions of modern, 9
Inukai, Tsuyoshi, 160
Iran (Crisis of 1944), 46, 79, 87, 252–58; Anglo-American oil agreement, 256; Anglo-Iranian Oil Company, 254; decline in US oil reserves and, 254; economic realism and, 257–58; Soviet economic concerns and, 256; Tehran summit, 255; trade expectations theory and, 257; trade-security spiraling and, 257–58; Tudeh Party and, 257; US assistance to Iranian government, 254–55
Iran (Crisis of 1946), 88, 267–68; economic realism and, 268; occupation of Japan and, 266–67; Saudi Arabia and, 268; Soviet-Iran oil agreement, 267–68; Soviet trade expectations and, 268; trade expectations theory and, 268; US motives, 268
Iran (Crisis of 1950–53), 89, 276–82, 288; Anglo-Iranian Oil Company, 276, 278; coup planning and, 280–81; decolonization, implications of, 278; domestic instability and, 277, 279–80; economic realism and, 278, 282; liberalism and, 278, 282; risk of war, 281; trade expectations theory and, 282; US fear of loss of Iran, 277, 279–81; US trade expectations and, 281–82
Iriye, Akira, 153–54, 157, 160
irrationality, as cause of war, 8, 17n1, 34, 122–23, 144–45, 168, 288, 325, 365

Ishihara, Kanji, 164–65, 170–72
Ishii, Kikujiro, 152
isms, question of, 18, 18n2, 433n4
Israel, 277, 282–84, 288, 307–8
Israelyan, Victor, 307
Italy, 128, 131, 138, 140, 250, 258, 264, 344, 390, 414; intervention of Austria in (1821), 4, 80, 327, 373; Italian moves against Tunisia (1880–82), 44–45, 376, 381, 392–94, 426, 430; wars of Italian reunification (1859), 4, 82, 374–75, 377, 381, 427
Ito, Hirobumi, 104–5, 116–17, 151
Iwakuro, Hideo, 189, 195–96

Jackson, Henry, 308–9
Japan, 2, 4, 6, 8–10, 14–15, 32, 39, 44, 46, 48, 66, 69, 97, 253, 262–64, 266–67, 272–75, 388, 428, 431–32, 437–39, 441, 443. *See also* alliances; China; Manchuria; Pacific War; *and Japan, individual case periods*
Japan (1880–1904). *See* Russo-Japanese War (1904); Sino-Japanese War (1894)
Japan (1905–22 case period), 85, 145, 150–53; economic realism and, 152, 181–82; intervention into Siberia and, 152; liberalism and, 152; Root-Takahira agreement and, 151; Taisho democracy and, 145, 150, 152, 181; trade-security dilemma and, 137; Twenty-One Demands and, 152; US-Japanese diplomacy and, 150–52; Washington conferences and, 152–53
Japan (1922–31 case period), 85, 93, 95n45, 145, 147–48, 153–62; domestic politics and, 154, 154n7, 157, 432; economic realism and, 158–59, 182; Japanese trade expectations and, 159–60; Kwantung army and, 154, 157–58; liberalism and, 154, 159, 182n24, 432; Manchuria's value to Japan, 155, 158, 161; puzzles for, 154; Russian threat and, 158–59; Shidehara diplomacy and, 145, 150, 154, 160; trade expectations theory and, 157–58, 182; trade-security dilemma and, 158–59; US-Japanese naval treaty of 1930, 154n7
Japan (1931–37). *See* Sino-Japanese War (1937)
Japan (1938–41). *See* Pacific War
Johnston, Alistair Iain, 440n12

Kagan, Korina, 327
Kanin, Kotohiro, 171
Kato, Tomosaburo, 154
Kaufman, Robert, 75n29
Kaya, Okinori, 225–27, 229
Kennan, George, 253n11, 268–69
Kennedy, John F., 38, 291, 301–2
Kennedy, Paul, 401
Keohane, Robert, 19n3, 30n26, 33n32, 37n40
Khrushchev, Nikita, 5, 282–83, 289–305, 443
Kido, Koichi, 225n32
Kim, Il Sung, 274–75
Kimball, Warren, 252
Kirshner, Jonathan, 19
Kissinger, Henry A., 46, 293–94, 304–10, 308n87, 308n88, 431
Knorr, Klaus, 30
Knox, Frank, 237
Komura, Jutaro, 117
Konoe, Fumimaro, 171, 174, 176–77, 180, 189, 200, 205–7, 212–13, 215, 219, 222, 224–25
Korean War, 88, 271–76; Acheson's speech and, 272–74, 273n39, 274n41; congressional aid to South Korea, 275; and economic realism, 278, 288; increasing US support for South Korea, 275–76; liberalism and, 271, 276, 428, 432; origins of, 275–76, 435; Soviet defensive motives and, 273–76; trade expectations theory and, 271, 276; US-Japanese relations and, 272–74, 273n38. *See also* Kim Il Sung; Mao Ze-dong; Stalin, Joseph
Kosygin, Alexei, 305
Krasner, Stephen, 23n15, 26n20
Kruger, Paul, 416–18, 421–25,
Kuomintang Party, 147–49, 154–59, 171–74, 179, 187, 258; struggle with Chinese Communist Party, 155–57, 159, 162–63, 167, 169. *See also* Chiang Kai-shek; China; Mao Ze-dong
Kuropatkin, Alexsei, 109–10, 114–15, 121
Kusserow, Heinrich von, 402–3, 405
Kydd, Andrew, 42n46

Lake, David A., 18n2
Lamsdorf, Vladimir, 109, 114–15, 121
Langer, William, 416–17
Lansing, Robert, 152

Latin America, 127, 139, 195, 283, 327, 444, 440n12
League of Nations, 138, 161
Leffler, Melvyn, 248n3, 249, 269
Lenin, Vladimir I., 22, 312, 385
leveraging, 9, 11, 27, 29, 32, 42, 159, 180, 186, 148, 159, 180, 186, 191, 257, 267–69, 296, 304, 315, 386, 422, 438, 439, 441. *See also* bargaining model of war; coercive diplomacy, use of; diplomacy, role of; signaling arguments
Levitsky, Steven, 75n29
Levy, Jack, 19n3, 347
Li, Quan, 64n16
liberalism (commercial): assumptions of, 6–7, 9, 428; conceptualization of dependence, 33–34; conceptualization of the future in, 17, 37; core argument of, 1–2, 13–14, 16, 18–21, 428; democracy and, 25, 52, 54–67, 100, 145, 152, 154, 181, 269, 310, 345–47, 349, 411, 427, 433–35; domestic variables as propelling factors for war in, 7, 14, 16, 17n1, 34, 50, 52, 135, 144–45, 159, 184, 186, 244, 270–71, 276, 325, 346, 349, 378, 392, 395, 426–29, 432, 435–36, 445–46; downplaying of costs of adjustment in, 33–34; hypothesis testing and, 50; insights of, 2, 24, 27, 428; institutions and, 43n48, 62–63, 433–34; interest groups and, 19–20, 20n5; opportunity costs and, 18–21, 25, 33–34, 429; signaling arguments in, 20–21, 20n6, 64n16. *See also* democracy, as cause of war or peace; democratic peace; *and individual cases*
liberalism (regulatory). *See* liberalism (commercial), institutions and; Keohane, Robert
Liberman, Peter, 30n26, 61
Lin, Zexu, 342–43, 346
linkage, 46, 260, 293–94, 299, 304–5, 310, 431. *See also* Cold War (1956–62); Cold War (1963–83, détente and aftermath); Kissinger, Henry A.
Louis Philippe, 331n11, 352
Lovett, Robert, 280
Lüderitz, F.A.E., 404–5
Luthringer, George, 209–10

MacArthur, Douglas, 272–73
Macaulay, Thomas, 343

MacMillan, Harold, 296
Mahan, Alfred Thayer, 253, 409n26, 419n37
Mahoney, James, 75n29
Malet, Edward, 417–18
Manchuria, 4, 99–101, 103, 107–22, 142, 145, 147–79, 182, 187, 189–93, 195, 202, 214n20, 216, 220, 225, 229, 231–36, 252, 258, 266, 431–32; Japanese Kwantung Army, 154, 157–58, 235–36
Mansfield, Edward D., 19n3, 25, 30n26, 62
Mao, Ze-dong, 32, 167–69, 272–75
Marchand, Jean Baptiste, 409
Marschall, Adolf, 417–18
Marshall, George, 231, 233, 237, 237n42, 237n43, 242n49, 251, 259
Marshall Plan, 251, 259, 266, 268–69
Mason, Tim, 134
Mastanduno, Michael, 271
Matsuoka, Yosuke, 189, 192, 194, 197, 198n9, 199–200, 203, 205–7, 215
McCloy, John, 259
McDonald, Patrick, 20, 24, 58, 63–69, 66n19, 408, 433
Mearsheimer, John, 21–22, 22n11, 387
Melbourne, Lord, 336
Menshikov, Alexsandr, 366–68
Menzies, Robert, 287
mercantilism, 20, 22, 31, 31n28; British discussions on return to (1890–1914), 124–25, 128–29, 129n42, 133, 412–14; British eighteenth-century, 322–23; British-French eighteenth-century economic struggle and, 321–22; colonies and, 31, 44; neomercantilism and Cold War, 250, 252, 269; French nineteenth-century neomercantilism, 391. *See also* international political economy
Mexico: French intervention in, 378; Mexican-American War of 1846–48, 93n42
Middle East, 5, 46, 62–63, 126–27, 133, 143, 251–58, 267–69, 276–89, 307–8, 319, 333, 337, 346, 384, 438–41. *See also* Saudi Arabia; Suez Crisis (1956); *and Iran, individual case periods*
Mikoyan, Anatas, 295–96
Miles, Sherman, 233n39
military-security dilemma, 9–10
Millspaugh, Arthur, 255
Milner, Alfred, 419, 421, 424–25

Molotov, Vyacheslav, 259–60, 265, 267, 272–74
monarchialism, versus republicanism, 80, 95, 321, 326–27, 373, 392
Montesquieu, Baron, 19n3
Moravcsik, Andrew, 19n3
Morgenthau, Henry, 175, 239, 240n46, 242, 242n50, 243, 243n51, 258
Morrow, James, 19n3, 21n9
Mossadeq, Mohammed, 276–81
Mousseau, Michael, 24, 58–62
Münster, Georg, 404, 406
Muraviev, Mikhail, 108
Mutsu, Munemitsu, 105

Nagano, Osami, 201, 219, 223, 226–27, 230
Napoléon I, 4, 80, 321–26
Napoléon III, 82, 348–49, 359–60, 362, 377–78, 380, 385
Napoléonic Wars, 4, 79–80, 91, 321–26; Continental System in, 324; economic realism and, 325; French commitment problem, 325–26; French decline versus Britain, 321–22, 325–26; French trade expectations and, 322, 324–25, 373; Haiti and, 322–23; liberalism and, 325; Louisiana and, 322–23; Napoléon's geopolitical logic and, 321; Napoléon's personal motives and, 321, 324, 324n6; plans for invasion of Britain, 323–24; trade expectations theory and, 325–26, 373; trade-security spirals and, 325
Narizny, Kevin, 23n14
Nasser, Gamal Abdel, 277–78, 282–88
neoclassical realism, 9n9, 248n3. *See also* domestic support, as facilitating factor for war; economic realism; liberalism (commercial)
neo-Marxism, 14; core arguments of, 22–23; new imperialism and, 385–86, 395–96; Opium War and, 338–47; South African War and, 426; structural Marxism, 23n15; weaknesses of, 26–27, 93n41, 376, 426. *See also* capitalism
neorealism, 7–8, 248, 386; international political economy and, 29–30; salience of power versus interdependence, 22n11, 28–29, 247–48. *See also* economic realism; offensive realism; trade expectations theory

Nesselrode, Karl, 334, 336, 353–54, 359, 362n34, 365–66
Nicholas I, 102, 328–30, 333, 336, 349–54, 357–72, 383
Nicholas II, 109, 113–16, 121
Nish, Ian, 113n17
Nixon, Richard M., 46, 294, 304–10, 431
Nomura, Kichisaburo, 189–90, 192–95, 203–4, 206, 211–16, 214n20, 220n25, 222n27, 225, 225n31, 236–37
Nye, Joseph, 33n32

offensive-defensive balance, 27n22, 36n39, 75
offensive realism, 7–8, 14, 430, 436; costs of expansionism, 22n11, 429; downplaying of trade-offs, 7, 29, 42; future intentions, role of, 7, 22, 41, 43; insights of, 14–15, 42–43, 436; pessimism of, 7–8; relative gains and, 8–9, 29; vulnerability and, 7–8, 14–15, 29; weaknesses of, 7–10, 29, 42, 389, 436; worst-case assumption of, 7, 22, 42–43. *See also* anarchy; neorealism; trade expectations theory
Oikawa, Kojiro, 166
Oikawa, Koshiro, 200, 224
oil dependence, 4, 21, 29, 31–32, 35, 39, 46, 126–27, 137–39, 158, 178, 180, 186–91, 197, 200, 202, 207–13, 217–19, 222–23, 226, 229, 231, 234, 237, 242–45, 250, 252–57, 267–68, 276–88, 290, 294–95, 306, 437–41. *See also* international political economy; resources, vital
Olney, Richard, 409
Oneal, John, 19, 24, 33n32, 54–56
Opium War (1839–41), 4, 81, 93n41, 319–20, 337–47, 355, 388, 435; Britain's silver problem and, 338–40, 246; British fears of decline and, 339, 347; China's silver problem and, 340–41, 346; Chinese fears of decline and, 339, 346; domestic politics and, 344–45; economic realism and, 338–39, 346, 372–73; importance of China to running of British government, 339, 341, 345–46; liberalism and, 338, 346–47, 372; merchants and, 340, 342–44, 344n24; neo-Marxism and, 338, 343–44, 347, 373; trade expectations theory and, 338–39, 346–47, 372–73; triangular trade and, 338, 341–42. *See also* China; India; neo-Marxism

Oregon Crisis (1844–45), 69n21
Otori, Keisuke, 105
Ottoman Empire. *See* Turkey
Owen, John, 19n3
Oyama, Iwao, 117

Pacific War, 4, 44, 86; backdoor-to-war argument, 232, 232n37, 236, 245; China's role in pinning down Japanese forces, 185, 191, 204, 220, 233–34; Chinese-connection argument, 238–41; competing explanations of, 144–45, 184–85, 244–45; domestic politics and, 145, 179, 206–7, 227–28, 244, 388n13, 435; Dutch East Indies and Japan, 178–80, 182, 188, 200–201, 203, 222, 208, 244; economic realism and, 146, 186–87, 244; Imperial Conferences and, 201–202, 222–24, 228–30; Indochina and, 179–80, 201, 207, 211–12, 214–15, 228–29, 237, 239; issue of troops in northern China, 187, 189, 193–97, 215, 228; Japanese alliance with Germany, 178, 181, 192, 199–200, 203, 215–16, 228–29; Japanese army and, 146, 163–67, 178–81, 192, 200, 206–7, 213, 221, 227–28; Japanese concern for rise of Russia, 148, 164–65, 181–83, 185, 202, 223, 225, 244–45; Japanese concern for Soviet Communism, 176, 178, 193–96, 201; Japanese decline versus United States, 180–81, 213, 219, 222–24, 226–27, 229–30, 236, 245; Japanese dependence on United States, 173–81, 178, 180, 188, 213, 217, 222; Japanese desire for a summit, 212–15; Japanese desire to end Sino-Japanese War, 188–89, 191–92, 196–98, 199–200, 215–16, 221, 228, 228n34, 230, 224; Japanese navy and, 146, 178–81, 188n3, 192, 200, 206–7, 213, 225; Japanese pessimism regarding chances of victory, 144, 184, 219, 223–24, 230; Japanese reaction to imperial preference systems, 48, 159–60; Japanese-Russian clashes (1938–39), 174, 178, 189; Japanese temporary military superiority, 144, 230, 237–44; Japanese trade expectations and, 176–77, 182, 186, 213, 217, 220, 222, 229, 245–46; Japanese uncertainty regarding future intentions of the United States, 226–27; Liaison Conferences, 199–200,

Pacific War (*continued*)
218–19, 225–28, 228n34; liberalism and, 145–46, 149n4, 184–86, 244–45, 428, 432; New Order speech, 176–77, 189; Proposal A, 228, 230; Proposal B (modus vivendi), 228–30, 233, 237–44; puzzles of, 144–45, 184–85, 187; Southeast Asia's raw materials and Japanese security, 176, 179, 181–82, 188, 211, 213, 217; trade expectations theory and, 146, 149–50, 182–83; US acceptance of Manchuria, 190, 193; US desire to buy time, 220, 231, 233, 237, 237n42; US desire for modus vivendi, 233, 236–44; US desire for summit, 213–14; US efforts to get Japan to ignore Tripartite Pact, 185, 190, 194, 197–98, 197n8, 215–16, 228–31; US efforts to get Japan to not attack Russia, 185, 190–91, 202–6, 208–9, 211–14, 218, 220–22, 231–36, 241–44; US fear of fall of Moscow, 241–43, 242n49, 243n51; US importance attached to Russia as ally against Hitler, 185–86, 198–99, 241–43, 244–46; US-Japanese near-agreements (1941), 197–98, 198n9, 214–15; US oil embargo (1941), 186, 207–211, 217; US preference orderings (1941), 232–33, 236, 244; US recognition of Japan's likely attack on Russia, 187, 202–5, 205n13, 206n14, 211–12, 234–36, 242–43, 242n49, 243n51; US trade expectations and, 175, 198, 215–16; US trade restrictions and 177, 180, 185–86, 188, 207–11, 217, 219, 222, 224, 245. *See also* alliances; Chiang Kai-shek; Hull, Cordell; Roosevelt, Franklin D.; United States

Palmerston, Lord, 333–36, 338, 342–47, 344n24, 349–50, 355–57, 369–71, 371n39, 373, 395

Peck, Willys, 204

Peel, Robert, 345, 353–54

personality, as cause of war, 80, 82, 87, 95, 141, 321, 349

Pevehouse, Jon, 25, 62

Philippines, 151, 233, 237, 240, 244n54, 272–73

Plato, 34n33, 428

Plehve, Vyacheslav, 114

polarity, implications of, 30, 30n26, 45n49, 123, 246, 441

Portugal, 340, 344, 399, 403, 405, 415, 417, 420–23

Powell, Robert, 41

Power, Thomas, 393

preferential trading arrangements (PTAs), 43n48, 62–63

preventive war, 2–5, 7, 62, 98–99, 123, 131, 142, 148, 172, 182, 185, 224, 282, 303, 326, 380–81, 382, 426. *See also* decline, individual cases

problem of the future, 41–43, 440. *See also* dynamic approaches to theory; expectations of future trade

Prussia. *See* Germany (Prussia)

Puryear, Vernon John, 335, 355n30, 358

qualitative analysis: accumulation of knowledge via, 94–96; causal salience and, vii, 28, 50–51, 71, 78, 92n38, 245, 247, 271, 276, 318, 321, 332, 375, 427, 435, 445; complex conjunctural causality and, 71–74, 77–78, 78n34; constraining factors in, 73; criteria for case periods and, 79, 91; documentary process tracing, 13, 74–75, 77n33; endogeneity problem in, 74–75; equifinality (multiple causal pathways) and, 71n25, 77; and essential universe of cases, use of, 2–3, 70, 76–77, 78; facilitating factors in, 73; frequency of a theory's success as criterion in, 71, 77–78, 78n34; functional role of independent variables in, 72–74, 78, 93; generalizability problem and, 53, 70–71, 75; and hard periods, use of, 76, 96; INJS, 71; interactive variables in, 72, 72n26; INUS, 71n25; lagged variables and, 75n28; middle-N in, 75n29; omitted variables and, 75n28; propelling factors in, 73, 93; rare events research in, 52–53, 71–78; reinforcing factors in, 73; selection bias and, 3, 53, 70–71, 75; sudden unexplained death and, 78n34; testing for noncommercial variables using, vii, 94–95. *See also* quantitative (large-N) methods

quantitative (large-N) methods, vii, 51–69; application of to interdependence question, 24–25; capitalism and, 1, 20, 24, 63–69, 64n18, 433; control variables and, 53–54, 77; lagged variables and, 75n28; limitations of, 13, 50, 69–70,

72, 74, 75n28; implications of for democratic peace, 52, 55–65; interactive variables and, 54–55, 72, 72n26; omitted variables and, 75n28; value of, 1, 49, 51–52; preferential trading arrangements and, 62–63. *See also* qualitative analysis

Randall, Clarence, 295, 296n66
Rathenau, Walter, 131–32
Razmara, Ali, 279
Reagan, Ronald, 313–14, 317
realism, general position of, 6, 21–22, 27. *See also* anarchy; defensive realism; economic realism; neoclassical realism; neorealism; offensive realism
relative gains concerns, 8–9, 11, 29, 39–40, 42–43, 45, 304. *See also* neorealism; offensive realism
reputation, 9, 12, 43, 81–83, 210, 277, 308, 348, 410, 445
resolve, 12, 16, 20n6, 21, 25, 40–41, 63–64, 64n16, 81, 84, 110, 397. *See also* bargaining model of war; costly signaling; signaling arguments
resources, vital, 1–2, 4, 6–8, 10, 12–13, 21–22, 29, 31, 35, 38–39, 41, 46–49, 57, 62, 69, 87, 97–99, 101–3, 110, 122–23, 125–27, 130–42, 146, 148–50, 152, 158, 160–63, 167–68, 174–77, 179–83, 186–88, 191, 198, 200, 207, 211–13, 219–29, 232, 245, 248–49, 251, 253–54, 269, 278, 292, 294, 311, 318, 322–25, 335, 354, 376, 386–87, 403, 407–9, 412–13, 426–28, 430, 432, 435–36, 437–40, 444–45. *See also* economic realism; international political economy; oil dependence; trade expectations theory
Reston, James, 272
Rhodes, Cecil, 416
Ricardo, David, 19, 76
Richardson, James, 347
Romania, 250, 261, 266n30, 355
Roosevelt, Eleanor, 242–43
Roosevelt, Franklin D., 5, 44, 46, 175, 177, 179–80, 183, 185–99, 202, 207–22, 208n17, 217n22, 225, 229–46, 240n46, 242n50, 243n51, 243n52, 251–59, 265, 268, 278, 324n6
Roosevelt, Kermit, 280–81
Roosevelt, Theodore, 150–51, 161, 190, 280

Root, Elihu, 151
Root-Takahira agreement, 151
Rose, Hugh, 356
Rosebery, Lord, 415–16
Rosecrance, Richard, 19n3, 33–34, 37n40, 64n18
Rusk, Dean, 302
Russell, Lord, 363–64, 369, 371
Russett, Bruce, 19, 24, 33n32, 54–56
Russia, 1, 5, 14–15, 29, 44, 80–83, 85–90, 324, 327; Balkans and, 44, 123, 351–52, 354, 359–61, 383; Black Sea grain exports of, 319, 327–28; commercial access through Korean Straits for, 100, 110, 116, 118–19, 121; commercial access through Turkish Straits and, 44, 82, 109, 319, 328–34, 336, 348, 350, 352–59, 361–62, 372–73, 383, 393; economic growth of, in nineteenth century, 102–4; economic needs of (1944–45), 248, 250, 258, 260–64; and ice-free port, importance of, 100, 107, 348; Iran and, 250, 254–58; and Japan, relations with (1890–1904), 97, 99–101, 106–22; and Japan, relations with (1905–22), 94, 137, 150–51; and Japan, relations with (1922–41), 147–50, 159–89, 198–239, 241–46; oil needs of (1944–46), 250, 256–57; and reparations, need for (1945), 250, 258, 265; Russian-British cooperation (1825–52), 320, 328, 332, 336, 352–54, 362–63; Russo-Turkish wars, 328–30, 383–84; trade expansion of (1815–53), 319, 327–28, 335; and Turkey, Russian desire to sustain (1826–53), 329–30, 333, 336, 348, 350–55, 358–68, 373; US trade and aid to, 5, 9, 29–30, 32, 38, 45, 90, 247–51, 258–65, 270–71, 276, 289–318; Vladivostok and, 103, 107–9, 121, 204, 235. *See also* Crimean War; linkage; Manchuria; third world, US-Soviet struggle over the; *and Cold War, individual case periods; and Russia, individual case periods*
Russia (1823–30 case period), 80, 327–31, 373
Russia (1830–40 case period), 4, 81, 93, 331–37; liberalism and, 336–37, 373, 432; trade expectations theory and, 336–37, 373
Russo-Japanese War (1904), 4, 14, 85, 91, 97, 99–122; economic realism and, 97,

Russo-Japanese War (1904) (*continued*) 101, 122; Japanese domestic politics and, 100; liberalism and, 97, 100, 122; neo-Marxism and, 122; Niuchuang and, 111–12, 120; open door and, 108, 110–11, 150; Russian domestic politics and, 14, 100, 109, 112–16, 431; Russian rising power and, 103, 107–9; Russian strategic concerns and, 100–101, 103–4, 107–10, 113–16, 118–22; trade expectations theory and, 97–99, 101, 122; trade-security dilemma and, 101, 122

Salisbury, Lord, 385, 408, 411–12, 416–17, 425
Samuels, Richard, 102
Saudi Arabia, 254–55, 268, 276, 278, 281
Schmidt, Max, 203
Schmoller, Gustav, 130
Schumpeter, Joseph, 386
Schweller, Randall, 30n26
security dilemma. *See* anarchy; military-security dilemma; spiraling; trade-security dilemma; trust and mistrust
Selborne, Lord, 419–21, 424
Seymour, Hamilton, 362–66
Shevardnadze, Edvard, 315
Shidehara, Kijuro, 150, 153, 154–57, 159–60
Shidehara diplomacy, 145, 150, 154
Shimada, Shigetaro, 227
signaling arguments, 16, 20–21, 20n6; critique of, 25, 25n18, 64n16. *See also* bargaining model of war; coercive diplomacy, use of; costly signaling; diplomacy, role of; information problems; trade expectations theory
Simmons, Beth, 19, 19n3
Sino-American relations, contemporary, 1, 8, 13, 32, 436–37; Africa and, 440–41; China's hedging strategy, 440–41; China's increasing oil dependence, 437–39, 441; China's recent growth, 32, 436–37; China's signaling of good intentions, 439–40; Chinese navy, 438, 441; Chinese trade expectations, 442–44; dual standards of US analysts, 440n12; East China Sea and, 440n12; Malacca problem and, 438, 441; Middle East oil and, 440–41; mutual recognition of trade-security dilemma, 438–43; nuclear weapons, role of, 440n11; potential for trade-security spiral in, 444; prerequisites of sustained Chinese growth, 437n6; reasons for caution regarding, 443–44; reasons for optimism regarding, 442–43; and symmetry of dependence, importance of, 35n35, 439; South China Sea and, 440n12; Taiwan and, 432, 437–38, 444; twenty-four-character speech of Deng Xiao-ping and, 439; US concern for China's future intentions and, 440; US decline and, 436–37, 440; US moderation, reasons for, 442–43; Western allies and, 443. *See also* Korean War; oil dependence
Sino-Japanese War (1894), 85, 98–99, 104–6; economic realism and, 15, 98–99, 106, 122, 122n24, 427; trade expectations theory and, 98, 106; Treaty of Shimonoseki, 106–7; Triple Intervention and, 106. *See also* Korean War; Russia
Sino-Japanese War (1937), 86, 94, 95n45, 122n24, 148–49, 162–73; Chiang Kai-shek, role of, 168–73; Chinese domestic politics and, 168–69; competing explanations, 168; diversionary origins of, 168–71, 95n45, 388, 432n2; economic realism and, 173; Japanese desire for peace, 170–72; Japanese domestic politics and, 163–65; Japanese focus on preventive war against Russia, 163–67; Japanese navy and, 164–67; and Japan's relationship with the United States, 166–67; liberalism and, 172–73; National Salvation Association, 169; puzzle of, 168; and Russia's rising power, 163–64, 172; Sino-Japanese truces, 162, 167, 169–70; trade expectations theory and, 173; Xian Incident, 169. *See also* Chiang Kai-shek; Russia
small states, 11, 31, 44, 48, 430; method of study of, vii, 3, 3n3, 76
Smith, Adam, 19, 76
Smith, Walter, 270
Smith, Woodruff, 126
Smoke, Richard, 347
Smoot-Hawley tariffs, 46, 137, 147, 159. *See also* Germany (Prussia); Japan; United States
Smuts, Jan, 423
Snyder, Jack, 164, 179, 223n28, 244, 347, 349, 349n26, 369

Song, Zhe-yuan, 170
Soong, T. V., 239, 240n46, 242n50
South African (Boer) War, 4, 44, 84, 124, 374, 377, 407–9, 411–27, 435; British fear of decline and, 412–14, 419–20, 423, 425–26; British financial dominance and, 413; British trade expectations and, 377, 407, 413, 415–16, 425–26; Delagoa Bay and, 415–17, 420–23; Drifts Crisis, 416–17; economic realism and, 426; expected costs of war, 419; German economic competitiveness and, 412–14, 414n32; German trade expectations, 417; importance of South Africa to British economy, 413, 415; Jameson Raid, 412, 416–19; Kruger telegram, 418; liberalism and, 426; neo-Marxism and, 426; threat of Transvaal-controlled Republic of South Africa, 412, 415, 420, 423, 425; trade expectations theory and, 407, 426–27; and Transvaal, increasing power of, 411–13, 415–16; uitlanders, issue of, 416, 419–25; and Weltpolitik, link to, 418–19, 419n37. *See also* Chamberlain, Joseph; Venezuela Crisis (1895)
Soviet Union. *See* Russia
Spain, 322–23, 380; French intervention in (1823), 4, 80, 327, 373; Spanish-American War of 1898, 93n42
spheres of influence, 80, 99, 115, 118, 126, 153, 248, 253, 256, 334, 431
spiraling, 3, 5, 9–12, 21, 42–49, 57, 101, 122, 147, 150–51, 158, 162, 176, 182, 232, 244, 248, 251–52, 256, 258, 261, 282, 300, 317, 325, 330, 347, 350, 370, 376, 387, 391, 418, 429–30, 436, 438, 440, 442–45. *See also* crisis escalation; military-security dilemma; trade-security dilemma; trade expectations theory
spiral model, 370
Stalin, Joseph, 163, 169, 173, 178, 185–87, 198–99, 218, 221, 242, 251–52, 255–58, 258n17, 260–61, 263–67, 263n26, 271–76, 282, 439
Stark, Harold, 205n13, 231, 233, 235, 237, 237n42
Stein, Arthur, 19n3, 21n9
Stettinius, Edward, 259, 262
Stimson, Henry, 220–21, 231, 235, 237–38, 243n52, 259, 262, 264–65
Strauss, Lewis, 295

Stresemann, Gustav, 130
Suez Canal, 276, 282–88, 383, 394, 396–98
Suez Crisis (1956), 89, 276–78, 282–88; economic realism and, 278, 288; liberalism and, 278, 288; Suez Canal Company and, 276; third world competition and, 283–84, 289–90; trade expectations theory and, 288; US fear of decline and, 284, 288; US trade expectations and, 285–88
Sugiyama, Hajime, 171, 200, 202, 219–20, 223, 225, 227. 229–30
Sun, Yat-sen, 155
Suzuki, Teiichi, 224, 226, 229
systemic versus unit-level causes of war, vii, 12, 13–16, 27, 34, 43, 45, 50, 95n43, 122–23, 375–76, 385–86, 427, 429, 432–36, 445–46; unit level, definition of, 7. *See also* authoritarianism; democracy, as cause of war or peace; democratic peace; democratization, as cause of war; diversionary motives, as cause of war; expectations of future trade; ideological distance, as cause of war; ideological motives, as cause of war; irrationality, as cause of war; liberalism (commercial); trade expectations theory

Taft, William Howard, 150–52
Takahira, Kogoro, 151
Talleyrand, Charles Maurice de, 324
Tanaka, Giichi, 154, 156–58
third parties, importance of, 42, 44–46, 48–49, 261, 376, 430–31, 443–45. *See also individual cases*
third world, US-Soviet struggle over the, 278, 283–84, 289–90, 305–6, 309–10, 431. *See also* India; Korean War; Middle East; *and Iran, individual case periods*
Tirpitz, Alfred von, 418–19
Togo, Shigenori, 225–30
Tojo, Hideki, 201, 225–30
Toyoda, Teijiro, 207, 215–16, 221
Trachtenberg, Marc, 231n36, 248n3
trade expectations. *See* expectations of future trade
trade expectations theory: added value of, 2–3, 15–17, 93–94, 428–32; alternative trade partners and, 36n37; arms spending and, 10, 436; assumptions of, 6–7, 14, 17n1, 23, 27–28, 27n22, 28n23,

trade expectations theory (*continued*) 43, 429; authoritarianism and, 55–58, 432–33, 435; capitalism and, 63–69; character type and, 10, 39–40, 42–43, 48; commitment problem and, 12–13, 40–43, 47, 62; conceptualization of dependence in, 35–36; core argument of, 2, 16–17, 27–28, 36–38, 47–49, 444–45; costs of adjustment and, 35, 47, 429; democratic peace and, 43n48, 52, 57–58, 433–35; dependent variable of, 3, 3n2, 77; development and, 58–62; discount factors and, 36n38; domestic-level variables and, 7, 27, 28n23, 43–46, 46n51; endogeneity and, 11–12, 39–43, 48–49, 74–75, 317, 429–30; expected value of conflict and, 36, 36n39; feedback loops and, 39–43, 48–49, 294, 429; hypothesis testing of, 50; neo-Marxism versus, 23; offensive realist baseline and, 42–43, 436, 445; opportunity costs and, 429; political economic foundations of, 28–32; potential weaknesses of, 270–71, 276, 318; problem of the future and, 41–43, 440; puzzle of ongoing moderate behavior and, 12, 29, 40–41, 43, 430; quantitative findings and, 3, 55–69, 92–93, 431–32, 432n3; rational expectations theory and, 17n1; realist foundations of, 6–7, 27–28, 47, 445; rejection of neorealist pessimism, 9–10, 29–32; rejection of offensive realism's worst-case assumption, 7–8, 42–43; reputation and, 9, 12, 42–43, 39–40, 445; research agenda of, 445–46; signaling and, 5, 10, 39–43, 48, 63, 124, 175, 190, 208, 210–11, 215, 299, 305, 313, 317, 366, 434; spiraling and, 3, 5, 9–12, 42–47, 57, 370, 429, 436; symmetry of dependence and, 35, 35n35, 41n43, 45n49; third parties and, 42, 44–46, 48–49, 261, 376, 430–31, 443–45; trade-offs and, 8–11, 29, 32, 39–40, 42–43, 439; vulnerability and, 28, 32–33, 37; unit-level characteristics of "other" and, 28n23, 45, 46n51, 48–49, 95, 95n43, 435–36, 445–46. *See also* bargaining model of war; diplomacy, role of; dynamic approaches to theory; expectations of future trade; problem of the future; spiraling; systemic versus unit-level causes of war; trade-security dilemma

trade-offs, 8–11, 28–29, 32, 42–43, 439; relative gains versus vulnerability, 9, 29, 32; relative loss versus leverage, 9, 11, 29; reputation for reasonableness versus relative power, 9–11, 39–40, 430. *See also* offensive realism; trade expectations theory; trade-security dilemma

trade-security dilemma, 10–12, 39–40, 45–46, 48–49, 147, 176, 429–30, 436, 445; awareness of trade-security dilemma and moderation of behavior, 10–12, 38, 40–41, 43, 48, 430, 436, 438–42; causes of intense, 10–11, 40–42; endogeneity and, 11–12, 42–43, 429–30; nature of, 10–12, 39–43, 445; puzzle of why cooperation breaks down, 12–13, 43–47, 430; reputation and, 9, 12, 39–40, 42–43, 445; spiraling within, 3, 5, 10–11, 42–43, 45–49, 57, 101, 122, 147, 158, 176, 182, 244, 251–52, 256, 258, 317, 330, 350, 376, 387, 391, 418, 429–30, 436, 438, 440, 442–45; third parties and, 43–44, 430–31, 443–45. *See also* coercive diplomacy, use of; crisis escalation; diplomacy, role of; expectations of future trade; military-security dilemma; spiraling; trade expectations theory

Truman, Harry S., 5, 251–52, 258n17, 259–66, 268–75, 277, 279–82; liking of Stalin, 251

Truman Doctrine, 251, 268–69

trust and mistrust, 9, 212, 42, 47, 57, 60, 62–63, 100–101, 106, 114, 120–22, 147, 194, 223, 249, 289–90, 298–300, 310, 313, 326, 347, 370, 391, 399, 418, 426, 429, 436, 445; definition of, 42n46. *See also* anarchy; commitment problem

Tsukada, Osamu, 227

Turkey, 44, 127, 268, 319, 327–37, 343, 348–74, 383–84, 392, 395–97, 430, 435, 440; Turkish decline, 319, 332–37, 352; Turkish Straits, 44, 82, 109, 319, 328–31, 334, 348, 352–53

Turner, Henry, 402–3

Tyrtov, Pyotr, 108

Ugaki, Kazunari, 174

United States: Congress of, 46, 177, 180, 205, 221, 250, 260, 266, 275, 284, 298, 308–9, 316, 408, 431; dollar diplomacy, 152; fear of decline (1945), 249–53, 259–266; high tariffs of, in 1930s, 46,

137–38, 147, 159–60, 166; Hitler's expansionism and, 185–86, 192, 198–99, 202–5, 211–12, 231–34, 234n40; lend lease, 199, 204, 221, 235, 242, 249–50, 254, 261–64, 270, 296, 299; Magic, 199, 202, 205, 209, 218–19, 237; Marshall Plan, 251, 259, 266, 268–69; Mexican-American War (1846), 93n42; naval bills (1940), 180; open door and, 101–2, 108, 150–52, 176–77, 179, 190–91, 196n7, 215–16, 221, 228, 439; Spanish-American War (1898), 93n42; War of 1812, 93n42. *See also* Korean War; Pacific War; Sino-American relations, contemporary; *and Cold War, individual case periods; and individual presidents*
unit-level factors. *See* systemic versus unit-level causes of war

Venezuela Crisis (1895), 4, 69n21, 84, 407–9, 427, 435; economic importance of Orinoco River, 407–8, 408n24; economic realism and, 408–9, 428; liberalism and, 409, 409n26; neo-Marxism and, 409n26; role of South African crisis in, 408–9, 409n25; trade expectations theory and, 409, 435; US trade expectations and, 408–9, 409n25. *See also* South African (Boer) War
von Stein, Jana, 64n16

Walt, Stephen, 95n43, 321
Waltz, Kenneth, 21–22, 31–32, 387
"War in Sight" Crisis (1875), 382–83
Way, Lucan, 75n29
Welles, Sumner, 199, 204–5, 205n13, 210–11
Wendt, Alexander, 19n3, 42n46
White, John Albert, 114
Wilhelm I, 380–81, 399–400
Wilhelm II, 125, 418–19
Wilson, Woodrow, 145, 151–53, 249, 252–53
Witte, Sergei, 103, 107, 111, 113–14, 121n23
Woermann, Adolf, 403
World War I. *See* Germany (1890–1914, and World War I)
World War II. *See* Germany (1919–39, and World War II)

Yalta Conference, 257–60, 265–66
Yonai, Mitsumasa, 178, 180
Yoshida, Shigeru, 157–58
Yuan, Shi-kai, 155

Zhang, Xue-liang ("Young Marshall"), 158–60, 169
Zhang Zuo-lin ("Old Marshall"), 156–58
Zhou, En-lai, 169

戴尔·科普兰（Dale C.Copeland）

弗吉尼亚大学政府和外交事务系教授。主要研究领域为国际关系理论，研究兴趣包括大国间经济相互依赖的根源，现实主义者和建构主义者的分野，内集团/外集团理论，信誉建立的逻辑，以及国际政经和国际安全的相互作用等。在 *International Security*, *Security Studies* 等重要期刊上发表多篇论文。曾获麦克阿瑟奖和梅隆奖(MacArthur and Mellon Fellowships)。

金　宝

毕业于解放军国际关系学院，英语语言文学硕士。从事翻译工作十余年，累计翻译作品逾百万字。曾参与博物馆文物和展品的文本、申遗相关资料，以及纪录片字幕等翻译工作。已出版译著八部，并在中国国际战略学会会刊《国际战略研究》英文版上发表百余篇署名译文。